Clár

Foclóir Ríomhaireachta is Teicneolaíocht Faisnéise

Dictionary of Computing and Information Technology

An Gúm

Baile Átha Cliath

An Chéad Chló 2004
© Foras na Gaeilge 2004

ISBN 1 - 85791- 516 - X

Clúdach: Wide Awake

Arna chlóbhualadh in Éirinn ag Criterion Press Teo.

Le fáil ar an bpost uathu seo:

An Siopa Leabhar,   *nó:*   An Ceathrú Póilí
6 Sráid Fhearchair   Cultúrlann Mac Adam-Ó Fiaich
Baile Átha Cliath 2.   216 Bóthar na bhFál
ansiopaleabhar@eircom.net   Béal Feirste BT12 6AH.
                                   leabhair@an4poili.com

Orduithe ó leabhardhíoltóirí chuig:
Áis
31 Sráid na bhFíníní
Baile Átha Cliath 2.
eolas@forasnagaeilge.ie

An Gúm, 24-27 Sráid Fhreidric Thuaidh, Baile Átha Cliath 1.

Réamhrá

Thar réimse ar bith eile, tharla borradh agus forbairt thar na bearta i réimse na ríomhaireachta le scór bliain anuas. Nuair a foilsíodh *Téarmaí Ríomhaireachta* i 1990, ar éigean a bhí an dúch tirim ar na leathanaigh go raibh an foclóir as dáta de bharr luas na bhforbairtí seo. Ní raibh caint ar bith ar an Idirlíon ná ar an nGréasán domhanda ná ar dhomhan na bhfón póca, nó má bhí, ní raibh an chaint sin forleathan i measc an phobail. Ach é sin ráite, ní raibh pobal na Gaeilge ar gcúl maidir lena spéis sa réimse seo, agus spéis acu dul i ngleic leis trí mheán na Gaeilge. Tháinig sruth leanúnach fiosruithe isteach chuig oifig an Choiste i dtaobh téarmaí nua ríomhaireachta le linn na nóchaidí agus níorbh fhada gur léir dúinn go raibh atheagrán den fhoclóir ag teastáil go géar.

I 1993 bunaíodh FIONTAR in Ollscoil Chathair Bhaile Átha Cliath chun cúrsa tríú leibhéal san Airgeadas, Fiontraíocht agus Ríomhaireacht a thabhairt trí mheán na Gaeilge. Ba léir go mbeadh go leor leor téarmaí nua de dhíth chun freastal ar an gcúrsa ceannródaíoch seo agus, chuige sin, chuaigh FIONTAR i gcomhar leis an gCoiste Téarmaíochta chun freastal ar an riachtanas seo.

Bunaíodh Fochoiste nua ríomhaireachta chun liostaí de théarmaí nua a fhaomhadh do chúrsaí FIONTAR agus chun déileáil le hiarratais ón bpobal chomh maith. Bhí an Fochoiste seo gníomhach le linn tréimhsí éagsúla idir 1994 agus 2000 de réir mar a tháinig ábhar nua nó ceisteanna nua chun cinn. Idir an dá linn, bhunaigh FIONTAR a mbanc téarmaíochta féin, d'fhoilsigh siad *Míle Téarma Ríomhaireachta* (2000) agus bhí siad ag obair ar shaothar i bhfad níos mó, Foclóir FIONTAR, atá á fhoilsiú in éineacht leis an saothar seo ar dhlúthdhiosca chomh maith.

Is iad na daoine a bhí páirteach san Fhochoiste seo, ar feadh tréimhsí éagsúla, ná:

Donla uí Bhraonáin (Cathaoirleach), Niall Ó Cearbhaill, Henry Leperlier, FIONTAR; Elaine Uí Dhonnchadha, FIONTAR agus Institiúid Teangeolaíochta Éireann; Niall Mac Uilidhin, FIONTAR agus Ollscoil na hÉireann, Gaillimh; Marion Gunn, EGT Teo. agus Ollscoil na hÉireann, Baile Átha Cliath; An Dr Ciarán Ó Duibhín, Ollscoil na Ríona, Béal Feirste; An Dr Roibeárd Ó Cuirrín, Ollscoil na hÉireann, Gaillimh; Michael Everson, Evertype Teo.; Antain Mag Shamhráin, An Gúm; Colm Breathnach (iar-Rúnaí) agus Fidelma Ní Ghallchobhair (Rúnaí).

Agus na liostaí nua ar fad faofa, beartaíodh atheagrán de *Téarmaí Ríomhaireachta* a ullmhú. Is iad na baill a réitigh an téarmaíocht don bhunfhoclóir ná:

An Dr Tomás Ó Floinn (Cathaoirleach), Seán Ó Laoire, An Roinn Oideachais;

An Dr Caoimhe Frain, Ollscoil na hÉireann, Baile Átha Cliath; An tOll. Seán Ó Cinnéide, An Dr Roibeárd Ó Cuirrín, An tOll. Séamas Ó Flaithimhín, An tOll. Déaglán Ó Lorcáin, An Dr Seán Ó Siadhail, Ollscoil na hÉireann, Gaillimh; agus bhí Pádraig Ó Maoláin, Liam Mac Cóil agus Colm Breathnach ag feidhmiú mar Rúnaithe ar feadh tréimhsí éagsúla.

Rinneadh roinnt leasuithe ar a mbunsaothar siúd agus an t-ábhar nua á phlé agus á chomhordú don atheagrán. Sa mhéid is gur braitheadh go raibh roinnt téarmaí imithe ó úsáid agus cinn eile tagtha ina n-áit, agus ag cur san áireamh go raibh téarmaí áirithe in úsáid go coitianta seachas na cinn a bhí molta, beartaíodh glacadh leis na cinn choitianta nó, amanna, tugadh an dá théarma mar mhalairtí. Cé nach inmholta an nós é de réir phrionsabail na téarmeolaíochta dhá leagan de théarma a mholadh, braitheadh i gcásanna áirithe agus chomh fada is nach raibh aon difear brí idir an dá théarma nó baol míthuisceana ann, nár mhiste an dá leagan a thabhairt. Samplaí simplí de seo is ea luch/luchóg, láithreán/suíomh, cliceáil/gliogáil, bogearraí/earraí boga, etc. Ach i gcásanna eile, bhí an scéal níos casta, is é sin, má bhí baol débhríochta nó ábhar mearbhaill ag baint le téarma coitianta, braitheadh nár chóir é a mholadh. Ceann de na samplaí is mó agus is tábhachtaí de seo is ea Teicneolaíocht an Eolais, téarma a bhí agus atá sa rith go coitianta, agus a bhí ar fáil sa bhunfhoclóir. Idir an dá linn, bhunaigh Rannóg an Aistriúcháin, Tithe an Oireachtais, an téarma Teicneolaíocht Faisnéise de bharr go ndéantar idirdhealú sa reachtaíocht idir eolas (ar **knowledge**) agus faisnéis (ar **information**). Sa mhéid is go bhfuil roinnt téarmaí ríomhaireachta tagtha sa rith le déanaí ina dtagann an dá choincheap i gceist, mar shampla, córas próiseála faisnéis eolais (**knowledge information processing system**), agus ar an ábhar go bhfuil an téarma seo coitianta go leor sa reachtaíocht faoin am seo, chinn an Coiste gurbh fhearr an t-idirdhealú céanna a aithint. Tuigimid go gcruthóidh sé seo deacrachtaí d'institiúidí a bhfuil Teicneolaíocht an Eolais nó TE in úsáid acu le fada an lá ach feictear don Choiste gur téarma róthábhachtach é le go mbeadh dhá leagan de in iomlaoid le chéile.

Cineál na téarmaíochta san fhoclóir seo
Gheofar sa leabhar seo cuid mhór téarmaí fíortheicniúla, go minic téarmaí a bhfuil sraith ainmfhocal agus aidiachtaí i ndiaidh a chéile iontu. Chruthaigh an feiniméan seo dúshlán nach beag ó thaobh na Gaeilge de, ag cur san áireamh an bhearna idir an Caighdeán Oifigiúil agus an chaint bheo ó thaobh infhilleadh an ghinidigh a chur i bhfeidhm i gcásanna mar seo. Rinne an Coiste roinnt oibre le déanaí ar na treoracha faoina leithéid de shraith focal a fhorbairt agus a shimpliú, agus rinneadh iad a thástáil ar liostaí de théarmaí trífhoclacha nó níos mó ón bhfoclóir seo. Dá réir sin, seo an chéad fhoilseachán den chineál seo ina bhfaighfear an cur chuige seo curtha i bhfeidhm go córasach tríd síos. Tá athrú bunúsach amháin ar ghnáthnós an chaighdeáin scríofa déanta tríd síos, is é sin, san áit a mbíonn aonad dhá (nó níos mó) ainmfhocal éiginnte faoi réir ag ainmfhocal ní dhéantar ach an t-ainmfhocal deireanach ar fad a infhilleadh. Aithneoidh daoine an múnla seo ó shamplaí seanbhunaithe sa chaint bheo, m.sh. teach ceann tuí, fuinneog teach ósta.

Ar an iomlán fágann an obair seo go bhfuil na téarmaí fada seo níos soláimhsithe ach ní mór a mheabhrú don úsáideoir go mb'fhéidir go mbeidh ábhar áirithe mearbhaill ar dhaoine i dtosach i gcás ainmfhocal ón gcéad díochlaonadh san uimhir iolra, mar beidh a chuma orthu gur sa ghinideach uatha de réir na seanrialacha atá siad, m.sh.,

> córas bainistíochta bunachar sonraí *(uimhir uatha) ach*
> córas bainistíochta bunachair shonraí dáilte *(uimhir iolra)*

Is é ár dtaithí ná gur lú ar fad an líon samplaí dá leithéid san uimhir iolra a thagann chun cinn ná cinn san uatha agus, dá réir sin, tá súil againn go mbeidh an téarmaíocht i gcoitinne níos soláimhsithe dá réir.

Mír eile den obair a rinne an Coiste ar na nósmhaireachtaí a thabhairt níos gaire don chaint bheo ná cur i bhfeidhm an tséimhithe i ndiaidh ainmfhocail bhaininscnigh uatha agus i ndiaidh ainmfhocail iolra dar críoch consan caol. Arís, rinneadh soiléiriú áirithe ar na rialacha seo i gcáipéis atá le fáil ar an láithreán Gréasáin www.acmhainn.ie, agus cuireadh na moltaí i bhfeidhm den chéad uair ar na téarmaí san fhoclóir seo.

Gné eile de théarmaí shaol na ríomhaireachta ná go mbíonn cuid mhór meafar Béarla – Béarla Mheiriceá go minic – in úsáid ar choincheapa teicniúla. Cruthaíonn siad seo dúshlán nach beag do lucht téarmaíochta. Dá chomhartha sin, is i mBéarla a bhíonn na téarmaí sin i roinnt teangacha eile. Ach rinneadh iarracht anseo meafair Ghaeilge a chur in úsáid i gcás cuid de na téarmaí seo: m.sh., turscar (*spam*), fódóireacht (*housekeeping*), fútar (*jabber*), úrscothach (*state-of-the-art*). I gcásanna eile, braitheadh gurbh fhearr imeacht ón meafar ar fad agus cur síos a dhéanamh ar an gcoincheap: cumarsáid thionscantach (*handshake*). Uaireanta eile, féachadh leis an meafar a aistriú go Gaeilge: caolchliant (*thin client*), smísteog (*dingbat*), straoiseog (*smiley*).

Maidir le litriú na dtéarmaí Béarla, cloíodh le litriú Bhéarla Shasana den chuid is mó, diomaite de chorrthéarma a fheictear go coitianta ar scáileáin ríomhairí, ar nós 'favorites'. Braitheadh gurbh fhearr cloí le giorrúcháin is acrainmneacha an Bhéarla in ionad cinn Ghaeilge a bhunú ar na téarmaí Gaeilge, sa mhéid is gurb iad na giorrúcháin Bhéarla a bhíonn in úsáid go minic seachas na buntéarmaí ar bhonn idirnáisiúnta, agus go gcuirfeadh giorrúcháin Ghaeilge ó aithint iad. I gcorrchás, áit ar braitheadh go raibh giorrúcháin áirithe Ghaeilge sa rith go coitianta, tugadh an dá leagan mar roghanna ar thaobh na Gaeilge, m.sh. LAP nó CPU (láraonad próiseála), TF nó IT (teicneolaíocht faisnéise). Agus i gcorrchás eile, níor tugadh ach an giorrúchán Béarla, agus ní dhearnadh aon iarracht leagan Gaeilge a sholáthar, m.sh, WYSIWYG., ar an mbonn go ndeirtear an giorrúchán seo mar a bheadh focal ann.

Focal Buíochais
Ba mhaith liom, thar mo cheann féin agus thar ceann an Bhuanchoiste Téarmaíochta, buíochas ó chroí a ghabháil le baill an Fhochoiste a d'fhaomh an téarmaíocht don fhoclóir seo. Taobh amuigh de fhreastal ar iliomad cruinnithe, bhí siad ar fáil i gcónaí le comhairle a thabhairt ar an nguthán is ar an ríomhphost le linn don obair eagarthóireachta a bheith ar siúl. Tá buíochas faoi leith ag dul do Dhonla uí Bhraonáin, a tháinig i gcabhair orainn agus a chuidigh go mór leis an Rúnaí chun an

obair eagarthóireachta a thabhairt i gcrích, agus a bhí fial lena comhairle faoi iliomad ceisteanna go dtí an nóiméad deireanach roimh dhul chun cló. Ba mhaith liom buíochas a ghabháil freisin le Niall Ó Cearbhaill a rinne an taobh Gaeilge-Béarla den fhoclóir a ghiniúint go leictreonach agus a thug aghaidh ar iliomad dúshlán teicniúil le linn an phróisis. Thar éinne eile, thit ualach na hoibre ar Rúnaí an Bhuanchoiste, Fidelma Ní Ghallchobhair, mar is gnáth agus thug sí an saothar chun críche leis an gcríochnúlacht agus an slacht is dual di.

An Dr Eoghan Ó Súilleabháin,
Cathaoirleach,
An Buanchoiste Téarmaíochta.

Eochracha agus Orduithe Coitianta

Add or Remove buttons cnaipí "Cuir le" nó "Bain"

Align Left Ailínigh ar Chlé

Align Right Ailínigh ar Dheis

Alt Gr (Alternate Grave Key) Alt Gr (Eochair Mhalartúcháin Ghraife)

Alt (Alternate Key) Alt (Eochair Mhalartúcháin)

Ampersand (&) Amparsan

Angle Brackets (<>) Lúibíní Uilleacha

Apostrophe (') Uaschamóg

Arrow keys Saigheadeochracha

Asterisk (*) Réiltín

At (= Strudel) (@) Ag (Strúdal)

Backslash (\) Cúlslais

Backspace Cúlspás

Bold Cló Trom

Brackets ( ) Lúibíní

Bullets Urchair

Caps Lock Glas Ceannlitreacha

CR/LF (Carriage Return/Line Feed) CR/LF (Aisfhilleadh Carráiste/Fotha Líne)

Centre Láraigh

Chain Brackets (Braces) { } Lúibíní Slabhracha

Circumflex (^) Cuairín

Close Dún

Colon (:) Idirstad

Columns Colúin

Comma (,) Camóg

Copy Cóipeáil

Ctrl (Control Key) Ctrl (Eochair Rialúcháin)

Cursor Key Eochair Chúrsóra

Cursor Movement Keypad Eochaircheap Bogtha Cúrsóra

Cut Gearr

Cut and Paste Gearr is Greamaigh

Decrease Indent Laghdaigh Eang

Delete (Delete Key) Scrios (Scrioseochair)

Document Map Mapa an Doiciméid

Dollar ($) Dollar

Dot (.) Ponc

Double quotes (") Comharthaí Dúbailte Athfhriotail

Down Síos

Drawing Líníocht

Duplicate Keys Eochracha Dúblacha

E-mail R-phost

End Críoch

Enter (Enter Key) Iontráil (Eochair Iontrála)

Equals Cothrom Le

Esc (Escape Key) Esc, Éalaigh (Eochair Éalaithe)

Euro (€) Euro

Exclamation Mark (!) Comhartha Uaillbhreasa

Flush Left (Left-Justified) Comhfhadaithe ar Chlé

Flush Right (Right-Justified) Comhfhadaithe ar Dheis

Font Clófhoireann

Font Colour Clódhath

Font Size Clómhéid

Foreign Key Eochair Iasachta

Format Painter Péintéir Formáide

Forward Slash (= Slash) (/) Tulslais

Full Stop (.) Lánstad

Function Key Feidhmeochair

Go to Téigh go

Hash (#) Hais

Help Cabhair

Highlight Aibhsigh
Home (Home Key) Abhaile (Eochair Bhaile)
Hot Key (Shortcut Key) Eochair Aicearra
Hyphen (-) Fleiscín
Increase Indent Méadaigh Eang
Ins (Insert Key) Ionsáigh (Eochair Ionsáite)
Insert Hyperlink Ionsáigh Hipearnasc
Insert Worksheet Ionsáigh Bileog Oibre
Insert Table Ionsáigh Tábla
Italics Cló Iodálach
Justify Comhfhadaigh
Launch Lainseáil
Launch Browser Lainseáil Brabhsálaí
Load Key Eochair Lódála
Margins Imill
Maximize Uasmhéadaigh
Minimize Íoslaghdaigh
Minus (-) Míneas
More Buttons Cnaipí Breise
New Nua
New Blank Document Doiciméad Bán Nua
Next Ar Aghaidh
Normal View Gnáthamharc
Num Lock (Numbers Lock) (= Num Lock Key) Uimhirghlas (Eochair Uimhirghlais)
Numbering Uimhriú
Numeric Keypad Eochaircheap Uimhriúil
Open Oscail
Outline View Amharc Imlíneach
Outside Border Imlíne Amuigh
Page Down Leathanach Síos
Page Up Leathanach Suas
Paste Greamaigh
Pause Sos
Percent (%) Céatadán
Plus (+) Móide
Print Priontáil

Print Layout View Priontáil Amharc ar an Leagan Amach
Print Preview Amharc roimh Phriontáil
Print Screen Priontáil Scáileán
Pound (£) Punt
Question Mark (?) Comhartha Ceiste
Redo Athdhéan
Restore Cuir ar Ais
Return (Return Key) Aisfhill (Eochair Aisfhillte)
Save Sábháil
Scroll Scrollaigh
Scroll Lock Scrollghlas
Search (Search Key) Cuardaigh (Eochair Chuardaigh)
Semicolon (;) Leathstad
Shift (Shift Key) Iomlaoid (Eochair Iomlaoide)
Shortcut Key (Hot Key) Eochair Aicearra
Show Desktop Taispeáin an Deasc
Show/Hide Taispeáin/Folaigh
Single Quotes Comharthaí Singile Athfhriotail
Sort Key Eochair Shórtála
Spacebar Spásbharra
Spelling and Grammar Litriú agus Gramadach
Square Brackets [ ] Lúibíní Cearnacha
Style Stíl
Tab Táb
Tables and Borders Táblaí agus Imlínte
Tilda (~) Tilde
Typematic Key Eochair Uathchlóite
Underline Cuir Líne Faoi
Underscore (_) Folíne
Undo Cealaigh
Up Suas
Web Layout View Amharc ar Leagan Amach an Ghréasáin
Web Toolbar Barra Uirlisí Gréasáin
Zoom Zúmáil

Noda

a	adjective
adv	adverb
Arith.	Arithmetic
Com.	Commerce
Comp.	Computing
El.	Electricity
f (f2, f3, f4, f5)	feminine noun (2nd, 3rd, 4th, 5th declension)
Fam.	Familiar
fpl	feminine plural
Gen.	General
gpl as a	genitive plural as adjective
gpl	genitive plural
gs as a	genitive singular as adjective
gs	genitive singular
m (m1, m3, m4)	masculine noun (1st, 3rd, 4th declension)
mpl	masculine plural
Mth.	Mathematics
pl	plural
pp	past participle
pref	prefix
s	substantive
spl	substantive plural
Typ.	Typography
v	verb
vn	verbal noun
Wordpr.	Wordprocessing

Gaeilge-Béarla

(ord aibítre litir ar litir)

A

abacas *m1* abacus *s*
abairt *f2* **adamhach** atomic sentence
abairt *f2* **bhailí** valid sentence
abairt *f2* **oscailte** open sentence
abhaile *adv* home² *adv*
ábhar *m1* **asbhainte** extract² *s*
ábhar *m1* **custaiméara** potential
  customer
ábhar *m1* **insliúcháin** insulating
  material
ábhar *m1* **sonraí** data subject
absalóideach *a* (= **dearbh-** *pref*)
  absolute *a*
achar *m1* area¹
achoimre *f4* summary¹ *s*
achoimrigh *v* summarize *v*
achomair *a* summary² *a*
Acht *m3* **um Chosaint Sonraí, An t**
  The Data Protection Act
Acht *m3* **um Thráchtáil**
  Leictreonach, 2000, An t The
  Electronic Commerce Act, 2000
ACL (= **liosta** *m4* **rialaithe rochtana**)
  ACL, access control list
acmhainn *f2* resource *s*
acrainm *m4* acronym *s*
acrainm *m4* **trí litir** (**TLA**²)
  three-letter acronym, TLA²
adamh *m1* atom *s*
adamhach *a* atomic *a*
adamhacht *f3* atomicity *s*
admháil *f3* acknowledgement *s*
admháil *f3* **dhiúltach** (**NAK**) negative
  acknowledgement, NAK
admháil *f3* **neamhuimhrithe**
  unnumbered acknowledgement
ADP (= **uathphróiseáil** *f3* **sonraí**)
  ADP, automatic data processing

ADPCM (= **modhnú** *m* **difreálach**
  oiriúnaitheach bíogchóid)
  ADPCM, adaptive differential pulse
  code modulation
ADT (= **cineál** *m1* **sonraí teibí**) ADT,
  abstract data type
aeróg *f2* antenna *s*
aeróg *f3* **inghiorraithe** retractable
  antenna
aeróg *f2* **Yagi** Yagi antenna
AFP (= **prótacal** *m1* **comhaid**
  AppleTalk) AFP, AppleTalk file
  protocol
ag *prep* (@) at *prep*
aga *m4* time² *s*, duration¹ *s*
aga *m4* **aistrithe an phróiseálaí**
  (= **aga** *m4* **traschurtha an**
  phróiseálaí) processor transfer time
aga *m4* **as seirbhís** out of service time
aga *m4* **athrite** rerun time
aga *m4* **athshlánaithe** recovery time
aga *m4* **athshlánaithe ó chúl-laofacht**
  reverse recovery time
aga *m4* **ciogail** cycle time
aga *m4* **ciogal cloig** clock cycle time
aga *m4* **ciogal stórála** storage cycle
  time
aga *m4* **ciúála** queuing time
aga *m4* **cuardaigh** search time, seek
  time
aga *m4* **díomhaoin** idle time
aga *m4* **do-oibrithe** inoperable time
aga *m4* **do-úsáidteachta** unavailable
  time
aga *m4* **éirithe** rise time
aga *m4* **feabhsaithe innealtóireachta**
  engineering improvement time
aga *m4* **feithimh** wait time
aga *m4* **folaigh** latency *s*
aga *m4* **folaigh (an) rothlaithe**

rotational latency

aga *m4* **fónaimh** uptime *s*

aga *m4* **forleathantais** propagation time

aga *m4* **forleathantais dé-aistir** round-trip propagation time

aga *m4* **freagartha** response time

aga *m4* **freagartha an idirbhriste** interrupt response time

aga *m4* **freastail** attended time

aga *m4* **giotánra** word time

aga *m4* **iolrúcháin** multiplication time

aga *m4* **iompraigh** carry time

aga *m4* **íoslódála** downloading time

agallóireacht *f3* **ríomhchuidithe teileafóin** computer-assisted telephone interviewing

aga *m4* **marbh** dead time

aga *m4* **neamhfhónaimh** down-time *s*

aga *m4* **profa** proving time

aga *m4* **rite** execution time, run duration

aga *m4* **rochtana** access time

aga *m4* **slánúcháin (TAT)** turnaround time, TAT

aga *m4* **sliotáin** slot time

aga *m4* **socrachta** settle time

aga *m4* **socrúcháin** settling time

aga *m4* **stoptha** stop time

aga *m4* **suimithe is dealaithe** add-subtract time

aga *m4* **suimiúcháin** add time

aga *m4* **suiteála** installation time

aga *m4* **tástála an chórais** system test time

aga *m4* **tástála ríomhchláir** program test time

aga *m4* **téite** warm-up time

aga *m4* **tiomsaithe** compile time

aga *m4* **tionscanta** lead time

aga *m4* **traschurtha an phróiseálaí** *See* aga aistrithe an phróiseálaí.

aga *m4* **trasdula** transit time

aga *m4* **uaslódála** uploading time

aghaidh *f2* face *s*

aibhsigh *v* highlight *v*

aibhsithe *a* highlighted *a*

aibhsiú *m* (*gs* **-sithe**) highlighting *s*

aibhsiú *m* **taispeána** display highlighting

aibítir *f2* (*gs* **-tre**) alphabet *s*

aibítre *gs as a* (= **aibítreach**) alphabetic *a*

aibítreach *a* (= **aibítre** *gs as a*) alphabetic *a*

aibítre/uimhriúil *a See* alfa-uimhriúil.

aiceanta *a (Mth.)* natural² *a*

aicearra *m4* shortcut *s*

aicme *f4* class *s*

aicme *f4* **dhíorthaithe** derived class

aicme *f4* **oibiachtaí** object class

aicme *f4* **stórais** storage class

aicme *f4* **theibí** abstract class

aicsím *f2* axiom *s*

aidhm *f2* object² *s*

aidhmphaca *m4* object pack, object deck

ailgéabar *m1* algebra *s*

ailgéabar *m1* **Boole** Boolean algebra

ailgéabar *m1* **coibhneasta** relational algebra

ailgéabar *m1* **lascacháin** switching algebra

ailgéabar *m1* **uimhriúil** numeric algebra

ailgéabrach *a* algebraic *a*

ailias *m4* alias *s*

ailiasáil *f3* aliasing *s*

ailínigh *v* align *v*, line up

ailínigh *v* **ar chlé** align left

ailínigh *v* **ar dheis** align right

ailíniú *m* (*gs* **-nithe**) alignment *s*

ailíniú *m* **fráma** frame aligment

ailíniú *m* **giotánra** word alignment

ailp *f2* gulp *s*

ailtéarnach *a* alternate² *a*, alternating *a*

ailtéarnaigh *v* alternate¹ *v*

ailtireacht *f3* architecture *s*

ailtireacht *f3* **ANSI/SPARC** ANSI/SPARC architecture

Ailtireacht *f3* **Bhreisithe**

Thionscalchaighdeánach (EISA)
Extended Industry Standard
Architecture, EISA

ailtireacht *f3* **chliaint/freastalaí**
client/server architecture

Ailtireacht *f3* **Choiteann Bróicéara
Iarratas ar Oibiachtaí (CORBA)**
Common Object Request Broker
Architecture, CORBA

ailtireacht *f3* **chomhuainíochta**
parallel architecture

Ailtireacht *f3* **Chórais Líonraí**
Systems Network Architecture

ailtireacht *f3* **chruaiche** stack
architecture

ailtireacht *f3* **iata** closed architecture

ailtireacht *f3* **inmheánach** internal
architecture

ailtireacht *f3* **líonraí** network
architecture

ailtireacht *f3* **lódála/stórála** load/store
architecture

Ailtireacht *f3* **Mhicreachainéil
(MCA)** Micro Channel Architecture,
MCA

ailtireacht *f3* **oscailte** open
architecture

ailtireacht *f3* **ríomhairí** computer
architecture

Ailtireacht *f3*
Thionscalchaighdeánach (ISA)
Industry Standard Architecture, ISA

ailtireacht *f3* **thríscéimeach CBBS**
three-schema DBMS architecture

ailtire *m4* **láithreáin (= ailtire** *m4*
suímh) site architect

ailtire *m4* **suímh (= ailtire** *m4*
láithreáin) site architect

aimhleisceas *m1* reluctance *s*

aimhrialtacht *f3* anomaly *s*

aimhrialtacht *f3* **san ionsá** insert
anomaly, anomalous insert

aimhrialtacht *f3* **sa nuashonrú** update
anomaly

aimhrialtacht *f3* **sa scrios** delete
anomaly, anomalous delete

aimpligh *v* amplify *v*

aimplitheoir *m3* amplifier *s*

aimplitheoir *m3* **aonraithe** isolated
amplifier

aimplitheoir *m3* **aonraithe
optachúpláilte** optical-coupled
isolation amplifier

aimplitheoir *m3* **ardneartúcháin**
high-gain amplifier

aimplitheoir *m3* **cainéal aschuir
analógaigh** analog output channel
amplifier

aimplitheoir *m3* **cainéal ionchuir
analógaigh** analog input channel
amplifier

aimplitheoir *m3* **difreálach**
differential amplifier

aimplitheoir *m3* **guagcheartaithe**
drift-corrected amplifier

aimplitheoir *m3* **inbhéartúcháin**
inverting amplifier

aimplitheoir *m3* **neamh-aonraithe**
non-isolated amplifier

aimplitheoir *m3* **oibriúcháin**
operational amplifier

aimplitheoir *m3* **paraiméadrach**
parametric amplifier

aimplitheoir *m3* **ríomhaireachta**
computing amplifier

aimplitheoir *m3* **tréleictreach**
dielectric amplifier

aimplitiúid *f2* amplitude *s*

aimplitiúid *f2* **ó bhuaic go buaic**
peak-to-peak amplitude

aimpliú *m* (*gs* **-lithe**) amplification *s*

aimsigh[1] *v* detect *v*, find *v*, locate *v*

aimsigh[2] *v* hit[1] *v*

aimsigh agus athchuir *v* find and
replace

aimsigh *v* **briseadh bog** find soft
break

aimsigh *v* **briseadh crua** find hard
break

aimsigh *v* **faisnéis** locate information

aimsitheoir *m3* **aonfhoirmeach
acmhainne (URL)** uniform resource

locator, URL
aimsitheoir *m3* **ceann naisc** link-end
  locator
aimsitheoir *m3* **iompróir sonraí
  (DCD)** data carrier detect, DCD
aimsitheoir *m3* **iompróra** carrier
  detect
aimsitheoir *m3* **mósáice** mosaic
  detector
aimsiú *m* **earráidí** error detection
aimsiú *m* **gníomhachtúchán gutha**
  voice activation detection
aimsiú *m* **imbhuailte** collision
  detection
aimsiú *m* **imchlúdaigh** envelope
  detection
aimsiú *m* **ionraidh** intrusion detection
aimsiú *m* **víreas** virus detection
ainm *m4* name *s*
ainm *m4* **(an) úsáideora** user name
ainm *m4* **aonáin** entity name
ainm *m4* **aonfhoirmeach acmhainne
  (URN)** uniform resource name,
  URN
ainm *m4* **clófhoirne** font name
ainm *m4* **comhaid (= comhadainm)**
  file name
ainm *m4* **datha** colour name
ainm *m4* **eiliminte** element name
ainm *m4* **fearainn** domain name
ainm *m4* **gléis** device name
ainm *m4* **íomhá** image name
ainmluach *m3* name-value *s*
ainmneacha *mpl* **(na d)tréithe**
  attribute names
ainmneoir *m3* denominator *s*
ainm *m4* **oibiachta** object name
ainm *m4* **réimse** field name
ainm *m4* **siombalach** symbolic name
ainm *m4* **sonra** data name
ainmspás *m1* namespace *s*
ainmspás *m1* **Java** Java namespace
ainm *m4* **úsáideora cuntas diailithe**
  dial-up account username
airde[1] *f4* height *s*
airde[2] *f4* volume[2] *s*

airde *f4* **ceannlitreacha** cap height
airde *f4* **líne** line height
airde *f4* **ró** row height
áireamh[1] *m1* calculation *s*
áireamh[2] *m1* **(= comhaireamh**[1]**)**
  count[2] *s*, enumeration[2] *s*
áireamhán *m1* calculator *s*
áireamhán *m1* **in-ríomhchláraithe**
  programmable calculator
áireamhán *m1* **póca** pocket calculator
áireamh *m1* **ciogal** cycle count
áirge *f4* utility[1] *s*
airgead *m1* **tirim digiteach** digital
  cash
áirge *f4* **chomhbhrúite comhad** file
  compression utility
áirge *f4* **íoslódála** downloading utility
áirgiúlacht *f3* utility[2] *s*
áirgiúlachtaí *fpl* **ginearálta** general
  tools, general utilities
airí *m4* property *s*, characteristic *s*
áirigh *v* calculate *v*, count *v*, enumerate
  v
airí *m4* **líonta** fill property
airíonna *mpl* **indibhidiúla** individual
  properties
airíonna *mpl* **na cuimhne** memory
  properties
airíonna *mpl* **réimse** field properties
airíonna *mpl* **taispeána** display
  characteristics
áiritheoir *m3* counter *s*, enumerator *s*
áiritheoir *m3* **amas** hit counter
áiritheoir *m3* **céimeanna** step counter
áiritheoir *m3* **dénártha** binary counter
áiritheoir *m3* **fáinneach** ring counter
áiritheoir *m3* **(innéacs) ciogal** cycle
  (index) counter
áiritheoir *m3* **láimhe** hand counter
áiritheoir *m3* **micreachláir**
  microprogram counter
áiritheoir *m3* **rialúcháin** control
  counter
áiritheoir *m3* **ríomhchláir (=
  áiritheoir** *m3* **seoltaí ríomhchláir)**

program counter, program address
counter

áiritheoir *m3* **seichimh** (= **tabhall** *m1*
rialaithe seichimh) sequence
counter

áiritheoir *m3* **seoltaí ríomhchláir**
(= **áiritheoir** *m3* **ríomhchláir**,
PAC) program address counter,
program counter, PAC

áiritheoir *m3* **shuíomhanna na
dtreoracha** instruction location
counter

áiritheoir *m3* **suíomhanna** location
counter

áiritheoir *m3* **treorach** instruction
counter

airmheán *m1* median *s*

ais *f2* axis *s*

aischainéal *m1* reverse channel

áis *f2* **cheapadóireachta** authoring
tool, authorship tool

aischéimniú *m* (*gs* **-nithe**) regression *s*

aischóipeáil *v* copy back

ais *f2* **chothrománach** horizontal axis

aischuir *v* (= **cuir** *v* **ar ais**) restore *v*

aiseanna *fpl* **polacha** polar axes

aiseolas *m1* feedback[2] *s*

aiseolas *m1* **ar láithreán** (= **aiseolas**
m1 **ar shuíomh**) site feedback

aiseolas *m1* **ar shuíomh** (= **aiseolas**
m1 **ar láithreán**) site feedback

aisfhill *v* return[2] *v*

Aisfhill (= **eochair** *f5* **aisfhillte**,
eochair *f5* **iontrála**) return key,
Enter key

aisfhilleadh *m1* (*pl* **-llteacha**)
(= **aisfhilleadh** *m1* **carráiste**)
return[3] *s*

aisfhilleadh *m1* **bog** soft return

aisfhilleadh *m1* **carráiste**
(= **aisfhilleadh** *m1*, **eochair** *f5* **CR**)
carriage return, CR

aisfhilleadh carráiste/fotha líne
(= **eochair** *f5* **CR/LF**) carriage
return/line feed, CR/LF

aisfhilleadh *m1* **crua** hard return

aisfhotha *m4* feedback[1] *s*

aisfhotha *m4* **deimhneach** positive
feedback

aisfhotha *m4* **diúltach** (**NFB**) negative
feedback, NFB

aisfhuaimniú *m* (*gs* **-ithe**)
reverberation *s*

aisghabh *v* retrieve *v*

aisghabh agus cuir *v* **ar ais** retrieve
and restore

aisghabháil *f3* retrieval *s*

aisghabháil *f3* **amháin** retrieval only

aisghabháil *f3* **faisnéise** information
retrieval

aisghabháil *f3* **sonraí** data retrieval

aisindeiteach *a* asyndetic *a*

ais *f2* **ingearach** vertical axis

áis *f2* **inmheánach nascleanúna**
internal navigation aid

ais-innealtóireacht *f3* reverse
engineering

aisiompaigh *v* reverse *v*

aisioncronach *a* asynchronous *a*

aislúbadh *m* (*gs* **-btha**) (= **seiceáil** *f3*
lúibe) loopback *s*

ais *f2* **tagartha** axis of reference

aistrigh[1] *v* translate *v*

aistrigh[2] *v* (= **traschuir**) transfer[1] *v*

aistritheoir *m3* translator *s*

aistritheoir *m3* **teanga** language
translator

aistriú *m* (*gs* **-rithe**) (= **traschur**)
transfer[2] *s*

aistriú *m* **algartaim** algorithm
translation

aistriúchán *m1* translation *s*

aistriúchán *m1* **meandarach** instant
translation

aistriú *m* **coinníollach** (= **traschur** *m*
coinníollach) conditional transfer

aistriú *m* **comhad** file transfer

aistriú *m* **comhad idir
chomhghleacaithe** peer-to-peer file
transfer

aistriú *m* **comhuaineach** (= **traschur**
m **comhuaineach**) parallel transfer

aistriú *m* **Doppler** Doppler shift

aistriú *m* **forimeallach** peripheral transfer

aistriú *m* **glaonna** call transfer

aistriú *m* **neamhchoinníollach rialúcháin** (= **traschur** *m* **neamhchoinníollach rialúcháin**) unconditional control transfer

aistriú *m* **rialúcháin** control transfer

aistriú, **rochtain agus bainistiú comhad** file transfer access and management

aistriú *m* **sonraí** (= **traschur** *m* **sonraí**) data transfer

aistriú *m* **srathach** (= **traschur** *m* **srathach**) serial transfer

aitheantas *m1* **(ID)** identification[1], ID

aitheantas *m1* **(an) úsáideora (UID)** user identification, UID

aitheantas *m1* **freastalaí** server ID

aitheantas *m1* **glaoiteora** caller ID

aitheantas *m1* **próisis (PID)** process ID, PID

aitheantóir *m3* identifier *s*

aitheantóir *m3* **aonfhoirmeach acmhainne (URI)** uniform resource identifier, URI

aitheantóir *m3* **cainte** speech recognizer

aitheantóir *m3* **dúblach** duplicate identifier

Aitheantóir *m3* **Idirnáisiúnta Fóin Phóca (IMEI)** International Mobile Equipment Identifier, IMEI

aitheantóir *m3* **oibiachta** object identifier

aitheantóir *m3* **oibiachta digití** digital object identifier

aitheantóir *m3* **réamhshainithe** predefined identifier

aitheantóir *m3* **sainithe ag an úsáideor** user-defined identifier

aitheantóir *m3* **uathúil** unique identifier

aithin *v* recognize *v*

aithint *f3* recognition *s*

aithint *f3* **cainte** speech recognition

aithint *f3* **carachtar** character recognition

aithint *f3* **carachtar dúigh mhaighnéadaigh** magnetic ink character recognition, MICR

aithint *f3* **gutha** voice recognition

aithint *f3* **marcanna optúla (OMR)** optical mark recognition, OMR

aithint *f3* **optúil carachtar (OCR)** optical character recognition, OCR

aithint *f3* **patrún** pattern recognition

aithris[1] *v* emulate *v*

aithris[2] *f2* emulation *s*

aithriseoir *m3* emulator *s*

aithriseoir *m3* **ionchiorcaid** in-circuit emulator

aithriseoir *m3* **teirminéil** terminal emulator

aitreabúid *f2* (= **tréith**) attribute *s*

albam *m1* **grianghraf digiteach** digital photo album

alfa *m4* alpha *s*

alfa-thástáil *f3* alpha testing

alfa-uimhriúil *a* (= **aibítre/uimhriúil**) alphanumeric(al) *a*

algartam *m1* algorithm *s*

algartamach *a* algorithmic *a*

algartam *m1* **(an leathanaigh) is faide díomhaoin (LRU)** least recently-used algorithm, LRU

algartam *m1* **athchúrsach** recursive algorithm

algartam *m1* **céadoiriúna** first-fit algorithm

algartam *m1* **FIFO** (= **algartam** *m1* **is túisce isteach is túisce amach**) FIFO algorithm, first-in-first-out algorithm

algartam *m1* **is déanaí isteach is déanaí amach** (= **algartam** *m1* **LILO**) last-in-last-out algorithm, LILO algorithm

algartam *m1* **is déanaí isteach is túisce amach** (= **algartam** *m1* **LIFO**) last-in-first-out algorithm,

LIFO algorithm

algartam *m1* **is túisce isteach is túisce amach (= algartam** *m1* **FIFO)** first-in-first-out algorithm, FIFO algorithm

algartam *m1* **LIFO (= algartam** *m1* **is déanaí isteach is túisce amach)** LIFO algorithm, last-in-first-out algorithm

algartam *m1* **LILO (= algartam** *m1* **is déanaí isteach is déanaí amach)** LILO algorithm, last-in-last-out algorithm

algartam *m1* **Nagle** Nagle's algorithm

algartam *m1* **parsála de réir sonraí** data-driven parsing algorithm

algartam *m1* **réitigh** solution algorithm

algartam *m1* **sceidealta** scheduling algorithm

algartam *m1* **scothoiriúna** best-fit algorithm

ALGOL ALGOL

alt *m1* paragraph *s*

am *m3* time[1] *s*

ama *gs as a* temporal *a*

amach *adv* (= **bosca, post** *etc* **amach**) outbox *s*

amadóir *m3 See* uaineadóir.

am *m3* **aistrithe (= am** *m3* **traschurtha)** transfer time

amas *m1* hit[2] *s*

am *m3* **ceangail** binding time

amchrios *m3* (= **crios** *m3* **ama**) time zone

am *m3* **gan úsáid** unused time

am *m3* **giotáin** bit time

amharc *m1* (= **radharc**) view[1] *s*

amharc *v* **ar** (= **breathnaigh** *v* **ar, féach** *v* **ar**) view[2] *v*

amharc *m1* **ar an doiciméad** document view

amharc *m1* **ar dhearadh** design view

amharc *m1* **ar leagan amach an Ghréasáin** Web layout view

amharc *m1* **ar leagan amach**

leathanaigh page layout view

amharc *m1* **imlíneach** outline view

amharcláithreoireacht *f3* visual presentation

amharc *m1* **leathanaigh ar líne** online page view

amharclíne *gs as a* line-of-sight *a*

amharcoibiacht *f3* visual object

amharc *m1* **roimh phriontáil** print preview

amharcshamhail *f3* visual model

amhshonraí *mpl* raw data

am *m3* **ilchineálach** miscellaneous time

am *m3* **inúsáidteachta** available time

am *m3* **istigh** time out

am *m3* **meathlúcháin** decay time

am *m3* **mionathraithe comhaid** file modification time

am *m3* **oiliúna** training time

amparsan *m1* ampersand *s*

AMPS (= ardseirbhís *f2* **fóin phóca)** AMPS, advanced mobile phone service

am *m3* **rite** runtime *s*

amscála *m4* time scale

amshraith *f2* time series

am *m3* **tagartha** reference time

am *m3* **tiomsaithe** compilation time

am *m3* **traschurtha (= am** *m3* **aistrithe)** transfer time

am *m3* **trasdula iomlán** total transition time

anailís *f2* analysis *s*

anailís *f2* **ar an chomhréir** *See* anailís ar an gcomhréir.

anailís *f2* **ar an gcomhréir (= anailís** *f2* **ar an chomhréir)** syntax analysis

anailís *f2* **ar an líonra/ar na líonraí** network analysis

anailís *f2* **ar an sreabhadh faisnéise** information flow analysis

anailís *f2* **ar chóras** system analysis

anailís *f2* **ar eilimintí críochta** finite element analysis

anailís *f2* **ar fhaisnéis** information

analysis

anailís *f2* **ar na feidhmeanna**
functional analysis

anailís *f2* **ar na gnásanna** procedure
analysis

anailís *f2* **ar na riachtanais** analysis
of requirements, requirements
analysis

anailís *f2* **ar na sonraí** data analysis

anailís *f2* **ar shonraí coibhneasta**
relational data analysis

anailís *f2* **ar thionchar** impact analysis

anailís *f2* **bhraisle** cluster analysis

anailís *f2* **chostais/sochair** cost/benefit
analysis

anailís *f2* **'dá mba rud é'** 'what if'
analysis

anailíseach *a* analytical *a*

anailíseoir *m3* analyser *s*

anailíseoir *m3* **difreálach digiteach**
(DDA) digital differential analyser,
DDA

anailíseoir *m3* **líonra** network analyser

anailíseoir *m3* **prótacal** protocol
analyser

anailísí *m4* analyst *s*

anailísí *m4* **córas** systems analyst

anailísigh *v* (= **déan** *v* **anailís ar**)
analyse *v*

anailís *f2* **íogaireachta** sensitivity
analysis

anailísí *m4* **ríomhchláraitheora**
programmer analyst

anailís *f2* **rébhealaigh** critical path
analysis

anailís *f2* **riosca** risk analysis

anailís *f2* **speictrim** spectrum analysis

anailís *f2* **uimhriúil** numerical analysis

analach *m1* analogy *s*

analógach *a* analog *a*

an-ardmhinicíocht *f3* **(VHF)** very
high frequency, VHF

ancaire *m4* anchor *s*

AND a thabhairt isteach AND
introduction

A nó B (nó ceachtar acu) (= **ceachtar**

pron **de A nó B)** either A or B

anótáil[1] *v* annotate *v*

anótáil[2] *f3* annotation *s*

ANSI ANSI

ANSI C ANSI C

aon- *pref* (= **singil**) single *a*

aonad *m1* unit *s*

aonad *m1* **aistrithe rialúcháin** control
transfer unit

aonad *m1* **bainistíochta cuimhne**
(MMU) memory management unit,
MMU

aonad *m1* **bus** bus unit

aonad *m1* **ceangail meáin** medium
attachment unit

aonad *m1* **céannachta** (= **geata** *m4*
céannachta) identity unit

aonad *m1* **cineálach** generic unit

aonad *m1* **closfhreagartha** audio
response unit

aonad *m1* **comparáide** comparing unit

aonad *m1* **cothroime** (= **ciorcad** *m1*
cothroime) equality unit

aonad *m1* **cuimhne** memory unit

aonad *m1* **deisce** desktop unit

aonad *m1* **dioscaí** disk unit

aonad *m1* **dioscaí optúla** optical disk
unit

aonad *m1* **feidhme** functional unit

aonad *m1* **fístaispeána** (= **teirminéal**
m1 **fístaispeána**, **VDT**, **VDU**) video
display unit, visual display unit,
VDU

aonad *m1* **forimeallach** (=
forimeallach[2]) peripheral unit

aonad *m1* **frith-chomhtheagmhais**
anticoincidence unit

aonad *m1* **ionchurtha** input unit

aonad *m1* **ionchurtha/aschurtha**
input/output unit

aonad *m1* **léacsach** lexical unit

aonad *m1* **loighce agus uimhríochta**
arithmetic and logic unit, ALU

aonad *m1* **loighciúil** logical unit

aonad *m1* **marbhchreasa** dead zone
unit

aonad *m1* micreaphróiseálaí (MPU)
microprocessor unit, MPU
aonad *m1* moillithe delay unit
aonad *m1* próiseála processing unit
aonad *m1* rastair raster unit
aonad *m1* ratha success unit
aonad *m1* rialaithe gléis device
control unit, DCU
aonad *m1* rialaithe ríomhchláir
program control unit
aonad *m1* rialúcháin control unit
aonad *m1* rite execution unit
aonad *m1* rochtana ilstáisiún (MAU,
MSAU) multistation access unit,
MAU, MSAU
aonad *m1* rochtana meán
(= trasghlacadóir *m3*, MAU) media
access unit, MAU
aonad *m1* seirbhís sonraí data service
unit
aonad *m1* seolacháin address unit
aonad *m1* snámhphointe (FPU)
floating-point unit, FPU
aonad *m1* taispeána anailíse ar na
sonraí data analysis display unit
aonad *m1* téipe (= aonad *m1* téipe
maighnéadaí, TU) tape unit, TU
aonad *m1* téipe maighnéadaí
(= aonad *m1* téipe) magnetic tape
unit
aonad *m1* trunc-chúplála
trunk-coupling unit
aonad *m1* uimhríochta arithmetic unit
aonaid *mpl* fheidhmiúla
idirghníomhacha interacting
functional units
aonaid *mpl* idirnáisiúnta
leictreachais international electrical
units
aonaid *mpl* SI SI units
aonáin *mpl* fhorluiteacha overlapping
entities
aonán *m1* entity *s*
aonán *m1* carachtair character entity
aonán *m1* comhaid file entity

aonán *m1* dénártha binary entity
aonán *m1* eisiach exclusive entity
aonán *m1* mionsonraí detail entity
aonán *m1* neamhpharsáilte unparsed
entity
aonán *m1* paraiméadair parameter
entity
aonán *m1* parsáilte parsed entity
aonán *m1* saorsheasaimh stand-alone
entity
aonán *m1* seachtrach external entity
aonán *m1* sonraí data entity
aonán *m1* teaghráin string entity
aonártha *a* unary *a*
aonbheachtais *gs as a* single-precision
a
aonchineálach *a* homogeneous *a*
aonchineálacht *f3* homogeneity *s*
aonchraolachán *m1* (= aonchraoladh)
unicasting *s*
aonchraoladh *m* (*gs* -lta)
(= aonchraolachán) unicasting *s*
aon d'aon one-for-one *a*
aondlúis *gs as a* (SD) single-density *a*,
SD
aonfhaid *gs as a* fixed-length *a*
aon le haon one-to-one *a*
aon le mórán one-to-many *a*
aonphléacs *m4* simplex[1] *s*
aonphléacsach *a* (SPX[2]) simplex[2] *a*,
SPX[2]
aonpholach *a* unipolar *a*
aonrú *m* (*gs* -raithe) isolation *s*
aonrú *m* glacadóra receiver isolation
aonsraithe *gs as a* single-layer *a*
aontas *m1* union *s*, disjunction *s*
aontas *m1* dhá thacar (= suim *f2*
dhá thacar) union of two sets
aontas *m1* eisiach exclusive
disjunction
Aontas *m1* Idirnáisiúnta
Teileachumarsáide, An t
International Telecommunications
Union
aontas *m1* iniatach inclusive
disjunction

aontas *m1* **scartha** disjoint union
aontéarmach[1] *m1* uniterm[1] *s*
aontéarmach[2] *a* uniterm[2] *a*
aontonacht *f3* monotonicity *s*
aontreoch *a* unidirectional *a*
API (= **comhéadan** *m1* **feidhmchláir**)
   API, application program(ming)
   interface
APL APL, A Programming Language
ar aghaidh *adv* (= **tul-**[1] *pref*) forward[2]
   a
Ar ais go Leathanach Baile (= **Fill ar**
   an Leathanach Baile) Return to
   Homepage
ar chlé *adv* (= **faoi chlé**) left[2] *adv*
ard *a* (= **ard-** *pref*) high *a*
ard- *pref* (= **ard**) high *a*
ardailtireacht *f3* **ríomhairí** advanced
   computer architecture
ardaitheach *a* ascending *a*
ardán *m1* platform *s*
ardán *m1* **crua-earraí** hardware
   platform
ardchumarsáid *f2* **idir ríomhchláir**
   advanced program-to-program
   communication
ard-dlús *m1* (**HD**[2]) high density, HD[2]
ardleibhéil *gs as a* high-level *a*
ardlimistéar *m1* **cuimhne** high
   memory area
ardluas *m1* high speed
ardmhinicíocht *f3* (**HF**) high
   frequency, HF
ard-oird *gs as a* high-order *a*
ardseirbhís *f2* **fóin phóca** (**AMPS**)
   advanced mobile phone service,
   AMPS
ardsocruithe *mpl* **tosaithe** advanced
   start-up settings
ardtairseach *f2* high threshold
ardtástálaí *m4* **cábla** advanced cable
   tester
ardteanga *f4* advanced language
argóint *f3* argument *s*
argóint *f3* **feidhme** (= **paraiméadar**
   m1 **feidhme**) function argument

argóint *f3* **fo-eagair** subarray argument
argóint *f3* **iarbhír** actual argument
argóint *f3* **líne na n-orduithe**
   command-line argument
argóint *f3* **slánuimhreach** integral
   argument
ar líne online *a*
armáil *v* arm *v*
armónach[1] *m1* harmonic[1] *s*
armónach[2] *a* harmonic[2] *a*
arsainíd *f2* **ghailliam** gallium arsenide
árthach *m1* container *s*
asbhain *v* (= **bain** *v* {**amach**}) extract[1]
   v, abstract[1] *v*
asbhaint *f2* (= **baint** *f2* **as**)
   abstraction[1] *s*
asbhainteoir *m3* extractor *s*
asbhain, trasfhoirmigh, lódáil *v*
   extract, transform, load
asbhaint *f2* **sonraí** data abstraction
ásc *m1* instance *s*
áscaigh *v* instantiate *v*
ascalascóp *m1* oscilloscope *s*
ascaltóir *m3* oscillator *s*
ascaltóir *m3* **socrachta** relaxation
   oscillator
ascalú *m* (*gs* **-laithe**) (= **ascalúchán**)
   oscillation *s*
ascalúchán *m1* (= **ascalú**) oscillation *s*
ásc *m1* **de dhoiciméad** document
   instance
aschur[1] *m1* output[1] *s*
aschur[2] *m* (*gs* **-tha**) output[2] *s*
aschur *m1* **cóngarach do chaighdeán**
   litreach near-letter-quality output
aschur *m1* **digiteach** (**DO**) digital
   output, DO
aschur *m1* **físe trídhatha** component
   video output
aschur *m1* **formáidithe** formatted
   output
aschur *m1* **ríomhaire ar**
   mhicreascannán computer output
   (on) microfilm, COM
ASCII (= **Cód** *m1* **Caighdeánach**
   Meiriceánach um Idirmhalartú

Faisnéise) ASCII, American Standard Code for Information Interchange

ascnamh *m1* **sonraí** data migration

as comhphas out of phase

áscú *m* (*gs* **-caithe**) instantiation *s*

áscú *m* **uilíoch** universal instantiation

as líne offline *a*

asphrionta *m4* printout *s*

as raon out of range

astaigh *v* emit *v*

astaíre *m4* emitter *s*

astú *m* (*gs* **-taithe**) (= **astúchán**) emission *s*

astúchán *m1* (= **astú**) emission *s*

AT AT, Advanced Technology

atáirg *v* reproduce *v*

atáirgeoir *m3* **téipe** tape reproducer

atarchuir *v* retransmit *v*

atarchur *m* (*gs* **-rtha**) retransmission *s*

atarlú *m* (*gs* **-laithe**) recurrence *s*

atástáil *f3* re-testing *s*

atháireamh *m1* recalculation *s*

athbhreithniú *m* **ar an dearadh** design review

athbhútáil *v* reboot *v*

athcheangail *v* (= **athnasc**) reconnect *v*

athchuir *v* replace *v*

athchuir *v* **arís** repeat replace

athchumraigh *v* reconfigure *v*

athchumraíocht *f3* (= **athchumrú**) reconfiguration *s*

athchumrú *m* (*gs* **-raithe**) (= **athchumraíocht**) reconfiguration *s*

athchur *m1* replacement *s*

athchur *m* **carachtar** character replacement

athchur *m1* **domhanda** global replace

athchúrsach *a* recursive *a*

athchúrsáil *f3* recursion *s*

athchúrsáil *f3* **eirre** tail recursion

athchur *m* **teaghrán** string replacement

athdhéan[1] *v* redo *v*

athdhéan[2] *v* repeat *v*

athdhéanamh *m1* repetition *s*

athdhearadh *m* **ríomhchláir** program redesign

athdhíoltóir *m3* **breisluacha (VAR)** value-added reseller, VAR

athdhréachtaigh *v* redraft *v*

athdhúisigh *v* (= **atosaigh**) resume *v*, restart[1] *v*

atheagraí *m4* reorganizer *s*

atheagrú *m* (*gs* **-raithe**) reorganization *s*

atheagrú *m* **comhad** file reorganization

athfhilleadh *m* (*gs* **-llte**) recirculating[1] *s*, recirculation *s*

athfhillteach *a* recirculating[2] *a*

athfhoinse *f4* second source

athfhoinsigh *v* second-source *v*

athfhormáidigh *v* reformat *v*

athfhormáidiú *m* (*gs* **-dithe**) reformatting *s*

athghin *v* regenerate *v*

athghiniúint *f3* (= **athscríobh**[2]) regeneration *s*

athghiniúint *f3* **comhartha** signal regeneration

athghlaoigh *v* recall *v*

ath-inríomhchláraithe *a* reprogrammable *a*

ath-inúsáidteacht *f3* reusability *s*

ath-inúsáidte *a* **go srathach** serially reusable

athiontráil *f3* re-entry *s*

athléimneach *a* resilient *a*

athlódáil *v* reload *v*

athluaiteachas *m1* tautology *s*

athnasc *v* (= **athcheangail**) reconnect *v*

athnuachan *f3* refreshing *s*

athnuachan *f3* **cuimhne** memory refresh

athnuachan *f3* **RAM** RAM refresh

athnuaigh *v* refresh *v*

athphróiseáil *v* reprocess *v*

athraigh *v* alter *v*

athraigh *v* **méid** resize *v*

athraigh *v* **ó chlár go clár** switch
between programs
athraitheach *a* variant[2] *a*
athraitheach[1] *a* variable[3] *a*
athraitheach[2] *m1* variant[1] *s*
athraitheas *m1* variance *s*
athraonadh *m* (*gs* **-nta**) refraction *s*
athriochtú *m* **comhaid** file
reconstitution
athrith[1] *v* rerun[1] *v*
athrith[2] *m3* (*gs* **-reatha** *pl* **-rití**) rerun[2]
s
athrith[3] *m* (*gs* **-rite**) rerun[3] *s*
athródaigh *v* reroute *v*
athróg *f2* variable[1] *s*
athróg *f2* **a áscú** instantiate a variable
athróga *fpl* **feidhmíochta** performance
variables
athróg *f2* **aicmeach** class variable
athróg *f2* **áscach** instance variable
athróg *f2* **bheo** live variable
athróg *f2* **bhlaoisce** shell variable
athróg *f2* **Boole** Boolean variable
athróg *f2* **chaighdeánach bhlaoisce**
standard shell variable
athróg *f2* **dhá luach** two-valued
variable
athróg *f2* **dhá staid** two-state variable
athróg *f2* **dhénártha** binary variable
athróg *f2* **dhomhanda** global variable
athróg *f2* **eagair** array variable
athróg *f2* **gan ainm** anonymous
variable
athróg *f2* **ionramháilte** manipulated
variable
athróg *f2* **logánta** local variable
athróg *f2* **mharbh** dead variable
athróg *f2* **mheiteachomhréireach**
metasyntactic variable
athróg *f2* **neamhspleách** independent
variable
athróg *f2* **phoiblí** public variable
athróg *f2* **phríobháideach** private
variable
athróg *f2* **rialaithe lúibe** loop-control
variable

athróg *f2* **scálach** scalar variable
athróg *f2* **sheachtrach** external
variable
athróg *f2* **shealadach** temporary
variable
athróg *f2* **shimplí** simple variable
athróg *f2* **shnámhphointe**
floating-point variable
athróg *f2* **statach** static variable
athróg *f2* **struchtúrtha** structured
variable
athróg *f2* **theaghráin** string variable
athróg *f2* **thimpeallachta** environment
variable
athróg *f2* **thoraidh** result variable
athróg *f2* **uathoibríoch** automatic
variable
athróg *f2* **uimhriúil** numeric variable
athrú *m* (*gs* **-raithe**) (= **athrúchán**)
change *s*
athrúchán *m1* (= **athrú**) change *s*
athrú *m* **domhanda** global change
athrú *m* **méide** resizing *s*
athrú *m* **ó chnoga go cnoga** head
switching
athrú *m* **sa rialú comparáide**
comparing control change
athscríobh[1] *v* rewrite[1] *v*
athscríobh[2] *m* (*gs* **-ofa** *pl* **-anna**)
(= **athghiniúint**) rewrite[2] *s*
athsheachadadh *m* **fráma** frame relay
athsheachadán *m1* relay[2] *s*
athsheachaid *v* relay[1] *v*
athsheinm *m3* playback *s*
athsheolachán *m1* readdressing *s*
athsheoltóir *m3* repeater *s*
athshlánaigh *v* recover *v*
athshlánú[1] *m* (*gs* **-naithe**)
(= **athshlánúchán**) recovery *s*
athshlánú[2] *m* (*gs* **-naithe**) recovering *s*
athshlánú *m* **an chórais** system
recovery
athshlánú *m* **ar aghaidh** forward
recovery
athshlánúchán *m1* (= **athshlánú**[1])
recovery *s*

athshlánú *m* **comhaid** file recovery
athshlánú *m* **ó earráid** error recovery
athshlánú *m* **siar** backward recovery
athshocraigh *v* reset *v*
athshocrú *m* (*gs* **-raithe**) (=
  athshocrúchán) resetting *s*
athshocrúchán *m1* (= **athshocrú**)
  resetting *s*
athshocrú *m* (**innéacs**) **ciogal** cycle
  (index) reset
athshonadóir *m3* resonator *s*
athshondach *a* resonant *a*
athshondas *m1* resonance *s*
athshuí *m* (*gs* **-uite**) relocation *s*
athshuigh *v* relocate *v*
athuimhriú *m* **leathanach**
  repagination *s*
athúsáid[1] *v* (= **bain athúsáid as**)
  reuse[1] *v*
athúsáid[2] *f2* reuse[2] *s*
ATM (= **mód** *m1* **aistrithe**
  aisioncronaigh) ATM,
  asynchronous transfer mode
atochrais *v* rewind *v*
atógáil *f3* reconstruction *s*
atosaigh *v* (= **athdhúisigh**) restart[1] *v*,
  resume *v*
atosú *m* (*gs* **-saithe**) restart[2] *s*
atosú *m* **fuar** cold restart
ATP (= **prótacal** *m1* **idirbhearta**
  AppleTalk) ATP, AppleTalk
  transaction protocol
atreorú *m* (*gs* **-raithe**) redirection *s*
atreorú *m* **ionchuir/aschuir**
  input/output redirection
atriall[1] *v* retry *v*
atriall[2] *v* iterate *v*
atriall[3] *m3* iteration[1] *s*
atriall[4] *m* (*gs* **-llta**) iteration[2] *s*
atriallach[1] *a* repetitive *a*
atriallach[2] *a* iterative *a*
atriall *m3* **léir** explicit iteration
AUI (= **comhéadan** *m1* **aonaid**
  cheangail) AUI, attachment unit
  interface

B

babhtáil[1] *v* swap[1] *v*
babhtáil[2] *f3* swap[2] *s*
babhtáil *f3* **tascanna** task switching
babhtálaí *m4* **tascanna** task swapper
bac[1] *v* block[1] *v*
bac[2] *m1* block[3] *s*
bacadh *m* (*gs* **-ctha**) blocking[2] *s*
bacainn *f2* barrier *s*
bacainn *f2* **dromchla** surface barrier
bacainneach *a* blocking[3] *a*
bacainn *f2* **iontrála** entry barrier
bac *m1* **indíreach** indirect block
bac *m1* **indíreach dúbailte** double
  indirect block
bád *m1* baud *s*
baile *m4* home[1] *s*
bailí *a* valid *a*
bailigh *v* collect[1] *v*
bailigh is scríobh *v* gather write
bailíocht *f3* validity *s*
bailíochtaigh *v* validate *v*
bailíochtú *m* (*gs* **-taithe**) validation *s*
bailíochtú *m* **córais** system validation
bailíochtú *m* **sonraí** data validation
bailitheoir *m3* **dramhaíola** garbage
  collector
bailiú *m* **dramhaíola** garbage
  collection
bailiú *m* **sonraí** data collection
bain *v* remove *v*
bain *v* (**amach**) (= **asbhain**) extract[1] *v*
bain *v* **as** (= **asbhain**) abstract[1] *v*
bain *v* **athúsáid as** (= **athúsáid**[1])
  reuse[1] *v*
bainisteoir *m3* **comhad** file manager
bainisteoir *m3* **fuinneog** window
  manager
bainisteoir *m3* **leagain amach** layout
  manager
bainisteoir *m3* **maolán** buffer manager
bainisteoir *m3* **pearsanta faisnéise**
  (**PIM**) personal information
  manager, PIM
bainisteoir *m3* **próiseála sonraí**

(DPM) data processing manager, DPM

bainisteoir *m3* **ríomhchláir** program manager

bainistíocht *f3* management *s*

bainistíocht *f3* **ceart digiteach** digital rights management

bainistíocht *f3* **comhad** file management

bainistíocht *f3* **córas** systems management

bainistíocht *f3* **cumraíochta** configuration management

bainistíocht *f3* **eolais** knowledge management

bainistíocht *f3* **faisnéise** information management

bainistíocht *f3* **feidhmíochta** performance management

bainistíocht *f3* **líonra** network management

bainistíocht *f3* **próisis** process management

bainistíocht *f3* **seisiún** session management

bainistíocht *f3* **sonraí (DM)** data management, DM

bainistíocht *f3* **tionscadail** project management

baint *f2* removing *s*

baint *f2* **as (= asbhaint)** abstraction[1] *s*

baintreach *f2 (Wordpr.)* widow *s*

baisc[1] *f2 (pl* **-eanna)** batch[2] *s*

baisc[2] *v* batch[1] *v*

baisc-chóras *m1* batch system

baisceáil *f3* batching *s*

baiscphróiseáil *f3* batch processing

balbhú *m (gs* **-bhaithe)** muting *s*

ball[1] *m1* member *s*

ball[2] *m1 (of set) (Mth.)* element[2] *s*

balla *m4* **dóiteáin** firewall *s*

ball *m1* **céannachta de ghrúpa** *(Sets)* identity element of a group

ball *m1* **de thacar** element of a set, member of a set

ball *m1* **de thacar fírinne** element of truth set

ball *m1* **te** hot spot

bán *a (=* **glan**[1]**)** blank[2] *a*

bánán *m1 (=* **spás** *m1* **bán)** blank[1] *s*, whitespace *s*

banc *m1* **sonraí** data bank

banda *m4* band *s*

banda *m4* **cumhdaigh** guard band

banda *m4* **leathan (= leathanbhanda)** broadband[1] *s*

bandaleithead *m1 (=* **leithead** *m1* **banda)** bandwidth *s*

banda *m4* **marbh (= marbhchrios)** dead band

barra *m4* **bunúsach uirlisí** standard toolbar

barra-chairt *f2* bar chart

barrachód *m1* bar code

barra *m4* **deighilteora** separator bar

barraghraf *m1* bar graph

barraghraf *m1* **líneach** bar line graph

barraí *mpl* **ingearacha** vertical bars

barra *m4* **nascleanúna** navigation bar

barra-oibreoir *m3* bar operator

barra *m4* **rialóra** ruler bar

barra *m4* **roghchláir** menu bar

barra *m4* **sleamhnáin** sliding bar, slider *s*

barra *m4* **stádais** status bar

barra *m4* **teidil** title bar

barratháb *m1* bar tab

barra *m4* **uirlisí** toolbar *s*

barra *m4* **(uirlisí) formáidithe** formatting toolbar

barra *m4* **uirlisí Gréasáin** Web toolbar

barra *m4* **uirlisí líníochta** drawing toolbar

BASIC BASIC

BBS (= **córas** *m1* **cláir feasachán)** BBS, bulletin board system

BCD (= **deachúil** *f3* **códaithe go dénártha)** BCD, binary-coded decimal

B-chrann *m1* B-tree *s*

BCNF (= **foirm** *f2* **normalach**

Boyce-Codd) BCNF, Boyce-Codd normal form

BDC (= rialaitheoir *m3* **cúltaca fearann)** BDC, backup domain controller

beacht *a* precise *a*

beachtas *m1* precision *s*

beagbhríoch *a* trivial *a*

beangán *m1* **talmhúcháin** grounding prong, earthing prong

bearna *f4* **(= mant)** gap *s*

bearna *f4* **chosanta** protective gap

bearna *f4* **idirbhloic (= bearna** *f4* **idir thaifid)** interblock gap

bearna *f4* **idir fhocail** interword gap

bearna *f4* **idir thaifid (= bearna** *f4* **idirbhloic)** inter-record gap

bearna *f4* **shéimeantach** semantic gap

bearradh *m* **alfa-béite** alpha-beta pruning

beart *m1* byte *s*

bearta *mpl* **comhtheagmhálacha** contiguous bytes

bearta *mpl* **san orlach (bpi)** bytes per inch, bpi

bearta *mpl* **sa soicind (bps)** bytes per second, bps

bearta *mpl* **teagmhasachta** contingency measures

beartchód *m1* bytecode

beartmhód *m1* byte mode

beart *m1* **n-ghiotán** n-bit byte

beart *m1* **tréithe** attribute byte

béasaíocht *f3* **Idirlín** netiquette *s*

béasaíocht *f3* **ríomhaire** computer etiquette

béite-thástáil *f3* beta testing

beobhabhtáil *f3* hot swapping

beochan *f3* animation *s*

bheith de réir ... conformance with

bí *v* **de réir ...** conform *v*, obey *v*

bí *v* **in oiriúint (le)** comply *v*

bileog *f2* sheet[1] *s*

bileog *f2* **chódúcháin** coding sheet

bileog *f2* **(chumhdaigh) facs** fax (cover) sheet

bileog *f2* **oibre** worksheet *s*

bileog *f2* **sonraí** data sheet

bileog *f2* **stíle (= stílbhileog)** style sheet

bíog *f2* pulse *s*

bíoga *fpl* **sa soicind (pps)** pulses per second, pps

bíog *f2* **athshocrúcháin** reset pulse

bíog *f2* **bhréige** spurious pulse

bíogchód *m1* pulse code

bíog *f2* **chómhalartáin** commutator pulse

bíog *f2* **cloig** clock pulse

bíog *f2* **iomlaoide** shift pulse

bíogleithead *m1* pulse width

bíogsraith *f2* **(= bíogtheaghrán)** pulse train

bíogtheaghrán *m1* **(= bíogsraith)** pulse string

bíog *f2* **tiomántáin** drive pulse

BIOS (= bunchóras *m1* **ionchurtha/aschurtha)** BIOS, basic input/output system

biúró *m4* **ríomhaireachta** computer bureau

bladhm[1] *v* flame[1] *v*

bladhm[2] *m3* flame[2] *s*

bladhmadh *m* **(*gs* -mtha)** flaming *s*

blaosc *f2* shell *s*

blaosc *f2* **Bourne** Bourne shell

blaosc-script *f2* **(= script** *f2* **bhlaoisce)** shell script

blaoscshórtáil *f3* shell sort

BLOB (= móroibiacht *f3* **bhunúsach, móroibiacht** *f3* **dhénártha)** BLOB, basic large object, binary large object

bloc *m1* block[4] *s*

blocáil[1] *v* block[2] *v*

blocáil[2] *f3* blocking[1] *s*

blocáil *f3* **taifead** record blocking

blocáil *f3* **teachtaireachtaí** message blocking

blocaistriú *m* **(*gs* -rithe)** block transfer

bloc-chóipeáil *v* block copy

bloc *m1* **cluasán** headphone block

blocfhachtóir *m3* blocking factor

blocfhad *m1* (= **fad** *m1* **bloic**) block
length

bloc-ilphléacsóir *m3* block multiplexer

bloc *m1* **inathraithe** variable block

bloc-iolraitheoir *m3* block multiplier

bloc *m1* **ionchuir** input block

bloc *m1* **iontrála** entry block

blocléaráid *f2* block diagram

blocmharcáil *f3* block marking

bloc *m1* **plocóidí** power strip,
plugboard[2] *s*

bloc *m1* **rialaithe ciúnna (QCB)**
queue control block, QCB

bloc *m1* **rialaithe línte (LCB)** line
control block, LCB

bloc *m1* **rialaithe próisis** process
control block

blocshórtáil *v* block sort

bloc *m1* **teachtaireachtaí an
fhreastalaí (SMB)** server message
block, SMB

blogh *f3* fragment *s*

bloghadh *m* (*gs* **-ghtha**) fragmentation
s

bloghadh *m* **comhaid** file
fragmentation

bloghadh *m* **inmheánach** internal
fragmentation

bloicéad *m1* blockette *s*

bog *v* move *v*

bog[1] *a* soft *a*

bog[2] *a* (= **flapach**) floppy *a*

bogearraí *mpl* (= **earraí** *mpl* **boga**)
software *s*

bogearraí *mpl* **áirge** utility software

bogearraí *mpl* **áirge deisce** desktop
utility software

bogearraí *mpl* **ar mhórán inneachair**
content-rich software

bogearraí *mpl* **béite** beta software

bogearraí *mpl* **cliaint** client software

bogearraí *mpl* **coiteanna** common
software

bogearraí *mpl* **córais** system software

bogearraí *mpl* **córas agus tacaíochta**
systems and support software

bogearraí *mpl* **cothabhála dioscaí**
disk maintenance software

bogearraí *mpl* **cuachta** bundled
software

bogearraí *mpl* **cuimhne aistriúcháin**
translation memory software

bogearraí *mpl* **cúltaca** backup
software

bogearraí *mpl* **fearainn phoiblí** public
domain software

bogearraí *mpl* **feidhme**
(= **feidhmchláir**) application
software

bogearraí *mpl* **foilsitheoireachta**
publishing software

bogearraí *mpl* **forlíontacha** add-on
software

bogearraí *mpl* **gan inneachar**
content-free software

bogearraí *mpl* **idirghníomhaíochta**
interactive software

bogearraí *mpl* **láithreoireachta**
presentation software

bogearraí *mpl* **leabharlainne** library
software

bogearraí *mpl* **oideachais** educational
software

bogearraí *mpl* **oideachais shiamsúil**
edutainment software

bogearraí *mpl* **parsála** parser software

bogearraí *mpl* **ríomhaireachta**
computer software

bogearraí *mpl* **tagartha** reference
software

bogtheascógadh *m* (*gs* **-ctha**)
soft-sectoring *s*

bogtheascógtha *a* soft-sectored *a*

bolgán *m1* bubble[1] *s*

bolgánach *a* bubble[2] *a*

bolgán *m1* **inbhéartaithe** inversion
bubble

bonn *m1* (= **bonnuimhir**) base[1], base
number, radix

bonnchló *m4* **réamhshocraithe** initial
base font

bonneagar *m1* (= **infreastruchtúr**)
  infrastructure
bonneagar *m1* **eochrach poiblí (PKI)**
  public key infrastructure, PKI
bonn-nodaireacht *f3* base notation
bonnuimhir *f5* (= **bonn**) base number,
  base[1], radix
borradh *m* (**leictreachais/cumhachta**)
  surge *s*
bosca *m4* box *s*
bosca *m4* **ábhair** subject box
bosca, post *etc* **amach** (= **amach** *adv*)
  outbox *s*
bosca *m4* **anuas** drop-down box
bosca *m4* **athchúrsála** recycle bin
bosca *m4* **bairr** set-top box
bosca *m4* **buntáisc** footer box
bosca *m4* **ceanntáisc** header box
bosca *m4* **cinnidh** decision box
bosca *m4* **córais** system box
bosca *m4* **critéar** criteria box
bosca *m4* **dialóige** dialogue box
bosca *m4* **dialóige na dtáb** tab
  dialogue box
bosca *m4* **dialóige roghchláir** menu
  dialogue box
bosca *m4* **díchódúcháin** stunt box
bosca *m4* **dubh** black box
bosca *m4* **faisnéise** information box
bosca *m4* **faoi ghlas** locked box
bosca *m4* **focal** word box
bosca *m4* **grafach** graphic box
bosca *m4* **ilchinntí** multiway decision
  box
bosca *m4* **liosta** list box
bosca *m4* **rabhaidh** warning box
bosca *m4* **rialúcháin** control box
bosca *m4* **ríomhphoist** mailbox *s*
bosca *m4* **seoltaí** address box
bosca *m4* **stádais** status box
Bosca *m4* **Taispeána** Show Box
bosca *m4* **téacs** text box
bosca *m4* **teaglama** combo box
bosca *m4* **uirlisí** toolbox *s*
both *f3* **idirghníomhaíochta**
  interactive kiosk

botún *m1* (= **earráid**) mistake *s*, error
  s
botún *m1* **cló** (= **earráid** *f2* **chló**)
  typing error
bpi (= **bearta** *mpl* **san orlach**) bpi,
  bytes per inch
Bpi (= **giotáin** *mpl* **san orlach**) Bpi,
  bits per inch
Bpp (= **giotáin** *mpl* **sa phicteilín**) Bpp,
  bits per pixel
bps (= **bearta** *mpl* **sa soicind**) bps,
  bytes per second
Bps (= **giotáin** *mpl* **sa soicind**) Bps,
  bits per second
brabhsáil[1] *v* (= **cúrsáil, scimeáil**[1])
  browse *v*
brabhsáil[2] *f3* browsing *s*
brabhsáil *v* **trí** browse through
brabhsálaí *m4* browser *s*
brabhsálaí *m4* **as líne** offline browser
brabhsálaí *m4* **Gréasáin** Web browser
brabhsálaí *m4* **íomhánna ar líne**
  online image browser
bradaí *m4* hacker *s*
bradaíl *f3* hacking *s*
brainse *m4* branch[2] *s*
brainseáil[1] *v* branch[1] *v*
brainseáil[2] *f3* branching *s*
brainseáil agus cuimsigh *v* branch and
  bound
brainseáil *f3* **choinníollach**
  conditional branching
brainse *m4* **ar dheis, an** *See* brainse
  deas, an.
brainse *m4* **coinníollach** conditional
  branch
brainse *m4* **deas, an** (= **an brainse** *m4*
  ar dheis) right branch
brainse *m4* **neamhchoinníollach**
  unconditional branch
braisle *f4* cluster[2] *s*
Braislechlár *m1* **Ríomhsheirbhísí**
  eCluster Programme
braisle *f4* **freastalaithe** server farm
braisle *f4* **tiomántán** drive cluster
braisligh *v* cluster[1] *v*

braislithe *a* clustered *a*

braisliú *m* (*gs* -lithe) clustering *s*

braiteoir *m3* sensor *s*

braiteoir *m3* **íomhánna** image sensor

braiteoir *m3* **méarloirg** fingerprint sensor

braith *v* sense *v*

brat *m1* (= **bratach**) flag *s*

bratach *f2 See* brat.

brath *m* (*gs* -aite) sensing *s*

brath *m* **iompróra /ilrochtain (CSMA)** carrier sense/multiple access, CSMA

brath *m* **marcanna** mark sensing

brath *m* **rothlach ionaid** rotational position sensing

brat *m1* **ríomhchláir** program flag

breacaire *m4* plotter *s*

breacaireacht *f3* checkerboarding *s*

breacaire *m4* **druma** drum plotter

breacaire *m4* **graf** graph plotter

breacaire *m4* **incriminteach** incremental plotter

breacaire *m4* **plánach** flatbed plotter

breacaire *m4* **sonraí** data plotter

breacaire *m4* **X-Y** X-Y plotter

bréag- *pref* (= **bréagach**) false *a*

bréagach *a* (= **bréag-** *pref*) false *a*

bréag-aisghabháil *f3* false drop

bréagshuimiúchán *m1* false add

breathnaigh *v* **ar** (= **amharc** *v* **ar**, **féach** *v* **ar**) view^2 *v*

breise *gs as a* (= **forlíontach**) add-on^2 *a*

breiseáin *mpl* **uasghrádaithe** plug-in upgrades

breiseán *m1* (= **ríomhchlár** *m1* **forlíontach**) plug-in *s*

breisigh^1 *v* (= **leasaigh**^{2}) enhance *v*

breisigh^2 *v (Mth.)* increase^2 *v*

breisithe^1 *a* (= **leasaithe**) enhanced *a*

breisithe^2 *a* extended *a*

breisiú^1 *m* (*gs* -sithe) (= **breisiúchán**) enhancement *s*

breisiú^2 *m* (*gs & pl* –sithe) extension *s*

breisiúchán *m1* (= **breisiú**^{1})

enhancement *s*

brí *f4* (= **ciall**) meaning *s*

BRI (= **Comhéadan** *m1* **Bunráta**) BRI, Basic Rate Interface

brionnú *m* (*gs* -nnaithe) forgery *s*

bris^1 *v* break^2 *v*

bris^2 *v See* idirbhris.

briseadh *m* (*gs* -ste) break^1 *s*

briseadh *m* **bog** soft break

briseadh *m* **bog (idir) leathanaigh** soft page break

briseadh *m* **bog (idir) línte** soft line break

briseadh *m* **colúin** column break

briseadh *m* **crua** hard break

briseadh *m* **crua (idir) leathanaigh** hard page break

briseadh *m* **(idir) leathanaigh** page break

briseadh *m* **líne** line break

briseadh *m* **rannáin** section break

brisphointe *m4* breakpoint *s*

brisphointe *m4* **coinníollach** conditional breakpoint

Bróicéir *m3* **Iarratas ar Oibiachtaí (ORB)** Object Request Broker, ORB

brú^1 *m4* pressure *s*

brú^2 *m4* push^2 *s*

brúchnaipe *m4* pushbutton *s*

brúigh^1 *v* press *v*

brúigh^2 *v* push^1 *v*

brúigh *v* **ar an chruach** *See* brúigh ar an gcruach.

brúigh *v* **ar an gcruach** (= **brúigh** *v* **ar an chruach**) push on the stack

brúigh *v* **leathanach síos** page down^1

brúigh *v* **leathanach suas** page up^1

brúigh *v* **siar** pushback^1 *v*

brúisceoir *m3* **uimhreacha** number cruncher

brú *m4* **siar** pushback^2 *s*

buaic *f2* peak *s*

buaicluach *m3* peak value

buaicráta *m4* **aistrithe sonraí** *See* buaicráta traschurtha sonraí.

buaicráta *m4* **traschurtha sonraí**

(= **buaicráta** *m4* **aistrithe sonraí**)
peak data transfer rate

buama *m4* **ama** time bomb

buama *m4* **loighce** logic bomb

buama *m4* **ríomhphoist** e-bomb, mail
bomb

buan *a* (= **buan-** *pref*) permanent *a*

buan- *pref* (= **buan**) permanent *a*

buanchiorcad *m1* **fíorúil (PVC)**
permanent virtual circuit, PVC

buanchuimhne *f4* permanent memory

buanearráid *f2* permanent error

buanstóras *m1* permanent storage

buicéad *m1* bucket *s*

buicéad *m1* **líonta** fill bucket

buille *m4* **tintrí** lightning strike

bun-[1] *pref* (= **bunúsach**[1]) basic *a*,
base[3] *a*

bun-[2] *pref* original *a*

bun-[3] *pref* primitive *a*

bunachar *m1* (= **bunachar** *m1* **sonraí**)
base[2] *s*, database *s*

bunachar *m1* **eolais** knowledge base

bunachar *m1* **faisnéis bainistíochta**
(MIB) management information
base, MIB

bunachar *m1* **foinseach sonraí** source
database

bunachar *m1* **sonraí** (= **bunachar**)
database *s*

bunachar *m1* **sonraí**
bibleagrafaíochta ar líne online
bibliographic database

bunachar *m1* **sonraí coibhneasta**
relational database

bunachar *m1* **sonraí coibhneasta**
oibiachtaí object-relational database

bunachar *m1* **sonraí cumasaithe do**
XML XML-enabled database

bunachar *m1* **sonraí dáilte** distributed
database

bunachar *m1* **sonraí deighilte**
partitioned database

bunachar *m1* **sonraí dúchasach XML**
native XML database

bunachar *m1* **sonraí foclóireachta**
lexicographical database

bunachar *m1* **sonraí líonra** network
database

bunachar *m1* **sonraí ordlathach**
hierarchical database

bunachar *m1* **sonraí simplí** flat-file
database

bunachar *m1* **sonraí tráchtála**
commercial database

bunaicme *f4* base class

bun-ais *f2* axis of origin

bunaithe *a* **ar charachtair**
character-oriented *a*

bunaithe *a* **ar ghiotánraí**
word-oriented *a*

bunaithe *a* **ar oibiachtaí**
object-oriented *a*

bunbhanda *m4* baseband *s*

bunchóras *m1* **ionchurtha/aschurtha**
(BIOS) basic input/output system,
BIOS

Bunchóras *m1* **Ionchurtha/Aschurtha**
Líonra (NetBIOS) Network Basic
Input/Output System, NetBIOS

bunleibhéal *m1* bottom level

bunmhód *m1* basic mode

bun-nascáil *f3* basic linkage

bunphointe *m4* (= **bunseoladh**,
seoladh *m* **toimhdean**) origin *s*

bunseoladh *m* (*gs* **-lta**) (=
bunphointe, seoladh *m* **toimhdean**)
base address

buntabhall *m1* base (address) register

buntásc *m1* footer *s*

buntéarma *m4* primitive term

bunús *m1* basis *s*

bunúsach[1] *a* (= **bun-**[1] *pref*) base[3] *a*,
basic *a*

bunúsach[2] *a* standard[3] *a*

bunúsann *f2* significand *s*

bus *m4* bus *s*

busach *a* bus-based *a*

bus *m4* **aisioncronach** asynchronous
bus

bus *m4* **ardluais** high-speed bus

bus *m4* **ceadchomharthaí** token bus

bus *m4* **comhéadain** interface bus
bus *m4* **forimeallach** peripheral bus
bus *m4* **forlíontach** expansion bus
busleithead *m1* bus width
bus *m4* **rialúcháin** control bus
bus *m4* **seoltaí** address bus
bus *m4* **sioncronach** synchronous bus
bus *m4* **sonraí** data bus
bus *m4* **sonraí an chórais** system data
bus
bustiománaí *m4* bus driver
bustiománaí *m4* **aschuir** output bus
driver
bustoipeolaíocht *f3* bus topology
bus *m4* **uilíoch srathach (USB)**
universal serial bus, USB
bútáil[1] *v* boot[1] *v*, bootstrap[1] *v*
bútáil[2] *f3* boot[2] *s*, booting *s*,
bootstrapping *s*
bútáil *f3* **fhuar** cold boot
bútáil *f3* **the** (= **tosú** *m* **te**) warm boot

C

cabhair *f3* help *s*
cabhair *f3* **ar líne** online help
cábla *m4* cable *s*
cábla *m4* **casphéire** twisted-pair cable
cábla *m4* **cineál a trí** type-[3] cable
cábla *m4* **cliste** intelligent cable
cábla *m4* **comhaiseach** coaxial cable
cábla *m4* **comhaiseach Thicknet**
Thicknet coaxial cable
cábla *m4* **comhaiseach Thinnet**
(= **Cheapernet, Thinwire**) Thinnet
coaxial cable
cábla *m4* **cumhachta** (= **cábla** *m4*
leictreachais) power cable
cábla *m4* **dáiliúcháin** distribution
cable
cábla *m4* **dé-aiseach** twinaxial cable
cábla *m4* **ilsnáithíní** multifibre cable
cábla *m4* **leictreachais** (= **cábla** *m4*
cumhachta) electric cable
cábla *m4* **neamh-mhóideimeach** null

modem cable
cábla *m4* **snáthoptaice** fibre optic
cable
cábla *m4* **sonraí monatóra** monitor
data cable
cábla *m4* **teileafóin** telephone cable
cábla *m4* **trí shreang** three-wire cable
CAD (= **dearadh** *m* **ríomhchuidithe**)
CAD, computer-aided design
cadhnra *m4* (= **ceallra**) battery *s*
CAI (= **teagasc** *m1* **ríomhchuidithe**)
CAI, computer-aided instruction
caidmiam *m4* **nicile (NiCd)** nickel
cadmium, NiCd
caighdeáin *mpl* **chomhoiriúnachta**
aníos upward compatiblity standards
caighdeáin *mpl* **chomhoiriúnachta ar**
aghaidh (FCS) forward
compatibility standards, FCS
caighdeáin *mpl* **chomhoiriúnachta**
siarghabhálaí backward
compatibility standards
Caighdeáin *mpl* **Chripteagrafaíochta**
le hEochair Phoiblí Public-Key
Cryptography Standards
caighdeáin *mpl* **de facto** de facto
standards
caighdeáin *mpl* *de iure* de iure
standards
caighdeáin *mpl* **dhílsithe** proprietary
standards
caighdeáin *mpl* **forbartha**
feidhmchlár application
development standards
caighdeáin *mpl* **idirspleácha**
interdependent standards
caighdeáin *mpl* **próiseála sonraí** data
processing standards
caighdeán *m1* standard[1] *s*
caighdeánach *a* standard[2] *a*
caighdeánaigh *v* standardize *v*
caighdeán *m1* **carachtar** character
standard
caighdeán *m1* **snámhphointe IEEE**
IEEE floating-point standard
caighdeánú *m* (*gs* **-naithe**)

standardization *s*

caighean *m1* cage *s*

caighean *m1* **cártaí** card cage

cáilíocht *f3* quality *s*

cáilíocht *f3* **sonraí** data quality

cáilíocht *f3* **taifeadta** recording quality

cáilíochtúil *a* qualitative *a*

cáilitheoir *m3* qualifier *s*

cáiliú *m* (*gs* **-lithe**) qualification *s*

caill *v* lose *v*

cailliúint *f3* loss[2] *s*

cailliúint *f3* **comhartha** loss of signal

caillteach *a* lossy *a*

caillteacht *f3* lossiness *s*

caillteanas *m1* loss[1] *s*

caillteanas *m1* **faisnéise** loss of information

caillteanas *m1* **frithchaithimh** reflection loss

caillteanas *m1* **sa tarchur** transmission loss

cainéal *m1* channel *s*

cainéal *m1* **analógach** analog channel

cainéal *m1* **comhéadan forimeallach** peripheral interface channel

cainéal *m1* **cumarsáide** communication channel

cainéal *m1* **grád gutha** voice-grade channel

cainéal *m1* **gutha** voice channel

cainéal *m1* **ilphléacsóra** multiplexer channel

cainéal *m1* **ionchuir analógaigh** analog input channel

cainéal *m1* **ionchuir/aschuir** input/output channel

cainéal *m1* **leath-dhéphléacsach** half-duplex channel

cainéal *m1* **roghnóra** selector channel

cainéal *m1* **sonraí** data channel

cainéal *m1* **tarchurtha** transmission channel

cainéal *m1* **tarchurtha sonraí** data transmission channel

cainníocht *f3* quantity *s*

cainníochtóir *m3* **eiseach** existential quantifier

cainníochtóir *m3* **uilíoch** universal quantifier

cainníochtú *m* **eiseach** existential quantification

cainníochtúil *a* quantitative *a*

cainníochtú *m* **uilíoch** universal quantification

caint *f2* speech *s*

cairdinéalacht *f3* (= **céim** *f2* **ghaoil**) cardinality *s*

cairdiúil *a* user-friendly *a*

cairt *f2* chart *s*

cairt *f2* **eagair** organizational chart

cairt *f2* **Gantt** Gantt chart

cairt *f2* **plocóidí** plugging chart

cairt *f2* **struchtúir** structure chart

caiséad *m1* cassette *s*

caiséad *m1* **téipe** (= **téipchaiséad**) tape cassette

caismirt *f2* clash *s*

caismirt *f2* **struchtúr** structure clash

caitéine *f4* catena *s*

caitéinigh *v* catenate *v*

cáithníní *mpl* **feiríte** ferrite particles

CAL (= **foghlaim** *f3* **ríomhchuidithe**) CAL, computer-aided learning

calabrú *m* **ionstraimíochta** instrumentation calibration

calcalas *m1* calculus *s*

calcalas *m1* **bunaithe ar abairtí** sentential calculus

calcalas *m1* **bunaithe ar phreideacáidí** (= **calcalas** *m1* **preideacáide**) predicate calculus

calcalas *m1* **bunaithe ar thairiscintí** propositional calculus

calcalas *m1* **lambda** lambda calculus

calcalas *m1* **preideacáide** (= **calcalas** *m1* **bunaithe ar phreideacáidí**) predicate calculus

CALL (= **foghlaim** *f3* **ríomhchuidithe teangacha**) CALL, computer-aided language learning

callaire *m4* speaker *s*

CAM (= **déantúsaíocht** *f3*

ríomhchuidithe) CAM,
computer-aided manufacture

camóg *f2* comma *s*

candam *m1* quantum *s*

candamaigh *v* quantize *v*

candamchlog *m1* quantum clock

candamú *m* (*gs* **-maithe**)
(= **candamúchán**) quantization *s*

candamúchán *m1* (= **candamú**)
quantization *s*

candamuimhir *f5* quantum number

caochadán *m1* dummy *s*

caochadh *m* (*gs* **-chta**) blinking *s*

caochaíl *f3* flicker *s*

caolbhanda *gs as a* narrowband *a*

caolcheannach *a* little-endian *a*

caolchliant *m1* thin client, trim client

caolfhreastalaí *m4* thin server

carachtair *mpl* **aibítre/uimhriúla** *See*
carachtair alfa-uimhriúla.

carachtair *mpl* **alfa-uimhriúla**
(= **carachtair** *mpl* **aibítre/
uimhriúla**) alphanumerical
characters

carachtair *mpl* **faireacháin** polling
characters

carachtair *mpl* **ghrafaice** graphics
characters

carachtair *mpl* **neamh-ASCII**
non-ASCII characters

carachtair *mpl* **san orlach (CPI)**
characters per inch, CPI

carachtair *mpl* **sa soicind (CPS[1])**
characters per second, CPS[1]

carachtair *mpl* **speisialta HTML**
HTML special characters

carachtar *m1* character *s*

carachtar *m1* **aibítreach** alphabetic
character

carachtar *m1* **bán** blank character

carachtar *m1* **bloic idirmheánaigh
(ITB)** intermediate block character,
ITB

carachtar *m1* **breise** additional
character

carachtar *m1* **breisithe cóid** code

extension character

carachtar *m1* **caoch** dummy character

carachtar *m1* **cúlslaise** backslash
character

carachtar *m1* **cúlspáis** backspace
character

carachtar *m1* **deimhneach** positive
character

carachtar *m1* **dénártha** binary
character

carachtar *m1* **diúltach** negative
character

carachtar *m1* **dlíthiúil** legal character

carachtar *m1* **dúbailte athfhriotail**
double quote character

carachtar *m1* **dúigh mhaighnéadaigh**
magnetic ink character

carachtar *m1* **éalaithe** escape
character

carachtar *m1* **fiosrúcháin** inquiry
character, ENQ

carachtar *m1* **fotha líne** line-feed
character

carachtar *m1* **grafach** graphic
character

carachtar *m1* **ilbheart** multibyte
character

carachtar *m1* **ionadaíoch** substitute
character

carachtar *m1* **leagain amach**
(= **éifeachtóir** *m3* **formáide**) layout
character

carachtar *m1* **le sín** signed character

carachtar *m1* **líne nua (NL)** new line
character, NL

carachtar *m1* **(na) fostríce** underscore
character

carachtar *m1* **neamhdhleathach**
illegal character

carachtar *m1* **neamhnitheach** null
character

carachtar *m1* **neamhuimhriúil**
non-numeric character

carachtar *m1* **optúil** optical character

carachtar *m1* **rialaithe gléasanna**
device control character

carachtar *m1* **rialaithe tarchurtha** transmission control character

carachtar *m1* **rialúcháin** control character

carachtar *m1* **saoróige** wildcard carachter

carachtar *m1* **seiceála** (= **digit** *f2* **seiceála**) check character

carachtar *m1* **singil athfhriotail** single quote character

carachtar *m1* **sioncronaithe** sync character

carachtar *m1* **stuála** pad character

carachtar *m1* **treorach** instruction character

carachtar *m1* **tulslaise** forward slash character

carachtar *m1* **tús ceannteidil (SOH)** start-of-heading character, SOH

carachtar *m1* **tús téacs (STX)** start-of-text character, STX

carachtar *m1* **uimhriúil** numeric character

carn *m1* heap *s*

carnach *a* cumulative *a*

carnsórtáil *f3* heap sort

cárta *m4* card *s*

cárta *m4* **ciorcad** (= **clár** *m1* **ciorcad**) circuit card

cárta *m4* **cliste** smart card

cárta *m4* **comhéadain** interface card

cárta *m4* **comhéadan líonra (NIC)** network interface card, NIC

cárta *m4* **crua** hard card

cárta *m4* **cuibheora** adapter card

cárta *m4* **cuibheora (an) líonra** network adapter card

cárta *m4* **físghabhála** video capture card

cárta *m4* **forlíontach** expansion card, expansion board

cárta *m4* **fuaime** sound card

cárta *m4* **grafaice** graphics card

cárta *m4* **inmheánach (roghanna)** internal option card

cárta-innéacs *m4* (= **innéacs** *m4* **cártaí**) card index

cárta *m4* **líonra** network card

cárta *m4* **maighnéadach** magnetic card

cárta *m4* **pollta** punched card

cárta *m4* **roghanna** option card

cárta *m4* **tarchuradóra** transmitter card

cartlann *f2* archive^2 *s*

cartlann *f2* **ríomhábhar clóite** e-print archive

cartús *m1* cartridge *s*

Cartús *m1* **Ceathrú Orlaigh (QIC)** Quarter-Inch Cartridge, QIC

cartús *m1* **clónna** font cartridge

cartús *m1* **dúigh** ink cartridge

cartús *m1* **printéara** printer cartridge

cartús *m1* **tonóra** toner cartridge

cas *v* turn *v*

cás *m1* case *s*

cásáil *f3* housing *s*

cas *v* **air** turn on

cas *v* **as** turn off

cascáid *f2* cascade^2 *s*

cascáideach *a* waterfall *a*

cascáidigh *v* cascade^1 *v*

cascáidithe *a* cascaded *a*

CASE Computer-Aided Software Engineering, CASE

cás *m1* **íochtair (LC)** lowercase *s*, LC

cásíogair *a* case-sensitive *a*

casphéire *m4* twisted pair

casphéire *m4* **díonta** shielded twisted pair

casphéire *m4* **neamhdhíonta** unshielded twisted pair

cás *m1* **tástála** test case

cás *m1* **uachtair (UC)** uppercase *s*, UC

CAT^1 (= **tomagrafaíocht** *f3* **ríomhchuidithe**) CAT^1, computer-aided tomography

CAT^2 (= **oiliúint** *f3* **ríomhchuidithe**) CAT^2, computer-aided training

catagóir *f2* category *s*

catagóirigh *v* categorize *v*

catagóiriú *m* (*gs* **-rithe**) categorization *s*

catalóg *f2* catalogue *s*
Catalóg *f2* **Ar Líne don Phobal**
Online Public-Access Catalogue
catalóg *f2* **córais** system catalogue
catalóg *f2* **dheighilte** partitioned
catalogue
catalóg *f2* **lán-mhacasamhlaithe** fully
replicated catalogue
catalóg *f2* **lárnach** centralized
catalogue
catalóg *f2* **riachtanas** requirements
catalogue
catalóg *f2* **sonraí** data catalogue
catalóg *f2* **úsáideoirí** user catalogue
catóid *f2* cathode[1] *s*
catóideach *a* cathode[2] *a*
CBT (= oiliúint *f3* **ríomhchuidithe**)
CBT, computer-aided training,
computer-based training
cc (= cóip *f2* **charbóin**) cc, carbon
copy
CCanna (= ceisteanna *fpl* **coitianta**)
FAQ, frequently asked questions
CCD (= gléas *m1* **luchtchúpláilte**)
CCD, charge-coupled device
CCTV (= teilifís *f2* **ciorcaid iata**)
CCTV, closed circuit television
CD (= dlúthdhiosca) CD, compact
disc
CD Breisithe (E-CD) Enhanced CD,
E-CD
CD fuaime (= dlúthdhiosca *m4*
fuaime) audio CD
CD-I (= dlúthdhiosca *m4*
idirghníomhach) CD-I, compact
disc – interactive
CD ilseisiún multisession CD
CDMA (= ilrochtain *f3* **chódroinnte**)
CDMA, code-division multiple
access
CDP (= próiseáil *f3* **láraithe sonraí**)
CDP, centralized data processing
CDPD (= sonraí *mpl* **digiteacha
paicéid sa mhodh ceallach**) CDPD,
cellular digital packet data
CD-R (= dlúthdhiosca *m4*

intaifeadta) CD-R, CD recordable,
compact disc – recordable
CD-ROM (= dlúthdhiosca *m4*
cuimhne inléite amháin) CD-ROM,
compact disc – read-only memory
CD-RW (= dlúthdhiosca *m4*
in-athscríofa) CD-RW, CD
rewriteable, compact disc –
rewriteable
CD-WO (= dlúthdhiosca *m4* **inscríofa
uair amháin**) CD-WO, compact
disc – write-once
ceachtar *pron* **d'A nó B** (= A nó B {nó
ceachtar acu}) either A or B
ceadaigh *v* permit *v*
ceadaigh *v* (é/í/iad) **a sheoladh** clear
to send
ceadaíocht *f3* permittivity *s*
ceadaithe *a* allowed *a*
ceadchomhartha *m4* token *s*
ceadchomhartha *m4* **caillte** lost token
ceadchomhartha *m4* **iarmhíreanna**
extension token
céadiarrachta *gs as a* first-cut *a*
cead *m3* (**rochtana**) access permission,
permission *s*
cead *m3* **rochtana comhaid** file access
permission
cead *m3* **rochtana diúltaithe** access
denied
ceadú *m* (*gs* -**daithe**) grant *s*
ceadúnaigh *v* license *v*
ceadúnas *m1* licence *s*
Ceadúnas *m1* **Eorpach Tiomána
Ríomhairí (ECDL)** European
Computer Driving Licence, ECDL
ceadúnas *m1* **ilúsáideoirí**
multiple-user licence
ceadúnas *m1* **láithreáin** (= ceadúnas
m1 **suímh**) site licence
ceadúnas *m1* **suímh** (= ceadúnas *m1*
láithreáin) site licence
cealaigh[1] *v* cancel *v*
cealaigh[2] *v* undo *v*
cealaitheoir *m3* **macalla** echo
canceller

ceallra *m4* (= **cadhnra**) battery *s*

ceallra *m4* **caidmiam nicile** (= **ceallra** *m4* **NiCd**) nickel cadmium battery, NiCd battery

ceallra *m4* **hidríd mhiotail nicile** (= **ceallra** *m4* **NiMH**) nickel metal hydride battery, NiMH battery

ceallra *m4* **iain litiam** lithium ion battery, Li Ion battery

ceallra *m4* **NiCd** (= **ceallra** *m4* **caidmiam nicile**) NiCd battery, nickel cadmium battery

ceallra *m4* **NiMH** (= **ceallra** *m4* **hidríd mhiotail nicile**) NiMH battery, nickel metal hydride battery

ceamara *m4* **digiteach** digital camera

ceamara *m4* **Gréasáin** Webcam *s*

ceanáin *mpl* favorites *spl*

ceangail[1] *v* (= **nasc**[3]) attach *v*, connect *v*

ceangail[2] *v* bind *v*

ceangal *m1* binding *s*

ceangal *m1* **déanach modhanna** late binding of methods

ceangal *m1* **dinimiciúil** dynamic binding

ceangaltán *m1* (= **iatán**) attachment *s*

ceanglán *m1* binder *s*

ceanglóir *m3* **páipéir** paper-binding machine

céannacht *f3* identity *s*

ceann *m1* **an chlásail** head of clause

ceann *m1* **caoch** dead end

ceann go ceann (= **ó cheann {go} ceann**) end-to-end *a*

ceann, is gan ach ceann (amháin), de … one and only one of …

ceannlíne *f4* headline *s*

ceannlitir *f5* (*gs* **-treach**) capital letter

ceannlitir *f5* **anuas** drop cap

ceannlitreacha *fpl* **beaga** small capitals

ceannlitreacha *fpl* **móra** large capitals

ceannmhol *m1* head-end *s*

ceannscríbhinn *f2* caption[1] *s*

ceanntásc *m1* header *s*, running head

ceanntásc *m1* **bloic** block header

ceanntásc *m1* **ríomhchláir** program header

ceannteideal *m1* heading *s*

ceannteideal *m1* **colúin** column heading

ceap *m1* **breacaireachta** (= **cuimhne** *f4* **mhear-rochtana**, **gearrthaisce** *f4*, **stóras** *m1* **sealadach**) scratchpad *s*

ceap *m1* **grafaice** graphics pad

ceap *m1* **luiche** (= **mata** *m4* **luiche**) mousepad *s*

ceap *m1* **tadhaill** touch pad

cearnach[1] *a* square[4] *a*

cearnach[2] *a* quadratic *a*

cearnaigh *v* square[1] *v*

cearnóg *f2* square[2] *s*

cearnóg *f2* **dhraíochta** magic square

cearnú[1] *m* (*gs* **-naithe**) square[3] *s*

cearnú[2] *m* (*gs* **-naithe**) quadrature *s*

ceart *a* correct[2] *a*

cearta *mpl* rights *spl*

ceartaigh *v* correct[1] *v*

ceartaithe *a* corrected *a*

ceartaitheach *a* corrective *a*

cearta *mpl* **rochtana** access rights

ceartú *m* (*gs* **-taithe**) correcting *s*, correction *s*

ceartúchán *m1* correction *s*

ceartú *m* **earráidí** error correction

ceartú *m* **ionstraimíochta** instrumentation correction

céatadán *m1* percentage *s*, percent *s*

ceathairghiotán *m1* quadbit *s*

ceathairghiotánra *m4* quadword *s*

ceathrach *m1* quad *s*

ceathrú *f5* **ciorcail** quadrant *s*

ceathrú glúin, an fourth generation

ceilvin *m4* (**K**) kelvin *s*, K

céim[1] *f2* stage *s*

céim[2] *f2* degree *s*

céim[3] *f2* (= **fochéim**) step *s*

céim[4] *f2* pitch *s*

céim *f2* **ar chéim** step-by-step *a*

céim *f2* **chinnidh** decision step

céim *f2* **den jab** job step
céimfheidhm *f2* step function
céim *f2* **fotha** feed pitch
céim *f2* **ghaoil** (= **cairdinéalacht**)
  relationship degree
céimnigh *v* fade[1] *v*
céimniú *m* (*gs* **-nithe**) fade[2] *s*
céimniú *m* **na gréine** solar fade
céimniú *m* **roghnaíoch** selective
  fading
céimniú *m* **trasnaíochta** interference
  fading
céim *f2* **ríomhchláir** program step
céim *f2* **ró** row pitch
céimseata *f5* (= **geoiméadracht**)
  geometry *s*
céimseata *f5* **chomhordanáideach**
  coordinate geometry
céimseataúil *a* (= **geoiméadrach**)
  geometric *a*
ceirnín *m4* platter *s*
ceisteanna *fpl* **coitianta** (**CCanna**)
  frequently asked questions, FAQ
ceisteanna *fpl* **slándála** security issues
ceistigh *v* interrogate *v*
ceistiú *m* (*gs* **-tithe**) (= **ceistiúchán**)
  interrogation
ceistiúchán *m1* (= **ceistiú**)
  interrogation
ceistneoir *m3* questionnaire *s*
CGA (= **Cuibheoir** *m3* **Grafaic**
  Dhatha) CGA, Colour Graphics
  Adapter
CGI (= **Comhéadan** *m1* **Coiteann**
  Geataí) CGI, Common Gateway
  Interface
chéad fhoirm normalach, an first
  normal form
chéad ghlúin, an first generation
Cheapernet (= **cábla** *m4* **comhaiseach**
  Thinnet, Thinwire) Cheapernet *s*
ciall *f2* (= **brí**) meaning *s*
cian *f2* distance *s*
cian- *pref* (= **cianda**) remote *a*
cian-bhaiscphróiseáil *f3* remote batch
  processing

cianchatalóg *f2* remote catalogue
cianchonsól *m1* remote console
cian *f2* **comhartha** (= **cian** *f2*
  Hamming) signal distance
cianda *a* (= **cian-** *pref*) remote *a*
cian-dífhabhtú *m* (*gs* **-taithe**) remote
  debugging
cianfhiosrú *m* (*gs* **-raithe**) remote
  inquiry
cianfhiosrú *m* **fíor-ama** real-time
  remote inquiry
cianghlao *m4* **gnáis** remote procedure
  call, RPC
cian *f2* **Hamming** (= **cian** *f2*
  comhartha) Hamming distance
cian-jabiontráil *f3* remote job entry
cianlogáil *f3* **isteach** remote login
cian, maigeanta, buí, dubh *a* (**CYAN**)
  cyan, magenta, yellow, black,
  CYAN
cianóstach *m1* remote host
cianrialtán *m1* (= **zaipire**) remote
  control unit
cianrochtain *f3* remote access
cianteirminéal *m1* remote terminal
cibearspás, *m1* **an** cyberspace *s*
cibirnitic *f2* cybernetics *s*
ciclipéid *f2* **ilmheán** multimedia
  encyclopaedia
cilea- *pref* (= **cili-** *pref*, **k**) kilo- *pref*, k
cileabád *m1* kilobaud *s*
cileagram *m1* (**kg**) kilogram *s*, kg
cileavata *m4* (**kw**) kilowatt *s*, kw
cili- *pref* (= **cilea-** *pref*, **k**) kilo- *pref*, k
cilibheart *m1* (**kb**) kilobyte *s*, kb
cilibheart *m1* **sa soicind** (**kbps**)
  kilobyte per second, kbps
cilichiogal *m1* (**kc**) kilocycle *s*, kc
cilighiotán *m1* (**kB**) kilobit *s*, kB
cilighiotán *m1* **sa soicind** (**kBps**)
  kilobit per second, kbit/sec, kBps
ciliheirts *m4* (**kHz**) kilohertz *s*, kHz
cilimeigichiogal *m1* kilomegacycle *s*
cill *f2* (*gpl* **ceall**) cell *s*
cill *f2* **chuimhne** memory cell
cill *f2* **dhénártha** binary cell

cill *f2* **faoi ghlas** locked cell
cill *f2* **mhaighnéadach statach** static
  magnetic cell
cill *f2* **stórais** storage cell
cine *m4* relation[1] *s*
cineál[1] *m1* type[2] *s*
cineál[2] *m1* gender *s*
cineálach *a* generic *a*
cineálacha *mpl* **slánuimhreacha**
  integral types
cineálacha *mpl* **snámhphointe**
  floating-point types
cineálacht *f3* genericity *s*
cineál *m1* **aonáin** entity type
cineál *m1* **bunúsach** fundamental type
cineál *m1* **comhaid** file type
cineál *m1* **comhcheangail** join type
cineál *m1* **díorthaithe** derived type
cineál *m1* **eagair** array type
cineál *m1* **ináirithe** enumeration type,
  enumerable type
cineál *m1* **(na d)tréithe** attribute type
cineál *m1* **orduimhriúil** ordinal type
cineál *m1* **samhla de shonraí** type of
  data model
cineál *m1* **scálach áirithe** enumerated
  scalar type
cineál *m1* **sonraí** data type
cineál *m1* **sonraí teibí (ADT)** abstract
  data type, ADT
cineál *m1* **struchtúrtha sonraí**
  structured data-type
cineál *m1* **tacair** set type
cineál *m1* **tiománaí** driver type
cineál *m1* **uimhríochtúil** arithmetic
  type
cinn *v* determine[1] *v*
cinneadh[1] *m* (*gs* **-nnte**) determination[2]
  s
cinneadh[2] *m1* (*pl* **-nntí**)
  determination[1] *s*, decision *s*
cinneadh *m1* **loighciúil** logical
  decision
cinnteoireacht *f3* decision-making *s*
cinntigh *v* determine[2] *v*
ciogail *mpl* **sa soicind (CPS**[2]**)** cycles

per second, CPS[2]
ciogal *m1* (*Mth.*) cycle *s*
ciogal *m1* **athnuachana** refresh cycle
ciogal *m1* **bus** bus cycle
ciogal *m1* **cuimhne** memory cycle
ciogal *m1* **daideo, athar, mic**
  grandfather, father, son cycle
ciogal *m1* **gabh, díchódaigh, rith**
  fetch-decode-execute cycle
ciogal *m1* **gabh, iompar** fetch-carry
  cycle
ciogal *m1* **gabh, rith** fetch-execute
  cycle
ciogal *m1* **meaisín (= meaisínchiogal)**
  machine cycle
ciogal *m1* **oibríochta** operation cycle
ciogal *m1* **rialúcháin aithin,**
  gníomhaigh recognize-act control
  cycle
ciogal *m1* **rite (= pas** *m4* **rite)**
  execution cycle, execute cycle
ciogal *m1* **treoracha** instruction cycle
cioglach *a* cyclic *a*
ciorcad *m1* circuit *s*
ciorcad *m1* **aga-mhoillithe** time-delay
  circuit
ciorcad *m1* **aon-iarrachta** one-shot
  circuit
ciorcad *m1* **aonphléacsach** simplex
  circuit
ciorcad *m1* **ceithre shreang** four-wire
  circuit
ciorcad *m1* **comhtháite (IC)**
  integrated circuit, IC
ciorcad *m1* **comhtháite líneach** linear
  integrated circuit
ciorcad *m1* **comhtháite**
  optaileictreonach (OEIC)
  optoelectronic integrated circuit,
  OEIC
ciorcad *m1* **comhtheagmhais**
  coincidence circuit
ciorcad *m1* **cothroime (= aonad** *m1*
  cothroime) equality circuit
ciorcad *m1* **déphléacsach** duplex
  circuit

ciorcad *m1* **dhá shreang** two-wire circuit

ciorcad *m1* **digiteach** digital circuit, binary circuit

ciorcad *m1* **fíorúil** virtual circuit

ciorcad *m1* **forshuite** superposed circuit

ciorcad *m1* **ilcheangal** multidrop circuit

ciorcad *m1* **iomlaoide** (= **iomlaoideoir**) shifter circuit

ciorcad *m1* **laiste** latched circuit

ciorcad *m1* **lascacháin** switching circuit

ciorcadlascadh *m* (*gs* **-ctha**) circuit switching

ciorcad *m1* **leath-dhéphléacsach** half-duplex circuit

ciorcad *m1* **loighce** logic circuit

ciorcad *m1* **NOR** (= **geata** *m4* **NOR**) NOR circuit

ciorcad *m1* **NOT** (= **geata** *m4* **NOT**) NOT circuit

ciorcad *m1* **OR** OR circuit

ciorcad *m1* **OR sreinge** wired-OR circuit

ciorcad *m1* **oscailte tiomsaithe** open collector circuit

ciorcad *m1* **priontáilte** printed circuit, pc

ciorcad *m1* **samplála is coinneála** sample-hold *s*

ciorcad *m1* **sonraí** data circuit

ciorcad *m1* **sonraí sraithe** tandem data circuit

ciorcad *m1* **suimitheora** adder circuit

ciorcad *m1* **teaglama** combinational circuit

ciorcad *m1* **tiúnta** tuned circuit

ciorcad *m1* **traschóirithe** bridge circuit

ciorcad *m1* **truiceartha** triggering circuit

ciorcad *m1* (**truiceartha**) **aonchobhsaí** monostable (trigger) circuit

ciorcad *m1* **truiceartha cobhsaí** stable triggering circuit

ciorcad *m1* (**truiceartha**) **déchobhsaí** bistable (trigger) circuit

ciorcad *m1* **uimhríochta** arithmetic circuit

ciorcaid *mpl* **chomhtháite phlaisteacha** plastic integrated circuits

ciorcaid *mpl* **rialúcháin** control circuits

ciorcaid *mpl* **ríomhaire** computer circuits

ciorcaid *mpl* **shéalaithe** sealed circuits

ciorclach *a* circular *a*

CISC (= **ríomhaire** *m4* **tacar treoracha coimpléascacha**) CISC, Complex Instruction Set Computer

ciseal *m1* tier[2] *s*

cisealaigh *v* tier[1] *v*

cisealta *a* tiered *a*

ciú *m4* (= **scuaine**) queue *s*

ciúáil *f3* **teachtaireachtaí** message queuing

ciú *m4* **dír-rochtana** direct-access queue

ciú *m4* **FIFO** (= **ciú** *m4* **is túisce isteach is túisce amach**) FIFO queue, first-in-first-out queue

ciú *m4* **is túisce isteach is túisce amach** (= **ciú** *m4* **FIFO**) first-in-first-out queue, FIFO queue

ciú *m4* **jabanna** (= **scuaine** *f4* **jabanna**) job queue

ciumhais *f2* edge *s*

ciú *m4* **priontála** (= **scuaine** *f4* **phriontála**) print queue

ciú *m4* **tosaíochta** priority queue

ciú *m4* **ullamh** ready queue

clabhsúr *m1* (*Gen.*) closure[1] *s*

cláirín *m4* **freastalaí** servlet *s*

claoníomhá *f4* reverse image

clár[1] *m1* board *s*

clár[2] *m1* (= **ríomhchlár**) program[2] *s*

clár *m1* **bán** whiteboard *s*

clár *m1* **breactha** plotting board
clár *m1* **cabhrach** helper *s*
clár *m1* **ciorcad** (= **cárta** *m4* **ciorcad**) circuit board
clár *m1* **ciorcad priontáilte** printed circuit board, pc board
clár *m1* **ciorcaid fístaispeána** (= **cuibheoir** *m3* **fístaispeána**, **físchuibheoir**) video display board
clár *m1* **DOS** DOS program
clár *m1* **dubh** blackboard *s*
clár *m1* **faidhbe** (= **clár** *m1* **paiste**, **painéal** *m1* **paiste**) problem board
clár *m1* **feasachán** bulletin board
clár *m1* **frithvíreas** antivirus program, virus guard
clár *m1* **frithvíreas lonnaithe sa chuimhne** memory-resident virus guard
clár *m1* **ilsraitheanna** multilayer board
clár *m1* **in-díscortha plocóidí** detachable plugboard
clár *m1* **loighce** logic board
clár *m1* **oibre ríomhsheirbhísí an Rialtais** eGovernment agenda
clár *m1* **paiste** (= **clár** *m1* **faidhbe**, **painéal** *m1* **paiste**) patchboard *s*
clár *m1* **pionnaí** pinboard *s*
clár *m1* **plocóidí** plugboard[1] *s*, jack panel
clár *m1* **sreangfhillte** wirewrap board
clárú *m* (*gs* **-raithe**) (= **clárúchán**) registration *s*
clárúchán *m1* (= **clárú**) registration *s*
clárú *m* **MIDI** MIDI programming
clé *a* (= **clé-** *pref*) left[1] *a*
clé- *pref* (= **clé** *a*) left[1] *a*
cléchliceáil *v* left click *v*
cleiteán *m1* paintbrush *s*
cléluach *m3* l-value *s*, left value
cliant *m1* **Gréasáin** Web client
clib *f2* tag[2] *s*
clib *f2* **dheiridh** end tag, ending tag
clibeáil[1] *v* tag[1] *v*
clibeáil[2] *f3* tagging *s*
clib *f2* **struchtúir** structure tag

clib *f2* **thosaigh** start tag, opening tag
cliceáil *v* (= **gliogáil**) click *v*
cliceáil agus tarraing *v* click and drag *v*
cliceáil *f3* **dhúbailte** double-click[2] *s*
cliceáil *v* **faoi dhó** (= **déchliceáil**) double-click[1] *v*
clingeach *a* ringing *a*
clis *v* break down *v*, crash[1] *v*
cliseadh *m* (*gs* **-ste**) breakdown *s*, crash[2] *s*
cliseadh *m* **cnoga** head crash
cliseadh *m* **cumhachta** power failure
cliseadh *m* **diosca** disk crash
cliste *a* intelligent *a*
cló[1] *m4* type[3] *s*
cló[2] *m4* *See* clófhoireann.
cló-aghaidh *f2* typeface *s*
cló *m4* **aonleithid** monospaced font, fixed font, monowidth font
clóchur *m1* (= **clóchuradóireacht**) typesetting *s*
clóchuradóireacht *f3* (= **clóchur**) typesetting *s*
clóchuradóireacht *f3* **ríomhairithe** computerized typesetting
cló *m4* **comhdhlúite** condensed type
clódhath *m3* font colour
cló *m4* **fairsingithe** expanded type
clófhoireann *f2* (= **cló**[2]) font *s*
clófhoireann *f2* **chrua** hard font
clog *m1* clock *s*
clog *m1* **digiteach** digital clock
clog *m1* **fíor-ama** real-time clock
clog *m1* **grianchloiche** quartz clock
clóghrafach *a* typographical *a*
clóghrafaíocht *f3* typography *s*
cló *m4* **giotánmhapach** bit-mapped font
clogluas *m1* (= **luas** *m1* **an chloig**) clock speed
clog *m1* **ríomhaire** computer clock
cló *m4* **il-leithid** proportional font, variable-width font
cló *m4* **imlíneach** outline font
cló *m4* **in-íoslódála** downloadable font

cló *m4* **inscálaithe** scalable font
cló *m4* **iodálach** italics *spl*
cló *m4* **ionsuite** built-in font
clómheáchan *m1* font weight
clómhéid *f2* font size
clón *m1* clone *s*
clónna *mpl* **dinimiciúla** dynamic fonts
cló *m4* **rómhánach** roman type
clóscríobh *v* type[1] *v*
clóstíl *f2* font style
cló *m4* **trom** bold type
cluasáin *mpl* headphones *s*
clúdach *m1* **sleamhnáin** sliding cover
cluiche *m4* **láimhe** hand-held game
cluichí *mpl* **ríomhaire** computer
    games
CMOS (= **leathsheoltóir** *m3*
    comhlántach ocsaíd mhiotail)
    CMOS, complementary metal-oxide
    semiconductor
CMS (= **córas** *m1* **bainistíochta**
    inneachair) CMS, content
    management system
cnaipe *m4* button *s*
cnaipe *m4* **ar chlé** *See* cnaipe clé.
cnaipe *m4* **ar dheis** *See* cnaipe deas.
cnaipe *m4* **barra uirlisí** toolbar button
cnaipe *m4* **clé** (= **cnaipe** *m4* **ar chlé**)
    left button
cnaipe *m4* **cuardaigh** search button
cnaipe *m4* **deas** (= **cnaipe** *m4* **ar**
    dheis) right button
cnaipe *m4* ***Cuir le/Bain*** Add/Remove
    buttton
cnaipe *m4* **luiche** mouse button
cnaipe *m4* **nascleanúna** navigation
    button
cnaipe *m4* **ordaithe** command button
cnaipí *mpl* **ailínithe** alignment buttons
cnaipí *mpl* **breise** more buttons
cnámha *fpl* **scéil** scenario *s*
cnámha *fpl* **scéil ionsamhalta ficsin**
    simulated fictional scenario
cnámh *f2* **droma** backbone *s*
cnoga *m4* head *s*
cnoga *m4* (**chun**) **léite/scríofa**
read/write head
cnoga *m4* (**chun**) **réamhléite** pre-read
    head
cnoga *m4* **diosca** disk head
cnoga *m4* **fosaithe** fixed head
cnoga *m4* **léirscriosta** erase head
cnoga *m4* **léite** read head
cnoga *m4* **maighnéadach** magnetic
    head
cnoga *m4* **taifeadta** recording head
cnuasaigh *v* accumulate *v*
cnuasaitheoir *m3* accumulator *s*, ACC
cobhsaí *a* stable *a*
cobhsaíocht *f3* stability *s*
cobhsú *m* **guagtha** drift stabilization
COBOL COBOL
cód *m1* code[2] *s*
codach *m1* tuple *s*
cód *m1* **aibítre** alphabetic code
cód *m1* **aibítre/uimhriúil** *See* cód
    alfa-uimhriúil.
cód *m1* **aidhme** object code
códaigh *v* code[1] *v*
cód *m1* **aimsithe earráidí**
    error-detecting code
cód *m1* **aitheantais teirminéil** terminal
    identification code
códaithe *a* **i ngiotáin** bit-coded *a*
cód *m1* **alfa-uimhriúil** (= **cód** *m1*
    aibítre/uimhriúil) alphanumeric
    code
codán *m1* fraction *s*
codarsnacht *f3* contrast *s*
CODASYL CODASYL
cód *m1* **Baudot** Baudot code
códbhlogh *f3* code fragment
cód *m1* **bréige** (= **súdachód**) fake code
Cód *m1* **Caighdeánach Meiriceánach**
    um Idirmhalartú Faisnéise
    (**ASCII**) American Standard Code
    for Information Interchange, ASCII
cód *m1* **carachtar** character code
cód *m1* **ceartaithe earráidí**
    error-correcting code
cód *m1* **cioglach** cyclic code
cód *m1* **coibhneasta** relative code

cód *m1* **déchúignártha** biquinary code

cód *m1* **dénártha** binary code

cód *m1* **dénártha aiceanta** natural binary code

cód *m1* **dó as cúig** two-out-of-five code

códfhocal *m1* codeword *s*

cód *m1* **foinseach** source code

cód *m1* **Gray** Gray code

cód *m1* **Hamming** Hamming code

cód *m1* **Hollerith** Hollerith code

Cód *m1* **Idirmhalartaithe Breisithe Deachúlach Códaithe go Dénártha (EBCDIC)** Extended Binary-Coded Decimal Interchange Code, EBCDIC

cód *m1* **ilseoltaí** multiple address code

cód *m1* **iomarcaíochta** redundant code

códlimistéar *m1* code area

cód *m1* **modhnúcháin** modulation code

cód *m1* **neamhspleách ar ionad** position-independent code

cód *m1* **neamónach oibríochta** mnemonic operation code

cód *m1* **oibríochta** operation code

cód *m1* **oibríochta infhairsingithe** expanding opcode

códóir *m3* coder *s*

cód *m1* **optamach** optimum code

cód *m1* **oscailte** open code

cód *m1* **rialúcháin** control code

cód *m1* **ríomhaire** computer code

cód *m1* **rochtana íosmhoille** minimum access code

cód *m1* **seiceála earráide** error checking code

cód *m1* **siombalach** symbolic code

cód *m1* **staide** condition code

cód *m1* **treoracha** instruction code

cód *m1* **trí sa bhreis** excess-three code

cód *m1* **túsaithe** initialization code

códú *m* (*gs* **-daithe**) (= **códúchán**) coding *s*

códú *m* **atarlaithe** recurrence coding

códúchán *m1* (= **códú**) coding *s*

códú *m* **coibhneasta** relative coding

códú *m* **dénártha** binary coding

códú *m* **dronlíneach** straight-line coding

Cód *m1* **Uilíoch Táirgí (UPC)** Universal Product Code, UPC

cód *m1* **uimhriúil** numeric code

códú *m* **inlíne** inline coding

códú *m* **siombalach** symbolic coding

códú *m* **trasdula** transitional coding

códú *m* **uimhriúil** numeric coding

cogadh *m1* **bladhmtha** flame war

coibhéis *f2* equivalence *s*

coibhéis *f2* **abairtí oscailte** equivalence of open sentences

coibhéis *f2* **ciorcaid** circuit equivalence

coibhéis *f2* **dhá thairiscint** equivalence of two propositions

coibhéiseach *a* equivalent *a*

coibhéis *f2* **foirmlí** equivalence of formulas

coibhneas *m1* (*Mth.*) relation[3] *s*

coibhneas *m1* **dénártha** binary relation

coibhneasta[1] *a* relative *a*

coibhneasta[2] *a* relational *a*

cóid *mpl* **fholaithe** hidden codes

coigeartóir *m3* rectifier *s*

coigeartú *m* (*gs* **-taithe**) rectifying *s*

coigeartú *m* **méide** rightsizing *s*

coimeád *v* reserve *v*

cóimeáil *v* (*Gen.*) assemble[1] *v*

cóimeáil *f3* **easpónantúil** exponential assembly

cóimeáil *f3* **ionaid** positional assembly

cóimheas *m3* ratio *s*

cóimheas[1] *v* (= **cuir** *v* **i gcomparáid**) compare *v*

cóimheas[2] *v* rationalize *v*

cóimheas *m3* **aon le nialas** one-to-zero ratio

cóimheas *m3* **cairdinéalachta** cardinality ratio

cóimheas *m3* **comhartha le fuaim (S/N)** signal-to-noise ratio, S/N

cóimheas *m3* **diallta** deviation ratio
cóimheas *m3* **gníomhaíochta** activity
ratio
cóimheas *m3* **na dteipeanna** miss ratio
cóimheas *m3* **na n-amas** hit ratio
cóimheas *m3* **treoíochta** aspect ratio
cóimheas *m3* **treoracha reatha** current
instruction ratio
coimhlint *f2* contention *s*
coimhthíoch *a* extraneous *a*
Coimisinéir *m3* **Cosanta Sonraí** Data
Protection Commissioner
coimpléascach *a* complex *a*
coinbhéarta *m4* converse[1] *s*
coinbhéartach *a* converse[2] *a*
coinbhéartaigh *v (Mth.)* convert[2] *v*
coinbhéartú *m* (*gs* **-taithe**) *(Mth.)*
conversion[2] *s*
coinbhleacht *f3* conflict *s*
coinbhleacht *f3* **comhad teanga**
language file conflict
coinneáil *m3* hold[2] *s*, retention *s*
coinneálacht *f3* retentivity *s*
coinneálaí *m4* **ionaid** place-holder *s*
coinnigh[1] *v* hold[1] *v*
coinnigh[2] *v* retain *v*
coinníoll *m1* (*gs* **-íll** *pl* **-acha**)
condition *s*
coinníollach *a* conditional *a*
coinníollacha *mpl* **ELSE** ELSE
conditions
coinníollacha *mpl* **iontrála** (=
túschoinníollacha) entry conditions
coinníoll *m1* **críochta** terminating
condition
coinníoll *m1* **ráis** race condition
coinnithe *a* retained *a*
cóip *f2* copy[2] *s*
cóip *f2* **bhog** soft copy
cóip *f2* **charbóin (cc)** carbon copy, cc
cóip *f2* **cheilte** blind copy
cóip *f2* **chrua** hard copy
cóip *f2* **chúltaca** backup copy
cóipeáil[1] *v* copy[1] *v*
cóipeáil[2] *f3* copying *s*
cóipeáil *v* **sonraí** copy data

cóireáil *v* treat *v*
cóireáilte *a* treated *a*
coirneáil[1] *v* kern *v*
coirneáil[2] *f3* kerning *s*
coisceas *m1* impedance *s*
coisceas *m1* **ainmniúil** nominal
impedance
coisceas *m1* **aontaobhach** unilateral
impedance
coisceas *m1* **atriallach** iterative
impedance
coiteann *a* (= **comh-**[1] *pref*) common *a*
colún *m1* column *s*
colún *m1* **cárta** card column
comh- *pref* (= **coiteann**) common *a*,
joint *a*, shared *a*
comhacmhainn *f2* shared resource
comhad *m1* file[2] *s*
comhadainm *m4* (= **ainm** *m4*
comhaid) file name
comhad *m1* **ASCII** ASCII file
comhad *m1* **babhtála** swap file
comhad *m1* **baisce** batch file
Comhad *m1* **Caighdeánach MIDI**
(SMF) Standard MIDI File, SMF
comhad *m1* **cartlainne** archive file
comhad *m1* **ceanntáisc** header file,
include file
comhad *m1* **clónna** font file
comhad *m1* **cúltaca** backup file
comhad *m1* **digiteach fuaime** digital
audio file
comhad *m1* **dízipeáilte** unzipped file
comhad *m1* **do-athraithe** immutable
file
comhad *m1* **faisnéis ríomhchláir**
(PIF) program information file, PIF
comhad *m1* **foinseach** source file
comhad *m1* **folamh** empty file
comhad *m1* **fuaime** sound file
comhad *m1* **grafach** graphic file
comhad *m1* **imchlúdaithe** enveloped
file
comhad *m1* **inrite** executable file
comhad *m1* **íomhá** image file
comhad *m1* **ionchuir** input file

comhadlann *f2* (= **fillteán**) directory[2] *s*
comhadlann *f2* **bhaile** home directory
comhadlann *f2* **réamhshocraithe** default directory
comhadlann *f2* **reatha** (= **fillteán** *m1* **reatha**) current directory
comhad *m1* **loga** log file
comhad *m1* **mionsonraí** detail file
comhad *m1* **oibre** workfile *s*
comhad *m1* **randamrochtana** random-access file
comhad *m1* **réamhlogála scríobhanna (WAL)** write ahead log, WAL
comhad *m1* **ríomhchláir** program file
comhad *m1* **sealadach** temporary file
comhad *m1* **sealadach Idirlín** temporary Internet file
comhad *m1* **seicheamhach** sequential file
comhad *m1* **seicheamhach innéacs** index sequential file
comhad *m1* **sonraí** data file
comhad *m1* **truaillithe** corrupt file
comhad *m1* **úsáideora** user file
comhaid *mpl* **a iompórtáil** importing files
comhaid *mpl* **a íoslódáil** downloading files
comhaid *mpl* **dhénártha** binaries *spl*, binary files
comhair *v* (= **áirigh**) count[1] *v*
comhaireamh[1] *m1* (= **áireamh**[2]) count[2] *s*
comhaireamh[2] *m1* counting *s*
comhaisnéis *f2* shared information
cómhalartacht *f3* commutativity *s*
comhaonáin *mpl* peer entities
comhartha *m4* signal *s*
comhartha *m4* **analógach** analog signal
comhartha *m4* **athfhriotail** double apostrophe
comhartha *m4* **ceiste** question mark
comharthach *a* significative *a*

comhartha *m4* **coisc** inhibiting signal
comhartha *m4* **comhtheagmhais AND** coincidence AND signal
comhartha *m4* **cumais** enable signal
comhartha *m4* **cumhdaigh** guard signal
comhartha *m4* **dearbhaithe** asserted signal
comhartha *m4* **déthonach ilmhinicíochtaí** dual-tone multifrequency signal
comhartha *m4* **diaicritice** diacritical mark
comhartha *m4* **digiteach** digital signal
comhartha *m4* **diúltaithe** negated signal
comharthaí *mpl* **athfhriotail** quotation marks
comharthaí *mpl* **cianrialúcháin** remote control signals
comharthaí *mpl* **cloig** clock signals
comhartha *m4* **idirbhristeach** interrupt signal
comhartha *m4* **idirbhriste próisis** process interrupt signal
comharthaí *mpl* **dúbailte athfhriotail** double quotation marks, double quotes
comhartha *m4* **imbhuailte** jam signal
comharthaíocht *f3* signalling *s*
comharthaí *mpl* **singile athfhriotail** single quotation marks
comhartha *m4* **múscailte** wakeup signal
comhartha *m4* **neamh-mhodhnaithe** unmodulated signal
comhartha *m4* **slánaithe iomprach** carry-complete signal
comhartha *m4* **stoptha** stop signal
comhartha *m4* **tosaithe** start signal
comhartha *m4* **uaillbhreasa** exclamation mark
comhartha *m4* **uisce digiteach** digital watermark
comhartha *m4* **ullamh** ready signal
comhathróga *fpl* shared variables

comhathrú *m* (*gs* -**raithe**) variation *s*
comhbhrú *m* (*gs* -**ite**) compression *s*
comhbhrú *m* **caillteach** lossy
   compression
comhbhrú *m* **comhaid** file
   compression
comhbhrú/dí-chomhbhrú *m* (*gs* -**ite**)
   codec *s*
comhbhrú *m* **digití** digit compression
comhbhrú *m* **frámaí socra** still-frame
   compression
comhbhrúigh *v* compress *v*
comhbhrú *m* **íomhá** image
   compression
comhbhrúite *a* compressed *a*
comhbhrú *m* **logartamach** logarithmic
   compression
comhbhrú *m* **neamhchaillteach**
   lossless compression
comhbhrú *m* **siméadrach** symmetrical
   compression
comhbhrú *m* **sonraí** data compression
comhbhrú *m* **téacs** text compression
comhchaitéinigh *v* concatenate *v*
comhchaitéiniú *m* (*gs* -**nithe**)
   concatenation *s*
comhcheangail *v* join[1] *v*
comhcheangal *m1* join[2] *s*
comhcheangal *m1* **amuigh** outer join
comhcheangal *m1* **istigh** inner join
comhchiallach *m1* synonym *s*
comhchnoga *m4* combined head
comhchnoga *m4* (**chun**) **léite scríofa**
   combined read/write head
comhchomhad *m1* shared file
comhchordacht *f3* concordance[2] *s*
comhchordachtaigh *v* concordance[1] *v*
comhchordachtóir *m3* concordancer *s*
comhchordacht *f3* **shiombalach**
   symbolic concordance
comhchruinnigh *v* concentrate *v*
comhchruinnitheoir *m3* concentrator *s*
comhchruinnitheoir *m3* **sonraí** data
   concentrator
comhchuimhne *f4* shared memory
comhdaigh *v* file[1] *v*

comhdú *m* (*gs* -**daithe**) (=
   comhdúchán) filing *s*
comhdúchán *m1* (= **comhdú**) filing *s*
comhéadan *m1* (= **idirbhealach**)
   interface[2] *s*
comhéadan *m1* **a dhéanamh**
   interface[1] *v*
comhéadan *m1* **aonaid cheangail**
   (**AUI**) attachment unit interface,
   AUI
Comhéadan *m1* **Breisithe Úsáideoirí**
   Bunchóras Ionchurtha/Aschurtha
   Líonra (NetBEUI) Network Bios
   Extended User Interface, NetBEUI
Comhéadan *m1* **Bunráta (BRI)** Basic
   Rate Interface, BRI
comhéadan *m1* **caighdeánach**
   standard interface
comhéadan *m1* **cliste forimeallach**
   (**IPI**) intelligent peripheral interface,
   IPI
Comhéadan *m1* **Coiteann Geataí**
   (**CGI**) Common Gateway Interface,
   CGI
comhéadan *m1* **comhuainíochta**
   parallel interface
Comhéadan *m1* **Digiteach Uirlisí**
   Ceoil (MIDI) Musical Instrument
   Digital Interface, MIDI
comhéadan *m1* **duine le meaisín**
   (**MMI**) man-machine interface,
   MMI
comhéadan *m1* **feidhmchláir (API)**
   application program(ming) interface,
   API
comhéadan *m1* **forimeallach**
   peripheral interface
comhéadan *m1* **gan uaim** seamless
   interface
comhéadan *m1* **grafach (úsáideora)**
   (**GUI**) graphical user interface, GUI
comhéadan *m1* **hibrideach** hybrid
   interface
comhéadan *m1* **ilphrótacal (MPI)**
   multiple protocol interface, MPI
comhéadan *m1* **líne na n-orduithe**

command-line interface

Comhéadan *m1* **(na) Mion-Ríomhchóras (SCSI)** Small Computer System Interface, SCSI

comhéadan *m1* **na nglaonna ar an chóras oibriúcháin** *See* comhéadan na nglaonna ar an gcóras oibriúcháin.

comhéadan *m1* **na nglaonna ar an gcóras oibriúcháin (= comhéadan** *m1* **na nglaonna ar an chóras oibriúcháin)** system-call interface

comhéadan *m1* **niúmatach a dhéanamh** pneumatic interfacing

comhéadan *m1* **oscailte (an) nasctha sonraí** open data-link interface

Comhéadan *m1* **Ráta Phríomhúil (PRI)** Primary Rate Interface, PRI

comhéadan *m1* **saincheaptha** customized interface

comhéadan *m1* **sonraí is próisis** process data interface

comhéadan *m1* **spleách ar mheán** medium-dependent interface

comhéadan *m1* **srathach** serial interface

comhéadan *m1* **T** T interface

comhéadan *m1* **tiomsaitheora** compiler interface

comhéadan *m1* **U** U interface

comhéadan *m1* **úsáideora** user interface

comhéadan *m1* **úsáideora (atá) bunaithe ar oibiachtaí (OOUI)** object-oriented user interface, OOUI

comhéadan *m1* **úsáideora leis an OS** user interface to OS

comhéifeacht *f3* coefficient *s*

comheisiach *a* mutually exclusive

comh-eisiatacht *f3* mutual exclusion

comhfhadaigh *v* justify *v*

comhfhadaigh *v* **ar chlé** left justify

comhfhadaigh *v* **ar dheis** right-justify *v*

comhfhadaithe *a* **ar chlé** left-justified *a*, flush left

comhfhadaithe *a* **ar dheis** right-justified *a*, flush right

comhfhadú *m* (*gs* **-daithe**) justification *s*

comhfhilltéan *m1* shared folder

comhfhreagairt *f3* correspondence *s*

comhghaol *m1* correlation[2] *s*

comhghaolaigh *v* correlate *v*

comhghaolú *m* (*gs* **-laithe**) correlation[1] *s*

comhghlasáil[1] *v* interlock *v*

comhghlasáil[2] *f3* interlocking *s*

comhghnáthamh *m1* co-routine *s*

comh-inoibritheach *a* interoperable *a*

comh-inoibritheacht *f3* interoperability *s*

comhiomlán *m1* aggregate *s*

comhionann *a* identical *a*

comhlántach[1] *a* complementary *a*

comhlántach[2] *a* complementing *a*

comhlánú *m* (*gs* **-naithe**) complement *s*

comhlánú *m* **bhonnuimhir lúide a haon** radix-minus-one complement

comhlánú *m* **bonnuimhreach (= fíor-chomhlánú)** radix complement

comhlánú *m* **bonnuimhreach laghdaithe** diminished radix complement

comhlánú *m* **Boole (= oibríocht** *f3* **NOT, séanadh)** Boolean complementation

comhlánú *m* **coibhneasta dhá thacar (= difríocht** *f3* **idir dhá thacar)** relative complement of two sets

comhlánú *m* **le deicheanna** tens' complement

comhlánú *m* **le dónna** twos' complement

comhlánú *m* **le haonta** ones' complement

comhlánú *m* **le naonna** nines' complement

comhlánú *m* **loighciúil** logical complement

comhleá *m* (*gs* **-ite**) fusing *s*

comhleáigh *v* fuse[1] *v*
comhleanúnachas *m1* coherence[2] *s*
comhleanúnachas *m1* **taisce** cache
  coherence
comhlimistéar *m1* common area
comhlimistéar *m1* **sonraí** shared data
  area
comhlimistéar *m1* **stórála** common
  storage area
comhlogach *m1* collocate[2] *s*
comhlogaigh *v* collocate[1] *v*
comhlogaíocht *f3* collocation *s*
comhlogóir *m3* collocationer *s*
comhlogú *m* (*gs* **-gaithe**) collocating *s*
comhoiriúnach *a* compatible *a*
comhoiriúnach *a* **aníos** upward
  compatible
comhoiriúnach *a* **anuas** downward
  compatible
comhoiriúnach *a* **ar aghaidh** forward
  compatible
comhoiriúnach *a* **go siarghabhálach**
  backward compatible
comhoiriúnach *a* **le IBM**
  IBM-compatible *a*
comhoiriúnach *a* **maidir le cineál**
  type-compatible *a*
comhoiriúnach *a* **maidir le plocóidí**
  plug-compatible *a*
comhoiriúnach *a* **maidir le sannadh**
  assignment-compatible *a*
comhoiriúnacht *f3* compatibility *s*
comhoiriúnacht *f3* **aníos** upward
  compatibility
comhoiriúnacht *f3* **anuas** downward
  compatibility
comhoiriúnacht *f3* **bogearraí** software
  compatibility
comhoiriúnacht *f3* **shiarghabhálach**
  backward compatibility
comhoiriúnacht *f3* **trealaimh**
  equipment compatability
comhoiriúnú *m* (*gs* **-naithe**)
  harmonization *s*
comhordaigh *v* collate *v*
comhordaitheoir *m3* (= **idirshuiteoir**)

collator *s*
comhordaitheoir *m3* **tionscadail**
  project coordinator
comhordanáid *f2* coordinate *s*
comhpháirt *f2* part *s*, component *s*
comhpháirt *f2* **chaighdeánach**
  standard component
comhpháirt *f2* **ghrafach** graphic
  component
comhpháirt *f2* **soladstaide** solid-state
  component
comhphróiseálaí *m4* coprocessor *s*
comhphróiseálaí *m4* **matamaitice**
  mathematics coprocessor
comhphróiseálaí *m4* **uimhriúil**
  numeric coprocessor
Comhrá *m4* **Athsheachadta Idirlín**
  (IRC) Internet Relay Chat, IRC
comhrá *m4* **(Idirlín)** chatting *s*
comhráiteas *m1* compound statement
comhreathach *a* concurrent *a*
comhréir[1] *f2* proportion *s*
comhréir[2] *f2* syntax *s*
comhréir *f2* **an fhógróra** declarator
  syntax
comhréireach[1] *a* proportional *a*
comhréireach[2] *a* syntactic *a*
comhréireacht *f3* proportionality *s*
comhréir *f2* **eiliminte** element syntax
comhréir *f2* **feidhmeanna** function
  syntax
comhréir *f2* **neamh-XML** non-XML
  syntax
comhrith *m3* concurrency *s*
comhrith *m3* **dealraitheach** apparent
  concurrency
comhroinn *v* (= **roinn**[2]) share *v*
comhroinn *v* **am** time-share *v*
comhroinnt *f2* sharing *s*
comhroinnt *f2* **ama** time-sharing *s*
comhroinnt *f2* **comhad** file sharing
comhroinnt *f2* **fhisiciúil** physical
  sharing
comhroinnt *f2* **loighciúil** logical
  sharing
Comhroinnt *f2* **Nasc Idirlín** Internet

Connection Sharing, ICS

Comh-Shainghrúpa *m4*
Grianghrafadóireachta, An
(JPEG) Joint Photographic Expert
Group, JPEG

comhsheasmhacht *f3* consistency *s*

comhshonraí *mpl* shared data

comhshraitheanna *fpl* peer layers

comhstóráil *f3* shared storage

comhstruchtúir *mpl* **teanga**
ríomhchlárúcháin programming
language constructs

comhstruchtúr *m1* (= **comhstruchtúr**
m1 **teanga**) construct^2 *s*

comhstruchtúr *m1* **marcála** markup
construct

comhstruchtúr *m1* **sonraí** data
construct

comhstruchtúr *m1* **teanga** (=
comhstruchtúr) language construct

comhtháite *a (Gen.)* integrated^2 *a*

comhtháthaigh *v* coalesce *v*

comhtháthú^1 *m* (*gs* -**áthaithe**) *(Gen.)*
integration^1 *s*

comhtháthú^2 *m* (*gs* -**áthaithe**)
cohesion *s*, coherence^1 *s*

comhtháthú *m* **ama** temporal cohesion

comhtháthú *m* **(ar) ollscála (VLSI)**
very large scale integration, VLSI

comhtháthú *m* **ar scála sliseoige**
wafer-scale integration

comhtháthú *m* **comhtheagmhasach**
coincidental cohesion

comhtháthú *m* **feidhmeanna**
functional cohesion

comhtháthú *m* **ICT** (= **comhtháthú** *m*
TFC) ICT integration

comhtháthú *m* **meánscála (MSI)**
medium-scale integration, MSI

comhtháthú *m* **mionscála (SSI)**
small-scale integration, SSI

comhtháthú *m* **mórscála (LSI)**
large-scale integration, LSI

comhtháthú *m* **oibiachtaí** object
cohesion

comhtháthú *m* **scála ollmhóir (SLSI)**

super-large-scale integration, SLSI

comhtháthú *m* **TFC** (= **comhtháthú**
m **ICT**) ICT integration

comhthéacs *m4* **eiliminte** element
context

comhtheagmhálach *a* contiguous *a*

comhtheagmhas *m1* coincidence *s*

comhtheagmhasach *a* coincidental *a*

comhthiomsaitheach *a* associative *a*

comhthiomsaitheacht *f3* associativity
s

comhthreomhar *a (Mth.)* parallel^2 *a*

comhuaineach^1 *a (Comp.)* (=
comhuainíochta *gs as a*) parallel^1 *a*

comhuaineach^2 *a* simultaneous *a*

comhuainíocht *f3* parallelism *s*

comhuainíochta *gs as a (Comp.)* (=
comhuaineach$^{1)}$ parallel^1 *a*

comhuainíocht *f3* **gharbhánta**
coarse-grained parallelism

comhuainíocht *f3* **mhín** fine-grained
parallelism

comparadóir *m3* comparator *s*

comparáid *f2* comparison *s*

comparáid *f2* **loighciúil** logical
comparison

cónaitheach *a* stationary *a*

cónasctha *a* federated *a*

cóngarach *a* adjacent *a*

cóngarach *a* **do chaighdeán litreach**
(NLQ) near letter quality, NLQ

cóngaracht *f3* adjacency *s*

consól *m1* console *s*

cór *m1* core^2 *s*

cór- *pref* core^4 *a*

córais *mpl* **choibhéiseacha** equivalent
systems

córais *mpl* **easpórtála** export systems

córais *mpl* **idirmheánacha**
intermediate systems

córais *mpl* **mhicrileictrimeicniúla**
microelectromechanical systems

córas *m1* system *s*

córasach *a* systematic *a*

córas *m1* **aisfhothaithe faisnéise**
information-feedback system

córas *m1* **aonad MKS** MKS system of
units

córas *m1* **aontéarmach** uniterm
system

córas *m1* **aonúsáideora** single-user
system

córas *m1* **(atá) bunaithe ar eolas**
knowledge-based system

córas *m1* **bainistíochta bunachair**
shonraí dáilte distributed database
management system

córas *m1* **bainistíochta bunachar**
sonraí (DBMS) database
management system, DBMS

córas *m1* **bainistíochta bunachar**
sonraí (atá) bunaithe ar oibiachtaí
(OODBMS) object-oriented
database management system,
OODBMS

córas *m1* **bainistíochta bunachar**
sonraí coibhneasta (RDBMS)
relational database management
system, RDBMS

córas *m1* **bainistíochta bunachar**
sonraí coibhneasta oibiachtaí
(ORDBMS) object-relational
database management system,
ORDBMS

córas *m1* **bainistíochta eolais (KMS)**
knowledge management system,
KMS

córas *m1* **bainistíochta inneachair**
(CMS) content management system,
CMS

córas *m1* **bonnuimhreacha** radix
number system

córas *m1* **bonnuimhreach fosaithe**
fixed radix system

córas *m1* **bunachar sonraí** database
system

córas *m1* **cairdiúil** user-friendly
system

córas *m1* **cláir feasachán (BBS)**
bulletin board system, BBS

córas *m1* **comhad** file system

córas *m1* **comhad dáilte** distributed
file system

córas *m1* **comhad iriseáin** journaling
file system

córas *m1* **comhchomhad** shared file
system

córas *m1* **comhchuimhne** shared
memory system

córas *m1* **comhdhioscaí** shared disk
system

córas *m1* **comhdúcháin** filing system

córas *m1* **comhéadan próisis** process
interface system

córas *m1* **comhroinnte ama (TSS)**
time-shared system, TSS

córas *m1* **comhtháite faisnéis**
bainistíochta (IMIS) integrated
management information system,
IMIS

córas *m1* **comhuainíochta** parallel
system

córas *m1* **corrphaireachta** odd parity
system

córas *m1* **cúltaca** standby system

córas *m1* **dáilte** distributed system

córas *m1* **dathanna dealaitheacha**
subtractive colour system

córas *m1* **datha YUV** YUV colour
system

córas *m1* **débhútála** dual boot system

córas *m1* **dénártha** binary system

córas *m1* **dhá phróiseálaí (=**
déchóras) dual processor system

córas *m1* **dhá theirminéal**
two-terminal system

córas *m1* **díolama** assembly system

córas *m1* **díolama siombalaí** symbolic
assembly system

córas *m1* **díolphointe (= córas *m1***
POS) point-of-sale system, POS
system

córas *m1* **dlúthchúpláilte**
tightly-coupled system

Córas *m1* Domhanda do Chumarsáid
Mhóibíleach (GSM[1]) Global
System for Mobile Communication,
GSM[1]

córas *m1* **éigeandála cumhachta**
emergency power system

córas *m1* **eitleonaice** avionic system

córas *m1* **eochróra** turnkey system

córas *m1* **faisnéise** information system

córas *m1* **faisnéise bainistíochta**
(MIS) management information
system, MIS

córas *m1* **faoi thiomáint idirbheart**
(TDS) transaction-driven system,
TDS

córas *m1* **feidhmchláir** application
system

córas *m1* **fíor-ama** real-time system

córas *m1* **forbartha** development
system

córas *m1* **fuinneog** windowing system

córas *m1* **gan tada i bpáirt** shared
nothing system

córas *m1* **ginte ríomhchlár (PGS)**
program generation system, PGS

córas *m1* **idirbhristeacha** interrupt
system

córas *m1* **idirghníomhach** interactive
system

Córas *m1* **Idirnáisiúnta na nAonad**
(SI[1]**)** International System of Units,
SI[1], Système International d'Unités

córas *m1* **ilchainéal** multichannel
system

córas *m1* **ilphróiseálaithe**
multiprocessor system

córas *m1* **ilúsáideoirí** multi-user
system

córas *m1* **iomlaisc** roll-about *s*

córas *m1* **iompróra** carrier system

córas *m1* **lagchúpláilte**
loosely-coupled system

córas *m1* **leabaithe** embedded system

córas *m1* **leictreonach** electronic
system

córas *m1* **léirithe pointe fhosaithe**
fixed-point representation system

córas *m1* **léirithe pointe inathraithe**
variable-point representation system

córas *m1* **léirmhínithe orduithe**

command-interpreter system

córas *m1* **lonnaithe sa chuimhne**
memory-resident system

córas *m1* **maoirseachta** supervising
system

córas *m1* **méadrach** metric system

córas *m1* **micriríomhairí intleachta**
dáilte (DIMS)
distributed-intelligence
microcomputer system, DIMS

córas *m1* **modúlach** modular system

córas *m1* **monatóireachta** monitor
system

Córas *m1* **Monatóireachta**
FORTRAN FORTRAN Monitor
System

córas *m1* **neasuithe comhleantacha**
successive-approximation system

córas *m1* **oibriúcháin (OS)** operating
system, OS

córas *m1* **oibriúcháin dáilte**
distributed operating system

córas *m1* **oibriúcháin dioscaí (DOS)**
Disk Operating System, DOS

córas *m1* **oibriúcháin líonra (NOS)**
network operating system, NOS

córas *m1* **oidhreachta** legacy system

córas *m1* **POS (= córas** *m1*
díolphointe) POS system,
point-of-sale system

córas *m1* **próiseála comhuainí (PPS)**
parallel processing system, PPS

córas *m1* **próiseála faisnéis eolais**
(KIPS) knowledge information
processing system, KIPS

córas *m1* **réphaireachta** even parity
system

córas *m1* **rialaithe (= córas** *m1*
rialúcháin) control system

córas *m1* **rialaithe fáil sonraí** data
acquisition control system

córas *m1* **rialaithe**
ionchurtha/aschurtha input/output
control system

córas *m1* **rialaithe teirminéal** terminal
control system

córas *m1* **rialúcháin** (= **córas** *m1* **rialaithe**) control system
córas *m1* **rialúcháin leabaithe** embedded control system
córas *m1* **rite** executive system
córas *m1* **rochtana srathaí** serial access system
córas *m1* **saineolach** expert system
córas *m1* **sonraí** data system
córas *m1* **srathaithe** layered system
córas *m1* **suite domhanda (GPS)** global positioning system, GPS
córas *m1* **tacaíochta** support system
córas *m1* **tacaíochta cinntí** decision support system
córas *m1* **uathrialach** autonomous system
córas *m1* **uimhreacha dénártha** binary number system
córas *m1* **uimhrithe ochtnártha** octal numbering system
CORBA (= **Ailtireacht** *f3* **Choiteann Bróicéara Iarratas ar Oibiachtaí**) CORBA, Common Object Request Broker Architecture
córchuimhne *f4* core memory
corda *m4* **paiste** patch cord
córdhumpa *m4* core dump
córdhumpáil *f3* core-dumping *s*
cór *m1* **maighnéadach** magnetic core
corp *m1* **an chlásail** body of clause
corpas *m1* corpus *s*
corp *m1* **feidhme** function body
corp *m1* **lúibe** loop body
cor *m1* **poist** mailshot *s*
corr *a* (= **corr-** *pref*) odd *a*
corr- *pref* (= **corr** *a*) odd *a*
corrphaireacht *f3* odd parity
córstóráil *f3* core storage
cosain *v* protect *v*
cosaint *f3* protection *s*
cosaint *f3* **ar bhorradh** surge protection
cosaint *f3* **ar chóipeáil** copy protection
cosaint *f3* **ar léamh** read protection
cosaint *f3* **ar rochtain comhad** file

access protection
cosaint *f3* **ar scríobh** write protect(ion)
cosaint *f2* **bileog oibre** worksheet protection
cosaint *f3* **bogearraí** software protection
cosaint *f3* **cille** cell protection
cosaint *f3* **comhad** file protection
cosaint *f3* **príobháideachta** privacy protection
cosaint *f3* **sonraí** data protection
cosaint *f3* **stórais** storage protection
cosán *m1* path *s*
cosán *m1* **cártaí** card path
cosán *m1* **comhadlainne** directory path
cosán *m1* **iontaobhaí** trustee path
cosán *m1* **neamhdhleathach** illegal path
cosán *m1* **réitigh** solution path
cosán *m1* **rochtana** access path
cosán *m1* **sonraí** data path
cosanta *a* protected *a*
cosanta *a* **ar scríobh** write-protected *a*
cosantóir *m3* **líne (teilea)fóin** phone line protector
cosantóir *m3* **móideim** modem protector
cosc *v* inhibit *v*
costas *m1* **measta** estimated cost
cothabháil *f3* maintenance *s*
cothabháil *f3* **cheartaitheach** corrective maintenance
cothabháil *f3* **choisctheach** preventive maintenance
cothabháil *f3* **comhad** file maintenance
cothabháil *f3* **córais** system maintenance
cothabháil *f3* **crua-earraí** hardware maintenance
cothabháil *f3* **feidhmchlár** application maintenance
cothabháil *f3* **printéara** printer maintenance

cothabháil *f3* **scanóra** scanner
maintenance
cothabháil *f3* **sceidealta** scheduled
maintenance
cothroime *f4* equality *s*
cothrom *a* equal *a*
cothromaigh[1] *v* balance[1] *v*
cothromaigh[2] *v* equate *v*
cothromaíocht *f3* balance[2] *s*
cothrománach *a* horizontal *a*
cothrom le equals
cothromóid *f2* equation *s*
cothromóid *f2* **chearnach** quadratic
equation
cothromóid *f2* **choimpléascach**
complex equation
cothromóidí *fpl* **comhuaineacha**
simultaneous equations
cothromóir *m3* equalizer *s*
cothromú *m* (*gs* **-maithe**) equalization
s
cothromú *m* **lóid** load balancing
CPI (= **carachtair** *mpl* **san orlach**)
CPI, characters per inch
CPS[1] (= **carachtair** *mpl* **sa soicind**)
CPS[1], characters per second
CPS[2] (= **ciogail** *mpl* **sa soicind**) CPS[2],
cycles per second
CPU (LAP) (= **láraonad** *m1*
próiseála) CPU, central processing
unit
craiceann *m1* skin *s*
craiceann *m1* **an chúlra** background
skin
craiceann *m1* **an tulra** foreground
skin
crann *m1* tree *s*
crann *m1* **athsheachadán** relay tree
crann *m1* **ceathairnártha** quad tree
crann *m1* **cluichíochta** game tree
crann *m1* **comhréire** syntax tree
crann *m1* **cuardaigh dhénártha**
binary search tree
crann *m1* **dénártha** binary tree
crann *m1* **dénártha cothromaithe**
balanced binary tree

crann *m1* **ginearálta** general tree
crann *m1* **(na d)torthaí** result tree
crannóg *f2* hopper *s*
crannóg *f2* **cártaí** card hopper
craobhchiorcad *m1* tributary circuit
craobhstáisiún *m1* tributary station
craol *v* broadcast[2] *v*
craolacháin *gs as a* broadcasting[2] *a*
craolachán *m1* (= **craoladh**[2])
broadcasting[1] *s*
craoladh[1] *m* (*gs* **-lta** *pl* **-ltaí**)
broadcast[1] *s*
craoladh[2] *m* (*gs* **-lta**) (= **craolachán**)
broadcasting[1] *s*
craoladh *m* **paicéad** packet
broadcasting
craoladh *m* **sonraí** data broadcast
craoltóireacht *f3* **ar an Ghréasán** *See*
craoltóireacht ar an nGréasán.
craoladh *m* **ar an nGréasán**
(= **craoladh** *m* **ar an Ghréasán**)
Webcasting *s*
CRC (= **seiceáil** *f3* **chioglach**
iomarcaíochta) CRC, cyclic
redundancy check
creatchódú *m* (*gs* **-daithe**) skeletal
coding
creat-tábla *m4* skeleton table
críoch *f2* end *s*
críoch-charachtar *m1* **bloc tarchuir**
end-of-transmission-block character
críoch-charachtar *m1* **comhaid**
end-of-file character
críoch-charachtar *m1* **meáin**
end-of-medium character, EM
críoch-charachtar *m1* **tarchuir**
end-of-transmission character
críoch-charachtar *m1* **téacs**
end-of-text character
críoch *f2* **cláir** end of program
críoch *f2* **comhaid (EOF)** end-of-file,
EOF
críoch *f2* **líne (EOL)** end of line, EOL
críochlipéad *m1* **comhaid** end-of-file
label
críochmharcóir *m3* **comhaid**

end-of-file marker

críochmharcóir *m3* **doiciméid**
end-of-document marker

críochmharcóir *m3* **réimse**
end-of-field marker

críochmharcóir *m3* **sonraí** end-of-data
marker

críochmharcóir *m3* **téipe** end-of-tape
marker

críochnaigh *v* terminate *v*

críochnaigh ach fan *v* **lonnaithe
(TSR)** terminate and stay resident,
TSR

críochnú *m* (*gs* **-naithe**) termination *s*

críochnú *m* **mínormálta** abnormal
termination

críoch *f2* **reatha** end of run

críochta *a* finite *a*

críoch *f2* **teachtaireachta** end of
message

críochtháscaire *m4* **comhaid**
end-of-file indicator

críochtóir *m3* terminator *s*

críochtóir *m3* **neamhnitheach** null
terminator

críochtóir *m3* **ráitis** statement
terminator

crióiginic *f2* cryogenics *s*

crioptanailís *f2* cryptanalysis *s*

crioptanailís *f2* **le rúntéacs amháin**
ciphertext-only cryptanalysis

crios *m3* zone *s*

crios *m3* **ama (= amchrios)** time zone

crios *m3* **an mhínis** minus zone

crios *m3* **bán** blank zone

criostal *m1* crystal *s*

criostalfhoirm *f2* crystal form

criostal *m1* **grianchloiche** quartz
crystal

criostal *m1* **písileictreach** piezoelectric
crystal

criótrón *m1* cryotron *s*

cripteachóras *m1* **le heochair phoiblí
(PKC)** public key cryptosystem,
PKC

cripteachóras *m1* **le heochair**

phríobháideach private-key
cryptosystem

cripteagrafaíocht *f3* cryptography *s*

cripteagrafaíocht *f3* **chandamach**
quantum cryptography

cripteagrafaíocht *f3* **lag** weak
cryptography

cripteagrafaíocht *f3* **le heochair
phoiblí** public key cryptography

cripteagrafaíocht *f3* **le heochair
phríobháideach** private key
cryptography

cripteagrafaíocht *f3* **shiméadrach le
heochair** symmetric key
cryptography

cripteagram *m1* cryptogram *s*

cripteolaíocht *f3* cryptology *s*

criptigh *v* encrypt *v*

criptiú *m* (*gs* **-tithe**) (= **criptiúchán**)
encryption *s*

criptiúchán *m1* (= **criptiú**) encryption
s

criptiú *m* **le comheochair rúnda**
secret key encryption

criptiú *m* **le heochair phoiblí** public
key encryption

criptiú *m* **le heochair phríobháideach**
private-key encryption

criptiú *m* **le heochracha
sioncronacha** synchronous key
encryption

criptiú *m* **siméadrach** symmetric
encryption

criptiú *m* **sonraí** data encryption

criptiú *m* **traidisiúnta** conventional
encryption

critéar *m1* criterion *s*

critéar *m1* **innéacs** index criterion

critéar *m1* **sórtála** sort criterion

critéir *mpl* **cháilíochta** quality criteria

critéir *mpl* **sonrúcháin** criteria for
specification

critéir *mpl* **tástála inghlacthachta**
acceptance testing criteria

crith *m3* vibration *s*

criticiúil *a* **ó thaobh ama** time-

critical *a*
cró *m4* aperture *s*
croch *v* hang² *v*, hang up
crochadh *m* (*gs* **-chta**) hang-up *s*, hang¹ *s*
croí- *pref* core³ *a*
croílár *m1* core¹ *s*
croílár *m1* **SSADM** core SSADM
croíphrótacal *m1* **NetWare (NCP¹)** NetWare core protocol, NCP¹
crómatach *a* chromatic *a*
crosbhailíochtú *m* (*gs* **-taithe**) cross-validation *s*
crosbharra *m4* crossbar *s*
crosfhí *f4* interlace² *s*
crosfhigh *v* interlace¹ *v*
crosphointe *m4* crosspoint *s*
cros-seiceáil¹ *v* crosscheck *v*
cros-seiceáil² *f3* crosschecking *s*
cros-seiceálaí *m4* **dearaí** design cross-checker
crostagairt *f3* cross-reference *s*
crostagairt *f3* **idir stóras loighciúil sonraí agus aonáin** logical data store/entity cross-reference
crostiomsaitheoir *m3* cross compiler
CRT (= feadán *m1* **ga-chatóideach)** CRT, cathode-ray tube
crua *a* (= **crua-** *pref*) hard *a*
crua- *pref* (= **crua** *a*) hard *a*
cruach *f2* stack *s*
cruach *f2* **ADT** ADT stack
cruach *f2* **bhrú anuas** pushdown stack
cruachódaigh *v* hardcode *v*
cruachódaithe *a* hardcoded *a*
crua-earraí *mpl* (= **earraí** *mpl* **crua**) hardware *s*
crua-earraí *mpl* **coiteanna** common hardware
crua-earráid *f2* hard error
cruashreangaithe *a* hard-wired *a*
cruatheascógtha *a* hard-sectored *a*
crúca *m4* hook *s*
cruinn *a* accurate *a*
cruinneas *m1* accuracy *s*
cruthaigh¹ *v* construct¹ *v*

cruthaigh² *v* create *v*
cruthaigh³ *v* prove *v*
cruthaigh *v* **fillteán nua** create new folder
cruthaithe *a* created *a*
cruthaitheoir *m3* constructor *s*
cruthaitheoir *m3* **cóipe** copy constructor
cruth *m3* **réamhdhéanta** AutoShape *s*
cruthú *m* (*gs* **-thaithe**) creation *s*
cruthú *m* **comhaid** file creation
cruthú *m* **loighciúil ríomhchlár (LCP)** logical construction of programs, LCP
cruthúnas *m1* proof *s*
cruthúnas *m1* **a leithéid a bheith ann** *See* cruthúnas gurb ann dó.
cruthúnas *m1* **díreach** direct proof
cruthúnas *m1* **gurb ann dó** (= **cruthúnas** *m1* **a leithéid a bheith ann**) proof of existence
cruthúnas *m1* **indíreach** indirect proof
cruthúnas *m1* **trí bhréagnú** proof by contradiction
cruthúnas *m1* **trí fhrithshampla** proof by counterexample
cruthú *m* **próisis** process creation
CSMA (= brath *m* **iompróra /ilrochtain)** CSMA, carrier sense/multiple access
CSS (= stílbhileog *f2* **chascáideach)** CSS, cascading style sheet
Ctrl (= eochair *f5* **rialúcháin)** Ctrl, control key
cuach¹ *v* bundle *v*
cuach² *f2* (= **fianán**) cookie *s*
cuachadh *m* (*gs* **-chta**) bundling *s*
cuaidrilliún *m1* quadrillion *s*
cuairín *m4* circumflex *s*
cuardach *m1* search² *s*, seek² *s*
cuardach *m1* **ar líne** online searching
cuardach *m1* **(atá) bunaithe ar athchúrsáil** recursion-based search
cuardach *m1* **athchúrsach** recursive search
cuardach *m1* **comhaid** file search

cuardach *m1* **comhtháite** integrated search

cuardach *m1* **comhuaineach** parallel search

cuardach *m1* **crainn** tree search

cuardach *m1* **dénártha** (= cuardach *m1* **déscaracháin**) binary search

cuardach *m1* **de réir na sonraí/slabhrú** *m* **ar aghaidh** data-driven search/forward chaining

cuardach *m1* **de réir patrún** pattern-directed search

cuardach *m1* **déscaracháin** (= cuardach *m1* **dénártha**) dichotomizing search

cuardach *m1* **Fibonacci** Fibonacci search

cuardach *m1* **hais-tábla** hash table search

cuardach *m1* **i dtreo sprice** goal-driven search

cuardach *m1* **ilchoinníollach** multiple condition search

cuardach *m1* **ilghnéitheach** multi-aspect search

cuardach *m1* **incriminteach** incremental search

cuardach *m1* **líneach** linear search

cuardach *m1* **litríochta ar líne** online literature searching

cuardach *m1* **seicheamhach** sequential search

cuardach *m1* **spáis/staide** state/space search

cuardach *m1* **tábla** table look-up, lookup *s*, TLU

cuardaigh *v* search[1] *v*, seek[1] *v*

cuardaigh agus athchuir *v* search and replace *v*

cuardaigh *v* **arís** repeat search

cuasaithreoir *m3* quasi-instruction *s*

cuasastatach *a* quasi-static *a*

cuibheoir *m3* (= plocóid *f2* **chuibhithe**) adapter *s*

cuibheoir *m3* **comhéadan forimeallach (PIA)** peripheral interface adapter, PIA

cuibheoir *m3* **fístaispeána** (= clár *m1* **ciorcaid fístaispeána, físchuibheoir**) video display adapter

cuibheoir *m3* **gnéithe** feature adapter

Cuibheoir *m3* **Grafaic Dhatha (CGA)** Colour Graphics Adapter, CGA

cuibheoir *m3* **grafaice** graphics adapter

Cuibheoir *m3* **Grafaice Breisithe (EGA)** Enhanced Graphics Adapter, EGA

cuibheoir *m3* **ilmheán comhbhrú frámaí socra** still-frame compression multimedia adapter

cuibheoir *m3* **líne** line adapter

cuibheoir *m3* **neamh-mhóideimeach** null modem adapter

cuid *f3* **an tseolta** address part

cúignártha *a* quinary *a*

cúil *gs as a* (= cúl- *pref*) back-end *a*

cuimhne *f4* memory *s*

cuimhne *f4* **aon leictreoin** single-electron memory

cuimhne *f4* **athghiniúnach** regenerative memory

cuimhne *f4* **bholgánach** bubble memory

cuimhne *f4* **bholgánach mhaighnéadach** magnetic bubble memory

cuimhne *f4* **bhreisithe** extended memory

cuimhne *f4* **chomhthiomsaitheach** associative memory

cuimhne *f4* **chrosfhite** interlaced memory

cuimhne *f4* **dhá phort** dual port memory

cuimhne *f4* **dhinimiciúil** dynamic memory

cuimhne *f4* **fhairsingithe** expanded memory

cuimhne *f4* **fhíorúil (VM^2)** virtual memory, VM^2

cuimhne *f4* **idirdhuilleach** interleaved

memory

cuimhne *f4* **inléite amháin (ROM)**
read-only memory, ROM

Cuimhne *f4* **Inléite Amháin
Ard-Dlúis (HD-ROM)**
High-Density Read-Only Memory,
HD-ROM

cuimhne *f4* **inléite
amháin/inathraithe go leictreach
(EAROM)** electrically alterable
read-only memory, EAROM

cuimhne *f4* **inléite
amháin/in-chomhleáite (FROM)**
fusible read-only memory, FROM

cuimhne *f4* **inléite amháin
in-ríomhchláraithe (PROM)**
programmable read-only memory,
PROM

cuimhne *f4* **inléite
amháin/in-ríomhchláraithe
in-léirscriosta (EPROM)** erasable
programmable read-only memory,
EPROM

cuimhne *f4* **inléite
amháin/in-ríomhchláraithe
in-léirscriosta go leictreach
(EEPROM)** electrically erasable
programmable read-only memory,
EEPROM

cuimhne *f4* **inléite inscríofa** read/write
memory

cuimhne *f4* **inmheánach (= stóras** *m1*
inmheánach) internal (register)
memory

cuimhne *f4* **luaineach** volatile memory

cuimhne *f4* **mhaighnéadach** magnetic
memory

cuimhne *f4* **mhear-rochtana (= ceap**
m1 **breacaireachta, FAM, gearr-
thaisce** *f4*, **stóras** *m1* **sealadach)**
fast-access memory, FAM

cuimhne *f4* **MOS** MOS memory

cuimhne *f4* **neamhluaineach (NVM)**
nonvolatile memory, NVM

cuimhne *f4* **randamrochtana (RAM)**
random-access memory, RAM

cuimhne *f4* **randamrochtana
chuasastatach** quasi-static random
access memory

cuimhne *f4* **randamrochtana
dhinimiciúil (DRAM)** dynamic
random access memory, DRAM

cuimhne *f4* **randamrochtana statach
(SRAM)** static random access
memory, SRAM

cuimhne *f4* **reatha** working memory

cuimhne *f4* **scannáin thanaí** thin-film
memory

cuimhne *f4* **sheachtrach** external
memory

cuimhne *f4* **statach** static memory

cuimhne *f4* **thaisce (= taisce)** cache
memory

cuimhne *m4* **thánaisteach** secondary
memory

cuing *f2* yoke *s*

cuintilliún *m1* quintillion *s*

cuir *v* **air (= lasc** *v* **air)** switch on

cuir *v* **ar ais (= aischuir)** restore *v*

cuir *v* **as (= lasc** *v* **as)** switch off

cuireadh *m1* **chun tarchur (ITT)**
invitation to transmit, ITT

cuir *v* **i bhfeidhm**[1] **(= feidhmigh**[1]**)**
apply *v*

cuir *v* **i bhfeidhm**[2] **(= feidhmigh**[2]**)**
commit *v*

cuir *v* **i bhfuinneog** window[1] *v*

cuir *v* **i gcartlann** archive[1] *v*

cuir *v* **i gcomparáid (= cóimheas**[1]**)**
compare *v*

cuir *v* **in eagar** edit *v*

cuir *v* **i ngníomh**[1] **(= gníomhachtaigh)**
activate *v*

cuir *v* **i ngníomh**[2] implement *v*

cuir *v* **in ionad (= ionadaigh)**
substitute[1] *v*

cuir *v* **in ord** order[1] *v*

cuir *v* **isteach (= ionchuir)** input[1] *v*

Cuir isteach d'ID Input your ID

cuir *v* **láithreáin leis (= cuir** *v*
suíomhanna leis) add sites

cuir *v* **le** *(Gen.)* add[1] *v*

cuir *v* **líne faoi** underline *v*
cuir *v* **líne trí** strikethrough[1] *v*
cuir *v* **suíomhanna leis** (= **cuir** *v* **láithreáin leis**) add sites
cúl- *pref* (= **cúil** *gs as a*) back-end *a*
cúlbhrat *m1* wallpaper *s*
cúlchoimhéad *m* (*gs* **-ta**) lurking *s*
cúl-laofacht *f3* reverse bias
cúlphlána *m4* backplane *s*
cúlra *m4* background *s*
cúlscáil *f2* drop shadow
cúlslais *f2* backslash *s*
cúlspás *m1* backspace[2] *s*
cúlspásáil *v* backspace[1] *v*
cúltaca *m4* backup *s*
cúltaca *m4* **gan freastalaí** serverless backup
cúltaca *m4* **iriseáin** journaling *s*
cúltaca *m4* **téipe** tape backup
cum *v* compose *v*
cumaisc *v* merge[1] *v*
cumaiscthe *a* merged *a*
cumar *m1* junction *s*
cumar *m1* **diúltach-deimhneach** (= **cumar** *m1* **p-n**) positive-negative junction
cumar *m1* **Josephson** Josephson junction
cumar *m1* **np** np junction
cumarphointe *m4* nexus *s*
cumar *m1* **p-n** (= **cumar** *m1* **diúltach-deimhneach**) p-n junction
cumarsáid *f2* communication(s) *spl*
cumarsáid *f2* **aontreo** one-way communication
cumarsáid *f2* **chomhuaineach dhéthreo** two-way simultaneous communication
cumarsáid *f2* **idirphróiseas** interprocess communication
cumarsáid *f2* **ilbhealaí** multiway communications
cumarsáid *f2* **mhóibíleach** mobile communication
cumarsáid *f2* **neamhshiméadrach** asymmetric communications

cumarsáid *f2* **phaicéad** packet communications
cumarsáid *f2* **shiméadrach** symmetric communications
cumarsáid *f2* **sonraí** data communication
cumarsáid *f2* **thionscantach** handshake *s*
cumas *m1* capacity[1] *s*
cumasaigh *v* enable *v*
cumasaigh *v* **gothaí** enable gestures
cumasaigh *v* **gothaí luiche** enable mouse gestures
cumasc *m1* merge[2] *s*
cumhacht *f3* power *s*
cumhachteochair *f5* power key
cumhacht *f3* **leictreach** electrical power
cumhacht *f3* **mheandarach** instantaneous power
cumraigh *v* configure *v*, set up[1]
cumraíocht *f3* configuration *s*, set up[3]
cumraíochtaí *mpl* **optamacha** optimal configurations
cumraíocht *f3* **cnaipí** button configuration
cumraíocht *f3* **íosta** minimal configuration
cumraíocht *f3* **leathanaigh** page set-up
cumraíocht *f3* **printéara** printer setup
cumraíocht *f3* **réaltach** star configuration
cumraíocht *f3* **ríomhaire** computer configuration
cumraíocht *f3* **roghnaithe** selected configuration
cumrú *m* (*gs* **-raithe**) configuring *s*
cúntóir *m3* **digiteach pearsanta** (= **ríomhaire** *m4* **boise, PDA**) personal digital assistant, PDA
cúntóir *m3* **oifige** office assistant
cúpláil[1] *v* couple *v*
cúpláil[2] *f3* coupling *s*
cúpláil *f3* **ionduchtach** inductive coupling

cúpláil *f3* **lag** loose coupling
cúpláilte *a* coupled *a*
cúplóir *m3* coupler *s*
cúplóir *m3* **fuaimiúil** acoustic coupler
cur *m1* **chuige (atá) dírithe ar athúsáid** reuse-oriented approach
cur *m1* **chuige heorastúil** heuristic approach
cur *m1* **chuige ó bharr anuas** top-down approach
cur *m1* **chuige ó bhun aníos** bottom-up approach
cur *m* **gaiste (= gaiste** *m4* **a chur)** trap setting
cur *m* **i bhfeidhm (= feidhmiú, feidhmiúchán)** application[2] *s*
cur *m* **i láthair (= láithreoireacht)** presentation *s*
cur *m* **i ngníomh** implementation *s*
cúrsáil *v* **(= brabhsáil**[1]**, scimeáil**[1]**)** cruise *v*
cúrsaíocht *f3* currency *s*
cúrsóir *m3* cursor *s*
cur *m* **teachtaireachtaí** messaging *s*
cur *m* **teachtaireachtaí meandaracha** instant messaging
CYAN (= cian, maigeanta, buí, dubh) CYAN, cyan, magenta, yellow, black

D

DAC (= Rialúchán *m1* **Lánroghnach Rochtana)** DAC, Discretionary Access Control
DAFV (= víreas *m1* **gníomh dhírigh comhaid)** DAFV, direct-action file virus
dáileadh *m* **Gauss** Gaussian distribution
dáileadh *m* **luachanna sonraí** distribution of data values
dáileadh *m* **trédhearcach** transparent distribution
dáilte *a* distributed *a*

dáilte *a* **go cianda** remotely distributed
dais *f2* dash *s*
dais-stíl *f2* dash style
dálaí *fpl* **timpeallachta** environmental conditions
dalladh *m* (*gs* **-llta**) glare *s*
dalladh *m* **ingearach** vertical blanking
dallscríobh *v* blind-write *v*
dangal *m1* **(= eochair** *f5* **freastalaí)** dongle *s*
d'aon ... for any ...
dara foirm normalach, an second normal form
dara hord, an second order
dáta *m4* **a cruthaíodh** creation date
dáta *m4* **glanta** purge date
dáta *m4* **reatha** current date
dath *m3* colour *s*
dath *m3* **an tulra** foreground colour
dathdhealú *m* (*gs* **-laithe**) colour separation
dath *m3* **líonta** fill colour
dath *m3* **príomhúil** primary colour
dath *m3* **réamhshocraithe** default colour
dath *m3* **sáithithe** saturated colour
dB (= deicibeil) dB, decibel *s*
dBm (= deicibeilí *fpl* **sa mhilleavata)** dBm, decibels per milliwatt
DBMS (= córas *m1* **bainistíochta bunachar sonraí)** DBMS, database management system
DC (= dírchúpláil *f3*, **dírchúpláilte** *a*) DC[1], direct coupling, directly-coupled *a*
DCD (= aimsitheoir *m3* **iompróir sonraí)** DCD, data carrier detect
DC (SD) (= sruth *m3* **díreach)** DC[2], direct current
DCU (= aonad *m1* **rialaithe gléis)** DCU, device control unit
DDA (= anailíseoir *m3* **difreálach digiteach)** DDA, digital differential analyser
DDL (= Teanga *f4* **Shainithe Sonraí)** DDL, Data Definition Language

DDP (= **próiseáil** *f3* **dhíláraithe sonraí**) DDP, decentralized data processing

dé-[1] *pref* (= **dúbailte**) double *a*

dé-[2] *pref* (= **déach**) dual *a*

déach *a* (= **dé-**[2] *pref*) dual *a*

deachtú *m* **gutha** voice dictation

deachúil *f3* decimal[1] *s*

deachúil *f3* **aiceanta códaithe go dénártha (NBCD)** natural binary-coded decimal, NBCD

deachúil *f3* **chódaithe** coded decimal

deachúil *f3* **códaithe go dénártha (BCD)** binary-coded decimal, BCD

deachúil *f3* **phacáilte** packed decimal

deachúlach *a* decimal[2] *a*

dea-chumtha *a* well-formed *a*

déaduchtaigh *v* deduct *v*

déaduchtú *m* (*gs* **-taithe**) deduction *s*

dé-aistear *m1* **a dhéanamh** round-tripping *s*

dealaigh *v* subtract *v*

dealaitheoir *m3* subtracter *s*

dealaitheoir/suimitheoir *m3* subtracter-adder *s*

dealann *f2* subtrahend *s*

dealú *m* (*gs* **-laithe**) subtraction *s*

déan *v* do *v*

déanamh *m1* **agus ainm printéara** printer model

déanamh *m1* **agus ainm ríomhaire** computer model

déanamh *m* **íomhánna** (= **íomháú**) imaging *s*

déan *v* **anailís ar** (= **anailísigh**) analyse *v*

déan *v* **nascleanúint (ar an Idirlíon)** navigate *v* (on the Internet)

déan *v* **neamhaird de** ignore *v*

déantóir *m3* **buntrealaimh (OEM)** original equipment manufacturer, OEM

déantóir *m3* **printéirí** printer manufacturer

déantúsaíocht *f3* **ríomh-chomhtháite** computer-integrated manufacturing

déantúsaíocht *f3* **ríomhchuidithe (CAM)** computer-aided manufacture, CAM

dearadh[1] *m1* (*pl* **-raí**) design[1] *s*

dearadh[2] *m* (*gs* **-rtha**) design[2] *s*

dearadh *m* (**atá**) **bunaithe ar oibiachtaí (OOD)** object-oriented design, OOD

dearadh *m1* (**atá**) **dírithe ar an bhfeidhm** (= **dearadh** *m1* {**atá**} **dírithe ar an fheidhm**) function-oriented design

dearadh *m1* (**atá**) **dírithe ar an fheidhm** (= **dearadh** *m1* {**atá**} **dírithe ar an bhfeidhm**) function-oriented design

dearadh *m* **bogearraí** software design

dearadh *m1* **céadiarrachta sonraí** first-cut data design

dearadh *m* **céim ar chéim** stepwise design

dearadh *m1* **comhpháirte** component design

dearadh *m* **córais** system design

dearadh *m* **feidhmeanna** functional design

dearadh *m* **fisiciúil** physical design

dearadh *m1* **fisiciúil sonraí** physical data design

dearadh *m* **Gréasáin** Web design

dearadh *m1* **loighciúil** logical design, logic design

dearadh *m1* **loighciúil bunachar sonraí** logical database design

dearadh *m1* **loighciúil sonraí** logical data design

dearadh *m1* **lúibe** loop design

dearadh *m* **míre** item design

dearadh *m1* **ó bharr anuas** top-down design

dearadh *m1* **ó bhun aníos** bottom-up design

dearadh *m* **ríomhchuidithe (CAD)** computer-aided design, CAD

dearadh *m1* **struchtúr sonraí** data structure design

dearbh- *pref* (= **absalóideach**)
absolute *a*
dearbhaigh[1] *v* assert *v*
dearbhaigh[2] *v* determine[3] *v*
dearbhchód *m1* absolute code
dearbh-chomhordanáid *f2* absolute
coordinate
dearbhchosán *m1* absolute path
dearbhlódáil *f3* absolute loading
dearbhnasc *m1* absolute link
dearbhsheolachán *m1* absolute
addressing
dearbhsheoladh *m* (*gs* **-lta**) absolute
address
dearbhthagairt *f3* **cille** absolute cell
reference
dearbhú[1] *m* (*gs* **-bhaithe**) assertion *s*
dearbhú[2] *m* (*gs* **-bhaithe**)
determination[3] *s*
dearbhú[3] *m* (*gs* **-bhaithe**) assurance *s*
dearbhú *m* **cáilíochta** quality
assurance
dearg, uaine, gorm (RGB) red, green,
blue, RGB
deartháirnód *m1* sibling node
deasc *f2* desktop *s*
deasc *f2* **chabhrach** help desk
deaschliceáil *v* right click
dea-shainithe *a* well-defined *a*
deasluach *m3* r-value, right value
débheachtais *gs as a* double-precision
a
débhrí *f4* (= **débhríocht**) ambiguity *s*
débhríocht *f3* (= **débhrí**) ambiguity *s*
déchliceáil *f3* (= **cliceáil** *v* **faoi dhó**)
double-click[1] *v*
déchnogaí *mpl* dual heads
déchobhsaí *a* bistable *a*
déchóras *m1* (= **córas** *m1* **dhá**
phróiseálaí) dual system
déchúignártha *a* biquinary *a*
DED (= **foclóir** *m3* **eilimintí sonraí**)
DED, data element dictionary
dédhlúis *gs as a* double-density *a*
dédhlús *m1* double density
déghiotán *m1* dibit *s*

deic[1] *f2* (= **paca**) deck[1] *s*
deic[2] *f2* deck[2] *s*
deic *f2* **cártaí** card deck
deichnártha *a* denary *a*
deichniúr *m1* decade *s*
deicibeil *f2* (**dB**) decibel *s*, dB
deicibeilí *fpl* **sa mhilleavata** (**dBm**)
decibels per milliwatt, dBm
deicíl *f2* decile *s*
deicrimint *f2* decrement[2] *s*
deicrimintigh *v* decrement[1] *v*
deic *f2* **téipe** (= **léitheoir** *m3* **téipe**
maighnéadaí, tiomántán *m1* **téipe**)
tape deck
deighil[1] *v* partition[1] *v*
deighil[2] *v* segment[1] *v*
deighilt[1] *f2* partition[2] *s*
deighilt[2] *f2* segmentation *s*
deighilt *f2* **colúin** column split
deighilt *f2* **cuimhne** memory
partitioning
deighilteoir *m3* (= **teormharcóir** *m3*
sonraí) separator *s*
deighilteoir *m3* **aonad** (**US**) unit
separator, US
deighilteoir *m3* **faisnéise** information
separator
deighilteoir *m3* **grúpaí** (**GS**) group
separator, GS
deighilteoir *m3* **móideim** modem
splitter
deighilteoir *m3* **taifead** (**RS**) record
separator, RS
deighleán *m1* segment[2] *s*
deighleán *m1* **breise** extra segment
deighleán *m1* **cóid** code segment
deighleán *m1* **cuimhne** memory
segment
deighleán *m1* **gan leathanaigh**
unpaged segment
deighleán *m1* **lódála ar éileamh** load
on demand segment
deighleán *m1* **nascála** linkage segment
deighleán *m1* **ríomhchláir** program
segment
deighleán *m1* **sonraí** data segment

deilbhín *m4* (= **íocón**) icon *s*
deilbhín *m4* **callaire** speaker icon
deilbhín *m4* **grúpa** group icon
deilbhín *m4* **lainseála** launch icon
deilbhín *m4* **lainseála ríomhchláir**
program launch icon
deil *f2* **faoi ríomhrialú uimhriúil**
computer numerically controlled
lathe
deilte *f4* delta *s*
deiltefhráma *m4* (= **fráma** *m4*
difríochta) delta frame
deilte-ionchódú/díchódú *m* (*gs*
-daithe) delta encoding/decoding
deiltemhodhnú *m* (*gs* **-naithe**) delta
modulation
deiltethorann *m1* delta noise
deimhneach *a* positive *a*
deimhnigh *v* confirm *v*
deimhnigh *v* **gach athchur** confirm
each replacement
deimhniú *m* (*gs* **-nithe**) (=
deimhniúchán) certification *s*
deimhniúchán *m1* (= **deimhniú**)
certification *s*
déine *f4* intensity
déine *f4* **lonrúil** luminous intensity
deitéarmanant *m1* determinant *s*
dénártha *a* binary^2 *a*
dénarthach *m1* (*Mth.*) binary^1 *s*
dénasctha *a* double-linked *a*
dé-ocsaíd *f2* **sileacain** silicon dioxide
dé-óid *f2* (*pl* **-eanna**) diode *s*
dé-óid *f2* **aon tolláin** unitunnel diode
dé-óid *f2* **astaithe solais (LED)**
light-emitting diode, LED
dé-óid *f2* **ghearmáiniam** germanium
diode
dé-óid *f2* **phointe teagmhála**
point-contact diode
deontóir *m3* donor *s*
déphléacsach *a* (**DX**) duplex *a*, DX
dépholach *a* bipolar *a*
désheiceáil *f3* twin check
déshraithe *gs as a* dual-layer *a*
déspásáil *f3* (= **spásáil** *f3* **dhá líne**)

double spacing
déthoiseach *a* two-dimensional *a*
déthreoch *a* bidirectional *a*
DF (= **feidhm** *f2* **dhiagnóiseach**) DF,
diagnostic function
DFD (= **léaráid** *f2* **den sreabhadh**
sonraí) DFD, data-flow diagram
diad *m1* (*pl* **diaid**) dyad *s*
diadach *a* dyadic *a*
diagnóis *f2* diagnosis *s*
diagnóiseach *a* diagnostic *a*
diagnóisic *f2* diagnostics *s*
diagnóisic *f2* **earráidí** error
diagnostics
diagnóisic *f2* **tiomsaitheora** compiler
diagnostics
diagnóisic *f2* **tosaithe** start-up
diagnostics
diailchaoi *f4* dial-up *s*
diailchaoi *f4* **chaolbhanda**
narrowband dial-up
diailchaoi *f4* **leathanbhanda**
wideband dial-up
diailigh *v* dial *v* up, dial *v*
diailiú *m* (*gs* **-lithe**) dialling *s*
diailiú *m* **digití randamacha** random
digit dialling
diailiú *m* **taibhsiúil** phantom dialing
diall *m* (*gs* **-ta** *pl* **-taí**) deviation *s*
diall *m* **caighdeánach** standard
deviation
diall *m* **foistine** steady-state deviation
dialóg *f2* dialogue *s*
dí-armáil *v* disarm *v*
dí-armáilte *a* disarmed *a*
díbhlogh *v* defragment *v*
díbhloghadh *m* (*gs* **-ghta**)
defragmentation *s*
díbhloghadh *m* **comhaid** file
defragmentation
díchineálach *a* degenerate *a*
díchineálacht *f3* degeneracy *s*
díchódaigh *v* decode *v*
díchódóir *m3* decoder *s*
díchódóir *m3* **micrifheidhmeanna**
microfunction decoder

díchódóir *m3* **oibríochta** operation decoder

díchódú *m* (*gs* **-daithe**) decoding *s*

díchódú *m* **seolta** address decoding

dí-chomhbhrú *m* (*gs* **-ite**) decompression *s*

dí-chomhbhrúigh *v* decompress *v*

dí-chomhordaigh *v* decollate *v*

díchriptigh *v* decrypt *v*

díchriptiú *m* (*gs* **-tithe**) decryption *s*

díchuach *v* unbundle *v*

díchuachadh *m* (*gs* **-chta**) unbundling *s*

díchuir *v* eject *v*

díchumadh *m* (*gs* **-mtha**) distortion *s*

díchumadh *m* **armónach** harmonic distortion

díchumadh *m* **bairilleach** barrel distortion

díchumadh *m* **histéiréiseach** hysteresis distortion

díchumadh *m* **idirmhodhnaíochta** intermodulation distortion

díchumadh *m* *moiré* moiré distortion

díchumadh *m* **neamhlíneach** nonlinear distortion

díchumadh *m* **pasmhinicíochta** phase frequency distortion

díchumadh *m* **pioncásach** pincushion distortion

díchumasaigh *v* disable *v*

díchumasaithe *a* disabled *a*

díchúpláil *v* decouple *v*

dídhíolaim *v* disassemble *v*

dídhíolamóir *m3* disassembler *s*

dífhabhtaigh *v* debug *v*

dífhabhtóir *m3* debugger *s*

dífhabhtú *m* (*gs* **-taithe**) (= **dífhabhtúchán**) debugging *s*

dífhabhtúchán *m1* (= **dífhabhtú**) debugging *s*

dífhabhtú *m* **comhéadain** interface debugging

dífhabhtú *m* **roghbhlúirí** snapshot debugging

dífhabhtú *m* **siombalach** symbolic debugging

dífhormáidigh *v* unformat *v*

difreáil[1] *v* differentiate *v*

difreáil[2] *f3* differentiation *s*

difreálach[1] *m1* differential[1] *s*

difreálach[2] *a* differential[2] *a*

difreálach *m1* **meicniúil** mechanical differential

difreálaí *m4* differentiator *s*

difríocht *f3* difference *s*

difríocht *f3* **idir dhá thacar** (= **comhlánú** *m* **coibhneasta dhá thacar**) difference of two sets

difríocht *f3* **loighciúil** logical difference

difríocht *f3* **poitéinsil** potential difference

díghabhsáil *v* degauss *v*

díghabhsálaí *m4* degausser *s*

díghlasáil *v* unlock *v*

díghrádú *m* (*gs* **-daithe**) degradation *s*

díghrádú *m* **réidh** graceful degradation

díghrúpáil *v* ungroup *v*

digit *f2* digit *s*

digit *f2* **ard-oird** high-order digit

digit *f2* **creasa** zone digit

digit *f2* **dheachúlach** decimal digit

digit *f2* **dhénártha** (= **eilimint** *f2* **dhénártha**, **giotán**) binary digit

digiteach *a* digital *a*

digiteoir *m3* digitizer *s*

digiteoir *m3* **íomhánna** image digitizer

digit *f2* **iasachta** borrow digit

digití *fpl* **dénártha coibhéiseacha** equivalent binary digits

digitigh *v* digitize *v*

digit *f2* **iompraigh** carry digit

digit *f2* **is lú suntas** least significant digit

digitiú *m* (*gs* **-tithe**) digitization *s*

digit *f2* **mhanta** gap digit

digit *f2* **neamhcheadaithe** unallowable digit

digit *f2* **seiceála** (= **carachtar** *m1* **seiceála**) check digit

digit *f2* **shuntasach** (= **figiúr** *m1* **suntasach**) significant digit
digit *f2* **torainn** noisy digit
dí-ilphléacsóir *m3* demultiplexer *s*
dí-ilphléacsú *m* (*gs* -**saithe**) demultiplexing *s*
díláithriú *m* (*gs* -**rithe**) (= **díláithriúchán**) displacement *s*
díláithriúchán *m1* (= **díláithriú**) displacement *s*
dí-leithdháil *v* de-allocate *v*
díliostáil *v* unsubscribe *v*
dílleachta *m4* (*Wordpr.*) orphan *s*
dílogánaigh *v* delocalize *v*
dílogánú *m* (*gs* -**naithe**) delocalization *s*
dílsithe *a* proprietary *a*
dímhodhnaigh *v* demodulate *v*
dímhodhnóir *m3* demodulator *s*
dímhodhnú *m* (*gs* -**naithe**) demodulation *s*
DIMS (= **córas** *m1* **micriríomhairí intleachta dáilte**) DIMS, distributed-intelligence microcomputer system
dínasc *v* (= **scaoil**^{2}) disconnect *v*
dínasctha *a* disconnected *a*
díneadú *m* **oibríochtaí** denesting of operations
dinimiciúil *a* dynamic *a*
dinimic *f2* **laitíseach** lattice dynamics
dínormalaithe *a* denormalized *a*
díobhadh *m* **na nialas** zero elimination, zero suppression
díodán *m1* dithering *s*
díolaim^1 *v* assemble^2 *v*
díolaim^2 *f3* assembly *s*
díolamóir *m3* assembler *s*
díolamóir *m3* **dhá thardhul** two-pass assembler
díolamóir/dídhíolamóir *m3* **paicéad** (**PAD**) packet assembler/ disassembler, PAD
díolamóir *m3* **macraí** macroassembler *s*
díolamóir *m3* **teanga** language assembler

díolphointe *m4* (**POS**) point of sale, POS
díoltóir *m3* vendor *s*
díon *v* shield *v*
díonadh *m* (*gs* -**nta**) shielding *s*
diosc- *pref* (= **diosca**^{2} *gs as a*) disk^2 *a*
diosca^1 *m4* disk^1 *s*, disc *s*
diosca^2 *gs as a* (= **diosc-** *pref*) disk^2 *a*
diosca *m4* **aondlúis** single-density disk
diosca *m4* **aontaobhach** single-sided disk
diosca *m4* **ard-dlúis** high-density disk
diosca *m4* **ardtoillte** high-capacity disk
diosca *m4* **ardtoillte inbhainte** high-capacity removable disk
diosca *m4* **bog** (= **diosca** *m4* **flapach**, **discéad**) floppy disk
diosca *m4* **bútála** bootable disk
diosca *m4* **cartlainne** archive disk
diosca *m4* **córais** system disk
diosca *m4* **crua** (**HD**^{1}) hard disk, HD^1
diosca *m4* **crua inmheánach** internal hard disk
diosca *m4* **cuardaigh** seek disk
diosca *m4* **dédhlúis** double-density disk
diosca *m4* **digiteach ilúsáide** (**DVD**) digital versatile disk, DVD
diosca *m4* **digiteach léasair** (**LDD**) laser digital disk, LDD
diosca *m4* **flapach** (= **diosca** *m4* **bog**, **discéad**) floppy disk
diosca *m4* **fosaithe** fixed disk
dioscaí *mpl* **boga déthaobhacha** (**DS**) double-sided floppy diskettes, DS
diosca *m4* **inbhainte** removeable disk
diosca *m4* **inléite inscríofa** read/write disk
diosca *m4* **inscríofa uair amháin il-inléite** (**WORM**) write-once read-many disk, WORM
diosca *m4* **léasair** (**LD**) laser disk, LD
diosca *m4* **léasair cuimhne inléite amháin** (**LD-ROM**) laser disk-read-only-memory, LD-ROM

diosca *m4* **maighnéadach** magnetic disk

diosca *m4* **maighnéadoptúil** (= **diosca** *m4* **MO**) magneto-optical disk, MO disk

diosca *m4* **MO** (= **diosca** *m4* **maighnéadoptúil**) MO disk, magneto-optical disk

diosca *m4* **optúil** optical disk

diosca *m4* **RAM** RAM disk

diosca *m4* **soladstaide** (**SSD**) solid-state disk, SSD

diosca *m4* **sprice** destination disk, target disk

diosca *m4* **taispeána** demonstration diskette, demo disk

diosca *m4* **trí horlach go leith** (= **diosca 3.5 orlach**) three and a half inch disk

diosca *m4* **Winchester** Winchester disk

diosca *m4* **Zip** Zip disk

diosc-chartús *m1* disk cartridge

diosccthaisce *f4* disk cache

díothú *m* **AND** AND elimination

díothú *m* **torainn** noise elimination

DIP (= **pacáiste** *m4* **dé-inlíneach**) DIP, dual inline package

díphacáil *v* unpack *v*

díphacáilte *a* unpacked *a*

díphionnáil *f3* unpinning *s*

díphlugáil *v* unplug *v*

dír- *pref* (= **díreach** *a*) direct *a*

dír-aschur *m1* direct output

dírchódú *m* (*gs* **-daithe**) direct coding

dírchúpláil *f3* (**DC**) direct coupling, DC[1]

dírchúpláilte *a* (**DC**) directly-coupled *a*, DC[1]

díreach *a* (= **dír-** *pref*) direct *a*

díreoigh *v* unfreeze *v*

dír-ionchur *m1* direct input

dírithe *a* **ar an chóras** See dírithe ar an gcóras.

dírithe *a* **ar an gcóras** (= **dírithe** *a* **ar an chóras**) system-oriented *a*

dírithe *a* **ar tháirgí insoláthartha** deliverable-oriented *a*

dírmhapáilte *a* direct-mapped *a*

díroghnaigh *v* deselect *v*

dír-rialú *m* **uimhriúil** direct numerical control

dír-rochtain *f3* direct access

dír-rochtain *f3* **cuimhne** (**DMA**) direct memory access, DMA

dír-roghnóir *m3* **baill** direct member selector

dírsheolachán *m1* (= **seolachán** *m1* **díreach**) direct addressing

dírsheoladh *m* (*gs* **-lta**) (= **seoladh** *m* **díreach**) direct address

dírthreoir *f5* (*gs* **-orach**) direct instruction

discéad *m1* (= **diosca** *m4* **bog**) diskette *s*

díscoir *v* detach *v*

díscrios *v* undelete *v*

díshrathú *m* (*gs* **-thaithe**) de-layering *s*

díshuiteáil *v* uninstall *v*

díspíceáil[1] *v* despike *v*

díspíceáil[2] *f3* despiking *s*

diúltach *a* negative *a*

diúltaigh *v* (*Mth.*) negate[2] *v*

diúltú *m* (*gs* **-thaithe**) rejection *s*

diúltú *m* **seirbhíse** denial of service, DoS

dízipeáil *v* unzip *v*

D-laiste *m4* D latch

D-laiste *m4* **cloig** clocked D latch

DLC (= **rialú** *m* **nasctha sonraí**) DLC, data link control

dlí *m4* **an chearnfhaid inbhéartaigh** inverse square law

dlí *m4* **an ionadaithe** law of substitution

dlí *m4* **an tsínis** sine law

dlí *m4* **Laplace** Laplace's law

dlí *m4* **Maxwell** Maxwell's law

dlí *m4* **na hionbhlóide** law of involution

dlí *m4* **Ohm** Ohm's law

dlí *m4* **Planck** Planck's law
dlíthe *mpl* **an ionsú** laws of absorption
dlíthe *mpl* **comhchumhachtacha**
  idempotent laws
dlíthe *mpl* **Kirchhoff** Kirchhoff's laws
dlús *m1* density *s*
dlús *m1* **(an) taifeadta fhisiciúil**
  physical recording density
dlús *m1* **carachtar** character density
dlús *m1* **ceathartha** quad density
dlús *m1* **diosca** disk density
dlús *m1* **giotán** bit density
dlús *m1* **pacála** packing density
dlús *m1* **priontála** print density
dlús *m1* **réimse** field density
dlús *m1* **slis chuimhne** memory chip
  density
dlús *m1* **sonraí** data density
dlús *m1* **stórála** storage density
dlús *m1* **taifeadta** recording density
dlúth[1] *a* dense *a*
dlúth[2] *a* compact[2] *a*
dlúthaigh *v* compact[1] *v*
dlúthchúpláilte *a* tightly-coupled *a*
dlúthdhiosca *m4* **(CD)** compact disc,
  CD
dlúthdhiosca *m4* **cuimhne inléite**
  amháin (CD-ROM) compact disc –
  read-only memory, CD-ROM
dlúthdhiosca *m4* **dédhlúis**
  double-density compact disc
dlúthdhiosca *m4* **físe (VCD)** video
  compact disk, VCD, video CD
dlúthdhiosca *m4* **fuaime (CD fuaime)**
  audio CD
dlúthdhiosca *m4* **idirghníomhach**
  (CD-I) compact disc – interactive,
  CD-I
dlúthdhiosca *m4* **ilmheán (MMCD)**
  multimedia compact disc, MMCD
dlúthdhiosca *m4* **in-athscríofa**
  (CD-RW) compact disc –
  rewriteable, CD-RW
dlúthdhiosca *m4* **inscríofa uair**
  amháin (CD-WO) compact disc –
  write-once, CD-WO

dlúthdhiosca *m4* **intaifeadta (CD-R)**
  compact disc – recordable, CD-R
dlúthú *m* (*gs* **-thaithe**) compacting *s*,
  compaction *s*
dlúthú *m* **sonraí** data compaction
dlúthú *m* **stórais** storage compacting
DM (= **bainistíocht** *f3* **sonraí**) DM,
  data management
DMA (= **dír-rochtain** *f3* **cuimhne**)
  DMA, direct memory access
DMOS (= **leathsheoltóir** *m3*
  dé-idirleata ocsaíd mhiotail)
  DMOS, double-diffused metal-oxide
  semiconductor
DNS (= **Freastalaí** *m4* **Ainmneacha**
  Fearainn) DNS, Domain Name
  Server
DO (= **aschur** *m1* **digiteach**) DO,
  digital output
do-athraithe *a* immutable *a*
do-athraitheach[1] *m1* invariant[1] *s*
do-athraitheach[2] *a* invariant[2] *a*
do-athraitheach *m1* **lúibe** loop
  invariant
do-chomhbhrúite *a* incompressible *a*
dochruthaithe *a* not provable
dochtearraí *mpl* firmware *s*
dóchúlacht *f3* probability *s*
dofhíoraithe *a* unverifiable *a*
do gach ... for all ..., for every ...
doiciméad *m1* document[2] *s*
doiciméadaigh *v* document[1] *v*
doiciméad *m1* **bán nua** new blank
  document
doiciméad *m1* **clibeáilte** tagged
  document
doiciméad *m1* **foinseach** source
  document
doiciméad *m1* **Gréasáin** Web
  document
doiciméad *m1* **ilchodach** composite
  document
doiciméad *m1* **riachtanais bhogearraí**
  software requirements document
doiciméad *m1* **riachtanais úsáideora**
  user requirements document

doiciméad *m1* **riachtanas**
requirements document
doiciméad *m1* **tarrtháilte** rescued
document
doiciméadú *m* (*gs* **-daithe**) (=
doiciméadúchán) documentation *s*
doiciméadú *m* **an chórais** system
documentation
doiciméadú *m* (**an**) **úsáideora** user
documentation
doiciméadúchán *m1* (= **doiciméadú**)
documentation *s*
doiciméadúchán *m1* **comhpháirte**
component documentation
doiciméadú *m* **ríomhchláir** program
documentation
dóigh *v* burn *v*
doimhneacht *f3* depth *s*
doimhneacht *f3* **ar dtús** depth-first *a*
doimhneacht *f3* **ar leibhéal seasta**
fixed-ply depth
doimhniú *m* **atriallach** iterative
deepening
dóire *m4* **CDanna** (= **scríbhneoir** *m3*
CDanna, **taifeadán** *m1* **CDanna**)
CD burner
do-léirscriosta *a* non-erasable *a*
dolúbtha *a* rigid *a*, inflexible *a*
domhanda *a* global *a*
do-mhasctha *a* nonmaskable *a*
dópáil *v* dope *v*
dópáilte *a* doped *a*
dópán *m1* dopant *s*
dorochtana *gs as a* inaccessible *a*
DOS (= **córas** *m1* **oibriúcháin**
dioscaí) DOS, Disk Operating
System
dosheachadta *a* undeliverable *a*
do-úsáidteacht *f3* unavailability *s*
DP (= **proiseáil** *f3* **sonraí**) DP, data
processing
DPCM (= **modhnúchán** *m1*
difreálach bíogchód) DPCM,
differential pulse code modulation
DPI (= **poncanna** *mpl* **san orlach**)
DPI, dots per inch

DPM (= **bainisteoir** *m3* **próiseála**
sonraí) DPM, data processing
manager
DPS (= **poncanna** *mpl* **sa soicind**)
DPS, dots per second
DPSI (= **poncanna** *mpl* **san orlach**
cearnach) DPSI, dots per square
inch
DRAM (= **cuimhne** *f4*
randamrochtana dhinimiciúil,
RAM dinimiciúil) DRAM, dynamic
RAM, dynamic random access
memory
dramhaíl *f3* garbage *s*, junk *s*
Dramhaíl Isteach, Dramhaíl Amach
(**GIGO**) Garbage In, Garbage Out,
GIGO
draoi *m4* wizard *s*
draoi *m4* **cairteacha** chart wizard
dréacht *m3* draft *s*
dréacht *m3* **oibre** working draft
dréimire *m4* **fleiscíní** hyphenation
ladder
drithliú *m* (*gs* **-ithe**) scintillation *s*
drochtheascóg *f2* bad sector
droichead *m1* **is ródaire** brouter *s*,
bridge/router
droimín *m4* land *s*
dromchla *m4* **taifeadta** recording
surface
dronlíne *f4* straight line
dronuilleogach *a* rectangular *a*
druma *m4* drum *s*
druma *m4* **maighnéadach** magnetic
drum
druma *m4* **priontála** print drum
DS (= **dioscaí** *mpl* **boga**
déthaobhacha) DS, double-sided
floppy diskettes
DSE (= **tacar** *m1* **sonraí réidh**) DSE,
data set ready
DSW (= **giotánra** *m4* **stádas gléis**)
DSW, device status word
DTD (= **sainiú** *m* **cineál doiciméid**)
DTD, document type definition
DTE (= **trealamh** *m1* **teirminéal**

sonraí) DTE, data terminal equipment
DTP (= foilsitheoireacht *f3* **deisce)** DTP, desktop publishing
DTR (= teirminéal *m1* **sonraí réidh)** DTR, data terminal ready
dubáil[1] *v* dub[1] *v*
dubáil[2] *f3* dub[2] *s*
dúbail *v* duplicate *v*
dúbailt *f2* duplication *s*
dúbailte *a* (**= dé-**[1] *pref*) double *a*
dúbailt *f2* **picteilíní** pixel doubling
dúblóir *m3* **stáisiúin** station doubler
dúch *m1* **maighnéadach** magnetic ink
duchtú *m* (*gs* **-taithe**) ducting *s*
duille *m4* leaf *s*
dul *m3* **as feidhm** expiration *s*
dumpa *m4* dump[2] *s*
dumpa *m4* **dénártha** binary dump
dumpáil[1] *v* dump[1] *v*
dumpáil[2] *f3* dumping *s*
dumpáil *f3* **athrúcháin** change dump
dumpáil *f3* **cuimhne** memory dump
dumpáil *f3* **(de bharr) tubaiste** disaster dump
dumpáil *f3* **heicsidheachúlach** hex dump
dumpáil *f3* **iar-anailíse (PMD)** post-mortem dump, PMD
dumpáil *f3* **tarrthála** rescue dump
dumpa *m4* **roghbhlúirí** snapshot dump
dumpa *m4* **roghnaíoch** selective dump
dumpa *m4* **seicphointe** checkpoint dump
dumpa *m4* **statach** static dump
dún *v* (**= iaigh**) close *v*
DVD (= diosca *m4* **digiteach ilúsáide)** DVD, digital versatile disk
DX (= déphléacsach) DX, duplex *a*

E

éabhlóid *f2* evolution *s*
eachtarchód *m1* extracode *s*

eachtarshuíomh *m1* extrapolation *s*
eadráil[1] *v* tween *v*
eadráil[2] *f3* tweening *s*
eadránaí *m4* arbiter *s*
eadránaí *m4* **bus** bus arbiter
eadránú *m* (*gs* **-naithe**) arbitration *s*
eadránú *m* **bus** bus arbitration
eadránú *m* **bus comh-agach** round-robin bus arbitration
eagair *mpl* **chomhuaineacha** parallel arrays
eagair *mpl* **iomarcacha dioscaí neamchostasacha (RAID)** redundant arrays of inexpensive disks, RAID
eagair *mpl* **iomarcacha dioscaí neamhspleácha (RAID)** redundant arrays of independent disks, RAID
eagar *m1* array *s*
eagar *m1* **aontoiseach** one-dimensional array
Eagar *m1* **Breisithe Grafaice (XGA)** Extended Graphics Array, XGA
eagar *m1* **carachtar** character array
eagar *m1* **ciorclach** circular array
eagar *m1* **comhthiomsaitheach** associative array
eagar *m1* **déthoiseach** two-dimensional array
Eagar *m1* **Físghrafaice (VGA)** Video Graphics Array, VGA
eagar *m1* **geataí in-ríomhchláraithe sa réimse (FPGA)** field-programmable gate array, FPGA
eagar *m1* **iata** closed array
eagar *m1* **iltoiseach** multidimensional array
eagar *m1* **loighce ríomhchláraithe (PLA)** programmed logic array, PLA
eagar *m1* **sonraí** data array
eagar *m1* **teaghráin** string array
eagarthóir *m3* editor *s*
eagarthóireacht *f3* editing *s*
eagarthóireacht *f3* **de réir comhréire** syntax-directed editing

eagarthóireacht *f3* **dhathchódaithe**
colour-coded editing
eagarthóireacht *f3* **nasc** link editing
eagarthóireacht *f3* **téacs** text editing
eagarthóir *m3* **Gréasáin** Web editor
eagarthóir *m3* **HTML** HTML editor
eagarthóir *m3* **nascála** linkage editor
eagarthóir *m3* **téacs** text editor
eagar *m1* **tríthoiseach**
three-dimensional array
éagobhsaí *a* unstable *a*
éagobhsaíocht *f3* instability *s*
éagothroimí *mpl* inequalities *spl*
éagothrom *a* unequal *a*
eagraigh *v* organize *v*
eagraíocht *f3* organization *s*
Eagraíocht *f3* **Idirnáisiúnta na**
gCaighdeán (ISO) International
Organization for Standardization,
ISO
eagraithe *a* **go loighciúil** logically
organized
eagrú *m* **comhad** file organization
eagrú *m* **cuimhne** memory
organization
eagrú *m* **fisiciúil** physical organization
éalaigh *v* escape *v*
Éalaigh *See* eochair éalaithe.
ealaín *f2* **líneach** line art
eang[1] *f3* notch *s*
eang[2] *f3* indent[2] *s*
eangaigh *v* indent[1] *v*
eang *f3* **ama** time slice
eang *f3* **ar dheis (= eang** *f3* **dheas)**
right indent
eang *f3* **chéadlíne** first line indent
eang *f3* **chlé** left indent
eang *f3* **chosanta ar scríobh**
write-protect notch
eang *f3* **chrochta** hanging indent
eang *f3* **dheas (= eang** *f3* **ar dheis)**
right indent
eangú *m* **ama** time slicing
éaradh *m* **seirbhíse** outage *s*
earnáil *f3* **IT (= earnáil TF)** IT sector
earnáil TF *See* earnáil IT.

EAROM (= cuimhne *f4* **inléite**
amháin/inathraithe go leictreach)
EAROM, electrically alterable
read-only memory
earr *f2* tail *s*
earraí *mpl* **boga** *See* bogearraí.
earraí *mpl* **crua** *See* crua-earraí.
earráid *f2* **(= botún)** error *s*, mistake *s*
earráid *f2* **aimsithe** detected error
earráid *f2* **bhog** soft error
earráid *f2* **chineáil** type error
earráid *f2* **chló (= botún** *m1* **cló)**
typing error
earráid *f2* **choibhneasta** relative error
earráid *f2* **chomhréire** syntax error
earráid *f2* **chothromaithe** balanced
error
earráid *f2* **chuimhne** memory error
earráid *f2* **débhríochta** ambiguity
error
earráid *f2* **dhocheartaithe**
unrecoverable error, uncorrectable
error
earráid *f2* **dhóchúil** probable error
earráid *f2* **easpa cuimhne**
out-of-memory error
earráid *f2* **eatramhach** intermittent
error
earráid *f2* **fearainn** domain error
earráid *f2* **fhorleata** propagated error
earráid *f2* **frithchuimilte** frictional
error
earráid *f2* **histéiréise** hysteresis error
earráid *f2* **incheartaithe** recoverable
error
earráid *f2* **laofachta** bias error
earráid *f2* **le linn rite** runtime error
earráid *f2* **le linn tiomsaithe**
compile-time error
earráid *f2* **mharfach** fatal error
earráid *f2* **neamhaithnid** unknown
error
earráid *f2* **oidhreachta** inherited error
earráid *f2* **phaireachta** parity error
earráid *f2* **ríomhchláir** program error
earráid *f2* **sa léamh** read error

earráid *f2* **sáraithe comhroinnte**
share violation error
earráid *f2* **sáraithe glais** lock violation
error
earráid *f2* **sa scríobh** write error
earráid *f2* **sa tarchur** transmission
error
earráid *f2* **shéimeantach** semantic
error
earráid *f2* **slánúcháin** rounding error
earráid *f2* **taifigh** resolution error
earráid *f2* **teasctha** truncation error
earráid *f2* **uainiúcháin** timing error
earraí *mpl* **grúpa** groupware *s*
earraí *mpl* **ríomh-mhiondíola**
e-tailware *s*
earraí *mpl* **teagaisc** courseware *s*
earraí *mpl* **traschóirithe** bridgeware *s*
easpónant *m1* exponent *s*
easpónantúchán *m1* exponentiation *s*
easpónantúil *a* exponential *a*
easportáil *v* export *v*
eatramh[1] *m1* interval *s*
eatramh[2] *m1* slack time
eatramh *m1* **faireacháin** polling
interval
eatramh *m1* **seolta** send interval
EBCDIC (= **Cód** *m1*
Idirmhalartaithe Breisithe
Deachúlach Códaithe go
Dénártha) EBCDIC, Extended
Binary-Coded Decimal Interchange
Code
E-CD (= **CD Breisithe**) E-CD,
Enhanced CD
ECDL (= **Ceadúnas** *m1* **Eorpach**
Tiomána Ríomhairí) ECDL,
European Computer Driving
Licence
ECL (= **loighic** *f2* **astaíre-chúpláilte**)
ECL, emitter-coupled logic
ECMA ECMA, European Computer
Manufacturers' Association
EDRAM (= **RAM dinimiciúil**
breisithe) EDRAM, enhanced
dynamic RAM

EEPROM (= **cuimhne** *f4* **inléite**
amháin/in-ríomhchláraithe
in-léirscriosta go leictreach)
EEPROM, electrically erasable
programmable read-only memory
EGA (= **Cuibheoir** *m3* **Grafaice**
Breisithe) EGA, Enhanced Graphics
Adapter
EHF (= **rí-ardmhinicíocht**) EHF,
extremely high frequency
éifeacht *f3* **na léaslíne** horizon effect
éifeachtóir *m3* **formáide** (= **carachtar**
m1 **leagain amach**) format effector
éifeachtúlacht *f3* **chostais**
cost-effectiveness *s*
éigeantach *a* mandatory *a*
éighníomhach *a* passive *a*
éigríoch *f2* infinity *s*
éigríochta[1] *a* infinite *a*
éigríochta[2] *a* nonterminating *a*
éigríochta *a* **inchomhairthe** countably
infinite
é/í/iad uile *See* gach rud.
éileamh *m1* demand *s*
eilimint *f2* element[1] *s*
eilimint *f2* **AND** AND element
eilimint *f2* **ar leibhéal deice**
deck-level element
eilimint *f2* **ar tagraíodh di** referred-to
element
eilimint *f2* **chomhionann** identity
element
eilimint *f2* **coibhéise** equivalence
element
eilimint *f2* **dhénártha** (= **digit** *f2*
dhénártha) binary element, binary
digit
eilimint *f2* **dialóige** dialogue element
eilimint *f2* **eisiach OR** exclusive-OR
element
eilimint *f2* **fholamh** empty element
eilimint *f2* **ghníomhach** active element
eilimint *f2* **ghrafach** graphic element
eilimintí *fpl* **cóid** code elements
eilimint *f2* **inlíne** inline element
eilimint *f2* **loighce** logic element

eilimint *f2* **moillaga** delay element

eilimint *f2* **shingil** single element

eilimint *f2* **sonraí** data element

eilimint *f2* **stoptha** (= **giotán** *m1* **stoptha**) stop element

eilimint *f2* **tairsí** threshold element

eilimint *f2* **thagarthach** referring element

eilimint *f2* **tromlaigh** majority element

éilips *m4* ellipse *s*

eim *gan inscne* em *s*

eim-dais *f2* em-dash *s*

ein *gan inscne* en *s*

ein-dais *f2* en-dash *s*

eipeatacsacht *f3* **léis mhóilínigh** molecular beam epitaxy

eireaball *m1* trailer *s*

eireaball *m1* **téipe** tape trailer

eirgeanamaíocht *f3* (= **tosca** *fpl* **daonna**) ergonomics *s*

EISA (= **Ailtireacht** *f3* **Bhreisithe Thionscalchaighdeánach**) EISA, Extended Industry Standard Architecture

eisceacht *f3* exception *s*

eisceacht *f3* **mharfach** fatal exception

eisiach *a* exclusive *a*

eisiatach *a* exclusionary *a*

eisiatacht *f3* exclusion *s*

eisigh *v* issue *v*

eisíontas *m1* impurity *s*

eisitheoir *m3* issuer *s*

eislíon *m1* extranet *s*

eistiteán *m1* drop-out *s*

eithne *f4* kernel *s*

ELF (= **minicíocht** *f3* **rí-íseal**) ELF, extremely low frequency

ELH (= **stair** *f2* **aonáin**) ELH, entity life history

ENIAC (= **Suimeálaí** *m4* **agus Ríomhaire Leictreonach Uimhreacha**) ENIAC, Electronic Numerical Integrator and Computer

eochair[1] *f5* key[2] *s*

eochair[2] *f5* (= **eochairmhír** *f2* {**sonraí**}) key[3] *s*

eochair *f5* **aicearra** shortcut key, hot key

eochair *f5* **aisfhillte** (= **Aisfhill**, **eochair** *f5* **iontrála**) return key, Enter key

eochair *f5* **Alt** (= **eochair** *f5* **mhalartúcháin**) Alt key, alternate key

eochair *f5* **Alt Gr** (= **eochair** *f5* **mhalartúcháin ghraife**) Alt Gr key, alternate grave key

eochairathróg *f2* key variable

eochair *f5* **athshocrúcháin** reset key

eochair *f5* **bhaile** home key

eochairbhuille *m4* keystroke *s*

eochairbhuille *m4* **sábháilte** saved keystroke

eochaircheap *m1* keypad *s*

eochaircheap *m1* **bogtha cúrsóra** cursor movement keypad

eochaircheap *m1* **uimhriúil** numeric keypad

eochairchlár *m1* See méarchlár.

eochair *f5* **chosanta** protection key

eochair *f5* **chuardaigh** search key

eochair *f5* **chúrsóra** cursor key

eochair *f5* **CR** (= **aisfhilleadh** *m1* **carráiste**) CR, carriage return

eochair *f5* **CR/LF** (= **aisfhilleadh carráiste/fotha líne**) CR/LF, carriage return/line feed

eochair *f5* ** éalaithe** (= **Éalaigh**, **Esc**) escape key, Esc

eochair *f5* **eolais** legend *s*

eochair *f5* **fhisiciúil** physical key

eochairfhocal *m1* keyword

eochair *f5* **freastalaí** (= **dangal**) server key

eochair *f5* **ghlasála** locking key

eochair *f5* **iarrthóireachta** candidate key

eochair *f5* **iasachta** foreign key

eochair *f5* **iomlaoide** (= **Iomlaoid**) shift key

eochair *f5* **ionsáite** (= **Ins**, **Ionsáigh**) insert key, Ins

eochair *f5* iontrála (= eochair *f5*
  aisfhillte, Iontráil) Enter key, return
  key
eochair *f5* lódála load key
eochair *f5* mhalartúcháin (= eochair
  f5 Alt) alternate key, Alt key
eochair *f5* mhalartúcháin ghraife (=
  eochair *f5* Alt Gr) alternate grave
  key, Alt Gr key
eochairmhír *f2* (sonraí) (= eochair²)
  key data item
eochair *f5* ordaithe command key
eochair *f5* phoiblí public key
eochairphollaire *m4* keypunch *s*
eochair *f5* phríobháideach private key
eochair *f5* phríomhúil primary key
eochair *f5* rialúcháin (Ctrl) control
  key, Ctrl
eochair *f5* scoránaithe toggle key
eochair *f5* shonraí data key
eochair *f5* shórtála sort key
eochair *f5* uathchlóite typematic key
eochair *f5* uimhirghlais Num Lock
  key
eochracha *fpl* dúblacha duplicate keys
eochracha *fpl* rialúcháin
  (méarchláir) keyboard control keys
eochracha *fpl* sainfheidhme
  special-function keys
eochraigh *v* key¹ *v*
eochraigh *v* isteach key *v* in
eochrú *m* (*gs* -raithe) keying *s*
eochrú *m* difreálach pasiomlaoide
  differential phase-shift keying
eochrú *m* iomlaoid mhinicíochta
  (FSK) frequency-shift keying, FSK
eochrú *m* íosiomlaoide (MSK)
  minimum shift keying, MSK
eochrú *m* pasiomlaoide (PSK)
  phase-shift keying, PSK
eochrú *m* pasiomlaoide cearnaithe
  quadrature phase-shift keying
EOF (= críoch *f2* comhaid) EOF,
  end-of-file
Eoiclídeach *a* Euclidean *a*
EOL (= críoch *f2* líne) EOL, end of

line
eolaíocht *f3* ríomhaireachta computer
  science
eolaire *m4* directory¹ *s*
eolaire *m4* diosca disk directory
eolaire *m4* Gréasáin Web directory
eolaire *m4* leathanach page directory
eolaí *m4* ríomhaireachta computer
  scientist
eolas *m1* knowledge *s*
eolasacht *f3* informedness *s*
eolas *m1* neamhinste tacit knowledge
EPROM (= cuimhne *f4* inléite
  amháin/in-ríomhchláraithe
  in-léirscriosta) EPROM, erasable
  programmable read-only memory
ERD (= léaráid *f2* de ghaoil na
  n-aonán) ERD, entity relationship
  diagram
Esc (= Éalaigh, eochair *f5* éalaithe)
  Esc, escape key
Ethernet tanaí thin Ethernet
euro *gan inscne* euro *s*

F

fabht *m4* bug *s*
fabhtcheartaigh *v* troubleshoot *v*
fabhtcheartú *m* (*gs* -taithe)
  troubleshooting
fabht *m4* mílaoiseach, an millennium
  bug
fachtóir *m3* factor *s*
fachtóir *m3* brainseála branching
  factor
fachtóir *m3* cailliúna loss factor
fachtóir *m3* cinnteachta certainty
  factor
fachtóir *m3* foirme form factor
fachtóir *m3* líonta fill factor
fachtóir *m3* scála scale factor
facs *m4* (*pl* -anna) fax² *s*
facsáil *v* fax¹ *v*
fad *m1* length *s*
fad *m1* bloic (= blocfhad) block length

fad *m1* **giotánra** word length
fadhb *f2* problem *s*
fadhb *f2* **leis an líonra**
teachtaireachtaí meandaracha
instant messaging network problem
fadhb *f2* **na réamhthagartha** forward
reference problem
fadhb *f2* **sheiceála** check problem
fadhb *f2* **thagarmhairc** benchmark
problem
fad *m1* **réimse** field length
fadseiceáil *f3* **iomarcaíochta (LRC)**
longitudinal redundancy check, LRC
fad *m1* **tabhaill** register length
fad *m1* **taifid** record length
fad *m1* **teaghráin** string length
faigh *v* get *v*
faigheann tú a bhfeiceann tú
(WYSIWYG) what you see is what
you get, WYSIWYG
faigh *v* **le hoidhreacht** inherit *v*
faighte *a* **le hoidhreacht** inherited *a*
fáil *f3* **eolais** knowledge acquisition
fáil *f3* **sonraí** data acquisition
fáinne *m4* ring *s*
fáinne *m4* **ceadchomharthaí** token
ring
faireachán *m1* poll *s*
faireachán *m1* **(a dhéanamh)** polling
s
faireachán *m1* **idirbhristeacha**
interrupt polling
fairsingigh *v* expand[1] *v*
fairtheoir *m3* sentinel *s*
fáisc-ealaín *f2* clip art
fáiscín *m4* **páipéir** paper clip
faisnéis *f2* information *s*
faisnéis *f2* **a rochtain** to access
information
faisnéisíocht *f3* informatics *s*
faisnéis *f2* **nuashonraithe** updated
information
faisnéis *f2* **shiamsúil** infotainment *s*
faisnéis *f2* **sioncronaithe** sync
information
FAM (= cuimhne *f4* **mhear-rochtana)**

FAM, fast-access memory
fan *v* wait *v*
fána *f4* slope *s*
fanacht *f3* **(= feitheamh)** waiting *s*
faoi chlé *adv* **(= ar chlé)** left[2] *adv*
faoi ríomhrialú *m* **uimhriúil** computer
numerically controlled, CNC
faoi thiomáint *f3* **idirbhristeacha**
interrupt-driven *a*
faoi thrí threefold *a*
farad *m1* farad *s*
fardal *m1* **sonraí** data inventory
FCS (= caighdeáin *mpl*
chomhoiriúnachta ar aghaidh)
FCS, forward compatibility
standards
FDM (= ilphléacsú *m* **roinnte**
minicíochta) FDM, frequency
division multiplexing
FDX (= lán-déphléascach) FDX, full
duplex *a*
féach *v* **ar (= amharc** *v* **ar,**
breathnaigh *v* **ar)** view[2] *v*
feadán *m1* tube *s*
feadán *m1* **ga-chatóideach (CRT)**
cathode-ray tube, CRT
feadán *m1* **taispeána** display tube
feadán *m1* **tonnta taistil**
travelling-wave tube
feadán *m1* **Williams** Williams tube
feanáil *v* fan[1] *v*
fearann *m1* domain *s*
fearann *m1* **barrleibhéil (TLD[2])**
top-level domain, TLD[2]
fearann *m1* **(na d)tréithe** attribute
domain
fearann *m1* **poiblí** public domain
fearsaid *f2* spindle *s*
feasachán *m1* bulletin *s*
FEDS FEDS, fixed and exchangeable
disk store
féideartha *a* **(= indéanta)** feasible *a*
féidearthacht *f3* **(= indéantacht)**
feasibility *s*
feidhm *f2* function *s*
feidhm *f2* **a glaodh** invoked function

feidhm *f2* **aistrithe** (= **feidhm** *f2*
thraschurtha) transfer function
feidhm *f2* **ar líne** online function
feidhm *f2* **as líne** offline function
feidhm *f2* **athchúrsach** recursive
function
feidhm *f2* **atriallach** iterative function
feidhm *f2* **Boole** Boolean function
feidhm *f2* **chearnaithe** square function
feidhmchláir *mpl* (= **bogearraí** *mpl*
feidhme) application software
feidhmchláir *mpl* **chabhrach** helper
applications
feidhmchláir *mpl* **ealaíne** art
applications
feidhmchláir *mpl* **ilardán**
multiplatform applications
feidhmchláirín *m4* applet *s*
feidhmchláirín *m4* **Java** Java applet
feidhmchlár *m1* application program,
application[3] *s*, computer
application[1]
feidhmchlár *m1* **ceapadóireachta**
authoring application
feidhmchlár *m1* **deartha** design
application
feidhmchlár *m1* **glaoite** calling
application
feidhmchlár *m1* **ilmheán** multimedia
application
feidhmchlár *m1* **láimhseála sonraí**
data-handling application
feidhmchlár *m1* **láithreoireachta**
presentation application
feidhmchlár *m1* **neamhfhuinneogach**
nonwindows application
feidhmchlár *m1* **trí chiseal** three-tier
application
feidhmchód *m1* function code
feidhm *f2* **chuardaigh thábla** lookup
function
feidhm *f2* **dhiagnóiseach (DF)**
diagnostic function, DF
feidhmeanna *gpl as a See* feidhmiúil.
feidhmeanna *fpl* **carachtair ilbheart**
multibyte character functions

feidhmeanna *fpl* **comhfhreagracha**
corresponding functions
feidhmeanna *fpl* **mapála** mapping
functions
feidhmeanna *fpl* **sainithe ag an**
úsáideoir user-defined functions
feidhmeochair *f5* function key
feidhmeochracha *fpl* (**méarchláir**)
keyboard function keys
feidhm *f2* **fréimhe cearnaí** square root
function
feidhm *f2* **ghairme** invoking function
feidhmigh[1] *v* (= **cuir** *v* **i bhfeidhm**[1])
apply *v*
feidhmigh[2] *v* (= **cuir** *v* **i bhfeidhm**[2])
commit *v*
feidhmigh[3] *v* perform *v*
feidhm *f2* **inbhéartach** inverse
function
feidhmíocht *f3* performance *s*
feidhm *f2* **ionsáite** insertion function
feidhmiú *m* (*gs* -**mithe**) (= **cur** *m* **i**
bhfeidhm, feidhmiúchán)
application[2] *s*
feidhmiúchán *m1* (= **cur** *m* **i**
bhfeidhm, feidhmiú) application[2] *s*
feidhmiúchán *m1* **ríomhaire** computer
application[2]
feidhmiúil *a* (= **feidhmeanna** *gpl as a*)
functional *a*
feidhmiúlacht *f3* functionality
feidhm *f2* **láimhseála cuimhne**
memory handling function
feidhm *f2* **leabharlainne** library
function
feidhm *f2* **mhatamaiticiúil**
mathematical function
feidhm *f2* **neamhphriontála** nonprint
function
feidhmphacáiste *m4* application
package
feidhm *f2* **pheiriadach** periodic
function
feidhm *f2* **Scoiléim** Skolem function
feidhm *f2* **staitistiúil** statistical
function

feidhmthábla *m4* function table
feidhm *f2* **thraschurtha** (= **feidhm** *f2* **aistrithe**) transfer function
feidhm *f2* **thriantánúil** trigonometric function
feidhm *f2* **uimhríochta** arithmetic function
feimteasoicind *m4* femtosecond *s*
féinchoibhneasta *a* self-relative *a*
féinmhacasamhlú *m* (*gs* **-laithe**) self-replication *s*
féinoiriúnaitheach *a* self-adapting *a*
féinriail *f5* **logánta** local autonomy
féintástáil *f3* self-test *s*
feirbín *m4* bead *s*
feirít *f2* ferrite *s*
feitheamh *m1* (= **fanacht**) waiting *s*
feitheamh *m1* **gnóthach** busy waiting
FEP (= **próiseálaí** *m4* **tosaigh**) FEP, front-end processor
FET (= **trasraitheoir** *m3* **tionchar réimse**) FET, field-effect transistor
FET teatróide (= **trasraitheoir** *m3* **tionchar réimse teatróide**) tetrode field-effect transistor
fheidhm *f2* **MAIN, an** MAIN function
fianán *m1* (= **cuach**^{2}) cookie *s*
fianán *m1* **neamhbhuan** (= **fianán** *m1* **seisiúin**) transient cookie
fianán *m1* **seasmhach** persistent cookie
fianán *m1* **seisiúin** (= **fianán** *m1* **neamhbhuan**) session cookie
fiar *a* oblique *a*
FIFO (= **is túisce isteach is túisce amach**) FIFO, first-in-first-out
figiúr *m1* **deachúlach** decimal numeral
figiúr *m1* **suntasach** (= **digit** *f2* **shuntasach**) significant figure
fill *v* return^1 *v*
Fill ar an Leathanach Baile (= **Ar ais go Leathanach Baile**) Return to Homepage
fill *v* **ar laofacht** return to bias
fill *v* **ar nialas** (**RZ**) return-to-zero, RZ
fill *v* **ar thagairt** return to reference

filleadh *m* **cairdín** accordion fold
fillteán *m1* (= **comhadlann**) folder *s*
fillteán *m1* **ceanán** favorites folder
fillteán *m1* **reatha** (= **comhadlann** *f2* **reatha**) current folder, working folder
fillteán *m1* **staire** history folder
FILO (= **is túisce isteach is déanaí amach**) FILO, first-in-last-out
fine *f4* **cló-aghaidheanna** typeface family
fine *f4* **clófhoirne** font family
fíor *a* (= **fíor-**^{1} *pref*) true *a*
fíor-^{1} *pref* (= **fíor** *a*) true *a*
fíor-^{2} *pref (Gen.)* real^1 *a*
fíoraigh *v* verify *v*
fíoraitheoir *m3* verifier *s*
fíoraitheoir *m3* **scanta reitine** retinal scan verifier
fíoraitheoir *m3* **sínithe** signature verifier
fíor-am *m3* real time
fíorchló *m4* true type
fíor-chomhlánú *m* (*gs* **-naithe**) (= **comhlánú** *m* **bonnuimhreach**) true complement
fíor-chomhrith *m3* real concurrency
fíordhath *m3* true colour
fíordheimhnigh *v* authenticate *v*
fíordheimhniú *m* (*gs* **-nithe**) authentication *s*
fíordheimhniú *m* **cliaint** client authentication
fíordheimhniú *m* **sonraí** data authentication
fíordheimhniú *m* **úsáideora** user authentication
fíormhód *m1* real mode
fíorsheoladh *m1* real address
fíorstóras *m1* real storage
fíorú *m* (*gs* **-raithe**) verification *s*
fíorú *m* **eochairbhuille** keystroke verification
fíorúil *a* virtual *a*
fíorúlú *m* (*gs* **-laithe**) virtualization *s*
fíorú *m* **ríomhchláir** program

verification
fiosrú *m* (*gs* **-raithe**) inquiry *s*
fip *f2* twip *s*
firéad *m1* ferret *s*
fírinne *f4* truth *s*
fís- *pref* video^2 *a*
físchaighdeáin *mpl* video standards
físchárta *m4* video card
físcheamara *m4* video camera
físcheamara *m4* **digiteach** digital
video camera
físchiorcaid *mpl* video circuits
físchluiche *m4* video game
físchomhartha *m4* video signal
físchomhdháil *f3* video conference
físchomhdháil *f3* **ar an Idirlíon**
Internet video-conferencing
físchuibheoir *m3* (= **clár** *m1* **ciorcaid**
fístaispeána, cuibheoir *m3*
fístaispeána) video adapter
físchuimhne *f4* **randamrochtana**
(= **físRAM, VRAM**) video random
access memory, video RAM, VRAM
físdigitiú *m* (*gs* **-tithe**) video
digitization
físdiosca *m4* video disk
físdiosca *m4* **idirghníomhach**
interactive video disk
físeagarthóir *m3* video editor
físeán *m1* video^1 *s*
físeán *m1* **digiteach** digital video
físeán *m1* **digiteach idirghníomhach**
digital video interactive
físéim *f2* viseme *s*
físfhoirm *f2* video form
físghabháil *f3* video capture
fisiceach *a* physical^2 *a*
fisiciúil *a* physical^1 *a*
fisic *f2* **ríomhaireachtúil**
computational physics
fisic *f2* **sholadstaide** solid-state physics
físmhinicíocht *f3* videofrequency *s*
físRAM (= **físchuimhne** *f4*
randamrochtana, VRAM) video
RAM, video random access
memory, VRAM

fís-seat *m4* video shot
fís-sruthú *m* (*gs* **-thaithe**) video
streaming
fístaispeáint *f3* **dhigiteach** digital
video display
fístaispeáint *f3* **sruthaithe** streaming
video
fístéacs *m4* (= **Videotex, Viewdata**)
videotext *s*
fístéip *f2* video tape
fístrealamh *m1* video equipment
fiús *m1* fuse^2 *s*
flapach *a* (= **bog**^{2}) floppy *a*
FLC (= **leachtchriostail** *mpl*
fhearóileictreacha) FLC,
ferroelectric liquid crystals
fleasc^1 *f2* stroke *s*
fleasc^2 *f2* wand *s*
fleiscín *m4* hyphen *s*
fleiscín *m4* **crua** hard hyphen
fleiscíniú *m* (*gs* **-nithe**) hyphenation *s*
fleiscín *m4* **leabaithe** (= **fleiscín** *m4*
riachtanach) embedded hyphen
fleiscín *m4* **riachtanach** (= **fleiscín** *m4*
leabaithe) required hyphen
FLOP (= **oibríocht** *f3* **snámhphointe**)
FLOP, floating-point operation
flop flap flip-flop *s*
flop flap ciumhaistruiceartha
edge-triggered flip-flop
flop flap D-chineálach
ciumhaistruiceartha D-type
edge-triggered flip-flop
flop flap leibhéaltruiceartha
level-triggered flip-flop
flop flap NAND NAND flip-flop
flosc *m3* flux *s*
FM (= **modhnú** *m* **minicíochta**) FM,
frequency modulation
fo- *pref* sub- *pref*
fo-aicme *f4* subclass *s*
fo-aonad *m1* subunit *s*
focail *mpl* **chuardaigh** search words
focail *mpl* **sa nóiméad** (**WPM**) words
per minute, WPM
focal *m1* (*Wordpr.*) word^2 *s*

focal *m1* **coimeádta** reserved word
focal *m1* **faire** (= **pasfhocal**) password *s*
focal *m1* **ordaithe** command word
fochéim *f2 See* céim.
fochineál *m1* subtype *s*
fochineál *m1* **aonáin** entity subtype
fochiúb *m1* subcube *s*
fochomhadlann *f2* (= **fofhillteán**) subdirectory *s*
fochóras *m1* subsystem *s*
fochóras *m1* **ionchurtha/aschurtha** input/output subsytem
Fochóras *m1* **Iontrála Jabanna (JES)** Job Entry Subsystem, JES
fochrann *m1* subtree *s*
fochrann *m1* **ar chlé, an** *See* fochrann clé.
fochrann *m1* **ar dheis, an** *See* fochrann deas.
fochrann *m1* **clé** (= **an fochrann** *m1* **ar chlé**) left subtree
fochrann *m1* **deas** (= **an fochrann** *m1* **ar dheis**) right subtree
foclóir *m3* dictionary *s*
foclóir *m3* **athshuite** relocation dictionary
foclóir *m3* **caighdeánach** (= **príomhfhoclóir**) standard dictionary
foclóir *m3* **eilimintí sonraí (DED)** data element dictionary, DED
foclóirín *m4* vocabulary *s*
foclóir *m3* **sonraí** data dictionary
fodheighleán *m1* subsegment *s*
fodhoiciméad *m1* subdocument *s*
fódóireacht *f3* housekeeping *s*
fo-eagar *m1* subarray *s*
fofhearann *m1* subdomain *s*
fofhillteán *m1* (= **fochomhadlann**) subfolder *s*
fógair *v* declare *v*
foghlaim *f3* **ríomhchuidithe (CAL)** computer-aided learning, CAL
foghlaim *f3* **ríomhchuidithe teangacha (CALL)** computer-aided language learning, CALL

foghnáthamh *m1* subroutine *s*
foghnáthamh *m1* **athchúrsach** recursive subroutine
foghnáthamh *m1* **dír-ionsáite** direct insert subroutine
foghnáthamh *m1* **iata** closed subroutine
foghnáthamh *m1* **inlíne** inline subroutine
foghnáthamh *m1* **ionsáite** inserted subroutine
foghnáthamh *m1* **neadaithe** nested subroutine, nesting subroutine
foghnáthamh *m1* **roinnte** division subroutine
foghnáthamh *m1* **statach** static subroutine
foghrúpa *m4* subgroup *s*
fógra *m4* declaration *s*
fógra *m4* **aicme stórais** storage class declaration
fógra *m4* **aonáin** entity declaration
fógra *m4* **athróige** variable declaration
fógrach *a* declarative *a*
fógra *m4* **cineáil** type declaration
fógra *m4* **coimpléascach** complex declaration
fógra *m4* **comhréire** syntax declaration
fógra *m4* **feidhme** function declaration
fógra *m4* **intuigthe** implicit declaration
fógra *m4* **na dtairiseach** constant declaration
fógra *m4* **(na d)tréithe** attribute declaration
fógra *m4* **neamhiomlán** incomplete declaration
fógra *m4* **neamhshainitheach** nondefining declaration
fógra *m4* **paraiméadar feidhme** function parameter declaration
fógra *m4* **scóipe logánta** local scope declaration
fógróir *m3* declarator *s*
fo-iarratas *m1* sub-query *s*
fo-iarsma *m4* side effect

fo-idirbheart *m1* subtransaction *s*

foilsigh *v* publish *v*

foilsitheoireacht *f3* (= **foilsiú**)
publishing *s*, publication *s*

foilsitheoireacht *f3* **deisce (DTP)**
desktop publishing, DTP

foilsitheoireacht *f3* **ilmheán**
multimedia publishing

foilsiú *m* (*gs* **-sithe**) (=
foilsitheoireacht) publication *s*,
publishing *s*

fóinéim *f2* phoneme *s*

foinse *f4* source[1] *s*

foinseach *a* source[2] *a*

foinse *f4* **chónaitheach
teachtaireachtaí** stationary message
source

foinse *f4* **sonraí** data source

foinse *f4* **teachtaireachtaí** message
source

foinsiú *m* **allamuigh** outsourcing *s*

fo-iomlán *m1* subtotal *s*

fóir *f5* boundary *s*

fóirchoinníollacha *mpl* boundary
conditions

foircneach *a* extreme *a*

foireann *f2* repertoire *s*, set[2] *s*, staff *s*,
team *s*

foireann *f2* **an phríomhchláraitheora**
chief programmer team

foireann *f2* **carachtar** *See* tacar
carachtar.

foireann *f2* **deartha** design team

foireann *f2* **ríomhaireachta** computer
staff

foireann *f2* **treoracha** (= **tacar** *m1*
treoracha) instruction repertoire

fóir *f5* **giotánra** word boundary

fóirluach *m3* boundary value

foirm *f2* form *s*

foirm *f2* **aiseolais** feedback form

foirm *f2* **bhán** blank form

foirm *f2* **chaighdeánach** standard form

foirm *f2* **inléite ag ríomhaire**
computer-readable form

foirmiúil *a* formal *a*

foirmiúlachas *m1* formalism *s*

foirmle *f4* formula *s*

foirmle *f4* **dhea-chumtha** well-formed
formula

foirmle *f4* **tairisceana oscailte** open
propositional formula

foirm *f2* **mheastacháin uainiúcháin**
timing estimation form

foirm *f2* **normalach** normal form

foirm *f2* **normalach Boyce-Codd
(BCNF)** Boyce-Codd normal form,
BCNF

foirm *f2* **normalaithe** normalized form

foisfíd *f2* **indiam** indium phosphide

foistine *gs as a* steady-state *a*

foistine[1] *f4* steady state

foistine[2] *f4* homeostasis *s*

folaigh *v* hide *v*

foláireamh *m1* **bréige víris** virus hoax

foláireamh *m1* **faoi shonraí ag teacht
isteach** incoming data alert

foláireamh *m1* **víris** virus alert

folaithe *a* hidden *a*

foláithreán *m1* sitelet *s*

folíonra *m4* subnet(work) *s*

folú *m* **faisnéise** information hiding

folús *m1* vacuum *s*

folúsfheadán *m1* vacuum tube

fón *m1* (= **guthán, teileafón**)
(tele)phone *s*

fonnadh *m1* chassis *s*

fonóta *m4* footnote *s*

fón *m1* **póca** (= **teileafón** *m1* **póca**)
mobile telephone

for- *pref* super-[1] *pref*

foraicme *f4* superclass *s*

forbairt *f3* **bogearraí** software
development

forbairt *f3* **córais** system development

forchineál *m1* supertype *s*

forchineál *m1* **aonáin** entity supertype

forchostas *m1* overhead *s*

forfheidhm *f2* superfunction *s*

forimeallach[1] *a* peripheral[1] *a*

forimeallach[2] *m1* (= **aonad** *m1*
forimeallach) peripheral[2] *s*

fo-ríomhchlár *m1* subprogram *s*

forleag *v* overlay[1] *v*
forleagan[1] *m1* overlay[2] *s*
forleagan[2] *m* (*gs* **-gtha**) overlaying *s*
forleagan *m1* **cuimhne** memory
   overlay
forleagan *m1* **foirme** form overlay
forleath *v* propagate *v*
forleathadh *m* (*gs* **-eata**) (=
   forleathantas) propagation *s*
forleathadh *m* (**na**) **nuashonrúchán**
   update propagation
forleathantas *m1* (= **forleathadh**)
   propagation *s*
forlíon[1] *v* expand[3] *v*
forlíon[2] *v* supplement *v*
forlíontach *a* (= **breise** *gs as a*)
   add-on[2] *a*
forlíontán *m1* plug-in unit, add-on[1] *s*
forlíontán *m1* **poirt** port expander
forlódáil *f3* overloading[2] *s*
forlódáil *m* **modhanna** method
   overloading
forluí *m4* overlap[2] *s*
forluigh *v* overlap[1] *v*
forluiteach *a* overlapping *a*
formáid *f2* format[2] *s*
formáid *f2* **aschuir** output format
formáid *f2* **carachtair** character
   format
formáid *f2* **cille** cell format
formáid *f2* **comhaid** file format
Formáid *f2* **Comhaid Íomhánna le**
   Clibeanna (TIFF) Tagged Image
   File Format, TIFF
formáid *f2* **dhénártha** binary format
Formáid *f2* **Doiciméad Iniompartha**
   (PDF) Portable Document Format,
   PDF
formáid *f2* **ghrafach** graphic format
formáid *f2* **heicsidheachúlach** hex
   format
Formáid *f2* **Idirmhalartaithe**
   Grafaice (GIF) Graphics
   Interchange Format, GIF
Formáid *f2* **Idirmhalartaithe**
   Téarmaíochta (atá) Inléite ag

Meaisín (MARTIF) Machine-
   Readable Terminology Interchange
   Format, MARTIF
formáidigh *v* format[1] *v*
formáidí *fpl* **inrochtana** (= **formáidí**
   fpl **so-aimsithe**) accessible formats
formáidí *fpl* **so-aimsithe** (= **formáidí**
   fpl **inrochtana**) accessible formats
formáidithe *a* formatted *a*
formáidiú *m* (*gs* **-dithe**) formatting *s*
formáidiú *m* **eas-scáileáin** offscreen
   formatting
Formáid *f2* **Mhéith-Théacs (RTF)**
   Rich Text Format, RTF
Formáid *f2* **Mhodúl Aidhme (OMF)**
   Object Module Format, OMF
formáid *f2* **priontála** print format
formáid *f2* **ríomhaireachtúil**
   computational format
formáid *f2* **seolta** address format
formáid *f2* **snámhphointe**
   floating-point format
formáid *f2* **sonraí** data format
formáid *f2* **taifid** record format
formáid *f2* **téacs** text format
formáid *f2* **treorach** instruction format
formáid *f2* **treorach fada** long
   instruction format
Formáid *f2* **Uilíoch Dioscaí (UDF)**
   Universal Disk Format, UDF
formáid *f2* **uimhreach** number format
formáid *f2* **uimhriúil** numeric format
fo-roghchlár *m1* submenu *s*
forphriontáil *v* overtype *v*
fórsa *m4* force *s*
forscríobh *v* overwrite *v*
forscript *f2* superscript *s*
forsheoltacht *f3* superconductivity *s*
forshuigh *v* superimpose *v*
forshuíomh *m1* superposition *s*
FORTRAN FORTRAN
forúsáideoir *m3* superuser *s*
forzaipeáil *f3* superzapping *s*
fosaithe *a* (= **seasta** *a*) fixed *a*
foscéimre *m4* subschema *s*
foscríbhinn *f2* caption[2] *s*

foscript *f2* subscript *s*
foscript *f2* **eagair** array subscript
foscriptiú *m* (*gs* **-tithe**) subscripting *s*
fosfar *m1* phosphor *s*
fosfaracht *f3* phosphorescence *s*
foshampláil *f3* subsampling *s*
foshlonn *m1* subexpression *s*
foshraith *f2* substrate *s*
foshraith *f2* **LLC** (= **foshraith** *f2* **rialú**
    loighciúil an naisc) LLC sublayer,
    logical link control sublayer
foshraith *f2* **rialú loighciúil an naisc**
    (**foshraith** *f2* **LLC**) logical link
    control sublayer, LLC sublayer
foshuíomh *m1* assumption *s*
foshuíomh *m1* **an domhain iata**
    closed world assumption
fostríoc[1] *v* underscore[1] *v*
fostríoc[2] *f2* underscore[2] *s*
fostríocadh *m* (*gs* **-ctha**) underscoring
    s
fostúchas *m1* employability *s*
fótabhraiteoir *m3* photosensor *s*
fótachóip *f2* photocopy[2] *s*
fótachóipeáil *v* photocopy[1] *v*
fótacrómach *a* photochromic *a*
fótafhriotaí *m4* photoresist *s*
fótaidhé-óid *f2* photodiode *s*
fótaileictreach *a* photoelectric *a*
fótaisheoltóir *m3* photoconductor *s*
fótastaíoch *a* photoemissive *a*
fotha *m4* feed[2] *s*
fothacar *m1* subset *s*
fothacar *m1* **carachtar** character
    subset
fo-thacar *m1* **cóir** proper subset
fo-thacar *m1* **neamhfholamh**
    non-empty subset
fotha *m4* **foirme** form feed
fotha *m4* **frithchuimilte** friction feed
fothaigh *v* feed[1] *v*
fothaire *m4* feeder *s*, feed[3] *s*
fothaire *m4* **páipéir** paper feed
fotha *m4* **líne** (**LF**[1]) line feed, LF[1]
fotha *m4* **nuachta 24 uair an chloig**
    twenty-four hour news feed

fotheaghrán *m1* substring *s*
fotheanga *f4* **shonraí** data sublanguage
fothú *m* (*gs* **-thaithe**) feeding *s*, feed[4] *s*
fothú *m* **ar éileamh** demand feeding,
    baby feeding
fothú *m* **comhuaineach** parallel feed
fótóinic *f2* photonics *spl*
fótón *m1* photon *s*
foveicteoir *m3* subvector *s*
FPGA (= **eagar** *m1* **geataí**
    in-ríomhchláraithe sa réimse)
    FPGA, field-programmable gate
    array
FPR (= **tabhall** *m1* **snámhphointe**)
    FPR, floating-point register
FPS (= **frámaí** *mpl* **sa soicind**) FPS,
    frames per second
FPU (= **aonad** *m1* **snámhphointe**)
    FPU, floating-point unit
frachtal *m1* fractal *s*
FRAM (= **RAM fearóileictreach**)
    FRAM, ferroelectric RAM
fráma *m4* frame[2] *s*
fráma *m4* **anuas** drop-down frame
fráma *m4* **cruaiche** stack frame
fráma *m4* **difríochta** (= **deiltefhráma**)
    difference frame
fráma *m4* **gníomhachtúcháin**
    activation frame
frámaigh *v* frame[1] *v*
frámaí *mpl* **sa soicind** (**FPS**) frames
    per second, FPS
fráma *m4* **leathanaigh** page frame
fráma *m4* **maoirseachta** supervisory
    frame
fráma *m4* **rialúcháin** control frame
frámú *m* (*gs* **-maithe**) framing *s*
frása *m4* **faire** (= **pasfhrása**)
    passphrase *s*
freagair *v* reply[1] *v*, respond *v*
freagairt *f3* response *s*
freagairt *f3* **láimhe** manual answering
freagra *m4* reply[2] *s*
freagracht *f3* responsibility *s*
fréamh *f2* root[2] *s*
fréamhacha *fpl* **réadacha** (=

réadfhréamhacha) real roots
fréamh *f2* **chearnach** square root
fréamhchomhadlann *f2* (=
  fréamhfhillteán) root directory
fréamheilimint *f2* root element
fréamhfhillteán *m1* (=
  fréamhchomhadlann) root folder
fréamhfhillteán *m1* **cianda** remote
  root folder
fréamhfhillteán *m1* **logánta** local root
  folder
fréamhshamhail *f3* prototype[2] *s*
fréamhshamhail *f3* **d'fheidhm**
  function prototype
fréamhshamhaltaigh *v* prototype[1] *v*
fréamhshamhaltú *m* (*gs* -taithe)
  prototyping *s*
fréamhshamhaltú *m* **de réir**
  sonraíochta specification
  prototyping
fréamhshamhaltú *m* **éabhlóideach**
  evolutionary prototyping
freasaitheacht *f3* reactance *s*
freasaitheacht *f3* **ligin** leakage
  reactance
freastalaí *m4* (= friothálaí) server *s*
Freastalaí *m4* **Ainmneacha Fearainn**
  (DNS) Domain Name Server, DNS
freastalaí *m4* **cianrochtana**
  remote-access server
freastalaí *m4* **comhad** file server
freastalaí *m4* **comhoibríoch**
  collaborative server
freastalaí *m4* **curtha teachtaireachtaí**
  messaging server
Freastalaí *m4* **Faisnéise Achair**
  Fhairsing (WAIS) Wide Area
  Information Server, WAIS
freastalaí *m4* **feidhmchláir** application
  server
freastalaí *m4* **fíorúil** virtual server
freastalaí *m4* **fógraí** ad-server *s*
freastalaí *m4* **Gréasáin** Web server
freastalaí *m4* **insuite ar raca**
  rack-mountable server
freastalaí *m4* **meiteafráma** metaframe

server
freastalaí *m4* **priontála** print server
freastalaí *m4* **ríomhphoist** mail server
freastalaí *m4* **rochtana** access server
freastalaí *m4* **rochtana líonra** network
  access server
freastalaí *m4* **slán** secure server
freastalaí *m4* **teachtaireachtaí**
  meandaracha instant messaging
  server
freastalaí *m4* **teirminéal** terminal
  server
freastalaí *m4* **tiomnaithe** dedicated
  server
freastalaí *m4* **tiomnaithe comhad**
  dedicated file server
freastal *m1* **ar idirbhristeacha**
  servicing interrupts
friotaíocht *f3* resistance *s*
friotaíocht *f3* **borrtha** surge resistance
friotán *m1* resist-etchant *s*
friothálaí *m4* *See* freastalaí.
friotóir *m3* resistor *s*
frithchaiteas *m1* **cúlra** background
  reflectance
frithchaitheamh *m1* reflection *s*
frithchuimilt *f2* friction *s*
frithdheimhneach[1] *m1* contrapositive[1]
  s
frithdheimhneach[2] *a* contrapositive[2] *a*
frithstatach *a* antistatic *a*
fritreo *m4* reverse direction
FROM (= **cuimhne** *f4* **inléite**
  amháin/in-chomhleáite) FROM,
  fusible read-only memory
FRR (= **ráta** *m4* **céadléite**) FRR, first
  read rate
FSK (= **eochrú** *m* **iomlaoid**
  mhinicíochta) FSK, frequency-shift
  keying
FSK caolbhanda narrowband FSK
FSP (= **soláthraí** *m4* **lánseirbhíse**)
  FSP, full-service provider
FTP (= **Prótacal** *m1* **Aistrithe**
  Comhad) FTP, File Transfer
  Protocol

fuaim *f2* sound *s*
fuaim *f2* **a shábháil** saving sound
fuaime *gs as a* (= **fuaimiúil**) acoustic
  a
fuaimíocht *f3* **ailtireachta**
  architectural acoustics
fuaimiúil *a* (= **fuaime** *gs as a*)
  acoustic *a*
fuaim *f2* **shruthaithe** streaming sound
fuinneamh *m1* energy *s*
fuinneog *f2* window^2 *s*
fuinneoga, deilbhíní, luch, roghchláir
  anuas (WIMP) windows, icons,
  mouse, pull-down menus, WIMP
fuinneoga *fpl* **forluiteacha**
  overlapping windows
fuinneog *f2* **fhorluiteach taibhle**
  overlapping register window
fuinneog *f2* **ghníomhach** active
  window
fuinneog *f2* **nasc diailithe** dial-up
  connection window
fuinneog *f2* **shleamhnáin** sliding
  window
fuinneog *f2* **thabhaill** register window
fuinnmhigh *v* energize *v*
fuireachas *m1* standby^2 *s*
fútar *m1* jabber^2 *s*
fútráil^1 *v* jabber^1 *v*
fútráil^2 *f3* jabbering *s*

G

G (= **gigea-** *pref)* G, giga- *pref*
ga *m4* (*pl* **-thanna**) ray *s*
gabh^1 *v* capture *v*
gabh^2 *v* fetch *v*
gabháil *f3* **scáileáin** (= **seat** *m4* **den**
  scáileán) screen capture
gabháil *f3* **sonraí** data capture
gabhálaí *m4* **frámaí** frame grabber
gabhliosta *m4* go list
gabhsa *m4* gauss *s*
ga *m4* **catóide** cathode ray
gach rud (= **é/í/iad uile**) all *pron*

gailearaí *m4* **stíleanna** style gallery
gair *v* (= **glaoigh**^{2}) invoke *v*
gairide *f4* recency *s*
gaiste *m4* trap *s*
gaiste *m4* **a chur** (= **cur** *m* **gaiste**) trap
  setting
gaiste *m4* **poill** hole trap
gaistiú *m* (*gs* **-tithe**) trapping *s*
gáitéar *m1* gutter *s*
gáma *m4* gamma *s*
gáma-cheartú *m* (*gs* **-taithe**) gamma
  correction
gan filleadh *m* **ar nialas (NRZ)**
  non-return-to-zero, NRZ
gan freagairt *f3* not responding
gan fuaim mute *a*
gan nasc connectionless *a*
gannmhaitrís *f2* sparse matrix
gannsreabhadh *m* (*gs* **-eafa**)
  underflow *s*
gan ord unordered *a*
gan scoilteoir splitterless *a*
gan spleáchas *m1* **ar bhloghadh (na)**
  (sonraí) fragmentation
  independence
gan spleáchas *m1* **ar mhacasamhlú**
  (na) (sonraí) replication
  independence
gan sreang wireless *a*
gaol^1 *m1* relation^2 *s*
gaol^2 *m1* relationship *s*
gaol *m1* **athchúrsach** recursive
  relationship
gaol *m1* **coibhéise** equivalence relation
gaol *m1* **díorthaithe** derived relation
gaol *m1* **eisiach** exclusive relationship
gaothaire *m4* **fuaraithe** (= **poll** *m1*
  aeir) cooling vent
gaothrán *m1* fan^2 *s*
garbhánta *a* coarse-grained *a*
garchraolachán *m1* (= **garchraoladh**)
  anycasting *s*
garchraoladh *m* (*gs* **-lta**) (=
  garchraolachán) anycasting *s*
Gb (= **gigibheart**) Gb, gigabyte *s*
GB (= **gigighiotán**) GB, gigabit *s*

géag *f2* **rochtana** access arm
gealaraí *m4* **Gréasáin** Web gallery
geamhaigh *v* blur *v*
géaraigh *v* sharpen *v*
gearmáiniam *m4* germanium *s*
gearr *v* cut *v*
gearradh *m* **cumhachta** (= **gearradh**
    m **leictreachais**) power cut
gearradh *m* **leictreachais** (= **gearradh**
    m **cumhachta**) power cut
gearrchiorcad^1 *v* short^1 *v*,
    short-circuit^1 *v*, short out^1
gearrchiorcad^2 *m1* short^2 *s*,
    short-circuit^2 *s*, short out^2
gearrchiorcadta *a* shorted out
gearr, cóipeáil, greamaigh *v* cut, copy,
    paste *v*
gearr is greamaigh *v* cut and paste *v*
gearróg *f2* **fuaime** (= **giotán** *m1*
    fuaime) sound bite
gearrthaisce *f4* (= **ceap** *m1*
    breacaireachta, **cuimhne** *f4*
    mhear-rochtana, **stóras** *m1*
    sealadach) clipboard *s*
gearrthonn *f2* (**SW**) short wave, SW
geata^1 *m4* gate *s*
geata^2 *m4* gateway *s*
geata *m4* **AND** AND gate
geata *m4* **céannachta** (= **aonad** *m1*
    céannachta) identity gate
geata *m4* **dépholach** bipolar gate
geata *m4* **eiscthe** except gate
geata *m4* **eisiach NOR** (= **geata** *m4*
    XNOR) exclusive-NOR gate,
    XNOR gate
geata *m4* **eisiach OR** (= **geata** *m4*
    XOR) exclusive-OR gate, XOR gate
geata *m4* **eisiatachta** exclusion gate
geata *m4* **IF-THEN** IF-THEN gate
geata *m4* **IGNORE** IGNORE gate
geata *m4* **loighce** logic gate
geata *m4* **méire** finger gateway
geata *m4* **NAND** (= **geata** *m4* **NOT**
    AND) NAND gate, NOT AND gate
geata *m4* **NOR** (= **ciorcad** *m1* **NOR**)
    NOR gate

geata *m4* **NOT** (= **ciorcad** *m1* **NOT**)
    NOT gate
geata *m4* **NOT AND** (= **geata** *m4*
    NAND) NOT AND gate, NAND
    gate
geata *m4* **NOT-IF-THEN**
    NOT-IF-THEN gate
geata *m4* **OR** OR gate
geata *m4* **ríomhphoist** mail gateway
geata *m4* **tromlaigh** majority gate
geata *m4* **XNOR** (= **geata** *m4* **eisiach**
    NOR) XNOR gate, exclusive-NOR
    gate
geata *m4* **XOR** (= **geata** *m4* **eisiach**
    OR) XOR gate, exclusive-OR gate
géire *f4* sharpness *s*
geoiméadrach *a* (= **céimseataúil**)
    geometric *a*
geoiméadracht *f3* (= **céimseata**)
    geometry *s*
GHz (= **gigiheirts**) GHz, gigahertz *s*
GIF (= **Formáid** *f2* **Idirmhalartaithe**
    Grafaice) GIF, Graphics
    Interchange Format
gigea- *pref* (= **gigi-** *pref*, **G**) giga- *pref*,
    G
gigeavata *m4* gigawatt *s*
gigi- *pref* (= **gigea-** *pref*, **G**) giga- *pref*,
    G
gigibheart *m1* (**Gb**) gigabyte *s*, Gb
gigichiogal *m1* gigacycle *s*
gigighiotán *m1* (**GB**) gigabit *s*, GB
gigiheirts *m4* (**GHz**) gigahertz *s*, GHz
GIGO (= **Dramhaíl Isteach,**
    Dramhaíl Amach) GIGO, Garbage
    In, Garbage Out
gile *f4* brightness *s*
gin *v* generate *v*
gineadóir *m3* generator *s*
gineadóir *m3* **cainte** speech generator
gineadóir *m3* **cloig** clock generator
gineadóir *m3* **cóid** code generator
gineadóir *m3* **feidhme** function
    generator
gineadóir *m3* **feidhme aiceanta**
    natural function generator

gineadóir *m3* **feidhme anailísí**
analytical function generator

gineadóir *m3* **feidhme dé-óide** diode
function generator

gineadóir *m3* **feidhme inathraithe**
variable function generator

gineadóir *m3* **feidhme**
poitéinsiméadair thapáilte tapped
potentiometer function generator

gineadóir *m3* **feidhme seasta** fixed
function generator

gineadóir *m3* **feidhme treallaí**
arbitrary function generator

gineadóir *m3* **ionchurtha láimhe**
manual input generator

gineadóir *m3* **loighce mórstaide** major
state logic generator

gineadóir *m3* **macraí** macrogenerator
s

gineadóir *m3* **ríomhchlár** program
generator

gineadóir *m3* **tuarascála** report
generator

gineadóir *m3* **uimhreacha**
randamacha random number
generator

ginearálaithe *a* generalized *a*

ginearálta *a* general *a*

ginearálú *m* (*gs* **-laithe**) generalization
s

giniúint *f3* generating *s*, generation[2] *s*

giniúint *f3* **agus eagrú sonraí**
generation and organization of data

giniúint *f3* **córais** system generation

giniúint *f3* **eisceachta** throwing an
exception

giodam *m1* jitter *s*

giodamaíocht *f3* jittering *s*

giombal *m1* gimbal *s*

giorraithe *a* curtate *a*

giorrúchán *m1* (= **nod**) abbreviation *s*

giorrúchán *m1* **trí litir** (**TLA**[1])
three-letter abbreviation, TLA[1]

giortach *m1* **íochtair** lower curtate

giortach *m1* **uachtair** upper curtate

giotáin *mpl* **faisnéise** information bits

giotáin *mpl* **phoncaíochta** punctuation
bits

giotáin *mpl* **san orlach** (**Bpi**) bits per
inch, Bpi

giotáin *mpl* **sa phicteilín** (**Bpp**) bits
per pixel, Bpp

giotáin *mpl* **sa soicind** (**Bps**) bits per
second, Bps

giotán *m1* (= **digit** *f2* **dhénártha**) bit *s*

giotán *m1* **creasa** zone bit

giotán *m1* **feithimh múscailte** wakeup
waiting bit

giotán *m1* **freagartha** answer bit

giotán *m1* **fuaime** (= **gearróg** *f2*
fuaime) sound bite

giotán *m1* **gan sín** unsigned bit

giotán *m1* **iompraigh** carry bit

giotán *m1* **is lú suntas** (**LSB**) least
significant bit, LSB

giotán *m1* **is mó suntas** (**MSB**) most
significant bit, MSB

giotán *m1* **neamhnithe** annul bit

giotán *m1* **paireachta** parity bit

giotánra *m4* word[1] *s*

giotánra *m4* **innéacs** index word

giotánra *m4* **meaisín** machine word

giotánra *m4* **rialúcháin** control word

giotánra *m4* **ríomhaireachta**
computer word

giotánra *m4* **sonraí** data word

giotánra *m4* **stádais** status word

giotánra *m4* **stádas gléis** (**DSW**)
device status word, DSW

giotánra *m4* **stádas ríomhchláir**
(**PSW**) program status word, PSW

giotánra *m4* **treorach** instruction word

giotánra *m4* **uimhriúil** numeric word

giotán *m1* **rialúcháin** control bit

giotán *m1* **salach** dirty bit

giotán *m1* **seiceála** check bit

giotán *m1* **stádais** status bit

giotán *m1* **stoptha** (= **eilimint** *f2*
stoptha) stop bit

giotán *m1* **tosaithe** start bit

giuirléid *f2* widget *s*

giúl *m1* (**J**) joule *s*, J

glac *v* receive *v*
glacadh[1] *m* (*gs* -**ctha**) pickup *s*
glacadh[2] *m* (*gs* -**ctha**) reception *s*
glacadh *m* **r-phoist, ag** receiving mail
glacadóir *m3* receiver *s*
glacadóir *m3* **bus** bus receiver
glacadóir/tarchuradóir *m3* **aisioncronach sioncronach uilíoch (USART)** universal synchronous asynchronous receiver-transmitter, USART
glacadóir/tarchuradóir *m3* **aisioncronach uilíoch (UART)** universal asynchronous receiver-transmitter, UART
glac *v* (**le**) assume *v*
glan[1] *a* (= **bán**) blank[2] *a*
glan[2] *a* effective *a*
glan[3] *v* clear *v*
glan[4] *v* purge[1] *v*
glanadh *m* (*gs* -**nta**) purge[2] *s*
glanadh *m* **comhad** file purging
glan *v* (**an**) **iontráil** clear entry
glan *v* (**an**) **scáileán** clear screen
glantóir *m3* **téipe** tape cleaner
glao *m4* (= **glaoch**[2]) call[2] *s*
glao *m4* **ag feitheamh** call waiting
glao *m4* **ar an chóras** *See* glao ar an gcóras.
glao *m4* **ar an gcóras** (= **glao** *m4* **ar an chóras**) system call
glao *m4* **athchúrsach** recursive call
glaoch[1] *m* (*gs* -**oite**) calling *s*
glaoch[2] *m1* (= **glao**) call[2] *s*
glaoch *m* **láimhe** manual calling
glao *m4* **de réir ainm** call by name
glao *m4* **de réir luacha** call by value
glao *m4* **de réir seichimh** call by sequence
glao *m4* **de réir tagartha** call by reference
glao *m4* **feidhme** function call
glao *m4* **fíorúil** virtual call
glaogheata *m4* call gate
glao *m4* **gnáis** procedure call
glaoigh[1] *v* call[1] *v*

glaoigh[2] *v* (= **gair**) invoke *v*
glaoire *m4* pager *s*
glaoireacht *f3* paging[1] *s*
glaoire *m4* **déthreo** two-way pager
glaoiteoir *m3* caller *s*
glaonna *mpl* **a chur ar aghaidh** call forwarding
glaosheicheamh *m1* calling sequence
glaothreoir *f5* (*gs* -**eorach**) call instruction
glaothreoir *f5* **feidhme** function call instruction
glas *m1* lock[2] *s*
glasáil[1] *v* lock[1] *v*
glasáil[2] *f3* locking *s*
glasáil *f3* **comhaid** file locking
glas *m1* **ceannlitreacha** caps lock
glas *m1* **comhroinnte** shared lock
glas *m1* **eisiach** exclusive lock
glas *m1* **iomlaoide** shift lock
glas *m1* **méarchláir** keyboard lock
gléas[1] *v* mount *v*
gléas[2] *m1* device *s*
gléasadh *m* **barrbhoird** tabletop mounting
gléas *m1* **aitheanta gutha (VRD)** voice recognition device, VRD
gléasanna *mpl* **comhoiriúnacha** compatible devices
gléas *m1* **aschurtha** output device
gléas *m1* **cumarsáide** communications device
gléas *m1* **éighníomhach** passive device
gléas *m1* **forimeallach** peripheral device
gléas *m1* **glasála teirminéil (TLD**[1]**)** terminal locking device, TLD[1]
gléas *m1* **íomháchuradóireachta** imagesetter *s*
gléas *m1* **ionchurtha** input device
gléas *m1* **ionchurtha/aschurtha** input/output device
gléas *m1* **ionchurtha fuaime** audio input device
gléas *m1* **léirmhínithe** interpreter device

gléas *m1* luchtchúpláilte (CCD) charge-coupled device, CCD

gléas *m1* moillithe digite digit delay device

gléas *m1* samplála is coinneála sample-hold device

gléas *m1* scanta scan device

gléas *m1* scanta rastair raster scan device

gléas *m1* seachtrach external device

gléas *m1* sileacain nítríd mhiotail (MNOS) metal nitride silicon device, MNOS

gléas *m1* slándála teirminéal (TSD) terminal security device, TSD

gléas *m1* stórála storage device

gléas *m1* taispeána rastair raster display device

gléas *m1* trí staid tri-state device

gléine *f4* definition[2] *s*

gleoiseadh *m* (*gs* -ste) babble *s*

glif *f2* glyph *a*

gliogáil *v See* cliceáil.

glór *m1* (= guth) voice *s*

glórphost *m1* voicemail *s*, v-mail *s*

glórthairseach *f2* voice portal

gluais *f2* glossary *s*

gluaiseacht *f3* movement *s*

glúin *f2* generation[1] *s*

GML (= Teanga *f4* Mharcála Ghinearálaithe) GML, Generalized Markup Language

gnás *m1* convention *s*, procedure *s*

gnásanna *mpl* cothabhála ríomhchláir program maintenance procedures

gnásanna *mpl* tionscadail project procedures

gnás *m1* aschurtha output procedure

gnás *m1* athchúrsach recursive procedure

gnás *m1* cúltaca backup procedure

gnás *m1* duille leaf procedure

gnás *m1* éigeandála emergency procedure

gnás *m1* formáidithe sonraí data format convention

gnás *m1* seachadta argóna argument-passing convention

gnásúil *a* (= traidisiúnta) conventional *a*, procedural *a*

gnáth- *pref* (= normálta) normal[1] *a*, vanilla *a*

gnáthaimh *mpl* áirge utility routines

gnáthamh *m1* routine *s*

gnáthamharc *m1* normal view

gnáthamh *m1* bútála bootstrap routine

gnáthamh *m1* caighdeánach ionchurtha/aschurtha standard input/output routine

gnáthamh *m1* comhdhlúthúcháin condensing routine

gnáthamh *m1* cothabhála maintenance routine

gnáthamh *m1* críoch reatha end-of-run routine

gnáthamh *m1* diagnóiseach diagnostic routine

gnáthamh *m1* fódóireachta housekeeping routine

gnáthamh *m1* giniúna generating routine

gnáthamh *m1* heorastúil heuristic routine

gnáthamh *m1* iar-anailíse post-mortem routine

gnáthamh *m1* iomlán complete routine

gnáthamh *m1* lánseiceála checkout routine

gnáthamh *m1* lódála loading routine

gnáthamh *m1* mífheidhme malfunction routine

gnáthamh *m1* oscailte open routine

gnáthamh *m1* scortha (= ríomhchlár *m1* scortha) exit routine

gnáthamh *m1* seiceála checking routine

gnáthamh *m1* seirbhíse service routine

gnáthamh *m1* seirbhíse idirbhristeacha interrupt service

routine
gnáthchothabháil *f3* routine
maintenance
gnáth-théacs *m4* plaintext *s*
gnáth-theagmháil *f3* normal contact
gnáth-theimpléad *m1* normal template
gné *f4* feature *s*
gnéithe *fpl* **lochtacha** deprecated
features
gnéithe *fpl* **nascleanúna** navigation
features
gníomh *m1* (*gs* **-ímh** *pl* **-artha**) action
s
gníomhach *a* active *a*
gníomhachtaigh *v* (= **cuir** *v* **i**
ngníomh¹) activate *v*
gníomhachtú *m* (*gs* **-taithe**)
(= **gníomhachtúchán**) activation *s*
gníomhachtúchán *m1* (=
gníomhachtú) activation *s*
gníomhachtú *m* **greille** grid activation
gníomhachtú *m* **gutha** voice activation
gníomhaíocht *f3* activity *s*
gníomhaíocht *f3* **dhaonna** human
activity
gníomhaire *m4* **aistrithe**
teachtaireachtaí message transfer
agent
gníomhaire *m4* **cliste** intelligent agent
gníomhaire *m4* **úsáideora** (**UA**) user
agent, UA
gníomhiarratas *m1* action query
gnóthach *a* busy *a*
goid *f3* **bogearraí** software theft
goid *f3* **ciogal** cycle stealing
go raibh maith agat (**GRMA**) thank
you
GPD (= **taispeáint** *f3* **phlasma gáis**)
GPD, gas plasma display
GPRS (= **Radaisheirbhísí** *fpl*
Ginearálta Paicéad) GPRS,
General Packet Radio Services
GPS (= **córas** *m1* **suite domhanda**)
GPS, global positioning system
grádán *m1* gradient *s*
grád *m1* **gutha** voice grade

graf *m1* graph *s*
grafach *a* graphic(al) *a*
grafaic¹ *f2* graphics *s*
grafaic² *f2* (*pl* **-í**) graphic *s*
grafaic *f2* **ardtaifigh** high-resolution
graphics
grafaic *f2* (**atá**) **bunaithe ar**
oibiachtaí (= **grafaic** *f2*
veicteoireach) object-oriented
graphics
grafaiceoir *m3* graphicist *s*
grafaic *f2* **ghiotánmhapach**
bit-mapped graphics
Grafaic *f2* **Iniompartha Líonra**
(**PNG**) Portable Network Graphics,
PNG
Grafaic *f2* **Inscálaithe Veicteoireach**
(**SVG**) Scalable Vector Graphics,
SVG
grafaic *f2* **ísealtaifigh** low-resolution
graphics
grafaic *f2* **láithreoireachta**
presentation graphics
grafaic *f2* **na bhfrachtal** fractal
graphics
grafaic *f2* **rastair** raster graphics
grafaic *f2* **veicteoireach** (= **grafaic** *f2*
{**atá**} **bunaithe ar oibiachtaí**)
vector graphics
graf *m1* **AND/OR** AND/OR graph
graf *m1* **colúin** column graph
grafdhathú *m* (*gs* **-thaithe**) graph
colouring
graf *m1* **dírithe** directed graph,
digraph *s*
graf *m1* **dírithe neamhchioglach**
directed acyclic graph
graf *m1* **fréamhaithe** rooted graph
graf *m1* **lipéadaithe** labelled graph
graf *m1* **logartamach** logarithmic
graph
graif *f2* grave accent, backquote *s*
graim *mpl* **sa mhéadar cearnach**
(**GSM**²) grams per square metre,
GSM²
gráinneacht *f3* granularity *s*

gramadach *f2* grammar *s*
gramadach *f2* **na comhréire** syntax
grammar
gramadóir *m3* (= **seiceálaí** *m4*
gramadaí) grammar checker
gránmhéid *f2* grain size
greamaigh *v* paste *v*
Gréasán *m1* Web *s*
Gréasán *m1* **Domhanda, An (WWW)**
World Wide Web, WWW
greille *f4* grid *s*
grianchloch *f2* quartz *s*
GRMA (= **go raibh maith agat**) thank
you
grod *a* abrupt *a*
grúpa *m4* group *s*
grúpa *m4* **cómhalartach** commutative
group
grúpa *m4* **feidhmchlár** applications
group
grúpa *m4* **iata úsáideoirí** closed user
group
grúpaí *mpl* **comhghlactha** pickup
groups
grúpaí *mpl* **iseamorfacha** isomorphic
groups
grúpáil *f3* **loighciúil** logical grouping
grúpáil *f3* **loighciúil d'eilimintí**
dialóige (LGDE) logical grouping
of dialogue elements, LGDE
grúpaí *mpl* **meán** media groups
grúpaí *mpl* **réamhshocraithe** built-in
groups
grúpa *m4* **logánta** local group
grúpa *m4* **nuachta** newsgroup *s*
grúpa *m4* **oibre** workgroup *s*
grúpa *m4* **oiriúintí** accessories group
grúpa *m4* **ríomhchlár** program group
grúpa *m4* **ríomhphoist** e-mail group
grúpa *m4* **roghanna** option group
grúpa *m4* **úsáideoirí** user group
GS (= **deighilteoir** *m3* **grúpaí**) GS,
group separator
GSM[1] (= **Córas** *m1* **Domhanda do**
Chumarsáid Mhóibíleach) GSM[1],
Global System for Mobile

Communication
GSM[2] (= **graim** *mpl* **sa mhéadar**
cearnach) GSM[2], grams per square
metre
GSP (= **próiseálaí** *m4* **córas grafaice**)
GSP, graphics system processor
guagadh *m* (*gs* **-gtha**) drift *s*
guagearráid *f2* drift error
GUI (= **comhéadan** *m1* **grafach**
{**úsáideora**}) GUI, graphical user
interface
guth *m3* (= **glór**) voice *s*
guthán *m1* (= **fón, teileafón** *m1*)
telephone *s*

H

H (= **hanraí**) H, henry *s*
hairtle *m4* hartley *s*
hais *f2* hash symbol, hash[2] *s*
hais-algartam *m1* hash algorithm
haischáilitheoir *m3* hash qualifier
haischódú *m* (*gs* **-daithe**) hash coding
haiseáil[1] *v* hash[1] *v*
haiseáil[2] *f3* (*gs* **-ála**) hashing *s*
haisfheidhm *f2* hash function
hais-iomlán *m1* hash total
hanla *m4* handle[2] *s*
hanla *m4* **athraithe méide** resizing
handle
hanla *m4* **líonta** fill handle
hanraí *m4* (**H**) henry *s*, H
hanraí *m4* **sa mhéadar** henry per
metre
haptaic *f2* haptics *s*
HD[1] (= **diosca** *m4* **crua**) HD[1], hard
disk
HD[2] (= **ard-dlús**) HD[2], high density
HDLC (= **rialú** *m* **ordlathach** {**an**}
nasctha sonraí) HDLC, hierarchical
data link control
HD-ROM (= **Cuimhne** *f4* **Inléite**
Amháin Ard-Dlúis) HD-ROM,
High-Density Read-Only Memory
HDTV (= **teilifís** *f2* **ardghléine**)

HDTV, high definition television
HDX (= leath-dhéphléacsach) HDX,
  half-duplex *a*
heicsidheachúlach *a* hexidecimal *a*,
  hex *a*
heirts *m4* **(Hz)** hertz *s*, Hz
heorastaic *f2* heuristics *s*
heorastúil *a* heuristic *a*
HF (= ardmhinicíocht) HF, high
  frequency
hibrid *f2* hybrid[1] *s*
hibrideach *a* hybrid[2] *a*
hidríd *f2* **mhiotail nicile (NiMH)**
  nickel metal hydride, NiMH
hiostagram *m1* histogram *s*
hipeareagarthóir *m3* hypereditor *s*
hipeargraf *m1* hypergraph *s*
hipearnasc *m1* hyperlink *s*
hipearspás *m1* hyperspace *s*
hipearstua *m4* hyperarc *s*
hipirchiúb *m1* hypercube *s*
hipirmheáin *mpl* hypermedia *s*
hipirtéacs *m4* hypertext *s*
histéiréis *f2* hysteresis *s*
HLDLC (= Rialú *m* **Nasctha**
  Ardleibhéil Sonraí) HLDLC,
  High-Level Data Link Control
HLL (= teanga *f4* **ardleibhéil)** HLL,
  high-level language
holagram *m1* hologram *s*
HSB (= lí, sáithiú, gile) HSB, hue,
  saturation, brightness
HSCSD (= Sonraí *mpl*
  Ciorcadlasctha Ardluais) HSCSD,
  High-Speed Circuit-Switched Data
HSL (= lí, sáithiú, lonras) HSL, hue,
  saturation, luminance
HTL (= loighic *f2* **ardtairsí)** HTL,
  high-threshold logic
HTML (= Teanga *f4* **Mharcála**
  Hipirtéacs) HTML, Hypertext
  Markup Language
HTML dinimiciúil dynamic HTML
HTTP (= Prótacal *m1* **Aistrithe**
  Hipirtéacs) HTTP, Hypertext
  Transfer Protocol

Hz (= heirts) Hz, hertz *s*

I

I/A (= I/O, ionchur/aschur *m/m1*) I/O,
  input/output
I/A faoi rialú idirbhristeacha
  interrupt-controlled I/O
IAFV (= víreas *m1* **gnímh indírigh**
  comhaid) IAFV, indirect-action file
  virus
iaigh *v* **(= dún)** close *v*
iallach *m1* constraint *s*
I/A *a* **mapáilte sa chuimhne**
  memory-mapped I/O
iamh *m1 (Mth.)* closure[2] *s*
ian *m1* **deimhneach** positive ion
ian *m1* **diúltach** negative ion
iar-anailís *f3* post mortem
iarann *m1* **sádrála** soldering iron
iarbhír *a* actual *a*
iarcheangail *v* append *v*
iarchoinníoll *m1* postcondition *s*
iarchur *m* (*gs* **-tha**) deference *s*
iarfhocal *m1* epilogue *s*
iarfhocal *m1* **gnáis** procedure epilogue
iarghiotáin *mpl* postamble *s*
I/A ríomhchláraithe programmed I/O
iarmhairt *f3* **chraicinn** skin effect
iarmhairt *f3* **Hall** Hall effect
iarmhairt *f3* **neasachta** proximity
  effect
iarmhairt *f3* **phísileictreach**
  piezoelectric effect
iarmhairt *f3* **Schottky** Schottky effect
iarmhairt *f3* **tolláin** tunnel effect
iarmhar *m1* residue *s*
iarmharach *a* residual *a*
iarmharacht *f3* remanence *s*
iarmhír[1] *f2* suffix *s*
iarmhír[2] *f2* extension[2] *s*
iarmhír *f2* **comhadainm** file-name
  extension, file extension
iarmhíreanna *fpl* **do phost Idirlín**
  (MIME) Multipurpose Internet Mail

Extensions, MIME
iarmhír *f2* **fhada** long suffix
iaroird *gs as a* postorder *a*
iarratas *m1* query *s*, request *s*
iarratas *m1* **APPEND** Append query
iarratas *m1* **ar idirbhriseadh** interrupt request
iarratas *m1* **ar sheoladh (RTS)** request to send, RTS
iarratas *m1* **cartlainne** archive query
iarratas *m1* **crostáblach** crosstab query
iarratas *m1* **DELETE** Delete query
iarratas *m1* **SELECT** Select query
iarratas *m1* **tástálach (QBE)** query by example, QBE
iarratas *m1* **UPDATE** Update query
iarscript *f2* postscript *s*
iarshuite *a* postfix *a*
iartheachtach *a* subsequent *a*
iasacht *f3* **droim ar ais** end-around borrow
iatán *m1* (= **ceangaltán**) attachment *s*
IBM IBM, International Business Machines Corporation
IC (= **ciorcad** *m1* **comhtháite**) IC, integrated circuit
ICMP (= **prótacal** *m1* **rialaithe teachtaireachtaí Idirlín**) ICMP, Internet control message protocol
ICT (= **teicneolaíocht** *f3* **faisnéise agus cumarsáide, TFC**) ICT, information and communications technology
ID (= **aitheantas**) ID, identification[1]
idéagram *m1* ideogram *s*
idirbhealach *m1* (= **comhéadan**) interface[2] *s*
idirbheart *m1* transaction[1] *s*
idirbhearta *mpl* **dáilte** distributed transactions
idirbheartaíocht *f3* transaction[2] *s*
idirbhearta *mpl* **sa soicind (TPS)** transactions per second, TPS
idirbheart *m1* **barrleibhéil** top-level transaction

idirbheart *m1* **neadaithe** nested transaction
idirbhris *v* (= **bris**[2]) interrupt[1] *v*
idirbhriseadh *m* (*gs* **-ste** *pl* **-steacha**) interrupt[2] *s*, interruption *s*
idirbhriseadh *m* **ainneonach** involuntary interrupt
idirbhriseadh *m* **ardtosaíochta** high-priority interrupt
idirbhriseadh *m* **bogearraí** software interrupt
idirbhriseadh *m* **ionchurtha/aschurtha** input/output interrupt
idirbhriseadh *m* **tosaíochta** priority interrupt
idirbhriseadh *m* **uaineadóra** timer interrupt
idirbhriseadh *m* **veicteoireach** vectored interrupt
idircheap *m1* intercept *s*
idirchúplóir *m3* intercoupler *s*
idirdhealaí *m4* discriminant *s*
idirdhealú *m* (*gs* **-laithe**) discrimination *s*
idirdhuillithe *a* interleaved *a*
idirdhuilliú *m* (*gs* **-llithe**) interleaving *s*
idirdhuilliú *m* **teascóg** sector interleaving
idirghnásúil *a* interprocedural *a*
idirghníomh *m1* interaction *s*
idirghníomhach *a* interactive *a*
idirghníomhaíocht *f3* interactivity *s*
idirghníomhaíocht *f3* **daoine le ríomhairí** human computer interaction
idirghníomhú *m* **leis an úsáideoir** user interaction
idirleathadh *m* (*gs* **-eata**) diffusion *s*
idirlíon *m1* (*gs* **-lín**) internet *s*, internetwork *s*
Idirlíon, *m1* **an t** (*gs* **-lín**) the Internet
idirlíonrú *m* (*gs* **-raithe**) internetworking *s*
idirmhalartaigh *v* interchange[1] *v*

idirmhalartú *m* (*gs* -taithe) interchange[2] *s*
idirmheánach *a* intermediate *a*
idirmhír *f2* *(Sets)* intersection[2] *s*
idirmhír *f2* dhá thacar (= iolrach *m1* dhá thacar) intersection of two sets
idirnáisiúnú *m* (*gs* -naithe) internationalization *s*
idirnasc *m1* interconnection *s*
idirnasc *m1* comhpháirteanna forimeallach (PCI) peripheral component interconnect, PCI
Idirnasc *m1* Córas Oscailte (OSI) Open Systems Interconnection, OSI
idirshuí *m* (*gs* -uite) interpolation[2] *s*
idirshuigh *v* interpolate *v*
idirshuíomh *m1* interpolation[1] *s*
idirshuíomh *m1* cainte speech interpolation
idirshuíomh *m1* cainte digití digital speech interpolation
idirshuíomh *m1* cainte sannta ama (TASI) time-assignment speech interpolation, TASI
idirshuiteoir *m3* (= comhordaitheoir) interpolator *s*
idirspleách *a* interdependent *a*
idirstad *m4* colon *s*
IEEE IEEE, Institute of Electrical and Electronics Engineers
IF IF, intermediate frequency
IGMP (= Prótacal *m1* Bainistíochta Grúpaí Idirlín) IGMP, Internet Group Management Protocol
I[2]L (= loighic *f2* chomhtháite inteilgin) I[2]L, integrated injection logic
il- *pref* (= iolrach) multi- *pref*, multiple[2] *a*
ilamhairc *mpl* ar dhoiciméad multiple document views
ilamhairc *mpl* úsáideora multiple user views
ilastaíre *m4* multiple emitter
ilbheachtais *gs as a* multiple-precision *a*

ilchineálach *a* heterogenous *a*
ilchineálacht *f3* heterogeneity *s*
ilchodach *a* composite *a*
ilchóras *m1* multiple system
ilchraolacháin *gs as a* multicast *a*
ilchraolachán *m1* (= ilchraoladh) multicasting *s*
ilchraoladh *m* (*gs* -lta) (= ilchraolachán) multicasting *s*
ilchreathadóir *m3* multivibrator *s*
ilchreathadóir *m3* aonchobhsaí monostable multivibrator
ilchreathadóir *m3* déchobhsaí bistable multivibrator
ilchreathadóir *m3* neamhchobhsaí astable multivibrator
ileilimintí *fpl* multiple elements
ilfhad *m1* giotánra variable word-length
ilfhiúsach *a* polyvalent *a*
ilfhiúsacht *f3* polyvalence *s*
ilfhóinteach *a* general-purpose *a*
ilfhréamhacha *fpl* réadacha multiple real roots
ilfhuinneoga *fpl* multiple windows
ilghrafaicí *fpl* multiple graphics
I-líon *m1* I-net *s*
ilmheáin *mpl* multimedia *spl*
ilphléacsach *a* multiplex[2] *a*
ilphléacsaigh *v* multiplex[1] *v*
ilphléacsóir *m3* (MUX) multiplexer *s*, MUX
ilphléacsóir *m3* sonraí data multiplexer
ilphléacsú *m* (*gs* -saithe) multiplexing *s*
ilphléacsú *m* ortagánach roinnte minicíochta (OFDM) orthogonal frequency-division multiplexing, OFDM
ilphléacsú *m* roinnte ama (TDM) time-division multiplexing, TDM
ilphléacsú *m* roinnte dlúth-thonnfhad dense wavelength division multiplexing
ilphléacsú *m* roinnte minicíochta

(FDM) frequency division multiplexing, FDM

ilphléacsú *m* **staitistiúil roinnte ama (STDM)** statistical time-division multiplexing, STDM

ilphróiseáil *f3* **(= próiseáil** *f3* **chomhreathach)** multiprocessing *s*

ilphróiseáil *f3* **shiméadrach (SMP)** symmetric multiprocessing, SMP

ilphróiseálaí *m4* multiprocessor *s*

ilphróiseálaí *m4* **neamhshiméadrach** asymmetrical multiprocessor

ilphróiseálaí *m4* **siméadrach** symmetrical multiprocessor

ilríomhaire *m4* multicomputer *s*

ilrochtain *f3* multiple access

ilrochtain *f3* **chódroinnte (CDMA)** code-division multiple access, CDMA

ilrochtain *f3* **roinnte ama (TDMA)** time-division multiple access, TDMA

ilrochtain *f3* **roinnte spáis (SDMA)** spatial division multiple access, SDMA

ilrochtana *gs as a* multi-access *a*, multiple-access *a*

ilsnáthú *m* **(gs -thaithe)** multithreading *s*

ilsuimiú *m* **(gs -mithe)** multiple addition

iltascáil *f3* multitasking *s*

iltascáil *f3* **neamh-réamhghabhálach** nonpre-emptive multitasking

iltascáil *f3* **réamhghabhálach** pre-emptive multitasking

iltéarmach[1] *m1* polynomial[1] *s*

iltéarmach[2] *a* polynomial[2] *a*

iltoiseach *a* multidimensional *a*

ilúsáide *gs as a* versatile *a*

ilúsáideoirí *gpl as a* **(MU)** multi-user *a*, MU

ilúsáidteacht *f3* versatility *s*

IMAP (= Prótacal *m1* **Rochtana Teachtaireachtaí Idirlín)** IMAP, Internet Message Access Protocol

imbhualadh *m* **(gs -uailte)** collision *s*

imchlúdach *m1* envelope[2] *s*

imchlúdaigh *v* envelope[1] *v*

imchochlú *m* **(gs -laithe)** encapsulation *s*

imdhíonacht *f3* **ar thorann** noise immunity

imeall *m1* margin *s*

imeallach *a* marginal *a*

IMEI (= Aitheantóir *m3* **Idirnáisiúnta Fóin Phóca)** IMEI, International Mobile Equipment Identifier

IMIS (= córas *m1* **comhtháite faisnéis bainistíochta)** IMIS, integrated management information system

imlíne *f4* border *s*, contour *s*, outline *s*

imlíneach *a* outline[2] *a*

imlíne *f4* **amuigh** outside border

impleacht *f3* implication *s*

impleacht *f3* **ábhartha (= impleacht** *f3* **choinníollach)** material implication

impleacht *f3* **choinníollach (= impleacht** *f3* **ábhartha)** conditional implication

imprisean *m1* impression *s*

imrothluithe *mpl* **sa nóiméad (rpm)** revolutions per minute, rpm

ináirithe *a* calculable *a*

in-aisghafa *a* retrievable *a*

in-aisiompaithe *a* reversible *a*

inaistrithe *a* **(= in-traschurtha)** transferable *a*

inamhairc *gs as a* viewable *a*

in-atáirgtheacht *f3* reproducibility *s*

in-athdhéanta *a* **(= indéanta** *a* **athuair)** repeatable *a*

in-athiontráilte *a* re-enterable *a*

inathraithe *a* variable[2] *a*, alterable *a*

in-athscríofa *a* rewriteable *a*

in-athshuiteacht *f3* relocatability *s*

inbhainte *a* removeable *a*

inbhéarta *m4* inverse[1] *s*

inbhéarta *m4* **baill de ghrúpa** inverse of an element of a group

inbhéartach *a* inverse[2] *a*
inbhéartaigh *v* invert *v*
inbhéartóir *m3* inverter *s*
inbhéartú *m* (*gs* -taithe) (=
  inbhéartúchán) inversion *s*,
  inverting *s*
inbhéartúchán *m1* (= inbhéartú)
  inversion *s*, inverting *s*
inbhreisithe *a* extensible *a*
inbhreisitheacht *f3* extensibility *s*
inchinntithe *a* determinable *a*
in-chomhbhrúite *a* compressible *a*
inchuileáilte *a* discardable *a*
incrimint *f2* increment[2] *s*
incriminteach *a* incremental *a*
incrimintigh *v* increment[1] *v*
indéanta *a* (= féideartha) feasible *a*
indéanta *a* athuair (= in-athdhéanta)
  repeatable *a*
indéantacht *f3* (= féidearthacht)
  feasibility *s*
indifreáilte *a* differentiable *a*
indíreach *a* indirect *a*
in-díscortha *a* detachable *a*
infhairsingithe *a* expanding *a*
infheicthe *a* visible *a*
infheidhmithe *a* applicable *a*
infhíoraithe *a* verifiable *a*
infreastruchtúr *m1* (= bonneagar)
  infrastructure *s*
infridhearg *a* infrared *a*
infrilíon *m1* infranet *s*
ingearach *a* vertical *a*
inghlacthacht *f3* acceptance *s*
inghlactha *a* go logánta locally
  admissable
iniaigh *v* enclose *v*, include *v*
iniamh *m1* inclusion *s*
iniatach *a* inclusive *a*
in-idirmhalartaithe *a* interchangeable
  a
iniompartha *a* portable[1] *a*
iniomparthacht *f3* portability *s*
iniúchadh *m* ríomhchórais
  computer-system audit

iniúchadh *m* ríomhchóras audit of
  computer systems
iniúchadh *m* struchtúrtha structured
  walkthrough
in-léirscriosta *a* erasable *a*
inléiteacht *f3* readability *s*
inléite *a* ag meaisín machine-readable
  a
inléite *a* amháin read-only *a*
inlíne *gs* *as* *a* inline *a*
inlíon *m1* intranet *s*
inmhasctha *a* maskable *a*
inmheánach *a* internal *a*
in-mhicreachláraithe *a*
  microprogrammable *a*
in-mhionathraitheacht *f3*
  modifiability *s*
inneachar *m1* content *s*
inneachar *m1* sonraí data content
innéacs *m4* index[2] *s*
innéacsaigh *v* index[1] *v*
innéacsaithe *a* indexed *a*
innéacs *m4* cártaí (= cárta-innéacs)
  card index
innéacs *m4* comha(i)d file index
innéacs *m4* tabhaill register index
innéacsú *m* (*gs* -saithe) indexing *s*
innéacsú *m* aontéarmach uniterm
  indexing
inneall *m1* engine *s*
Inneall *m1* Anailíse Analytical Engine
inneall *m1* clóchuradóireachta
  typesetting engine
inneall *m1* cuardaigh search engine
inneall *m1* cuardaigh tiomnaithe
  dedicated search engine
inneall *m1* difríochta difference
  engine
inneall *m1* meiteachuardaigh
  metasearch engine
inneall *m1* stíle style engine
innealtóir *m3* engineer *s*
innealtóir *m3* bogearraí software
  engineer
innealtóireacht *f3* engineering *s*
innealtóireacht *f3* bogearraí software

engineering
innealtóireacht *f3* **earraí teagaisc**
courseware engineering
innealtóireacht *f3* **eolais** knowledge
engineering
in-neamhnitheacht *f3* nullability *s*
in-nuashonraithe *a* updateable *a*
i-nód *m1* i-node *s*
inoiriúnaitheacht *f3* adaptability *s*
inoiriúnaitheacht *f3* **comhpháirte**
component adaptability
in ord (= **ord-** *pref,* **ordaithe** *a*)
ordered *a*
inphriontáilte *a* printable *a*
inphróiseáilte *a* processable *a*
inphróiseáilteacht *f3* processsability *s*
in-réamhshocraithe *a* presettable *a*
inréimniú *m* (*gs* **-nithe**) convergence *s*
inríofa *a* computationally feasible
in-ríomhchláraithe *a* programmable *a*
inrite *a* **ar chineálacha éagsúla**
ríomhairí portable² *a*
inrochtaineacht *f3* accessibility *s*
inrochtaineacht *f3* **Gréasáin** Web
accessibility
inrochtana *gs as a* accessible *a*
inródaithe *a* routable *a*
Ins (= **eochair** *f5* **ionsáite, Ionsáigh**)
Ins, insert key
in-saincheaptha *a* customizable *a*
inscálaithe *a* scalable *a*
inscálaitheacht *f3* scalability *s*
inscríofa *a* writeable *a*
inslithe *a* insulated *a*
intaifeadta *a* recordable *a*
inteilgean *m1* (*Mth.*) injection *s*
intiteán *m1* drop-in *s*
intleacht *f3* intelligence *s*
intleacht *f3* **dháilte** distributed
intelligence
intleacht *f3* **shaorga** artificial
intelligence
in-traschurtha *a* (= **inaistrithe**)
transferable *a*
intuigthe *a* implied *a*, implicit *a*
inúsáidte *a* usable *a*, available *a*

inúsáidteacht *f3* usability *s*,
availability *s*
inúsáidteacht *f3* **córais** system
availability
I/O (= **I/A, ionchur/aschur** *m/m1*) I/O,
input/output
íocón *m1* (= **deilbhín**) icon *s*
íocónagrafaíocht *f3* iconography *s*
iodálach *a* italic *a*
íogair *a* sensitive *a*
íogaireacht *f3* sensitivity *s*
iolrach *a* (= **il-** *pref*) multiple² *a*,
multi- *pref*
iolrach¹ *m1 (Sets)* product³ *s*
iolrach² *m1* multiple¹ *s*
iolrach *m1* **Cairtéiseach** Cartesian
product
iolrach *m1* **dhá thacar** (= **idirmhír** *f2*
dhá thacar) product of two sets
iolrach *m1* **scálach** scalar product
iolraigh *v* multiply *v*
iolraitheoir *m3* multiplier *s*
iolraitheoir *m3* **analógach** analog
multiplier
iolraitheoir *m3* **digiteach** digital
multiplier
iolraitheoir *m3* **réimíre** prefix
multiplier
iolrán *m3* factorial *s*
iolrann *f2* multiplicand *s*
iolrú *m* (*gs* **-raithe**) multiplication *s*
iolrú *m* **loighciúil** logical multiply
iomalartú *m* (*gs* **-taithe**) permutation *s*
iomarcach *a* redundant *a*
iomarcaíocht *f3* redundancy *s*
iomasach *a* intuitive *a*
íomhá *f4* image *s*
íomhá *f4* **bheo** animated image
íomhá *f4* **chódaithe** coded image
íomhá *f4* **fhíorúil** virtual image
íomhá *f4* **folaigh leictreastatach**
electrostatic latent image
íomhá *f4* **ghiotánmhapach** bit-mapped
image
íomhá *f4* **ghrafach** graphic image
íomhá *f4* **inbhéartaithe** inverted
image

íomhá *f4* **inlíne** inline image
íomhá *f4* **mhéadaithe** enlarged image
íomhánna *fpl* **a shábháil** saving
images
íomhá *f4* **scáthánach** mirror image
íomhá *f4* **thulrach** foreground image
íomháú *m* (*gs* **-áithe**) (= **déanamh** *m*
íomhánna) imaging *s*
íomhá *f4* **veicteoireach** vectored
image
iomlán[1] *m1* total[1] *s*
iomlán[2] *a* total[2] *a*, complete[2] *a*
iomlánaigh *v* complete[1] *v*
iomlán *m1* **baisce** batch total
iomlán *m1* **carnach** cumulative total
iomlán *m1* **gibrise** gibberish total
iomlán *m1* **na scríobhanna taisce**
total cache writes
iomlaoid *f2* shift[2] *s*
Iomlaoid (= **eochair** *f5* **iomlaoide**)
shift key
iomlaoid *f2* **ar chlé** left shift
iomlaoid *f2* **ar dheis** right shift
iomlaoid *f2* **chioglach** circular shift,
cyclic shift, end-around shift
iomlaoideoir *m3* (= **ciorcad** *m1*
iomlaoide) shifter *s*
iomlaoidigh *v* shift[1] *v*
iomlaoid *f2* **loighciúil** logical shift
iomlaoid *f2* **neamhuimhríochtúil**
non-arithmetic shift
iomlaoid *f2* **uimhríochtúil** arithmetic
shift
iompar *m1* transport *s*
iompar *m1* (**achair**) **logánta** (**LAT**)
local area transport, LAT
iompórtáil *v* import *v*
iomprach *m1* carry *s*
iomprach *m1* **ardluais** high-speed
carry
iomprach *m1* **ar naonna**
standing-on-nines carry
iomprach *m1* **cascáidithe** cascaded
carry
iomprach *m1* **droim ar ais** end-around
carry

iomprach *m1* **iomlán** complete carry
iomprach *m1* **réamhfheiceála**
look-ahead carry
iomprach *m1* **timfhillte** wraparound
carry
iomprach *m1* **tonnánach** ripple carry
iompróir *m3* carrier *s*
iompróirí *mpl* **mionlaigh** minority
carriers
iompróir *m3* **sochta taobh-bhanda**
shingil single-sideband suppressed
carrier
iompróir *m3* **sonraí** data carrier
iompróir *m3* **tromlaigh** majority
carrier
iompuithe *mpl* **leathanaigh**
thríthoisigh three-dimensional page
turns
iomrall *m1* aberration *s*
iomrall *m1* **sféarúil** spherical
aberration
ionad[1] *m1* (= **lár, lárionad**) centre[2] *s*
ionad[2] *m1* (= **suíomh**[1]) position[2] *s*
ionadaí *m4* substitute[2] *s*
ionadaigh *v* (= **cuir** *v* **in ionad**)
substitute[1] *v*
ionadaíoch *a* substitute[3] *a*
ionad *m1* **deachúlach** (= **ionad** *m1* **de**
dheachúlacha) decimal place
ionad *m1* **de dheachúlacha** *See* ionad
deachúlach.
ionad *m1* **digite** digit place
ionad *m1* **giotáin** bit position
ionad *m1* **ísealoird** low-order position
ionad *m1* **síne** sign position
ionad *m1* **siopadóireachta fíorúla**
virtual shopping centre
ionadú *m* (*gs* **-daithe**) substitution *s*
ionchódaigh *v* encode *v*
ionchódóir *m3* encoder *s*
ionchódú *m* (*gs* **-daithe**) encoding *s*
ionchódú *m* **déghiotánach** dibit
encoding
ionchódú *m* **dénártha sonraí** binary
data encoding
ionchódú *m* **fad reatha** (**RLE**) run

length encoding, RLE
ionchuir *v* (= **cuir** *v* **isteach**) input[1] *v*
ionchur[1] *m1* input[2] *s*
ionchur[2] *m* (*gs* **-tha**) input[3] *s*
ionchur/aschur *m/m1* (**I/O**)
input/output, I/O
ionchur/aschur *m* **comhuaineach**
(**PIO**) parallel input/output, PIO
ionchur/aschur *m1* **maolánaithe**
buffered input/output
ionchur/aschur *m* **srathach** (**SIO**)
serial input/output, SIO
ionchur *m* **córais** system input
ionchur *m1* **formáidithe** formatted
input
ionchur *m1* **ionchais** expected input
ionchur *m* **láimhe** manual (data) input
ionduchtach *a* inductive *a*
ionduchtaithe *a* induced *a*
ionduchtas *m1* inductance *s*
ionduchtóir *m3* inductor *s*
ionduchtú *m* (*gs* **-daithe**) induction *s*
ionduchtú *m* **matamaiticiúil**
mathematical induction
ionfhabhtaigh *v* infect *v*
ionfhabhtaithe *a* infected *a*
ionfhabhtú *m* (*gs* **-taithe**) infection *s*
íonghlanadh *m* **sonraí** data
purification
ionramháil *f3* **ar leibhéal na ngiotán**
bit-level manipulation
ionramháil *f3* **clásail** clause
manipulation
ionramháil *f3* **sonraí** data
manipulation
ionramháil *f3* **téacs** text manipulation
ionramháil *f3* **teaghrán** string
manipulation
ionsá *m4* insert[2] *s*, insertion *s*
ionsaí *m4* **diúltaithe seirbhíse** denial
of service attack, DoS attack
ionsáigh *v* insert[1] *v*
Ionsáigh (= **eochair** *f5* **ionsáite**, **Ins**)
insert key, Ins
ionsáigh *v* **bileog oibre** insert
worksheet

ionsáigh *v* **hipearnasc** insert hyperlink
ionsáigh *v* **tábla** insert table
ionsamhail *v* simulate *v*
ionsamhladh *m* (*gs* **-alta**) simulation *s*
ionsamhladh *m* **ar ríomhaire**
computer simulation
ionsamhlóir *m3* simulator *s*
ionsamhlóir *m3* **ROM** ROM simulator
ionstraimíocht *f3* instrumentation *s*
ionsuite *a* built-in *a*, infix *a*
iontaobhaí *m4* trustee *s*
iontaofa *a* reliable *a*
iontaofacht *f3* reliability *s*
iontaofacht *f3* **sonraí** data reliability
iontráil[1] *v* enter *v*
iontráil[2] *f3* (*pl* **-álacha**) entry *s*
Iontráil (= **eochair** *f5* **aisfhillte**,
eochair *f5* **iontrála**) Enter key,
return key
iontráil *f3* **innéacs** index entry
iontráil/scor *m1* **iarchurtha** deferred
entry/exit
iontráil *f3* **sonraí** data entry
íos- *pref* (= **íosta** *a*) minimum[2] *a*,
minimal *a*
íosairde *f4* minimum height
íoschéimneach *a* step-down *a*
íoslaghdaigh *v* minimize *v*
íosleithead *m1* minimum width
íoslódáil *v* (= **lódáil** *v* **anuas**)
download *v*
íoslódáil *f3* **comhaid** file download
íosmhéid *m4* minimum[1] *s*
íosmhód *m1* minimum mode
íosnasc *m1* downlink *s*
íosphointe *m1* minimum point
íosta *a* (= **íos-** *pref*) minimal *a*,
minimum[2] *a*
íosuas *a* minimax *a*
IPI (= **comhéadan** *m1* **cliste**
forimeallach) IPI, intelligent
peripheral interface
IPL (= **lódáil** *f3* **an ríomhchláir**
thosaigh) IPL, initial program load
IPOT (= **roinnteoir** *m3* **poitéinsil**
ionduchtaigh) IPOT, inductive

potential divider
IPT (= **tollánú** *m* **IP**) IPT, IP
  tunnelling
IR (= **tabhall** *m1* **treorach**) IR,
  instruction register
IRC (= **Comhrá** *m4* **Athsheachadta**
  Idirlín) IRC, Internet Relay Chat
iriseán *m1* journal *s*
ISA (= **Ailtireacht** *f3*
  Thionscalchaighdeánach) ISA,
  Industry Standard Architecture
is ann do ... existentially quantified
is ann do x ionas go bhfuil there
  exists x such that
is ball den tacar X é Y (= **tá Y ina**
  bhall den tacar X) element of (the)
  set
is déanaí isteach is déanaí amach
  (**LILO**) last-in-last-out *a*, LILO
is déanaí isteach is túisce amach
  (**LIFO**) last-in-first-out *a*, LIFO
ISDN (= **líonra** *m4* **digiteach de**
  sheirbhísí comhtháite) ISDN,
  integrated services digital network
iseamorfacht *f3* isomorphism *s*
iseatrópach *a* isotropic *a*
is gá agus is leor if and only if ..., iff
íslitheach *a* descending *a*
ISO (= **Eagraíocht** *f3* **Idirnáisiúnta**
  na gCaighdeán) ISO, International
  Organization for Standardization
ISP (= **soláthraí** *m4* **seirbhísí Idirlín**)
  ISP, Internet service provider
isteach *adv* (= **bosca, post** *etc* **isteach**)
  inbox *s*
is túisce isteach is déanaí amach
  (**FILO**) first-in-last-out, FILO
is túisce isteach is túisce amach
  (**FIFO**) first-in-first-out, FIFO
IT (= **teicneolaíocht** *f3* **faisnéise**, **TF**)
  IT, information technology
ITB (= **carachtar** *m1* **bloic**
  idirmheánaigh) ITB, intermediate
  block character
ITT (= **cuireadh** *m1* **chun tarchur**)
  ITT, invitation to transmit

J

J (= **giúl**) J, joule *s*
jab *m4* job *s*
jab *m4* **sa chúlra** background job
JCL (= **teanga** *f4* **rialaithe jabanna**)
  JCL, job control language
JES (= **Fochóras** *m1* **Iontrála**
  Jabanna) JES, Job Entry Subsystem
JPEG (= **An Comh-Shainghrúpa** *m4*
  Grianghrafadóireachta) JPEG,
  Joint Photographic Expert Group
JPEG forásach progressive JPEG

K

k (= **cilea- cili-** *pref*) kilo- *pref,* k
K (= **ceilvin**) K, kelvin *s*
kb (= **cilibheart**) kb, kilobyte *s*
kB (= **cilighiotán**) kilobit *s*, kB
kbps (= **cilibheart** *m1* **sa soicind**)
  kilobyte per second, kbps
kBps (= **cilighiotán** *m1* **sa soicind**)
  kilobit per second, kBps
kc (= **cilichiogal**) kc, kilocycle *s*
KCS (= **míle** *m4* **carachtar sa**
  soicind) KCS, thousand characters
  per second
kg (= **cileagram**) kg, kilogram *s*
kHz (= **ciliheirts**) kHz, kilohertz *s*
KIPS (= **córas** *m1* **próiseála faisnéis**
  eolais) KIPS, knowledge
  information processing system
KMS (= **córas** *m1* **bainistíochta**
  eolais) KMS, knowledge
  management system
k-nascóir *m3* k-connector *s*
kw (= **cileavata**) kw, kilowatt *s*

L

laghdaigh *v* decrease *v*
laghdaigh *v* **eang** decrease indent
laghdaitheach *a* decreasing[2] *a*

laghdú *m* (*gs* **-daithe**) decreasing[1] *s*
laghdú *m* **méide** downsizing *s*
laghdú *m* **sonraí** data reduction
láimhe[1] *gs as a* (= **lámh-** *pref*)
  manual[2] *a*
láimhe[2] *gs as a* hand-held[2] *a*
láimhseáil[1] *v* handle[1] *v*
láimhseáil[2] *f3* handling *s*
láimhseáil *f3* **teagmhas** event handling
láimhseálaí *m4* handler *s*
láimhseálaí *m4* **eisceachtaí** exception
  handler
láimhseálaí *m4* **gaistí** trap handler
láimhseálaí *m4* **idirbhristeacha**
  interrupt handler
lainseáil *v* launch *v*
lainseáil *v* **brabhsálaí** launch browser
láir *gs as a* (= **lár-** *pref*, **lárnach** *a*)
  centre[3] *a*, central *a*
laiste[1] *m4* latch *s*
laiste[2] *gs as a* latched *a*
laiste *m4* **cloig** clocked latch
laiste *m4* **socraithe agus**
  athshocraithe (= **laiste** *m4* **SR**)
  setting and resetting latch, SR latch
laiste *m4* **SR** (= **laiste** *m4* **socraithe**
  agus athshocraithe) SR latch,
  setting and resetting latch
laiste *m4* **SR cloig** clocked SR latch
láithreach *a* immediate *a*
láithreacht *f3* presence *s*
láithreán *m1* (= **suíomh**[2]) site *s*
láithreán *m1* **comhrá** (= **suíomh** *m1*
  comhrá) chat site, talker *s*
láithreán *m1* **Gréasáin** (= **suíomh** *m1*
  Gréasáin) Web site
láithreán *m1* **Gréasáin do**
  ríomhthairiscintí e-tenders Web
  site
láithreán *m1* **íoslódála** (= **suíomh** *m1*
  íoslódála) download site
láithreán *m1* **mealltach** (= **suíomh** *m1*
  mealltach) cool site
láithreán *m1* **neamhbhuan** (= **suíomh**
  m1 **neamhbhuan**) transient site
láithreán *m1* **scáthánaithe** (= **suíomh**

m1 **scáthánaithe**) mirror site
láithreoireacht *f3* (= **cur** *m* **i láthair**)
  presentation *s*
láithreoireacht *f3* **priontála** print
  presentation
lambda *m4* lambda *s*
lámh- *pref* (= **láimhe**[1] *gs as a*)
  manual[2] *a*
lamháltas *m1* tolerance *s*
lamháltas *m1* **lochtanna** fault
  tolerance
lamháltas *m1* **lochtanna córais** (**SFT**)
  system fault tolerance, SFT
lámhleabhar *m1* manual[1] *s*
lámhleabhar *m1* **an chórais** system
  handbook
lámhleabhar *m1* (**an**) **úsáideora** user
  manual
lámhleabhar *m1* **ríomhaire** computer
  manual
lámhleabhar *m1* **teicniúil** technical
  manual
LAN (= **líonra** *m4* {**achair**} **logánta**)
  LAN, local area network
lánchuardach *m1* exhaustive search
lánchumarsáid *f2* **thionscantach** full
  handshake
lán-déphléascach *a* (**FDX**) full *a*
  duplex, FDX
LAN gan sreang (**WLAN**) wireless
  LAN, WLAN
LAN leathanbhanda déchábla
  dual-cable broadband LAN
lánroghnach *a* discretionary *a*
lánscáileán *m1* full screen
lánseiceáil *v* checkout *v*
lánstad *m4* full stop, period *s*
lánsuim *f2* sum total
lánsuimitheoir *m3* full adder
laobh *v* bias[1] *v*
laobhthástáil *f3* bias testing
laofa *a* biased *a*
laofacht *f3* bias[2] *s*
laomchuimhne *f4* flash memory
laomROM flash ROM
lár *m1* (= **ionad**[1], **lárionad**) centre[2] *s*

lár- *pref* (= láir *gs as a*, lárnach *a*)
centre[3] *a*, central *a*
láraigh[1] *v* centre[1] *v*
láraigh[2] *v* centralize *v*
láraithe *a* centred *a*, centralized *a*
láraonad *m1* central unit
láraonad *m1* próiseála (CPU {LAP})
central processing unit, CPU
láraonad *m1* rialúcháin central
control unit
lárionad *m1* (= ionad[1], lár) centre[2] *s*
Lárionad *m1* Faisnéise Líonraí an
Idirlín Internet Network
Information Centre
lárionad *m1* glaonna call centre
lárionad *m1* lascacháin switching
centre
lárionad *m1* ríomhairí computer
centre
lárionad *m1* uathlascacháin
(teachtaireachtaí) automatic
(message) switching centre
lárlíne *f4* centre-line *s*
lárnach *a* (= láir *gs as a*, lár- *pref*)
central *a*, centre[3] *a*
lársheomra *m4* TF IT hub room
lárú *m* (*gs* -raithe) (= lárúchán)
centralization *s*, centring *s*
lárúchán *m1* (= lárú) centralization *s*
lasc[1] *v* switch[1] *v*
lasc[2] *f2* switch[2] *s*
lascachán *m1* (= lascadh) switching *s*
lascadh *m* (*gs* -ctha) (= lascachán)
switching *s*
lascadh *m* paicéad packet switching
lascadh *m* paicéad gan nasc
connectionless packet switching
lascadh *m* teachtaireachtaí message
switching
lasc *v* air (= cuir *v* air) switch on
lascanna *fpl* sonraí data switches
lasc *v* as (= cuir *v* as) switch off
lasc *f2* chrosbharra crossbar switch
lasc *f2* dhénártha ardluais high-speed
binary switch
lasc *f2* DIP DIP switch

lasc *f2* ilsuíomh multiposition switch
lasc *f2* scoránaithe toggle switch
lasc *f2* tacachumais fallback switch
lasctheileafón *m1* switched telephone
LAT (= iompar *m1* {achair} logánta)
LAT, local area transport
LC (= cás *m1* íochtair) LC, lowercase
s
LCB (= bloc *m1* rialaithe línte) LCB,
line control block
LCD (= taispeáint *f3* leachtchriostail)
LCD, liquid crystal display
LCP (= cruthú *m* loighciúil
ríomhchlár) LCP, logical
construction of programs
LD (= diosca *m4* léasair) LD, laser
disk
LDD (= diosca *m4* digiteach léasair)
LDD, laser digital disk
LD-ROM (= diosca *m4* léasair
cuimhne inléite amháin) LD-ROM,
laser disk-read-only-memory
leabaigh *v* embed *v*
leabaithe *a* embedded *a*
leaba *f* nasctha (= stáisiún *m1*
nasctha) docking cradle, dock *s*
Leabhar *m1* Bán, An The White Book
Leabhar *m1* Buí, An The Yellow
Book
Leabhar *m1* Dearg, An The Red Book
leabharlann *f2* library *s*
leabharlann *f2* córais system library
leabharlann *f2* dhigiteach digital
library
leabharlann *f2* foghnáthamh
subroutine library
leabharlann *f2* réamhthiomsaithe
precompiled library
leabharlann *f2* ríomhchlár program
library
leabharmharc *m1* bookmark *s*
leabhar *m1* reatha run book
Leabhar *m1* Scarlóideach, An The
Scarlet Book
leabhar *m1* seoltaí address book
leabú *m* (*gs* -baithe) embedding *s*

leac *f2* slab *s*
leacaigh *v* collapse *v*
leachtchriostail *mpl*
  fhearóileictreacha (FLC)
  ferroelectric liquid crystals, FLC
leachtchriostal *m1* liquid crystal
léacsach *a* lexical *a*
leagan *m1* version *s*
leagan *m1* **amach** layout *s*
leagan *m1* **amach comhaid** file layout
leagan *m1* **amach leathanaigh** page
  layout
léamh *m1* (*gs* **léimh** *pl* **léamhanna**)
  read^2 *s*
léamh *m1* **athghiniúnach** regenerative
  read
léamh *m1* **débhíogach** double-pulse
  reading
léamh *m1* **dodhéanta athuair**
  unrepeatable read
léamh *m1* **lotmhar** destructive read
léamh *m1* **neamhlotmhar (NDR)**
  nondestructive read, NDR
léamh *m1* **salach** dirty read
léamh *m1* **scaipthe** scatter read
leamhsháinn *f2* deadlock *s*
lean *v* (**ar aghaidh**) continue *v*
lean *v* **de** imply *v*
leantach *a* consecutive *a*
leanúnach *a* continuous *a*
léaráid *f2* diagram *s*
léaráid *f2* **chéim ar chéim** stepwise
  diagram
léaráid *f2* **de chomhfhreagairt na**
  dtionchar effect correspondence
  diagram
léaráid *f2* **de chruach** stack diagram
léaráid *f2* **de ghaoil na n-aonán**
  (ERD) entity relationship diagram,
  ERD
léaráid *f2* **den chomhréir** syntax
  diagram
léaráid *f2* **den chomhthéacs** context
  diagram
léaráid *f2* **den chumraíocht** set-up
  diagram

léaráid *f2* **den sreabhadh acmhainní**
  resource flow diagram
léaráid *f2* **den sreabhadh doiciméad**
  document flow diagram
léaráid *f2* **den sreabhadh sonraí**
  (DFD) data-flow diagram, DFD
léaráid *f2* **den sreangú** wiring diagram
léaráid *f2* **de struchtúir** structure
  diagram
léaráid *f2* **feidhmeanna** functional
  diagram
léaráid *f2* **loighce** logic diagram
léaráid *f2* **loighciúil den sreabhadh**
  sonraí logical data-flow diagram
léaráid *f2* **pionnála** pinout *s*
léaráid *f2* **sreabhphróisis**
  flow-process diagram
léaráid *f2* **Veitch** Veitch diagram
léaráid *f2* **Venn** Venn diagram
léas *m1* beam *s*
leasaigh[1] *v* amend *v*
leasaigh[2] *v* (= **breisigh**[1]) enhance *v*
leasainm *m4* nickname *s*
leasaithe *a* (= **breisithe**[1]) enhanced *a*
léasar *m1* laser *s*
léasar *m1* **athraonta** refraction laser
léas *m1* **coinneála** holding beam
léaslíne *f4* horizon *s*
léas *m1* **móilíneach** molecular beam
leasú *m* (*gs* **-saithe**) revision *s*
leasú *m* **íomhánna** image enhancement
leathanach *m1* page *s*
leathanach *m1* **atá éasca a phriontáil**
  printer-friendly page
leathanach *m1* **baile** home page
leathanach *m1* **baile an Rialtais**
  Government Home Page
leathanach *m1* **baile réamhshocraithe**
  default home page
leathanach *m1* **bán** blank page
leathanach *m1* **fáilte** welcome page
leathanach *m1* **fíorúil** virtual page
leathanach *m1* **Gréasáin** Web page
leathanach *m1* **Gréasáin a shábháil**
  saving a Web page
leathanach *m1* **síos** page down^2

leathanach *m1* **suas** page up[2]
leathanach *m1* **teagmhála** contact page
leathanaigh, ina paged *a*
leathanbhanda *m4* (= **banda** *m4* **leathan**) broadband[1] *s*
leathanbhandach *a* broadband[2] *a*
leathán *m1* (**páipéir, plaisteach, miotail**) sheet[2] *s* (of paper, plastic, metal)
leathán *m1* **singil** single sheet
leathbheart *m1* nibble *s*
leathchárta *m4* half card
leath-chomhdhlúite *a* semicondensed *a*
leath-dhéphléacsach *a* (**HDX**) half-duplex *a*, HDX
leathfhairsingithe *a* semi-expanded *a*
leathghiotánra *m4* half-word *s*
leathmhiotal *m1* semimetal *s*
leathnaigh *v* widen *v*
leathsheoltóir *m3* semiconductor *s*
leathsheoltóir *m3* **comhlántach ocsaíd mhiotail (CMOS)** complementary metal-oxide semiconductor, CMOS
leathsheoltóir *m3* **dé-idirleata ocsaíd mhiotail (DMOS)** double-diffused metal-oxide semiconductor, DMOS
leathsheoltóir *m3* **diúltach ocsaíd mhiotail (NMOS)** negative metal-oxide semi-conductor, NMOS
leathsheoltóir *m3* **eistreach** extrinsic semiconductor
leathsheoltóir *m3* **intreach** intrinsic semiconductor
leathsheoltóir *m3* **ocsaíd mhiotail (MOS)** metal-oxide semiconductor, MOS
leathsheoltóir *m3* **p-chainéil ocsaíd mhiotail (PMOS)** p-channel metal-oxide semiconductor, PMOS
leathsheoltóir *m3* **p-chineálach** p-type semiconductor
leathshuimitheoir *m3* half-adder *s*

leathshuimiúchán *m1* half-add *s*
leathstad *m4* semicolon *s*
leath-thon *m1* half-tone[1] *s*
leath-thonach *a* half-tone[2] *a*
leatiomsaithe *a* semicompiled *a*
LED (= **dé-óid** *f2* **astaithe solais**) LED, light-emitting diode
LED polaiméire polymer LED
leibhéal *m1* level *s*
leibhéal *m1* **an mhicreachláraithe** microprogramming level
leibhéal *m1* **candamaithe** quantization level
leibhéal *m1* **coincheapúil** conceptual level
leibhéal *m1* **déine** intensity level
leibhéal *m1* **eisíontais** impurity level
leibhéal *m1* **gléis** device level
leibhéal *m1* **gnásúil meaisíní** conventional machine level
leibhéal *m1* **infheictheachta Java** Java visibility level
leibhéal *m1* **infheictheachta réamhshocraithe** default visibility level
leibhéal *m1* **inmheánach** internal level
leibhéal *m1* **meaisín (= meaisínleibhéal)** machine level
leibhéal *m1* **na seirbhíse** service level
leibhéal *m1* **rochtana** access level
leibhéal *m1* **seachtrach** external level
leibhéal *m1* **torainn** noise level
leibhéal *m1* **truiceartha** trigger level
leictreach *a* electric *a*
leictreachas *m1* electricity *s Fam.* (electrical) power
leictreachas *m1* **deimhneach** positive electricity
leictreachas *m1* **diúltach** negative electricity
leictreafótagrafaíocht *f3* electrophotography *s*
leictreoid *f2* **dheimhneach** positive electrode
leictreoid *f2* **dhiúltach** negative electrode

leictreon *m1* electron *s*
leictreonach *a* (= **ríomh-** *pref*)
  electronic *a*
leictreonaic *f2* electronics *s*
leictreonaic *f2* **chandamach** quantum
  electronics
leictreonaic *f2* **gléasanna comhtháite**
  integrated device electronics
leictreonléas *m1* electron beam
leid *f2* prompt message, cue *s*, prompt
  s
leid *f2* **DOS** DOS prompt
leid *f2* **ordaithe** command prompt
léigh *v* read[1] *v*
léigh *v* **isteach** read in
léigh *v* **rud ar bith/scríobh uile
  (RAWA)** read any/write all, RAWA
léim[1] *v* jump[1] *v*
léim[2] *f2* jump[2] *s*
léim *f2* **choinníollach** conditional jump
léim *v* **go greille** snap to grid
léim *f2* **mhoillithe** delayed jump
léim *f2* **neamhchoinníollach**
  unconditional jump
léim *f2* **neamhlogánta** nonlocal jump
léimneoir *m3* jumper *s*
léir *a* explicit *a*
léirigh *v* represent *v*
léiriú *m* (*gs* **-rithe**) representing *s*
léiriú *m* **analógach** analog
  representation
léiriúchán *m1* representation *s*
léiriú *m* **coincheapúil** conceptual
  representation
léiriú *m* **dénártha** binary
  representation
léiriú *m* **digiteach** digital
  representation
léiriú *m* **eolais** knowledge
  representation
léiriú *m* **incriminteach** incremental
  representation
léiriú *m* **incriminteach trínártha**
  ternary incremental representation
léiriú *m* **ionaid** positional
  representation

léiriú *m* **snámhphointe** floating-point
  representation
léiriú *m* **sonraí** data representation
léiriú *m* **sonraí seachtracha** external
  data representation
léiriú *m* **uimhreacha** number
  representation
léirmhínigh *v* interpret *v*
léirmhínitheoir *m3* interpreter *s*
léirmhínitheoir *m3* **aisfhotha**
  feedback interpreter
léirmhínitheoir *m3* **aistrithe** (=
  léirmhínitheoir *m3* **traschurtha**)
  transfer interpreter
léirmhínitheoir *m3* **líne na n-orduithe**
  (= **léirmhínitheoir** *m3* **orduithe**)
  command-line interpreter
léirmhínitheoir *m3* **orduithe** (=
  léirmhínitheoir *m3* **líne na
  n-orduithe**) command interpreter
léirmhínitheoir *m3* **teanga** language
  interpreter
léirmhínitheoir *m3* **traschurtha** (=
  léirmhínitheoir *m3* **aistrithe**)
  transfer interpreter
léirmhíniú *m* (*gs* **-nithe**) interpretation
  s
léirscrios *v* erase *v*
léirscriosán *m1* eraser *s*
léirscriosán *m1* **téipe agus diosca** tape
  and disk eraser
léirscrios *v* **uile** erase all
léirscrios *m* **ultraivialait** ultraviolet
  erasing
léirthúsaitheoir *m3* explicit initializer
leithdháil *v* (= **riar**[1]) allocate *v*
leithdháileachán *m1* (= **riar**[3])
  allocation[2] *s*
leithdháileadh *m* (*gs* **-lte**) (= **riar**[2])
  allocation[1] *s*
leithdháileadh *m* **acmhainní** resource
  allocation
leithdháileadh *m* **dinimiciúil** dynamic
  allocation
leithdháileadh *m* **dinimiciúil
  acmhainní** dynamic resource

allocation

leithdháileadh *m* **dinimiciúil cuimhne** dynamic memory allocation

leithdháileadh *m* **stórais** storage allocation

leithdháileadh *m* **tabhall** register allocation

leithdháileadh *m* **tabhall idir ghnásanna** interprocedural register allocation

leithead, airde, doimhneacht (WHD) width, height, depth, WHD

leithead *m1* **banda (= bandaleithead)** bandwidth *s*

leithead *m1* **colúin** column width

leithead *m1* **leathanaigh** page width

leithead *m1* **mórbhealaigh** highway width

leithead *m1* **réimse** field width

léitheoir *m3* reader *s*

léitheoir *m3* **barrachód (= scanóir** *m3* **barrachód)** bar code reader

léitheoir *m3* **carachtar** character reader

léitheoir *m3* **carachtar dúigh mhaighnéadaigh** magnetic ink character reader

léitheoir *m3* **cártaí** card reader

léitheoir *m3* **cártaí rialúcháin** control card reader

léitheoir *m3* **doiciméad** document reader

léitheoir *m3* **fuaime** audio reader

léitheoir *m3* **marcanna** mark reader

léitheoir *m3* **marcanna optúla** optical mark reader

léitheoir *m3* **OCR (= léitheoir** *m3* **optúil carachtar)** OCR reader, optical character reader

léitheoir *m3* **optúil carachtar (= léitheoir** *m3* **OCR)** optical character reader, OCR reader

léitheoir/printéir *m3* **micrifíse** microfiche reader/printer

léitheoir *m3* **téipe maighnéadaí (= deic** *f2* **téipe, tiomántán** *m1* **téipe)**

magnetic tape reader

leithid *gs as a* **ar dtús** breadth-first *a*

le leanúint ar aghaidh brúigh eochair ar bith press any key to continue

LF[1] **(= fotha** *m4* **líne)** LF[1], line feed

LF[2] **(= minicíocht** *f3* **íseal)** LF[2], low frequency

LGDE (= grúpáil *f3* **loighciúil d'eilimintí dialóige)** LGDE, logical grouping of dialogue elements

lí *f4* hue *s*

liathróid *f2* **rialúcháin** control ball

liathróid *f2* **rollóra** rollerball *s*

liathróid *f2* **rubair** rubber ball

liathscála *m4* greyscale *s*

LIFO (= is déanaí isteach is túisce amach) LIFO, last-in-first-out *a*

ligean *m1* leakage[2] *s*

ligean *m1* **maighnéadach** magnetic leakage

LILO (= is déanaí isteach is déanaí amach) LILO, last-in-last-out *a*

limistéar *m1* area[2]

limistéar *m1* **aschuir** output area

limistéar *m1* **fosaithe** fixed area

limistéar *m1* **glan** clear area

limistéar *m1* **ionchuir** input area

limistéar *m1* **na dtairiseach** constant area

limistéar *m1* **oibre** work area

limistéar *m1* **rialúcháin** control area

limistéar *m1* **sonraí** data area

limistéar *m1* **stórála** storage area

limistéar *m1* **téacs** text area

limistéar *m1* **teirminéil** terminal area

limistéar *m1* **treoracha** instruction area

líne *f4* line *s*

líneach *a* linear *a*

líne *f4* **aonphléacsach** simplex line

líne *f4* **ar léas** leased line

líne *f4* **bhán** blank line

líne *f4* **bhrabhsála** browse line

líne *f4* **bhriste** broken line

líne *f4* **cabhrach** help line

líne-chairt *f2* line chart
líne *f4* **cheadaithe bus** bus grant line
líne *f4* **cheangail** tie-line *s*
líne *f4* **chothrománach** horizontal line
líne *f4* **chríochnaithe** terminated line
Líne *f4* **Dhigiteach Rannpháirtí**
  Digital Subscriber Line
líne *f4* **fholaithe** hidden line
líne *f4* **gan bhriseadh** unbroken line
líneghraf *m1* line graph
líne *f4* **greille** gridline *s*
líne *f4* **gutháin** (= **líne** *f4* **teileafóin**)
  telephone line
líne *f4* **iarrtha bus** bus request line
líne *f4* **ísealchailliúna** low-loss line
líne *f4* **lán-déphléacsach** full duplex
  line
líne *f4* **leath-dhépléacsach** half-duplex
  line
líne *f4* **mhoillithe** delay line
líne *f4* **mhoillithe fuaime** acoustic
  delay line
líne *f4* **mhoillithe ghrianchloiche**
  quartz delay line
líne *f4* **mhoillithe Hg** (= **líne** *f4*
  mhoillithe mhearcair) Hg delay
  line, mercury delay line
líne *f4* **mhoillithe mhaighnéadach**
  magnetic delay line
líne *f4* **mhoillithe**
  mhaighnéadstraidhneach
  magnetostrictive delay line
líne *f4* **mhoillithe mhearcair** (= **líne** *f4*
  mhoillithe Hg) mercury delay line,
  Hg delay line
líne *f4* **mhoillithe nicile** nickel delay
  line
líne *f4* **mhoillithe shonach** sonic delay
  line
líne *f4* **na n-idirbhristeacha** interrupt
  line
líne *f4* **na n-orduithe** command line
líne *f4* **nóta tráchta** commentline *s*
línephrintéir *m3* (= **printéir** *m3* **líne**
  sa turas, LPT) line printer, LPT
líne *f4* **phríobháideach** private line

líne *f4* **stádais** status line
líne *f4* **teileafóin** (= **líne** *f4* **gutháin**)
  telephone line
líne *f4* **thapáilte** tapped line
línethiománaí *m4* line driver
líne *f4* **thiomnaithe** dedicated line
líne *f4* **tríd** strikethrough[2] *s*
líne-uimhir *f5* (*gs* **-mhreach**) line
  number
líníocht *f3* drawing *s*
líníocht *f3* **theicniúil** technical drawing
linn *f2* **mhaolán** buffer pool
línte *fpl* **lasctha** switched lines
línte *fpl* **rialaithe tiomsaitheora**
  compiler control lines
línte *fpl* **sa nóiméad (LPM)** lines per
  minute, LPM
líofacht *f3* fluency *s*
líon[1] *v* fill[1] *v*
líon[2] *m1* quotient *s*
líonadh *m* (*gs* **-nta**) fill[2] *s*
líonadh *m* **cuimhne** memory fill
líonadh *m* **le nialais** zero fill
líon *m1* **ásc de ghaoil, an** the number
  of relationship instances
líon *m1* **na bhfocal** word count
líon *m1* **na dtiomántán fisiciúil**
  physical drive count
líonra *m4* network[2] *s*
líonra *m4* **achair fhairsing (WAN)**
  wide area network, WAN
líonra *m4* **(achair) logánta (LAN)**
  local area network, LAN
líonra *m4* **achair phearsanta (PAN)**
  personal area network, PAN
líonra *m4* **achar cathrach (MAN)**
  metropolitan area network, MAN
líonra *m4* **analógach** analog network
líonra *m4* **(atá) bunaithe ar**
  fhreastalaí server-based network
líonra *m4* **bactha** blocking network
líonra *m4* **baile** home network
líonra *m4* **breisluacha (VAN)**
  value-added network, VAN
líonra *m4* **ciorcadlasctha**
  circuit-switched network

líonra *m4* **cliaint/freastalaí**
client/server network
líonra *m4* **cnámh droma** backbone
network
líonra *m4* **crainn** tree network
líonra *m4* **craolacháin** broadcast
network
líonra *m4* **dáilte** distributed network
líonra *m4* **digiteach de sheirbhísí**
comhtháite (ISDN) integrated
services digital network, ISDN
líonra *m4* **fáinneach** ring network
líonra *m4* **fáinneach sliotánach**
slotted-ring network
líonra *m4* **gníomhaíochta** activity
network
líonra *m4* **hibrideach comhaiseach**
snáithín hybrid fibre coaxial
network
líonraí *mpl* **caolchliant** thin-client
networks
líonra *m4* **idir chomhghleacaithe**
peer-to-peer network
líonraí *mpl* **eolais** knowledge networks
líonraigh *v* network[1] *v*
líonra *m4* **ilchineálach** heterogenous
network
líonra *m4* **ilphointí** multipoint network
líonra *m4* **laitíseach** lattice network
líonra *m4* **lán-nasctha** fully-connected
network
líonra *m4* **lasctha ilchéimeanna**
multistage switching network
líonra *m4* **lasctha paicéad**
packet-switching network
líonra *m4* **leathanbhanda** broadband
network
líonra *m4* **limistéar stórála (SAN)**
storage area network, SAN
líonra *m4* **líneach** linear network
líonra *m4* **máistir-sclábhaí**
master-slave network
líonra *m4* **mogalra** mesh network
líonra *m4* **neamhbhacainneach**
nonblocking network
líonra *m4* **néarach** neural network

líonra *m4* **óimige athfhillteach**
recirculating omega network
líonra *m4* **ó phointe go pointe**
point-to-point network
líonra *m4* **ordlathach** hierarchical
network
líonra *m4* **plánach** planar network
líonra *m4* **poiblí lasctheileafón**
(PSTN) public switch(ed) telephone
network, PSTN
líonra *m4* **poiblí sonraí (PDN)** public
data network, PDN
líonra *m4* **príobháideach fíorúil**
virtual private network
líonra *m4* **réaltach** star network
líonra *m4* **ríomhairí** computer
network
líonra *m4* **ríomhairí aonchineálacha**
homogeneous computer network
líonra *m4* **scoileanna na hÉireann**
Irish schools' network
líonra *m4* **séimeantach** semantic
network
líonra *m4* **sonraí** data network
líonra *m4* **sonraí paicéadlasctha**
packet-switched data network
líonra *m4* **sprice** destination network
líonra *m4* **sraithe/comhuainíochta**
series-parallel network
líonra *m4* **taighde** research network
líonra *m4* **teachtaireachta lasctha**
switched-message network
líonra *m4* **teileafón** telephone network
líonra *m4* **trasach** crossover network
líonra *m4* **trasdula** transit network
líonrú *m* (*gs* **-raithe**) networking *s*
líonrú *m* **dírithe ar chuairteoirí**
visitor-based networking
líonta *a* **le nialais** zero-filled *a*
liosta *m4* list *s*
liosta *m4* **áirithe** enumeration[1] *s*
liosta *m4* **anuas** drop-down list
liosta *m4* **brú aníos** pushup list
liosta *m4* **brú anuas** pushdown list
liosta *m4* **ciorclach** circular list
liosta *m4* **cóngarachta** adjacency list

liosta *m4* **dénasctha** double-linked list
liosta *m4* **dénasctha ciorclach**
  double-linked circular list
liosta *m4* **feithimh** wait list
liosta *m4* **folamh** empty list
liostáil *v* subscribe *v*
liosta *m4* **ilnasctha** multilinked list,
  multiple-linked list
liostáil *f3* **tagartha** reference listing
liosta *m4* **inbhéartaithe** inverted list
liosta *m4* **le hurchair** bulleted list
liosta *m4* **líneach** linear list
liosta *m4* **na n-argóintí** argument list
liosta *m4* **nasctha** linked list, chained
  list
liosta *m4* **nasctha líneach** linear linked
  list
liosta *m4* **n-snáithíneach** n-braid list
liosta *m4* **ortagánach** orthogonal list
liosta *m4* **paraméadar** parameter list
liostaphróiseáil *f3* list processing
liosta *m4* **réimsí** field list
liosta *m4* **rialaithe rochtana (ACL)**
  access control list, ACL
liosta *m4* **saor** free list
liosta *m4* **seachadta** mailing list[2],
  distribution list
liosta *m4* **seoltaí** mailing list[1], address
  list
liosta *m4* **uimhrithe** numbered list
liostú *m* (*gs* -taithe) listing *s*
lipéad *m1* label *s*
lipéad *m1* **ceanntáisc** header label
lipéad *m1* **comhaid** file label
lipéad *m1* **eireabaill** trailer label
lipéad *m1* **ráitis** statement label
lipéad *m1* **seachtrach** external label
lipéad *m1* **túschomhaid**
  beginning-of-file label
lipéadú *m* (*gs* -daithe) labelling *s*
lipéid *mpl* **CASE** CASE labels
LIPS (= tátail *fpl* **loighciúla sa**
  soicind) LIPS, logical inferences per
  second
lí, sáithiú, gile (HSB) hue, saturation,
  brightness, HSB

lí, sáithiú, lonras (HSL) hue,
  saturation, luminance, HSL
litearthacht *f3* **(ar) ríomhairí**
  computer literacy
litir *f5* (*gs* -treach) letter *s*
litir *f5* **chás íochtair** lowercase letter
litir *f5* **chás uachtair** uppercase letter
litreoir *m3* (= seiceálaí *m4* **litrithe**)
  spelling checker
litriú *m* **agus gramadach** spelling and
  grammar
LLC (= rialú *m* **loighciúil {an} naisc**)
  LLC, logical link control
LLL (= teanga *f4* **íseal-leibhéil**) LLL,
  low-level language
lm (= lúman) lm, lumen *s*
lóba *m4* lobe *s*
lobhadh *m1* **naisc** linkrot *s*
locht *m3* fault *s*
locht *m3* **ar leathanach** page fault
locht *m3* **cláríogair** program-sensitive
  fault
lochtlamhálach *a* fault-tolerant *a*
locht *m3* **patrúníogair**
  pattern-sensitive fault
lochtráta *m4* fault rate
locht *m3* **sonra-íogair** data-sensitive
  fault
locht *m3* **treallach** sporadic fault
lód *m1* load[2] *s*
lódáil[1] *v* load[1] *v*
lódáil[2] *f3* loading *s*
lódáil *f3* **an ríomhchláir thosaigh**
  (IPL) initial program load, IPL
lódáil *v* **anuas** (= íoslódáil) download
  v
lódáil *v* **is gluais** load-and-go *v*
lódáil *v* **suas** (= uaslódáil) upload *v*
lódálaí *m4* loader *s*
lódálaí *m4* **bútála** bootstrap loader
lód *m1* **moillithe** delayed load
lód *m1* **scaipthe** scatter load
lód *m1* **toirsiúnach** torsional load
log *m1* pit *s*
loga *m4* log[2] *s*
loga *m4* **consóil** console log

loga *m4* **córais** system log
logáil *v* log[1] *v*
logáil *v* **amach**[1] log out, log off
logáil *f3* **amach**[2] logout *s*, logoff *s*
logáil *f3* **fearainn** domain login
logáil *v* **isteach**[1] log in, log on
logáil *f3* **isteach**[2] login *s*, logon *s*
logáil *f3* **sonraí** data logging
logáil *f3* **teipeanna** failure logging
logálaí *m4* logger *s*
loga *m4* **(na) nuashonrúchán** update
    log
logánta *a* local *a*
logánú *m* (*gs* **-naithe**) localization *s*
logartam *m1* logarithm *s*
logartamach *a* logarithmic *a*
logartam *m1* **aiceanta** natural
    logarithm
logdhomhandú *m* (*gs* **-daithe**)
    glocalization *s*
loighciú *m* (*gs* **-cithe**) logicalization *s*
loighciúil *a* logical *a*
loighic *f2* logic *s*
loighic *f2* **ardtairsí (HTL)**
    high-threshold logic, HTL
loighic *f2* **astaíre-chúpláilte (ECL)**
    emitter-coupled logic, ECL
loighic *f2* **bunaithe ar thairiscintí**
    propositional logic
loighic *f2* **chlásal Horn** Horn clause
    logic
loighic *f2* **chomhtháite inteilgin (I[2]L)**
    integrated injection logic, I[2]L
loighic *f2* **chruashreangaithe**
    hard-wire logic
loighic *f2* **dé-óideanna is**
    trasraitheoirí diode transistor logic
loighic *f2* **dheimhneach** positive logic
loighic *f2* **dhigiteach** digital logic
loighic *f2* **dhigiteach**
    in-ríomhchláraithe (PDL[2])
    programmable digital logic, PDL[2]
loighic *f2* **fhoirmiúil** formal logic
loighic *f2* **friotóirí is trasraitheoirí**
    (RTL) resistor-transistor logic, RTL
loighic *f2* **inteilgin** injection logic

loighic *f2* **meaisín** (= **meaisínloighic**)
    machine logic
loighic *f2* **mhatamaiticiúil**
    mathematical logic
loighic *f2* **na doiléire** fuzzy logic
loighic *f2* **rite treorach** instruction
    execution logic
loighic *f2* **shéantach** negative logic
loighic *f2* **sheicheamhach** sequential
    logic
loighic *f2* **shiombalach** symbolic logic
loighic *f2* **theaglamach** combinatorial
    logic
loighic *f2* **trasraitheora** transistor
    logic
loighic *f2* **trasraitheora is friotóra**
    (TRL) transistor-resistor logic, TRL
loighic *f2* **trasraitheora is**
    trasraitheora (TTL)
    transistor-transistor logic, TTL
loitiméir *m3* vandal *s*
loitiméireacht *f3* vandalism *s*
lonnaithe *a* resident *a*
lonnaithe *a* **sa chórchuimhne** core
    memory resident
lonras *m1* luminance *s*
lorg[1] *m1* footprint *s*, trace[2] *s*
lorg[2] *m1* hunting *s*
lorg[3] *v* trace[1] *v*
lorg[4] *m* (*gs* **-gtha**) tracing *s*
lorgaire *m4* **róid** traceroute *s*
lorgán *m1* handle[3] *s*
lorgán *m1* **comhaid** file handle
LPM (= **línte** *fpl* **sa nóiméad**) LPM,
    lines per minute
LPT (= **línephrintéir, printéir** *m3* **líne**
    sa turas) LPT, line-at-a-time printer,
    line printer
LRC (= **fadseiceáil** *f3* **iomarcaíochta**)
    LRC, longitudinal redundancy check
LRU (= **algartam** *m1* **{an**
    leathanaigh} is faide díomhaoin)
    LRU, least recently-used algorithm
LSB (= **giotán** *m1* **is lú suntas**) least
    significant bit, LSB
LSI (= **comhtháthú** *m* **mórscála**) LSI,
    large-scale integration

luach *m3* value *s*
luacháil *f3* **sloinn** expression
  evaluation
luach *m3* **dramhaíola** garbage value
luach *m3* **fhréamh mheán na**
  gcearnóg (= **luach** *m3* **rms**)
  root-mean-square value, rms value
luach *m3* **fírinne** truth value
luach *m3* **fírinne tairisceana** truth
  value of a proposition
luach *m3* **fógartha** declared value
luach *m3* **foircneach** extreme value
luach *m3* **ionchais** expected value
luach *m3* **maighdeogach** pivot value
luach *m3* **neamhnitheach** null value
luach *m3* **réamhshocraithe** default
  value
luach *m3* **réamhshocraithe an**
  phointeora default pointer value
luach *m3* **rms** (= **luach** *m3* **fhréamh**
  mheán na gcearnóg) rms value,
  root-mean-square value
luach *m3* **seasta** fixed value
luach *m3* **snámhphointe** floating-point
  value
luach *m3* **tabhaill** register value
luach *m3* **tréithe** attribute value
luach *m3* **uimhriúil** absolute value
luaineach *a* volatile *a*
luaineacht *f3* volatility *s*
luamhán *m1* **stiúrtha** joystick *s*
luas *m1* speed *s*
luas *m1* **an chloig** (= **clogluas**) clock
  speed
luascáil *v* yaw *v*
luas *m1* **rian go rian** track-to-track
  speed
luas *m1* **tarchurtha** transmission
  speed
luathú *m* (*gs* **-thaithe**) acceleration,
  speeding up
lúb *v* loop[1] *v*
lúb[1] *f2* loop[2] *s*
lúb[2] *f2* bend *s*
lúba *mpl* **coinníollacha** conditional
  loops
lúbadh *m* (*gs* **-btha**) looping *s*

lúba *fpl* **faoi rialú fairtheora**
  sentinel-controlled loops
lúb *f2* **éigríochta** infinite loop
lúb *f2* **histéiréiseach** hysteresis loop
lúb *f2* **iata** closed loop
lúb *f2* **logánta** local loop
lúb *f2* **mhear-rochtana** rapid-access
  loop
lúb *f2* **neadaithe** nested loop, nesting
  loop
lúb *f2* **oscailte** open loop
lúb *f2* **rialaithe aisfhotha** feedback
  control loop
lúb *f2* **rialúcháin** control loop
luch *f2* (= **luchóg**) mouse *s*
luch *f2* **mheicniúil** mechanical mouse
luchóg *f2* (= **luch**) mouse *s*
luch *f2* **optaimeicniúil** optomechanical
  mouse
luch *f2* **optúil** optical mouse
luch *f2* **shrathach** serial mouse
lucht *m3* charge[2] *s*
luchtaigh *v* charge[1] *v*
luchtaire *m4* charger *s*
lucht *m3* **iarmharach** residual charge
lucht *m3* **statach** static charge
luchtú *m* (*gs* **-taithe**) charging *s*
lucsa *m4* lux *s*
lúibín *m4* bracket *s*, parenthesis *s*
lúibín *m4* **clé** left parenthesis
lúibín *m4* **deas** right parenthesis
lúibín *m4* **deiridh** closing bracket
lúibíní *mpl* **cearnacha** square brackets
lúibíní *mpl* **slabhracha** chain brackets,
  braces *spl*
lúibíní *mpl* **slabhracha neadaithe**
  nested braces
lúibíní *mpl* **uilleacha** angle brackets
lúibín *m4* **tosaigh** opening bracket
lúide *a* minus[2] *prep*
lúman *m1* (**lm**) lumen *s*, lm

M

m (= **méadar**) m, metre *s*
M (= **meigea-** *pref*) M, mega- *pref*

mac *m1* child[1] *s*

MAC (= **rialú** *m* **rochtana meáin**)
MAC, medium access control

macalla *m4* echo *s*

macalla *m4* **logánta** local echo

macasamhlú *m* (*gs* **-laithe**) replication
s

macasamhlú *m* **sioncronach**
synchronous replication

macnód *m1* child node, child[2] *s*

macra *m4* macro *s*

macrachód *m1* macro code

macraghlao *m4* macro call

macraí *mpl* **dífhabhtúcháin** debug
macros

macrailtireacht *f3* macroarchitecture *s*

macraithreoir *f5* macroinstruction *s*

macraivíreas *m1* macro virus

macra-ordú *m* (*gs* **-daithe**) macro
command

macra *m4* **ríomhchláraitheora**
programmer-defined macro

macrathaifead *m1* macro record

macrathaifeadadh *m* (*gs* **-eadta**)
macro recording

macsual *m1* (*pl* **-uail**) maxwell *s*

maghar *m1* **bladhmtha** flame bait

maighnéad *m1* magnet *s*

maighnéadach *a* magnetic *a*

maighnéadaihidridinimic *f2*
magnetohydrodynamics *spl*

maighnéadaileictreach *a*
magnetoelectric *a*

maighnéadas *m1* magnetism *s*

maighnéadfhriotaíocht *f3*
magnetoresistance *s*

maighnéadstraidhn *f2*
magnetostriction *s*

maintíse *f4* mantissa *s*

mais *f2* mass[1] *s*

maisíochtaí *fpl* special effects

maisíocht *f3* **bheochana** animation
effects

maisíocht *f3* **fuaime** sound effect

maisíocht *f3* **líonta** fill effects

máistir- *pref* master *a*

máistiraonán *m1* master entity

máistirbhileog *f2* master sheet

máistir *m4* **bus** bus master

máistirchlár *m1* **rialúcháin** master
control program

máistirchlog *m1* (**MK**) master clock,
MK

máistirchóipeáil *f3* **dhigiteach** digital
mastering

máistirchomhad *m1* master file

máistirdhoiciméad *m1* master
document

máistirghnáthamh *m1* **rialúcháin**
master control routine

máistir-sclábhaí *gs as a* master-slave
a

máistirshleamhnán *m1* master slide

máistirstáisiún *m1* master station

máistirthaifead *m1* **bútála** (**MBR**[1])
master boot record, MBR[1]

máistirthéip *f2* master tape

maitrís *f2* matrix *s*

maitrís *f2* **chóngarachta** adjacency
matrix

maitrís *f2* **na dtairiseach** constant
matrix

maitrís *f2* **próiseas/aonán**
process/entity matrix

maitrís *f2* **rolla/feidhmeanna**
úsáideoirí user roll/function matrix

maitrís *f2* **teagmhais/aonáin**
event/entity matrix

malairt *f2* alternative[1] *s*

malartach *a* alternative[2] *a*, alternate[3]
a

malartaigh *v* exchange[1] *v*

malartán *m1* exchange[3] *s*

malartán *m1* **brainseach**
príobháideach (**PBX**) private
branch exchange, PBX

malartán *m1* **brainseach**
príobháideach uathoibríoch
(**PABX**) private automatic branch
exchange, PABX

malartán *m1* **lasctha sonraí**
data-switching exchange

malartán *m1* **logánta** local exchange
malartán *m1* **teachtaireachtaí**
  message exchange
malartóir *m3* **cineáil** gender changer
malartú *m* (*gs* **-taithe**) exchange² *s*
malartú *m* **faisnéise** exchange of
  information
malartú *m* **leathanach** paging² *s*
malartú *m* **leathanach ar éileamh**
  demand paging
Malartú *m* **Seicheamhach Paicéad**
  (**SPX**¹) Sequenced Packet
  Exchange, SPX¹
MAN (= líonra *m4* **achar cathrach**)
  MAN, metropolitan area network
mant *m3* (= **bearna**) gap *s*
mant *m3* **cnoga** head gap
maoin *f2* **intleachta** intellectual
  property
maoirseacht *f3* supervision *s*
maoirseoir *m3* supervisor *s*
maolán *m1* buffer² *s*
maolánach *a* buffer³ *a*
maolánaigh *v* buffer¹ *v*
maolán *m1* **aschuir** output buffer
maolán *m1* **ciorclach** circular buffer
maolán *m1* **inbhéartúcháin** inverting
  buffer
maolán *m1* **ionchuir** input buffer
maolán *m1* **líonra** network buffer
maolán *m1* **na n-orduithe** command
  buffer
maolán *m1* **neamhinbhéartúcháin**
  non-inverting buffer
maolánú *m* (*gs* **-naithe**) buffering *s*
maolánú *m* **dinimiciúil** dynamic
  buffering
maolú *m* (*gs* **-laithe**) damping *s*,
  flattening *s*
mapa *m4* map² *s*
mapa *m4* **an doiciméid** document map
mapa *m4* **carachtar** character map
mapa *m4* **cuimhne** memory map
mapa *m4* **de chur i bhfeidhm**
  comhpháirteanna feidhmeanna
  function component implementation

map
mapa *m4* **giotán** bit map
mapaí *mpl* **Idirlín** Internet maps
mapáil¹ *v* map¹ *v*
mapáil² *f3* mapping *s*
mapáil *f3* **aon le haon** one-to-one
  mapping
mapáil *f3* **aon le mórán** one-to-many
  mapping, multivalued mapping
mapáil *f3* **faoi thiomáint teimpléid**
  template-driven mapping
mapáil *f3* **inteilgeach** injective
  mapping
mapáil *f3* **mórán le mórán**
  many-to-many mapping
mapáil *f3* **seoltaí** address mapping
mapáilte *a* mapped *a*
mapáil *f3* **thacar A go tacar B**
  mapping of set A to set B
mapáil *f3* **uigeachta** texture mapping
mapa *m4* **íomhá(nna)** image map
mapa *m4* **Karnaugh** Karnaugh map
mapa *m4* **láithreáin** (= mapa *m4*
  suímh) site map
mapa *m4* **suímh** (= mapa *m4*
  láithreáin) site map
mapa *m4* **tástála na fréamhshamhla**
  prototype pathway
Mapa *m4* **Topaice** Topic Map
mapa *m4* **uigeachta** texture map
MAR (= tabhall *m1* **sheoladh na**
  cuimhne) MAR, memory address
  register
marbhchrios *m3* (= **banda** *m4*
  marbh) dead zone
marbhstad *m4* dead halt, drop-dead
  halt
marc *m1* mark *s*
marcáil¹ *f3* marking *s*
marcáil² *f3* markup *s*
marcáil *f3* **chineálach** generic markup
marcáil *f3* **leathanaigh** page markup
marc *m1* **ailt** paragraph mark
marc *m1* **cabhrach** help mark
marcóir *m3* marker *s*
marcóir *m3* **táb** tab marker

marquee marquee *s*
marthanacht *f3* duration[2] *s*, durability
  s
marthanacht *f3* **logánta** local duration
marthanacht *f3* **uathoibríoch**
  automatic duration
MARTIF (= Formáid *f2*
  Idirmhalartaithe Téarmaíochta
  {atá} Inléite ag Meaisín) MARTIF,
  Machine-Readable Terminology
  Interchange Format
masc *m1* mask *s*
mascadh *m* (*gs* **-sctha**) masking *s*
mascadh *m* **idirbhristeacha** interrupt
  mask
mata *m4* **luiche** (= **ceap** *m1* **luiche**)
  mouse mat
matamaitic *f2* mathematics *s*
matamaiticeoir *m3* mathematician *s*
matamaiticiúil *a* mathematical *a*
mata *m4* **rostaí** wrist support mat
máthair *f5* parent *s*
máthairchlár *m1* motherboard *s*
máthairnód *m1* parent node
MathML (= Teanga *f4* **Mharcála**
  Matamaitice) MathML,
  Mathematics Markup Language
MAU (= aonad *m1* **rochtana meán)**
  MAU, media access unit
Mb (= meigibheart) Mb, megabyte *s*
MB (= meigighiotán) MB, megabit *s*
Mbps (= meigibheart *m1* **sa soicind,**
  milliún *m1* **giotán sa soicind)**
  Mbps, megabytes per second,
  million bits per second
MBps (= meigighiotán *m1* **sa soicind)**
  MBps, megabits per second
MBR[1] **(= máistirthaifead** *m1* **bútála)**
  MBR[1], master boot record
MBR[2] **(= tabhall** *m1* **mhaolán na**
  cuimhne) MBR[2], memory buffer
  register
Mc (= meigichiogal) Mc, megacycle *s*
MCA (= Ailtireacht *f3*
  Mhicreachainéil) MCA, Micro
  Channel Architecture

MD (= miondiosca) MD, minidisk *s*
MDRAM (= RAM Dinimiciúil
  Ilbhanc) MDRAM, Multibank
  Dynamic RAM
meáchan *m1* weight *s*
méadaigh *v* (*Gen.*) increase[1] *v*, blow
  up
méadaigh *v* **eang** increase indent
méadann *f2* augend *s*
méadar *m1* **(m)** metre *s*, m
méadar-cileagram-soicind *a* **(MKS)**
  metre-kilogram-second *a*, MKS
méadar *m1* **sa soicind** metre per
  second
méadrach *a* metric *a*
méadracht *f3* **cáilíocht dearaí** design
  quality metrics
meáin *mpl* media *spl*
meáin *mpl* **faisnéise siamsúla**
  infotainment media
meáin *mpl* **mhaighnéadacha** magnetic
  media
meáin *mpl* **mhiotalacha** metallic
  media
meáin *mpl* **nua** new media
meáin *mpl* **ocsaíde** oxide media
meáin *mpl* **phriontála** printing media
meáin *mpl* **sruthaithe** streaming media
meáin *mpl* **taifeadta** recording media
meáin *mpl* **tarchurtha (TM**[1]**)**
  transmission media, TM[1]
meaisín *m4* machine *s*
meaisínchiogal *m1* (= **ciogal** *m1*
  meaisín) machine cycle
meaisínchód *m1* machine code
meaisín *m4* **drumadóireachta** drum
  machine
meaisín *m4* **facsála** fax machine
meaisínfhoghlaim *f3* machine learning
meaisín *m4* **fíorúil (VM**[1]**)** virtual
  machine, VM[1]
meaisín *m4* **il-leibhéal** multilevel
  machine
meaisínleibhéal *m1* (= **leibhéal** *m1*
  meaisín) machine level
meaisínleibhéal *m1* **córas oibriúcháin**

operating system machine level

meaisínloighic *f2* (= **loighic** *f2*
  meaisín) machine logic

meaisínseoladh *m* (= **seoladh** *m*
  meaisín) machine address

meaisínteanga *f4* (= **teanga** *f4*
  mheaisín) machine language

meaisíntreoir *f5* (= **treoir** *f5*
  mheaisín) machine instruction

meaitseáil[1] *v* match *v*

meaitseáil[2] *f3* matching *s*

meaitseáil *f3* **luais** speed matching

meaitseáil *f3* **patrún** pattern matching

meán[1] *m1* average *s*, mean[1] *s*

meán[2] *m1* medium *s*

meán- *pref* mean[2] *a*

meánaga *m4* **deisiúcháin** mean repair
  time

meán-am *m3* **deisiúcháin (MTTR)**
  mean time to repair, MTTR

meán-am *m3* **go hathbhunú seirbhíse
  (MTTSR)** mean time to service
  restoral, MTTSR

meán-am *m3* **idir theipeanna
  (MTBF)** mean time between
  failures, MTBF

meán *m1* **aschurtha** output medium

meán *m1* **bán** blank medium

meandarach *a* instantaneous *a*

meánearraí *mpl* middleware *s*

meán *m1* **folamh** empty medium

meán *m1* **ionchurtha** input medium

meánmhinicíocht *f3* **(MF)** medium
  frequency, MF

meán *m1* **na sonraí** data medium

meán *m1* **stórála** storage medium

meántonn *f2* **(MW)** medium wave,
  MW

meán *m1* **ualaithe** weighted average

méar *f2* (= **ríomhchlár** *m1* **méire**)
  finger[2] *s*

méaraigh *v* finger[1] *v*

mearcair *m4* mercury *s*

méarchlár *m1* (= **eochairchlár**)
  keyboard *s*

méarchlár *m1* **breisithe** enhanced
keyboard

méarchlár *m1* **clóscríobháin**
  typewriter keyboard

méarchlár *m1* **QWERTY** QWERTY
  keyboard

méarchlár *m1* **scannáin** membrane
  keyboard

méarchlár *m1* **tadhlach** tactile
  keyboard

méarchlár *m1* **tionscalchaighdeánach**
  industry-standard keyboard

mearfhorbairt *f3* **feidhmchlár (RAD)**
  rapid application development, RAD

mearfhormáid *f2* quick format

mear-roghnaigh *v* fast select

mearshábháil *f3* fast save

mearshórtáil *f3* quick sort

meas *v* evaluate *v*

méasa *m4* mesa *s*

meastachán *m1* estimate *s*

meastachán *m1* **spáis** space estimation

meastóireacht *f3* evaluation *s*

meicnigh *v* mechanize *v*

meicníocht *f3* mechanism *s*

meicniúil *a* mechanical *a*

méid[1] *f2* magnitude *s*, size *s*

méid[2] *m4* amount *s*, volume[1] *s*

méid *f2* **(an) scáileáin** screen size

méid *f2* **comhaid** file size

méideanna *fpl* **páipéir** paper sizes

méid *f2* **giotánra** word size

méid *f2* **le sín** signed magnitude

méid *f2* **míre** item size

méid *f2* **na cuimhne** memory size

méid *f2* **na hincriminte** increment size

méid *f2* **na híomhá** image size

méid *f2* **réimse** field size

méid *f2* **táib** tab size

meigea- *pref* (= **meigi-** *pref*, **M**) mega-
  pref, M

meigeaflap *m4* **(MFLOP)** megaflop *s*,
  MFLOP

meigi- *pref* (= **meigea-** *pref*, **M**) mega-
  pref, M

meigibheart *m1* **(Mb)** megabyte *s*, Mb

meigibheart *m1* **sa soicind (Mbps)**

megabytes per second, Mbps

meigichiogal *m1* (**Mc**) megacycle *s*, Mc

meigighiotán *m1* (**MB**) megabit *s*, MB

meigighiotán *m1* **sa soicind** (**MBps**) megabits per second, MBps

meigiheirts *m4* megahertz *s*, MHz *s*

meirge *m4* banner *s*

meitea- *pref* (= **meiti-** *pref*) meta- *pref*

meiteacharachtar *m1* metacharacter *s*

meiteashamhail *f3* meta-model *s*

meiteashonraí *mpl* metadata *spl*

méithchliant *m1* fat client

méithe *f4* richness *s*

méithmheáin *mpl* rich media

méithoibiacht *f3* rich object

méithshonraí *mpl* rich data

meiti- *pref* (= **meitea-** *pref*) meta- *pref*

meitichlib *f2* metatag *s*

meititheanga *f4* meta-language *s*

meitithiomsaitheoir *m3* metacompiler *s*

MF (= **meánmhinicíocht**) MF, medium frequency

MFLOP (= **meigeaflap**) MFLOP, megaflop *s*

mianadóireacht *f3* **sonraí** data mining

MIB (= **bunachar** *m1* **faisnéis bainistíochta**) MIB, management information base

mícheart *a* incorrect *a*

míchruinn *a* inaccurate *a*

míchruinneas *m1* inaccuracy *s*

míchruinneas *m1* **córasach** systematic inaccuracy

míchuí *a* inappropriate *a*

micrea- *pref* (= **micri-**, **miocr-** *pref*) micro *pref*

micreachainéal *m1* microchannel *s*

micreachiorcad *m1* microcircuit *s*

micreachlár *m1* microprogram *s*

micreachlárú *m* (*gs* **-raithe**) microprogramming *s*

micreachlárú *m* **cothrománach** horizontal microprogramming

micreachlárú *m* **ingearach** vertical microprogramming

micreachód *m1* microcode *s*

micreadhomhan *m1* microworld *s*

micreafón *m1* microphone *s*

micrealáithreán *m1* (= **micreashuíomh**) microsite *s*

micreaphróiseálaí *m4* microprocessor *s*

micreaphróiseálaí *m4* **dhá shlis** two-chip microprocessor

micreaphróiseálaí *m4* **sceall giotáin** bit-slice microprocessor

micreascannán *m1* microfilm *s*

micreascannánóir *m3* **aschur ríomhaire** computer output microfilmer

micreascannánú *m* **aschur ríomhaire** computer output microfilming

micreashoicind *m4* microsecond *s*

micreashuíomh *m1* (= **micrealáithreán**) microsite *s*

micreathonn *f2* microwave *s*

micri- *pref* (= **micrea-**, **miocr-** *pref*) micro *pref*

micrifís *f2* microfiche *s*

micrileictreonaic *f2* microelectronics *s*

micrileictreonaic *f2* **scannáin thanaí** thin-film microelectronics

micrimhionadúchán *m1* microminiaturization *s*

micriríomhaire *m4* microcomputer *s*

micriríomhaire *m4* **tionsclaíoch** industrial microcomputer

micrishlis *f2* microchip *s*

micritheanga *f4* microlanguage *s*

micritheanga *f4* **dhíolama** micro assembly language

micrithreoir *f5* (*gs* **-orach**) microinstruction

MIDI (= **Comhéadan** *m1* **Digiteach Uirlisí Ceoil**) MIDI, Musical Instrument Digital Interface

mífheidhm *f2* malfunction *s*

míle *m4* **carachtar sa soicind** (**KCS**) thousand characters per second, KCS

millea- *pref* (= milli-, mioll- *pref*)
milli- *pref*
milleashoicind *m4* (**ms**) millisecond *s*,
ms
milleavolta *m4* millivolt *s*
milli- *pref* (= millea-, mioll- *pref*)
milli- *pref*
milliún *m1* giotán sa soicind (**Mbps**)
million bits per second, Mbps
milliún *m1* treoir sa soicind (**MIPS**)
million instructions per second,
MIPS
MIMD (= modh *m3* ilsruthanna
treoracha ilsruthanna sonraí)
MIMD, multiple-instruction (stream)
multiple-data (stream) method
MIME (= iarmhíreanna *fpl* do phost
Idirlín) MIME, Multipurpose
Internet Mail Extensions
mímheaitseáil *v* mismatch *v*
mín *a* fine-grained *a*
míneas *m1* (= sín *f2* mhínis) minus[1] *s*
minicíocht *f3* frequency *s*
minicíocht *f3* an-íseal (**VLF**) very low
frequency, VLF
minicíocht *f3* ascalúcháin oscillation
frequency
minicíocht *f3* charnach cumulative
frequency
minicíocht *f3* gutha (**VF**) voice
frequency, VF
minicíocht *f3* idirmheánach (**IF**)
intermediate frequency, IF
minicíocht *f3* iompróra carrier
frequency
minicíocht *f3* íseal (**LF**^{2}) low
frequency, LF^2
minicíocht *f3* Larmor Larmor
frequency
minicíocht *f3* rí-íseal (**ELF**) extremely
low frequency, ELF
minicíocht *f3* thrasach crossover
frequency
minicíocht *f3* ultra-ard (**UHF**)
ultra-high frequency, UHF
míoca *m4* mica *s*

miocr- *pref* (= micrea-, micri- *pref*)
micro *pref*
miocrailtireacht *f3* microarchitecture *s*
miocraimpéar *m1* micro-ampere *s*
miocrón *m1* micron *s*
mioll- *pref* (= millea-, milli- *pref*)
milli- *pref*
miollaimpéar *m1* milliampere *s*
mionadúchán *m1* miniaturization *s*
mionann *f2* minuend *s*
mionathraigh *v* modify *v*
mionathraithe *a* modified *a*
mionathraithe *a* go deireanach last
modified
mionathraitheoir *m3* modifier *s*
mionathrú *m* (*gs* -raithe) modification
s
mionathrú *m* comhaid file
modification
mionathrú *m* treorach instruction
modification
mionchartús *m1* minicartridge *s*
mioncheamara *m4* sféarúil golf-ball
camera
mionchiogal *m1* minor cycle
miondealú *m* ar an dearadh design
decomposition
miondealú *m* feidhmeanna functional
decomposition
miondealú *m* feidhmeanna ó bharr
anuas top-down functional
decomposition
miondiosca *m4* (**MD**) minidisk *s*, MD
mionláithreán *m1* (= mionsuíomh)
minisite *s*
mionríomhaire *m4* minicomputer *s*
mionsamhail *f3* thumbnail *s*
mion-sár-ríomhaire *m4*
minisupercomputer *s*
mionsuíomh *m1* (= mionláithreán)
minisite *s*
miontuairisc *f2* detail report
MIPS (= milliún *m1* treoir sa soicind)
MIPS, million instructions per
second
mír *f2* item *s*

mír *f2* **cumraíochta** configuration item
mírluathú *m* (*gs* -thaithe) item
  advance
mír *f2* **sonraí** data item, item of data
MIS (= córas *m1* **faisnéise**
  bainistíochta) MIS, management
  information system
MISD (= modh *m3* **ilsruthanna**
  treoracha aonsrutha sonraí)
  MISD, multiple-instruction (stream)
  single-data (stream) method
MK (= máistirchlog) MK, master
  clock
MKS (= méadar-cileagram-soicind)
  MKS, metre-kilogram-second *a*
MMCD (= dlúthdhiosca *m4* **ilmheán**)
  MMCD, multimedia compact disc
MMI (= comhéadan *m1* **duine le**
  meaisín) MMI, man-machine
  interface
MMU (= aonad *m1* **bainistíochta**
  cuimhne) MMU, memory
  management unit
MNOS (= gléas *m1* **sileacain nítríd**
  mhiotail) MNOS, metal nitride
  silicon device
MNP (= Prótacal *m1* **Líonraithe**
  Microcom) MNP, Microcom
  Networking Protocol
mód *m1* mode *s*
mód *m1* **aistrithe aisioncronaigh**
  (ATM) asynchronous transfer mode,
  ATM
mód *m1* **baiscphróiseála** batch
  (processing) mode
mód *m1* **botha** kiosk mode
mód *m1* **brabhsála** browse mode
mód *m1* **coinneála** hold mode
mód *m1* **comhaid** file mode
mód *m1* **comhráiteach** conversational
  mode
mód *m1* **cosanta** (= mód *m1* **faoi**
  chosaint) protected mode
mód *m1* **craplaithe** crippled mode
mód *m1* **déach** dual mode
mód *m1* **dúchais** native mode

mód *m1* **eithneach** kernel mode
mód *m1* **faoi chosaint** (= mód *m1*
  cosanta) protected mode
mód *m1* **fíorúil** virtual mode
mód *m1* **foirmle** formula mode
mód *m1* **frithghníomhach** reactive
  mode
mód *m1* **fuireachais** standby mode
modh *m3* method *s*
modh *m3* **aicmeach** (= modh *m3*
  statach) class method
Modh *m3* **Anailíse agus Deartha**
  Córas Struchtúrtha (SSADM)
  Structured Systems Analysis and
  Design Method, SSADM
modhanna *mpl* **is snáitheanna**
  sioncronacha synchronized
  methods and threads
modh *m3* **aonsrutha treoracha**
  aonsrutha sonraí (SISD)
  single-instruction (stream)
  single-data (stream) method, SISD
modh *m3* **aonsrutha treoracha**
  ilsruthanna sonraí (SIMD)
  single-instruction (stream)
  multiple-data (stream) method,
  SIMD
modh *m3* **áscach** instance method
modh *m3* **críochnaitheachta** finalizer
  method
modh *m3* **déaduchtach** deductive
  method
modh *m3* **éalaithe** escape mechanism
modh *m3* **ilsruthanna treoracha**
  aonsrutha sonraí (MISD)
  multiple-instruction (stream)
  single-data (stream) method, MISD
modh *m3* **ilsruthanna treoracha**
  ilsruthanna sonraí (MIMD)
  multiple-instruction (stream)
  multiple-data (stream) method,
  MIMD
modh *m3* **LCP** LCP method
modhnaigh *v* modulate *v*
modhnóir *m3* modulator *s*
modhnóir/dímhodhnóir *m3*

(= **móideim**) modulator/
demodulator *s*, modem *s*
modhnóir *m3* **solais spásúil** spatial
light modulator
modhnú *m* (*gs* **-naithe**) (=
modhnúchán) modulation *s*
modhnú *m* **aimplitiúide** amplitude
modulation
modhnú *m* **ardleibhéil** high-level
modulation
modhnú *m* **bíogchóid (PCM)** pulse
code modulation, PCM
modhnúchán *m1* (= **modhnú**)
modulation *s*
modhnúchán *m1* **aimplitiúide
cearnaithe (QAM)** quadrature
amplitude modulation, QAM
modhnúchán *m1* **difreálach bíogchód
(DPCM)** differential pulse code
modulation, DPCM
modhnú *m* **dépholach** dipole
modulation
modhnú *m* **difreálach oiriúnaitheach
bíogchóid (ADPCM)** adaptive
differential pulse code modulation,
ADPCM
modhnú *m* **iliompróirí** multicarrier
modulation
modhnú *m* **minicíochta (FM)**
frequency modulation, FM
modh *m3* **poiblí** public method
modh *m3* **príobháideach** private
method
modh *m3* **rébhealaigh** critical path
method
modh *m3* **rochtana** access method
Modh *m3* **Rochtana Fíorúla
Teileachumarsáide (VTAM)**
Virtual Telecommunications Access
Method, VTAM
modh *m3* **rochtana seicheamhach
innéacsaithe** indexed sequential
access method
modh *m3* **statach** (= **modh** *m3*
aicmeach) static method
modh *m3* **teibí** abstract method

mód *m1* **idirghníomhach** interactive
mode
mód *m1* **ionsáite** insert mode
mód *m1* **maoirseachta** supervisory
mode
mód *m1* **reoite** freeze mode
mód *m1* **ríofa** compute mode
mód *m1* **rochtana** access mode
mód *m1* **rochtana comhaid** file access
mode
mód *m1* **rúisce** burst mode
mód *m1* **sclábhánta** slave mode
mód *m1* **seolacháin** addressing mode
mód *m1* **slán** safe mode
mód *m1* **torannach** noisy mode
mód *m1* **túschoinníll** initial condition
mode
modúl *m1* module *s*
modúlach *a* modular *a*
modúlacht *f3* modularity *s*
modúl *m1* **aidhme** object module
modúl *m1* **aschuir dhigitigh
aonraithe** isolated digital output
module
modúl *m1* **cuimhne** memory module
modúl *m1* **dearbhlódála** absolute load
module
modúl *m1* **foinseach** source module
modúl *m1* **lódála** load module
modúl *m1* **singil cuimhne inlíní** single
inline memory module
modúlú *m* (*gs* **-laithe**) modularization
s
mód *m1* **úsáideora** user mode
modus ponens modus ponens
modus tolens modus tolens
mogalra *m4* mesh *s*
móide *a* plus^2 *prep*
móideim *m4* (= **modhnóir/
dímhodhnóir**) modem *s*
móideim *m4* **bunbhanda** baseband
modem
móideim *m4* **CDMA** CDMA modem
móideim *m4* **déghiotánach** dibit
modem
móideim *m4* **digiteach** digital modem

móideim *m4* **dírnaisc** direct-connect
modem
móideim *m4* **facsála** faxmodem *s*
móideim *m4* **inmheánach** internal
modem
móideim *m4* **leathchárta** half-card
modem
móideim *m4* **n-chainéil** n-channel
modem
móideim *m4* **radaimhinicíochta** RF
modem
móideim *m4* **seachtrach** external
modem
móid *mpl* **taispeána** display modes
móilín *m4* **polach** polar molecule
moill *f2* delay^2 *s*
moillaga *m4* delay^3 *s*
moillaga *m4* **forleathantais**
propagation delay
moillaga *m4* **geata** gate delay
moilligh *v* delay^1 *v*
moillithe *a* delayed *a*
moill *f2* **rochtana** access delay
moill *f2* **sheachtrach** external delay
móiminteam *m1* momentum *s*
mol *m1* hub *s*
mól *m1* mole *s*
mol *m1* **cliste** intelligent hub
mol *m1* **inchruachta** stackable hub
mól-leictreonaic *f2* mole electronics
mol *m1* **réaltach** star hub
monacrómach *a* monochrome *a*
monadach *a* monadic *a*
monailiotach *a* monolithic *a*
monatóir *m3* monitor^2 *s*
monatóir *m3* **crosfhite** interlaced
monitor
monatóir *m3* **daite** colour monitor
monatóireacht *f3* monitoring *s*
monatóireacht *f3* **a dhéanamh (ar)**
monitor^1 *v*
monatóireacht *f3* **próisis** process
monitoring
monatóir *m3* **ilscanacháin**
multiscanning monitor
monatóir *m3* **monacrómach**

monochrome monitor
mór- *pref* major *a*
mórán *m1* **le mórán** many-to-many *a*
mórbhealach *m1* highway *s*
mórbhealach *m1* **faisnéise** information
highway
mórbhealach *m1* **sonraí** data highway
mórcheannach *a* big-endian *a*
mórchiogal *m1* major cycle
móroibiacht *f3* large object
móroibiacht *f3* **bhunúsach**
(= **móroibiacht** *f3* **dhénártha**,
BLOB) basic large object, BLOB
móroibiacht *f3* **charactair** character
large object
móroibiacht *f3* **dhénártha**
(= **móroibiacht** *f3* **bhunúsach**,
BLOB) binary large object, BLOB
mór-ríomhaire *m4* mainframe *s*
mórshonraí *mpl* **rialúcháin** major
control data
mórstaid *f2* major state
MOS (= **leathsheoltóir** *m3* **ocsaíd**
mhiotail) MOS, metal-oxide
semiconductor
mósáic *f2* mosaic *s*
MOSFET (= **trasraitheoir** *m3*
tionchar réimse {de chineál}
leathsheoltóir ocsaíd mhiotail)
MOSFET, metal-oxide
semiconductor field-effect transistor
mótar *m1* **céimneach** stepper motor
MPEG (= **An Sainghrúpa** *m4*
Scannánaíochta) MPEG, Moving
Picture Experts Group
MPI (= **comhéadan** *m1* **ilphrótacal**)
MPI, multiple protocol interface
MPU (= **aonad** *m1*
micreaphróiseálaí) MPU,
microprocessor unit
ms (= **milleashoicind**) ms, millisecond
s
MSB (= **giotán** *m1* **is mó suntas**)
MSB, most significant bit
MSI (= **comhtháthú** *m* **meánscála**)
MSI, medium-scale integration

MSK (= **eochrú** *m* **íosiomlaoide**)
MSK, minimum shift keying

MTBF (= **meán-am** *m3* **idir theipeanna**) MTBF, mean time between failures

m-thráchtáil *f3* (= **tráchtáil** *f3* **mhóibíleach**) m-commerce, mobile commerce

MTTR (= **meán-am** *m3* **deisiúcháin**) MTTR, mean time to repair

MTTSR (= **meán-am** *m3* **go hathbhunú seirbhíse**) MTTSR, mean time to service restoral

MTU (= **uasaonad** *m1* **tarchuir**) MTU, maximum transmission unit

mú *m4* mu *s*

MU (= **ilúsáideoirí** *gpl as a*) MU, multi-user *a*

múch *v* shut down

múchadh *m* (*gs* **-chta**) shutdown *s*

múchadh *m* **ordúil** orderly shutdown

múchadh *m* **slán** safe shutdown, graceful shutdown

múchadh *m* **tobann** sudden shutdown

mú-chiorcad *m1* mu-circuit *s*

muinbhuail *v* overstrike *v*

múnlú *m* **céim ar chéim** stepwise refinement

múnlú *m* **insteallta** injection moulding

múscailt *f2* wakeup *s*

MUX (= **ilphléacsóir**) MUX, multiplexer *s*

MW (= **meántonn**) MW, medium wave

Mylar Mylar *s*

N

n (= **nana-, nanai-** *pref*) n, nano- *pref*

N (= **niútan**) N, newton

nach ann dó/di non-existent *a*

nach uimhir (Nuimh) not a number, NaN

nádúrtha *a* natural[1] *a*

náid *f2* nought *s*

naisc *mpl* **chiorcadlasctha** circuit-switched connections

NAK (= **admháil** *f3* **dhiúltach**) NAK, negative acknowledgement

nana(i)- *pref* (**n**) nano- *pref*, n

nanabhus *m4* nanobus *s*

nanachlárú *m* (*gs* **-raithe**) nanoprogramming *s*

nanaichiorcad *m1* nanocircuit *s*

nanailiteagrafaíocht *f3* nanolithography *s*

nanaiméadar *m1* nanometre *s*

nanaimheaisín *m4* nanomachine *s*

nanaimhíochaine *f4* nanomedicine *s*

nanairíomhaire *m4* nanocomputer *s*

nanaishlis *f2* nanochip *s*

nanaitheicneolaíocht *f3* nanotechnology *s*

nanaithreoir *f5* nanoinstruction *s*

nanaphróiseálaí *m4* nanoprocessor *s*

nanashoicind *m4* (**ns**) nanosecond *s*, ns

NAND (= **NOT AND**) negative-AND, NAND, NOT AND

nárthacht *f3* arity *s*

nasc[1] *m1* (*El.*) connection *s*

nasc[2] *m1* link[2] *s*

nasc[3] *v* (*El.*) (= **ceangail**[1]) connect *v*

nasc[4] *v* link[1] *v*

nascach *m1* connective *s*

nascacht *f3* connectivity *s*

Nascacht *f3* **Oscailte Bunachar Sonraí (ODBC)** Open Database Connectivity, ODBC

nascadh *m* (*gs* **-ctha**) linking *s*

Nascadh *m* **agus Leabú Oibiachtaí (OLE)** Object Linking and Embedding, OLE

nascadh *m* **dinimiciúil** dynamic linking

nascadh *m* **sonraí** data link(ing)

nascáil *f3* linkage *s*

nascáil *f3* **inmheánach** internal linkage

nascbhosca *m4* connection box

nasc *m1* **cainéal le cainéal**

channel-to-channel connection
nasc *m1* **coibhneasta** relative link
nasc *m1* **comhleáite** fused connection
nasc *m1* **cumarsáide** communication
link
nasc *m1* **diailiú amach** dial-out
connection
nasc *m1* **diailiú isteach** dial-in
connection
nasc *m1* **eislíonra** offnetwork
connection
nasc *m1* **gan mhóideim** modem-less
connection
nasc *m1* **Gréasáin** Weblink *s*
nasc *m1* **hipirtéacs** hypertext link
nasc *m1* **in-chomhleáite** fusible link
nascleanúint *f3* navigation *s*
nasclitir *f5* ligature *s*
nascmhapa *m4* link map
nascóir[1] *m3* connector *s*
nascóir[2] *m3* linker *s*
nascóir *m3* **baineann** female
connector
nascóir *m3* **casghlasála** twist-lock
connector
nascóir *m3* **comhéadain meáin**
medium interface connector
nascóir *m3* **déchineálach**
hermaphrodite connector
nascóir *m3* **(de chineál) AT** AT-style
connector
nascóir *m3* **fireann** male connector
nascóir *m3* **inathraithe** variable
connector
nascóir *m3* **méarchláir** keyboard
connector
nascóir *m3* **mearscaoilte**
quick-disconnect *s*
nascóir *m3* **SCART** SCART connector
nascóir *m3* **srathach** serial connector
nasc *m1* **ó phointe go pointe**
point-to-point connection
nasc *m1* **pionnaí** pin connection
nasc *m1* **ríomhaire** computer
connection
nasc *m1* **satailíte Idirlín** satellite

Internet connection
nasc *m1* **seachtrach** external link
nasc *m1* **sonraí** data link
NBCD (= deachúil *f3* **aiceanta
códaithe go dénártha)** NBCD,
natural binary-coded decimal
NBP (= Prótacal *m1* **Ainmcheangail)**
NBP, Name Binding Protocol
n-chainéal *m1* n-channel *s*
NCP[1] **(= croíphrótacal** *m1* **NetWare)**
NCP[1], NetWare core protocol
NCP[2] **(= ríomhchlár** *m1* **rialaithe
líonra)** NCP[2], network control
program
NDIS (= Sonraíocht *f3* **an
Chomhéadain Tiománaithe
Líonra)** NDIS, Network Driver
Interface Specification
NDR (= léamh *m1* **neamhlotmhar)**
NDR, nondestructive read
neadaigh *v* nest *v*
neadaithe *a* nested *a*
neadú *m* (*gs* **-daithe**) nesting *s*
neadú *m* **eilimintí** element nesting
neadú *m* **oibríochtaí** nesting of
operations
neamhaithnid *a* unknown *a*
neamhbhacainneach *a* nonblocking *a*
neamhbhailí *a* invalid *a*
neamhbhuan *a* transient *a*
neamhchobhsaí *a* astable *a*
neamhchoibhéis *f2* inequivalence *s*
neamhchoinníollach *a* unconditional *a*
neamh-chomhbhrúite *a*
uncompressed *a*
neamh-chomhfhadaithe *a* unjustified
a
neamh-chomhoiriúnach *a*
incompatible *a*
neamh-chomhoiriúnacht *f3*
incompatibility *s*
neamh-chomhsheasmhach *a*
inconsistent *a*
neamh-chomhsheasmhacht *f3*
inconsistency *s*
neamhchórasach *a* unsystematic *a*

neamhchothromaithe *a* unbalanced *a*
neamhdhleathach *a* illegal *a*
neamhfholamh *a* non-empty *a*
neamhfhormáidithe *a* unformatted *a*
neamhghnásúil *a* nonprocedural *a*
neamhghníomhach *a* inactive *a*
neamhghníomhaíocht *f3* (= scip,
    treoir *f5* **bhán**, **treoir** *f5*
    neamhghníomhaíochta) no op, no
    operation
neamhiontaofa *a* unreliable *a*
neamhlaghdaitheach *a* go
    haontonach monotonically
    nondecreasing
neamhlaofa *a* unbiased *a*
neamhléir *a* non-explicit *a*
neamhlíneach *a* nonlinear *a*
neamhlíneacht *f3* nonlinearity *s*
neamhlíneacht *f3* **choigeartaithe**
    rectifying nonlinearity
neamhliostaithe *a* unlisted *a*
neamhlotmhar *a* nondestructive *a*
neamhluaineach *a* nonvolatile *a*
neamh-mhaolánaithe *a* unbuffered *a*
neamhneadaithe *a* unnested *a*
neamhní *m4* null[1] *s*
neamhní *m4* **ceadaithe** null allowed
neamhnigh *v* annul *v*
neamhnitheach *a* null[3] *a*
neamhordaithe *a* non-ordered *a*
neamhphróiseáilte *a* unprocessed *a*
neamh-réamhghabhálach *a*
    nonpre-emptive *a*
neamhsceidealta *a* unscheduled *a*
neamhscríobach *a* non-abrasive *a*
neamhshainithe *a* undefined *a*
neamhsheicheamhach *a* nonsequential
    a
neamhshiméadrach *a* asymmetric *a*
neamhshórtáilte *a* unsorted *a*
neamhspleách *a* independent *a*
neamhspleách *a* **ar ardán**
    platform-independent *a*
neamhspleách *a* **ar chód na**
    gcarachtar character-code
    independent

neamhspleách *a* **ar fheidhmchlár**
    application-independent *a*
neamhspleáchas *m1* independence *s*
neamhspleáchas *m1* **ar dháileadh na**
    sonraí distributed data
    independence
neamhspleáchas *m1* **ar na sonraí** data
    independence
neamhspleáchas *m1* **ar shuíomh (na)**
    (sonraí) location independence
neamhspleáchas *m1* **ar stóráil**
    fhisiciúil na sonraí physical data
    independence
neamhspleáchas *m1* **ar struchtúr**
    loighciúil na sonraí logical data
    independence
neamhspleáchas *m1* **gléis** device
    independence
neamhstruchtúrtha *a* unstructured *a*
neamhtheoranta *a* unlimited *a*
neamhúdaraithe *a* unauthorized *a*
neamh-uileghabhálacht *f3*
    non-exhaustiveness *s*
neamónach[1] *m1* mnemonic[1] *s*
neamónach[2] *a* mnemonic[2] *a*
néar-ríomhaire *m4* neurocomputer *s*
neartúchán *m1* gain *s*
neartúchán *m1* **frithchaithimh**
    reflection gain
neigeatrón *m1* negatron *s*
neodrach *a* neutral *a*
neodraigh *v* neutralize *v*
neodrón *m1* neutron *s*
neodrú *m* (*gs* **-raithe**) (= **neodrúchán**)
    neutralization *s*
neodrúchán *m1* (= **neodrú**)
    neutralization *s*
NetBEUI (= **Comhéadan** *m1*
    Breisithe Úsáideoirí Bunchóras
    Ionchurtha/Aschurtha Líonra)
    NetBEUI, Network Bios Extended
    User Interface
NetBIOS (= **Bunchóras** *m1*
    Ionchurtha/Aschurtha Líonra)
    NetBIOS, Network Basic
    Input/Output System

NFB (= aisfhotha *m4* **diúltach**) NFB,
   negative feedback
nialais *mpl* **chun deiridh** trailing zeros
nialas *m1* null^2 *s*, zero *s*
nialasach *a* null^4 *a*
nialas *m1* **chun tosaigh** leading zero
nialasleibhéal *m1* zero-level *s*
NIC (= cárta *m4* **comhéadan líonra**)
   NIC, network interface card
NiCd (= caidmiam *m4* **nicile**) NiCd,
   nickel cadmium
níl an glacadóir ullamh receiver not
   ready
NiMH (= hidríd *f2* **mhiotail nicile**)
   NiMH, nickel metal hydride
níos lú ná less than
níos mó ná greater than
niútan *m1* (**N**) newton, N
ní X ná Y (**nach X ná Y, níl X ná Y**)
   neither X nor Y
NL (= carachtar *m1* **líne nua**) NL,
   new line character
NLQ (= cóngarach *a* **do chaighdeán**
   litreach) NLQ, near letter quality
NMOS (= leathsheoltóir *m3* **diúltach**
   ocsaíd mhiotail) NMOS, negative
   metal-oxide semi-conductor
nochtadh *m* (*gs* **nochta**) exposure *s*
nod *m1* (= **giorrúchán**) abbreviation *s*
nód *m1* (= **stuaic**) node *s*
nódach *a* nodal *a*
noda *mpl* **comhrá** chat abbreviations
nodaireacht *f3* notation *s*
nodaireachtaí *fpl* **grafacha** graphical
   notations
nodaireacht *f3* **BCD** BCD notation
nodaireacht *f3* **bhonnuimhreach**
   radix notation
nodaireacht *f3* **bhonnuimhreacha**
   measctha mixed radix notation,
   mixed base notation
nodaireacht *f3* **bhreise** excess notation
nodaireacht *f3* **chomhlánú le dónna**
   twos' complement notation
nodaireacht *f3* **deachúlacha** *See*
   nodaireacht dheachúlach.

nodaireacht *f3* **deachúlacha códaithe**
   coded decimal notation
nodaireacht *f3* **deachúlacha códaithe**
   go dénártha binary-coded decimal
   notation
nodaireacht *f3* **dheachúlach**
   (= **nodaireacht** *f3* **deachúlacha**)
   decimal notation
nodaireacht *f3* **dheachúlach**
   dhíphacáilte unpacked decimal
   notation
nodaireacht *f3* **dhénártha** binary
   notation
nodaireacht *f3* **easpónantúil**
   exponential notation
nodaireacht *f3* **eolaíochta** scientific
   notation
nodaireacht *f3* **gan lúibíní**
   (= **nodaireacht** *f3* **Pholannach**,
   nodaireacht *f3* **réamhshuite**)
   parenthesis-free notation
nodaireacht *f3* **heicsidheachúlach**
   hexadecimal notation
nodaireacht *f3* **iarshuite**
   (= **nodaireacht** *f3* **Pholannach**
   aisiompaithe) postfix notation
nodaireacht *f3* **ionsuite** infix notation
nodaireacht *f3* **Pholannach**
   (= **nodaireacht** *f3* **gan lúibíní**,
   nodaireacht *f3* **réamhshuite**) Polish
   notation
nodaireacht *f3* **Pholannach**
   aisiompaithe (= **nodaireacht** *f3*
   iarshuite) reverse-Polish notation
nodaireacht *f3* **réamhshuite** (=
   nodaireacht *f3* **gan lúibíní**,
   nodaireacht *f3* **Pholannach**) prefix
   notation
nodaireacht *f3* **snámhphointe**
   floating-point notation
nodaireacht *f3* **Ungárach** Hungarian
   notation
nód *m1* **ar chlé, an** (= nód *m1* **clé**) left
   node
nód *m1* **ar dheis, an** (= nód *m1* **deas**)
   right node

nód *m1* **caoch** dummy node

nód *m1* **clé** (= **an nód** *m1* **ar chlé**) left node

nód *m1* **deas** (= **an nód** *m1* **ar dheis**) right node

nód *m1* **duille** leaf node, tip node

nód *m1* **foinseach** source node

nód *m1* **fréimhe** root node

nód *m1* **idirmheánach** intermediate node

nód *m1* **próiseála sonraí** data processing node

nód *m1* **sinsir** ancestor node, ancestor *s*

nód *m1* **sprice** destination node

nóinín *m4* (= **roth** *m3* **nóinín**) daisy-wheel *s*

NOR (= **NOT OR**) NOR, NOT OR

normalach *a (Mth.)* normal^2 *a*

normalaigh *v* normalize *v*

normálta *a* (= **gnáth-** *pref*) normal^1 *a*

normalú *m* (*gs* **-laithe**) normalization *s*

normatach *a* normative *a*

NOS (= **córas** *m1* **oibriúcháin líonra**) NOS, network operating system

NOT NOT

notaí *mpl* **tráchta leabaithe** embedded comments

NOT AND (**NAND**) NOT AND, NAND, negative-AND

nóta *m4* **tráchta** comment *s*

NOT OR (**NOR**) NOT OR, NOR, negative-OR

NRZ (= **gan filleadh** *m* **ar nialas**) NRZ, non-return-to-zero

ns (= **nanashoicind**) ns, nanosecond *s*

NSAI (= **An tÚdarás** *m1* **um Chaighdeáin Náisiúnta na hÉireann**) NSAI, National Standards Authority of Ireland

n-snáithín *m4* n-braid *s*

nua *a* new *a*

nuashonraigh *v* update^1 *v*

nuashonrú *m* (*gs* **-raithe**) (= **nuashonrúchán**) update^2 *s*

nuashonrúchán *m1* (= **nuashonrú**) update^2 *s*

nuashonrú *m* **comhad** file updating

Nuimh (= **nach uimhir**) NaN, not a number

NVM (= **cuimhne** *f4* **neamhluaineach**) NVM, nonvolatile memory

NVS (= **stóras** *m1* **neamhluaineach**) NVS, nonvolatile storage

O

OA (= **uathoibriú** *m* **oifige**) OA, office automation

ó bharr anuas top-down *a*

ó bhun aníos bottom-up *a*

ó cheann (**go**) **ceann** (= **ceann go ceann**) end-to-end *a*

ochtach *a (El.)* octal^1 *a*

ochtnártha *a* octal^2 *a*

ochtréad *m1* octet *s*

OCR (= **aithint** *f3* **optúil carachtar**) OCR, optical character recognition

ocsaíd *f2* oxide *s*

ocsaíd *f2* **mhiotail** metal oxide

ODBC (= **Nascacht** *f3* **Oscailte Bunachar Sonraí**) ODBC, Open Database Connectivity

Oe (= **orstad**) Oe, oersted *s*

OE (= **optaileictreonaic**) OE, optoelectronics *s*

OEIC (= **ciorcad** *m1* **comhtháite optaileictreonach**) OEIC, optoelectronic integrated circuit

OEM (= **déantóir** *m3* **buntrealaimh**) OEM, original equipment manufacturer

OFDM (= **ilphléacsú** *m* **ortagánach roinnte minicíochta**) OFDM, orthogonal frequency-division multiplexing

oibiacht *f3* object^1 *s*

oibiacht *f3* **chomhtháiteach** cohesive object

oibiacht *f3* **ghrafach** graphic object

oibiacht *f3* sonraí data object
oibre *gs as a* working[2] *a*
oibreann *f2* operand *s*
oibreann *f2* láithreach immediate
 operand
oibreann *f2* litriúil literal *s*
oibreann *f2* litriúil dheimhneach
 positive literal
oibreann *f2* loighciúil logical operand
oibreann *f2* pointeora pointer operand
oibreoir *m3* operator *s*
oibreoir *m3* AND AND operator
oibreoir *m3* aonártha unary operator
oibreoir *m3* ar leibhéal na ngiotán
 bitwise operator
oibreoir *m3* ball struchtúir structure
 member operator
oibreoir *m3* barra ingearaigh vertical
 bar operator
oibreoir *m3* Boole Boolean operator
oibreoir *m3* camóige comma operator
oibreoir *m3* chomhlánú le haonta
 ones' complement operator
oibreoir *m3* coibhneasta relational
 operator
oibreoir *m3* coinníollach conditional
 operator
oibreoir *m3* comhaid file operator
oibreoir *m3* cómhalartach
 commutative operator
oibreoir *m3* comparáide comparison
 operator
oibreoir *m3* córais system operator
oibreoir *m3* cothroime equality
 operator
oibreoir *m3* dealaithe subtraction
 operator
oibreoir *m3* deicriminteach decrement
 operator
oibreoir *m3* diadach dyadic operator
oibreoir *m3* éagothroime inequality
 operator
oibreoir *m3* incriminteach increment
 operator
oibreoir *m3* indíriúcháin indirection
 operator

oibreoir *m3* iolraíoch multiplicative
 operator
oibreoir *m3* iolrúcháin multiplication
 operator
oibreoir *m3* iomlaoide shift operator
oibreoirí *mpl* suimitheacha additive
 operators
oibreoirí *mpl* tacair set operators
oibreoir *m3* loighciúil logical operator
oibreoir *m3* macra macro operator
oibreoir *m3* modail modulus operator
oibreoir *m3* monadach monadic
 operator
oibreoir *m3* OR OR operator
oibreoir *m3* pointeoir struchtúir
 structure pointer operator
oibreoir *m3* ríomhaire computer
 operator
oibreoir *m3* rochtana baill member
 access operator
oibreoir *m3* roinnte division operator
oibreoir *m3* sannacháin assignment
 operator
oibreoir *m3* séanta loighciúil logical
 negation operator
oibreoir *m3* seoltaí address operator
oibreoir *m3* slánuimhreacha integer
 operator
oibreoir *m3* suimiúcháin addition
 operator
oibreoir *m3* teaghráin string operator
oibreoir *m3* trínártha ternary operator
oibreoir *m3* uimhríochta arithmetic
 operator
oibrigh *v* operate *v*
oibríocht *f3* operation *s*
oibríochtaí *m4* ar thacair set
 operations
oibríochtaí *fpl* cúloifige back-office
 operations
oibríocht *f3* aisioncronach
 asynchronous operation
oibríochtaí *fpl* snámhphointe sa
 soicind floating-point operations per
 second, FLOPS *spl*
oibríochtaí *fpl* tuloifige front-office

operations

oibríocht *f3* **AND** AND operation

oibríocht *f3* **aonártha** unary operation

oibríocht *f3* **aonchéime** one-step operation, single-step operation

oibríocht *f3* **aschurtha** output operation

oibríocht *f3* **atriallach** repetitive operation

oibríocht *f3* **Boole** Boolean operation

oibríocht *f3* **choibhéise** equivalence operation

oibríocht *f3* **choibhneasta** relational operation

oibríocht *f3* **chómhalartach** commutative operation

oibríocht *f3* **chomhlántach** complementary operation

oibríocht *f3* **chomhuaineach** parallel operation

oibríocht *f3* **chruaiche** stack operation

oibríocht *f3* **dhá eochairbhuille** two-keystroke operation

oibríocht *f3* **dhéach** dual operation

oibríocht *f3* **dhéchoinníollach** biconditional operation

oibríocht *f3* **dhénártha** binary operation

oibríocht *f3* **dhiadach** dyadic operation

oibríocht *f3* **dhiadach Boole** dyadic Boolean operation

oibríocht *f3* **eirre** tail operation

oibríocht *f3* **eisiach NOR** exclusive-NOR operation

oibríocht *f3* **eisiach OR (XOR)** exclusive-OR operation, exjunction *s*, XOR

oibríocht *f3* **EITHER-OR (= oibríocht** *f3* **OR-ELSE)** EITHER-OR operation

oibríocht *f3* **fíor-ama** real-time operation

oibríocht *f3* **fódóireachta** housekeeping operation

oibríocht *f3* **ghnásúil** red-tape

operation

oibríocht *f3* **ilphléacsaithe** multiplexed operation

oibríocht *f3* **iniatach NOR** inclusive-NOR operation

oibríocht *f3* **intí** in-house operation

oibríocht *f3* **iomlán** complete operation

oibríocht *f3* **iomlaoide cioglaí** circular shift operation

oibríocht *f3* **láimhe** hands-on operation

oibríocht *f3* **leanúnach** continuous operation

oibríocht *f3* **loighce** logic operation

oibríocht *f3* **loighciúil** logical operation

oibríocht *f3* **mhonadach** monadic operation

oibríocht *f3* **NAND (= oibríocht** *f3* **NOT AND)** NAND operation, NOT AND operation

oibríocht *f3* **neamhchoibhéise** non-equivalence operation

oibríocht *f3* **NOR** NOR operation, negative-OR operation, NOT OR operation

oibríocht *f3* **NOT (= comhlánú** *m* **Boole, séanadh)** NOT operation

oibríocht *f3* **NOT AND (= oibríocht** *f3* **NAND)** NOT AND operation, NAND operation

oibríocht *f3* **OR (= suimiúchán** *m1* **loighciúil)** OR operation

oibríocht *f3* **OR-ELSE (= oibríocht** *f3* **EITHER-OR)** OR-ELSE operation

oibríocht *f3* **phointeora** pointer operation

oibríocht *f3* **shioncronach** synchronous operation

oibríocht *f3* **slán i gcás teipe** failsafe operation

oibríocht *f3* **snámhphointe (FLOP)** floating-point operation, FLOP

oibríocht *f3* **tromlaigh** majority operation

oibríocht *f3* **uathrialach** autonomous operation
oibríochtúil *a* operational *a*
oibríocht *f3* **uimhríochta** arithmetic operation
oibríocht *f3* **uimhríochta dénártha** binary arithmetic operation
oibriú *m* **(an) líonra** network operation
oibriú *m* **ar líne, ag** working online
oibriú *m* **as líne, ag** working offline
oibriúchán *m1* operating *s*
oidhreacht *f3* inheritance *s*
oifig *f2* **bheag, oifig bhaile (SOHO)** small office, home office, SOHO
oifig *f2* **gan pháipéar** paperless office
oiliúint *f3* **(atá) bunaithe ar an Ghréasán** *See* oiliúint (atá) bunaithe ar an nGréasán.
oiliúint *f3* **(atá) bunaithe ar an nGréasán (= oiliúint** *f3* **{atá} bunaithe ar an Ghréasán, ríomhfhoghlaim, WBT)** Web-based training, WBT
oiliúint *f3* **ríomhchuidithe (CAT^2, CBT)** computer-aided training, computer-based training, CAT^2, CBT
óimige *m4* omega *s*
ointeolaíocht *f3* ontology *s*
oiriúint *f3* **comhartha** signal conditioning
oiriúint *f3* **deisce** desk accessory
oiriúintí *fpl* accessories *spl*
oiriúintí *fpl* **ríomhaire** computer accessories
oiriúint *f3* **(le)** compliance *s*
oiriúnach *a* **don bhliain dhá mhíle** Y2K compliant
oiriúnach *a* **(le)** compliant *a*
oiriúnaigh *v* customize^2 *v*, personalize *v*
oiriúnaitheach *a* adaptive *a*
OLAP (= próiseáil *f3* **anailíseach ar líne)** OLAP, online analytical processing

OLE (= Nascadh *m* **agus Leabú Oibiachtaí)** OLE, Object Linking and Embedding
oll- *pref* mass^2 *a*
ollbhealach *m1* **faisnéise** information superhighway
oll-iarmhairt *f3* **mhaighnéadfhriotaíoch** giant magnetoresistive effect
ollródú *m* **(gs -daithe)** flooding *s*
ollscála *m4* **(VLS)** very large scale, VLS
ollstóráil *f3* mass storage, warehousing *s*
ollstóráil *f3* **sonraí** data warehousing
ollstór *m1* **sonraí** data warehouse
OLTP (= próiseáil *f3* **idirbheart ar líne)** OLTP, online transaction processing
óm *m1* ohm *s*
OMF (= Formáid *f2* **Mhodúl Aidhme)** OMF, Object Module Format
OMR (= aithint *f3* **marcanna optúla)** OMR, optical mark recognition
OOD (= dearadh *m* **{atá} bunaithe ar oibiachtaí)** OOD, object-oriented design
OODBMS (= córas *m1* **bainistíochta bunachar sonraí {atá} bunaithe ar oibiachtaí)** OODBMS, object-oriented database management system
OOP (= ríomhchlárú *m* **{atá} bunaithe ar oibiachtaí)** OOP, object-oriented programming
OOUI (= comhéadan *m1* **úsáideora {atá} bunaithe ar oibiachtaí)** OOUI, object-oriented user interface
optachúplóir *m3* **(= optaonraitheoir)** optical coupler, optocoupler *s*
optaic *f2* optics *s*
optaic *f2* **gan snáithín** fibreless optics
optaileictreonaic *f2* **(OE)** optoelectronics *s*, OE
optaimeicniúil *a* optomechanical *a*

optamach *a* optimal *a*
optamaigh *v* optimize *v*
optamóir *m3* **diosca** disk optimizer
optamú *m* (*gs* **-maithe**) (=
  optamúchán) optimization *s*
optamúchán *m1* (= **optamú**)
  optimization *s*
optamú *m* **líneach** linear optimization
optaonraitheoir *m1* (= **optachúplóir**)
  optoisolator *s*
optúil *a* optical *a*
OR OR
oracal *m1* oracle *s*
ORB (= **Bróicéir** *m3* **Iarratas ar**
  Oibiachtaí) ORB, Object Request
  Broker
ord *m1* order^2 *s*
ord- *pref* (= **in ord, ordaithe** *a*)
  ordered *a*
ord *m1* **aibítre** alphabetic order
ordaithe *a* (= **in ord, ord-** *pref*)
  ordered *a*
ordaitheach *a* imperative *a*
ord *m1* **ardaitheach** ascending order
ORDBMS (= **córas** *m1* **bainistíochta**
  bunachar sonraí coibhneasta
  oibiachtaí) ORDBMS,
  object-relational database
  management system
ord *m1* **droim ar ais** reverse order
ord *m1* **grúpa** order of a group
ord *m1* **íslitheach** descending order
ordlathach *a* hierarchic(al) *a*
ordlathas *m1* hierarchy *s*
ordlathas *m1* **bailiúcháin** collection
  hierarchy
ordlathas *m1* **(na) nód** node hierarchy
ordlathas *m1* **oidhreachta** inheritance
  hierarchy
ordlathas *m1* **sonraí** data hierarchy
ordlathas *m1* **stórais** storage hierarchy
ordliosta *m4* ordered list
ord *m1* **luachála** order of evaluation
ordluachanna *mpl* ordered values
ord *m1* **méide** order of magnitude
ord *m1* **(na g)coinníollacha** order of
  conditions

ordphéire *m4* ordered pair
ord *m1* **sórtála** sort order
ordú *m* (*gs* **-daithe**) command *s*
ordú *m* **aistrithe** (= **ordú** *m*
  traschurtha) transfer command
ordú *m* **córais** system command
ordú *m* **gutha** voice command
orduimhir *f5* ordinal number
orduithe *mpl* **printéara** printer
  commands
ordú *m* **leabaithe** embedded command
ordú *m* **traschurtha** (= **ordú** *m*
  aistrithe) transfer command
orstad *m1* (**Oe**) oersted *s*, Oe
ortagánach *a* orthogonal *a*
OS (= **córas** *m1* **oibriúcháin**) OS,
  operating system
oscail *v* open^1 *v*
Oscail *v* **an Cosán is Giorra ar dTús**
  (**OSPF**) Open Shortest Path First,
  OSPF
oscailte *a* open^2 *a*
OSI (= **Idirnasc** *m1* **Córas Oscailte**)
  OSI, Open Systems Interconnection
OSPF (= **Oscail** *v* **an Cosán is Giorra**
  ar dTús) OSPF, Open Shortest Path
  First
óst- *pref* host^3 *a*
óstach *m1* host^2 *s*
óstáil^1 *v* host^1 *v*
óstáil^2 *f3* hosting *s*
óstáil *f3* **fhíorúil** virtual hosting
óstáil *f3* **láithreáin Ghréasáin** (=
  óstáil *f3* **suíomhanna Gréasáin**)
  Web site hosting
óstáil *f3* **neamhfhíorúil** nonvirtual
  hosting
óstáil *f3* **suíomhanna Gréasáin** (=
  óstáil *f3* **láithreáin Ghréasáin**) Web
  site hosting
óstainm *m4* host name
óstathróg *f2* host variable
osteilgeoir *m3* overhead projector
óstnód *m1* host node
óstríomhaire *m4* host computer
óst-teanga *f4* host language

P

p (= **pic-** *pref*) p, pico- *pref*
P (= **peitea-** *pref*) P, peta- *pref*
PA (= **pascal**) PA, pascal
PABX (= **malartán** *m1* **brainseach príobháideach uathoibríoch**) PABX, private automatic branch exchange
PAC (= **áiritheoir** *m3* **seoltaí ríomhchláir**) PAC, program address counter
paca *m4* (= **deic**[1]) pack[2] *s*
paca *m4* **dioscaí** disk pack
pacáil *v* pack[1] *v*
pacáiste *m4* package *s*
pacáiste *m4* **amharcláithreoireachta** visual presentation package
pacáiste *m4* **bogearraí** software package
pacáiste *m4* **ceirmeach** ceramic package
pacáiste *m4* **dé-inlíneach (DIP)** dual inline package, DIP
pacáiste *m4* **feidhmchláirín Java** Java applet package
pacáiste *m4* **grafaice** graphics package
pacáiste *m4* **singil inlíneach (SIP**[2]**)** single inline package, SIP[2]
pacáistithe *a* packaged *a*
pacáistiú *m* (*gs* **-tithe**) packaging *s*
pacáistiú *m* **comhpháirteanna** component packaging
PAD (= **díolamóir/dídhíolamóir** *m3* **paicéad**) PAD, packet assembler/disassembler
paicéad *m1* packet *s*
paicéad *m1* **uilíoch** universal packet
paicéid *mpl* **shochta** suppressed packets
pailéad *m1* palette *s*
pailéad *m1* **dathanna** colour palette
painéal *m1* panel *s*
painéal *m1* **grafach** graphic panel
painéal *m1* **paiste** (= **clár** *m1* **faidhbe, clár** *m1* **paiste**) patch panel

painéal *m1* **rialaithe oibreoirí** operator control panel
painéal *m1* **rialúcháin** control panel
páipéar *m1* paper *s*
páipéarachas *m1* (= **stáiseanóireacht**) stationery *s*
páipéarachas *m1* **leanúnach** continuous stationery
páipéar *m1* **feanfhillte** fanfold paper
paipéar *m1* **gann** paper low
páipéar *m1* **leanúnach** continuous paper
páirceáil *v* park *v*
páirceáil *f3* **páipéir** paper park
paireacht *f3* parity *s*
páirt- *pref* (= **páirteach** *a*) partial *a*
páirt *f2* **chodánach** fractional part
páirt *f2* **d'oibríocht** operation part
páirteach *a* (= **páirt-** *pref*) partial *a*
páirtiomprach *m1* partial carry
páirtsuim *f2* partial sum
paiste *m4* patch[2] *s*
paisteáil *v* patch[1] *v*
PAN (= **líonra** *m4* **achair phearsanta**) PAN, personal area network
pána *m4* pane *s*
PAP (= **Prótacal** *m1* **Rochtana Printéara**) PAP, Printer Access Protocol
parabóil *f2* parabola *s*
paradacsa *m4* paradox *s*
paraidím *f2* paradigm *s*
paraiméadair *mpl* **chumraíochta** configuration parameters
paraiméadar *m1* parameter *s*
paraiméadar *m1* **carntha** lumped parameter
paraiméadar *m1* **eagair** array parameter
paraiméadar *m1* **feidhme** (= **argóint** *f3* **feidhme**) function parameter
paraiméadar *m1* **foirmiúil** formal parameter
paraiméadar *m1* **iarbhír** actual parameter
paraiméadar *m1* **líne na n-orduithe**

command-line parameter
paraiméadar *m1* **réamhshocraithe**
preset parameter
paraiméadar *m1* **ríomhchláir**
program parameter
parsáil[1] *v* parse *v*
parsáil[2] *f3* parsing *s*
parsáil *f3* **líne na n-orduithe**
command-line parsing
parsálaí *m4* parser *s*
pas *m4* phase *s*
pascal *m1* **(PA)** pascal, PA
Pascal Pascal
pas-díchumadh *m* (*gs* -mtha) phase
distortion
pasfhocal *m1* (= **focal** *m1* **faire**)
password *s*
pasfhrása *m4* (= **frása** *m4* **faire**)
passphrase *s*
pasghiodam *m1* phase jitter
pas-inbhéartóir *m3* phase inverter
pasiomlaoid *f2* phase shift
pas-ionchódú *m* (*gs* -daithe) **(PE)**
phase encoding, PE
pasmhodhnúchán *m1* **(PM)** phase
modulation, PM
pas *m4* **rite** (= **ciogal** *m1* **rite**) execute
phase
pastiontú *m* (*gs* -taithe) phase
conversion
pas-trasdul *m3* phase transition
pasuillinn *f2* phase angle
PAT (= **teirminéal** *m1* **rochtana**
poiblí) PAT, public access terminal
patrún *m1* pattern *s*
patrún *m1* **dearaidh** design pattern
patrún *m1* **giotán** bit pattern
PAX (= **malartán** *m1* **uathoibríoch**
príobháideach) PAX, private
automatic exchange
PBX (= **malartán** *m1* **brainseach**
príobháideach) PBX, private
branch exchange
p-chineálach *a* p-type *a*
PCI (= **idirnasc** *m1* **comhpháirteanna**
forimeallach) PCI, peripheral

component interconnect
PCM (= **modhnú** *m* **bíogchóid**) PCM,
pulse code modulation
PC tionsclaíoch (= **ríomhaire** *m4*
pearsanta tionsclaíoch) industrial
PC
PDA (= **cúntóir** *m3* **digiteach**
pearsanta) PDA, personal digital
assistant
PDC (= **rialaitheoir** *m3*
príomhfhearainn) PDC, primary
domain controller
PDF (= **Formáid** *f2* **Doiciméad**
Iniompartha) PDF, Portable
Document Format
PDL[1] (= **teanga** *f4* **thuairiscithe**
leathanach) PDL[1], page description
language
PDL[2] (= **loighic** *f2* **dhigiteach**
in-ríomhchláraithe) PDL[2],
programmable digital logic
PDN (= **líonra** *m4* **poiblí sonraí**)
PDN, public data network
PDN athsheachadta fráma frame
relay PDN
PE (= **pas-ionchódú**) PE, phase
encoding
pearsanra *m4* **ríomhaireachta**
computer personnel
pearsanta *a* personal *a*
péintéir *m3* **formáide** format painter
péire *m4* pair *s*
péireáil *f3* pairing *s*
péire *m4* **dénártha** binary pair
péire *m4* **lúibíní** bracket pair
péire *m4* **truiceartha** (=
truicearphéire) trigger pair
peiriadach *a* (*El., Mth.*) periodic *a*
péist *f2* worm *s*
peitea- *pref* (= **peiti-** *pref*, **P**) peta-
pref, P
peiteaflap *m4* petaflop *s*
peiti- *pref* (= **peitea-** *pref*, **P**) peta-
pref, P
peitibheart *m1* petabyte *s*
peitighiotán *m1* petabit *s*

PERL PERL, Practical Extraction and Reporting Language

PERT PERT, program evaluation and review technique

PES (= scanadh *m* **fótaileictreach)** PES, photoelectric scanning

PGS (= córas *m1* **ginte ríomhchlár)** PGS, program generation system

PIA (= cuibheoir *m3* **comhéadan forimeallach)** PIA, peripheral interface adapter

pic- *pref* (= **picea-, pici-** *pref*, **p**) pico- *pref*, p

picea- *pref* (= **pic-, pici-** *pref*, **p**) pico- *pref*, p

piceafarad *m1* picofarad *s*

piceaphróiseálaí *m4* picoprocessor *s*

piceasoicind *m4* picosecond *s*

piceavata *m4* picowatt *s*

píchairt *f2* (= **píghraf**) pie chart

pici- *pref* (= **pic-, picea-** *pref*, **p**) pico- *pref*, p

piciríomhaire *m4* picocomputer *s*

picteagram *m1* pictogram *s*

picteilín *m4* pixel *s*

picteilíní *mpl* **san orlach** pixels per inch

pictiúr *m1* picture *s*

pictiúr *m1* **ríomhleasaithe** computer-enhanced picture

PID (= aitheantas *m1* **próisis)** PID, process ID

PIF (= comhad *m1* **faisnéis ríomhchláir)** PIF, program information file

píghraf *m1* (= **píchairt**) pie graph

PIM (= bainisteoir *m3* **pearsanta faisnéise)** PIM, personal information manager

PIN (= uimhir *f5* **aitheantais phearsanta, UAP)** PIN, personal identification number

ping *f2* (*pl* **-eacha**) ping[2] *s*

pingigh *v* ping[1] *v*

ping pang ping-pong *s*

pingtheachtaireachtaí *fpl* ping messages

PIO (= ionchur/aschur *m* **comhuaineach)** PIO, parallel input/output

píoca *m4* pica *s*

piocghléas *m1* pick device

pionna *m4* pin[2] *s*

pionna *m4* **an idirbhriste** interrupt pin

pionna *m4* **comharthaíochta** signalling pin

pionna *m4* **comharthaíochta comhphróiseálaí** coprocessor signalling pin

pionnáil[1] *v* pin[1] *v*

pionnáil[2] *f3* pinning *s*

pionna *m4* **nascóra** connector pin

pionna *m4* **rialaithe bus** bus control pin

pionna *m4* **stádais** status pin

píopa *m4* pipe[2] *s*

píopaí *mpl* **ainmnithe** named pipes

píopáil[1] *v* pipe[1] *v*

píopáil[2] *f3* pipelining *s*

píoráideacht *f3* piracy *s*

píoráideacht *f3* **bogearraí** software piracy

písea- *pref* (= **písi-** *pref*) piezo- *pref*

písi- *pref* (= **písea-** *pref*) piezo- *pref*

písileictreach *a* piezoelectric *a*

písileictreachas *m1* piezoelectricity *s*

PKC (= cripteachóras *m1* **le heochair phoiblí)** PKC, public key cryptosystem

PKI (= bonneagar *m1* **eochrach poiblí)** PKI, public key infrastructure

PLA (= eagar *m1* **loighce ríomhchláraithe)** PLA, programmed logic array

pláitín *m4* platen *s*

plánach *a* planar *a*

plána *m4* **giotáin** bit plane

plasma *m4* plasma *s*

plasmatrón *m1* plasmatron *s*

Playstation Playstation *s*

pleanáil *f3* **cumais** capacity planning

pléiseacronach *a* plesiochronous *a*
plocóid *f2* plug² *s*
plocóid *f2* aislúbtha loopback plug
plocóid *f2* chaoch dummy plug
plocóid *f2* chuibhithe (= cuibheoir)
   adapter plug
plocóid *f2* thalmhaithe earthed plug,
   grounded plug
plocóid *f2* trí bheangán three-prong
   plug
plugáil *v* plug¹ *v*
plugáil agus seinn *v* (PnP) plug and
   play, PnP
plus¹ *m4* (= sín *f2* phlus) plus sign
plus² *m4* *(of key)* plus¹ *s*
PM (= pasmhodhnúchán) PM, phase
   modulation
PMD (= dumpáil *f3* iar-anailíse)
   PMD, post-mortem dump
PML (= Teanga *f4* Mharcála Tairsí)
   PML, Portal Markup Language
PMOS (= leathsheoltóir *m3*
   p-chainéil ocsaíd mhiotail) PMOS,
   p-channel metal-oxide
   semiconductor
PNG (= Grafaic *f2* Iniompartha
   Líonra) PNG, Portable Network
   Graphics
PnP (= plugáil agus seinn) PnP, plug
   and play
póca *m4* pocket *s*
poiblí *a* public *a*
pointe *m4* *(Typ.)* point² *s*
pointeáil *v* point¹ *v*
pointe *m4* athrite rerun point
pointe *m4* atosaithe restart point
pointe *m4* bonnuimhreach radix point
pointe *m4* brainseála branchpoint *s*
pointe *m4* deachúlach decimal point
pointe *m4* deachúlach iarbhír actual
   decimal point
pointe *m4* dénártha binary point
pointe *m4* fosaithe fixed point
pointe *m4* ionsáite insertion point
pointe *m4* iontrála entry point, ingress
   s

pointe *m4* lódála load point
pointe *m4* lódála ar téip tape load
   point
pointeoir *m3* pointer *s*
pointeoir *m3* barr cruaiche
   top-of-stack pointer
pointeoir *m3* carachtar character
   pointer
pointeoir *m3* cille cell pointer
pointeoir *m3* comhaid file pointer
pointeoir *m3* cruaiche stack pointer
pointeoir *m3* luiche mouse pointer
pointeoir *m3* sonraí data pointer
pointe *m4* rochtana Idirlín (POP)
   point-of-presence, POP
pointe *m4* rochtana líonra network
   access point
pointe *m4* rochtana seirbhíse (SAP)
   service access point, SAP
pointe *m4* sínidh extension point
pointí *mpl* le hurchair bullet points
poitéinseal *m1* potential *s*
pol *m1* pole *s*
polagán *m1* polygon *s*
polaimheáin *mpl* polymedia *spl*
polaistiréin *f2* polystyrene *s*
polamorfach *a* polymorphic *a*
polamorfacht *f3* polymorphism *s*
polaraigh *v* polarize *v*
polaraíocht *f3* polarity *s*
polasaí *m4* athsholáthair leathanaigh
   page replacement policy
polasaí *m4* riartha an scríofa write
   allocation policy
polasaí *m4* slándála security policy
poll¹ *v* punch¹ *v*
poll² *m1* hole *s*, punch³ *s*
poll *m1* aeir (= gaothaire *m4*
   fuaraithe) cooling vent
poll *m1* aerála ventilation hole
pollaire *m4* (= pritil) punch² *s*
pollaire *m4* cártaí card punch
pollaire *m4* téipe tape punch
poll *m1* ard-dlúis high-density notch
poll *m1* creasa zone punch
poll *m1* fothaithe feed hole

ponc *m1* dot *s*
poncaíocht *f3* punctuation *s*
poncaitheoir *m3* punctuator *s*
poncanna *mpl* **fosfair** phosphor dots
poncanna *mpl* **san orlach (DPI)** dots per inch, DPI
poncanna *mpl* **san orlach cearnach (DPSI)** dots per square inch, DPSI
poncanna *mpl* **sa soicind (DPS)** dots per second, DPS
ponc-cháilitheoir *m3* dot qualifier
ponc-chéim *f2* dot pitch
poncleid *f2* dot prompt
poncsheoladh *m* (*gs* **-lta**) dot address
POP (= **pointe** *m4* **rochtana Idirlín**) POP, point-of-presence
port *m1* port *s*
port *m1* **acmhainní breisithe** extended capabilities port
port *m1* **aschurtha** output port
port *m1* **cárta fuaime** sound card port
port *m1* **comhuaineach** parallel port
port *m1* **ionchurtha/aschurtha** input/output port
port *m1* **LPT** (= **port** *m1* **printéara**) LPT port, line printer port
port *m1* **luamhán stiúrtha** joystick port
port *m1* **luiche** mouse port
port *m1* **méarchláir** keyboard port
port *m1* **monatóra** monitor port
port *m1* **printéara** (= **port** *m1* **LPT**) line printer port, LPT port
port *m1* **srathach** serial port
POS (= **díolphointe**) POS, point of sale
posatrón *m1* positron *s*
postchumasc *m1* mail merge
post *m1* **Gréasáin** Webmail *s*
PP (= **próiseáil** *f3* **chomhuaineach**) PP, parallel processing
PPP (= **Prótacal** *m1* **Pointe go Pointe**) PPP, Point-to-Point Protocol
pps (= **bíoga** *fpl* **sa soicind**) pps, pulses per second
PPS (= **córas** *m1* **próiseála**

comhuainí) PPS, parallel processing system
preab *v* bounce *v*
preideacáid *f2* predicate *s*
preideacáid *f2* **den chéad ord** first-order predicate
preideacáid *f2* **neamhshéantach** non-negative predicate
PRI (= **Comhéadan** *m1* **Ráta Phríomhúil**) PRI, Primary Rate Interface
pribhléid *f2* privilege *s*
printéir *m3* printer *s*
printéir *m3* **ar eitleog** on-the-fly printer
printéir *m3* **caighdeán litreach** letter-quality printer
printéir *m3* **carachtar** (= **printéir** *m3* **carachtar sa turas**) character printer
printéir *m3* **carachtar sa turas** (= **printéir** *m3* **carachtar**) character-at-a-time printer
printéir *m3* **druma** drum printer
printéir *m3* **léasair** laser printer
printéir *m3* **leathanaigh** page printer
printéir *m3* **leictreafótagrafach** electrophotographic printer
printéir *m3* **leictreastatach** electrostatic printer
printéir *m3* **leictriteirmeach** electrothermal printer
printéir *m3* **líne sa turas** (= **línephrintéir**, **LPT**) line-at-a-time printer, LPT
printéir *m3* **maighnéadagrafach** magnetographic printer
printéir *m3* **neamhthuinseamhach** non-impact printer
printéir *m3* **poncmhaitríse** dot matrix printer
printéir *m3* **roth nóinín** daisy-wheel printer
printéir *m3* **slabhrach** chain printer
printéir *m3* **srathach** serial printer
printéir *m3* **teirmeach** thermal printer

printéir *m3* **tuinseamhach** impact printer

printéir *m3* **xéireagrafach** xerographic printer

príobháideach *a* private *a*

príobháideachas *m1* (= **príobháideacht**) privacy *s*

príobháideacht *f3* (= **príobháideachas**) privacy *s*

príomh- *pref* (= **príomhúil** *a*) main *a*, primary *a*

príomhaonad *m1* **rialúcháin** main control unit

príomhchláraitheoir *m3* chief programmer

príomhchuimhne *f4* (= **príomhstóras**) main memory

príomhdhathanna *mpl* **dealaitheacha** subtractive primary colours

príomhdhathanna *mpl* **suimitheacha** additive primary colours

príomhdhoiciméad *m1* main document

príomhfhoclóir *m3* (= **foclóir** *m3* **caighdeánach**) main dictionary

príomhghrúpa *m4* main group

príomh-ríomhchlár *m1* main program

príomh-roghchlár *m1* (**na n-orduithe**) main (command) menu

príomhstóras *m1* (= **príomh-chuimhne**) main storage

príomhthéacs *m4* (**doiciméid**) bodytext *s*

príomhúil *a* (= **príomh-** *pref*) primary *a*, main *a*

prionsabal *m1* **an chóngair** locality principle

prionsabal *m1* **hairtle** hartley principle

priontáil *v* print *v*

priontáil *v* **amharc ar an leagan amach** print layout view

priontáil *v* **scáileán** print screen

priontáil *v* **uile** print all

pritil *f2* (= **pollaire**) punch^2 *s*

próifíl *f2* **tomhaltóra** consumer profile

próifíl *f2* **úsáideora** user profile

próiseáil^1 *v* process^1 *v*

próiseáil^2 *f3* processing *s*

próiseáil *f3* **anailíseach ar líne (OLAP)** online analytical processing, OLAP

próiseáil *f3* **choibhneasta anailíseach ar líne (ROLAP)** relational online analytic processing, ROLAP

próiseáil *f3* **choiteann** common processing

próiseáil *f3* **chomhreathach (= ilphróiseáil)** concurrent processing

próiseáil *f3* **chomhtháite sonraí** integrated data processing, IDP

próiseáil *f3* **chomhuaineach (PP)** parallel processing, PP

próiseáil *f3* **chomhuaineach inscálaithe (SPP)** scalable parallel processing, SPP

próiseáil *f3* **comhad** file processing

próiseáil *f3* **cumarsáide** communications processing

próiseáil *f3* **datha** colour processing

próiseáil *f3* **débheachtais** double-precision processing

próiseáil *f3* **dháilte** distributed processing

próiseáil *f3* **dhíláraithe sonraí (DDP)** decentralized data processing, DDP

próiseáil *f3* **doiciméad** document processing

próiseáil *f3* **faisnéise** information processing

próiseáil *f3* **fiosrúchán** inquiry processing

próiseáil *f3* **focal** word processing

próiseáil *f3* **hibrideach anailíseach ar líne** hybrid online analytic processing

próiseáil *f3* **iarratais** query processing

próiseáil *f3* **idirbheart (TP)** transaction processing, TP

próiseáil *f3* **idirbheart ar líne (OLTP)** online transaction processing, OLTP

próiseáil *f3* **idirghníomhach**
interactive processing

próiseáil *f3* **i dteanga nádúrtha**
natural language processing

próiseáil *f3* **iltoiseach anailíseach ar líne** multidimensional online
analytic processing

próiseáil *f3* **inlíne** inline processing

próiseáil *f3* **íomhánna** image
processing

próiseáil *f3* **jabanna cruachta** stacked
job processing

próiseáil *f3* **láithreach** immediate
processing

próiseáil *f3* **láraithe sonraí (CDP)**
centralized data processing, CDP

próiseáil *f3* **oll-chomhuaineach**
massively parallel processing

próiseáil *f3* **(sa) chúlra** background
processing, backgrounding *s*

próiseáil *f3* **shárscálach** superscalar
processing

próiseáil *f3* **shrathach** serial
processing

próiseáil *f3* **sonraí (DP)** data
processing, DP

próiseáil *f3* **sonraí dáilte** distributed
data processing

próiseáil *f3* **sonraí tráchtála**
commercial data processing

próiseáil *f3* **thulrach** foreground
processing

próiseálaí *m4* processor *s*

próiseálaí *m4* **córas grafaice (GSP)**
graphics system processor, GSP

próiseálaí *m4* **cúil** back-end processor

próiseálaí *m4* **eagar** array processor

próiseálaí *m4* **focal** word processor

próiseálaí *m4* **forimeallach** peripheral
processor

próisealaí *m4* **ilbhusanna** multibus
processor

próisealaí *m4* **ilsliseanna** multichip
processor

próiseálaí *m4* **íomhánna rastair (RIP[1])** raster image processor, RIP[1]

próiseálaí *m4* **na n-orduithe**
command processor

próiseálaí *m4* **nasctha sonraí paicéad**
packet data link processor

próiseálaí *m4* **siombalach** symbolic
processor

próiseálaí *m4* **sonraí** data processor

próiseálaí *m4* **teanga** language
processor

próiseálaí *m4* **tosaigh (FEP)** front-end
processor, FEP

próiseas *m1* process[2] *s*

próiseas *m1* **atriallach** iterative
process

próiseas *m1* **bunleibhéil** bottom-level
process

próiseas *m1* **díolama** assembly process

próiseas *m1* **do-aisiompaithe**
irreversible process

próiseas *m1* **in-aisiompaithe**
reversible process

próiseas *m1* **ionchurtha** input process

próiseas *m1* **plánach** planar process

próiseas *m1* **scríofa léite** write-read
process

próiseas *m1* **stocastach** stochastic
process

PROM (= cuimhne *f4* **inléite amháin in-ríomhchláraithe)** PROM,
programmable read-only memory

promhadh *m* (*gs* **-ofa**) proving *s*

Prótacail *mpl* **Theicniúla agus Oifige (TOP)** Technical and Office
Protocols, TOP

prótacal *m1* protocol *s*

Prótacal *m1* **Ainmcheangail (NBP)**
Name Binding Protocol, NBP

Prótacal *m1* **Aistrithe Comhad (FTP)**
File Transfer Protocol, FTP

Prótacal *m1* **Aistrithe Comhad Beagbhríoch (TFTP)** Trivial File
Transfer Protocol, TFTP

Prótacal *m1* **Aistrithe Hipirtéacs (HTTP)** Hypertext Transfer
Protocol, HTTP

Prótacal *m1* **Aistrithe Shláin**

Hipirtéacs Secure Hypertext Transfer Protocol

prótacal *m1* **an chrainn réisigh** spanning tree protocol

Prótacal *m1* **Bainistíochta Grúpaí Idirlín (IGMP)** Internet Group Management Protocol, IGMP

Prótacal *m1* **Bhloc Teachtaireachtaí an Fhreastalaí (= prótacal** *m1* **SMB)** Server Message Block Protocol, SMB protocol

prótacal *m1* **braite iompróra** carrier sense protocol

prótacal *m1* **bus** bus protocol

Prótacal *m1* **Cóipeála Unix go Unix (UUCP)** Unix to Unix Copy Protocol, UUCP

prótacal *m1* **comhaid AppleTalk (AFP)** AppleTalk file protocol, AFP

prótacal *m1* **comhsheasmhacht taisce** cache consistency protocol

prótacal *m1* **cumarsáide** communications protocol

prótacal *m1* **cumarsáide tionscantaí** handshaking protocol

Prótacal *m1* **Faisnéise Ródaithe (RIP^2)** Routing Information Protocol, RIP^2

prótacal *m1* **feidhmchláir** application protocol

Prótacal *m1* **Feidhmiúcháin do Ghléasanna gan Sreang (WAP)** Wireless Application Protocol, WAP

prótacal *m1* **gan staid** stateless protocol

prótacal *m1* **glasála déphasaí** two-phase locking protocol

prótacal *m1* **iarmhíreanna do phost Idirlín (= prótacal** *m1* **MIME)** Multipurpose Internet Mail Extension protocol, MIME protocol

prótacal *m1* **idirbhearta AppleTalk (ATP)** AppleTalk transaction protocol, ATP

Prótacal *m1* **Idirlín** Internet Protocol

Prótacal *m1* **Idirlín Líne Srathaí**

(SLIP) Serial Line Internet Protocol, SLIP

prótacal *m1* **ilrochtana** multiple-access protocol

prótacal *m1* **iompair** transport protocol

Prótacal *m1* **Líonraithe Microcom (MNP)** Microcom Networking Protocol, MNP

prótacal *m1* **malartaithe paicéad** packet exchange protocol

Prótacal *m1* **Malartaithe Paicéad Idirlín** Internetwork Packet Exchange Protocol

prótacal *m1* **MIME (= prótacal** *m1* **iarmhíreanna do phost Idirlín)** MIME protocol, Multipurpose Internet Mail Extension protocol

Prótacal *m1* **Óstchumraíochta Dinimiciúla** Dynamic Host Configuration Protocol

Prótacal *m1* **Pointe go Pointe (PPP)** Point-to-Point Protocol, PPP

Prótacal *m1* **Rialaithe Tarchurtha (TCP)** Transmission Control Protocol, TCP

Prótacal *m1* **Rialaithe Tarchurtha/ Prótacal Idirlín (TCP/IP)** Transmission Control Protocol/Internet Protocol, TCP/IP

prótacal *m1* **rialaithe teachtaireachtaí Idirlín (ICMP)** Internet control message protocol, ICMP

Prótacal *m1* **Rochtana Printéara (PAP)** Printer Access Protocol, PAP

Prótacal *m1* **Rochtana Teachtaireachtaí Idirlín (IMAP)** Internet Message Access Protocol, IMAP

prótacal *m1* **seachadta sonragram** datagram deliver protocol

prótacal *m1* **seoltaí Idirlín** Internet address protocol

Prótacal *m1* **Simplí Aistrithe Poist (SMTP)** Simple Mail Transfer

Protocol, SMTP

Prótacal *m1* **Simplí Bainistíochta Líonra (SNMP)** Simple Network Management Protocol, SNMP

prótacal *m1* **SMB (= Prótacal** *m1* **Bhloc Teachtaireachtaí an Fhreastalaí)** SMB protocol, Server Message Block Protocol

Prótacal *m1* **Sonragram Úsáideora (UDP)** User Datagram Protocol, UDP

prótacal *m1* **taisce** cache protocol

prótacal *m1* **taisce inscríofa uair amháin** write-once cache protocol

prótacal *m1* **taisce scríofa tríd** write-through cache protocol

Prótacal *m1* **Tionscanta Seisiúin (SIP[1])** Session Initiation Protocol, SIP[1]

prótacal *m1* **Z-mhóideim** Zmodem protocol

prótón *m1* proton *s*

prr (= ráta *m4* **atriallta bíge)** prr, pulse repetition rate

PSK (= eochrú *m* **pasiomlaoide)** PSK, phase-shift keying

PSTN (= líonra *m4* **poiblí lasctheileafón)** PSTN, public switch(ed) telephone network

PSW (= giotánra *m4* **stádas ríomhchláir)** PSW, program status word

pulcadh *m* **carachtar** character crowding

punt *m4* pound *s*

PVC (= buanchiorcad *m1* **fíorúil)** PVC, permanent virtual circuit

Q

QAM (= modhnúchán *m1* **aimplitiúide cearnaithe)** QAM, quadrature amplitude modulation

QBE (= iarratas *m1* **tástálach)** QBE, query by example

QCB (= bloc *m1* **rialaithe ciúnna)** QCB, queue control block

QIC (= Cartús *m1* **Ceathrú Orlaigh)** QIC, Quarter-Inch Cartridge

QL (= teanga *f4* **iarratais)** QL, query language

quiz *m4* **(= tráth** *m3* **na gceist)** quiz *s*

R

rabharta *m4* **pingeacha** ping storm

rabhchán *m1* beacon *s*

raca *m4* rack *s*

racáil *v* **suas** rack-up *v*

RAD (= mearfhorbairt *f3* **feidhmchlár)** RAD, rapid application development

rada- *pref* **(= radai-** *pref*) radio- *pref*

radai- *pref* **(= rada-** *pref*) radio- *pref*

radaimhinicíocht *f3* radio frequency, RF

radaíocht *f3* radiation *s*

radaíocht *f3* **infridhearg** infrared radiation

Radaisheirbhísí *fpl* **Ginearálta Paicéad (GPRS)** General Packet Radio Services, GPRS

radar *m1* radar *s*

radharc *m1* **(= amharc)** view[1] *s*

RAID (= eagair *mpl* **iomarcacha dioscaí neamchostasacha, eagair** *mpl* **iomarcacha dioscaí neamhspleácha)** RAID, redundant arrays of independent disks, redundant arrays of inexpensive disks

raidian *m1* radian *s*

raidió *m4* radio *s*

raidió *m4* **ultra-leathanbhanda** ultra wideband radio

ráiteas *m1* statement *s*

ráiteas *m1* **baiscrialúcháin** batch control statement

ráiteas *m1* **caoch** dummy statement

ráiteas *m1* **CASE** CASE statement

ráiteas *m1* **coinníollach** conditional
statement

ráiteas *m1* **folamh** empty statement

ráiteas *m1* *is gá agus is leor*
if-statement *s*

ráiteas *m1* **lipéadaithe** labelled
statement

ráiteas *m1* **rialúcháin** control
statement

ráiteas *m1* **sainithe faidhbe** problem
definition statement

ráiteas *m1* **sannacháin** assignment
statement

ráitis *mpl* **ordaitheacha** imperative
statements

RAM (= cuimhne *f4*
randamrochtana) RAM,
random-access memory

RAM dinimiciúil (DRAM) dynamic
RAM, DRAM

RAM dinimiciúil breisithe (EDRAM)
enhanced dynamic RAM, EDRAM

RAM Dinimiciúil Ilbhanc (MDRAM)
Multibank Dynamic RAM,
MDRAM

RAM fearóileictreach (FRAM)
ferroelectric RAM, FRAM

randam- *pref* **(= randamach** *a***)**
random *a*

randamach *a* **(= randam-** *pref***)**
random *a*

randamacht *f3* randomness *s*

randamrochtain *f3* random access

rangaigh *v* classify *v*, rank *v*

rangú *m* **ar fheidhmíocht DBMS**
DBMS performance classification

rangú *m* **córas próiseála** processing
system classification

rangú *m* **stórála sonraí DBMS** DBMS
data storage classification

rangú *m* **treoracha** classification of
instructions

rannán *m1* section *s*

rannann *f2* *(Mth.)* dividend *s*

rannán *m1* **túsaithe** initialization
section

rannearraí *mpl* shareware *s*

rannpháirtí *m4* subscriber *s*

rannpháirtíocht *f3* participation *s*

rannpháirtíocht *f3* **éigeantach**
mandatory participation

rannpháirtíocht *f3* **iomlán** total
participation

rannpháirtíocht *f3* **pháirteach** partial
participation

rannpháirtíocht *f3* **roghnach** optional
participation

raon *m1* range *s*

raon *m1* **dinimiciúil** dynamic range

raon *m1* **earráide** error range

raon *m1* **foscripte** subscript range

raon *m1* **leathanach** page range

rapar *m1* wrapper *s*

rastar *m1* raster *s*

ráta *m4* rate *s*

ráta *m4* **aimsithe** hit rate

ráta *m4* **aisfhothaithe** feedrate *s*

ráta *m4* **aistrithe (= ráta** *m4*
traschurtha) transfer rate

ráta *m4* **aistrithe sonraí (= ráta** *m4*
traschurtha sonraí) data transfer
rate

ráta *m4* **athléite** second-read rate

ráta *m4* **athnuachana** refresh rate

ráta *m4* **athraithe** rate of change

ráta *m4* **atriallta bíge (prr)** pulse
repetition rate, prr

ráta *m4* **bád** baud rate

ráta *m4* **carachtar** character rate

ráta *m4* **céadléite (FRR)** first read
rate, FRR

ráta *m4* **cloig** clock rate

ráta *m4* **comhréidh** flat rate

ráta *m4* **earráidí** error rate

ráta *m4* **earráidí eochraithe**
keying-error rate

ráta *m4* **giotán** bit rate

ráta *m4* **glan aistrithe sonraí (= ráta**
m4 **glan traschurtha sonraí)**
effective data-transfer rate

ráta *m4* **glan tarchurtha** effective
transmission rate

ráta *m4* **glan traschurtha sonraí**
(= **ráta** *m4* **glan aistrithe sonraí**)
effective data-transfer rate
ráta *m4* **meandarach aistrithe** (= **ráta**
m4 **meandarach traschurtha**)
instantaneous transfer rate
ráta *m4* **meandarach traschurtha**
(= **ráta** *m4* **meandarach aistrithe**)
instantaneous transfer rate
ráta *m4* **samplála** sampling rate
ráta *m4* **scanta** (= **scanráta, tréimhse**
f4 **athghiniúna**) scanning rate
ráta *m4* **tarchurtha** transmission rate
ráta *m4* **teipeanna** failure rate
ráta *m4* **teipeanna comhpháirte** part
failure rate
ráta *m4* **traschurtha** (= **ráta** *m4*
aistrithe) transfer rate
ráta *m4* **traschurtha sonraí** (= **ráta**
m4 **aistrithe sonraí**) data transfer
rate
RAWA (= **léigh** *v* **rud ar bith/scríobh**
uile) RAWA, read any/write all
RDBMS (= **córas** *m1* **bainistíochta**
bunachar sonraí coibhneasta)
RDBMS, relational database
management system
ré- *pref* (= **réidh** *a*) even *a*
réad- *pref (Mth.)* (= **réadach** *a*) real[2] *a*
réadach *a (Mth.)* (= **réad-** *pref*) real[2] *a*
réadfhréamhacha *fpl* (= **fréamhacha**
fpl **réadacha**) real roots
réadluachanna *mpl* real values
réadúil *a* realistic *a*
réaduimhir *f5* (= **uimhir réadach**)
real number
réalóir *m3* developer *s*
réaltacht *f3* **fhíorúil (VR)** virtual
reality, VR
réamhamharc *m1* preview *s*
réamhchinn *v* predetermine[1] *v*
réamhchinnte *a* predetermined[1] *a*
réamhchoinníoll *m1* precondition *s*
réamhdhearbhaigh *v* predetermine[2] *v*
réamhdhearbhaithe *a* predetermined[2]
a

réamhfhocal *m1* prolog *s*
réamhfhocal *m1* **gnáis** procedure
prolog
réamhghabhálach *a* pre-emptive *a*
réamhghiotáin *mpl* preamble *s*
réamhléamh *m1* read ahead
réamh-mháistirchóipeáil *f3*
premastering *s*
réamhoird *gs as a* preorder *a*
réamhphróiseálaí *m4* preprocessor *s*
réamhphróiseálaí *m4* **macraí** macro
preprocessor
réamhriachtanas *m1* prerequisite *s*
réamh-ríomhchláraithe *a*
preprogrammed *a*
réamhshainithe *a* predefined *a*
réamhshocraigh *v* preset *v*
réamhshocrú *m* (*gs* **-raithe**) (= **rogha**
f4 **réamhshocraithe**) default setting,
default *s*
réamhshórtáil *v* presort *v*
réamhshuite *a* prefix[2] *a*
réamhthagairt *f3* forward reference
réamhthaifeadta *a* prerecorded *a*
réamhthiomsaitheoir *m3* precompiler
s
réastat *m1* rheostat *s*
réasúnú *m* (*gs* **-naithe**) reasoning *s*
réasúnú *m* **analachúil** analogical
reasoning
réasúnú *m* **ar mheitileibhéal**
meta-level reasoning
réasúnú *m* **i dtreo na sprice/slabhrú**
ón chonclúid siar *See* réasúnú i
dtreo na sprice/slabhrú ón gconclúid
siar.
réasúnú *m* **i dtreo na sprice/slabhrú**
ón gconclúid siar (= **réasúnú** *m* **i**
dtreo na sprice/slabhrú ón
chonclúid siar) goal-driven
reasoning/backward chaining
reatha *gs as a* current[2] *a*, working[1] *a*
recto recto *s*
réidh *a* (= **ré-** *pref*) even *a*
réigiún *m1* **féidearthachta** feasibility
region

réigiún *m1* **ineagarthóireachta**
  editable region
réiltín *m4* asterisk *s*
réimír *f2* prefix[1] *s*
réimse *m4* field *s*
réimse *m4* **áiritheora** counter field
réimse *m4* **aonfhaid** fixed-length field
réimse *m4* **bunachar sonraí** database
  field
réimse *m4* **carachtar** character field
réimse *m4* **fórsa** field of force
réimse *m4* **giotán** bit field
réimse *m4* **giotán gníomhach** active
  bit field
réimse *m4* **ilfhaid** variable-length field
réimse *m4* **inathraithe** variable field
réimse *m4* **maighnéadach** magnetic
  field
réimse *m4* **na seoltaí** address field
réimse *m4* **ordaithe** command field
réimse *m4* **poiblí** public field
réimse *m4* **pointeora** pointer field
réimse *m4* **rialúcháin** control field
réimse *m4* **sainithe** defined field
réimse *m4* **slánuimhreach** integer
  field
réimse *m4* **sonraí** data field
réimse *m4* **téacs** text field
réimse *m4* **uimhriúil** numeric field
réise *f4* span *s*
réise *f4* **earráidí** error span
réiteach[1] *m1* solution *s*
réiteach[2] *m1* reconciliation *s*
réiteach[3] *m1* root[1] *s*
réiteach *m1* **fo-optamach** suboptimal
  solution
réiteach *m1* **gnásúil fadhbanna**
  procedural problem-solving
reoigh *v* freeze *v*
réphaireacht *f3* even parity
ré-uimhir *f5* (*gs* **-mhreach**) even
  number
RFI (= **trasnaíocht** *f3*
  radaimhinicíochta) RFI, radio
  frequency interference
RGB (= **dearg, uaine, gorm**) RGB,

red, green, blue
riachtanais *mpl* **chrua-earraí**
  hardware requirements
riachtanais *mpl* **feidhmíochta**
  performance requirements
riachtanais *mpl* **sonraí** data
  requirements
riachtanas *m1* requirement *s*
riachtanas *m1* **ar leibhéal na
  seirbhíse** service-level requirement
riachtanas *m1* **faisnéise** information
  requirement
riachtanas *m1* **feidhmeanna**
  functional requirement
riachtanas *m1* **neamhfheidhmiúil**
  nonfunctional requirement
riail *f5* rule *s*
rialacha *fpl* **Codd** Codd's rules
rialacha *mpl* **sláine sonraí** data
  integrity rules
rialacha *fpl* **stíle** style rules
rialacha *fpl* **tátail** inference rules
rialacha *fpl* **tosaíochta** precedence
  rules
rialaigh *v* control[1] *v*
rialaitheoir *m3* controller[2] *s*
rialaitheoir *m3* **comhéadan líonra**
  network interface controller
rialaitheoir *m3* **cúltaca fearann
  (BDC)** backup domain controller,
  BDC
rialaitheoir *m3* **diosca** disk controller
rialaitheoir *m3* **earráidí** error
  controller
rialaitheoir *m3* **fearainn** domain
  controller
rialaitheoir *m3* **ionchurtha/aschurtha**
  input/output controller
rialaitheoir *m3* **na n-idirbhristeacha
  tosaíochta** priority interrupt
  controller
rialaitheoir *m3* **nasc cumarsáide**
  communications link controller
rialaitheoir *m3* **príomhfhearainn
  (PDC)** primary domain controller,
  PDC

rialaitheoir *m3* **sonraí** data controller
rialaitheoir *m3* **sreafa aschuir** output stream controller
rialóir *m3* ruler *s*
rialtán *m1* controller[3] *s*, control[3] *s*, regulator *s*
rialtán *m1* **airde** volume control
rialtán *m1* **gile** brightness control[1]
rialtán *m1* **tadhaill** touch control
rialtóir *m3* controller[1] *s*
rialú *m* (*gs* -laithe) (= rialúchán) control[2] *s*
rialú *m* **aisfhotha** feedback control
rialú *m* **cáilíochta** quality control
rialú *m* **cascáideach** cascade control
rialúchán *m1* (= rialú) control[2] *s*
Rialúchán *m1* **Lánroghnach Rochtana (DAC)** Discretionary Access Control, DAC
rialúchán *m1* **rochtana** access control
rialú *m* **comhreatha** concurrency control
rialú *m* **comhreathach** concurrent control
rialú *m* **dénártha cumarsáide sioncronaí** binary synchronous communications control, Bisync
rialú *m* **earráidí** error control
rialú *m* **fútrála** jabber control
rialú *m* **gile** brightness control[2]
rialú *m* **idirmheánach** intermediate control
rialú *m* **ionchurtha/aschurtha** input/output control
rialú *m* **láimhe** manual control
rialú *m* **línte** line control
rialú *m* **líonra** network control
rialú *m* **loighciúil (an) naisc (LLC)** logical link control, LLC
rialú *m* **lúibe** loop control
rialú *m* **maoirseachta** supervisory control
rialú *m* **na n-orduithe** command control
Rialú *m* **Nasctha Ardleibhéil Sonraí (HLDLC)** High-Level Data Link Control, HLDLC
Rialú *m* **Nasctha Shioncronaigh Sonraí (SDLC[1])** Synchronous Data Link Control, SDLC[1]
rialú *m* **nasctha sonraí (DLC)** data link control, DLC
rialú *m* **ordlathach (an) nasctha sonraí (HDLC)** hierarchical data link control, HDLC
rialú *m* **próiseála jabanna** job processing control
rialú *m* **próisis** process control
rialú *m* **rochtana meáin (MAC)** medium access control, MAC
rialú *m* **rochtana sonraí** data access control
rialú *m* **seachtrach** external control
rialú *m* **seicheamhach** sequential control
rialú *m* **sonraí** data control
rialú *m* **uimhriúil** numerical control, numeric control
rialú *m* **úsáide comhreathaí** controlling concurrent usage
rian *m1* track[2] *s*
rianaigh *v* track[1] *v*
rianchéim *f2* track pitch
rian *m1* **cloig** clock track
riandlús *m1* track density
rian *m1* **fothaithe** feed track
rian *m1* **iniúchta** audit trail
rianliathróid *f2* trackball *s*
rianta *mpl* **san orlach** tracks per inch
rian *m1* **téipe** tape track
rianú *m* (*gs* -naithe) tracking *s*
rianú *m* **idirbhirt** transaction tracking
rianú *m4* **siar** backtracking *s*
riar[1] *v* (= leithdháil) allocate *v*
riar[2] *m* (*gs* -tha) (= leithdháileadh) allocation[1] *s*
riar[3] *m4* (= leithdháileachán) allocation[2] *s*
riar *v* **am (ar)** dispatch *v*
riar *m4* **ciú(nna)** queue discipline
rí-ardmhinicíocht *f3* (EHF) extremely high frequency, EHF

riarthóir *m3* **ama** dispatcher *s*
riarthóir *m3* **bunachar sonraí**
  database administrator
riarthóir *m3* **líonra** network
  administrator
riarthóir *m3* **sonraí** data administrator
ribín *m4* **dúigh** ink ribbon
rí-chomhdhlúite *a* extracondensed *a*
rífhairsingithe *a* extra-expanded *a*
rindreáil[1] *v* render *v*
rindreáil[2] *f3* rendering *s*
ríog *f2* impulse *s*
ríomh[1] *v* compute *v*
ríomh[2] *m* (*gs* **ríofa**) (=
  ríomhaireacht) computation[1] *s*,
  computing *s*
ríomh[3] *m3* (*pl* **-anna**) (=
  ríomhaireacht) computation[2] *s*
ríomh- *pref* computer[2] *a*, electronic *a*
ríomhaíocht *f3* computistics *s*
ríomhaire *m4* computer[1] *s*
ríomhaireacht *f3* (= **ríomh**[3])
  computation[2] *s*
ríomhaireacht *f3* **chandamach**
  quantum computing
ríomhaireachtúil *a* computational *a*
ríomhaire *m4* **aidhme** object computer
ríomhaire *m4* **aisioncronach**
  asynchronous computer
ríomhaire *m4* **analógach** analog
  computer
ríomhaire *m4* **ardfheidhmíochta**
  high-performance computer
ríomhaire *m4* **baile** home computer
ríomhaire *m4* **boise** (= **cúntóir** *m3*
  digiteach pearsanta, **PDA**)
  hand-held computer, hand-held[1] *s*
ríomhaire *m4* **caolcheannach**
  little-endian computer
ríomhaire *m4* **cliaint** client computer
ríomhaire *m4* **comhuainíochta**
  parallel computer, simultaneous
  computer
ríomhaire *m4* **cuimhne príobháidí**
  private-memory computer
ríomhaire *m4* **cuimhne scartha**

  disjoint-memory computer
ríomhaire *m4* **deisce** desktop
  computer
ríomhaire *m4* **den chéad ghlúin** first
  generation computer
ríomhaire *m4* **den cheathrú glúin**
  fourth generation computer
ríomhaire *m4* **den chúigiú glúin**
  fifth-generation computer
ríomhaire *m4* **den dara glúin** second
  generation computer
ríomhaire *m4* **den tríú glúin** third
  generation computer
ríomhaire *m4* **digiteach** digital
  computer
ríomhaire *m4* **glúine** laptop computer,
  notebook computer
ríomhaire *m4* **hibrideach** hybrid
  computer
ríomhaire *m4* **ilfhóinteach**
  general-purpose computer
ríomhaire *m4* **ilnód** multinode
  computer
ríomhaire *m1* **incriminteach**
  incremental computer
ríomhaire *m4* **iniompartha** portable
  computer
ríomhaire *m4* **le tacar laghdaithe**
  treoracha (RISC) reduced
  instruction-set computer, RISC
ríomhaire *m4* **líonra** network
  computer
ríomhaire *m4* **mórcheannach**
  big-endian computer
ríomhaire *m4* **optúil** optical computer
ríomhaire *m4* **pearsanta** personal
  computer, PC
ríomhaire *m4* **pearsanta iontaofa**
  trusted PC
ríomhaire *m4* **pearsanta tionsclaíoch**
  (= **PC tionsclaíoch**) industrial PC
ríomhaire *m4* **píopáilte** pipelined
  computer
ríomhaire *m4* **sainchuspóireach**
  special-purpose computer
ríomhaire *m4* **saorsheasaimh**

stand-alone model

ríomhaire *m4* **satailíteach** satellite computer

ríomhaire *m4* **sioncronach** synchronous computer

ríomhaire *m4* **sreafa sonraí** data-flow computer

ríomhaire *m4* **tacar treoracha coimpléascacha (CISC)** Complex Instruction Set Computer, CISC

ríomhaire *m4* **táibléid** tablet computer

ríomhaire *m4* **tiomnaithe** dedicated computer

ríomhaire *m4* **veicteoireach** vector computer

ríomhairigh *v* computerize *v*

ríomhairí *mpl* **meánraoin** midrange computers

ríomhairí *mpl* **seicheamhacha** sequential computers

ríomhairithe *a* computerized *a*

ríomhairiú *m* (*gs* **-rithe**) computerization *s*

ríomhanailíseoir *m3* **difreálach** electronic differential analyser

ríomhbhaincéireacht *f3* computer banking

ríomhbheochan *f3* computer animation

ríomhchárta *m4* **gnó** (= **v-chárta**) electronic business card

ríomhchlár *m1* (= **clár**²) computer program, program² *s*

ríomhchlár *m1* **aidhme** object program

ríomhchláraigh *v* program¹ *v*

ríomhchlár *m1* **aimsithe lochtanna** fault-location program

ríomhchlár *m1* **aimsithe víreas** virus detection program

ríomhchlár *m1* **áirge** utility program

ríomhchlár *m1* **aistriúcháin** translating program

ríomhchláraitheoir *m3* computer programmer, programmer *s*

ríomhchláraitheoir *m3* **córais** system programmer

ríomhchláraitheoir *m3* **córas** systems programmer

ríomhchláraitheoir *m3* **PROM** PROM programmer

ríomhchláraitheoir *m3* **tacaíochta** support programmer

ríomhchlár *m1* **aithrise teirminéil (TEP)** terminal emulation program, TEP

ríomhchlár *m1* (**an**) **úsáideora** user program

ríomhchlár *m1* **aon-tardhula** single-pass program

ríomhchlár *m1* **athiontrálach** re-entrant program

ríomhchlár *m1* **bogearraí** software program

ríomhchlár *m1* **córais** system program

ríomhchlár *m1* **cúlra** background program

ríomhchlár *m1* **diagnóiseach** diagnostic program

ríomhchlár *m1* **faire** watchdog program

ríomhchlár *m1* **faoi thiomáint orduithe** command-driven program

ríomhchlár *m1* **faoi thiomáint roghchláir** menu-driven program

ríomhchlár *m1* **féin-athshuite** self-relocating program

ríomhchlár *m1* **foinseach** source program

ríomhchlár *m1* **forlíontach** (= **breiseán**) add-in program

Ríomhchlár *m1* **Ginte Tuarascála (RPG)** Report Program Generator, RPG

ríomhchlár *m1* **ilphasanna** multiphase program

ríomhchlár *m1* **ilsnáitheanna** multithread(ed) program

ríomhchlár *m1* **il-tardhulanna** multiple-pass program

ríomhchlár *m1* **in-athshuite** relocatable program

ríomhchlár *m1* **ionchurtha** input
program
ríomhchlár *m1* **léirmhínithe** (=
ríomhchlár *m1* **léirmhínitheach
aistriúcháin**) interpret program
ríomhchlár *m1* **léirmhínitheach
aistriúcháin** (= ríomhchlár *m1*
léirmhínithe) interpretive
translation program
ríomhchlár *m1* **líneach** lincar program
ríomhchlár *m1* **líníochta** draw
program
ríomhchlár *m1* **lonnaithe** resident
program
ríomhchlár *m1* **lonnaithe rialúcháin**
resident control program
ríomhchlár *m1* **lorgtha** trace program
ríomhchlár *m1* **maoirseachta**
supervisory program
ríomhchlár *m1* **méire** (= **méar**) finger
program
ríomhchlár *m1* **péinteála** paint
program
ríomhchlár *m1* **rialaithe jabanna** job
control program
ríomhchlár *m1* **rialaithe líonra**
(**NCP**^{2}) network control program,
NCP^2
ríomhchlár *m1* **rialúcháin** control
program
ríomhchlár *m1* **rite** execution
program, executive program
ríomhchlár *m1* **scortha** (= **gnáthamh**
m1 **scortha**) exit program
ríomhchlár *m1* **seiceála** checking
program
ríomhchlár *m1* **spleách** dependent
program
ríomhchlár *m1* **stóráilte** stored
program
ríomhchlár *m1* **suiteála** installation
program
ríomhchlár *m1* **taispeána**
demonstration program
ríomhchlár *m1* **tástála** test program
ríomhchlár *m1* **tiontúcháin**

conversion program
ríomhchlár *m1* **tulrach** foreground
program
ríomhchlárú *m* (*gs* **-raithe**) (=
ríomhchlárúchán) computer
programming, programming *s*
ríomhchlárú *m* (**atá**) **bunaithe ar
oibiachtaí** (**OOP**) object-oriented
programming, OOP
ríomhchlárú *m* **candamach** quantum
programming
ríomhchlárú *m* **cearnach** quadratic
programming
ríomhchlárúchán *m1* (=
ríomhchlárú) programming *s*,
computer programming
ríomhchlárú *m* **géiniteach** genetic
programming
ríomhchlárú *m* **idirghníomhach**
interactive programming
ríomhchlárú *m* **macraí**
macroprogramming *s*
ríomhchlárú *m* **neamhlíneach**
nonlinear programming
ríomhchlárú *m* **ó bharr anuas**
top-down programming
ríomhchlárú *m* **ó bhun aníos**
bottom-up programming
ríomhchlárú *m* **optamach** optimum
programming
ríomhchlárú *m* **siombalach** symbolic
programming
ríomhchlárú *m* **struchtúrtha**
structured programming
ríomhchlárú *m* **struchtúrtha Jackson**
Jackson structured programming
ríomhchomhad *m1* e-file *s*
ríomhchomhdaithe *a* e-filed *a*
ríomhchórais *mpl* **pholaimheán**
polymedia computer systems
ríomhchóras *m1* computer system
ríomhchuidithe *a* computer-aided *a*,
computer-assisted *a*
ríomhchumhacht *f3* computing power
ríomhdhearadh^1 *m1* computer design^1
ríomhdhearadh^2 *m* (*gs* **-rtha**)

computer design[2]

ríomhdhearadh *m* **táirgí** electronic product design

ríomhdhúch *m1* electronic ink

ríomhéifeachtaí *fpl* computer effects

ríomhfhoghlaim *f3* (= **oiliúint** *f3* {atá} **bunaithe ar an nGréasán**) e-learning *s*

ríomhfhoinsiú *m* **allamuigh** e-outsourcing *s*

ríomhgheata *m4* **coiteann** common electronic gateway

ríomhghinte *a* computer-generated *a*

ríomhghnó *m4* e-business *s*, electronic business

ríomhghrafaic *f2* computer graphics

Ríomh-Idirbheart *m1* **Slán** Secure Electronic Transaction

ríomhiris *f2* electronic magazine, e-zine *s*

ríomh-irisleabhar *m1* e-journal *s*, electronic journal

ríomhlann *f2* (= **seomra** *m4* **ríomhaireachta**) computer laboratory, computer room

ríomhleabhar *m1* electronic book, e-book *s*

ríomh-mharcáil *f3* electronic markup

ríomh-mhicreagrafaic *f2* computer micrographics

ríomh-mhiondíol *m3* electronic retailing, e-tailing *s*

ríomhnuachtán *m1* electronic newspaper

ríomhoibríocht *f3* computer operation

ríomhpháipéar *m1* electronic paper, e-paper *s*

ríomhphost *m1* (= **r-phost**) electronic mail, e-mail *s*

ríomhphróiseáil *f3* **sonraí** electronic data processing

ríomhsheirbhís *f2* **déanta coinní** computer dating service

ríomhsheirbhísí *fpl* e-services *spl*

ríomhsheoladh *m* (*gs* **-alta**) (=

seoladh *m* **ríomhphoist**) electronic address

ríomhshíniú *m* (*gs* **-nithe**) (= **síniú** *m* **digiteach**) e-signature *s*

ríomhsholáthar *m1* e-procurement *s*

ríomhtheachtaireacht *f3* (= **teachtaireacht** *f3* **ríomhphoist**) e-mail message, mail message

ríomhthráchtáil *f3* electronic commerce, e-commerce *s*

ríomhvótáil *f3* electronic voting, e-voting *s*

riosca *m4* risk *s*

RIP[1] (= **próiseálaí** *m4* **íomhánna rastair**) RIP[1], raster image processor

RIP[2] (= **Prótacal** *m1* **Faisnéise Ródaithe**) RIP[2], Routing Information Protocol

RISC (= **ríomhaire** *m4* **le tacar laghdaithe treoracha**) RISC, reduced instruction-set computer

rith[1] *v* execute *v*, run[3] *v*

rith[2] *m* (*gs* **rite**) execution *s*, run[2] *s*

rith[3] *m3* (*gs* **reatha** *pl* **rití**) run[1] *s*

rith *m* **coinníollach** conditional execution

rith *m3* **comhuaineach** parallel run

rith *m* **ilchlár** multiprogramming *s*

rith *m* **seicheamhach** sequential execution

rith *m3* **tástála** test run

rith *m* **treorach** instruction execution

rith *m* **treoracha comhuaineacha** parallel instruction execution

rith *m3* **trialach** dry run

RLE (= **ionchódú** *m* **fad reatha**) RLE, run length encoding

ró *m4* (*pl* **-nna**) row *s*

róbaitic *f2* robotics *s*

róbat *m1* robot *s*

Robin Hood Robin Hood

rochtain *f3* access *s*

rochtain *f3* **chiúáilte** queued access

rochtain *f3* **chomhreathach** concurrent access

rochtain *f3* **chomhuaineach** parallel
access, simultaneous access
rochtain *f3* **comhaid** file access
rochtain *f3* **comhaid agus
comhadlainne** file and directory
access
rochtain *f3* **Gréasáin** Web access
rochtain *f3* **Idirlín** Internet access
rochtain *f3* **láithreach** immediate
access
rochtain *f3* **mhoillithe** delayed access
rochtain *f3* **neamhúdaraithe**
unauthorized access
rochtain *f3* **sheicheamhach** sequential
access
rochtain *f3* **sonraí** data access
rochtain *f3* **údaraithe** authorized
access
ród *m1* route *s*
ródaire *m4* router *s*
ródaire *m4* **Idirlín** Internet router
ródaire *m4* **ilchraolacháin** mrouter *s*,
multicast router
ródaire *m4* **ilphrótacal** multiprotocol
router
ródú *m* (*gs* **-daithe**) (= **ródúchán**)
routing *s*
ródúchán *m1* (= **ródú**) routing *s*
ródú *m* **malartach** alternate routing
ródú *m* **poll péiste** wormhole routing
ródú *m* **teachtaireachtaí** message
routing
rogha *f4* option *s*
rogha *f4* **comhadlainne** directory
option
rogha *f4* **córais theicniúil** technical
system option
rogha *f4* **córas gnó** business system
option
rogha *f4* *Cuir le* Add option
rogha *f4* *Leasaigh* Amend option
roghanna *fpl* **breise comhdúcháin**
filing extras
roghanna *fpl* **cuardaigh simplí,
tréana nó ualaithe** simple, power or
weighted search options

roghanna *fpl* **Idirlín** Internet options
roghanna *fpl* **tiomsaitheora** compiler
options
rogha *f4* **réamhshocraithe** (=
réamhshocrú) default option
roghchlár *m1* menu *s*
roghchlár *m1* **áirge cumraíochta**
set-up utility menu
roghchlár *m1* **aníos** pop-up menu
roghchlár *m1* **anuas** drop-down menu,
pull-down menu
roghchlár *m1* **zúmála** zoom
drop-down menu
roghnach *a* optional *a*
roghnaigh *v* select *v*
roghnaíoch *a* selective *a*
roghnaíocht *f3* selectivity *s*
roghnóir *m3* selector *s*
roghnóir *m3* **CASE** CASE selector
roghnóir *m3* **réimsí** field selector
roghnóir *m3* **voltais** voltage selector
roghnú *m* (*gs* **-naithe**) (=
roghnúchán) selection *s*, selecting *s*
roghnúchán *m1* (= **roghnú**) selection
s, selecting *s*
roinn[1] *v* divide *v*
roinn[2] *v* (= **comhroinn**) share *v*
roinn *v* **scáileán** split screen[1]
roinnt *f2* division *s*
roinnteoir *m3* (*Mth.*) divider *s*, divisor
s
roinnteoir *m3* **analógach** analog
divider
roinnteoir *m3* **poitéinsil ionduchtaigh
(IPOT)** inductive potential divider,
IPOT
rointgin *f2* (*pl* **-í**) roentgen *s*
ról *m1* **aonáin** entity role
ROLAP (= **próiseáil** *f3* **choibhneasta
anailíseach ar líne**) ROLAP,
relational online analytic processing
rolladh *m* (*gs* **-llta**) rolling *s*
rolladh *m* **siar** rollback *s*
roll *v* **amach** roll out
rolla *m4* **úsáideoirí** user roll
roll *v* **isteach** roll in

rólódáil *f3* overloading[1] *s*
ROM (= **cuimhne** *f4* **inléite amháin**)
  ROM, read-only memory
róshreabhadh *m* (*gs* **-eafa**) overflow *s*
róshreabhadh *m* **buicéid** bucket
  overflow
róshreabhadh *m* **slánuimhreach**
  integer overflow
róshreabhadh *m* **uimhríochta**
  arithmetic overflow
róthéamh *m1* overheating *s*
rothlach *a* rotational *a*
rothlaigh *v* rotate *v*
rothlú *m* (*gs* **-laithe**) rotation *s*
rothlú *m* **téacs** text rotation
roth *m3* **nóinín** (= **nóinín**) daisy-wheel
  s
rothphrintéir *m3* wheel printer
roth *m3* **priontála** print wheel
RPG (= **Ríomhchlár** *m1* **Ginte**
  Tuarascála) RPG, Report Program
  Generator
r-phost *m1* (= **ríomhphost**) e-mail *s*,
  electronic mail
r-phost *m1* **Idirlín** Internet e-mail
rpm (= **imrothluithe** *mpl* **sa nóiméad**)
  rpm, revolutions per minute
RS (= **deighilteoir** *m3* **taifead**) RS,
  record separator
RTF (= **Formáid** *f2* **Mhéith-Théacs**)
  RTF, Rich Text Format
RTL (= **loighic** *f2* **friotóirí is**
  trasraitheoirí) RTL,
  resistor-transistor logic
RTS (= **iarratas** *m1* **ar sheoladh**)
  RTS, request to send
rúisc *f2* burst[1] *s*
rúnscríobh *v* encipher *v*, cipher[1] *v*
rúntéacs *m4* ciphertext *s*
RZ (= **fill** *v* **ar nialas**) RZ,
  return-to-zero

S

s (= **soicind**) s, second

SA (= **sruth** *m3* **ailtéarnach**) AC,
  alternating current
sábháil *v* save *v*
sábháil *v* **go comhad** save to file
sábháil *v* **mar** save as
sádar *m1* solder[2] *s*
sádráil *v* solder[1] *v*
sádráilte *a* soldered *a*
saighead *f2* arrow *s*
saighead *f2* **anuas** drop-down arrow
saigheadeochracha *fpl* arrow keys
saighead *f2* **síos** down arrow
saighead *f2* **suas** up arrow
sain- *pref* (= **sainiúil** *a*) specific *a*
sainábhar *m1* specialist subject
(sain)aithin *v* identify *v*
(sain)aithint *f3* identification[2] *s*
saincharachtar *m1* special character
saincheap *v* customize[1] *v*
saincheaptha *a* custom(ized) *a*
sainchód *m1* specific code
sainghreamaigh *v* paste special
Sainghrúpa *m4* **Scannánaíochta, An**
  (MPEG) Moving Picture Experts
  Group, MPEG
sainigh[1] *v* define[2] *v*
sainigh[2] *v* designate *v*
sainithe *a* **ag an úsáideoir**
  user-defined *a*
sainitheoir *m3* designator *s*
sainitheoir *m3* **tiomántán diosca** disk
  drive designator
sainiú *m* (*gs* **-nithe**) definition[3] *s*
sainiú *m* **ar fheidhm** *See* sainiú
  feidhme.
sainiú *m* **bunachar sonraí** database
  definition
sainiú *m* **cineál doiciméid (DTD)**
  document type definition, DTD
sainiú *m* **córas** systems definition
sainiú *m* **eiliminte** element definition
sainiú *m* **faidhbe** problem definition
sainiú *m* **feidhme** (= **sainiú** *m* **ar**
  fheidhm) function definition
sainiúil *a* (= **sain-** *pref*) specific *a*
sainiúil *a* **don mhodh** method-specific
  a

sainiúlacht *f3* specificity *s*

sainiú *m* **macra** macro definition

sainiú *m* **réimse** field definition

sainiú *m* **riachtanas** requirements
definition

sainmheáchan *m1* specific gravity

sainmhínigh *v* define[1] *v*

sainmhíniú *m* (*gs* **-nithe**) definition[1] *s*

sainroghanna *fpl* (**pearsanta**)
preferences *spl*

sainseoladh *m* (*gs* **-lta**) specific
address

sainteoirim *f2* specific theorem

sáithiú *m* (*gs* **-thithe**) (= sáithiúchán)
saturation *s*

sáithiúchán *m1* (= sáithiú) saturation *s*

salach *a* dirty *a*

samhail *f3* model[2] *s*

samhail *f3* (**atá**) **bunaithe ar an
riosca** risk-based model

samhail *f3* (**atá**) **bunaithe ar
oibiachtaí** object-oriented model

samhail *f3* (**atá**) **dírithe ar
dhoiciméid** document-oriented
model

samhail *f3* **bhíseach** spiral model

samhail *f3* **bhíseach Boehm** Boehm's
spiral model

samhail *f3* **bhreisithe ghaoil na
n-aonán** extended entity
relationship model

samhail *f3* **chascáideach** waterfall
model

samhail *f3* **choibhneasta** relational
model

samhail *f3* **choibhneasta de shonraí**
relational data model

samhail *f3* **de dhathanna** colour
model

samhail *f3* **de líonra** network model

samhail *f3* **den chuimhne** memory
model

samhail *f3* **den chur i ngníomh**
implementation model

samhail *f3* **den phróiseáil** processing
model

samhail *f3* **den phróiseas
nuashonraithe** update process
model

samhail *f3* **den ríomhaire mar ghiolla**
little man computer model

samhail *f3* **den sreabhadh sonraí
córais atá de dhíth** required system
data flow model

samhail *f3* **de phróiseas** process
model

samhail *f3* **de phróiseas** (**atá**)
bunaithe ar an riosca risk-based
process model

samhail *f3* **de phróiseas** (**atá**)
bunaithe ar tháirgí insoláthartha
deliverable-based process model

samhail *f3* **de phróisis ghnásúla**
procedural model

samhail *f3* **de shonraí** data model

samhail *f3* **d'fheidhm uilíoch**
universal function model

samhail *f3* **d'ilinnéacs** multi-index
model

samhail *f3* **fhisiciúil de shonraí**
physical data model

samhail *f3* **iltoiseach de shonraí**
multidimensional data model

samhail *f3* **inneachair mheasctha**
mixed content model

samhail *f3* **loighciúil de na sonraí atá
de dhíth** required system logical
data model

samhail *f3* **loighciúil de phróiseas**
logical process model

samhail *f3* **loighciúil de shonraí**
logical data model

samhail *f3* **mhatamaiticiúil**
mathematical model

samhail *f3* **ordlathais** hierarchical
model

samhail *f3* **sraitheanna** layer model

samhail *f3* **struchtúrach** structural
model

samhail *f3* **tagartha** reference model

samhail *f3* **tagartha d'Idirnasc Córas
Oscailte** (= samhail *f3* **tagartha**

OSI) Open Systems Interconnection reference model, OSI reference model

samhail *f3* **tagartha OSI (= samhail** *f3* **tagartha d'Idirnasc Córas Oscailte)** OSI reference model, Open Systems Interconnection reference model

samhail *f3* **thaiscéalaíoch** exploratory model

samhail *f3* **úrscothach** state-of-the-art model

samhaltaigh *v* model[1] *v*

samhaltán *m1* model[3] *s*

samhaltán *m1* **taispeána** demo model

samhaltú *m* (*gs* **-taithe**) modelling *s*

samhaltú *m* **ar ríomhaire** computer modelling

samhaltú *m* **coincheapúil** conceptual modelling

samhaltú *m* **eilimintí críochta** finite element modelling

samhaltú *m* **ghaoil na n-aonán** entity relationship modelling

samhaltú *m* **loighciúil sonraí** logical data modelling

samhaltú *m* **sonraí ghaoil na n-aonán** entity relationship data modelling

sampla *m4* sample *s*

sampláil *f3* sampling *s*

SAN (= líonra *m4* **limistéar stórála)** SAN, storage area network

sann *v* assign *v*

sannachán *m1* (= **sannadh**) assignment *s*

sannachán *m1* **luach fírinne** truth value assignment

sannadh *m* (*gs* **-nnta**) (= **sannachán**) assignment *s*

sannadh *m* **ceadchomhartha iarmhíreanna** extension token assignment

sannadh *m* **tacair** set assignment

saolré *f4* life cycle, lifetime *s*

saolré *f4* **córais** system lifecycle

saolré *f4* **forbartha córas (SDLC**[2]**)**

systems development life cycle, SDLC[2]

saolré *f4* **pasfhocail** password lifetime

saoráid *f2* facility *s*

saoráid *f2* **dírghlaoite** direct call facility

saoráid *f2* **fhorlíontach** add-on facility

saoráid *f2* **greille** grid facility

saoráidí *fpl* **tacaíochta** support facilities

saoráid *f2* **scanacháin** scanning facility

saorearraí *mpl* freeware *s*

saorga *a* artificial *a*

saoróg *f2* wildcard *s*

saotharlann *f2* laboratory *s*

SAP (= pointe *m4* **rochtana seirbhíse)** SAP, service access point

sár- *pref* super-[2] *pref*

sár-ardmhinicíocht *f3* **(SHF)** super-high frequency, SHF

Sáreagar *m1* **Físghrafaice (SVGA)** Super Video Graphics Array, SVGA

sárghrúpa *m4* supergroup *s*

sárheitridín *m4* superheterodyne[1] *s*

sárheitridíneach *a* superheterodyne[2] *a*

sár-mhionríomhaire *m4* supermini *s*

sár-néar-ríomhaire *m4* super neurocomputer

sár-ríomhaire *m4* supercomputer *s*

sárú *m* (*gs* **-raithe**) overriding *s*

sás *m1* **láimhe** handset *s*

satailít *f2* satellite *s*

scag[1] *v* filter[1] *v*

scag[2] *v* screen[1] *v*

scagadh *m* (*gs* **-gtha**) filtering *s*

scagaire *m4* filter[2] *s*

scagaire *m4* **ardphasach** high-pass filter

scagaire *m4* **digiteach** digital filter

scagaire *m4* **ísealphasach** low-pass filter

scagaire *m4* **tonnáin** ripple filter

scagaire *m4* **trasnaí** transversal filter

scagairí *mpl* **cliste** smart filters

scagairí *mpl* **idéalacha** ideal filters

scáilchiorcad *m1* phantom circuit
scáileán *m1* screen² *s*
scáileán *m1* **gloine polaraithe** glass polarized screen
scáileán *m1* **LCD** LCD screen
scáileán *m1* **polaraithe** polarized screen
scáileán *m1* **reoite** frozen screen
scáileán *m1* **roinnte** split screen²
scáileán *m1* **tadhaill** touch screen
scáileán *m1* **tadhallíogair** touch-sensitive screen
scáil-íomháú *m* (*gs* **-áithe**) ghost imaging
scáilsuíomh *m1* ghost site
scáilvoltas *m1* phantom voltage
scaip *v* dissipate *v*
scaipeadh *m* (*gs* **-pthe**) scattering *s*
scairdphrintéir *m3* inkjet printer
scála *m4* scale *s*
scálach¹ *m1* scalar¹ *s*
scálach² *a* scalar² *a*
scálú *m* (*gs* **-laithe**) scaling *s*
scan *v* scan¹ *v*
scanachán *m1 See* scanadh.
scanadh *m* (*gs* **-nta**) (= **scanachán**) scanning *s*
scanadh *m* **anonn is anall** boustrophedonic scan
scanadh *m* **cuimhne** memory scan
scanadh *m* **fótaileictreach (PES)** photoelectric scanning, PES
scanadh *m* **héiliciúil** helical scan
scanadh *m* **marcanna** mark scanning
scanadh *m* **optúil** optical scanning
scanadh *m* **rastair** raster scan
scannán *m1* **maighnéadach tanaí** magnetic thin film
scannán *m1* **tanaí** thin film
scannán *m1* **tiubh** thick film
scanóir *m3* scanner *s*
scanóir *m3* **barrachód** (= **léitheoir** *m3* **barrachód**) bar code scanner
scanóir *m3* **datha** colour scanner
scanóir *m3* **láimhe** hand-held scanner

scanóir *m3* **optúil** optical scanner
scanóir *m3* **plánach** flatbed scanner
scanóir *m3* **ráta athléite** second-read rate scanner
scanóir *m3* **ráta céadléite** first-read rate scanner
scanóir *m3* **solas-íogair** light-sensitive scanner
scanráta *m4* (= **ráta** *m4* **scanta, tréimhse** *f4* **athghiniúna**) scan rate
scaoil¹ *v* expand² *v*
scaoil² *v* (= **dínasc**) disconnect *v*
scaoileadh *m* (*gs* **-lte**) expansion *s*
scaoileadh *m* **eochrach** key release
scaoileadh *m* **macra** macro expansion
scaradh *m* (*gs* **-rtha**) burst² *s*
scarbhileog *f2* spreadsheet *s*
scar is treascair *v* divide and conquer
SCART SCART, Syndicat Français des Constructeurs d'Appareils Radio et Television
scáth- *pref* shadow² *a*
scáthaigh *v* shadow¹ *v*
scáthán *m1* **maighnéadach** magnetic mirror
scáthán *m1* **polagánach** polygon mirror
scáthánú *m* (*gs* **-naithe**) mirroring *s*
scáthchuimhne *f4* shadow memory
scáthlínigh *v* shade *v*
scáthlíniú *m* (*gs* **-nithe**) shading *s*
scáthú *m* (*gs* **-thaithe**) shadowing *s*
sceabha *m4* skew *s*
sceabha *m4* **bus** bus skew
sceabhacht *f3* skewness *s*
sceall *m3* slice *s*
sceallailtireacht *f3* slice architecture
sceallchuimhne *f4* slice memory
sceall *m3* **giotáin** (= **slis** *f2* **sceall giotáin**) bit slice
sceideal *m1* schedule *s*
sceidealadh *m* (*gs* **-lta**) scheduling *s*
sceidealadh *m* **CPU (LAP)** CPU scheduling
sceideal *m1* **amharc insrathaithe**

view-serializable schedule

sceideal *m1* **chun tobscoranna cascáidithe a sheachaint** avoids-cascading aborts schedule

sceideal *m1* **coinbhleachtaí insrathaithe** conflict-serializable schedule

sceideal *m1* **docht** strict schedule

sceideal *m1* **in-athshlánaithe** recoverable schedule

sceideal *m1* **insrathaithe** serializable schedule

sceidealóir *m3* scheduler *s*

scéim- *pref* schematic *a*

scéim *f2* **criptiúcháin** encryption scheme

scéimléaráid *f2* schematic diagram

scéim *f2* **rangaithe sonraí** data classification scheme

scéimre *m4* schema *s*

scéimre *m4* **bunachar sonraí** database schema

scéimre *m4* **coincheapúil** conceptual schema

scéimre *m4* **inmheánach** internal schema

scéimre *m4* **réaltach** star schema

scéimre *m4* **seachtrach** external schema

sceitheadh *m* (*gs* **-te**) leakage[1] *s*

sceitheadh *m* **cuimhne** memory leakage

sceitheadh *m* **dúighe** ink bleed

sceitheadh *m* **sonraí** data leakage

sciath *f2* **cuimhne** memory protect

sciath *f2* **frithdhallta** antiglare screen, glare guard

scileanna *fpl* **ríomhaireachta** computer skills

scimeáil[1] *v* (= **brabhsáil**[1], **cúrsáil**) surf *v*

scimeáil[2] *f3* surfing *s*

scimeáil *f3* **ar an Ghréasán** *See* scimeáil ar an nGréasán.

scimeáil *f3* **ar an Idirlíon, ag** surfing the (Inter)net

scimeáil *f3* **ar an nGréasán** (= **scimeáil** *f3* **ar an Ghréasán**) Websurfing *s*

scimeálaí *m4* (**ar an Idirlíon**) surfer *s*

scip *f2* (*pl* **-eanna**) (= **neamhghníomhaíocht, treoir** *f5* **bhán, treoir** *f5* **neamhghníomhaíochta**) skip[2] *s*

scipeáil *v* skip[1] *v*

scipeáil *f3* **leathanaigh/leathanach** page skip

scipeáil *f3* **páipéir** paper skip

sclábhaí *m4* slave[1] *s*

sclábhaí *m4* **bus** bus slave

sclábhánta *a* slave[2] *a*

Scoiléimiú *m* (*gs* **-mithe**) Skolemization *s*

scoilt *f2* split *s*

scoilteoir *m3* splitter *s*

scóip *f2* scope *s*

scóip *f2* **feidhme** function scope

scoir *v* exit[1] *v*, quit *v*

scoir agus athdhúisigh *v* quit and resume

scoite *a* discrete *a*

scor *m1* exit[2] *s*

scoradán *m1* **ciorcad aonbhealaigh** single-throw circuit breaker

scorán *m1* toggle[2] *s*

scóránaigh *v* toggle[1] *v*

scor *m1* **mínormálta** abnormal end, abend *s*

scoth *f3* **ar dtús, an** best-first *s*

scríbhinn *f2* written document

scríbhneoir *m3* **CDanna** (= **dóire** *m4* **CDanna, taifeadán** *m1* **CDanna**) CD writer

scríobh[1] *v* write[1] *v*

scríobh[2] *m3* (*gs* **scríofa** *pl* **-anna**) write[2] *s*

scríobh[3] *m* (*gs* **scríofa**) writing *s*

scríobh-bhíog *f2* write pulse

scríobhchnoga *m4* write head, writing head

scríobhpholasaí *m4* write policy

scríobhráta *m4* writing rate

scríobh *m3* slítheánta sneaky write

scrios[1] *v* delete *v*

scrios[2] *m* (*gs* -ta *pl* -taí) deletion *s*

Scrios (= scrioseochair) delete key

scrioscharachtar *m1* delete character

scrioseochair *f5* (= Scrios) delete key

scriosta *a* deleted *a*

scriostaifead *m1* deletion record

script *f2* script *s*

script *f2* bhlaoisce (= blaosc-script) shell script

script *f2* CGI CGI script

scrollaigh *v* scroll *v*

scrollbharra *m4* scrollbar *s*

scrollbharra *m4* ingearach vertical scrollbar

scrollbhosca *m4* scrollbox *s*

Scrollghlas *m1* Scroll Lock

scrollú *m* (*gs* -llaithe) scrolling *s*

scrollú *m* cothrománach horizontal scroll

scrollú *m* ingearach vertical scroll

scrúdaigh *v* inspect *v*

SCSI (= Comhéadan *m1* {na} Mion-Ríomhchóras) SCSI, Small Computer System Interface

scuabléitheoir *m3* brush reader

scuaine *f4* (= ciú) queue *s*

scuaine *f4* jabanna (= ciú *m4* jabanna) job queue

scuaine *f4* phriontála (= ciú *m4* priontála) print queue

SD (= aondlúis *gs as a*) SD, single-density *a*

SDLC[1] (= Rialú *m* Nasctha Shioncronaigh Sonraí) SDLC[1], Synchronous Data Link Control

SDLC[2] (= saolré *f4* forbartha córas) SDLC[2], systems development life cycle

SDMA (= ilrochtain *f3* roinnte spáis) SDMA, spatial division multiple access

seac *m1* jack *s*

seachadadh *m* ceadchomharthaí token passing

seachadadh *m* doiciméad document delivery

seachadadh *m* teachtaireachtaí message passing

seachaint *f3* imbhuailte collision avoidance

seachfhreastalaí *m4* proxy server, proxy *s*

seac *m1* teileafóin telephone jack

sead *m4* chad *s*

sealadach *a* temporary *a*

sealaíocht *f3* taking turns

séamafór *m1* semaphore *s*

séan *v* (*Logic*) negate[1] *v*

séanadh *m* (*gs* -nta) (= comhlánú *m* Boole, oibríocht *f3* NOT) negation *s*

séanadh *m* loighciúil logical negation

séanadh *m* mar theip negation as failure

séanadh *m* tairisceana negation of a proposition

séanadh *m* trí theip negation by failure

seasta *a* (= fosaithe *a*) fixed *a*

seastán *m1* uilíoch printéara universal printer stand

seat *m4* den scáileán (= gabháil *f3* scáileáin) screen shot

SECAM SECAM, Sequentiel Couleur à Memoire

seic *m4* digiteach digital cheque

seiceáil[1] *v* check[1] *v*

seiceáil[2] *f3* check[2] *s*

seiceáil *f3* agus ceartú earráidí error checking and correcting

seiceáil *f3* aistrithe (= seiceáil *f3* traschurtha) transfer check

seiceáil *f3* bailíochta validity check

seiceáil *f3* carachtar character check

seiceáil *f3* chioglach iomarcaíochta (CRC) cyclic redundancy check, CRC

seiceáil *f3* chorr-réidh odd-even check

seiceáil *f3* comhsheasmhachta consistency check

seiceáil *f3* **córais** system check
seiceáil *f3* **corrphaireachta** odd parity check
seiceáil *f3* **crua-earraí** hardware check
seiceáil *f3* **deisce** desk check, desk checking
seiceáil *f3* **dhiagnóiseach** diagnostic check
seiceáil *f3* **formáide** format check
seiceáil *f3* **gramadaí** grammar checking
seiceáil *f3* **iarmhair** residue check
seiceáil *f3* **imeallach** marginal check
seiceáil *f3* **ingearach iomarcaíochta (VRC)** vertical redundancy check, VRC
seiceáil *f3* **iomarcaíochta** redundancy check
seiceáil *f3* **le haghaidh víreas** virus checking
seiceáil *f3* **lúibe (= aislúbadh)** loop checking
seiceáil *f3* **mhatamaiticiúil** mathematical check
seiceáil *f3* **modulo** modulo checking
seiceáil *f3* **modulo-N** modulo-N check
seiceáil *f3* **paireachta** parity checking
seiceáil *f3* **paireachta trasnaí** transverse parity check
seiceáil *f3* **réasúntachta** reasonableness check
séiceáil *f3* **réphaireachta** even parity check
seiceáil *f3* **ríomhchláraithe** programmed check
seiceáil *f3* **roghnaithe gléis** device selection check
seiceáil *f3* **seichimh** sequence check
seiceáil *f3* **suimiúcháin** summation check
seiceáil *f3* **tarluithe** occurs check
seiceáil *f3* **traschurtha (= seiceáil *f3* aistrithe)** transfer check
seiceáil *f3* **uimhríochtúil** arithmetic check
seiceálaí *m4* **gramadaí (= gramadóir)** grammar checker

seiceálaí *m4* **litrithe (= litreoir)** spelling checker
seicheamh *m1* sequence *s*
seicheamhach *a* sequential *a*
seicheamh *m1* **ardaitheach** ascending sequence
seicheamh *m1* **comhordúcháin** collating sequence
seicheamh *m1* **éalaithe** escape sequence
seicheamh *m1* **neamhlaghdaitheach** nondecreasing sequence
seicheamhóir *m3* sequencer *s*
seicheamh *m1* **rialúcháin** control sequence
seicheamh *m1* **súdarandamach uimhreacha** pseudo-random number sequence
seicheamhú *m* (*gs* **-mhaithe**) sequencing *s*
seicheamh *m1* **uimhreacha randamacha** random number sequence
seicheamhú *m* **micrithreoracha** microinstruction sequencing
seicliosta *m4* checklist *s*
seicphointe *m4* checkpoint *s*
séimeantach *a* semantic *a*
séimeantaic *f2* semantics *s*
séimeantaic *f2* **fhógrach** declarative semantics
séimeantaic *f2* **ghnásúil** procedural semantics
séimeantaic *f2* **oibreoirí** operator semantics
seirbheamótar *m1* servomotor *s*
seirbhimeicníocht *f3* servomechanism *s*, servo *s*
seirbhirialú *m* (*gs* **-laithe**) servocontrol *s*
seirbhís *f2* service[2] *s*
seirbhís *f2* **admhálach nascbhunaithe** acknowledged connection-oriented service
seirbhís *f2* **facsála** fax service

Seirbhís *f2* Gearrtheachtaireachtaí (SMS) Short Message Service, SMS

seirbhísí *fpl* córas oibriúcháin operating system services

seirbhísí *fpl* éanasctha unconnected services

seirbhísigh *v* service[1] *v*

seirbhísí *fpl* Idirlín Internet services

seirbhísí *fpl* líonraí faisnéise information network services

seirbhísí *fpl* reatha current services

seirbhísí *fpl* satailíte do theileafóin phóca mobile satellite services

seirbhísí *fpl* T-iompróra T-carrier services

seirbhísiú *m* (*gs* -sithe) servicing *s*

Seirbhís *f2* Lasctha Sonraí Il-mheigighiotán Switched Multimegabit Data Service, SMDS

seirbhís *f2* malartán teilea-chlóscríobhán (TWX) teletypewriter exchange service, TWX

seirbhís *f2* neamhadmhálach gan nasc unacknowledged connectionless service

seirbhís *f2* ríomhaireachta computer service

seirbhís *f2* sruthaireachta roaming service

seirbhís *f2* teileafóin achair fhairsing (WATS) wide area telephone service, WATS

seirbhís *f2* teiliméadrála telemeter service

seisideachúil *a* sexadecimal *a*

seisiún *m1* session *s*

seisiún *m1* anailíse analysis session

seisiún *m1* úsáideora user session

seol[1] *v* send *v*

seol[2] *v* conduct *v*

seol[3] *v* address[1] *v*

seolachán *m1* addressing *s*

seolachán *m1* coibhneasta relative addressing

seolachán *m1* cruaiche stack

addressing

seolachán *m1* dara leibhéil second-level addressing

seolachán *m1* díreach (= dírsheolachán) direct addressing

seolachán *m1* féinchoibhneasta self-relative addressing

seolachán *m1* iarchurtha (= seolachán *m1* il-leibhéal, seolachán *m1* indíreach) deferred addressing

seolachán *m1* il-leibhéal (= seolachán *m1* iarchurtha, seolachán *m1* indíreach) multilevel addressing

seolachán *m1* indíreach (= seolachán *m1* iarchurtha, seolachán *m1* il-leibhéal) indirect addressing

seolachán *m1* indíreach intuigthe implied indirect addressing

seolachán *m1* innéacsaithe indexed addressing

seolachán *m1* láithreach immediate addressing

seolachán *m1* líneach cuimhne linear memory addressing

seolachán *m1* tabhaill register addressing

seolachán *m1* uathinnéacsaithe auto-indexed addressing

seoladh[1] *m* (*gs* -lta *pl* -ltaí) address[2] *s*

seoladh[2] *m* (*gs* -lta) sending *s*

seoladh *m* aitheantais ID address

seoladh *m* aon móide aon one-plus-one address

seoladh *m* cille cell address

seoladh *m* coibhneasta relative address

seoladh *m* craolacháin LAN LAN broadcast address

seoladh *m* díreach (= dírsheoladh) direct address

seoladh *m* dó móide aon two-plus-one address

seoladh *m* fillte return address

seoladh *m* fíorúil virtual address

seoladh *m* fisiciúil physical address

seoladh *m* foinseach source address

seoladh *m* **ginte** generated address
seoladh *m* **giotánra** word address
seoladh *m* **Gréasáin** Web address
seoladh *m* **grúpa LAN** LAN group
  address
seoladh *m* **iarchurtha** (= seoladh *m*
  il-leibhéal, seoladh *m* **indíreach**)
  deferred address
seoladh *m* **ilchraolacháin LAN** LAN
  multicast address
seoladh *m* **il-leibhéal** (= seoladh *m*
  iarchurtha, seoladh *m* **indíreach**)
  multilevel address
seoladh *m* **inathraithe** variable
  address
seoladh *m* **inathraitheach** floating
  address
seoladh *m* **indibhidiúil LAN** LAN
  individual address
seoladh *m* **indíreach** (= seoladh *m*
  iarchurtha, seoladh *m* **il-leibhéal**)
  indirect address
seoladh *m* **innéacsaithe** indexed
  address
seoladh *m* **IP** IP address
seoladh *m* **láithreach** immediate
  address
seoladh *m* **líneach** linear address
seoladh *m* **meaisín** (=
  meaisínseoladh) machine address
seoladh *m* **(na) cuimhne** memory
  address
seoladh *m* **nialasleibhéil** zero-level
  address
seoladh *m* **Prótacal Idirlín** Internet
  Protocol address
seoladh *m* **ríomhphoist** mailaddress *s*,
  e-mail address
seoladh *m* **sainithe** defined address
seoladh *m* **siombalach** symbolic
  address
seoladh *m* **sprice** destination address
seoladh *m* **tagartha** reference address
seoladh *m* **toimhdean** (= **bunphointe**,
  bunseoladh) presumptive address
seoladh *m* **treorach** instruction address

seoladh *m* **trí móide aon**
  three-plus-one address
seoladh *m* **uimhríochta** arithmetic
  address
seolán *m1* lead *s*
seol *v* **ar aghaidh** forward[1] *v*
seol *v* **sonraí** send data
seoltóir[1] *m3* sender *s*
seoltóir[2] *m3* conductor *s*
seoltóir *m3* **neodrach** neutral
  conductor
seomra *m4* **comhrá** chat room
seomra *m4* **poist** mailroom *s*
seomra *m4* **ríomhaireachta** (=
  ríomhlann) computer room
SFT (= lamháltas *m1* **lochtanna**
  córais) SFT, system fault tolerance
SGML (= Teanga *f4* **Chaighdeánach**
  Mharcála Ghinearálaithe) SGML,
  Standard Generalized Markup
  Language
SHF (= **sár-ardmhinicíocht**) SHF,
  super-high frequency
SI[1] (= Córas *m1* **Idirnáisiúnta na**
  nAonad) SI[1], International System
  of Units, Système International
  d'Unités
SI[2] (= táscaire *m4* **staide**) SI[2], state
  indicator
siar *adv* back *adv*
siarghabhálach *a* backward *a*
sifear *m1* cipher[2] *s*
sifear *m1* **Chaesair** Caesar cipher
sifear *m1* **neamhshiméadrach**
  asymmetric cipher
sileacan *m1* silicon *s*
sileacan *m1* **ar shaifír**
  silicon-on-sapphire
Silicon Valley Silicon Valley
SIMD (= modh *m3* **aonsrutha**
  treoracha ilsruthanna sonraí)
  SIMD, single-instruction (stream)
  multiple-data (stream) method
siméadrach *a* symmetric *a*
siméadracht *f3* symmetry *s*
símin *m4* (*pl* **-ní**) siemens *s*

simplí *a* simple *a*
simplíocht *f3* simplicity *s*
simplithe *a* simplified *a*
sín *f2 (Mth.)* sign *s*
sín *f2* **chothroime** equals sign
sindeacáitiú *m* (*gs* **-tithe**) syndication
 s
síndigit *f2* sign digit
síneas *m1* sine *s*
síneasóideach *a (Mth.)* sinusoidal *a*
sineirgeach *a* synergetic *a*
sineirgíocht *f3* synergy *s*
sínghiotán *m1* sign bit
singil *a* (= **aon-** *pref*) single *a*
síniú *m* (*gs* **-nithe**) signature *s*
síniú *m* **digiteach** (= **ríomhshíniú**)
 digital signature
sín *f2* **mhínis** (= **míneas**) minus sign
sín *f2* **phlus** (= **plus**[1]) plus sign
sintéis *f2* synthesis *s*
sintéiseoir *m3* synthesizer *s*
sintéiseoir *m3* **cainte** speech
 synthesizer
sintéiseoir *m3* **fuaime** sound
 synthesizer
SIO (= **ionchur/aschur** *m* **srathach**)
 SIO, serial input/output
siombail *f2* symbol *s*
siombail *f2* **brisphointe** breakpoint
 symbol
siombail *f2* **cinnidh** decision symbol
siombail *f2* **d'fheidhm** *See* siombail
 feidhme.
siombail *f2* **feidhme** (= **siombail** *f2*
 d'fheidhm) function symbol
siombail *f2* **fírinne** truth symbol
siombail *f2* **ghrafach** graphic symbol
siombail *f2* **loighce** logic symbol
siombail *f2* **sheachtrach** external
 symbol
siombail *f2* **sreabhchairte** flowchart
 symbol
siombail *f2* **tairisceana** propositional
 symbol
siombalach *a* symbolic *a*
sioncronach *a* synchronous *a*, sync[2]

sioncronaigh *v* synchronize *v*
sioncronóir *m3* synchronizer *s*
sioncronú *m* (*gs* **-naithe**)
 synchronization *s*, sync[1]
sioncronú *m* (**atá**) **bunaithe ar**
 bhacainní barrier synchronization
sioncronú *m* **in-athshlánaithe**
 recoverable synchronization
sioncronú *m* **tiomántán** drive
 synchronization
siopadóireacht *f3* **ar an Ghréasán** *See*
 siopadóireacht ar an nGréasán.
siopadóireacht *f3* **ar an nGréasán**
 (= **siopadóireacht** *f3* **ar an**
 Ghréasán) Web shopping
síos *adv* down *adv*
SIP[1] (= **Prótacal** *m1* **Tionscanta**
 Seisiúin) SIP[1], Session Initiation
 Protocol
SIP[2] (= **pacáiste** *m4* **singil inlíneach**)
 SIP[2], single inline package
SISD (= **modh** *m3* **aonsrutha**
 treoracha aonsrutha sonraí) SISD,
 single-instruction (stream)
 single-data (stream) method
siúlóid *f2* **randamach** random walk
slabhra *m4* chain[2] *s*
slabhrach *a* chain[3] *a*, in chain form
slabhra *m4* **d'eilimintí sonraí** data
 element chain
slabhra *m4* **dénártha** binary chain
slabhraigh *v* chain[1] *v*
slabhraithe *a* chained *a*
slabhra *m4* **Markov** Markov chain
slabhra *m4* **na n-orduithe** command
 chain
slabhra *m4* **nóiníní** daisy chain
slabhra *m4* **sonraí** data chain
slabhrú *m* **ar aghaidh** forward
 chaining
slabhrú *m* **nóiníní** daisy-chaining *s*
slabhrú *m* **ón chonclúid siar** *See*
 slabhrú ón gconclúid siar.
slabhrú *m* **ón gconclúid siar** (=
 slabhrú *m* **ón chonclúid siar**)
 backward chaining

slabhrú *m* **sonraí** data chaining
sláine *f4* integrity *s*
sláine *f4* **a fhorfheidhmiú** enforce
  integrity, to
sláine *f4* **aonáin** entity integrity
sláine *f4* **bogearraí** software integrity
sláine *f4* **eochrach** key integrity
sláine *f4* **na dtagairtí** referential
  integrity
sláine *f4* **sonraí** data integrity
slais *f2* (= **tulslais**) slash *s*
slán[1] *a* safe *a*, secure *a*
slán[2] *a* round[2] *a*
slánaigh *v* round[1] *v*, round off
slánaigh *v* **síos** round down
slánaigh *v* **suas** round up
slándáil *f3* security *s*
slándáil *f3* **comhad** file security
slándáil *f3* **córas próiseála sonraí** data
  processing system security
slándáil *f3* **feidhmchláirín** applet
  security
slándáil *f3* **ríomhaireachta** computer
  security
slándáil *f3* **sonraí** data security
slán *a* **i gcás teipe** failsafe *a*
slánú *m* (*gs* **-naithe**) (= **slánúchán**)
  rounding *s*, rounding off
slánúchán *m1* (= **slánú**) rounding *s*,
  rounding off
slánuimhir *f5* (*gs* **-mhreach**) integer *s*,
  whole number
slánuimhir *f5* **dheachúlach** decimal
  integer
slánuimhir *f5* **fhada** long integer
slánuimhir *f5* **fhada gan sín** unsigned
  long integer
slánuimhir *f5* **gan sín** unsigned integer
slánuimhir *f5* **le sín** signed integer
slánuimhreach *gs as a* integral *a*
sleamhnán *m1* slide *s*
sliochtnód *m1* descendant node,
  descendant *s*
slíomachán *m1* smoothing *s*
sliotán *m1* slot *s*
sliotán *m1* **ama** time slot

sliotán *m1* **forlíontach** expansion slot
sliotán *m4* **moillaga** delay slot
sliotán *m1* **polarúcháin** polarizing slot
SLIP (= **Prótacal** *m1* **Idirlín Líne
  Srathaí**) SLIP, Serial Line Internet
  Protocol
slis *f2* chip *s*
slis *f2* **chuimhne bolgánaí** bubble
  memory chip
sliseanna *fpl* **cuimhne** memory chips
sliseog *f2* wafer *s*
slis *f2* **íomhá optúil** optical image chip
slis *f2* **líonraithe** networking chip
slis *f2* **ROM** ROM chip
slis *f2* **sceall giotáin** (= **sceall** *m3*
  giotáin) bit-slice chip
slis *f2* **sileacain** silicon chip
sliúráta *m4* slew rate
slogaide *f4* sink *s*
slogaide *f4* **sonraí** data sink
slogaide *f4* **teachtaireachtaí** message
  sink
slogaide *f4* **teasa** heat sink
sloinn *v* express *v*
slonn *m1* expression *s*
slonn *m1* **aonártha** unary expression
slonn *m1* **Boole** Boolean expression
slonn *m1* **camóige** comma expression
slonn *m1* **coinníollach** conditional
  expression
slonn *m1* **comhréire** syntax expression
slonn *m1* **feidhme** function expression
slonn *m1* **ionsuite** infix expression
slonn *m1* **loighciúil** logical expression
slonn *m1* **lúibíneach** parenthesized
  expression
slonn *m1* **measctha** mixed expression
slonn *m1* **príomhúil** primary
  expression
slonn *m1* **sannacháin** assignment
  expression
slonn *m1* **tairiseach** constant
  expression
SLSI (= **comhtháthú** *m* **scála
  ollmhóir**) SLSI, super-large-scale
  integration

smáileog *f2* smudge *s*
smáileog *f2* **dhúigh** ink smudge
Smalltalk Smalltalk *s*
SMB (= **bloc** *m1* **teachtaireachtaí an fhreastalaí**) SMB, server message block
SMBXML (= **Teanga** *f4* **Mharcála Inbhreisithe Gnóthas Beag**) SMBXML, Small Business Extensible Markup Language
SMF (= **Comhad** *m1* **Caighdeánach MIDI**) SMF, Standard MIDI File
smísteog *f2* dingbat *s*
SMP (= **ilphróiseáil** *f3* **shiméadrach**) SMP, symmetric multiprocessing
SMS (= **Seirbhís** *f2* **Gearrtheachtaireachtaí**) SMS, Short Message Service
SMTP (= **Prótacal** *m1* **Simplí Aistrithe Poist**) SMTP, Simple Mail Transfer Protocol
smúdáil *v* lap *v*
smután *m1* chunk *s*
S/N (= **cóimheas** *m3* **comhartha le fuaim**) S/N, signal-to-noise ratio
snag *m3* hiccup *s*
snaidhmthe *a* hung *a*
snáithe *m4* thread *s*
snáithe *m4* **scéil** storyline *s*
snáithín *m4* fibre *s*
snáithín *m4* **aonmhóid** single mode fibre
snáithín *m4* **ilmhód** multimode fibre
snáithín *m4* **optaice** optical fibre
snámhphointe *m4* floating point, floating decimal
snasta *a* glossy *a*
snáthoptaic *f2* fibre optics
SNMP (= **Prótacal** *m1* **Simplí Bainistíochta Líonra**) SNMP, Simple Network Management Protocol
SNOBOL SNOBOL
snong *m1* ferrule *s*
sochaí *f4* **faisnéise, an t** information society

socht *v* suppress *v*
sochtadh *m* (*gs* **-ta**) suppression *s*
sochtóir *m3* suppressor *s*
sochtóir *m3* **fuaime** audio suppresser
socracht *f3* quiescence *s*
socraigh *v* set[1] *v*
socrú[1] *m* (*gs* **-raithe**) setting *s*
socrú[2] *m* (*gs* **-raithe**) quiescing *s*
socrú *m* **codarsnachta** contrast setting
socrú *m* **gile** brightness setting
socruithe *mpl* **luiche** mouse settings
socruithe *mpl* **méarchláir** keyboard settings
socruithe *mpl* **taifeadta** recording settings
socrú *m* **méide** sizing *s*
socrú *m* **priontála** print setting
soghluaisteacht *f3* mobility *s*
soghluaisteacht *f3* **poill** hole mobility
SOH (= **carachtar** *m1* **tús ceannteidil**) SOH, start-of-heading character
SOHO (= **oifig** *f2* **bheag, oifig bhaile**) SOHO, small office, home office
soicéad *m1* socket *s*
soicéad *m1* **cumhachta** (= **soicéad** *m1* **leictreachais**) power socket
soicéad *m1* **leictreachais** (= **soicéad** *m1* **cumhachta**) power socket
soicind *m4* (**s**) second, s
solad *m1* solid[1] *s*
soladach *a* solid[2] *a*
soladstaide *gs as a* (= **staide soladaí** *gs as a*) solid-state *a*
solas *m1* **fluaraiseach** fluorescent light
solas-íogair *a* light-sensitive *a*
solaspheann *m1* light pen, pen light
soláthar *m1* **cumhachta** (= **soláthar** *m1* **leictreachais**) power supply
soláthar *m1* **dobhriste cumhachta** uninterruptible power supply
soláthar *m1* **iniompartha dobhriste cumhachta** portable uninterruptible power supply
soláthar *m1* **leictreachais** (= **soláthar** *m1* **cumhachta**) power supply

soláthraí *m4* **lánseirbhíse (FSP)**
full-service provider, FSP
soláthraí *m4* **seirbhísí ar líne** online
service provider
soláthraí *m4* **seirbhísí Idirlín (ISP)**
Internet service provider, ISP
soláthraí *m4* **seirbhísí stórála** storage
service provider
sonóir *m3* sonar *s*, sound navigation
ranging
sonra *m4* datum *s*
sonragram *m1* datagram *s*
sonraí *mpl* data[1] *spl*
sonraí *mpl* **aibítre/uimhriúla** *See*
sonraí alfa-uimhriúla.
sonraí *mpl* **alfa-uimhriúla (= sonraí**
mpl **aibítre/uimhriúla)**
alphanumeric data
sonraí *mpl* **analógacha** analog data
sonraí *mpl* **aschuir** output data
sonraí *m4* **atá as dáta** stale data
sonraí *mpl* **bunbhanda** baseband data
Sonraí *mpl* **Ciorcadlasctha Ardluais**
(HSCSD) High-Speed
Circuit-Switched Data, HSCSD
sonraí *mpl* **digiteacha** digital data
sonraí *mpl* **digiteacha paicéid sa**
mhodh ceallach (CDPD) cellular
digital packet data, CDPD
sonraí *mpl* **faoi bhun gutha** data
under voice
sonraí *mpl* **foinseacha** source data
sonraigh *v* specify *v*
sonraí *mpl* **ionchuir** input data
sonraí *mpl* **leanúnacha** continuous
data
sonraí *mpl* **neamhbhuana** transient
data
sonraíocht[1] *f3* specification[1], spec
sonraíocht[2] *f3* data[2] *spl*
Sonraíocht *f3* **an Chomhéadain**
Tiománaithe Líonra (NDIS)
Network Driver Interface
Specification, NDIS
sonraíocht *f3* **an chórais** system
specification

sonraíocht *f3* **an dearaidh** design
specification
sonraíocht *f3* **faidhbe** problem
specification
sonraíocht *f3* **feidhme fisiciúla**
physical function specification
sonraíocht *f3* **fhisiciúil feidhmchláir**
physical application specification
sonraíocht *f3* **fhoirmiúil** formal
specification
sonraíocht *f3* **na mbogearraí** software
specification
sonraíocht *f3* **na próiseála** processing
specification
sonraí *mpl* **os cionn gutha** data over
voice
sonraí *mpl* **paicéid chiorcadlasctha**
circuit-switched packet data
sonraí *mpl* **rialúcháin** control data
sonraí *mpl* **scoite** discrete data
sonraí *mpl* **sioncronacha** synchronous
data
sonraí *mpl* **stairiúla** historical data
sonraí *mpl* **struchtúrtha** structured
data
sonraí *mpl* **taighde** research data
sonraí *mpl* **tástála** test data
sonraitheoir *m3* specifier *s*
sonraitheoir *m3* **aicme** class specifier
sonraitheoir *m3* **aicme stórais** storage
class specifier
sonraitheoir *m3* **cineáil** type specifier
sonraitheoir *m3* **formáide** format
specifier
sonraí *mpl* **uimhriúla** numeric data
sonratheilgeoir *m3* (= teilgeoir *m3*
sonraí) data projector
sonrú *m* (*gs* **-raithe**) (= sonrúchán)
specification[2] *s*
sonrúchán *m1* (= sonrú)
specification[2] *s*
sonrú *m* **riachtanas** requirements
specification
sonrú *m* **ríomhchláir** program
specification
sop *m1* stub *s*

sop *m1* **gnáis** procedure stub
sop *m1* **ríomhchláir** program stub
sórtáil[1] *v* sort[1] *v*
sórtáil[2] *f3* sort[2] *s*, sorting *s*
sórtáil *f3* **aibítreach** alphabetic sort
sórtáil *f3* **bholgánach** bubble sort
sórtáil *f3* **chearnach** quadratic sort
sórtáil *f3* **chothromaithe** balanced sort
sórtáil *f3* **chumaisc** merge *s* sort
sórtáil *f3* **chumaisc chothromaithe**
    balanced merge sort
sórtáil *f3* **ilphasach** polyphase sort
sórtáil *f3* **ionsáite** insertion sort
sórtáil *f3* **íslitheach** descending sort
sórtáil *f3* **roghnaíoch** selection sort
sórtáil *f3* **trasuímh** transposition sort
sórtálaí *m4* sorter *s*
sos *m3* pause *s*
spáráil *f3* **teascóg** sector sparing
spárálaí *m4* **gníomhach scáileáin**
    active screen saver
spárálaí *m4* **scáileáin** screen saver
spás *m1* space[2] *s*
spásáil[1] *v* space[1] *v*
spásáil[2] *f3* spacing *s*
spásáil *f3* **alt** paragraph spacing
spásáil *f3* **aon líne** (= **spásáil** *f3*
    shingil) single line spacing
spásáil *f3* **chéim a deich** (= **spásáil** *f3*
    phíoca) ten pitch spacing
spásáil *f3* **chéim a dó dhéag**
    twelve-pitch spacing
spásáil *f3* **chomhréireach** proportional
    spacing
spásáil *f3* **dhá líne** (= **déspásáil**)
    double line spacing
spásáil *f3* **línte** line spacing
spásáil *f3* **litreacha** letter spacing
spásáil *f3* **(luaidhe) idir línte** *(Typ.)*
    leading *s*
spásáil *f3* **phíoca** (= **spásáil** *f3* **chéim**
    a deich) pica spacing
spásáil *f3* **shingil** (= **spásáil** *f3* **aon**
    líne) single spacing
spás *m1* **(ar) diosca** disk space
spás *m1* **bán** (= **bánán**) whitespace *s*

spásbharra *m4* spacebar *s*
spáscharachtar *m1* space character
spás *m1* **crua** hard space
spás *m1* **líonta le nialais** zero-filled
    space
spás *m1* **oibre** workspace *s*
spás *m1* **seoltaí** address space
spás *m1* **seoltaí fíorúla** virtual address
    space
spás *m1* **seoltaí fisiciúla** physical
    address space
spás *m1* **stórála** storage space
speictream *m1* spectrum *s*
speictream *m1* **éigríochta** infinite
    spectrum
speictriméadar *m1* spectrometer *s*
spíce *m4* spike *s*
spíce *m4* **voltais** voltage spike
spladhsáil *v* splice *v*
spladhsálaí *m4* splicer *s*
spladhsálaí *m4* **téipe** tape splicer
splancscáileán *m1* splash screen
spleách *a* dependent *a*
spleáchais *mpl* dependencies *spl*
spleách *a* **ar (an) chomhthéacs** (=
    spleách *a* **ar an gcomhthéacs**)
    context-dependent *a*
spleách *a* **ar an chur i ngníomh** *See*
    spleách ar an gcur i ngníomh.
spleách *a* **ar an gcomhthéacs** (=
    spleách *a* **ar {an} chomhthéacs**)
    context-dependent *a*
spleách *a* **ar an gcur i ngníomh** (=
    spleách *a* **ar an chur i ngníomh**)
    implementation-dependent *a*
spleách *a* **ar ardán**
    platform-dependent *a*
spleáchas *m1* **ar chrua-earraí**
    hardware dependency
spleáchas *m1* **feidhmeanna** functional
    dependency
spleáchas *m1* **gléis** device dependence
spleách *a* **go neamhaistreach**
    nontransitively dependent
spleáchóg *f2* dependant *s*
spleáchóir *m3* entity which has at least

one dependant

spól *m1* spool[2] *s*, reel *s*

spóláil[1] *v,* spool[1] *v* (simultaneous peripheral operations online)

spóláil[2] *f3* spooling *s*

spól *m1* **téipe** tape spool

spotphollaire *m4* spot punch

SPP (= **próiseáil** *f3* **chomhuaineach inscálaithe**) SPP, scalable parallel processing

spré *m* (*gs* **-ite**) dispersion *s*

spréach *f2* spark *s*

spréchrann *m1* splay tree

sprice *gs as a* (= **sprioc-** *pref*) target[2] *a*

sprioc *f2* target[1] *s*

sprioc- *pref* (= **sprice** *gs as a*) target[2] *a*

spriocanna *fpl* **córais** system goals

sprioc-chéim *f2* target phase

spriocfhráma *m4* **réamhshocraithe** default target frame

sprioc-ríomhchlár *m1* target program

sprioctheanga *f4* target language

SPX[1] (= **Malartú** *m* **Seicheamhach Paicéad**) SPX[1], Sequenced Packet Exchange

SPX[2] (= **aonphléacsach**) SPX[2], simplex[2] *a*

SQL (= **Teanga** *f4* **Struchtúrtha Iarratas**) SQL, Structured Query Language

SQL dinimiciúil dynamic SQL

SQL leabaithe embedded SQL

sraith[1] *f2* series *s*

sraith[2] *f2* layer[2] *s*

sraith *f2* (**an**) **iompair** transport layer

sraith *f2* **an líonra** network layer

sraith *f2* **an naisc** connection layer

sraith *f2* (**an**) **nasctha sonraí** data link layer

sraith *f2* **an tseisiúin** session layer

sraith *f2* **feidhmchlár** suite of programs

sraith *f2* **fhisiciúil, an t** the physical layer

sraith *f2* **na feidhme** application layer

sraith *f2* **na láithreoireachta** presentation layer

sraith *f2* **na seirbhísí láithreoireachta** presentation services layer

sraith *f2* **rialaithe** (**an**) **nasctha sonraí** data link control layer

sraith *f2* **rialaithe cosán** path control layer

sraithuimhir *f5* serial number

SRAM (= **cuimhne** *f4* **randamrochtana statach**) SRAM, static random access memory

srathach *a* serial *a*

srathach-chomhuaineach *a* serial-parallel *a*

srathaigh *v* layer[1] *v*

srathaithe *a* layered *a*

srathóir *m3* serializer *s*

srathú *m* (*gs* **-thaithe**) layering *s*

sreabh[1] *v* flow[1] *v*

sreabh[2] *f2* (= **sreabhadh**) flow[2] *s*

sreabhadh *m* (*gs* **sreafa**) (= **sreabh**[2]) flow[2] *s*

sreabhadh *m* **gnáth-threoch** normal direction flow

sreabhadh *m* **ilchodach sonraí** composite data flow

sreabhadh *m* (**na h)oibre** workflow *s*

sreabhadh *m* **rialúcháin** flow of control, control flow

sreabhadh *m* **sonraí** data flow

sreabhchairt *f2* flowchart *s*

sreabhchairtiú *m* (*gs* **-tithe**) flowcharting *s*

sreabhchairt *f2* **loighce** logic flowchart

sreabhchairt *f2* **macra** macro flowchart

sreabhléaráid *f2* flow diagram

sreabhlíne *f4* flow line

sreabhrialúchán *m1* flow control

sreabhthreo *m4* flow direction

sreang *f2* wire *s*

sreangfhilleadh *m* (*gs* **-llte**) wirewrap *s*

sreang *f2* **mhaighnéadach** magnetic wire

sreang *f2* **plocóide** plug wire
sreang *f2* **theileafóin** telephone wire
sreangú *m* (*gs* **-gaithe**) wiring *s*
sruth[1] *m3* (*El.*) current[1] *s*
sruth[2] *m3* stream *s*
sruth *m3* **ailtéarnach (SA)** alternating
current, AC
sruthaireacht *f3* roaming *s*
sruth *m3* **ceadchomharthaí** token
stream
sruth *m3* **díreach (DC {SD})** direct
current, DC[2]
sruth *m3* **ionduchtaithe** induced
current
sruth *m3* **jabanna** job stream
sruth *m3* **ligin** leakage current
sruth *m3* **peiriadach** periodic current
sruth *m3* **socair** quiescent current
sruth *m3* **sonraí** data stream
sruthú *m* (*gs* **-thaithe**) streaming *s*
SSADM (= **Modh** *m3* **Anailíse agus
Deartha Córas Struchtúrtha**)
SSADM, Structured Systems
Analysis and Design Method
SSD (= **diosca** *m4* **soladstaide**) SSD,
solid-state disk
SSI (= **comhtháthú** *m* **mionscála**) SSI,
small-scale integration
stad *m4* halt *s*
stádas *m1* status *s*
stádas *m1* **scortha** exit status
stad *m4* **brisphointe** breakpoint halt
stadtreoir *f5* halt instruction
staid *f2* state *s*
staid *f2* **chobhsaí** stable state
staid *f2* **chumraíochta** configuration
state
staid *f2* **dhíomhaoin** idle state
staid *f2* **éagobhsaí** unstable state
staidéar *m1* **féidearthachta**
(= **staidéar** *m1* **indéantachta**)
feasibility study
staidéar *m1* **indéantachta** (= **staidéar**
m1 **féidearthachta**) feasibility study
staidéar *m1* **ríomhaireachta** computer
studies

staide soladaí *gs as a* (= **soladstaide**
gs as a) solid-state *a*
staid *f2* **feithimh** wait state
staid *f2* **neamhthadhlaithe** unvisited
state
staid *f2* **neodrach** neutral state
staid *f2* **nialasach** zero state
staidreamh *m1* (= **staitistic**[2]) statistics
s
staid *f2* **reatha** current state
staid *f2* **thadhlaithe** visited state
staid *f2* **thosaigh** initial state
stair *f2* history *s*
stair *f2* **aonáin (ELH)** entity life
history, ELH
stáiseanóireacht *f3* (= **páipéarachas**)
stationery *s*
stáisiún *m1* **fiosrúcháin** inquiry station
stáisiún *m1* **ionchurtha sonraí** data
input station
stáisiún *m1* **nasctha** (= **leaba** *f*
nasctha) docking station
stáisiún *m1* **oibre** workstation *s*
stáisiún *m1* **oibre gan (tiomántán)**
diosca diskless workstation
stáisiún *m1* **pollta** punch station
stáisiún *m1* **sclábhánta** slave station
stáisiún *m1* **sonraí** data station
staitistic[1] *f2* (*gs* **-í**) statistic *s*
staitistic[2] *f2* (= **staidreamh**) statistics *s*
staitisticí *fpl* **ón ríomhaire** computer
statistics
staitisticí *fpl* **úsáide** usage statistics
staitistiúil *a* statistical *a*
stampa *m4* **ama** time stamp
statach *a* static *a*
statachóir *m3* staticizer *s*
STDM (= **ilphléacsú** *m* **staitistiúil
roinnte ama**) STDM, statistical
time-division multiplexing
steiréa- *pref* (= **steiréi-** *pref*) stereo *a*
steiréi- *pref* (= **steiréa-** *pref*) stereo *a*
stíl *f2* style *s*
stílbhileog *f2* (= **bileog** *f2* **stíle**) style
sheet
stílbhileog *f2* **chascáideach (CSS)**

cascading style sheet, CSS
stíleas *m1* stylus *s*
stiúideo *m4* **leathanbhanda** broadband
studio
stiúrthóir *m3* **Gréasáin** Webmaster *s*
stiúrthóir *m3* **sleamhnán** slide master
stocastach *a* stochastic *a*
stoirm *f2* **chraolacháin** broadcast
storm
stoirm *f2* **thintrí** lightning storm
stop[1] *v* stop[1] *v*
stop[2] *m4* stop[2] *s*
stopthreoir *f5* **choinníollach**
conditional stop instruction
stopthreoir *f5* **roghnach** optional stop
instruction
stór *m1* repository *s*
stóráil[1] *v* store[1] *v*
stóráil[2] *f3* storage[2] *s*
stóráil *f3* **aonleibhéil** one-level storage
stóráil *f3* **ar diosca** disk storage
stóráil *f3* **ar téip mhaighnéadach**
magnetic tape storage
stóráil *f3* **bholgánach** bubble storage
stóráil *f3* **bholgánach**
mhaighnéadach magnetic bubble
storage
stóráil *f3* **bhrú anuas** (= **stóráil** *f3*
LIFO) pushdown storage
stóráil *f3* **chioglach** cyclic storage
stóráil *f3* **chomhordanáideach**
(= **stóráil** *f3* **mhaitríse**) co-ordinate
storage
stóráil *f3* **eibleachta léasair** laser
emulsion storage
stóráil *f3* **feadáin gha-chatóidigh**
cathode-ray tube storage
stóráil *f3* **holagrafach** holographic
storage
stóráil *f3* **LIFO** (= **stóráil** *f3* **bhrú**
anuas) LIFO storage
stóráil *f3* **mhaitríse** (= **stóráil** *f3*
chomhordanáideach) matrix
storage
stóráil *f3* **mhear-rochtana** fast-access
storage

stóráil *f3* **rochtana láithrí** immediate
access store
stóráil *f3* **sheasmhach** persistent
storage
stóráil *f3* **sonraí** data storage
stóráil *f3* **threasach** tertiary storage
stóras *m1* storage[1] *s*, store[2] *s*
stóras *m1* **ar dhioscaí inmhalartaithe**
exchangeable disk store
stóras *m1* **ar líne** online storage
stóras *m1* **bunaithe ar ghiotánraí**
word-organized storage
stóras *m1* **comhthiomsaitheach**
associative storage,
content-addressed storage
stóras *m1* **comhuaineach** parallel
storage
stóras *m1* **dinimiciúil** dynamic storage
stóras *m1* **dír-rochtana** direct-access
storage
stóras *m1* **fíorúil** virtual storage
stóras *m1* **fosaithe** fixed storage
stóras *m1* **ilbheart** multibyte storage
stóras *m1* **in-léirscriosta** erasable
storage
stóras *m1* **inléite amháin** read-only
storage
stóras *m1* **inmheánach** (= **cuimhne** *f4*
inmheánach) internal storage
stóras *m1* **logánta** local storage
stóras *m1* **loighciúil** logical store
stóras *m1* **loighciúil sonraí** logical
data store
stóras *m1* **luaineach (VS)** volatile
storage, VS
stóras *m1* **maighnéadach** magnetic
storage
stóras *m1* **maolánach** buffer storage
stóras *m1* **neamhluaineach (NVS)**
nonvolatile storage, NVS
stóras *m1* **príomhúil** primary storage
stóras *m1* **randamrochtana**
random-access storage
stóras *m1* **rialúcháin** control store
stóras *m1* **ríomhchlár** program storage
stóras *m1* **rochtana seicheamhaí** (=

stóras *m1* srathach)
sequential-access storage
stóras *m1* seachtrach external storage
stóras *m1* sealadach (= ceap *m1*
breacaireachta, cuimhne *f4*
mhear-rochtana, gearrthaisce)
temporary storage
stóras *m1* sonraí data store
stóras *m1* sonraí neamhbhuana
transient data store
stóras *m1* srathach (= stóras *m1*
rochtana seicheamhaí) serial
storage
stóras *m1* statach static storage
stóras *m1* tánaisteach secondary
storage, auxiliary storage
stóras *m1* toilleora capacitor storage
stórchiste *m4* (= teasáras) thesaurus *s*
stór *m1* oibiachtaí object repository
straoiseoga *fpl* emoticons *spl*, smileys
spl
stríoc *f2* stripe *s*
strób *m1* strobe *s*
stróbchomhartha *m4* strobe signal
struchtúr *m1* structure *s*
struchtúrach *a* structural *a*
struchtúr *m1* bunachar sonraí
database structure
struchtúr *m1* comhadlainne directory
structure
struchtúr *m1* comhuainíochta parallel
structure
struchtúr *m1* crainn tree structure
struchtúr *m1* dinimiciúil sonraí
dynamic data structure
struchtúr *m1* doiciméid document
structure
struchtúr *m1* gan tada i bpáirt shared
nothing structure
struchtúr *m1* ionchuir/aschuir
input/output structure
struchtúr *m1* loighciúil logical
structure
struchtúr *m1* loighciúil sonraí logical
data structure
struchtúr *m1* mhiondealú na dtáirgí

product breakdown structure
struchtúr *m1* na n-orduithe command
structure
struchtúr *m1* rialúcháin control
structure
struchtúr *m1* roghchláir menu
structure
struchtúr *m1* sonraí data structure
struchtúrtha *a* structured *a*
strúdal *m1* (@) strudel *s*
strus *m1* stress *s*
stua *m4* arc *s*
stuaic *f2* (= nód) vertex *s*
stuáil[1] *v* pad *v*
stuáil[2] *f3* padding *s*
stuáil *f3* giotán bit stuffing
STX (= carachtar *m1* tús téacs) STX,
start-of-text character
suaitheadh *m* (*gs* suaite) shuffle *s*
suaitheadh *m* foirfe perfect shuffle
suaitheadh *m* teirmeach thermal
agitation
suas *adv* up *adv*
súdachód *m1* (= cód *m1* bréige)
pseudocode *s*
súdai-eilimint *f2* pseudo-element *s*
súdaithreoir *f5* (*gs* -orach)
pseudo-instruction *s*
súdariail *f5* pseudorule *s*
súdoibríocht *f3* pseudo-operation *s*
súdoibríocht *f3* as líne pseudo offline
operation
suí *m* (*gs* suite) positioning *s*
suigh *v* position[1] *v*
suim *f2* sum *s*
suim *f2* dhá thacar (= aontas *m1* dhá
thacar) sum of two sets
suimeáil *f3 (Mth.)* integration[2] *s*
suimeáilte *a (Mth.)* integrated[1] *a*
suimeálaí *m4* integrator *s*
**Suimeálaí *m4* agus Ríomhaire
Leictreonach Uimhreacha
(ENIAC)** Electronic Numerical
Integrator and Computer, ENIAC
suimeálaí *m4* digiteach digital
integrator

suimeálaí *m4* **suimiúcháin** summing integrator

suimeálaí *m4* **teoranta** limited integrator

suimeann *f2* addend *s*

suimigh *v (Mth.)* add^2 *v*

suimitheoir *m3* adder *s*

suimitheoir *m3* **aondigite** one-digit adder

suimitheoir *m3* **comhuaineach** parallel adder

suimitheoir *m3* **srathach** serial adder

suimitheoir *m3* **tonnánach** ripple adder

suimiú *m (gs* **-mithe)** (= **suimiúchán**^{1}) add^3 *s*, addition *s*

suimiúchán^1 *m1* (= **suimiú**) add^3 *s*, addition *s*

suimiúchán^2 *m1* summation *s*

suimiúchán *m1* **gan iomprach** addition without carry

suimiúchán *m1* **loighciúil** (= **oibríocht** *f3* **OR**) logical add

suim *f2* **sheiceála** checksum *s*

suíomh^1 *m1 (gs* **-ímh** *pl* **-anna)** (= **ionad**^{2}) position^2 *s*, location *s*

suíomh^2 *m1 (gs* **-ímh** *pl* **-anna)** (= **láithreán**) site *s*

suíomh *m1* **cille** cell location

suíomh *m1* **comhrá** (= **láithreán** *m1* **comhrá**) talker *s*, chat site

suíomh *m1* **cosanta** protected location

suíomh *m1* **fuinneoige** window position

suíomh *m1* **giotáin** bit location

suíomh *m1* **Gréasáin** (= **láithreán** *m1* **Gréasáin**) Web site

suíomh *m1* **íoslódála** (= **láithreán** *m1* **íoslódála**) download site

suíomh *m1* **mealltach** (= **láithreán** *m1* **mealltach**) cool site

suíomh *m1* **neamhbhuan** (= **láithreán** *m1* **neamhbhuan**) transient site

suíomh *m1* **reatha** current location

suíomh *m1* **sa chuimhne** memory location

suíomh *m1* **scáthánaithe** (= **láithreán** *m1* **scáthánaithe**) mirror site

suiteáil^1 *v* install *v*, set up^2

suiteáil^2 *f3* installation *s*, set up^4

suiteáil *f3* **ríomhairí** installation of computers

suiteálacha *fpl* **nua** new installations

suiteoir *m3* positioner *s*

suiteoir *m3* **líneach** linear positioner

suiteoir *m3* **rothlach** rotary positioner

suntasacht *f3* significance *s*

SVG (= **Grafaic** *f2* **Inscálaithe Veicteoireach**) SVG, Scalable Vector Graphics

SVGA (= **Sáreagar** *m1* **Físghrafaice**) SVGA, Super Video Graphics Array

SW (= **gearrthonn**) SW, short wave

T

T^1 (= **teirea-** *pref*) T^1, tera- *pref*

T^2 (= **teisle**) T^2, tesla *s*

tá an glacadóir ullamh receiver ready

táb *m1* tab *s*

táb *m1* **ar chlé** (= **táb** *m1* **clé**) left tab

táb *m1* **ar dheis** (= **táb** *m1* **deas**) right tab

táb *m1* **clé** (= **táb** *m1* **ar chlé**) left tab

táb *m1* **deachúlach** decimal tab

táb *m1* **deas** (= **táb** *m1* **ar dheis**) right tab

tabhair *v* **chun tosaigh** bring to front

tabhall *m1* register *s*

tabhall *m1* **aonghiotáin** single bit register

tabhall *m1* **beo** live register

tabhall *m1* **ceathairfhaid** quadruple-length register

tabhall *m1* **cúltaca** standby register

tabhall *m1* **cúrsaíochta** circulating register

Tabhall *m1* **d'Aitheantóirí Fóin Phóca** Mobile Equipment Identifier Register

tabhall *m1* **deighleáin sonraí**

data-segment register

tabhall *m1* **faid n-chodaigh** n-tuple
length register

tabhall *m1* **ilfhóinteach**
general-purpose register

tabhall *m1* **ilphort** multiport register

tabhall *m1* **innéacs** index register

tabhall *m1* **iolraitheora is roinnteora**
multiplier-quotient register

tabhall *m1* **iomlaoide** shift register

tabhall *m1* **maolánach** buffer register

tabhall *m1* **marbh** dead register

tabhall *m1* **mhaolán na cuimhne
(MBR^2)** memory buffer register,
MBR^2

tabhall *m1* **micrithreoracha**
microinstruction register

tabhall *m1* **oibríochta** operation
register

tabhall *m1* **rialaithe aistriúcháin**
translation control register

tabhall *m1* **rialaithe seichimh**
(= **áiritheoir** *m3* **seichimh**)
sequence control register

tabhall *m1* **rialúcháin** control register

tabhall *m1* **seoltaí** address register

tabhall *m1* **seoltaí ionchuir/aschuir**
input/output address register

tabhall *m1* **sheoladh na cuimhne
(MAR)** memory address register,
MAR

tabhall *m1* **seoladh treorach** (=
tabhall sheoladh na dtreorach)
instruction address register

tabhall *m1* **snámhphointe (FPR)**
floating-point register, FPR

tabhall *m1* **sonraí** data register

tabhall *m1* **sonraí cuimhne** memory
data register

tabhall *m1* **stádais** status register

tabhall *m1* **stádas rialúcháin** control
status register

tabhall *m1* **stórais** storage register

tabhall *m1* **treorach (IR)** instruction
register, IR

tabhall *m1* **treorach reatha** current

instruction register

tabhall *m1* **uimhríochta** arithmetic
register

tábla *m4* table *s*

tábla *m4* **cinnteoireachta** decision
table

tábla *m4* **cód oibríochta** operation
code table

tábla *m4* **cuardaigh** lookup table

tábla *m4* **domhanda tuairisceoirí**
global descriptor table

tábla *m4* **fírinne** (= **tábla** *m4*
loighciúil) truth table

tábla *m4* **freagraí** answer table

táblaí *mpl* **agus imlínte** tables and
borders

táblaigh *v* tabulate *v*

tábla *m4* **ionadaithe** substitution table

táb *m1* **láir** centre tab

tábla *m4* **leathanaigh** page table

tábla *m4* **leithdháilte comhad** file
allocation table

tábla *m4* **logánta tuairisceoirí** local
descriptor table

tábla *m4* **loighciúil** (= **tábla** *m4*
fírinne) logical table

tábla *m4* **maighdeogach** pivot table

tábla *m4* **oibríochta** operation table

tábla *m4* **oibríocht Boole** Boolean
operation table

tábla *m4* **príomhúil** primary table

tábla *m4* **rialaithe dialóige** dialogue
control table

tábla *m4* **ródúcháin** routing table

tábla *m4* **siombailí** symbol table

tábla *m4* **suimiúcháin** addition table

tábla *m4* **torthaí** result table

tábla *m4* **triantánach** triangle table

tábla *m4* **údaraithe** authorization table

tábló *m4* tableau *s*

táblóir *m3* tabulator *s*

táblú *m* (*gs* **-laithe**) (= **táblúchán**)
tabulation *s*

táblúchán *m1* (= **táblú**) tabulation *s*

táb *m1* **réamhshocraithe** default tab

tábstop *m4* tab stop

tacachumas *m1* fallback *s*
tacaíocht *f3* support *s*
tacaíocht *f3* **bogearraí** software support
tacaíocht *f3* **brabhsálaí** browser support
tacaíocht *f3* **córais** system support
tacaíocht *f3* **theicniúil** technical support
tacair *mpl* **chomhionanna** identical sets
tacair *mpl* **scartha** disjoint sets
tacar *m1* (= **foireann**) set[2] *s*
tacar *m1* **airíonna** property set
tacar *m1* **breisithe carachtar** extended character set
tacar *m1* **carachtar** (= **foireann** *f2* **carachtar**) character set
tacar *m1* **carachtar ASCII** ASCII character set
tacar *m1* **carachtar réamhshocraithe** default character set
tacar *m1* **códaithe** coded set
tacar *m1* **críochta** finite set
tacar *m1* **de dhigití** set of digits
tacar *m1* **de litreacha** set of letters
tacar *m1* **de roghanna malartacha** set of alternative choices
tacar *m1* **éigríochta** infinite set
tacar *m1* **éigríochta inchomhairthe** countably infinite set
tacar *m1* **eilimintí cóid** code element set
tacar *m1* **fírinne** truth set
tacar *m1* **fírinne abairte oscailte** truth set of an open sentence
tacar *m1* **folamh** (= **tacar** *m1* **neamhhnitheach**) empty set
tacar *m1* **gníomhach** working set
tacar *m1* **macraithreoracha** macroinstruction set
tacar *m1* **neamhfholamh** non-empty set
tacar *m1* **neamhnitheach** (= **tacar** *m1* **folamh**) null set
tacar *m1* **reatha** active set

tacar *m1* **siombailí** symbol set
tacar *m1* **sonraí** data set
tacar *m1* **sonraí réidh (DSR)** data set ready, DSR
tacar *m1* **treoracha** (= **foireann** *f2* **treoracha**) instruction set
tacastóráil *f3* backing storage
tacsanomaíocht *f3* taxonomy *s*
tacsanomaíocht *f3* **Flynn** Flynn's taxonomy
tadhaill *v* visit[1] *v*
tadhall[1] *m1* tangent *s*
tadhall[2] *m1* visit[2] *s*
tadhall *m1* **in ord** in-order visitation
tadhallíogair *a* touch-sensitive *a*
tagair *v* refer *v*
tagairt *f3* reference *s*
tagairt *f3* **cille** cell reference
tagairt *f3* **d'aonán paraiméadair** parameter entity reference
tagairt *f3* **do chill choibhneasta** relative cell reference
tagairt *f3* **sheachtrach** external reference
tagairt *f3* **stílbhileoige** style sheet reference
tagarmharc *m1* benchmark *s*
tagarmharc *m1* **lánfheidhmíochta** Khornerstone benchmark
tagarmharc *m1* **luas uimhríochta** Whetstone benchmark
tagarmharc *m1* **próiseála** Dhrystone benchmark
tagrach *a* referential *a*
tagróir *m3* referrer *s*
taibhse *f4* phantom *s*
táibléad *m1* tablet *s*
táibléad *m1* **grafaice** graphics tablet
taifeach *m1* resolution *s*, res.
taifeach *m1* **digiteach** digital resolution
taifeach *m1* **spásúil** spatial resolution
taifeach *m1* **taispeána grafaí** graphic display resolution
taifead[1] *v* record[1] *v*
taifead[2] *m1* record[2] *s*

taifeadadh *m* (*gs* **-eadta**) recording *s*
taifeadadh *m* **débhíogach**
  double-pulse recording
taifeadadh *m* **Digiteach Dírshrutha**
  (= **taifeadadh** *m* **DSD**) Direct
  Stream Digital recording, DSD
  recording
taifeadadh *m* **DSD** (= **taifeadadh** *m*
  Digiteach Dírshrutha) DSD
  recording, Direct Stream Digital
  recording
taifeadadh *m* **fuaime** (= **taifead** *m1*
  fuaime) sound recording
taifeadadh *m fill ar laofacht*
  return-to-bias recording
taifeadadh *m fill ar nialas*
  return-to-zero recording
taifeadadh *m fill ar thagairt*
  return-to-reference recording
taifeadadh *m* **maighnéadach** magnetic
  recording
taifeadadh *m* **modhnaithe**
  mionathraithe minicíochta
  modified frequency modulation
  recording
taifeadadh *m* **pasmhodhnúcháin**
  phase modulation recording
taifeadadh *m* **pas-trasdula** phase
  transition recording
taifeadán *m1* recorder *s*
taifeadán *m1* **CDanna** (= **dóire** *m4*
  CDanna, scríbhneoir *m3* **CDanna**)
  CD recorder
taifeadán *m1* **físchaiséid** (**VCR**) video
  cassette recorder, VCR
taifeadán *m1* **fístéipe** (**VTR**) video
  tape recorder, VTR
taifead *m1* **aschuir** output record
taifead *m1* **dúblach** duplicate record
taifead *m1* **fisiciúil** physical record
taifead *m1* **fuaime** (= **taifeadadh** *m*
  fuaime) sound recording
taifead *m1* **iarcheangailte leis seo**
  appended record with following
taifead *m1* **idirbhirt** transaction record
taifead *m1* **loighciúil** logical record

taifead *m1* **neamhchosanta**
  unprotected record
taifead *m1* **sonraí** data record
taifead *m1* **tagartha** reference record
taifeoir *m3* resolver *s*
taifid *mpl* **aonfhaid** fixed-length
  records
taifid *mpl* **dhúbailte** duplicated
  records
taifid *mpl* **ghrúpáilte** grouped records
taifid *mpl* **ilfhaid** variable-length
  records
taifid *mpl* **róshreafa** overflow records
taifigh *v* resolve *v*
taifithe *a* resolved *a*
taighde *m4* **ar oibríochtaí** operations
  research
táirge *m4 (Com.)* product[1] *s*
táirge *m4* **insoláthartha** deliverable *s*
táirgeacht *f3* production[1] *s*
táirgeadh *m* (*gs* **-gtha**) production[2] *s*
táirgiúil *a* productive *a*
táirgiúlacht *f3* productivity *s*
tairiscint *f3* proposition *s*
tairiscint *f3* **fhíor** true proposition
tairiseach[1] *m1* constant[1] *s*
tairiseach[2] *a* constant[2] *a*
tairiseach *m1* **ama** time constant
tairiseach *m1* **athshuite** relocation
  constant
tairiseach *m1* **Boole** Boolean constant
tairiseach *m1* **carachtair** character
  constant
tairiseach *m1* **carachtair ochtnártha**
  octal character constant
tairiseach *m1* **domhanda** global
  constant
tairiseach *m1* **domhanda Boole** global
  Boolean constant
tairiseach *m1* **fada** long constant
tairiseach *m1* **heicsidheachúlach**
  hexadecimal constant
tairiseach *m1* **idirleata** diffusion
  constant
tairiseach *m1* **ilcharachtar**
  multicharacter constant

tairiseach *m1* **líonra** network constant

tairiseach *m1* **ochtnártha** octal constant

tairiseach *m1* **pointe fhosaithe** fixed-point constant

tairiseach *m1* **snámhphointe** floating-point constant

tairiseach *m1* **teaghráin** string constant

tairiseach *m1* **treorach** instruction constant

tairseach[1] *f2* threshold *s*

tairseach[2] *f2* portal[1] *s*

tairseach *f2* **faisnéise fiontair** enterprise information portal

tairsí *gs as a* portal[2] *a*

taisce *f4* (= **cuimhne** *f4* **thaisce**) cache *s*

taiscéal *v* explore *v*

taiscéaladh *m* (*gs* -**lta**) (= **taiscéalaíocht**) exploring *s*

taiscéalaí *m4* explorer *s*

taiscéalaíocht *f3* (= **taiscéaladh**) exploring *s*

taisce *f4* **chomhad** file cache

taisce *f4* **chomhthiomsaitheach** associative cache

taisce *f4* **chomhuaineach** look aside cache

taisce *f4* **dhírmhapáilte** direct-mapped cache

taisce *f4* **iliontrálach chomhthiomsaitheach** set associative cache

taisce *f4* **lán-chomhthiomsaitheach** fully associative cache

taisce *f4* **RAM** RAM cache

taisce *f4* **shrathach** look through cache

taisce *f4* **speiceála** snoopy cache

taispeáin *v* show *v*, demonstrate *v*, display[1] *v*

taispeáin *v* **an deasc** show desktop

taispeáin/folaigh *v* show/hide *v*

taispeáint *f3* (*gs* -**ána** *pl* -**í**) display[2] *s*, demonstration *s*, demo

taispeáint *f3* **astaithe réimse** field

emission display

taispeáint *f3* **dé-óid astaithe solais** (= **taispeáint** *f3* **LED**) light-emitting diode display, LED display

taispeáint *f3* (**forleagan**) **foirme** form flash

taispeáint *f3* **lánleathanaigh** full-page display

taispeáint *f3* **leachtchriostail** (**LCD**) liquid crystal display, LCD

taispeáint *f3* **LED** (= **taispeáint** *f3* **dé-óid astaithe solais**) LED display, light-emitting diode display

taispeáint *f3* **mhonatóra** monitor display

taispeáint *f3* **phlasma** plasma display

taispeáint *f3* **phlasma gáis** (**GPD**) gas plasma display, GPD

taispeáint *f3* **rointgine** roentgen display

taispeáint *f3* **scáileán tadhaill** touch-screen display

taispeána *gs as a* demo *a*

taispeántas *m1* **sleamhnán** slide show

taithí *f4* **láimhe oibriúcháin** hands-on operating experience

talamh *m/f* (*gs* **talaimh/talún**) ground *s*

talmhú *m* (*gs* -**mhaithe**) (= **talmhúchán**) earthing *s*

talmhúchán *m1* (= **talmhú**) earthing *s*

tanaigh *v* attenuate *v*

tánaisteach *a* secondary *a*

tanú *m* (*gs* -**naithe**) (= **tanúchán**) attenuation *s*

tanúchán *m1* (= **tanú**) attenuation *s*

tanúchán *m1* **picteilíní** pixel thinning

taobh-bhanda *m4* sideband *s*

taobh-bhanda *m4* **iarmharach** vestigial sideband

tapa *m4* tap[2] *s*

tapáil *v* tap[1] *v*

tarchuir *v* (**TSMT**) transmit *v*, TSMT

tarchur[1] *m1* transmission[1] *s*

tarchur[2] *m* (*gs* -**rtha**) transmission[2] *s*

tarchuradóir *m3* transmitter *s*

tarchur *m* **air, tarchur as
(XON/XOFF)** transmission on,
transmission off, XON/XOFF
tarchur *m* **aisioncronach**
asynchronous transmission
tarchur *m* **aonphléacsach** simplex
transmission
tarchur *m* **aonpholach** unipolar
transmission
tarchur *m* **bunbhanda** baseband
transmission
tarchur *m* **comhuaineach** parallel
transmission
tarchur *m* **comhuaineach giotán** bit
parallel transmission
tarchur *m* **déphléacsach** duplex
transmission
tarchur *m* **digiteach** digital
transmission
tarchur *m* **iseacronach** isochronous
transmission
tarchur *m* *tosaigh, stop* start-stop
transmission
tarchur *m* **leathanbhanda** wideband
transmission
tarchur *m* **leath-dhéphléacsach**
half-duplex transmission
tarchur *m* **neamhchothromaithe**
unbalanced transmission
tarchur *m* **paicéad** packet transmission
tarchur *m* **satailíte** satellite
transmission
tarchur *m* **sioncronach** synchronous
transmission
tarchur *m* **sonraí** data transmission
tarchur *m* **srathach** serial transmission
tarchur *m* **srathach giotán** bit serial
transmission
tardhul *m3* pass *s*
tarlaigh *v* occur *v*
tarlú *m* (*gs* **-laithe**) occurrence *s*
tarraing *v* pull *v*, drag *v*, pop *v*
tarraing agus scaoil *v* drag and drop
tarraingt *f* (*gs* **-he**) dragging *s*
tar-rolladh *m* (*gs* **-llta**) rollover *s*
tarrtháil *v* rescue *v*

tasc *m1* task *s*
tascáil *f3* tasking *s*
táscaire *m4* indicator *s*
táscaire *m4* **clingeach** ringing
indicator
táscaire *m4* **ionad comhaid** file
position indicator
táscaire *m4* **róshreafa** overflow
indicator
táscaire *m4* **stádas eochrach** key
status indicator
táscaire *m4* **staide (SI^2)** state
indicator, SI^2
táscaire *m4* **tarlaithe** occurrence
indicator
táscaire *m4* **tosaíochta** priority
indicator
tascbharra *m4* taskbar *s*
tásc-chairt *f2* indicator chart
tásc *m1* **diúltach** negative indication
Tascfhórsa *m4* **Innealtóireachta an
Idirlín** Internet Engineering Task
Force
tasc *m1* **nascóra** linker task
tasc *m1* **sa chúlra** background task
tasc *m1* **sa tulra** foreground task
TASI (= **idirshuíomh** *m1* **cainte
sannta ama**) TASI, time-assignment
speech interpolation
tástáil[1] *v* test[1] *v*
tástáil[2] *f3* test[2] *s*
tástáil[3] *f3* testing *s*
tástáil *f3* **aibítre** alphabetic test
tástáil *f3* **aischéimnitheach** regression
testing
tástáil *f3* **aona(i)d** unit testing
tástáil *f3* **ar (an) strus** *See* tástáil
struis.
tástáil *f3* **chliobógach** leapfrog test
tástáil *f3* **chliobógach chraplaithe**
crippled leap-frog test
tástáil *f3* **córais** system testing
tástáil *f3* **dhiagnóiseach** diagnostic
test
tástáil *f3* **fíoraithe** verification test
tástáil *f3* **ghnásúil** procedural test

tástáil *f3* **imeallach** marginal test
tástáil *f3* **incriminteach** incremental testing
tástáil *f3* **inghlacthachta** acceptance test, acceptance testing
tástáil *f3* **inseirbhíse** in-service testing
tástáil *f3* **inúsáidteachta** usability test
tástáil *f3* **lotmhar** destructive testing
tástáil *f3* **lúibe** loop testing
tástáil *f3* **ó bharr anuas** top-down testing
tástáil *f3* **ó bhun aníos** bottom-up testing
tástáil *f3* **snáithe(anna)** thread testing
tástáil *f3* **struis** (= tástáil *f3* **ar {an} strus**) stress testing
tástálaí *m4* tester *s*
TAT (= aga *m4* **slánúcháin**) TAT, turnaround time
tátail *fpl* **loighciúla sa soicind (LIPS)** logical inferences per second, LIPS
tátal *m1* inference *s*
tá Y ina bhall den tacar X (= is ball den tacar X é Y) Y is an element of (the) set X
Tb (= teiribheart) Tb, terabyte *s*
TB (= teirighiotán) TB, terabit *s*
TCP (= Prótacal *m1* Rialaithe Tarchurtha) TCP, Transmission Control Protocol
TCP/IP (= Prótacal *m1* Rialaithe Tarchurtha/ Prótacal Idirlín) TCP/IP, Transmission Control Protocol/Internet Protocol
TDM (= ilphléacsú *m* roinnte ama) TDM, time-division multiplexing
TDMA (= ilrochtain *f3* roinnte ama) TDMA, time-division multiple access
TDS (= córas *m1* faoi thiomáint idirbheart) TDS, transaction-driven system
teach *m* **bogearraí** software house
teachtaireacht *f3* message *s*
teachtaireacht *f3* **an mhadra rua** fox message

teachtaireacht *f3* **earráide** error message
teachtaireacht *f3* **facs** fax message
teachtaireacht *f3* **foláirimh** alert message
teachtaireacht *f3* **ríomhphoist** (= ríomhtheachtaireacht) mail message, e-mail message
teachtaireacht *f3* **seirbhís earráide** error service message
teachtaireacht *f3* **stádais** status message
teachtaireacht *f3* **téacs** (= téacsteachtaireacht) text message
téacs *m4* text *s, Fam.* text message
téacs *m4* **a shábháil** saving text
téacschomhad *m1* text file
téacschomhad *m1* **ineagarthóireachta** editable text file
téacschomhad *m1* **simplí** flat file
téacs *m4* **folaithe** hidden text
téacs *m4* **(na d)tréithe** attribute text
téacsteachtaireacht *f3* (= teachtaireacht *f3* téacs) text message
teagasc *m1* **ríomhchuidithe (CAI)** computer-aided instruction, CAI
teaghráin *m1* **chomhchaitéinithe** concatenated strings
teaghrán *m1* string *s*
teaghrán *m1* **aibítre** alphabetic string
teaghrán *m1* **aonbhaill** unit string
teaghrán *m1* **athfhriotail** quoted string
teaghrán *m1* **carachtar** character string
teaghrán *m1* **ceadchomharthach** token string
teaghrán *m1* **cuardaigh** search string
teaghrán *m1* **dénártha** binary string
teaghrán *m1* **flop flapanna** flip-flop string
teaghrán *m1* **foinseach** source string
teaghrán *m1* **folamh** (= teaghrán *m1* neamhnitheach) empty string
teaghrán *m1* **giotán** bit string

teaghrán *m1* **ionaid** replacement string
teaghrán *m1* **neamhnitheach (=**
  teaghrán *m1* **folamh)** null string
teaghrán *m1* **siombailí** symbol string
teaghrán *m1* **téacs** text string
teaglaim *f3* combination *s*
teaglaim *f3* **de lárú agus deighilt**
  centralized and partitioned
  combination
teaglaim *f3* **eochracha** key
  combination
teaglaim *f3* **thoirmiscthe** forbidden
  combination
teagmháil *f3* contact *s*
teagmháil *f3* **idir cnoga is téip**
  head-to-tape contact
teagmháil *f3* **nua** new contact
teagmhas *m1* event *s*
teagmhasach *a* incidental *a*
teagmhas *m1* **mínormálta** abnormal
  event
teagmhas *m1* **randamach** random
  event
teagmhas *m1* **seachtrach** external
  event
téama *m4* **deisce** desktop theme
téamh *m* (*gs* **téite**) warm-up *s*
teanga *f4* language *s*
teanga *f4* **aidhme** object language
teanga *f4* **ardleibhéil (HLL)**
  high-level language, HLL
teanga *f4* **(atá) bunaithe ar oibiachtaí**
  object-oriented language
teanga *f4* **(atá) dírithe ar fhadhbanna**
  problem-oriented language
teanga *f4* **(atá) dírithe ar ghnásanna**
  procedure-oriented language
teanga *f4* **(atá) dírithe ar mheaisín**
  machine-oriented language
Teanga *f4* **Chaighdeánach Mharcála**
  Ghinearálaithe (SGML) Standard
  Generalized Markup Language,
  SGML
teanga *f4* **choiteann** common language
teanga *f4* **den tríú glúin** third
  generation language

teanga *f4* **dhá ghiotán** two-byte
  language
teanga *f4* **dhíolama** assembly
  language
teanga *f4* **dhúchais** native language
teanga *f4* **fhógrach** declarative
  language
teanga *f4* **fhoinseach** source language
teanga *f4* **fhoirmiúil** formal language
teanga *f4* **ghnásúil** procedural
  language
teanga *f4* **iarratais (QL)** query
  language, QL
Teanga *f4* **Iarratais Mhapaí Topaice**
  Topic Map Query Language
teanga *f4* **idirmheánach** intermediate
  language
teanga *f4* **inbhreisithe** extensible
  language
teanga *f4* **ionramhála sonraí** data
  manipulation language
teanga *f4* **íseal-leibhéil (LLL)**
  low-level language, LLL
teanga *f4* **léiriúcháin** representational
  language
teanga *f4* **liostaphróiseála**
  list-processing language
teanga *f4* **mharcála** markup language
Teanga *f4* **Mharcála Comhéadan**
  Úsáideora (UIML) User Interface
  Markup Language, UIML
Teanga *f4* **Mharcála do Ghléasanna**
  gan Sreang (WML) Wireless
  Markup Language, WML
Teanga *f4* **Mharcála Ghinearálaithe**
  (GML) Generalized Markup
  Language, GML
Teanga *f4* **Mharcála Hipirtéacs**
  (HTML) Hypertext Markup
  Language, HTML
Teanga *f4* **Mharcála Inbhreisithe**
  (XML) Extensible Markup
  Language, XML
Teanga *f4* **Mharcála Inbhreisithe**
  Gnóthas Beag (SMBXML) Small
  Business Extensible Markup

Language, SMBXML
Teanga *f4* **Mharcála Matamaitice (MathML)** Mathematics Markup Language, MathML
Teanga *f4* **Mharcála Tairsí (PML)** Portal Markup Language, PML
teanga *f4* **mheaisín (= meaisínteanga)** machine language
teanga *f4* **nádúrtha** natural language
teanga *f4* **na n-orduithe** command language
teanga *f4* **neamhghnásúil ríomhaireachta** nonprocedural computing language
teanga *f4* **rialaithe jabanna (JCL)** job control language, JCL
teanga *f4* **rindreála** rendering language
teanga *f4* **ríomhaireachta** computer language
teanga *f4* **ríomhchlárúcháin** programming language
Teanga *f4* **Shainithe Sonraí (DDL)** Data Definition Language, DDL
Teanga *f4* **Shamhaltaithe Aontaithe (UML)** Unified Modelling Language, UML
teanga *f4* **shamhaltaithe réaltachta fíorúla (VRML)** virtual reality modelling language, VRML
teanga *f4* **shintéiseach** synthetic language
teanga *f4* **shiombalach** symbolic language
teanga *f4* **stíle** style language
Teanga *f4* **Struchtúrtha Iarratas (SQL)** Structured Query Language, SQL
teanga *f4* **thrasfhoirmiúcháin** transformation language
teanga *f4* **thuairiscithe leathanach (PDL[1])** page description language, PDL[1]
Teanga *f4* **Thuairiscithe Sonraí** Data Description Language
teangeolaíocht *f3* **chorpais** corpus

linguistics
teannas *m1* **íseal** low tension
teasáras *m1* **(= stórchiste)** thesaurus *s*
teasc *v* truncate *v*
teascadh *m* (*gs* **-ctha**) truncating *s*, truncation *s*
teascóg *f2* sector² *s*
teascógaigh *v* sector¹ *v*
teascóg *f2* **na deighilte** partition sector
teastas *m1* **digiteach** digital certificate
teastas *m1* **neamhdhleathach nó do-fhíoraithe** illegal or unverifiable certificate
teatróid *f2* tetrode *s*
teibí *a* abstract³ *a*
teibigh *v* abstract² *v*
teibiú *m* (*gs* **-bithe**) abstraction² *s*
teicí *m4* (*pl* **teicithe**) *(Fam.)* techie *s*
teicneolaíocht *f3* technology *s*
teicneolaíocht *f3* **an bhrú** push technology
teicneolaíocht *f3* **cnogaí maighnéadfhriotaíocha** magnetoresistive head technology
teicneolaíocht *f3* **cnogaí monailiotacha** monolithic head technology
teicneolaíocht *f3* **cumarsáide** communications technology
teicneolaíocht *f3* **dioscaí hibrideacha** hybrid disk technology
teicneolaíocht *f3* **faisnéise (IT)** information technology, IT
teicneolaíocht *f3* **faisnéise agus cumarsáide (ICT)** information and communications technology, ICT
teicneolaíocht *f3* **gléasanna gan sreang** wireless (application) technology
teicneolaíocht *f3* **gléasta dromchla** surface mounting technology
teicneolaíocht *f3* **láithreachta** presence technology
teicneolaíocht *f3* **mearphaicéid** fast packet technology
teicneolaíocht *f3* **na tarraingthe** pull

technology
teicneolaíocht *f3* **rapair** wrapper
technology
teicneolaíocht *f3* **snáithín optaice**
optical fibre technology
teicníc *f2* technique *s*
teicnící *fpl* **aisghabhála faisnéise**
information retrieval techniques
teicnící *fpl* **comhbhrúite** compression
techniques
teicniúil *a* technical *a*
teideal *m1* title *s*
téigh *v* warm *v* up
téigh *v* **as feidhm** expire *v*
téigh *v* **go** go to
teilea-chlóscríobhán *m1* **(TTY)**
teletypewriter *s*, TTY
teileachomaitéireacht *f3*
telecommuting *s*
teileachomhdháil[1] *f3* teleconference *s*
teileachomhdháil[2] *f3* teleconferencing
s
teileachumarsáid *f2*
telecommunications *spl*
teileadachtal *m1* teledactyl *s*
teileafón *m1* (= **fón, guthán**)
telephone *s*
teileafónaíocht *f3* telephony *s*
teileafón *m1* **póca** (= **fón** *m1* **póca**)
mobile telephone
teileamaitic *f2* telematics *s*
teileamhargaíocht *f3* telemarketing *s*
teilea-oibriú *m* (*gs* **-rithe**) teleworking
s
teileaphróiseáil *f3* teleprocessing *s*
teilg *v* cast[1] *v*
teilgean[1] *m1* projection *s*
teilgean[2] *m1* cast[2] *s*
teilgean *m1* **gutha** voice projection
teilgeoir *m3* **digiteach** digital projector
teilgeoir *m3* **sonraí** (=
sonratheilgeoir) data projector
teilifís *f2* television *s*
teilifís *f2* **ardghléine (HDTV)** high
definition television, HDTV
teilifís *f2* **ciorcaid iata (CCTV)** closed

circuit television, CCTV
teilifís *f2* **dhigiteach** digital television
teilifíseán *m1* television set
Teilifís *f2* **Ghréasáin** WebTV *s*
teilifís *f2* **idirghníomhach** interactive
television
teiliméadar *m1* telemeter[2] *s*
teiliméadracht *f3* telemetry *s*
teiliméadráil[1] *v* telemeter[1] *v*
teiliméadráil[2] *f3* telemetering *s*
teiliprintéir *m3* teleprinter *s*
teilitéacs *m4* teletext *s*
teimpléad *m1* template *s*
teimpléad *m1* **méarchláir** keyboard
template
teip[1] *v* fail *v*
teip[2] *f2* miss *s*, failure *s*
téip *f2* tape *s*
téip *f2* **bhán** (= **téip** *f2* **ghlan**) blank
tape
téipchaiséad *m1* (= **caiséad** *m1* **téipe**)
cassette tape
teip *f2* **córais** system failure
teipeanna *fpl* **seolta** send failures
teipfhulangach *a* failsoft *a*
téip *f2* **ghlan** (= **téip** *f2* **bhán**) blank
tape
téip *f2* **idirbhirt** transaction tape
téip *f2* **pháipéir** (= **téip** *f2* **phollta**)
paper tape
téip *f2* **phollta** (= **téip** *f2* **pháipéir**)
punched tape
téip *f2* **réamh-mháistirchóipeáilte**
premastered tape
teip *f2* **trealaimh** equipment failure
teirea- *pref* (= **teiri-** *pref*, **T**[1]) tera-
pref, T[1]
teireaflap *m4* **(TFLOP)** teraflop *s*,
TFLOP
teiri- *pref* (= **teirea-** *pref*, **T**[1]) tera-
pref, T[1]
teiribheart *m1* **(Tb)** terabyte *s*, Tb
teirighiotán *m1* **(TB)** terabit *s*, TB
teiriheirts *m4* **(THz)** terahertz *s*, THz
teirminéal *m1* terminal *s*
teirminéal *m1* **aitheanta gutha (VRT)**

voice recognition terminal, VRT

teirminéal *m1* **cliste** intelligent terminal, smart terminal

teirminéal *m1* **cró an-mhion (VSAT)** very-small-aperture terminal, VSAT

teirminéal *m1* **dúr** dumb terminal

teirminéal *m1* **fíorúil** virtual terminal

teirminéal *m1* **fístaispeána (= aonad** *m1* **fístaispeána, VDT)** video display terminal, visual display terminal, VDT

teirminéal *m1* **idirghníomhaíochta** interactive terminal

teirminéal *m1* **mapa carachtar** character-map terminal

teirminéal *m1* **rochtana poiblí (PAT)** public access terminal, PAT

teirminéal *m1* **sonraí** data terminal

teirminéal *m1* **sonraí réidh (DTR)** data terminal ready, DTR

teirminéal *m1* **úsáideora** user terminal

teisle *m4* (**T**^{2}) tesla *s*, T^2

teitread *m1* tetrad *s*

Teletype Teletype *s*

Telex Telex *s*

teocht *f3* temperature *s*

teoiric *f2* **an chandaim** quantum theory

teoiric *f2* **faisnéise** information theory

teoiriciúil *a* theoretical *a*

teoiric *f2* **na ciúála** queuing theory

teoiric *f2* **na coibhneasachta** theory of relativity

teoiric *f2* **na dtacar** set theory

teoiric *f2* **na dteaghrán (= teoiric** *f2* **na sártheaghrán)** string theory

teoiric *f2* **na hollchumarsáide** mass communication theory

teoiric *f2* **na sártheaghrán (= teoiric** *f2* **na dteaghrán)** superstring theory

teoiric *f2* **réimsí aontaithe** unified-field theory

teoirim *f2* (**= teoragán**) theorem *s*

teoirim *f2* **ghinearálta** general theorem

teoragán *m1* (**= teoirim**) theorem *s*

teorainn *f5* limit^2 *s*

teorainn *f5* **dhiúltach-dheimhneach** (**= teorainn** *f5* **p-n**) positive-negative boundary, p-n boundary

teorainneacha *fpl* **inathraitheacha** floating limits

teorainn *f5* **p-n (= teorainn** *f5* **dhiúltach-dheimhneach**) p-n boundary, positive-negative boundary

teorainn *f5* **slánuimhreach** integral limit

teorannaigh *v* limit^1 *v*

teorannú *m* (*gs* **-nnaithe**) limiting^1 *s*

teorannú *m* **crua** hard limiting

teoranta *a* **ag an bpróiseas (=** **teoranta** *a* **ag an phróiseas**) process-bound *a*

teoranta *a* **ag an phróiseas** *See* teoranta ag an bpróiseas.

teoranta *a* **ag forimeallach/forimeallaigh** peripheral-bound *a*, peripheral-limited *a*

teoranta *a* **ag ionchur/aschur** input/output limited

teorantach *a* limiting^2 *a*

teorantóir *m3* limiter *s*

teorantóir *m3* **borrtha** surge protector (strip), surge limiter

teormharcáil *v* delimit *v*

teormharcóir *m3* delimiter *s*

teormharcóir *m3* **nóta tráchta** comment delimiter

teormharcóir *m3* **sonraí** (**= deighilteoir**) data delimiter

TEP (= ríomhchlár *m1* **aithrise teirminéil)** TEP, terminal emulation program

TF (= teicneolaíocht *f3* **faisnéise, IT)** IT, information technology

TFC (= teicneolaíocht *f3* **faisnéise agus cumarsáide, ICT)** ICT, information and communications technology

TFLOP (= **teireaflap**) TFLOP, teraflop
  s

TFTP (= **Prótacal** *m1* **Aistrithe Comhad Beagbhríoch**) TFTP, Trivial File Transfer Protocol

Thinwire (= **cábla** *m4* **comhaiseach Thinnet, Cheapernet**) Thinwire *s*

THz (= **teiriheirts**) THz, terahertz *s*

ticbhosca *m4* check box

TIFF (= **Formáid** *f2* **Comhaid Íomhánna le Clibeanna**) TIFF, Tagged Image File Format

tilde *m4* tilde *s*

tíligh *v* tile *v*

tílithe *a* tiled *a*

tíliú *m* (*gs* **-ithe**) tiling *s*

timdháileadh *m* **comh-agach** round robin

timfhill *v* wrap *v*

timfhilleadh[1] *m* (*gs* **-llte**) wraparound *s*

timfhilleadh[2] *m* (*gs* **-llte**) wrapping *s*

timfhilleadh *m* **giotánra** wordwrap *s*

timfhilleadh *m* **téacs** text wrap

timfhilleadh *m* **uathoibríoch** automatic wraparound

timpeallacht *f3* environment *s*

timpeallachtaí *fpl* **ilardáin crua-earraí agus bogearraí** multiplatform hardware and software environments

timpeallacht *f3* **chomhtháite** integrated environment

timpeallacht *f3* **chomhtháite eagarthóireachta/foilsitheoireachta** integrated editing/publishing environment

timpeallacht *f3* **fhisiciúil** physical environment

timpeallacht *f3* **foghlama** learning environment

tiomáin *v* drive[1] *v*

tiománaí *m4* driver *s*

tiománaí *m4* **athsheachadáin** relay driver

tiománaí *m4* **ceathartha cloig** quad clock driver

tiománaí *m4* **gléis** device driver

tiománaí *m4* **gléis fíorúil** virtual device driver

tiománaí *m4* **prótacail** protocol driver

tiománaí *m4* **tástála** test driver

tiománaí *m4* **téipe** tape driver

tiomántán *m1* drive[2] *s*

tiomántán *m1* **(an) diosca bhoig** floppy disk drive

tiomántán *m1* **Cartús Ceathrú Orlaigh** (= **tiomántán** *m1* **QIC**) Quarter-Inch Cartridge drive, QIC drive

tiomántán *m1* **crua** hard drive

tiomántán *m1* **diosca** disk drive

tiomántán *m1* **ilfheidhmeanna** multifunction drive

tiomántán *m1* **intaifeadta dlúthdhioscaí** recordable CD drive

tiomántán *m1* **Jaz** Jaz drive

tiomántán *m1* **leathairde** half-height drive

tiomántán *m1* **QIC** (= **tiomántán** *m1* **Cartús Ceathrú Orlaigh**) QIC drive, Quarter-Inch Cartridge drive

tiomántán *m1* **réamhshocraithe** default drive

tiomántán *m1* **reatha** current drive

tiomántán *m1* **scáthánaithe** mirror drive

tiomántán *m1* **seachtrach discéad** external floppy drive

tiomántán *m1* **sprice** destination drive

tiomántán *m1* **téipe** (= **deic** *f2* **téipe, léitheoir** *m3* **téipe maighnéadaí**) tape drive

tiomántán *m1* **Zip** Zip drive

tiomnaigh *v* dedicate *v*

tiomnaithe *a* dedicated *a*

tiomnú *m* (*gs* **-naithe**) dedication *s*

tiomsaigh[1] *v* (*El.*) collect[2] *v*

tiomsaigh[2] *v* compile *v*

tiomsaitheoir[1] *m3* (*El.*) collector *s*

tiomsaitheoir[2] *m3* compiler *s*

tiomsaitheoir *m3* **modheolaíochta**

methodology compiler

tiomsú *m* (*gs* **-saithe**) (= **tiomsúchán**)
compilation *s*

tiomsúchán *m1* (= **tiomsú**)
compilation *s*

tiomsú *m* **coinníollach** conditional
compilation

tiomsú *m* **neamhspleách** independent
compilation

tiomsú *m* **spleách** dependent
compilation

tionchar *m1* effect *s*

tionscadal *m1* project *s*

Tionscadal *m1* **802 IEEE** IEEE
Project 802

Tionscadal *m1* **Ríomhsheirbhísí
Comh-Aireachta** eCabinet Project

Tionscadal *m1* **Ríomhsheirbhísí
Reachtaíochta** eLegislation Project

tionscain *v* initiate *v*

tiontaigh *v* convert[1] *v*

tiontaire *m4* converter *s*

tiontaire *m4* **A/D** (= **tiontaire** *m4*
analógach go digiteach) A/D
converter, analog-to-digital
converter

tiontaire *m4* **analógach go digiteach**
(= **tiontaire** *m4* **A/D**)
analog-to-digital converter, A/D
converter

tiontaire *m4* **caighdeán** standards
converter

tiontaire *m4* **cóid** code converter

tiontaire *m4* **comhéadain** interface
converter

tiontaire *m4* **D/A** (= **tiontaire** *m4*
digiteach go hanalógach) D/A
converter, digital-to-analog
converter

tiontaire *m4* **digiteach go hanalógach**
(= **tiontaire D/A**) digital-to-analog
converter, D/A converter

tiontaire *m4* **prótacal** protocol
converter

tiontaire *m4* **sonraí** data converter

tiontaire *m4* **srathach go**

comhuaineach serial-to-parallel
converter

tiontú *m* (*gs* **-taithe**) (= **tiontúchán**)
conversion[1] *s*

tiontú *m* **analógach go digiteach**
analog-to-digital conversion

tiontú *m* **bonnuimhreach** radix
conversion

tiontúchán *m1* (= **tiontú**) conversion[1]
s

tiontú *m* **comhaid** file conversion

tiontú *m* **comhreathach** concurrent
conversion

tiontú *m* **comhuaineach** parallel
conversion

tiontú *m* **intuigthe** (= **tiontú** *m*
uathoibríoch) implicit conversion

tiontú *m* **meán** media conversion

tiontú *m* **ó dheachúlach go dénártha**
decimal-to-binary conversion

tiontú *m* **ó dhénártha go deachúlach**
binary-to-decimal conversion

tiontú *m* **raoin** range conversion

tiontú *m* **sainithe ag an úsáideoir**
user-defined conversion

tiontú *m* **sonraí** data conversion

tiontú *m* **uathoibríoch** (= **tiontú** *m*
intuigthe) automatic conversion,
quiet conversion

tiúin *v* tune *v*

tiúnadh *m* (*gs* **-nta**) tuning *s*

tiúnadh *m* **ríomhchláir** program
tuning

tiús *m1* **picteilíní** pixel depth

TLA[1] (= **giorrúchán** *m1* **trí litir**)
TLA[1], three-letter abbreviation

TLA[2] (= **acrainm** *m4* **trí litir**) TLA[2],
three-letter acronym

T-lasc *f2* T switch

TLD[1] (= **gléas** *m1* **glasála teirminéil**)
TLD[1], terminal locking device

TLD[2] (= **fearann** *m1* **barrleibhéil**)
TLD[2], top-level domain

TM[1] (= **meáin** *mpl* **tarchurtha**) TM[1],
transmission media

TM[2] (= **tríchraoladh**) TM[2],

triplecasting *s*
tobscoir *v* abort *v*
toilleadh *m* (*gs* **-llte**) capacity² *s*
toilleadh *m* **stórais** storage capacity
toilleas *m1* capacitance *s*
toilleas *m1* **iomlán** total capacitance
toilleas *m1* **seadánach** parasitic
  capacitance
toilleoir *m3* capacitor *s*
toilleoir *m3* **neodrúcháin** neutralizing
  capacitor
toilleoir *m3* **polaistiréine** polystyrene
  capacitor
toipeolaíocht *f3* topology *s*
toipeolaíocht *f3* **chascáidithe réalta**
  cascaded star topology
toipeolaíocht *f3* **crainn** tree topology
toipeolaíocht *f3* **fháinneach** ring
  topology
toipeolaíocht *f3* **fháinneach**
  sreangaithe go réaltach star wired
  ring topology
toipeolaíocht *f3* **líonra** network
  topology
toipeolaíocht *f3* **líonra mogalra** mesh
  network topology
toipeolaíocht *f3* **réaltach** star topology
tóireadóir *m3* probe *s*
toirtilín *m4* voxel *s*
toise *m4* dimension *s*
tollánú *m* **IP (IPT)** IP tunnelling, IPT
tomagrafaíocht *f3* **ríomhchuidithe**
  (**CAT**¹) computer-aided
  tomography, CAT¹
tomhais *v* measure¹ *v*
tomhaiste *a* measured *a*
tomhaltáin *mpl* consumables *spl*
tomhas *m1* measure² *s*
tomhas *m1* **muiníne** confidence
  measure
ton *m1* **diailithe** dialtone *s*
ton *m1* **gafa** engaged tone
ton *m1* **gréasáin** webtone *s*
tonn *f2* wave *s*
tonnán¹ *m1* ripple *s*
tonnán² *m1* wavelet *s*

tonn-anailíseoir *m3* wave analyser
tonnchruth *m3* waveform *s*
tonnchruth *m3* **analógach** analog
  waveform
tonnfhad *m1* wavelength *s*
tonn *f2* **Hertz** Hertzian wave
tonn *f2* **sínis** sine wave
tonnta *fpl* **fuaimiúla dromchla**
  surface acoustic waves
tonntreoraí *m4* waveguide *s*
tonóir *m3* toner *s*
tonóir *m3* **gann** toner low
TOP (= **Prótacail** *mpl* **Theicniúla**
  agus Oifige) TOP, Technical and
  Office Protocols
toradh¹ *m1* (*pl* **-rthaí**) result *s*
toradh² *m1* (*Arith., Comp.*) product² *s*
torann *m1* noise *s*
torann *m1* **bán** white noise
torann *m1* **ciorcaid** circuit noise
torann *m1* **córasach** systematic noise
torann *m1* **nádúrtha** natural noise
torann *m1* **na gréine** solar noise
torann *m1* **ríge** impulse noise
torann *m1* **sáithiúcháin** saturation
  noise
torann *m1* **Schottky** Schottky noise,
  shot noise
torann *m1* **stocastach** stochastic noise
torann *m1* **teirmeach** thermal noise
toróideach *m1* toroid *s*
tosach *m1* front-end¹ *s*
tosaigh¹ *v* start¹ *v*
tosaigh² *gs as a* (= **tul-**² *pref*)
  front-end² *a*
tosaigh³ *gs as a* (= **tús-** *pref*) initial *a*
tosaíocht *f3* precedence *s*, priority *s*
tosaíochtaí *fpl* **idirbhristeacha**
  interrupt priorities
tosca *fpl* **daonna** (= **eirgeanamaíocht**)
  human factors
tosca *fpl* **uainiúcháin** timing
  considerations
tosú *m* (*gs* **-saithe**) start² *s*
tosú *m* **te** (= **bútáil** *f3* **the**) warm start
TPS (= **idirbhearta** *mpl* **sa soicind**)

TPS, transactions per second
trácht *m3* traffic *s*
tráchtáil *f3* **mhóibíleach** (=
m-thráchtáil) mobile commerce,
m-commerce
trácht *m3* **Idirlín** Internet traffic
tráidire *m4* **fothaithe** (= **tráidire** *m4*
páipéir) feed tray
tráidire *m4* **páipéir** (= **tráidire** *m4*
fothaithe) paper tray
traidisiúnta *a* (= **gnásúil)**
conventional *a*
Traíoch *m1* Trojan (horse)
traiseáil *f3* thrashing *s*
tralaí *m4* **siopadóireachta** shopping
trolley, shopping cart
tranglam *m1* **páipéir** paper jam
trasaire *m4* transputer *s*
trasardáin *gs as a* cross-platform *a*
traschódóir *m3* transcoder *s*
traschódú *m* (*gs* **-daithe)** transcoding *s*
traschóiritheoir *m3* bridge *s*
traschóiriú *m* (*gs* **-rithe)** bridging *s*
traschuir *v* (= **aistrigh**^{2}) transfer^1 *v*
traschur *m* (*gs* **-tha)** (= **aistriú)**
transfer^2 *s*
traschur *m* **coinníollach** (= **aistriú** *m*
coinníollach) conditional transfer
traschur *m* **comhuaineach** (= **aistriú**
m **comhuaineach)** parallel transfer
traschur *m* **neamhchoinníollach**
rialúcháin (= **aistriú** *m*
neamhchoinníollach rialúcháin)
unconditional control transfer
traschur *m* **sonraí** (= **aistriú** *m*
sonraí) data transfer
traschur *m* **srathach** (= **aistriú** *m*
srathach) serial transfer
trascríobh *v* transcribe *v*
trascríobhaí *m4* transcriber *s*
trasduchtóir *m3* transducer *s*
trasduchtóir *m3* **díláithriúcháin**
displacement transducer
trasdul^1 *m3* transit *s*
trasdul^2 *m3* transition *s*
trasdul *m3* **grod** abrupt transition

trasdul *m3* **staide** state transition
trasfhoirmeoir *m3* transformer *s*
trasfhoirmeoir *m3* **ardmhinicíochta**
high-frequency transformer
trasfhoirmeoir *m3* **íoschéimneach**
step-down transformer
trasfhoirmeoir *m3* **uaschéimneach**
step-up transformer
trasfhoirmigh *v* transform *v*
trasfhoirmiú *m* (*gs* **-mithe)**
transformation *s*
trasfhoirmiú *m* **foirmiúil** formal
transformation
trasfhreagróir *m3* transponder *s*
trasghlacadóir *m3* (= **aonad** *m1*
rochtana meán) transceiver *s*
trasghlacadóir *m3* **bus** bus transceiver
traslitrigh *v* transliterate *v*
traslitriú *m* (*gs* **-rithe)** transliteration *s*
trasnach *a* transverse *a*
trasnaí *a* transversal *a*
trasnaigh^1 *v* traverse *v*
trasnaigh^2 *v* intersect *v*
trasnáil *f3* traversal *s*
trasnáil *f3* **crainn** tree traversal
trasnáil *f3* **graif** graph traversal
trasnáil *f3* **iaroird** postorder traversal
trasnáil *f3* **in ord** in-order traversal
trasnáil *f3* **réamhoird** preorder
traversal
trasnaíocht *f3* interference *s*, crosstalk
s
trasnaíocht *f3* **heitridíneach**
heterodyne interference
trasnaíocht *f3* **leictreamaighnéadach**
electromagnetic interference
trasnaíocht *f3* **radaimhinicíochta**
(RFI) radio frequency interference,
RFI
trasnamhéadar *m1* interferometer *s*
trasnú *m* (*gs* **-naithe)** intersection^1 *s*
trasraitheoir *m3* transistor *s*
trasraitheoir *m3* **aon chumair**
unijunction transistor
trasraitheoir *m3* **cumair** junction
transistor

trasraitheoir *m3* **dépholach** bipolar transistor

trasraitheoir *m3* **npn** npn transistor

trasraitheoir *m3* **PnP** PnP transistor

trasraitheoir *m3* **pointe teagmhála** point-contact transistor

trasraitheoir *m3* **tionchar réimse (FET)** field-effect transistor, FET

trasraitheoir *m3* **tionchar réimse (de chineál) leathsheoltóir ocsaíd mhiotail (MOSFET)** metal-oxide semiconductor field-effect transistor, MOSFET

trasraitheoir *m3* **tionchar réimse teatróide (FET teatróide)** tetrode field-effect transistor

tras-seoltas *m1* transconductance *s*

trasuigh *v* transpose *v*

trasuíomh *m1* transposition *s*

tráth *m3* **na gceist (= quiz)** quiz *s*

trealamh *m1* equipment *s*

trealamh *m1* **aschurtha** output equipment

trealamh *m1* **cumarsáid sonraí** data communications equipment

trealamh *m1* **físchomhdhála** video-conferencing kit

trealamh *m1* **forimeallach** peripheral equipment

trealamh *m1* **glanta cnoga** head-cleaning kit

trealamh *m1* **rialaithe próisis** process control equipment

trealamh *m1* **ríomhairithe** computerized equipment

trealamh *m1* **ríomhphróiseála sonraí** electronic data processing equipment

trealamh *m1* **tánaisteach** auxiliary equipment

trealamh *m1* **teilgin** projection equipment

trealamh *m1* **teirminéal sonraí (DTE)** data terminal equipment, DTE

trealamh *m1* **tiontúcháin** conversion equipment

treallach *a* arbitrary *a*

treasach *a* tertiary *a*

treascair *v* subvert *v*

tréchur *m1* throughput *s*

tréchur *m1* **sonraí** data throughput

trédhearcach *a* transparent *a*

trédhearcacht *f3* transparency[2] *s*

trédhearcacht *f3* **an idirbhriste** interrupt transparency

trédhearcacht *f3* **ciorcad sonraí** data circuit transparency

trédhearcacht *f3* **sonraí** data transparency

tréimhse *f4* **athghiniúna (= ráta** *m4* **scanta, scanráta)** regeneration period

tréimhse *f4* **choinneála** retention period

tréimhsiúil *a (Gen.)* periodic(al) *a*

treise *f4* emphasis *s*

treisigh *v* emphasize *v*

tréith *f2* **(= aitreabúid)** attribute *s*

tréith *f2* **aicme** class attribute

tréith *f2* **aitheantais** ID attribute

tréith *f2* **aonluacha** single-valued attribute

tréith *f2* **choimeádta** reserved attribute

tréith *f2* **dhíorthaithe** derived attribute

tréithe *fpl* **cuardaigh** search attributes

tréith *f2* **eochrach** key attribute

tréithe *fpl* **riachtanacha** required attributes

tréith *f2* **ilchodach** composite attribute

tréith *f2* **il-luachanna** multivalued attribute

tréith *f2* **neamheochrach** nonkey attribute

tréith *f2* **neamhnitheach** null attribute

tréith *f2* **sonraí** data attribute

tréleictreach[1] *m1* dielectric[1] *s*

tréleictreach[2] *a* dielectric[2] *a*

treo-eochracha *fpl* direction keys

treoir[1] *f5* **(gs -orach)** instruction *s*, directive *s*

treoir[2] *f5* **(gs -orach)** guide *s*

treoir *f5* **aistrithe** transfer instruction

treoir *f5* **aistrithe sonraí** data movement instruction
treoir *f5* **aonseolta** one-address instruction
treoir *f5* **asbhainte** extract instruction
treoir *f5* **bhán (= neamhghníomhaíocht, scip, treoir** *f5* **neamhghníomhaíochta)** blank instruction
treoir *f5* **bhogtha** move instruction
treoir *f5* **bhrainseála** branch instruction
treoir *f5* **bhrainseála coinníollaí** conditional branch instruction
treoir *f5* **bhrainseála neamhchoinníollaí** unconditional branch instruction
treoir *f5* **bhrisphointe** breakpoint instruction
treoir *f5* **bhrisphointe choinníollaigh** conditional breakpoint instruction
treoir *f5* **chaoch** dummy instruction
treoir *f5* **cheithre sheoladh** four address instruction
treoir *f5* **chinnteoireachta** decision instruction
treoir *f5* **choinneála** hold instruction
treoir *f5* **chomparáide** compare instruction, comparison instruction
treoirchóras *m1* pilot system
treoir *f5* **chuardaigh tábla** table look-up instruction
treoir *f5* **dhá sheoladh** two-address instruction
treoir *f5* **ELSE** ELSE instruction
treoir *f5* **gan seoladh** zero address instruction, no-address instruction
treoir *f5* **ghabhála** fetch instruction
treoir *f5* **ghlaoite gnáis** procedure call instruction
treoir *f5* **iarbhír** actual instruction
treoir *f5* **ilseoltaí** multi-address instruction
treoir *f5* **imill** margin guide
treoir *f5* **iolraithe is roinnte** multiply-divide instruction

treoir *f5* **iomlaoide** shift instruction
treoir *f5* **ionchurtha/aschurtha** input/output instruction
treoir *f5* **iontrála** entry instruction
treoir *f5* **láithreach** immediate instruction
treoir *f5* **léime** jump instruction
treoir *f5* **léime coinníollaí** conditional jump instruction
treoir *f5* **léime neamhchoinníollaí** unconditional jump instruction
treoirlínte *fpl* guidelines *spl*
treoir *f5* **loighciúil** logical instruction
treoir *f5* **lúibe** loop instruction
treoir *f5* **mheaisín (= meaisíntreoir)** machine instruction
treoir *f5* **mheaisínchóid** machine-code instruction
treoir *f5* **neamhdhleathach** illegal instruction
treoir *f5* **neamhghníomhaíochta (= neamhghníomhaíocht, scip, treoir** *f5* **bhán)** no operation instruction
treoir *f5* **ortagánach** orthogonal instruction
treoirphointeoir *m3* instruction pointer
treoirpholl *m1* index hole
treoir *f5* **phribhléideach** privileged instruction
treoir *f5* **phróiseála** processing instruction
treoir *f5* **réamhphróiseála** preprocessing directive
treoir *f5* **rialúcháin** control instruction
treoir *f5* **ríomhaire** computer instruction
treoir *f5* **ríomhchláir** program instruction
treoir *f5* **scáileáin** onscreen instruction
treoir *f5* **sheoladh n móide a haon** n-plus-one address instruction
treoir *f5* **sheolta** address instruction
treoir *f5* **stíl feidhmchláir** application style guide
treoir *f5* **theanntaithe** trapped

instruction
treoir *f5* **thiomsaitheoir aithrise**
emulation compiler directive
treoir *f5* **thiomsaitheora** compiler
directive
treoirthionscadal *m1* pilot project
treoir *f5* **thrí sheoladh** three address
instruction
treoir *f5* **uimhríochta** arithmetic
instruction
treoluas *m1* velocity *s*
treoluas *m1* **guagtha** drift velocity
treoraí *m4* leader *s*
treoraí *m4* **téipe** tape leader
treoshuíomh *m1* orientation *s*
treoshuíomh *m1* **leathanaigh** page
orientation
treoshuíomh *m1* **portráide** portrait
orientation
treoshuíomh *m1* **tírdhreacha**
landscape orientation
tréscaoilteacht *f3* **(mhaighnéadach)**
permeability
tréshoilseán *m1* transparency[1] *s*
triad *m1* triad *s*
triailrith[1] *v* burn-in[1] *v*
triailrith[2] *m3* burn-in[2] *s*
triantánach *a* triangular *a*
triantánacht *f3* trigonometry *s*
triantán *m1* **inbhéartaithe** inverted
triangle
triantánú *m* (*gs* **-naithe**) triangulation
s
triantánúil *a* trigonometric *a*
tríbheachtais *gs as a* triple-precision *a*
tríchosach *m1* tripod *s*
tríchraolachán *m1* (=
tríchraoladh,TM[2]) triplecasting *s*,
TM[2]
tríchraoladh *m* (*gs* **-lta**) (=
tríchraolachán,TM[2]) triplecasting
s, TM[2]
tríchrómatach *a* trichromatic *a*
tríghiotán *m1* tribit *s*
trínártha *a* ternary *a*
trióid *f2* triode *s*

tríthoiseach *a* three-dimensional *a*
tríú foirm *f2* **normalach, an** third
normal form, [3]NF
tríú glúin *f2*, **an** third generation
tríú páirtí *m4* **iontaofa** trusted third
party
TRL (= loighic *f2* **trasraitheora is**
friotóra) TRL, transistor-resistor
logic
trom *a* bold *a*
tromlach *m1* majority *s*
truailligh *v* corrupt[1] *v*
truaillithe *a* corrupt[2] *a*
truailliú *m* (*gs* **-llithe**) corruption *s*
truailliú *m* **sonraí** data corruption
truicear[1] *v* trigger[1] *v*
truicear[2] *m1* trigger[2] *s*
truicear- *pref* (= **truiceartha** *gs as a*)
trigger[3] *a*
truicearadh *m* (*gs* **-rtha**) triggering *s*
truicearphéire *m4* (= **péire** *m4*
truiceartha) trigger pair
truiceartha *gs as a* (= **truicear-** *pref*)
trigger[3] *a*
trunc *m3* trunk *s*
trunc-chábla *m4* trunk cable
trunc-chúpláil *f3* trunk coupling
truncdhiailiú *m* **rannpháirtí**
subscriber trunk dialling
TSD (= **gléas** *m1* **slándála teirminéal**)
TSD, terminal security device
TSMT (= **tarchuir**) TSMT, transmit *v*
TSR (= **críochnaigh ach fan** *v*
lonnaithe) TSR, terminate and stay
resident
TSS (= **córas** *m1* **comhroinnte ama**)
TSS, time-shared system
T-thástáil *f3* T-test *s*
TTL (= loighic *f2* **trasraitheora is**
trasraitheora) TTL,
transistor-transistor logic
TTY (= **teilea-chlóscríobhán**) TTY,
teletypewriter *s*
TU (= **aonad** *m1* **téipe**) TU, tape unit
tuairisc[1] *f2* description *s*
tuairisc[2] *f2* (= **tuarascáil**) report *s*

tuairisc *f2* **achomair** summary report

tuairisc *f2* **ar an chóras** *See* tuairisc ar an gcóras.

tuairisc *f2* **ar an gcóras** (= **tuairisc** *f2* **ar an chóras**) system description

tuairisc *f2* **ar an ionchur/aschur** input/output description

tuairisc *f2* **ar an timpeallacht reatha** current environment description

tuairisc *f2* **ar aonán** entity description

tuairisc *f2* **(ar) earráidí** error report

tuairisc *f2* **ar fhadhb** problem description

tuairisc *f2* **ar na seirbhísí reatha** current services description

tuairisc *f2* **ar shonraí** data description

tuairisc *f2* **ar tháirge** product description

tuairisc *f2* **ar thimpeallacht theicniúil** technical environment description

tuairisceoir *m3* descriptor *s*

tuairisceoir *m3* **comhaid** file descriptor

tuairisceoir *m3* **leathanaigh** page descriptor

tuairisceoir *m3* **preideacáideach** predicate descriptor

tuairisc *f2* **imlíneach ar thimpeallacht reatha** outline current environment description

tuairiscí *fpl* **tréimhsiúla** periodic reports

tuairisciú *m* **eisceachtaí** exception reporting

tuairisc *f2* **theicniúil** technical report

tuairt *f2* (= **cliseadh**) crash^2 *s*

tuairteáil *v* (= **clis**) crash^1 *v*

tuarascáil *f3* (= **tuairisc**^{2}) report *s*

tuaslagán *m1* **glantacháin** cleaning solution

tuile *f4* **sheicheamhach** sequential flooding

tuisle *m4* glitch *s*

tul-^{1} *pref* (= **ar aghaidh** *adv*) forward^2 *a*

tul-^{2} *pref* (= **tosaigh**^{2} *gs as a*)

front-end^2 *a*

tul-laofacht *f3* forward bias

tulra *m4* foreground^1 *s*

tulrach *a* foreground^2 *a*

tulslais *f2* (= **slais**) forward slash

tulsruth *m3* forward current

túr *m1* tower unit

turraing *f2* **leictreach** electric shock

turscar *m1* spam *s*

tús *m1* start^2 *s*

tús- *pref* (= **tosaigh**^{3} *gs as a*) initial *a*

túsaigh *v* initialize *v*

túsaitheoir *m3* initializer *s*

tús *m1* **ama** time origin

túschoinníollacha *mpl* (= **coinníollacha** *mpl* **iontrála**) initial conditions

tús *m1* **freastail ar an cheann is túisce** *See* tús freastail ar an gceann is túisce.

tús *m1* **freastail ar an gceann is túisce** (= **tús** *m1* **freastail ar an cheann is túisce**) first come first served

túsú *m* (*gs* **-saithe**) (= **túsúchán**) initialization *s*

túsúchán *m1* (= **túsú**) initialization *s*

túsú *m* **lúibe** loop initialization

túsú *m* **réamhshocraithe** default initialization

túsú *m* **struchtúir** structure initialization

TWX (= **seirbhís** *f2* **malartán teilea-chlóscríobhán**) TWX, teletypewriter exchange service

U

UA (= **gníomhaire** *m4* **úsáideora**) UA, user agent

uaineadóir *m3* (= **amadóir**) timer *s*

uaineadóir *m3* **bus** bus timer

uaineadóir *m3* **eatraimh** interval timer

uaineadóir *m3* **idirbhristeacha** interrupt timer

uaineadóir *m3* **inmheánach** internal

timer
uainiúchán *m1* timing *s*
uainiúchán *m1* **micrithreoracha**
microinstruction timing
ualaithe *a* weighted *a*
ualú *m* (*gs* **-laithe**) weighting *s*
UAP (= **uimhir** *f5* **aitheantais**
phearsanta, PIN) personal
identification number, PIN
UART (= **glacadóir/tarchuradóir** *m3*
aisioncronach uilíoch) UART,
universal asynchronous
receiver-transmitter
uas- *pref* (= **uasta** *a*) maximum^2 *a*
uasairde *f4* maximum height
uasaonad *m1* **tarchuir (MTU)**
maximum transmission unit, MTU
uaschamóg *f2* apostrophe *s*
uaschéimneach *a* step-up *a*
uasghrádaigh *v* upgrade *v*
uasleithead *m1* maximum width
uaslódáil *v* (= **lódáil** *v* **suas**) upload *v*
uasmhéadaigh *v* maximize *v*
uasmhéid *m4* maximum^1 *s*
uasmhéid *m4* **logánta** local maximum
uasmhód *m1* maximum mode
uasnasc *m1* uplink *s*
uasta *a* (= **uas-** *pref*) maximum^2 *a*
uastaifeach *m1* maximum resolution
uath- *pref* (= **uathoibríoch** *a*)
automatic *a*
uathathróg *f2* **bhlaoisce** automatic
shell variable, built-in shell variable
uathcheartaigh *v* AutoCorrect *v*
uathcheartú *m* **earráidí** automatic
error correction
uathchód *m1* autocode *s*
uathchódú *m* (*gs* **-daithe**) automatic
coding
uathdháileadh *m* **glaonna** automatic
call distribution
uathdhiailiú *m* (*gs* **-lithe**) autodialling
s
uathfhaireachán *m1* autopolling *s*
uathfhoclóir *m3* automatic dictionary
uathfhorbairt *f3* self-assembly *s*

uathfhormáidigh *v* AutoFormat *v*
uathfhotha *m4* **líne** automatic
line-feed
uathinnéacsaigh *v* auto-index *v*
uathinnéacsaithe *a* auto-indexed *a*
uathinnéacsú *m* (*gs* **-saithe**)
auto-indexing *s*
uathlódáil *f3* **anuas** automatic
download
uathmhalartán *m1* automatic
exchange
uathmhonatóir *m3* automonitor *s*
uathoibríoch *a* (= **uath-** *pref*)
automatic *a*
uathoibriú *m* (*gs* **-rithe**) automation *s*
uathoibriú *m* **oifige (OA)** office
automation, OA
uathoibriú *m* **sonraí foinseacha**
source data automation
uathoiriúnaigh *v* AutoFit *v*
uathphróiseáil *f3* **sonraí (ADP)**
automatic data processing, ADP
uathriail *f5* autonomy *s*
uathsheiceáil *f3* automatic check,
built-in check
uathstop *m4* automatic stop
uathúil *a* unique *a*
UC (= **cás** *m1* **uachtair**) UC,
uppercase *s*
UCS (= **uilethacar** *m1* **carachtar**)
UCS, universal character set
údaraigh *v* authorize *v*
údarás *m1* authority *s*
údarás *m1* **clárúcháin** registration
authority
údarás *m1* **deimhniúcháin**
certification authority
Údarás *m1* **um Chaighdeáin**
Náisiúnta na hÉireann, An t
(NSAI) National Standards
Authority of Ireland, NSAI
údarú *m* (*gs* **-raithe**) authorization *s*
UDF (= **Formáid** *f2* **Uilíoch Dioscaí**)
UDF, Universal Disk Format
UDP (= **Prótacal** *m1* **Sonragram**
Úsáideora) UDP, User Datagram

Protocol
UHF (= **minicíocht** *f3* **ultra-ard**)
UHF, ultra-high frequency
UID (= **aitheantas** *m1* **{an}**
úsáideora) UID, user identification
uigeilín *m4* texel *s*
uile- *pref* (= **uilíoch** *a*) universal *a*
uileghabhálacht *f3* exhaustiveness *s*
uilethacar *m1* (= **uilethacar** *m1*
dioscúrsa) universal set
uilethacar *m1* **carachtar** (**UCS**)
universal character set, UCS
uilethacar *m1* **dioscúrsa** (=
uilethacar) universe of discourse
uilíoch *a* (= **uile-** *pref*) universal *a*
uillinn *f2* **luascála** yaw angle
uillinn *f2* **trasdula** transit angle
uimhir *f5* number *s*, numeric[1] *s*
uimhir *f5* **aiceanta** natural number
uimhir *f5* **aitheantais** ID number
uimhir *f5* **aitheantais phearsanta**
(**PIN**, **UAP**) personal identification
number, PIN
uimhir *f5* (**an**) **aonaid loighciúil**
logical unit number
uimhir *f5* **an jab** job number
uimhir *f5* **aondigite** single-digit
numeric
uimhir *f5* **bheachtais chríochta** finite
precision number
uimhir *f5* **chóimheasta** rational
number
uimhirchóras *m1* number system
uimhirchóras *m1* **deichnártha** denary
number system
uimhirchóras *m1* **dódheachúlach**
duodecimal number system
uimhir *f5* **chrómatach** chromatic
number
uimhir *f5* **chruachdheighleáin** stack
segment number
uimhir *f5* **dhéfhaid** double-length
number
uimhir *f5* **dhénártha** binary number
uimhir *f5* **dhínormalaithe**
denormalized number

uimhir *f5* **dhiúltach** negative number
uimhir *f5* **éagóimheasta** irrational
number
uimhirghlas *m1* Num Lock
uimhir *f5* **ghutháin** (= **uimhir** *f5*
theileafóin) telephone number
uimhir *f5* **heicsidheachúlach**
hexadecimal number
uimhir *f5* **phríomha** prime number
uimhir *f5* **phoirt** port number
uimhir réadach (= **réaduimhir**) real
number
uimhir *f5* **shamhailteach** imaginary
number
uimhir *f5* **shnámhphointe**
floating-point number
uimhir *f5* **shnámhphointe**
normalaithe normalized
floating-point number
uimhir *f5* **thagartha** reference number
uimhir *f5* **tharchéimniúil**
transcendental number
uimhir *f5* **theileafóin** (= **uimhir** *f5*
ghutháin) telephone number
uimhreacha *fpl* **arabacha** arabic
numerals
uimhreacha *fpl* **chomhlánú le dónna**
twos' complement numbers
uimhreacha *fpl* **digiteacha** digital
numbers
uimhreacha *fpl* **easpónantúla**
exponential numbers
uimhreacha *fpl* **Fibonacci** Fibonacci
numbers
uimhreacha *fpl* **poirt aitheanta**
well-known port numbers
uimhreacha *fpl* **polagánacha** polygon
numbers
uimhreacha *fpl* **randamacha** random
numbers
uimhreán *m1* numeral *s*
uimhreán *m1* **dénártha** binary
numeral
uimhreoir *m3* numerator
uimhrigh *v* **leathanaigh** paginate *v*
uimhríocht *f3* arithmetic[1] *s*

uimhríochta *gs as a* (= **uimhríochtúil** *a*) arithmetic² *a*
uimhríocht *f3* **chomhlántach** complementary arithmetic
uimhríocht *f3* **débheachtais** double-precision arithmetic
uimhríocht *f3* **dhénártha** binary arithmetic
uimhríocht *f3* **mhodúlach** modular arithmetic
uimhríocht *f3* **phointe fhosaithe** fixed-point arithmetic
uimhríocht *f3* **phointeora** pointer arithmetic
uimhríocht *f3* **slánuimhreacha** integer arithmetic
uimhríocht *f3* **snámhphointe** floating-point arithmetic
uimhríochtúil *a* (= **uimhríochta** *gs as a*) arithmetic² *a*
uimhriú *m* (*gs* **-rithe**) numbering *s*, numeration *s*
uimhriúil *a* numeric² *a*
uimhriú *m* **leathanach** pagination *s*
UIML (= **Teanga** *f4* **Mharcála Comhéadan Úsáideora**) UIML, User Interface Markup Language
úinéir *m3* owner *s*
uirlis *f2* tool *s*
uirlis *f2* **cóipeála** copying tool
uirlis *f2* **cuardaigh** search tool
uirliseoir *m3* toolsmith *s*
uirlis *f2* **roghnúcháin** selection tool
uirlis *f2* **tacaíochta** support tool
ullamh *a* ready *a*
ultrachomhdhlúite *a* ultracondensed *a*
ultrafhairsingithe *a* ultra-expanded *a*
ultraifís *f2* ultrafiche *s*
ultrai-stiallscannán *m1* ultrastrip *s*
ultraivialait *a* (**UV**) ultraviolet *a*, UV
UML (= **Teanga** *f4* **Shamhaltaithe Aontaithe**) UML, Unified Modelling Language
Unicode Unicode *s*
Unix Unix *s*

UPC (= **Cód** *m1* **Uilíoch Táirgí**) UPC, Universal Product Code
urbhánán *m1* leading blank
urchar *m1* bullet *s*
URI (= **aitheantóir** *m3* **aonfhoirmeach acmhainne**) URI, uniform resource identifier
URL (= **aimsitheoir** *m3* **aonfhoirmeach acmhainne**) URL, uniform resource locator
URN (= **ainm** *m4* **aonfhoirmeach acmhainne**) URN, uniform resource name
úrscothach *a* state-of-the-art *a*US (= **deighilteoir** *m3* **aonad**) US, unit separator
úsáid¹ *v* use¹ *v*, utilize *v*
úsáid² *f2* use² *s*, utilization *s*
úsáid *f2* **an fhrithdheimhnigh** use of the contrapositive
úsáid *f2* **camóige** comma use
úsáid *f2* **chioglach** cyclic usage
úsáid *f2* **deiridh** end use
úsáideach *a* useful *a*
úsáideoir *m3* user *s*
úsáideoir *m3* **deiridh** end user
USART (= **glacadóir/tarchuradóir** *m3* **aisioncronach sioncronach uilíoch**) USART, universal synchronous asynchronous receiver-transmitter
USB (= **bus** *m4* **uilíoch srathach**) USB, universal serial bus
Usenet Usenet *s*
U-theagmháil *f3* U-contact *s*
UUCP (= **Prótacal** *m1* **Cóipeála Unix go Unix**) UUCP, Unix to Unix Copy Protocol
UV (= **ultraivialait**) UV, ultraviolet *a*

V

vacsaín *f2* vaccine *s*
VAN (= **líonra** *m4* **breisluacha**) VAN,

value-added network

VAR (= athdhíoltóir *m3* **breisluacha)**
VAR, value-added reseller

vata *m4* **(W)** watt *s*, W

vatacht *f3* wattage *s*

VCD (= dlúthdhiosca *m4* **físe)** VCD,
video CD, video compact disk

v-chárta *m4* **(= ríomhchárta** *m4* **gnó)**
vCard *s*

VCR (= taifeadán *m1* **físchaiséid)**
VCR, video cassette recorder

VDT (= teirminéal *m1* **fístaispeána)**
VDT, video display terminal, visual
display terminal

VDU (= aonad *m1* **fístaispeána)**
VDU, video display unit, visual
display unit

véibear *m1* weber *s*

veicteoir *m3* vector *s*

veicteoir *m3* **aistrithe (= veicteoir** *m3*
traschurtha) transfer vector

veicteoir *m3* **argóna** argument vector

veicteoir *m3* **na n-idirbhristeacha**
interrupt vector

veicteoir *m3* **traschurtha (= veicteoir**
m3 **aistrithe)** transfer vector

verso verso *s*

VF (= minicíocht *f3* **gutha)** VF, voice
frequency

v-fhéilire *m4* vCalendar *s*

VGA (= Eagar *m1* **Físghrafaice)**
VGA, Video Graphics Array

VHF (= an-ardmhinicíocht) VHF,
very high frequency

Videotex (= fístéacs, Viewdata)
Videotex *s*

Viewdata (= fístéacs, Videotex)
Viewdata *s*

víreas *m1* virus *s*

víreas *m1* **comhaid** file virus

víreas *m1* **gnímh dhírigh comhaid
(DAFV)** direct-action file virus,
DAFV

víreas *m1* **gnímh indírigh comhaid
(IAFV)** indirect-action file virus,
IAFV

víreas *m1* **ríomhaireachta** computer
virus

víreas *m1* **ríomhphoist** e-mail virus

víreas *m1* **theascóg na deighilte**
partition-sector virus

VLF (= minicíocht *f3* **an-íseal)** VLF,
very low frequency

VLS (= ollscála) VLS, very large scale

VLSI (= comhtháthú *m* **{ar} ollscála)**
VLSI, very large scale integration

VM^1 (= meaisín *m4* **fíorúil)** VM^1,
virtual machine

VM^2 (= cuimhne *f4* **fhíorúil)** VM^2,
virtual memory

vóchódóir *m3* vocoder *s*

volta *m4* **(***pl* **-nna)** volt *s*

voltas *m1* voltage *s*

voltas *m1* **clampála** clamping voltage

VR (= réaltacht *f3* **fhíorúil)** VR,
virtual reality

VRAM (= físchuimhne *f4*
randamrochtana, físRAM)
VRAM, video RAM, video random
access memory

VRC (= seiceáil *f3* **ingearach
iomarcaíochta)** VRC, vertical
redundancy check

VRD (= gléas *m1* **aitheanta gutha)**
VRD, voice recognition device

VRML (= teanga *f4* **shamhaltaithe
réaltachta fíorúla)** VRML, virtual
reality modelling language

VRT (= teirminéal *m1* **aitheanta
gutha)** VRT, voice recognition
terminal

VS (= stóras *m1* **luaineach)** VS,
volatile storage

VSAT (= teirminéal *m1* **cró
an-mhion)** VSAT,
very-small-aperture terminal

VTAM (= Modh *m3* **Rochtana
Fíorúla Teileachumarsáide)**
VTAM, Virtual Telecommunications
Access Method

VTR (= taifeadán *m1* **fístéipe)** VTR,
video tape recorder

W

W (= **vata**) W, watt *s*
WAIS (= **Freastalaí** *m4* **Faisnéise Achair Fhairsing**) WAIS, Wide Area Information Server
WAL (= **comhad** *m1* **réamhlogála scríobhanna**) WAL, write ahead log
WAN (= **líonra** *m4* **achair fhairsing**) WAN, wide area network
WAP (= **Prótacal** *m1* **Feidhmiúcháin do Ghléasanna gan Sreang**) WAP, Wireless Application Protocol
WATS (= **seirbhís** *f2* **teileafóin achair fhairsing**) WATS, wide area telephone service
WBT (= **oiliúint** *f3* {**atá**} **bunaithe ar an nGréasán**) WBT, Web-based training
WHD (= **leithead, airde, doimhneacht**) WHD, width, height, depth
WIMP (= **fuinneoga, deilbhíní, luch, roghchláir anuas**) WIMP, windows, icons, mouse, pull-down menus
WLAN (= **LAN gan sreang**) WLAN, wireless LAN
WML (= **Teanga** *f4* **Mharcála do Ghléasanna gan Sreang**) WML, Wireless Markup Language
WORM (= **diosca** *m4* **inscríofa uair amháin il-inléite**) WORM, write-once read-many disk
WPM (= **focail** *mpl* **sa nóiméad**) WPM, words per minute
WWW (= **An Gréasán** *m1* **Domhanda**) WWW, World Wide Web

WYSIWYG WYSIWYG, what you see is what you get

X

X-ais *f2* X-axis *s*
xéinitéip *f2* xenotape *s*
xéireagrafaíocht *f3* xerography *s*
XGA (= **Eagar** *m1* **Breisithe Grafaice**) XGA, Extended Graphics Array
X-mhóideim *m4* Xmodem *s*
XML (= **Teanga** *f4* **Mharcála Inbhreisithe**) XML, Extensible Markup Language
XON/XOFF (= **tarchur** *m* **air, tarchur as**) XON/XOFF, transmission on, transmission off
XOR (= **oibríocht** *f3* **eisiach OR**) XOR, exclusive-OR operation

Y

Y-ais *f2* Y-axis *s*
Y-mhóideim *m4* Ymodem *s*

Z

zaip *f2* zap[2] *s*
zaipeáil *v* zap[1] *v*
zaipire *m4* (= **cianrialtán**) zapper *s*
Z-ais *f2* Z-axis *s*
zipchomhad *m1* zip file
zipeáil[1] *v* zip *v*
zipeáil[2] *f3* zipping *s*
zúmáil[1] *v* zoom *v*
zúmáil[2] *f3* zooming *s*

Béarla-Gaeilge

(ord aibítre litir ar litir)

A

abacus *s* abacas *m1*
abbreviation *s* giorrúchán *m1*, nod *m1*
abend *s* (= abnormal end) scor *m1* mínormálta
aberration *s* iomrall *m1*
abnormal end (= abend) scor *m1* mínormálta
abnormal event teagmhas *m1* mínormálta
abnormal termination críochnú *m* mínormálta
abort *v* tobscoir *v*
abrupt *a* grod *a*
abrupt transition trasdul *m3* grod
absolute *a* absalóideach *a*, dearbh- *pref*
absolute address dearbhsheoladh *m* (*gs* -lta)
absolute addressing dearbhsheolachán *m1*
absolute cell reference dearbhthagairt *f3* cille
absolute code dearbhchód *m1*
absolute coordinate dearbh-chomhordanáid *f2*
absolute link dearbhnasc *m1*
absolute loading dearbhlódáil *f3*
absolute load module modúl *m1* dearbhlódála
absolute path dearbhchosán *m1*
absolute value luach *m3* uimhriúil
abstract[1] *v* (*of data, etc*) bain *v* as, asbhain *v*
abstract[2] *v* (*of selective reduction*) teibigh *v*
abstract[3] *a* teibí *a*
abstract class aicme *f4* theibí
abstract data type (ADT) cineál *m1*

sonraí teibí, ADT
abstraction[1] *s* (*of data, etc*) baint *f2* as, asbhaint *f2*
abstraction[2] *s* (*of selective reduction*) teibiú *m* (*gs* -bithe)
abstract method modh *m3* teibí
AC (= alternating current) SA, sruth *m3* ailtéarnach
ACC (= accumulator) cnuasaitheoir *m3*
acceleration (= speeding up) luathú *m* (*gs* -thaithe)
acceptance *s* (*acceptability*) inghlacthacht *f3*
acceptance test (= acceptance testing) tástáil *f3* inghlacthachta
acceptance testing (= acceptance test) tástáil *f3* inghlacthachta
acceptance testing criteria critéir *mpl* tástála inghlacthachta
access *s* rochtain *f3*
access arm géag *f2* rochtana
access control rialúchán *m1* rochtana
access control list (ACL) liosta *m4* rialaithe rochtana, ACL
access delay moill *f2* rochtana
access denied cead *m3* rochtana diúltaithe
accessibility *s* inrochtaineacht *f3*
accessible *a* inrochtana *gs as a*
accessible formats formáidí *fpl* inrochtana, formáidí *fpl* so-aimsithe
access information, to faisnéis *f2* a rochtain
access level leibhéal *m1* rochtana
access method modh *m3* rochtana
access mode mód *m1* rochtana
accessories *spl* oiriúintí *fpl*
accessories group grúpa *m4* oiriúintí

access path cosán *m1* rochtana
access permission (= permission)
cead *m3* rochtana
access rights cearta *mpl* rochtana
access server freastalaí *m4* rochtana
access time aga *m4* rochtana
accordion fold filleadh *m* cairdín
accumulate *v* cnuasaigh *v*
accumulator *s* (ACC) cnuasaitheoir
m3
accuracy *s* cruinneas *m1*
accurate *a* cruinn *a*
acknowledged connection-oriented
service seirbhís *f2* admhálach
nascbhunaithe
acknowledgement *s* admháil *f3*
ACL (= access control list) ACL,
liosta *m4* rialaithe rochtana
acoustic *a* fuaimiúil *a*, fuaime *gs as a*
acoustic coupler cúplóir *m3* fuaimiúil
acoustic delay line líne *f4* mhoillithe
fuaime
acronym *s* acrainm *m4*
action *s* gníomh *m1* (*gs* -ímh *pl* -artha)
action query gníomhiarratas *m1*
activate *v* cuir *v* i ngníomh[1],
gníomhachtaigh *v*
activation *s* gníomhachtú *m* (*gs*
-taithe), gníomhachtúchán *m1*
activation frame fráma *m4*
gníomhachtúcháin
active *a* gníomhach *a*
active bit field réimse *m4* giotán
gníomhach
active element eilimint *f2* ghníomhach
active screen saver spárálaí *m4*
gníomhach scáileáin
active set tacar *m1* reatha
active window fuinneog *f2*
ghníomhach
activity *s* gníomhaíocht *f3*
activity network líonra *m4*
gníomhaíochta
activity ratio cóimheas *m3*
gníomhaíochta
actual *a* iarbhír *a*

actual argument argóint *f3* iarbhír
actual decimal point pointe *m4*
deachúlach iarbhír
actual instruction treoir *f5* iarbhír
actual parameter paraiméadar *m1*
iarbhír
adaptability *s* inoiriúnaitheacht *f3*
adapter *s* (= adapter plug, adaptor)
cuibheoir *m3*
adapter card cárta *m4* cuibheora
adapter plug (= adapter) plocóid *f2*
chuibhithe
adaptive *a* oiriúnaitheach *a*
adaptive differential pulse code
modulation (ADPCM) modhnú *m*
difreálach oiriúnaitheach bíogchóid,
ADPCM
adaptor *See* adapter.
A/D converter (= analog-to-digital
converter) tiontaire *m4* A/D,
tiontaire *m4* analógach go digiteach
add[1] *v (Gen.)* cuir *v* le
add[2] *v (Mth.)* suimigh *v*
add[3] *s* (= addition) suimiú *m* (*gs*
-mithe), suimiúchán[1] *m1*
addend *s* suimeann *f2*
adder *s* suimitheoir *m3*
adder circuit ciorcad *m1* suimitheora
add-in program (= plug-in)
ríomhchlár *m1* forlíontach
addition *s* (= add[3]) suimiúchán[1] *m1*,
suimiú *m* (*gs* -mithe)
additional character carachtar *m1*
breise
addition operator oibreoir *m3*
suimiúcháin
addition table tábla *m4* suimiúcháin
addition without carry suimiúchán
m1 gan iomprach
additive operators oibreoirí *mpl*
suimitheacha
additive primary colours
príomhdhathanna *mpl* suimitheacha
add-on[1] *s* (= plug-in unit) forlíontán
m1
add-on[2] *a* breise *gs as a*, forlíontach *a*

add-on facility saoráid *f2* fhorlíontach
add-on software bogearraí *mpl*
  forlíontacha
Add option rogha *f4 Cuir le*
Add/Remove buttton cnaipe *m4 Cuir*
  le/Bain
address[1] *v* seol[3] *v*
address[2] *s* seoladh[1] *m* (*gs* -lta *pl* -ltaí)
address book leabhar *m1* seoltaí
address box bosca *m4* seoltaí
address bus bus *m4* seoltaí
address decoding díchódú *m* seolta
address field réimse *m4* na seoltaí
address format formáid *f2* seolta
addressing *s* seolachán *m1*
addressing mode mód *m1* seolacháin
address instruction treoir *f5* sheolta
address list (= **mailing list**[1]) liosta *m4*
  seoltaí
address mapping mapáil *f3* seoltaí
address operator oibreoir *m3* seoltaí
address part cuid *f3* an tseolta
address register tabhall *m1* seoltaí
address space spás *m1* seoltaí
address unit aonad *m1* seolacháin
add sites cuir *v* láithreáin leis, cuir *v*
  suíomhanna leis
add-subtract time aga *m4* suimithe is
  dealaithe
add time aga *m4* suimiúcháin
adjacency *s* cóngaracht *f3*
adjacency list liosta *m4* cóngarachta
adjacency matrix maitrís *f2*
  chóngarachta
adjacent *a* cóngarach *a*
ADP (= **automatic data processing**)
  ADP, uathphróiseáil *f3* sonraí
ADPCM (= **adaptive differential**
  pulse code modulation) ADPCM,
  modhnú *m* difreálach oiriúnaitheach
  bíogchóid
ad-server *s* freastalaí *m4* fógraí
ADT (= **abstract data type**) ADT,
  cineál *m1* sonraí teibí
ADT stack cruach *f2* ADT

advanced cable tester ardtástálaí *m4*
  cábla
advanced computer architecture
  ardailtireacht *f3* ríomhairí
advanced language ardteanga *f4*
advanced mobile phone service
  (AMPS) ardseirbhís *f2* fóin phóca,
  AMPS
advanced program-to-program
  communication ardchumarsáid *f2*
  idir ríomhchláir
advanced start-up settings
  ardsocruithe *mpl* tosaithe
Advanced Technology (AT) AT
AFP (= **AppleTalk file protocol**) AFP,
  prótacal *m1* comhaid AppleTalk
aggregate *s* comhiomlán *m1*
alert message teachtaireacht *f3*
  foláirimh
algebra *s* ailgéabar *m1*
algebraic *a* ailgéabrach *a*
ALGOL *(computer language)* ALGOL
algorithm *s* algartam *m1*
algorithmic *a* algartamach *a*
algorithm translation aistriú *m*
  algartaim
alias *s* ailias *m4*
aliasing *s* ailiasáil *f3*
align *v* (= **line up**) ailínigh *v*
align left *(command)* ailínigh *v* ar chlé
alignment *s* ailíniú *m* (*gs* -nithe)
alignment buttons cnaipí *mpl* ailínithe
align right *(command)* ailínigh *v* ar
  dheis
all *pron* gach rud, é/í/iad uile
allocate *v* leithdháil *v*, riar[1] *v*
allocation[1] *s* (*of process*)
  leithdháileadh *m* (*gs* -lte), riar[2] *m*
  (*gs* -tha)
allocation[2] *s* (*of result*)
  leithdháileachán *m1*, riar[3] *m4*
allowed *a* ceadaithe *a*
alpha *s* alfa *m4*
alphabet *s* aibítir *f2* (*gs* -tre)
alpha-beta pruning bearradh *m*
  alfa-béite

alphabetic *a* (= **alphabetical**)
aibítreach *a*, aibítre *gs as a*
alphabetic character carachtar *m1*
aibítreach
alphabetic code cód *m1* aibítre
alphabetic order ord *m1* aibítre
alphabetic sort sórtáil *f3* aibítreach
alphabetic string teaghrán *m1* aibítre
alphabetic test tástáil *f3* aibítre
alphameric *See* alphanumeric.
alphanumeric *a* (= **alphanumerical,
alphameric**) alfa-uimhriúil *a*,
aibítre/uimhriúil *a*
alphanumerical characters carachtair
mpl alfa-uimhriúla, carachtair *mpl*
aibítre/uimhriúla
alphanumeric code cód *m1*
alfa-uimhriúil, cód *m1*
aibítre/uimhriúil
alphanumeric data sonraí *mpl*
alfa-uimhriúla, sonraí *mpl*
aibítre/uimhriúla
alpha testing alfa-thástáil *f3*
alter *v* athraigh *v*
alterable *a* (= **variable**²) inathraithe *a*
alternate¹ *v* ailtéarnaigh *v*
alternate² *a* (= **alternating**)
ailtéarnach *a*
alternate³ *a* (= **alternative**²)
malartach *a*
alternate grave key (= **Alt Gr key**)
eochair *f5* mhalartúcháin ghraife,
eochair *f5* Alt Gr
alternate key (= **Alt key**) eochair *f5*
mhalartúcháin, eochair *f5* Alt
alternate routing ródú *m* malartach
alternating *a* (= **alternate**²)
ailtéarnach *a*
alternating current (AC) sruth *m3*
ailtéarnach, SA
alternative¹ *s* malairt *f2*
alternative² *a* (= **alternate**³)
malartach *a*
Alt Gr key (= **alternate grave key**)
eochair *f5* Alt Gr, eochair *f5*
mhalartúcháin ghraife

Alt key (= **alternate key**) eochair *f5*
Alt, eochair *f5* mhalartúcháin
ALU (= **arithmetic and logic unit**)
aonad *m1* loighce agus uimhríochta
ambiguity *s* débhrí *f4*, débhríocht *f3*
ambiguity error earráid *f2* débhríochta
amend *v* leasaigh¹ *v*
Amend option rogha *f4 Leasaigh*
**American Standard Code for
Information Interchange (ASCII)**
Cód *m1* Caighdeánach Meiriceánach
um Idirmhalartú Faisnéise, ASCII
amount *s* (= **volume**¹) méid² *m4*
ampersand *s* amparsan *m1*
amplification *s* aimpliú *m* (*gs* -lithe)
amplifier *s* aimplitheoir *m3*
amplify *v* aimpligh *v*
amplitude *s* aimplitiúid *f2*
amplitude modulation modhnú *m*
aimplitiúide
AMPS (= **advanced mobile phone
service**) AMPS, ardseirbhís *f2* fóin
phóca
analog *a* (= **analogue**) analógach *a*
analog channel cainéal *m1* analógach
analog computer ríomhaire *m4*
analógach
analog data sonraí *mpl* analógacha
analog divider roinnteoir *m3*
analógach
analogical reasoning réasúnú *m*
analachúil
analog input channel cainéal *m1*
ionchuir analógaigh
analog input channel amplifier
aimplitheoir *m3* cainéal ionchuir
analógaigh
analog multiplier iolraitheoir *m3*
analógach
analog network líonra *m4* analógach
analog output channel amplifier
aimplitheoir *m3* cainéal aschuir
analógaigh
analog representation léiriú *m*
analógach
analog signal comhartha *m4* analógach

analog-to-digital conversion tiontú *m* analógach go digiteach
analog-to-digital converter (= A/D converter) tiontaire *m4* analógach go digiteach, tiontaire *m4* A/D
analogue *See* analog.
analog waveform tonnchruth *m3* analógach
analogy *s* analach *m1*
analyse *v* déan *v* anailís ar, anailísigh *v*
analyser *s* anailíseoir *m3*
analysis *s* anailís *f2*
analysis of requirements (= requirements analysis) anailís *f2* ar na riachtanais
analysis session seisiún *m1* anailíse
analyst *s* anailísí *m4*
analytical *a* anailíseach *a*
Analytical Engine Inneall *m1* Anailíse
analytical function generator gineadóir *m3* feidhme anailísí
ancestor *s* (= ancestor node) nód *m1* sinsir
ancestor node (= ancestor) nód *m1* sinsir
anchor *s* ancaire *m4*
AND element eilimint *f2* AND
AND elimination díothú *m* AND
AND gate geata *m4* AND
AND introduction AND a thabhairt isteach
AND operation oibríocht *f3* AND
AND operator oibreoir *m3* AND
AND/OR graph graf *m1* AND/OR
angle brackets lúibíní *mpl* uilleacha
animated image íomhá *f4* bheo
animation *s* beochan *f3*
animation effects maisíocht *f3* bheochana
annotate *v* anótáil[1] *v*
annotation *s* anótáil[2] *f3*
annul *v* neamhnigh *v*
annul bit giotán *m1* neamhnithe
anomalous delete (= delete anomaly) aimhrialtacht *f3* sa scrios
anomalous insert (= insert anomaly) aimhrialtacht *f3* san ionsá
anomaly *s* aimhrialtacht *f3*
anonymous variable athróg *f2* gan ainm
ANSI (= American National Standards Institute) ANSI
ANSI C ANSI C
ANSI/SPARC architecture ailtireacht *f3* ANSI/SPARC
answer bit giotán *m1* freagartha
answer table tábla *m4* freagraí
antenna *s* aeróg *f2*
anticoincidence unit aonad *m1* frith-chomhtheagmhais
antiglare screen (= glare guard) sciath *f2* frithdhallta
antistatic *a* frithstatach *a*
antivirus program (= virus guard) clár *m1* frithvíreas
anycasting *s* garchraoladh *m* (*gs* -lta), garchraolachán *m1*
aperture *s* cró *m4*
API (= application program{ming} interface) API, comhéadan *m1* feidhmchláir
APL (= A Programming Language) APL
apostrophe *s* uaschamóg *f2*
apparent concurrency comhrith *m3* dealraitheach
append *v* iarcheangail *v*
appended record with following taifead *m1* iarcheangailte leis seo
Append query (*of SQL*) iarratas *m1* APPEND
applet *s* feidhmchláirín *m4*
AppleTalk file protocol (AFP) prótacal *m1* comhaid AppleTalk, AFP
AppleTalk transaction protocol (ATP) prótacal *m1* idirbhearta AppleTalk, ATP
applet security slándáil *f3* feidhmchláirín
applicable *a* infheidhmithe *a*
application[1] *s* (*of function*) feidhm *f2*

application[2] *s (of process)* cur *m* i
bhfeidhm, feidhmiú *m* (*gs* -mithe),
feidhmiúchán *m1*

application[3] *s (of program or suite of
programs)* feidhmchlár *m1*, sraith *f2*
feidhmchlár,

application development standards
caighdeáin *mpl* forbartha
feidhmchlár

application-independent *a*
neamhspleách *a* ar fheidhmchlár

application layer sraith *f2* na feidhme

application maintenance cothabháil *f3*
feidhmchlár

application package feidhmphacáiste
m4

application program (= application[3],
computer application[1])
feidhmchlár *m1*

**application program(ming) interface
(API)** comhéadan *m1* feidhmchláir,
API

application protocol prótacal *m1*
feidhmchláir

application server freastalaí *m4*
feidhmchláir

applications group grúpa *m4*
feidhmchlár

application software bogearraí *mpl*
feidhme, feidhmchláir *mpl*

application style guide treoir *f5* stíl
feidhmchláir

application system córas *m1*
feidhmchláir

apply *v* cuir *v* i bhfeidhm[1], feidhmigh[1]
v

A Programming Language (APL)
APL

arabic numerals uimhreacha *fpl*
arabacha

arbiter *s* eadránaí *m4*

arbitrary *a* treallach *a*

arbitrary function generator
gineadóir *m3* feidhme treallaí

arbitration *s* eadránú *m* (*gs* -naithe)

arc *s* stua *m4*

architectural acoustics fuaimíocht *f3*
ailtireachta

architecture *s* ailtireacht *f3*

archive[1] *v* cuir *v* i gcartlann

archive[2] *s* cartlann *f2*

archive disk diosca *m4* cartlainne

archive file comhad *m1* cartlainne

archive query iarratas *m1* cartlainne

area[1] *(of telephone network)* achar *m1*

area[2] *(in general)* limistéar *m1*

argument *s* argóint *f3*

argument list liosta *m4* na n-argóintí

argument-passing convention gnás
m1 seachadta argóna

argument vector veicteoir *m3* argóna

arithmetic[1] *s* uimhríocht *f3*

arithmetic[2] *a* (= **arithmetical**)
uimhríochtúil *a*, uimhríochta *gs as a*

arithmetic address seoladh *m*
uimhríochta

arithmetic and logic unit (ALU)
aonad *m1* loighce agus uimhríochta

arithmetic check seiceáil *f3*
uimhríochtúil

arithmetic circuit ciorcad *m1*
uimhríochta

arithmetic function feidhm *f2*
uimhríochta

arithmetic instruction treoir *f5*
uimhríochta

arithmetic operation oibríocht *f3*
uimhríochta

arithmetic operator oibreoir *m3*
uimhríochta

arithmetic organ *See* arithmetic unit.

arithmetic overflow róshreabhadh *m*
uimhríochta

arithmetic register tabhall *m1*
uimhríochta

arithmetic shift iomlaoid *f2*
uimhríochtúil

arithmetic type cineál *m1*
uimhríochtúil

arithmetic unit (= **arithmetic organ**)
aonad *m1* uimhríochta

arity *s* nárthacht *f3*

arm *v* armáil *v*
array *s* eagar *m1*
array parameter paraiméadar *m1*
eagair
array processor próiseálaí *m4* eagar
array subscript foscript *f2* eagair
array type cineál *m1* eagair
array variable athróg *f2* eagair
arrow *s* saighead *f2*
arrow keys saigheadeochracha *fpl*
art applications feidhmchláir *mpl*
ealaíne
artificial *a* saorga *a*
artificial intelligence intleacht *f3*
shaorga
ascending *a* ardaitheach *a*
ascending order ord *m1* ardaitheach
ascending sequence seicheamh *m1*
ardaitheach
**ASCII (= American Standard Code
for Information Interchange)**
ASCII, Cód *m1* Caighdeánach
Meiriceánach um Idirmhalartú
Faisnéise
ASCII character set tacar *m1*
carachtar ASCII
ASCII file comhad *m1* ASCII
aspect ratio cóimheas *m3* treoíochta
assemble[1] *v (Gen.)* cóimeáil *v*
assemble[2] *v (of assembly language)*
díolaim[1] *v*
assembler *s* díolamóir *m3*
assembly *s* díolaim[2] *f3*
assembly language teanga *f4* dhíolama
assembly process próiseas *m1* díolama
assembly system córas *m1* díolama
assert *v* dearbhaigh[1] *v*
asserted signal comhartha *m4*
dearbhaithe
assertion *s* dearbhú[1] *m (gs* -bhaithe)
assign *v* sann *v*
assignment *s* sannadh *m (gs* -nnta),
sannachán *m1*
assignment-compatible *a*
comhoiriúnach *a* maidir le sannadh
assignment expression slonn *m1*

sannacháin
assignment operator oibreoir *m3*
sannacháin
assignment statement ráiteas *m1*
sannacháin
associative *a* comhthiomsaitheach *a*
associative array eagar *m1*
comhthiomsaitheach
associative cache *(memory)* taisce *f4*
chomhthiomsaitheach
associative memory cuimhne *f4*
chomhthiomsaitheach
**associative storage (=
content-addressed storage)** stóras
m1 comhthiomsaitheach
associativity *s* comhthiomsaitheacht *f3*
assume *v* glac *v* (le)
assumption *s* foshuíomh *m1*
assurance *s* dearbhú[3] *m (gs* -bhaithe)
astable *a* neamhchobhsaí *a*
astable multivibrator ilchreathadóir
m3 neamhchobhsaí
asterisk *s* réiltín *m4*
asymmetric *a* (= **asymmetrical**)
neamhshiméadrach *a*
asymmetrical multiprocessor
ilphróiseálaí *m4* neamhshiméadrach
asymmetric cipher sifear *m1*
neamhshiméadrach
asymmetric communications
cumarsáid *f2* neamhshiméadrach
asynchronous *a* aisioncronach *a*
asynchronous bus bus *m4*
aisioncronach
asynchronous computer ríomhaire *m4*
aisioncronach
asynchronous operation oibríocht *f3*
aisioncronach
asynchronous transfer mode (ATM)
mód *m1* aistrithe aisioncronaigh,
ATM
asynchronous transmission tarchur *m*
aisioncronach
asyndetic *a* aisindeiteach *a*
AT (= Advanced Technology) AT
at *prep* (= **@, strudel**) ag *prep*

ATM (= asynchronous transfer mode) ATM, mód *m1* aistrithe aisioncronaigh

atom *s* adamh *m1*

atomic *a* adamhach *a*

atomicity *s* adamhacht *f3*

atomic sentence abairt *f2* adamhach

ATP (= AppleTalk transaction protocol) ATP, prótacal *m1* idirbhearta AppleTalk

AT-style connector nascóir *m3* (de chineál) AT

attach *v* ceangail[1] *v*

attachment *s* ceangaltán *m1*, iatán *m1*

attachment unit interface (AUI) comhéadan *m1* aonaid cheangail, AUI

attended time aga *m4* freastail

attenuate *v* tanaigh *v*

attenuation *s* tanú *m* (*gs* -naithe), tanúchán *m1*

attribute *s* tréith *f2*, aitreabúid *f2*

attribute byte beart *m1* tréithe

attribute declaration fógra *m4* (na d)tréithe

attribute domain fearann *m1* (na d)tréithe

attribute names ainmneacha *mpl* (na d)tréithe

attribute text téacs *m4* (na d)tréithe

attribute type cineál *m1* (na d)tréithe

attribute value luach *m3* tréithe

audio CD CD fuaime, dlúthdhiosca *m4* fuaime

audio input device gléas *m1* ionchurtha fuaime

audio reader léitheoir *m3* fuaime

audio response unit aonad *m1* closfhreagartha

audio suppresser sochtóir *m3* fuaime

audit of computer systems iniúchadh *m* ríomhchóras

audit trail rian *m1* iniúchta

augend *s* méadann *f2*

AUI (= attachment unit interface) AUI, comhéadan *m1* aonaid

cheangail

authenticate *v* fíordheimhnigh *v*

authentication *s* fíordheimhniú *m* (*gs* -nithe)

authoring application feidhmchlár *m1* ceapadóireachta

authoring tool (= authorship tool) áis *f2* cheapadóireachta

authority *s* údarás *m1*

authorization *s* údarú *m* (*gs* -raithe)

authorization table tábla *m4* údaraithe

authorize *v* údaraigh *v*

authorized access rochtain *f3* údaraithe

authorship tool (= authoring tool) áis *f2* cheapadóireachta

autocode *s* uathchód *m1*

AutoCorrect *v* uathcheartaigh *v*

autodialling *s* uathdhiailiú *m* (*gs* -lithe)

AutoFit *v* uathoiriúnaigh *v*

AutoFormat *v* uathfhormáidigh *v*

auto-index *v* uathinnéacsaigh *v*

auto-indexed *a* uathinnéacsaithe *a*

auto-indexed addressing seolachán *m1* uathinnéacsaithe

auto-indexing *s* uathinnéacsú *m* (*gs* -saithe)

automatic *a* uathoibríoch *a*, uath- *pref*

automatic call distribution uathdháileadh *m* glaonna

automatic check (= built-in check) uathsheiceáil *f3*

automatic coding uathchódú *m* (*gs* -daithe)

automatic conversion (= implicit conversion, quiet conversion) tiontú *m* uathoibríoch

automatic data processing (ADP) uathphróiseáil *f3* sonraí, ADP

automatic dictionary uathfhoclóir *m3*

automatic download uathlódáil *f3* anuas

automatic duration marthanacht *f3* uathoibríoch

automatic error correction

uathcheartú *m* earráidí
automatic exchange uathmhalartán *m1*
automatic line-feed uathfhotha *m4*
líne
automatic (message) switching centre
lárionad *m1* uathlascacháin
(teachtaireachtaí)
automatic shell variable (= built-in
shell variable) uathathróg *f2*
bhlaoisce
automatic stop uathstop *m4*
automatic variable athróg *f2*
uathoibríoch
automatic wraparound timfhilleadh
m uathoibríoch
automation *s* uathoibriú *m* (*gs* -rithe)
automonitor *s* uathmhonatóir *m3*
autonomous operation oibríocht *f3*
uathrialach
autonomous system córas *m1*
uathrialach
autonomy *s* uathriail *f5*
autopolling *s* uathfhaireachán *m1*
AutoShape *s* cruth *m3* réamhdhéanta
auxiliary equipment trealamh *m1*
tánaisteach
auxiliary storage (= secondary
storage) stóras *m1* tánaisteach
availability *s* inúsáidteacht *f3*
available *a* (= **usable**) inúsáidte *a*
available time (*of machine, unit, etc*)
am *m3* inúsáidteachta
average *s* (= **mean**[1]) meán[1] *m1*
avionic system córas *m1* eitleonaice
avoids-cascading aborts schedule
sceideal *m1* chun tobscoranna
cascáidithe a sheachaint
axiom *s* aicsím *f2*
axis *s* ais *f2*
axis of origin bun-ais *f2*
axis of reference ais *f2* tagartha

B

babble *s* gleoiseadh *m* (*gs* -ste)

baby feeding (= demand feeding)
fothú *m* ar éileamh
back *adv* siar *adv*
backbone *s* cnámh *f2* droma
backbone network líonra *m4* cnámh
droma
back-end *a* cúil *gs as a*, cúl- *pref*
back-end processor próiseálaí *m4* cúil
background *s* cúlra *m4*
backgrounding *s* (= **background**
processing) próiseáil *f3* (sa) chúlra
background job jab *m4* sa chúlra
background processing (=
backgrounding) próiseáil *f3* (sa)
chúlra
background program ríomhchlár *m1*
cúlra
background reflectance frithchaiteas
m1 cúlra
background skin craiceann *m1* an
chúlra
background task tasc *m1* sa chúlra
backing storage tacastóráil *f3*
back-office operations oibríochtaí *fpl*
cúloifige
backplane *s* cúlphlána *m4*
backquote *s* (= **grave accent**) graif *f2*
backslash *s* cúlslais *f2*
backslash character carachtar *m1*
cúlslaise
backspace[1] *v* cúlspásáil *v*
backspace[2] *s* cúlspás *m1*
backspace character carachtar *m1*
cúlspáis
backtracking *s* rianú *m4* siar
backup *s* cúltaca *m4*
backup copy cóip *f2* chúltaca
backup domain controller (BDC)
rialaitheoir *m3* cúltaca fearann, BDC
backup file comhad *m1* cúltaca
backup procedure gnás *m1* cúltaca
backup software bogearraí *mpl*
cúltaca
backward *a* siarghabhálach *a*
backward chaining slabhrú *m* ón
gconclúid siar, slabhrú *m* ón

chonclúid siar

backward compatibility
comhoiriúnacht *f3* shiarghabhálach

backward compatibility standards
caighdéain *mpl* chomhoiriúnachta
siarghabhálaí

backward compatible comhoiriúnach
a go siarghabhálach

backward recovery athshlánú *m* siar

bad sector drochtheascóg *f2*

balance[1] *v* cothromaigh[1] *v*

balance[2] *s* cothromaíocht *f3*

balanced binary tree crann *m1*
dénártha cothromaithe

balanced error earráid *f2*
chothromaithe

balanced merge sort sórtáil *f3*
chumaisc chothromaithe

balanced sort sórtáil *f3* chothromaithe

band *s* banda *m4*

bandwidth *s* bandaleithead *m1*,
leithead *m1* banda

banner *s* meirge *m4*

bar chart barra-chairt *f2*

bar code barrachód *m1*

bar code reader (= bar code scanner)
léitheoir *m3* barrachód

bar code scanner (= bar code reader)
scanóir *m3* barrachód

bar graph barraghraf *m1*

bar line graph barraghraf *m1* líneach

bar operator barra-oibreoir *m3*

barrel distortion díchumadh *m*
bairilleach

barrier *s* bacainn *f2*

barrier synchronization sioncronú *m*
(atá) bunaithe ar bhacainní

bar tab barratháb *m1*

base[1] *s* (= **base number, radix**) bonn
m1

base[2] *s* (= **database**) bunachar *m1*

base[3] *a* (= **basic**) bunúsach[1] *a*, bun-[1]
pref

**base address (= origin, presumptive
address)** bunseoladh *m* (*gs* -lta)

base (address) register buntabhall *m1*

baseband *s* bunbhanda *m4*

baseband data sonraí *mpl* bunbhanda

baseband modem móideim *m4*
bunbhanda

baseband transmission tarchur *m*
bunbhanda

base class bunaicme *f4*

base notation bonn-nodaireacht *f3*

base number (= base[1]**, radix)**
bonnuimhir *f5*

basic *a* (= **base**[3]) bun-[1] *pref*,
bunúsach[1] *a*

BASIC *(computer language)* BASIC

basic input/output system (BIOS)
bunchóras *m1* ionchurtha/aschurtha,
BIOS

**basic large object (= binary large
object, BLOB)** móroibiacht *f3*
bhunúsach, BLOB

basic linkage bun-nascáil *f3*

basic mode bunmhód *m1*

Basic Rate Interface (BRI)
Comhéadan *m1* Bunráta, BRI

basis *s* bunús *m1*

batch[1] *v* baisc[2] *v*

batch[2] *s* baisc[1] *f2* (*pl* -eanna)

batch control statement ráiteas *m1*
baiscrialúcháin

batch file comhad *m1* baisce

batching *s* baisceáil *f3*

batch processing baiscphróiseáil *f3*

batch (processing) mode mód *m1*
baiscphróiseála

batch system baisc-chóras *m1*

batch total iomlán *m1* baisce

battery *s* cadhnra *m4*, ceallra *m4*

baud *s* bád *m1*

Baudot code cód *m1* Baudot

baud rate ráta *m4* bád

BBS (= bulletin board system) BBS,
córas *m1* cláir feasachán

BCD (= binary-coded decimal) BCD,
deachúil *f3* códaithe go dénártha

BCD notation nodaireacht *f3* BCD

BCNF (= Boyce-Codd normal form)
BCNF, foirm *f2* normalach

Boyce-Codd
BDC (= backup domain controller)
BDC, rialaitheoir *m3* cúltaca fearann
beacon *s* rabhchán *m1*
bead *s* feirbín *m4*
beam *s* léas *m1*
beginning-of-file label lipéad *m1*
túschomhaid
benchmark *s* tagarmharc *m1*
benchmark problem fadhb *f2*
thagarmhairc
bend *s* lúb² *f2*
best-first *s* scoth *f3* ar dtús, an
best-fit algorithm algartam *m1*
scothoiriúna
beta software bogearraí *mpl* béite
beta testing béite-thástáil *f3*
bias¹ *v* laobh *v*
bias² *s* laofacht *f3*
biased *a* laofa *a*
bias error earráid *f2* laofachta
bias testing laobhthástáil *f3*
biconditional operation oibríocht *f3*
dhéchoinníollach
bidirectional *a* déthreoch *a*
big-endian *a* mórcheannach *a*
big-endian computer ríomhaire *m4*
mórcheannach
binaries *spl* (= **binary files**) comhaid
mpl dhénártha
binary¹ *s (Mth.)* dénarthach *m1*
binary² *a* dénártha *a*
binary arithmetic uimhríocht *f3*
dhénártha
binary arithmetic operation oibríocht
f3 uimhríochta dénártha
binary cell cill *f2* dhénártha
binary chain slabhra *m4* dénártha
binary character carachtar *m1*
dénártha
binary circuit (= digital circuit)
ciorcad *m1* digiteach
binary code cód *m1* dénártha
binary-coded decimal (BCD) deachúil
f3 códaithe go dénártha, BCD
binary-coded decimal notation

nodaireacht *f3* deachúlacha códaithe
go dénártha
binary coding códú *m* dénártha
binary counter áiritheoir *m3* dénártha
binary data encoding ionchódú *m*
dénártha sonraí
binary digit (= binary element, bit)
digit *f2* dhénártha
binary digit eight (= byte) beart *m1*
binary dump dumpa *m4* dénártha
binary element (= binary digit)
eilimint *f2* dhénártha
binary entity aonán *m1* dénártha
binary files (= binaries) comhaid *mpl*
dhénártha
binary format formáid *f2* dhénártha
binary large object (= basic large
object, BLOB) móroibiacht *f3*
dhénártha, BLOB
binary notation nodaireacht *f3*
dhénártha
binary number uimhir *f5* dhénártha
binary number system córas *m1*
uimhreacha dénártha
binary numeral uimhreán *m1* dénártha
binary operation oibríocht *f3*
dhénártha
binary pair péire *m4* dénártha
binary point pointe *m4* dénártha
binary relation coibhneas *m1* dénártha
binary representation léiriú *m*
dénártha
binary search (= dichotomizing
search) cuardach *m1* dénártha
binary search tree crann *m1* cuardaigh
dhénártha
binary string teaghrán *m1* dénártha
binary synchronous communications
control (Bisync) rialú *m* dénártha
cumarsáide sioncronaí
binary system córas *m1* dénártha
binary-to-decimal conversion tiontú
m ó dhénártha go deachúlach
binary tree crann *m1* dénártha
binary variable athróg *f2* dhénártha
bind *v* ceangail² *v*

binder *s* ceanglán *m1*

binding *s* ceangal *m1*

binding time am *m3* ceangail

BIOS (= basic input/output system) BIOS, bunchóras *m1* ionchurtha/aschurtha

bipolar *a* dépholach *a*

bipolar gate geata *m4* dépholach

bipolar transistor trasraitheoir *m3* dépholach

biquinary *a* déchúignártha *a*

biquinary code cód *m1* déchúignártha

bistable *a* déchobhsaí *a*

bistable multivibrator ilchreathadóir *m3* déchobhsaí

bistable (trigger) circuit ciorcad *m1* (truiceartha) déchobhsaí

Bisync (= binary synchronous communications control) rialú *m* dénártha cumarsáide sioncronaí

bit *s* (= binary digit) giotán *m1*

bit-coded *a* códaithe *a* i ngiotáin

bit density dlús *m1* giotán

bite *See* byte.

bit field réimse *m4* giotán

bit-level manipulation ionramháil *f3* ar leibhéal na ngiotán

bit location suíomh *m1* giotáin

bit map (= bitmap) mapa *m4* giotán

bit-mapped font (= bitmap font) cló *m4* giotánmhapach

bit-mapped graphics grafaic *f2* ghiotánmhapach

bit-mapped image (= bitmap image) íomhá *f4* ghiotánmhapach

bit parallel transmission tarchur *m* comhuaineach giotán

bit pattern patrún *m1* giotán

bit plane plána *m4* giotán

bit position ionad *m1* giotáin

bit rate ráta *m4* giotán

bit serial transmission tarchur *m* srathach giotán

bit slice (= bit-slice chip) sceall *m3* giotáin

bit-slice chip (= bit slice) slis *f2* sceall giotáin

bit-slice microprocessor micreaphróiseálaí *m4* sceall giotáin

bits per inch (Bpi) giotáin *mpl* san orlach, Bpi

bits per pixel (Bpp) giotáin *mpl* sa phicteilín, Bpp

bits per second (Bps) giotáin *mpl* sa soicind, Bps

bit string teaghrán *m1* giotán

bit stuffing stuáil *f3* giotán

bit time am *m3* giotáin

bitwise operator oibreoir *m3* ar leibhéal na ngiotán

blackboard *s* clár *m1* dubh

black box bosca *m4* dubh

blank[1] *s* (= whitespace) bánán *m1*

blank[2] *a* bán *a*, glan[1] *a*

blank character carachtar *m1* bán

blank form foirm *f2* bhán

blank instruction (= no op, no operation instruction, skip[2]**)** treoir *f5* bhán

blank line líne *f4* bhán

blank medium meán *m1* bán

blank page leathanach *m1* bán

blank tape téip *f2* bhán, téip *f2* ghlan

blank zone crios *m3* bán

blind copy cóip *f2* cheilte

blind-write *v* dallscríobh *v*

blinking *s* caochadh *m* (*gs* -chta)

BLOB (= basic large object, binary large object) BLOB, móroibiacht *f3* bhunúsach, móroibiacht *f3* dhénártha

block[1] *v* (*of barring*) bac[1] *v*

block[2] *v* (*of batching, selecting etc.*) blocáil[1] *v*

block[3] *s* (*of barring*) bac[2] *m1*

block[4] *s* (*of batch, selection etc.*) bloc *m1*

block copy bloc-chóipeáil *v*

block diagram blocléaráid *f2*

blockette *s* bloicéad *m1*

block header ceanntásc *m1* bloic

blocking[1] *s* (*of batching, selecting etc.*) blocáil[2] *f3*

blocking[2] *s (barring)* bacadh *m* (*gs* -ctha)

blocking[3] *a (barring)* bacainneach *a*

blocking factor blocfhachtóir *m3*

blocking network líonra *m4* bactha

block length blocfhad *m1*, fad *m1* bloic

block marking blocmharcáil *f3*

block multiplexer bloc-ilphléacsóir *m3*

block multiplier bloc-iolraitheoir *m3*

block sort blocshórtáil *v*

block transfer blocaistriú *m* (*gs* -rithe)

blow up méadaigh *v*

blur *v* geamhaigh *v*

board *s* clár[1] *m1*

body of clause corp *m1* an chlásail

bodytext *s* príomhthéacs *m4* (doiciméid)

Boehm's spiral model samhail *f3* bhíseach Boehm

bold *a (of typeface)* trom *a*

bold type cló *m4* trom

bookmark *s* leabharmharc *m1*

Boolean algebra ailgéabar *m1* Boole

Boolean complementation (= negation, NOT operation) comhlánú *m* Boole

Boolean constant tairiseach *m1* Boole

Boolean expression slonn *m1* Boole

Boolean function feidhm *f2* Boole

Boolean operation oibríocht *f3* Boole

Boolean operation table tábla *m4* oibríocht Boole

Boolean operator oibreoir *m3* Boole

Boolean variable athróg *f2* Boole

boot[1] *v* (= **bootstrap**[1]) bútáil[1] *v*

boot[2] *s* (= **bootstrap**[2]) bútáil[2] *f3*

bootable disk diosca *m4* bútála

booting *s* (= **bootstrapping**) bútáil[2] *f3*

bootstrap[1] *v* (= **boot**[1]) bútáil[1] *v*

bootstrap[2] *s* (= **boot**[2]) bútáil[2] *f3*

bootstrap loader lódálaí *m4* bútála

bootstrapping *s* (= **booting**) bútáil[2] *f3*

bootstrap routine gnáthamh *m1* bútála

border *s* imlíne *f4*

borrow digit digit *f2* iasachta

bottom level bunleibhéal *m1*

bottom-level process próiseas *m1* bunleibhéil

bottom-up *a* ó bhun aníos

bottom-up approach cur *m1* chuige ó bhun aníos

bottom-up design dearadh *m1* ó bhun aníos

bottom-up programming ríomhchlárú *m* ó bhun aníos

bottom-up testing tástáil *f3* ó bhun aníos

bounce *v* preab *v*

boundary *s* fóir *f5*

boundary conditions fóirchoinníollacha *mpl*

boundary value fóirluach *m3*

Bourne shell blaosc *f2* Bourne

boustrophedonic scan scanadh *m* anonn is anall

box *s (of flowchart symbol)* bosca *m4*

Boyce-Codd normal form (BCNF) foirm *f2* normalach Boyce-Codd, BCNF

bpi (= bytes per inch) bpi, bearta *mpl* san orlach

Bpi (= bits per inch) Bpi, giotáin *mpl* san orlach

Bpp (= bits per pixel) Bpp, giotáin *mpl* sa phicteilín

bps (= bytes per second) bps, bearta *mpl* sa soicind

Bps (= bits per second) Bps, giotáin *mpl* sa soicind

braces *spl* (= **chain brackets**) lúibíní *mpl* slabhracha

bracket *s* (= **parenthesis**) lúibín *m4*

bracket pair péire *m4* lúibíní

branch[1] *v* brainseáil[1] *v*

branch[2] *s* brainse *m4*

branch and bound brainseáil agus cuimsigh *v*

branching *s* brainseáil[2] *f3*

branching factor fachtóir *m3* brainseála

branch instruction treoir *f5*
   bhrainseála
branchpoint *s* pointe *m4* brainseála
breadth-first *a* leithid *gs as a* ar dtús
break[1] *s* briseadh *m* (*gs* -ste)
break[2] *v* bris[1] *v*
breakdown *s* (= **crash**[2]) cliseadh *m*
   (*gs* -ste)
break *v* **down** (= **crash**[1]) clis *v*
breakpoint *s* brisphointe *m4*
breakpoint halt stad *m4* brisphointe
breakpoint instruction treoir *f5*
   bhrisphointe
breakpoint symbol siombail *f2*
   brisphointe
BRI (= Basic Rate Interface) BRI,
   Comhéadan *m1* Bunráta
bridge *s* traschóiritheoir *m3*
bridge circuit ciorcad *m1* traschóirithe
bridgeware *s* earraí *mpl* traschóirithe
bridging *s* traschóiriú *m* (*gs* -rithe)
brightness *s* gile *f4*
brightness control[1] (*of button*) rialtán
   m1 gile
brightness control[2] (*of process*) rialú
   m gile
brightness setting socrú *m* gile
bring to front tabhair *v* chun tosaigh
broadband[1] *s* banda *m4* leathan,
   leathanbhanda *m4*
broadband[2] *a* leathanbhandach *a*
broadband network líonra *m4*
   leathanbhanda
broadband studio stiúideo *m4*
   leathanbhanda
broadcast[1] *s* craoladh[1] *m* (*gs* -lta *pl*
   -ltaí)
broadcast[2] *v* craol *v*
broadcasting[1] *s* craoladh[2] *m* (*gs* -lta),
   craolachán *m1*
broadcasting[2] *a* craolacháin *gs as a*
broadcast network líonra *m4*
   craolacháin
broadcast storm stoirm *f2*
   chraolacháin
broken line líne *f4* bhriste

brouter *s* (= **bridge/router**) droichead
   m1 is ródaire
browse *v* (= **cruise**, **surf**) brabhsáil[1] *v*
browse line líne *f4* bhrabhsála
browse mode mód *m1* brabhsála
browser *s* brabhsálaí *m4*
browser support tacaíocht *f3*
   brabhsálaí
browse through brabhsáil *v* trí
browsing *s* brabhsáil[2] *f3*
brush reader scuabléitheoir *m3*
B-tree *s* B-chrann *m1*
bubble[1] *s* bolgán *m1*
bubble[2] *a* bolgánach *a*
bubble memory cuimhne *f4*
   bholgánach
bubble memory chip slis *f2* chuimhne
   bolgánaí
bubble sort sórtáil *f3* bholgánach
bubble storage stóráil *f3* bholgánach
bucket *s* buicéad *m1*
bucket overflow róshreabhadh *m*
   buicéid
buffer[1] *v* maolánaigh *v*
buffer[2] *s* maolán *m1*
buffer[3] *a* maolánach *a*
buffered input/output ionchur/aschur
   m1 maolánaithe
buffering *s* maolánú *m* (*gs* -naithe)
buffer manager bainisteoir *m3* maolán
buffer pool linn *f2* mhaolán
buffer register tabhall *m1* maolánach
buffer storage stóras *m1* maolánach
bug *s* fabht *m4*
built-in *a* ionsuite *a*
built-in check (= **automatic check**)
   uathsheiceáil *f3*
built-in font cló *m4* ionsuite
built-in groups grúpaí *mpl*
   réamhshocraithe
built-in shell variable (= **automatic**
   shell variable) uathathróg *f2*
   bhlaoisce
bullet *s* urchar *m1*
bulleted list liosta *m4* le hurchair
bulletin *s* feasachán *m1*

bulletin board clár *m1* feasachán
bulletin board system (BBS) córas *m1* cláir feasachán, BBS
bullet points pointí *mpl* le hurchair
bundle *v* cuach[1] *v*
bundled software bogearraí *mpl* cuachta
bundling *s* cuachadh *m* (*gs* -chta)
burn *v* dóigh *v*
burn-in[1] *v* triailrith[1] *v*
burn-in[2] *s* triailrith[2] *m3*
burst[1] *s* rúisc *f2*
burst[2] *s* (*stationery etc*) scaradh *m* (*gs* -rtha)
burst mode mód *m1* rúisce
bus *s* bus *m4*
bus arbiter eadránaí *m4* bus
bus arbitration eadránú *m* bus
bus-based *a* busach *a*
bus control pin pionna *m4* rialaithe bus
bus cycle ciogal *m1* bus
bus driver bustiománaí *m4*
bus grant line líne *f4* cheadaithe bus
business system option (*BSO*) rogha *f4* córas gnó
bus master máistir *m4* bus
bus protocol prótacal *m1* bus
bus receiver glacadóir *m3* bus
bus request line líne *f4* iarrtha bus
bus skew sceabha *m4* bus
bus slave sclábhaí *m4* bus
bus timer uaineadóir *m3* bus
bus topology bustoipeolaíocht *f3*
bus transceiver trasghlacadóir *m3* bus
bus unit aonad *m1* bus
bus width busleithead *m1*
busy *a* gnóthach *a*
busy waiting feitheamh *m1* gnóthach
button *s* cnaipe *m4*
button configuration cumraíocht *f3* cnaipí
byte *s* (= **binary digit eight, bite**) beart *m1*
bytecode beartchód *m1*

byte mode beartmhód *m1*
bytes per inch (bpi) bearta *mpl* san orlach, bpi
bytes per second (bps) bearta *mpl* sa soicind, bps

C

cable *s* cábla *m4*
cache *s* (= **cache memory**) taisce *f4*
cache coherence comhleanúnachas *m1* taisce
cache consistency protocol prótacal *m1* comhsheasmhacht taisce
cache memory (= **cache**) cuimhne *f4* thaisce
cache protocol prótacal *m1* taisce
CAD (= **computer-aided design**) CAD, dearadh *m* ríomhchuidithe
Caesar cipher sifear *m1* Chaesair
cage *s* caighean *m1*
CAI (= **computer-aided instruction**) CAI, teagasc *m1* ríomhchuidithe
CAL (= **computer-aided learning**) CAL, foghlaim *f3* ríomhchuidithe
calculable *a* ináirithe *a*
calculate *v* áirigh *v*
calculation *s* áireamh[1] *m1*
calculator *s* áireamhán *m1*
calculus *s* calcalas *m1*
call[1] *v* glaoigh[1] *v*
call[2] *s* glao *m4*, glaoch[2] *m1*
CALL (= **computer-aided language learning**) CALL, foghlaim *f3* ríomhchuidithe teangacha
call by name glao *m4* de réir ainm
call by reference glao *m4* de réir tagartha
call by sequence glao *m4* de réir seichimh
call by value glao *m4* de réir luacha
call centre lárionad *m1* glaonna
caller *s* glaoiteoir *m3*
caller ID aitheantas *m1* glaoiteora

call forwarding glaonna *mpl* a chur ar
aghaidh
call gate glaogheata *m4*
calling *s* glaoch[1] *m* (*gs* -oite)
calling application feidhmchlár *m1*
glaoite
calling sequence glaosheicheamh *m1*
call instruction glaothreoir *f5* (*gs*
-eorach)
call transfer aistriú *m* glaonna
call waiting glao *m4* ag feitheamh
CAM (= computer-aided
manufacture) CAM, déantúsaíocht
f3 ríomhchuidithe
cancel *v* cealaigh[1] *v*
candidate key eochair *f5*
iarrthóireachta
capacitance *s* toilleas *m1*
capacitor *s* toilleoir *m3*
capacitor storage stóras *m1* toilleora
capacity[1] *s* (*of capability*) cumas *m1*
capacity[2] *s* (*of size*) toilleadh *m* (*gs*
-llte)
capacity planning pleanáil *f3* cumais
cap height airde *f4* ceannlitreacha
capital letter ceannlitir *f5* (*gs* -treach)
caps lock glas *m1* ceannlitreacha
caption[1] *s* (*above diagram*)
ceannscríbhinn *f2*
caption[2] *s* (*under diagram*)
foscríbhinn *f2*
capture *v* gabh[1] *v*
carbon copy (cc) cóip *f2* charbóin, cc
card *s* cárta *m4*
card cage caighean *m1* cártaí
card column colún *m1* cárta
card deck deic *f2* cártaí
card hopper crannóg *f2* cártaí
cardinality *s* (= relationship degree)
cairdinéalacht *f3*
cardinality ratio cóimheas *m3*
cairdinéalachta
card index cárta-innéacs *m4*, innéacs
m4 cártaí
card path cosán *m1* cártaí
card punch pollaire *m4* cártaí

card reader léitheoir *m3* cártaí
carriage return (= return[3], **CR)**
aisfhilleadh *m1* carráiste
carriage return/line feed (CR/LF)
aisfhilleadh carráiste/fotha líne
carrier *s* iompróir *m3*
carrier detect aimsitheoir *m3*
iompróra
carrier frequency minicíocht *f3*
iompróra
carrier sense/multiple access
(CSMA) brath *m* iompróra
/ilrochtain, CSMA
carrier sense protocol prótacal *m1*
braite iompróra
carrier system córas *m1* iompróra
carry *s* iomprach *m1*
carry bit giotán *m1* iompraigh
carry-complete signal comhartha *m4*
slánaithe iomprach
carry digit digit *f2* iompraigh
carry time aga *m4* iompraigh
Cartesian product iolrach *m1*
Cairtéiseach
cartridge *s* cartús *m1*
cascade[1] *v* cascáidigh *v*
cascade[2] *s* cascáid *f2*
cascade control rialú *m* cascáideach
cascaded *a* cascáidithe *a*
cascaded carry iomprach *m1*
cascáidithe
cascaded star topology toipeolaíocht
f3 chascáidithe réalta
cascading style sheet (CSS)
stílbhileog *f2* chascáideach, CSS
case *s* cás *m1*
CASE (= Computer-Aided Software
Engineering) CASE
CASE labels lipéid *mpl* CASE
CASE selector roghnóir *m3* CASE
case-sensitive *a* cásíogair *a*
CASE statement ráiteas *m1* CASE
cassette *s* caiséad *m1*
cassette tape caiséad *m1* téipe,
téipchaiséad *m1*
cast[1] *v* teilg *v*

cast^2 s teilgean^2 m1

CAT^1 (= computer-aided
tomography) CAT^1, tomagrafaíocht
f3 ríomhchuidithe

CAT^2 (= computer-aided training)
CAT^2, oiliúint f3 ríomhchuidithe

catalog See catalogue.

catalogue s catalóg f2

categorization s catagóiriú m (gs
-rithe)

categorize v catagóirigh v

category s catagóir f2

catena s caitéine f4

catenate v caitéinigh v

cathode^1 s catóid f2

cathode^2 a catóideach a

cathode ray ga m4 catóide

cathode-ray tube (CRT) feadán m1
ga-chatóideach, CRT

cathode-ray tube storage stóráil f3
feadáin gha-chatóidigh

CBT (= computer-based training)
CBT, oiliúint f3 ríomhchuidithe

cc (= carbon copy) cc, cóip f2
charbóin

CCD (= charge-coupled device)
CCD, gléas m1 luchtchúpláilte

CCTV (= closed circuit television)
CCTV, teilifís f2 ciorcaid iata

CD (= compact disc) CD,
dlúthdhiosca m4

CD burner (= CD recorder, CD
writer) dóire m4 CDanna

CD-I (= compact disc – interactive)
CD-I, dlúthdhiosca m4
idirghníomhach

CDMA (= code-division multiple
access) CDMA, ilrochtain f3
chódroinnte

CDMA modem móideim m4 CDMA

CDP (= centralized data processing)
CDP, próiseáil f3 láraithe sonraí

CDPD (= cellular digital packet
data) CDPD, sonraí mpl digiteacha
paicéid sa mhodh ceallach

CD-R (= CD recordable, compact

disc – recordable) CD-R,
dlúthdhiosca m4 intaifeadta

CD recordable (CD-R) dlúthdhiosca
m4 intaifeadta, CD-R

CD recorder (= CD burner, CD
writer) taifeadán m1 CDanna

CD rewriteable (CD-RW)
dlúthdhiosca m4 in-athscríofa,
CD-RW

CD-ROM (= compact disc –
read-only memory) CD-ROM,
dlúthdhiosca m4 cuimhne inléite
amháin

CD-RW (= CD rewriteable, compact
disc – rewriteable) CD-RW,
dlúthdhiosca m4 in-athscríofa

CD-WO (= compact disc –
write-once) CD-WO, dlúthdhiosca
m4 inscríofa uair amháin

CD writer (= CD burner, CD
recorder) scríbhneoir m3 CDanna

cell s cill f2 (gpl ceall)

cell address seoladh m cille

cell format formáid f2 cille

cell location suíomh m1 cille

cell pointer pointeoir m3 cille

cell protection cosaint f3 cille

cell reference tagairt f3 cille

cellular digital packet data (CDPD)
sonraí mpl digiteacha paicéid sa
mhodh ceallach, CDPD

central a (= centre^3 a) lárnach a, lár-
pref

central control unit láraonad m1
rialúcháin

centralization s (= centring) lárú m
(gs -raithe), lárúchán m1

centralize v láraigh^2 v

centralized a (= centred) láraithe a

centralized and partitioned
combination teaglaim f3 de lárú
agus deighilt

centralized catalogue catalóg f2
lárnach

centralized data processing (CDP)
próiseáil f3 láraithe sonraí, CDP

central processing unit (CPU)
láraonad *m1* próiseála, CPU (LAP)
central unit láraonad *m1*
centre[1] *v* láraigh[1] *v*
centre[2] *s* lár *m1*, ionad[1] *m1*, lárionad *m1*
centre[3] *a* (= **central**) lár- *pref*, láir *gs as a*, lárnach *a*
centred *a* (= **centralized**) láraithe *a*
centre-line *s* lárlíne *f4*
centre tab táb *m1* láir
centring *s* (= **centralization**) lárú *m* (*gs* -raithe)
ceramic package pacáiste *m4* ceirmeach
certainty factor fachtóir *m3* cinnteachta
certification *s* deimhniú *m* (*gs* -nithe), deimhniúchán *m1*
certification authority údarás *m1* deimhniúcháin
CGA (= Colour Graphics Adapter)
CGA, Cuibheoir *m3* Grafaic Dhatha
CGI (= Common Gateway Interface)
CGI, Comhéadan *m1* Coiteann Geataí
CGI script script *f2* CGI
chad *s* sead *m4*
chain[1] *v* slabhraigh *v*
chain[2] *s* slabhra *m4*
chain[3] *a* (= **in chain form**) slabhrach *a*
chain brackets (= braces) lúibíní *mpl* slabhracha
chained *a* slabhraithe *a*
chained list (= linked list) liosta *m4* nasctha
chain printer printéir *m3* slabhrach
change *s* athrú *m* (*gs* -raithe), athrúchán *m1*
change dump dumpáil *f3* athrúcháin
channel *s* cainéal *m1*
channel-to-channel connection nasc *m1* cainéal le cainéal
character *s* carachtar *m1*
character array eagar *m1* carachtar

character-at-a-time printer
(= **character printer**) printéir *m3* carachtar sa turas
character check seiceáil *f3* carachtar
character code cód *m1* carachtar
character-code independent
neamhspleách *a* ar chód na gcarachtar
character constant tairiseach *m1* carachtair
character crowding pulcadh *m* carachtar
character density dlús *m1* carachtar
character entity aonán *m1* carachtair
character field réimse *m4* carachtar
character format formáid *f2* carachtair
characteristic *s* (= **property**) airí *m4*
character large object (CLOB)
móroibiacht *f3* charactair
character map mapa *m4* carachtar
character-map terminal teirminéal *m1* mapa carachtar
character-oriented *a* bunaithe *a* ar charachtair
character pointer pointeoir *m3* carachtar
character printer (= character-at-a-time printer)
printéir *m3* carachtar
character rate ráta *m4* carachtar
character reader léitheoir *m3* carachtar
character recognition aithint *f3* carachtar
character repertoire foireann *f2* carachtar
character replacement athchur *m* carachtar
character set tacar *m1* carachtar, foireann *f2* carachtar
characters per inch (CPI) carachtair *mpl* san orlach, CPI
characters per second (CPS[1]**)**
carachtair *mpl* sa soicind, CPS[1]
character standard caighdeán *m1* carachtar

character string teaghrán *m1* carachtar

character subset fothacar *m1* carachtar

charge[1] *v* luchtaigh *v*

charge[2] *s* lucht *m3*

charge-coupled device (CCD) gléas *m1* luchtchúpláilte, CCD

charger *s* luchtaire *m4*

charging *s* luchtú *m* (*gs* -taithe)

chart *s* cairt *f2*

chart wizard draoi *m4* cairteacha

chassis *s* fonnadh *m1*

chat abbreviations noda *mpl* comhrá

chat room seomra *m4* comhrá

chat site (= talker) láithreán *m1* comhrá, suíomh *m1* comhrá

chatting *s* comhrá *m4* (Idirlín)

Cheapernet *s* (= **Thinnet coaxial cable**, **Thinwire**) Cheapernet

check[1] *v* seiceáil[1] *v*

check[2] *s* (= **checking**) seiceáil[2] *f3*

check bit giotán *m1* seiceála

check box ticbhosca *m4*

check character (= **check digit**) carachtar *m1* seiceála

check digit (= **check character**) digit *f2* seiceála

checkerboarding *s* breacaireacht *f3*

checking *s* (= **check**[2]) seiceáil[2] *f3*

checking program ríomhchlár *m1* seiceála

checking routine gnáthamh *m1* seiceála

checklist *s* seicliosta *m4*

checkout *v* lánseiceáil *v*

checkout routine gnáthamh *m1* lánseiceála

checkpoint *s* seicphointe *m4*

checkpoint dump dumpa *m4* seicphointe

check problem fadhb *f2* sheiceála

checksum *s* suim *f2* sheiceála

chief programmer príomhchláraitheoir *m3*

chief programmer team foireann *f2*

an phríomhchláraitheora

child[1] *s* (*of directory*) mac *m1*

child[2] *s* (= **child node**) macnód *m1*

child node (= **child**[2]) macnód *m1*

chip *s* slis *f2*

chromatic *a* crómatach *a*

chromatic number uimhir *f5* chrómatach

chunk *s* (*of information, etc*) smután *m1*

cipher[1] *v* (= **encipher**) rúnscríobh *v*

cipher[2] *s* sifear *m1*

ciphertext *s* rúntéacs *m4*

ciphertext-only cryptanalysis crioptanailís *f2* le rúntéacs amháin

circuit *s* ciorcad *m1*

circuit board (= **circuit card**) clár *m1* ciorcad

circuit card (= **circuit board**) cárta *m4* ciorcad

circuit equivalence coibhéis *f2* ciorcaid

circuit noise torann *m1* ciorcaid

circuit-switched connections naisc *mpl* chiorcadlasctha

circuit-switched network líonra *m4* ciorcadlasctha

circuit-switched packet data sonraí *mpl* paicéid chiorcadlasctha

circuit switching ciorcadlascadh *m* (*gs* -ctha)

circular *a* ciorclach *a*

circular array eagar *m1* ciorclach

circular buffer maolán *m1* ciorclach

circular list liosta *m4* ciorclach

circular shift (= **cyclic shift**, **end-around shift**) iomlaoid *f2* chioglach

circular shift operation oibríocht *f3* iomlaoide cioglaí

circulating register tabhall *m1* cúrsaíochta

circumflex *s* cuairín *m4*

CISC (= **Complex Instruction Set Computer**) CISC, ríomhaire *m4* tacar treoracha coimpléascacha

clamping voltage voltas *m1* clampála

clash *s* caismirt *f2*

class *s* aicme *f4*

class attribute tréith *f2* aicme

classification of instructions rangú *m* treoracha

classify *v* (= **rank**) rangaigh *v*

class method (= **static method**) modh *m3* aicmeach

class specifier sonraitheoir *m3* aicme

class variable athróg *f2* aicmeach

clause manipulation ionramháil *f3* clásail

cleaning solution tuaslagán *m1* glantacháin

clear *v* glan³ *v*

clear area limistéar *m1* glan

clear entry glan *v* (an) iontráil

clear screen glan *v* (an) scáileán

clear to send ceadaigh *v* (é/í/iad) a sheoladh

click *v* cliceáil *v*, gliogáil *v*

click and drag cliceáil agus tarraing *v*

client authentication fíordheimhniú *m* cliaint

client computer ríomhaire *m4* cliaint

client/server architecture ailtireacht *f3* chliaint/freastalaí

client/server network líonra *m4* cliaint/freastalaí

client software bogearraí *mpl* cliaint

clip art fáisc-ealaín *f2*

clipboard *s* (= **fast-access memory, quick-access memory, scratchpad, temporary storage**) gearrthaisce *f4*

clock *s* clog *m1*

clock cycle time aga *m4* ciogal cloig

clocked D latch D-laiste *m4* cloig

clocked latch laiste *m4* cloig

clocked SR latch laiste *m4* SR cloig

clock generator gineadóir *m3* cloig

clock pulse bíog *f2* cloig

clock rate ráta *m4* cloig

clock signals comharthaí *mpl* cloig

clock speed clogluas *m1*, luas *m1* an chloig

clock track rian *m1* cloig

clone *s* clón *m1*

close *v* dún *v*, iaigh *v*

closed architecture ailtireacht *f3* iata

closed array eagar *m1* iata

closed circuit television (CCTV) teilifís *f2* ciorcaid iata, CCTV

closed loop lúb *f2* iata

closed subroutine foghnáthamh *m1* iata

closed user group grúpa *m4* iata úsáideoirí

closed world assumption foshuíomh *m1* an domhain iata

closing bracket lúibín *m4* deiridh

closure¹ *s (Gen.)* clabhsúr *m1*

closure² *s (Mth.)* iamh *m1*

cluster¹ *v* braisligh *v*

cluster² *s* braisle *f4*

cluster analysis anailís *f2* bhraisle

clustered *a* braislithe *a*

clustering *s* braisliú *m* (*gs* -lithe)

CMOS (= **complementary metal-oxide semiconductor**) CMOS, leathsheoltóir *m3* comhlántach ocsaíd mhiotail

CMS (= **content management system**) CMS, córas *m1* bainistíochta inneachair

CNC (= **computer numerically controlled**) faoi ríomhrialú *m* uimhriúil

coalesce *v* comhtháthaigh *v*

coarse-grained *a* garbhánta *a*

coarse-grained parallelism comhuainíocht *f3* gharbhánta

coaxial cable cábla *m4* comhaiseach

COBOL *(computer language)* COBOL

CODASYL (= **Conference on Data Systems Languages**) CODASYL

Codd's rules rialacha *fpl* Codd

code¹ *v* códaigh *v*

code² *s* cód *m1*

code area códlimistéar *m1*

codec *s* (= **compression/ decompression**)

comhbhrú/dí-chomhbhrú *m* (*gs* -ite)
code converter tiontaire *m4* cóid
coded decimal deachúil *f3* chódaithe
coded decimal notation nodaireacht *f3*
  deachúlacha códaithe
coded image íomhá *f4* chódaithe
**code-division multiple access
  (CDMA)** ilrochtain *f3* chódroinnte,
  CDMA
coded set tacar *m1* códaithe
code elements eilimintí *fpl* cóid
code element set tacar *m1* eilimintí
  cóid
code extension character carachtar
  m1 breisithe cóid
code fragment códbhlogh *f3*
code generator gineadóir *m3* cóid
coder *s* códóir *m3*
code segment (*of memory*) deighleán
  m1 cóid
codeword *s* códfhocal *m1*
coding *s* códú *m* (*gs* -daithe), códúchán
  m1
coding sheet bileog *f2* chódúcháin
coefficient *s* comhéifeacht *f3*
coherence[1] *s* (*of cohesion*)
  comhtháthú[2] *m* (*gs* -áthaithe)
coherence[2] *s* (*of memory*)
  comhleanúnachas *m1*
cohesion *s* comhtháthú[2] *m* (*gs*
  -áthaithe)
cohesive object oibiacht *f3*
  chomhtháiteach
coincidence *s* comhtheagmhas *m1*
coincidence AND signal comhartha
  m4 comhtheagmhais AND
coincidence circuit ciorcad *m1*
  comhtheagmhais
coincidental *a* comhtheagmhasach *a*
coincidental cohesion comhtháthú *m*
  comhtheagmhasach
cold boot bútáil *f3* fhuar
cold restart atosú *m* fuar
collaborative server freastalaí *m4*
  comhoibríoch
collapse *v* leacaigh *v*

collate *v* comhordaigh *v*
collating sequence seicheamh *m1*
  comhordúcháin
collator *s* (= interpolator)
  comhordaitheoir *m3*
collect[1] *v* (*of data, etc*) bailigh *v*
collect[2] *v* (*El.*) tiomsaigh[1] *v*
collection hierarchy ordlathas *m1*
  bailiúcháin
collector *s* (*El.*) tiomsaitheoir[1] *m3*
collision *s* imbhualadh *m* (*gs* -uailte)
collision avoidance seachaint *f3*
  imbhuailte
collision detection aimsiú *m*
  imbhuailte
collocate[1] *v* comhlogaigh *v*
collocate[2] *s* comhlogach *m1*
collocating *s* comhlogú *m* (*gs* -gaithe)
collocation *s* comhlogaíocht *f3*
collocationer *s* comhlogóir *m3*
colon *s* idirstad *m4*
color *See* colour.
colour *s* dath *m3*
colour-coded editing eagarthóireacht
  f3 dhathchódaithe
Colour Graphics Adapter (CGA)
  Cuibheoir *m3* Grafaic Dhatha, CGA
colour model samhail *f3* de dhathanna
colour monitor monatóir *m3* daite
colour name ainm *m4* datha
colour palette pailéad *m1* dathanna
colour processing próiseáil *f3* datha
colour scanner scanóir *m3* datha
colour separation dathdhealú *m* (*gs*
  -laithe)
column *s* colún *m1*
column break briseadh *m* colúin
column graph graf *m1* colúin
column heading ceannteideal *m1*
  colúin
column split deighilt *f2* colúin
column width leithead *m1* colúin
**COM (= computer output {on}
  microfilm)** aschur *m1* ríomhaire ar
  mhicreascannán
combination *s* teaglaim *f3*

combinational circuit ciorcad *m1* teaglama

combinatorial logic loighic *f2* theaglamach

combined head comhchnoga *m4*

combined read/write head comhchnoga *m4* (chun) léite scríofa

combo box bosca *m4* teaglama

comma *s* camóg *f2*

comma expression slonn *m1* camóige

command *s* ordú *m* (*gs* -daithe)

command buffer maolán *m1* na n-orduithe

command button cnaipe *m4* ordaithe

command chain slabhra *m4* na n-orduithe

command control rialú *m* na n-orduithe

command-driven program ríomhchlár *m1* faoi thiomáint orduithe

command field réimse *m4* ordaithe

command interpreter (= command-line interpreter) léirmhínitheoir *m3* orduithe

command-interpreter system córas *m1* léirmhínithe orduithe

command key eochair *f5* ordaithe

command language teanga *f4* na n-orduithe

command line líne *f4* na n-orduithe

command-line argument argóint *f3* líne na n-orduithe

command-line interface comhéadan *m1* líne na n-orduithe

command-line interpreter (= command interpreter) léirmhínitheoir *m3* líne na n-orduithe

command-line parameter paraiméadar *m1* líne na n-orduithe

command-line parsing parsáil *f3* líne na n-orduithe

command processor próiseálaí *m4* na n-orduithe

command prompt leid *f2* ordaithe

command structure struchtúr *m1* na n-orduithe

command word focal *m1* ordaithe

comma operator oibreoir *m3* camóige

comma use úsáid *f2* camóige

comment *s* nóta *m4* tráchta

comment delimiter teormharcóir *m3* nóta tráchta

commentline *s* líne *f4* nóta tráchta

commercial database bunachar *m1* sonraí tráchtála

commercial data processing próiseáil *f3* sonraí tráchtála

commit *v* feidhmigh² *v*, cuir *v* i bhfeidhm²

common *a* coiteann *a*, comh- *pref*

common area comhlimistéar *m1*

common electronic gateway ríomhgheata *m4* coiteann

Common Gateway Interface (CGI) Comhéadan *m1* Coiteann Geataí, CGI

common hardware crua-earraí *mpl* coiteanna

common language teanga *f4* choiteann

Common Object Request Broker Architecture (CORBA) Ailtireacht *f3* Choiteann Bróicéara Iarratas ar Oibiachtaí, CORBA

common processing próiseáil *f3* choiteann

common software bogearraí *mpl* coiteanna

common storage area comhlimistéar *m1* stórála

communication channel cainéal *m1* cumarsáide

communication link nasc *m1* cumarsáide

communication(s) *spl* cumarsáid *f2*

communications device gléas *m1* cumarsáide

communications link controller (CLC) rialaitheoir *m3* nasc cumarsáide

communications processing próiseáil *f3* cumarsáide

communications protocol prótacal *m1*
  cumarsáide
communications technology
  teicneolaíocht *f3* cumarsáide
commutative group grúpa *m4*
  cómhalartach
commutative operation oibríocht *f3*
  chómhalartach
commutative operator oibreoir *m3*
  cómhalartach
commutativity *s* cómhalartacht *f3*
commutator pulse bíog *f2*
  chómhalartáin
compact[1] *v* dlúthaigh *v*
compact[2] *a* dlúth[2] *a*
compact disc (CD) dlúthdhiosca *m4*,
  CD (*pl* CDanna)
compact disc – interactive (CD-I)
  dlúthdhiosca *m4* idirghníomhach,
  CD-I
**compact disc – read-only memory
  (CD-ROM)** dlúthdhiosca *m4*
  cuimhne inléite amháin, CD-ROM
compact disc – recordable (CD-R)
  dlúthdhiosca *m4* intaifeadta, CD-R
compact disc – rewriteable (CD-RW)
  dlúthdhiosca *m4* in-athscríofa,
  CD-RW
compact disc – write-once (CD-WO)
  dlúthdhiosca *m4* inscríofa uair
  amháin, CD-WO
compact disk *See* **compact disc**
compacting *s* dlúthú[1] *m* (*gs* -thaithe)
compaction *s* dlúthú[2] *m* (*gs* -thaithe)
comparator *s* comparadóir *m3*
compare *v* cóimheas[1] *v*, cuir *v* i
  gcomparáid
**compare instruction (= comparison
  instruction)** treoir *f5* chomparáide
comparing control change athrú *m* sa
  rialú comparáide
comparing unit aonad *m1* comparáide
comparison *s* comparáid *f2*
**comparison instruction (= compare
  instruction)** treoir *f5* chomparáide
comparison operator oibreoir *m3*
  comparáide

compatibility *s* comhoiriúnacht *f3*
compatible *a* comhoiriúnach *a*
compatible devices gléasanna *mpl*
  comhoiriúnacha
compilation *s* tiomsú *m* (*gs* -saithe),
  tiomsúchán *m1*
compilation time am *m3* tiomsaithe
compile *v* tiomsaigh[2] *v*
compiler *s* tiomsaitheoir[2] *m3*
compiler control lines línte *fpl*
  rialaithe tiomsaitheora
compiler diagnostics diagnóisic *f2*
  tiomsaitheora
compiler directive treoir *f5*
  thiomsaitheora
compiler interface comhéadan *m1*
  tiomsaitheora
compiler options roghanna *fpl*
  tiomsaitheora
compile time aga *m4* tiomsaithe
compile-time error earráid *f2* le linn
  tiomsaithe
complement *s* comhlánú *m* (*gs* -naithe)
complementary *a* comhlántach[1] *a*
complementary arithmetic
  uimhríocht *f3* chomhlántach
**complementary metal-oxide
  semiconductor (CMOS)**
  leathsheoltóir *m3* comhlántach
  ocsaíd mhiotail, CMOS
complementary operation oibríocht *f3*
  chomhlántach
complementing *a* comhlántach[2] *a*
complete[1] *v* iomlánaigh *v*
complete[2] *a* (= **total**[2]) iomlán[2] *a*
complete carry iomprach *m1* iomlán
complete operation oibríocht *f3*
  iomlán
complete routine gnáthamh *m1* iomlán
complex *a* coimpléascach *a*
complex declaration fógra *m4*
  coimpléascach
complex equation cothromóid *f2*
  choimpléascach
**Complex Instruction Set Computer
  (CISC)** ríomhaire *m4* tacar

treoracha coimpléascacha, CISC
compliance *s* oiriúint *f3* (le)
compliant *a* oiriúnach *a* (le)
comply *v* bí *v* in oiriúint (le)
component *s (of part)* comhpháirt *f2*
component adaptability
inoiriúnaitheacht *f3* comhpháirte
component design dearadh *m1*
comhpháirte
component documentation
doiciméadúchán *m1* comhpháirte
component packaging pacáistiú *m*
comhpháirteanna
component video output aschur *m1*
físe trídhatha
compose *v* cum *v*
composite *a* ilchodach *a*
composite attribute tréith *f2* ilchodach
composite data flow sreabhadh *m*
ilchodach sonraí
composite document doiciméad *m1*
ilchodach
compound statement comhráiteas *m1*
compress *v* comhbhrúigh *v*
compressed *a* comhbhrúite *a*
compressible *a* in-chomhbhrúite *a*
compression *s* comhbhrú *m* (*gs* -ite)
compression techniques teicnící *fpl*
comhbhrúite
computation[1] *s (of process)* ríomh[2] *m*
(*gs* ríofa)
computation[2] *s (of result)*
ríomhaireacht *f3*, ríomh[3] *m3* (*pl*
-anna)
computational *a* ríomhaireachtúil *a*
computational format formáid *f2*
ríomhaireachtúil
computationally feasible inríofa *a*
computational physics fisic *f2*
ríomhaireachtúil
compute *v* ríomh[1] *v*
compute mode mód *m1* ríofa
computer[1] *s* ríomhaire *m4*
computer[2] *a* ríomh- *pref*, ríomhaire *gs*
as a, ríomhaireachta *gs as a*
computer accessories oiriúintí *fpl*

ríomhaire
computer-aided *a* (= **computer-
assisted**) ríomhchuidithe *a*
computer-aided design (CAD)
dearadh *m* ríomhchuidithe, CAD
computer-aided instruction (CAI)
teagasc *m1* ríomhchuidithe, CAI
**computer-aided language learning
(CALL)** foghlaim *f3* ríomhchuidithe
teangacha, CALL
computer-aided learning (CAL)
foghlaim *f3* ríomhchuidithe, CAL
computer-aided manufacture (CAM)
déantúsaíocht *f3* ríomhchuidithe,
CAM
**Computer-Aided Software
Engineering (CASE)** CASE
computer-aided tomography (CAT[1]**)**
tomagrafaíocht *f3* ríomhchuidithe,
CAT[1]
computer-aided training (CAT[2]**,
CBT)** oiliúint *f3* ríomhchuidithe,
CAT[2]
computer animation ríomhbheochan
f3
computer application[1] *(of program)*
(= **application**[3]**, application
program**) feidhmchlár *m1*
computer application[2] *(of use)*
feidhmiúchán *m1* ríomhaire
computer architecture ailtireacht *f3*
ríomhairí
computer-assisted *a* (= **computer-
aided**) ríomhchuidithe *a*
**computer-assisted telephone
interviewing** agallóireacht *f3*
ríomhchuidithe teileafóin
computer banking
ríomhbhaincéireacht *f3*
computer-based training (CAT[2]**,
CBT)** oiliúint *f3* ríomhchuidithe,
CBT
computer bureau biúró *m4*
ríomhaireachta
computer centre lárionad *m1*
ríomhairí

computer circuits ciorcaid *mpl*
ríomhaire
computer clock clog *m1* ríomhaire
computer code cód *m1* ríomhaire
computer configuration cumraíocht *f3*
ríomhaire
computer connection nasc *m1*
ríomhaire
computer dating service
ríomhsheirbhís *f2* déanta coinní
computer design[1] *(of specific*
example) ríomhdhearadh[1] *m1*
computer design[2] *(of art)*
ríomhdhearadh[2] *m (gs -rtha)*
computer effects ríomhéifeachtaí *fpl*
computer-enhanced picture pictiúr
m1 ríomhleasaithe
computer etiquette béasaíocht *f3*
ríomhaire
computer games cluichí *mpl* ríomhaire
computer-generated *a* ríomhghinte *a*
computer graphics ríomhghrafaic *f2*
computer instruction treoir *f5*
ríomhaire
computer-integrated manufacturing
déantúsaíocht *f3* ríomh-chomhtháite
computerization *s* ríomhairiú *m (gs*
-rithe)
computerize *v* ríomhairigh *v*
computerized *a* ríomhairithe *a*
computerized equipment trealamh *m1*
ríomhairithe
computerized typesetting
clóchuradóireacht *f3* ríomhairithe
computer laboratory (= computer
room) ríomhlann *f2*
computer language teanga *f4*
ríomhaireachta
computer literacy litearthacht *f3* (ar)
ríomhairí
computer manual lámhleabhar *m1*
ríomhaire
computer micrographics
ríomh-mhicreagrafaic *f2*
computer model déanamh *m1* agus
ainm ríomhaire

computer modelling samhaltú *m* ar
ríomhaire
computer network líonra *m4*
ríomhairí
computer numerically controlled
(CNC) faoi ríomhrialú *m* uimhriúil
computer numerically controlled
lathe deil *f2* faoi ríomhrialú
uimhriúil
computer operation ríomhoibríocht *f3*
computer operator oibreoir *m3*
ríomhaire
computer output microfilmer
micreascannánóir *m3* aschur
ríomhaire
computer output microfilming
micreascannánú *m* aschur ríomhaire
computer output (on) microfilm
(COM) aschur *m1* ríomhaire ar
mhicreascannán
computer personnel pearsanra *m4*
ríomhaireachta
computer program (= program[2])
ríomhchlár *m1*, clár[2] *m1*
computer programmer (=
programmer) ríomhchláraitheoir
m3
computer programming (=
programming) ríomhchlárú *m (gs*
-raithe), ríomhchlárúchán *m1*
computer-readable form foirm *f2*
inléite ag ríomhaire
computer room (= computer
laboratory) seomra *m4*
ríomhaireachta, ríomhlann *f2*
computer science eolaíocht *f3*
ríomhaireachta
computer scientist eolaí *m4*
ríomhaireachta
computer security slándáil *f3*
ríomhaireachta
computer service seirbhís *f2*
ríomhaireachta
computer simulation ionsamhladh *m*
ar ríomhaire
computer skills scileanna *fpl*

ríomhaireachta
computer software bogearraí *mpl*
ríomhaireachta
computer staff foireann *f2*
ríomhaireachta
computer statistics staitisticí *fpl* ón
ríomhaire
computer studies staidéar *m1*
ríomhaireachta
computer system ríomhchóras *m1*
computer-system audit iniúchadh *m*
ríomhchórais
computer virus víreas *m1*
ríomhaireachta
computer word giotánra *m4*
ríomhaireachta
computing *s* ríomhaireacht *f3*, ríomh
m (*gs* ríofa)
computing amplifier aimplitheoir *m3*
ríomhaireachta
computing power ríomhchumhacht *f3*
computistics *s* ríomhaíocht *f3*
concatenate *v* comhchaitéinigh *v*
concatenated strings teaghráin *m1*
chomhchaitéinithe
concatenation *s* comhchaitéiniú *m* (*gs*
-nithe)
concentrate *v* comhchruinnigh *v*
concentrator *s* comhchruinnitheoir *m3*
conceptual level leibhéal *m1*
coincheapúil
conceptual modelling samhaltú *m*
coincheapúil
conceptual representation léiriú *m*
coincheapúil
conceptual schema scéimre *m4*
coincheapúil
concordance[1] *v* comhchordachtaigh *v*
concordance[2] *s* comhchordacht *f3*
concordancer *s* comhchordachtóir *m3*
concurrency *s* comhrith *m3*
concurrency control rialú *m*
comhreatha
concurrent *a* comhreathach *a*
concurrent access rochtain *f3*
chomhreathach

concurrent control rialú *m*
comhreathach
concurrent conversion tiontú *m*
comhreathach
concurrent processing (=
multiprocessing) próiseáil *f3*
chomhreathach
condensed type cló *m4* comhdhlúite
condensing routine gnáthamh *m1*
comhdhlúthúcháin
condition *s* coinníoll *m1* (*gs* -íll *pl*
-acha)
conditional *a* coinníollach *a*
conditional branch brainse *m4*
coinníollach
conditional branching brainseáil *f3*
choinníollach
conditional branch instruction treoir
f5 bhrainseála coinníollaí
conditional breakpoint brisphointe
m4 coinníollach
conditional breakpoint instruction
treoir *f5* bhrisphointe choinníollaigh
conditional compilation tiomsú *m*
coinníollach
conditional execution rith *m*
coinníollach
conditional expression slonn *m1*
coinníollach
conditional implication (= **material
implication**) impleacht *f3*
choinníollach
conditional jump léim *f2*
choinníollach
conditional jump instruction treoir *f5*
léime coinníollaí
conditional loops lúba *mpl*
coinníollacha
conditional operator oibreoir *m3*
coinníollach
conditional statement ráiteas *m1*
coinníollach
conditional stop instruction
stopthreoir *f5* choinníollach
conditional transfer aistriú *m*
coinníollach, traschur *m* coinníollach

condition code cód *m1* staide
conduct *v* seol² *v*
conductor *s* seoltóir² *m3*
confidence measure tomhas *m1* muiníne
configuration *s* (= **set up**³) cumraíocht *f3*
configuration item mír *f2* cumraíochta
configuration management bainistíocht *f3* cumraíochta
configuration parameters paraiméadair *mpl* chumraíochta
configuration state staid *f2* chumraíochta
configure *v* (= **set up**¹) cumraigh *v*
configuring *s* cumrú *m* (*gs* -raithe)
confirm *v* deimhnigh *v*
confirm each replacement deimhnigh *v* gach athchur
conflict *s* coinbhleacht *f3*
conflict-serializable schedule sceideal *m1* coinbhleachtaí insrathaithe
conform *v* (= **obey**) bí *v* de réir ...
conformance with bheith de réir ...
connect *v* (*El.*) nasc³ *v*, *Fam.* ceangail¹ *v*
connection *s* (*El.*) nasc¹ *m1*
connection box nascbhosca *m4*
connection layer sraith *f2* an naisc
connectionless *a* gan nasc
connectionless packet switching lascadh *m* paicéad gan nasc
connective *s* nascach *m1*
connectivity *s* nascacht *f3*
connector *s* nascóir¹ *m3*
connector pin pionna *m4* nascóra
consecutive *a* leantach *a*
consistency *s* comhsheasmhacht *f3*
consistency check seiceáil *f3* comhsheasmhachta
console *s* consól *m1*
console log loga *m4* consóil
constant¹ *s* tairiseach¹ *m1*
constant² *a* tairiseach² *a*
constant area limistéar *m1* na dtairiseach

constant declaration fógra *m4* na dtairiseach
constant expression slonn *m1* tairiseach
constant matrix maitrís *f2* na dtairiseach
constraint *s* iallach *m1*
construct¹ *v* cruthaigh¹ *v*
construct² *s* (= **language construct**) comhstruchtúr *m1*
constructor *s* cruthaitheoir *m3*
consumables *spl* tomhaltáin *mpl*
consumer profile próifíl *f2* tomhaltóra
contact *s* teagmháil *f3*
contact page leathanach *m1* teagmhála
container *s* (*in Java*) árthach *m1*
content *s* (= **contents**) inneachar *m1*
content-addressed storage (= **associative storage**) stóras *m1* comhthiomsaitheach
content-free software bogearraí *mpl* gan inneachar
contention *s* coimhlint *f2*
content management system (CMS) córas *m1* bainistíochta inneachair, CMS
content-rich software bogearraí *mpl* ar mhórán inneachair
context-dependent *a* spleách *a* ar (an) chomhthéacs, spleách *a* ar an gcomhthéacs
context diagram léaráid *f2* den chomhthéacs
contiguous *a* comhtheagmhálach *a*
contiguous bytes bearta *mpl* comhtheagmhálacha
contingency measures bearta *mpl* teagmhasachta
continue *v* lean *v* (ar aghaidh)
continuous *a* leanúnach *a*
continuous data sonraí *mpl* leanúnacha
continuous operation oibríocht *f3* leanúnach
continuous paper páipéar *m1* leanúnach

continuous stationery páipéarachas *m1* leanúnach

contour *s (of a tree)* imlíne *f4*

contrapositive[1] *s* frithdheimhneach[1] *m1*

contrapositive[2] *a* frithdheimhneach[2] *a*

contrast *s* codarsnacht *f3*

contrast setting socrú *m* codarsnachta

control[1] *v* rialaigh *v*

control[2] *s (of process)* rialú *m (gs* -laithe), rialúchán *m1*

control[3] *s (of button, etc.)* (= controller[3], regulator) rialtán *m1*

control area limistéar *m1* rialúcháin

control ball liathróid *f2* rialúcháin

control bit giotán *m1* rialúcháin

control box bosca *m4* rialúcháin

control bus bus *m4* rialúcháin

control card reader léitheoir *m3* cártaí rialúcháin

control character carachtar *m1* rialúcháin

control circuits ciorcaid *mpl* rialúcháin

control code cód *m1* rialúcháin

control counter áiritheoir *m3* rialúcháin

control data sonraí *mpl* rialúcháin

control field réimse *m4* rialúcháin

control flow (= flow of control) sreabhadh *m* rialúcháin

control frame fráma *m4* rialúcháin

control instruction treoir *f5* rialúcháin

control key (Ctrl) eochair *f5* rialúcháin, Ctrl

controller[1] *s (of person)* rialtóir *m3*

controller[2] *s (of functional unit)* rialaitheoir *m3*

controller[3] *s (of button, etc.)* (= control[3], regulator) rialtán *m1*

controlling concurrent usage rialú *m* úsáide comhreathaí

control loop lúb *f2* rialúcháin

control panel painéal *m1* rialúcháin

control program ríomhchlár *m1* rialúcháin

control register tabhall *m1* rialúcháin

control sequence seicheamh *m1* rialúcháin

control statement ráiteas *m1* rialúcháin

control status register (CSR) tabhall *m1* stádas rialúcháin

control store stóras *m1* rialúcháin

control structure struchtúr *m1* rialúcháin

control system córas *m1* rialúcháin, córas *m1* rialaithe

control transfer aistriú *m* rialúcháin

control transfer unit aonad *m1* aistrithe rialúcháin

control unit aonad *m1* rialúcháin

control word giotánra *m4* rialúcháin

convention *s* gnás *m1*

conventional *a* gnásúil *a*, traidisiúnta *a*

conventional encryption criptiú *m* traidisiúnta

conventional machine level leibhéal *m1* gnásúil meaisíní

convergence *s* inréimniú *m (gs* -nithe)

conversational mode mód *m1* comhráiteach

converse[1] *s* coinbhéarta *m4*

converse[2] *a* coinbhéartach *a*

conversion[1] *s* tiontú *m (gs* -taithe), tiontúchán *m1*

conversion[2] *s (Mth.)* coinbhéartú *m (gs* -taithe)

conversion equipment trealamh *m1* tiontúcháin

conversion program ríomhchlár *m1* tiontúcháin

convert[1] *v* tiontaigh *v*

convert[2] *v (Mth.)* coinbhéartaigh *v*

converter *s* tiontaire *m4*

cookie *s* fianán *m1*, cuach[2] *f2*

cooling vent gaothaire *m4* fuaraithe, poll *m1* aeir

cool site láithreán *m1* mealltach, suíomh *m1* mealltach

coordinate *s* comhordanáid *f2*

coordinate geometry céimseata *f5* chomhordanáideach

co-ordinate storage (= matrix storage) stóráil *f3* chomhordanáideach
coprocessor *s* comhphróiseálaí *m4*
coprocessor signalling pin pionna *m4* comharthaíochta comhphróiseálaí
copy[1] *v* cóipeáil[1] *v*
copy[2] *s* cóip *f2*
copy back aischóipeáil *v*
copy constructor cruthaitheoir *m3* cóipe
copy data cóipeáil *v* sonraí
copying *s* cóipeáil[2] *f3*
copying tool uirlis *f2* cóipeála
copy protection cosaint *f3* ar chóipeáil
CORBA (= Common Object Request BrokerArchitecture) CORBA, Ailtireacht *f3* Choiteann Bróicéara Iarratas ar Oibiachtaí
core[1] *s (centre)* croílár *m1*
core[2] *s (of memory)* cór *m1*
core[3] *a (central)* croí- *pref*
core[4] *a (of memory)* cór- *pref*
core dump córdhumpa *m4*
core-dumping *s* córdhumpáil *f3*
core memory córchuimhne *f4*
core memory resident lonnaithe *a* sa chórchuimhne
core SSADM croílár *m1* SSADM
core storage córstóráil *f3*
co-routine *s* comhghnáthamh *m1*
corpus *s* corpas *m1*
corpus linguistics teangeolaíocht *f3* chorpais
correct[1] *v* ceartaigh *v*
correct[2] *a* ceart *a*
corrected *a* ceartaithe *a*
correcting *s* ceartú *m (gs* -taithe)
correction *s* ceartúchán *m1*, ceartú *m (gs* -taithe)
corrective *a* ceartaitheach *a*
corrective maintenance cothabháil *f3* cheartaitheach
correlate *v* comhghaolaigh *v*
correlation[1] *s (process)* comhghaolú *m (gs* -laithe)

correlation[2] *s (state)* comhghaol *m1*
correspondence *s* comhfhreagairt *f3*
corresponding functions feidhmeanna *fpl* comhfhreagracha
corrupt[1] *v* truailligh *v*
corrupt[2] *a* truaillithe *a*
corrupt file comhad *m1* truaillithe
corruption *s* truailliú *m (gs* -llithe)
cost/benefit analysis anailís *f2* chostais/sochair
cost-effectiveness *s* éifeachtúlacht *f3* chostais
count[1] *v* comhair *v*, áirigh *v*
count[2] *s* comhaireamh[1] *m1*, áireamh[2] *m1*
countably infinite éigríochta *a* inchomhairthe
countably infinite set tacar *m1* éigríochta inchomhairthe
counter *s* áiritheoir *m3*
counter field réimse *m4* áiritheora
counting *s* comhaireamh[2] *m1*
couple *v* cúpláil[1] *v*
coupled *a* cúpláilte *a*
coupler *s* cúplóir *m3*
coupling *s* cúpláil[2] *f3*
courseware *s* earraí *mpl* teagaisc
courseware engineering innealtóireacht *f3* earraí teagaisc
CPI (= characters per inch) CPI, carachtair *mpl* san orlach
CPS[1] **(= characters per second)** CPS[1], carachtair *mpl* sa soicind
CPS[2] **(= cycles per second)** CPS[2], ciogail *mpl* sa soicind
CPU (= central processing unit) CPU (LAP), láraonad *m1* próiseála
CPU scheduling sceidealadh *m* CPU (LAP)
CR (= carriage return) *(of key)* eochair *f5* CR
crash[1] *v* **(= break down)** tuairteáil *v*, clis *v*
crash[2] *s* **(= breakdown)** cliseadh *m (gs* -ste), tuairt *f2*
CRC (= cyclic redundancy check)

CRC, seiceáil *f3* chioglach
iomarcaíochta
create *v* cruthaigh[2] *v*
created *a* cruthaithe *a*
create new folder cruthaigh *v* fillteán
nua
creation *s* cruthú *m* (*gs* -thaithe)
creation date dáta *m4* a cruthaíodh
crippled leap-frog test tástáil *f3*
chliobógach chraplaithe
crippled mode mód *m1* craplaithe
criteria box bosca *m4* critéar
criteria for specification critéir *mpl*
sonrúcháin
criterion *s* critéar *m1*
critical path analysis anailís *f2*
rébhealaigh
critical path method modh *m3*
rébhealaigh
CR/LF (= carriage return/line feed)
eochair *f5* CR/LF
crossbar *s* crosbharra *m4*
crossbar switch lasc *f2* chrosbharra
crosscheck *v* cros-seiceáil[1] *v*
crosschecking *s* cros-seiceáil[2] *f3*
cross compiler crostiomsaitheoir *m3*
crossover frequency minicíocht *f3*
thrasach
crossover network líonra *m4* trasach
cross-platform *a* trasardáin *gs as a*
crosspoint *s* crosphointe *m4*
cross-reference *s* crostagairt *f3*
crosstab query iarratas *m1* crostáblach
crosstalk *s* (= **interference**)
trasnaíocht *f3*
cross-validation *s* crosbhailíochtú *m*
(*gs* -taithe)
CRT (= cathode-ray tube) CRT,
feadán *m1* ga-chatóideach
cruise *v* (= **browse, surf**) cúrsáil *v*
cryogenics *s* crióiginic *f2*
cryotron *s* criótrón *m1*
cryptanalysis *s* crioptanailís *f2*
cryptogram *s* cripteagram *m1*
cryptography *s* cripteagrafaíocht *f3*
cryptology *s* cripteolaíocht *f3*

crystal *s* criostal *m1*
crystal form criostalfhoirm *f2*
**CSMA (= carrier sense/multiple
access)** CSMA, brath *m* iompróra
/ilrochtain
CSS (= cascading style sheet) CSS,
stílbhileog *f2* chascáideach
Ctrl (= control key) Ctrl, eochair *f5*
rialúcháin
cue *s* (= **prompt, prompt message**)
leid *f2*
cumulative *a* carnach *a*
cumulative frequency minicíocht *f3*
charnach
cumulative total iomlán *m1* carnach
currency *s* cúrsaíocht *f3*
current[1] *s* (*El.*) sruth[1] *m3*
current[2] *a* (*of time*) reatha *gs as a*
current date dáta *m4* reatha
current directory (= working folder)
comhadlann *f2* reatha
current drive tiomántán *m1* reatha
current environment description
tuairisc *f2* ar an timpeallacht reatha
current instruction ratio cóimheas
m3 treoracha reatha
current instruction register tabhall
m1 treorach reatha
current location suíomh *m1* reatha
current services seirbhísí *fpl* reatha
current services description tuairisc
f2 ar na seirbhísí reatha
current state staid *f2* reatha
cursor *s* cúrsóir *m3*
cursor key eochair *f5* chúrsóra
cursor movement keypad
eochaircheap *m1* bogtha cúrsóra
curtate *a* giorraithe *a*
customizable *a* (*bespoke software*)
in-saincheaptha *a*
customize[1] *v* (*bespoke software*)
saincheap *v*
customize[2] *v* (= **personalize**)
oiriúnaigh *v*
custom(ized) *a* (*bespoke software*)
saincheaptha *a*

customized interface comhéadan *m1* saincheaptha

cut *v* gearr *v*

cut and paste gearr is greamaigh *v*

cut, copy, paste *v* **ar Oibiachtaí** gearr, cóipeáil, greamaigh *v*

CYAN (= cyan, magenta, yellow, black) CYAN, cian, maigeanta, buí, dubh *a*

cyan, magenta, yellow, black (CYAN) cian, maigeanta, buí, dubh *a*, CYAN

cybernetics *s* cibirnitic *f2*

cyberspace *s* an cibearspás *m1*

cycle *s (Mth.)* ciogal *m1*

cycle count áireamh *m1* ciogal

cycle (index) counter áiritheoir *m3* (innéacs) ciogal

cycle (index) reset athshocrú *m* (innéacs) ciogal

cycles per second (CPS^2) ciogail *mpl* sa soicind, CPS^2

cycle stealing goid *f3* ciogal

cycle time aga *m4* ciogail

cyclic *a* cioglach *a*

cyclic code cód *m1* cioglach

cyclic redundancy check (CRC) seiceáil *f3* chioglach iomarcaíochta, CRC

cyclic shift (= circular shift, end-around shift) iomlaoid *f2* chioglach

cyclic storage stóráil *f3* chioglach

cyclic usage úsáid *f2* chioglach

D

DAC (= Discretionary Access Control) DAC, Rialúchán *m1* Lánroghnach Rochtana

D/A converter (= digital-to-analog converter) tiontaire *m4* D/A, tiontaire *m4* digiteach go hanalógach

DAFV (= direct-action file virus) DAFV, víreas *m1* gnímh dhírigh comhaid

daisy chain slabhra *m4* nóiníní

daisy-chaining *s* slabhrú *m* nóiníní

daisy-wheel *s* roth *m3* nóinín, nóinín *m4*

daisy-wheel printer printéir *m3* roth nóinín

damping *s* maolú *m* (*gs* -laithe)

dash *s* dais *f2*

dash style dais-stíl *f2*

data^1 *spl* sonraí *mpl*

data^2 *spl (collective)* sonraíocht^2 *f3*

data abstraction asbhaint *f2* sonraí

data access rochtain *f3* sonraí

data access control rialú *m* rochtana sonraí

data acquisition fáil *f3* sonraí

data acquisition control system córas *m1* rialaithe fáil sonraí

data administrator riarthóir *m3* sonraí

data analysis anailís *f2* ar na sonraí

data analysis display unit aonad *m1* taispeána anailíse ar na sonraí

data area limistéar *m1* sonraí

data array eagar *m1* sonraí

data attribute tréith *f2* sonraí

data authentication fíordheimhniú *m* sonraí

data bank banc *m1* sonraí

database *s* (= **base^2**) bunachar *m1* sonraí

database administrator (DBA) riarthóir *m3* bunachar sonraí

database definition sainiú *m* bunachar sonraí

database field réimse *m4* bunachar sonraí

database management system (DBMS) córas *m1* bainistíochta bunachar sonraí, DBMS

database schema scéimre *m4* bunachar sonraí

database structure struchtúr *m1* bunachar sonraí

database system córas *m1* bunachar sonraí

data broadcast (DB) craoladh *m* sonraí

data bus bus *m4* sonraí

data capture gabháil *f3* sonraí

data carrier iompróir *m3* sonraí

data carrier detect (DCD) aimsitheoir *m3* iompróir sonraí, DCD

data catalogue catalóg *f2* sonraí

data chain slabhra *m4* sonraí

data chaining slabhrú *m* sonraí

data channel cainéal *m1* sonraí

data circuit ciorcad *m1* sonraí

data circuit transparency trédhearcacht *f3* ciorcad sonraí

data classification scheme scéim *f2* rangaithe sonraí

data collection *(of process)* bailiú *m* sonraí

data communication cumarsáid *f2* sonraí

data communications equipment trealamh *m1* cumarsáid sonraí

data compaction dlúthú *m* sonraí

data compression comhbhrú *m* sonraí

data concentrator comhchruinnitheoir *m3* sonraí

data construct comhstruchtúr *m1* sonraí

data content inneachar *m1* sonraí

data control rialú *m* sonraí

data controller *(of functional unit)* rialaitheoir *m3* sonraí

data conversion tiontú *m* sonraí

data converter tiontaire *m4* sonraí

data corruption truailliú *m* sonraí

Data Definition Language (DDL) Teanga *f4* Shainithe Sonraí, DDL

data delimiter (= separator) teormharcóir *m3* sonraí

data density dlús *m1* sonraí

data description tuairisc *f2* ar shonraí

Data Description Language Teanga *f4* Thuairiscithe Sonraí

data dictionary foclóir *m3* sonraí

data-driven parsing algorithm algartam *m1* parsála de réir sonraí

data-driven search/forward chaining cuardach *m1* de réir na sonraí/slabhrú *m* ar aghaidh

data element eilimint *f2* sonraí

data element chain slabhra *m4* d'eilimintí sonraí

data element dictionary (DED) foclóir *m3* eilimintí sonraí, DED

data encryption criptiú *m* sonraí

data entity aonán *m1* sonraí

data entry iontráil *f3* sonraí

data field réimse *m4* sonraí

data file comhad *m1* sonraí

data flow sreabhadh *m* sonraí

data-flow computer ríomhaire *m4* sreafa sonraí

data-flow diagram (DFD) léaráid *f2* den sreabhadh sonraí, DFD

data format formáid *f2* sonraí

data format convention gnás *m1* formáidithe sonraí

datagram *s* sonragram *m1*

datagram deliver protocol (DDP) prótacal *m1* seachadta sonragram

data-handling application feidhmchlár *m1* láimhseála sonraí

data hierarchy ordlathas *m1* sonraí

data highway mórbhealach *m1* sonraí

data independence neamhspleáchas *m1* ar na sonraí

data input station stáisiún *m1* ionchurtha sonraí

data integrity sláine *f4* sonraí

data integrity rules rialacha *mpl* sláine sonraí

data inventory fardal *m1* sonraí

data item (= item of data) mír *f2* sonraí

data key eochair *f5* shonraí

data leakage sceitheadh *m* sonraí

data link nasc *m1* sonraí

data link control (DLC) rialú *m* nasctha sonraí, DLC

data link control layer sraith *f2* rialaithe (an) nasctha sonraí

data link(ing) nascadh *m* sonraí

data link layer sraith *f2* (an) nasctha sonraí

data logging logáil *f3* sonraí

data management (DM) bainistíocht *f3* sonraí, DM

data manipulation ionramháil *f3* sonraí

data manipulation language (DML) teanga *f4* ionramhála sonraí

data medium meán *m1* na sonraí

data migration ascnamh *m1* sonraí

data mining mianadóireacht *f3* sonraí

data model samhail *f3* de shonraí

data movement instruction treoir *f5* aistrithe sonraí

data multiplexer ilphléacsóir *m3* sonraí

data name ainm *m4* sonra

data network líonra *m4* sonraí

data object oibiacht *f3* sonraí

data over voice (DOV) sonraí *mpl* os cionn gutha

data path cosán *m1* sonraí

data plotter breacaire *m4* sonraí

data pointer pointeoir *m3* sonraí

data processing (DP) proiseáil *f3* sonraí, DP

data processing manager (DPM) bainisteoir *m3* próiseála sonraí, DPM

data processing node nód *m1* próiseála sonraí

data processing standards caighdeáin *mpl* próiseála sonraí

data processing system security slándáil *f3* córas próiseála sonraí

data processor próiseálaí *m4* sonraí

data projector teilgeoir *m3* sonraí, sonratheilgeoir *m3*

data protection cosaint *f3* sonraí

Data Protection Act, The An tAcht *m3* um Chosaint Sonraí

Data Protection Commissioner Coimisinéir *m3* Cosanta Sonraí

data purification íonghlanadh *m* sonraí

data quality cáilíocht *f3* sonraí

data record taifead *m1* sonraí

data reduction laghdú *m* sonraí

data register tabhall *m1* sonraí

data reliability iontaofacht *f3* sonraí

data representation léiriú *m* sonraí

data requirements riachtanais *mpl* sonraí

data retrieval aisghabháil *f3* sonraí

data security slándáil *f3* sonraí

data segment deighleán *m1* sonraí

data-segment register tabhall *m1* deighleáin sonraí

data-sensitive fault locht *m3* sonra-íogair

data service unit (DSU) aonad *m1* seirbhís sonraí

data set tacar *m1* sonraí

data set ready (DSR) tacar *m1* sonraí réidh, DSR

data sheet bileog *f2* sonraí

data sink slogaide *f4* sonraí

data source foinse *f4* sonraí

data station stáisiún *m1* sonraí

data storage stóráil *f3* sonraí

data store stóras *m1* sonraí

data stream sruth *m3* sonraí

data structure struchtúr *m1* sonraí

data structure design dearadh *m1* struchtúr sonraí

data subject ábhar *m1* sonraí

data sublanguage fotheanga *f4* shonraí

data switches lascanna *fpl* sonraí

data-switching exchange malartán *m1* lasctha sonraí

data system córas *m1* sonraí

data terminal teirminéal *m1* sonraí

data terminal equipment (DTE) trealamh *m1* teirminéal sonraí, DTE

data terminal ready (DTR) teirminéal *m1* sonraí réidh, DTR

data throughput tréchur *m1* sonraí

data transfer aistriú *m* sonraí, traschur *m* sonraí

data transfer rate ráta *m4* aistrithe sonraí, ráta *m4* traschurtha sonraí

data transmission tarchur *m* sonraí
data transmission channel cainéal *m1* tarchurtha sonraí
data transparency trédhearcacht *f3* sonraí
data type cineál *m1* sonraí
data under voice sonraí *mpl* faoi bhun gutha
data validation bailíochtú *m* sonraí
data warehouse ollstór *m1* sonraí
data warehousing ollstóráil *f3* sonraí
data word giotánra *m4* sonraí
datum *s (pl data)* sonra *m4*
dB (= decibel) dB, deicibeil *f2*
dBm (= decibels per milliwatt) dBm, deicibeilí *fpl* sa mhilleavata
DBMS (= database management system) DBMS, córas *m1* bainistíochta bunachar sonraí
DBMS data storage classification rangú *m* stórála sonraí DBMS
DBMS performance classification rangú *m* ar fheidhmíocht DBMS
DC^1 (= direct coupling, directly-coupled) DC, dírchúpláil *f3*, dírchúpláilte *a*
DC^2 (= direct current) DC (SD), sruth *m3* díreach
DCD (= data carrier detect) DCD, aimsitheoir *m3* iompróir sonraí
DCU (= device control unit) DCU, aonad *m1* rialaithe gléis
DDA (= digital differential analyser) DDA, anailíseoir *m3* difreálach digiteach
DDL (= Data Definition Language) DDL, Teanga *f4* Shainithe Sonraí
DDP (= decentralized data processing) DDP, próiseáil *f3* dhíláraithe sonraí
dead band (= dead zone) banda *m4* marbh
dead end (DE) ceann *m1* caoch
dead halt (= drop-dead halt) marbhstad *m4*
deadlock *s* leamhsháinn *f2*

dead register tabhall *m1* marbh
dead time aga *m4* marbh
dead variable athróg *f2* mharbh
dead zone (= dead band) marbhchrios *m3*
dead zone unit aonad *m1* marbhchreasa
de-allocate *v* dí-leithdháil *v*
debug *v* dífhabhtaigh *v*
debugger *s* dífhabhtóir *m3*
debugging *s* dífhabhtú *m (gs* -taithe), dífhabhtúchán *m1*
debug macros macraí *mpl* dífhabhtúcháin
decade *s* deichniúr *m1*
decay time am *m3* meathlúcháin
decentralized data processing (DDP) próiseáil *f3* dhíláraithe sonraí, DDP
decibel *s* **(dB)** deicibeil *f2*, dB
decibels per milliwatt (dBm) deicibeilí *fpl* sa mhilleavata, dBm
decile *s* deicíl *f2*
decimal^1 *s* deachúil *f3*
decimal^2 *a* deachúlach *a*
decimal digit digit *f2* dheachúlach
decimal integer slánuimhir *f5* dheachúlach
decimal notation nodaireacht *f3* dheachúlach, nodaireacht *f3* deachúlacha
decimal numeral figiúr *m1* deachúlach
decimal place ionad *m1* deachúlach, ionad *m1* de dheachúlacha
decimal point pointe *m4* deachúlach
decimal tab táb *m1* deachúlach
decimal-to-binary conversion tiontú *m* ó dheachúlach go dénártha
decision *s* cinneadh^1 *m1 (pl* -nntí)
decision box bosca *m4* cinnidh
decision instruction treoir *f5* chinnteoireachta
decision-making *s* cinnteoireacht *f3*
decision step céim *f2* chinnidh
decision support system córas *m1* tacaíochta cinntí

decision symbol siombail *f2* cinnidh
decision table tábla *m4* cinnteoireachta
deck[1] *s (of punched card)* (= **pack**[2])
   deic[1] *f2*
deck[2] *s (of tape deck)* deic[2] *f2*
deck-level element eilimint *f2* ar
   leibhéal deice
declaration *s* fógra *m4*
declarative *a* fógrach *a*
declarative language teanga *f4*
   fhógrach
declarative semantics séimeantaic *f2*
   fhógrach
declarator *s* fógróir *m3*
declarator syntax comhréir *f2* an
   fhógróra
declare *v* fógair *v*
declared value luach *m3* fógartha
decode *v* díchódaigh *v*
decoder *s* díchódóir *m3*
decoding *s* díchódú *m (gs* -daithe)
decollate *v* dí-chomhordaigh *v*
decompress *v* dí-chomhbhrúigh *v*
decompression *s* dí-chomhbhrú *m (gs*
   -ite)
decouple *v* díchúpláil *v*
decrease *v* laghdaigh *v*
decrease indent laghdaigh *v* eang
decreasing[1] *s* laghdú *m (gs* -daithe)
decreasing[2] *a* laghdaitheach *a*
decrement[1] *v* deicrimintigh *v*
decrement[2] *s* deicrimint *f2*
decrement operator oibreoir *m3*
   deicriminteach
decrypt *v* díchriptigh *v*
decryption *s* díchriptiú *m (gs* -tithe)
DED (= **data element dictionary**)
   DED, foclóir *m3* eilimintí sonraí
dedicate *v* tiomnaigh *v*
dedicated *a* tiomnaithe *a*
dedicated computer ríomhaire *m4*
   tiomnaithe
dedicated file server freastalaí *m4*
   tiomnaithe comhad
dedicated line líne *f4* thiomnaithe
dedicated search engine inneall *m1*

cuardaigh tiomnaithe
dedicated server freastalaí *m4*
   tiomnaithe
dedication *s* tiomnú *m (gs* -naithe)
deduct *v* déaduchtaigh *v*
deduction *s* déaduchtú *m (gs* -taithe)
deductive method modh *m3*
   déaduchtach
de facto standards caighdeáin *mpl* de
   facto
default *s* (= **default option, default
   setting**) réamhshocrú *m (gs* -raithe),
   rogha *f4* réamhshocraithe
default character set tacar *m1*
   carachtar réamhshocraithe
default colour dath *m3*
   réamhshocraithe
default directory comhadlann *f2*
   réamhshocraithe
default drive tiomántán *m1*
   réamhshocraithe
default home page leathanach *m1*
   baile réamhshocraithe
default initialization túsú *m*
   réamhshocraithe
default option (= **default, default
   setting**) rogha *f4* réamhshocraithe
default pointer value luach *m3*
   réamhshocraithe an phointeora
default setting (= **default, default
   option**) réamhshocrú *m (gs* -raithe),
   rogha *f4* réamhshocraithe
default tab táb *m1* réamhshocraithe
default target frame spriocfhráma *m4*
   réamhshocraithe
default value luach *m3*
   réamhshocraithe
default visibility level leibhéal *m1*
   infheictheachta réamhshocraithe
deference *s* iarchur *m (gs* -tha)
deferred address (= **indirect address,
   multilevel address**) seoladh *m*
   iarchurtha
deferred addressing (= **indirect
   addressing, multilevel addressing**)
   seolachán *m1* iarchurtha

deferred entry/exit iontráil/scor *m1*
iarchurtha
define[1] *v (explain)* sainmhínigh *v*
define[2] *v (specify)* sainigh[1] *v*
defined address seoladh *m* sainithe
defined field réimse *m4* sainithe
definition[1] *s (of explanation)*
sainmhíniú *m (gs* -nithe)
definition[2] *s (of distinctness)* gléine *f4*
definition[3] *s (of specification)* sainiú *m*
(*gs* -nithe)
defragment *v* díbhlogh *v*
defragmentation *s* díbhloghadh *m (gs*
-ghta)
degauss *v* díghabhsáil *v*
degausser *s* díghabhsálaí *m4*
degeneracy *s* díchineálacht *f3*
degenerate *a* díchineálach *a*
degradation *s* díghrádú *m (gs* -daithe)
degree *s* céim[2] *f2*
de iure **standards** caighdeáin *mpl de
iure*
delay[1] *v* moilligh *v*
delay[2] *s (in general)* moill *f2*
delay[3] *s (of time interval)* moillaga *m4*
delayed *a* moillithe *a*
delayed access rochtain *f3* mhoillithe
delayed jump léim *f2* mhoillithe
delayed load lód *m1* moillithe
delay element eilimint *f2* moillaga
de-layering *s* díshrathú *m (gs* -thaithe)
delay line líne *f4* mhoillithe
delay slot sliotán *m4* moillaga
delay unit aonad *m1* moillithe
delete *v* scrios[1] *v*
delete anomaly (= **anomalous delete**)
aimhrialtacht *f3* sa scrios
delete character scrioscharachtar *m1*
deleted *a* scriosta *a*
delete key scrioseochair *f5*, Scrios
Delete query *(of SQL)* iarratas *m1*
DELETE
deletion *s* scrios[2] *m (gs* -ta *pl* -taí)
deletion record scriostaifead *m1*
delimit *v* teormharcáil *v*
delimiter *s* teormharcóir *m3*

deliverable *s* táirge *m4* insoláthartha
deliverable-based process model
samhail *f3* de phróiseas (atá)
bunaithe ar tháirgí insoláthartha
deliverable-oriented *a* dírithe *a* ar
tháirgí insoláthartha
delocalization *s* dílogánú *m (gs*
-naithe)
delocalize *v* dílogánaigh *v*
delta *s* deilte *f4*
delta encoding/decoding
deilte-ionchódú/díchódú *m (gs*
-daithe)
delta frame (= **difference frame**)
deiltefhráma *m4*
delta modulation deiltemhodhnú *m*
(*gs* -naithe)
delta noise deiltethorann *m1*
demand *s* éileamh *m1*
demand feeding (= **baby feeding**)
fothú *m* ar éileamh
demand paging malartú *m* leathanach
ar éileamh
demo *a* (= **demonstration**) taispeána
gs as a
demo disk (= **demonstration diskette**)
diosca *m4* taispeána
demodulate *v* dímhodhnaigh *v*
demodulation *s* dímhodhnú *m (gs*
-naithe)
demodulator *s* dímhodhnóir *m3*
demo model samhaltán *m1* taispeána
demonstrate *v* (= **display**[1], **show**)
taispeáin *v*
demonstration *s* (= **demo**) taispeáint
f3
demonstration diskette (= **demo disk**)
diosca *m4* taispeána
demonstration program ríomhchlár
m1 taispeána
demultiplexer *s* dí-ilphléacsóir *m3*
demultiplexing *s* dí-ilphléacsú *m (gs*
-saithe)
denary *a* deichnártha *a*
denary number system uimhirchóras
m1 deichnártha

denesting of operations díneadú *m* oibríochtaí

denial of service (DoS) diúltú *m* seirbhíse

denial of service attack (DoS attack) ionsaí *m4* diúltaithe seirbhíse

denominator *s* ainmneoir *m3*

denormalized *a* dínormalaithe *a*

denormalized number uimhir *f5* dhínormalaithe

dense *a* dlúth[1] *a*

dense wavelength division multiplexing (DWDM) ilphléacsú *m* roinnte dlúth-thonnfhad

density *s* dlús *m1*

dependant *s* spleáchóg *f2*

dependencies *spl* spleáchais *mpl*

dependent *a* spleách *a*

dependent compilation tiomsú *m* spleách

dependent program ríomhchlár *m1* spleách

deprecated features gnéithe *fpl* lochtacha

depth *s* *(of a tree)* doimhneacht *f3*

depth-first *a* doimhneacht *f3* ar dtús

derived attribute tréith *f2* dhíorthaithe

derived class aicme *f4* dhíorthaithe

derived relation gaol *m1* díorthaithe

derived type cineál *m1* díorthaithe

descendant *s* *(of root node)* (= **descendant node**) sliochtnód *m1*

descendant node (= **descendant**) sliochtnód *m1*

descending *a* íslitheach *a*

descending order ord *m1* íslitheach

descending sort sórtáil *f3* íslitheach

description *s* tuairisc[1] *f2*

descriptor *s* tuairisceoir *m3*

deselect *v* *(text)* díroghnaigh *v*

design[1] *s* *(of concrete example)* dearadh[1] *m1* (*pl* -raí)

design[2] *s* *(of art/theory of, etc.)* dearadh[2] *m* (*gs* -rtha)

design application feidhmchlár *m1* deartha

designate *v* sainigh[2] *v*

designator *s* sainitheoir *m3*

design cross-checker cros-seiceálaí *m4* dearaí

design decomposition miondealú *m* ar an dearadh

design pattern patrún *m1* dearaidh

design quality metrics méadracht *f3* cáilíocht dearaí

design review athbhreithniú *m* ar an dearadh

design specification sonraíocht *f3* an dearaidh

design team foireann *f2* deartha

design view amharc *m1* ar dhearadh

desk accessory oiriúint *f3* deisce

desk check (= **desk checking**) seiceáil *f3* deisce

desktop *s* deasc *f2*

desktop computer ríomhaire *m4* deisce

desktop publishing (DTP) foilsitheoireacht *f3* deisce, DTP

desktop theme téama *m4* deisce

desktop unit aonad *m1* deisce

desktop utility software bogearraí *mpl* áirge deisce

despatch *See* dispatch.

despike *v* díspíceáil[1] *v*

despiking *s* díspíceáil[2] *f3*

destination address seoladh *m* sprice

destination disk (= **target disk**) diosca *m4* sprice

destination drive tiomántán *m1* sprice

destination network líonra *m4* sprice

destination node nód *m1* sprice

destructive read léamh *m1* lotmhar

destructive testing tástáil *f3* lotmhar

detach *v* díscoir *v*

detachable *a* in-díscortha *a*

detachable plugboard clár *m1* in-díscortha plocóidí

detail entity aonán *m1* mionsonraí

detail file comhad *m1* mionsonraí

detail report (= **detailed report**) miontuairisc *f2*

detect *v* (= **find**, **locate**) aimsigh[1] *v*
detected error earráid *f2* aimsithe
determinable *a* inchinntithe *a*
determinant *s* deitéarmanant *m1*
determination[1] *s* *(of decision)*
cinneadh[2] *m1* *(pl -nntí)*
determination[2] *s* *(process of deciding)*
cinneadh[1] *m* *(gs -nnte)*
determination[3] *s* *(process of*
establishing) dearbhú[2] *m* *(gs*
-bhaithe)
determine[1] *v* *(decide)* cinn *v*
determine[2] *v* *(ensure)* cinntigh *v*
determine[3] *v* *(establish)* dearbhaigh[2] *v*
developer *s* *(of laser printing)* réalóir
m3
development system córas *m1*
forbartha
deviation *s* diall *m* *(gs -ta pl -taí)*
deviation ratio cóimheas *m3* diallta
device *s* gléas[2] *m1*
device control character carachtar *m1*
rialaithe gléasanna
device control unit (DCU) aonad *m1*
rialaithe gléis, DCU
device dependence spleáchas *m1* gléis
device driver tiománaí *m4* gléis
device independence neamhspleáchas
m1 gléis
device level leibhéal *m1* gléis
device name ainm *m4* gléis
device selection check seiceáil *f3*
roghnaithe gléis
device status word (DSW) giotánra
m4 stádas gléis, DSW
DF (= **diagnostic function**) DF,
feidhm *f2* dhiagnóiseach
DFD (= **data-flow diagram**) DFD,
léaráid *f2* den sreabhadh sonraí
Dhrystone benchmark tagarmharc *m1*
próiseála
diacritical mark comhartha *m4*
diaicritice
diagnosis *s* diagnóis *f2*
diagnostic *a* diagnóiseach *a*
diagnostic check seiceáil *f3*
dhiagnóiseach
diagnostic function (DF) feidhm *f2*
dhiagnóiseach, DF
diagnostic program ríomhchlár *m1*
diagnóiseach
diagnostic routine gnáthamh *m1*
diagnóiseach
diagnostics *s* diagnóisic *f2*
diagnostic test tástáil *f3* dhiagnóiseach
diagram *s* léaráid *f2*
dial *v* (= **dial up**) diailigh *v*
dial-in connection nasc *m1* diailiú
isteach
dialling *s* diailiú *m* *(gs -lithe)*
dialog *See* **dialogue**.
dialogue *s* dialóg *f2*
dialogue box bosca *m4* dialóige
dialogue control table tábla *m4*
rialaithe dialóige
dialogue element eilimint *f2* dialóige
dial-out connection nasc *m1* diailiú
amach
dialtone *s* ton *m1* diailithe
dial *v* up (= **dial**) diailigh *v*
dial-up *s* diailchaoi *f4*
dial-up account username ainm *m4*
úsáideora cuntas diailithe
dial-up connection window fuinneog
f2 nasc diailithe
dibit *s* déghiotán *m1*
dibit encoding ionchódú *m*
déghiotánach
dibit modem móideim *m4*
déghiotánach
dichotomizing search (= **binary**
search) cuardach *m1* déscaracháin
dictionary *s* foclóir *m3*
dielectric[1] *s* tréleictreach[1] *m1*
dielectric[2] *a* tréleictreach[2] *a*
dielectric amplifier aimplitheoir *m3*
tréleictreach
difference *s* difríocht *f3*
difference engine inneall *m1* difríochta
difference frame (= **delta frame**)
fráma *m4* difríochta
difference of two sets (= **relative**

complement of two sets) difríocht
f3 idir dhá thacar
differentiable *a* indifreáilte *a*
differential[1] *s* difreálach[1] *m1*
differential[2] *a* difreálach[2] *a*
differential amplifier aimplitheoir *m3*
difreálach
**differential phase-shift keying
(DPSK)** eochrú *m* difreálach
pasiomlaoide
**differential pulse code modulation
(DPCM)** modhnúchán *m1* difreálach
bíogchód, DPCM
differentiate *v* difreáil[1] *v*
differentiation *s* difreáil[2] *f3*
differentiator *s* difreálaí *m4*
diffusion *s* idirleathadh *m* (*gs* -eata)
diffusion constant tairiseach *m1*
idirleata
digit *s* digit *f2*
digital *a* digiteach *a*
digital audio file comhad *m1* digiteach
fuaime
digital camera ceamara *m4* digiteach
digital cash airgead *m1* tirim digiteach
digital certificate teastas *m1* digiteach
digital cheque seic *m4* digiteach
digital circuit (= binary circuit)
ciorcad *m1* digiteach
digital clock clog *m1* digiteach
digital computer ríomhaire *m4*
digiteach
digital data sonraí *mpl* digiteacha
digital differential analyser (DDA)
anailíseoir *m3* difreálach digiteach,
DDA
digital filter scagaire *m4* digiteach
digital integrator suimeálaí *m4*
digiteach
digital library leabharlann *f2*
dhigiteach
digital logic loighic *f2* dhigiteach
digital mastering máistirchóipeáil *f3*
dhigiteach
digital modem móideim *m4* digiteach
digital multiplier iolraitheoir *m3*

digiteach
digital numbers uimhreacha *fpl*
digiteacha
digital object identifier aitheantóir *m3*
oibiachta digití
digital output (DO) aschur *m1*
digiteach, DO
digital photo album albam *m1*
grianghraf digiteach
digital projector teilgeoir *m3* digiteach
digital representation léiriú *m*
digiteach
digital resolution taifeach *m1*
digiteach
digital rights management
bainistíocht *f3* ceart digiteach
digital signal comhartha *m4* digiteach
digital signature (= e-signature) síniú
m digiteach
digital speech interpolation (DSI)
idirshuíomh *m1* cainte digití
Digital Subscriber Line (DSL) Líne
f4 Dhigiteach Rannpháirtí
digital television teilifís *f2* dhigiteach
**digital-to-analog converter (= D/A
converter)** tiontaire *m4* digiteach go
hanalógach, tiontaire *m4* D/A
digital transmission tarchur *m*
digiteach
digital versatile disk (DVD) diosca
m4 digiteach ilúsáide, DVD (*pl*
DVDanna)
digital video físeán *m1* digiteach
digital video camera físcheamara *m4*
digiteach
digital video display fístaispeáint *f3*
dhigiteach
digital video interactive (DVI) físeán
m1 digiteach idirghníomhach
digital watermark comhartha *m4*
uisce digiteach
digit compression comhbhrú *m* digití
digit delay device gléas *m1* moillithe
digite
digitization *s* digitiú *m* (*gs* -tithe)
digitize *v* digitigh *v*

digitizer *s* digiteoir *m3*
digit place ionad *m1* digite
digraph *s* (= directed graph) graf *m1*
 dírithe
dimension *s* toise *m4*
diminished radix complement
 comhlánú *m* bonnuimhreach
 laghdaithe
DIMS (= distributed-intelligence
 microcomputer system) DIMS,
 córas *m1* micriríomhairí intleachta
 dáilte
dingbat *s* smísteog *f2*
diode *s* dé-óid *f2* (*pl* -eanna)
diode function generator gineadóir
 m3 feidhme dé-óide
diode transistor logic (DIL) loighic *f2*
 dé-óideanna is trasraitheoirí
DIP (= dual inline package) DIP,
 pacáiste *m4* dé-inlíneach
dipole modulation modhnú *m*
 dépholach
DIP switch lasc *f2* DIP
direct *a* díreach *a*, dír- *pref*
direct access dír-rochtain *f3*
direct-access queue ciú *m4*
 dír-rochtana
direct-access storage stóras *m1*
 dír-rochtana
direct-action file virus (DAFV) víreas
 m1 gnímh dhírigh comhaid, DAFV
direct address seoladh *m* díreach,
 dírsheoladh *m* (*gs* -lta)
direct addressing seolachán *m1*
 díreach, dírsheolachán *m1*
direct call facility saoráid *f2*
 dírghlaoite
direct coding dírchódú *m* (*gs* -daithe)
direct-connect modem móideim *m4*
 dírnaisc
direct coupling (DC¹) dírchúpláil *f3*,
 DC
direct current (DC²) sruth *m3* díreach,
 DC (SD)
directed acyclic graph (DAG) graf
 m1 dírithe neamhchioglach

directed graph (= digraph) graf *m1*
 dírithe
direct input dír-ionchur *m1*
direct insert subroutine foghnáthamh
 m1 dír-ionsáite
direct instruction dírthreoir *f5* (*gs*
 -orach)
direction keys treo-eochracha *fpl*
directive *s* (= instruction) treoir¹ *f5*
 (*gs* -orach)
directly-coupled *a* (DC¹) dírchúpláilte
 a, DC
direct-mapped *a* dírmhapáilte *a*
direct-mapped cache taisce *f4*
 dhírmhapáilte
direct member selector dír-roghnóir
 m3 baill
direct memory access (DMA)
 dír-rochtain *f3* cuimhne, DMA
direct numerical control (DNC)
 dír-rialú *m* uimhriúil
directory¹ *s* (*of list*) eolaire *m4*
directory² *s* (= folder) comhadlann *f2*
directory option rogha *f4*
 comhadlainne
directory path cosán *m1*
 comhadlainne
directory structure struchtúr *m1*
 comhadlainne
direct output dír-aschur *m1*
direct proof cruthúnas *m1* díreach
Direct Stream Digital recording (=
 DSD recording) taifeadadh *m*
 Digiteach Dírshrutha, taifeadadh *m*
 DSD
dirty *a* salach *a*
dirty bit giotán *m1* salach
dirty read léamh *m1* salach
disable *v* díchumasaigh *v*
disabled *a* díchumasaithe *a*
disarm *v* dí-armáil *v*
disarmed *a* dí-armáilte *a*
disassemble *v* dídhíolaim *v*
disassembler *s* dídhíolamóir *m3*
disaster dump dumpáil *f3* (de bharr)
 tubaiste

disc *s* (= **disk**[1]) diosca[1] *m4*
discardable *a* inchuileáilte *a*
discette *See* diskette.
disconnect *v* dínasc *v*, scaoil[2] *v*
disconnected *a* dínasctha *a*
discrete *a* scoite *a*
discrete data sonraí *mpl* scoite
discretionary *a* lánroghnach *a*
Discretionary Access Control (DAC)
Rialúchán *m1* Lánroghnach
Rochtana, DAC
discriminant *s* idirdhealaí *m4*
discrimination *s* idirdhealú *m* (*gs*
-laithe)
disjoint-memory computer ríomhaire
m4 cuimhne scartha
disjoint sets tacair *mpl* scartha
disjoint union aontas *m1* scartha
disjunction *s* (= **union**) aontas *m1*
disk[1] *s* (= **disc**) diosca[1] *m4*
disk[2] *a* diosc- *pref,* diosca[2] *gs as a*
disk cache dioscthaisce *f4*
disk cartridge diosc-chartús *m1*
disk controller rialaitheoir *m3* diosca
disk crash cliseadh *m* diosca
disk density dlús *m1* diosca
disk directory eolaire *m4* diosca
disk drive tiomántán *m1* diosca
disk drive designator sainitheoir *m3*
tiomántán diosca
diskette *s* (= **discette**, **floppy disk**)
discéad *m1*
disk head cnoga *m4* diosca
diskless workstation stáisiún *m1* oibre
gan (tiomántán) diosca
disk maintenance software bogearraí
mpl cothabhála dioscaí
Disk Operating System (DOS) córas
m1 oibriúcháin dioscaí, DOS
disk optimizer optamóir *m3* diosca
disk pack paca *m4* dioscaí
disk space spás *m1* (ar) diosca
disk storage (*on disks*) stóráil *f3* ar
diosca
disk unit aonad *m1* dioscaí
dispatch *v* (*of time allocation*) riar *v*

am (ar)
dispatcher *s* riarthóir *m3* ama
dispersion *s* spré *m* (*gs* -ite)
displacement *s* díláithriú *m* (*gs* -rithe),
díláithriúchán *m1*
displacement transducer trasduchtóir
m3 díláithriúcháin
display[1] *v* (= **demonstrate**, **show**)
taispeáin *v*
display[2] *s* taispeáint *f3* (*gs* -ána *pl* -í)
display characteristics airíonna *mpl*
taispeána
display highlighting aibhsiú *m*
taispeána
display modes móid *mpl* taispeána
display tube feadán *m1* taispeána
dissipate *v* scaip *v*
distance *s* cian *f2*
distortion *s* díchumadh *m* (*gs* -mtha)
distributed *a* dáilte *a*
distributed database bunachar *m1*
sonraí dáilte
**distributed database management
system** córas *m1* bainistíochta
bunachair shonraí dáilte
distributed data independence
neamhspleáchas *m1* ar dháileadh na
sonraí
distributed data processing próiseáil
f3 sonraí dáilte
distributed file system córas *m1*
comhad dáilte
distributed intelligence intleacht *f3*
dháilte
**distributed-intelligence
microcomputer system (DIMS)**
córas *m1* micriríomhairí intleachta
dáilte, DIMS
distributed network líonra *m4* dáilte
distributed operating system córas
m1 oibriúcháin dáilte
distributed processing próiseáil *f3*
dháilte
distributed system córas *m1* dáilte
distributed transactions idirbhearta
mpl dáilte

distribution cable cábla *m4*
dáiliúcháin
distribution list (= mailing list[2])
liosta *m4* seachadta
distribution of data values dáileadh *m*
luachanna sonraí
dithering *s* díodán *m1*
divide *v* roinn[1] *v*
divide and conquer scar is treascair *v*
dividend *s (Mth.)* rannann *f2*
divider *s (Mth.)* (**= divisor**) roinnteoir
m3
division *s* roinnt *f2*
division operator oibreoir *m3* roinnte
division subroutine foghnáthamh *m1*
roinnte
divisor *s (Mth.)* (**= divider**) roinnteoir
m3
D latch D-laiste *m4*
DLC (= data link control) DLC, rialú
m nasctha sonraí
DM (= data management) DM,
bainistíocht *f3* sonraí
DMA (= direct memory access)
DMA, dír-rochtain *f3* cuimhne
**DMOS (= double-diffused
metal-oxide semiconductor)**
DMOS, leathsheoltóir *m3*
dé-idirleata ocsaíd mhiotail
DNS (= Domain Name Server) DNS,
Freastalaí *m4* Ainmneacha Fearainn
do *v* déan *v*
DO (= digital output) DO, aschur *m1*
digiteach
dock *s* (**= docking cradle, docking
station**) leaba *f* nasctha
**docking cradle (= dock, docking
station)** leaba *f* nasctha
**docking station (= dock, docking
cradle)** stáisiún *m1* nasctha
document[1] *v* doiciméadaigh *v*
document[2] *s* doiciméad *m1*
documentation *s* doiciméadú *m (gs
-daithe)*, doiciméadúchán *m1*
document delivery seachadadh *m*
doiciméad

document flow diagram léaráid *f2* den
sreabhadh doiciméad
document instance ásc *m1* de
dhoiciméad
document map mapa *m4* an doiciméid
document-oriented model samhail *f3*
(atá) dírithe ar dhoiciméid
document processing próiseáil *f3*
doiciméad
document reader léitheoir *m3*
doiciméad
document structure struchtúr *m1*
doiciméid
document type definition (DTD)
sainiú *m* cineál doiciméid, DTD
document view amharc *m1* ar an
doiciméad
domain *s* fearann *m1*
domain controller rialaitheoir *m3*
fearainn
domain error earráid *f2* fearainn
domain login logáil *f3* fearainn
domain name ainm *m4* fearainn
Domain Name Server (DNS)
Freastalaí *m4* Ainmneacha Fearainn,
DNS
dongle *s* (**= server key**) dangal *m1*
donor *s* deontóir *m3*
dopant *s* dópán *m1*
dope *v* dópáil *v*
doped *a* dópáilte *a*
Doppler shift aistriú *m* Doppler
DoS (= denial of service) diúltú *m*
seirbhíse
DOS (= Disk Operating System)
DOS, córas *m1* oibriúcháin dioscaí
**DoS attack (= denial of service
attack)** ionsaí *m4* diúltaithe
seirbhíse
DOS program clár *m1* DOS
DOS prompt leid *f2* DOS
dot *s* ponc *m1*
dot address poncsheoladh *m (gs -lta)*
dot matrix printer printéir *m3*
poncmhaitríse
dot pitch ponc-chéim *f2*

dot prompt poncleid *f2*
dot qualifier ponc-cháilitheoir *m3*
dots per inch (DPI) poncanna *mpl* san
orlach, DPI
dots per second (DPS) poncanna *mpl*
sa soicind, DPS
dots per square inch (DPSI)
poncanna *mpl* san orlach cearnach,
DPSI
double *a* dúbailte *a*, dé-[1] *pref*
double apostrophe comhartha *m4*
athfhriotail
double-click[1] *v* déchliceáil *f3*, cliceáil
v faoi dhó
double-click[2] *s* cliceáil *f3* dhúbailte
double density dédhlús *m1*
double-density *a* dédhlúis *gs as a*
double-density compact disc (DDCD)
dlúthdhiosca *m4* dédhlúis
double-density disk diosca *m4*
dédhlúis
double-diffused metal-oxide
semiconductor (DMOS)
leathsheoltóir *m3* dé-idirleata ocsaíd
mhiotail, DMOS
double indirect block bac *m1*
indíreach dúbailte
double-length number uimhir *f5*
dhéfhaid
double line spacing (= double
spacing) spásáil *f3* dhá líne
double-linked *a* dénasctha *a*
double-linked circular list liosta *m4*
dénasctha ciorclach
double-linked list liosta *m4* dénasctha
double-precision *a* débheachtais *gs as*
a
double-precision arithmetic
uimhríocht *f3* débheachtais
double-precision processing próiseáil
f3 débheachtais
double-pulse reading léamh *m1*
débhíogach
double-pulse recording taifeadadh *m*
débhíogach
double quotation marks (= double

quotes) comharthaí *mpl* dúbailte
athfhriotail
double quote character *(of key)*
carachtar *m1* dúbailte athfhriotail
double quotes (= double quotation
marks) comharthaí *mpl* dúbailte
athfhriotail
double-sided floppy diskettes (DS)
dioscaí *mpl* boga déthaobhacha, DS
double spacing (= double line
spacing) déspásáil *f3*
down *adv* síos *adv*
down arrow saighead *f2* síos
downlink *s* íosnasc *m1*
download *v* lódáil *v* anuas, íoslódáil *v*
downloadable font cló *m4* in-íoslódála
downloading files comhaid *mpl* a
íoslódáil
downloading time aga *m4* íoslódála
downloading utility áirge *f4* íoslódála
download site láithreán *m1* íoslódála,
suíomh *m1* íoslódála
downsizing *s* laghdú *m* méide
down-time *s* aga *m4* neamhfhónaimh
downward compatibility
comhoiriúnacht *f3* anuas
downward compatible comhoiriúnach
a anuas
DP (= data processing) DP, proiseáil
f3 sonraí
DPCM (= differential pulse code
modulation) DPCM, modhnúchán
m1 difreálach bíogchód
DPI (= dots per inch) DPI, poncanna
mpl san orlach
DPM (= data processing manager)
DPM, bainisteoir *m3* próiseála
sonraí
DPS (= dots per second) DPS,
poncanna *mpl* sa soicind
DPSI (= dots per square inch) DPSI,
poncanna *mpl* san orlach cearnach
draft *s* dréacht *m3*
drag *v* (= pop, pull) tarraing *v*
drag and drop tarraing agus scaoil *v*
dragging *s* tarraingt *f* (*gs* -he)

DRAM (= dynamic RAM, dynamic random access memory) DRAM, cuimhne *f4* randamrochtana dhinimiciúil, RAM dinimiciúil

drawing *s* líníocht *f3*

drawing toolbar barra *m4* uirlisí líníochta

draw program ríomhchlár *m1* líníochta

drift *s* guagadh *m* (*gs* -gtha)

drift-corrected amplifier aimplitheoir *m3* guagcheartaithe

drift error guagearráid *f2*

drift stabilization cobhsú *m* guagtha

drift velocity treoluas *m1* guagtha

drive[1] *v* tiomáin *v*

drive[2] *s* tiomántán *m1*

drive cluster braisle *f4* tiomántán

drive pulse bíog *f2* tiomántáin

driver *s* tiománaí *m4*

driver type cineál *m1* tiománaí

drive synchronization sioncronú *m* tiomántán

drop cap ceannlitir *f5* anuas

drop-dead halt (= dead halt) marbhstad *m4*

drop-down arrow saighead *f2* anuas

drop-down box bosca *m4* anuas

drop-down frame fráma *m4* anuas

drop-down list liosta *m4* anuas

drop-down menu (= pull-down menu) roghchlár *m1* anuas

drop-in *s* intiteán *m1*

drop-out *s* eistiteán *m1*

drop shadow cúlscáil *f2*

drum *s* druma *m4*

drum machine meaisín *m4* drumadóireachta

drum plotter breacaire *m4* druma

drum printer printéir *m3* druma

dry run rith *m3* trialach

DS (= double-sided floppy diskettes) DS, dioscaí *mpl* boga déthaobhacha

DSD recording (= Direct Stream Digital recording) taifeadadh *m* DSD, taifeadadh *m* Digiteach

Dírshrutha

DSR (= data set ready) DSR, tacar *m1* sonraí réidh

DSW (= device status word) DSW, giotánra *m4* stádas gléis

DTD (= document type definition) DTD, sainiú *m* cineál doiciméid

DTE (= data terminal equipment) DTE, trealamh *m1* teirminéal sonraí

DTP (= desktop publishing) DTP, foilsitheoireacht *f3* deisce

DTR (= data terminal ready) DTR, teirminéal *m1* sonraí réidh

D-type edge-triggered flip-flop flop flap D-chineálach ciumhaistruiceartha

dual *a* déach *a*, dé-[2] *pref*

dual boot system córas *m1* débhútála

dual-cable broadband LAN LAN leathanbhanda déchábla

dual heads déchnogaí *mpl*

dual inline package (DIP) pacáiste *m4* dé-inlíneach, DIP

dual-layer *a* déshraithe *gs as a*

dual mode mód *m1* déach

dual operation oibríocht *f3* dhéach

dual port memory cuimhne *f4* dhá phort

dual processor system (= dual system) córas *m1* dhá phróiseálaí

dual system (= dual processor system) déchóras *m1*

dual-tone multifrequency signal (DTMF) comhartha *m4* déthonach ilmhinicíochtaí

dub[1] *v* dubáil[1] *v*

dub[2] *s* dubáil[2] *f3*

ducting *s* duchtú *m* (*gs* -taithe)

dumb terminal teirminéal *m1* dúr

dummy *s* caochadán *m1*

dummy character carachtar *m1* caoch

dummy instruction treoir *f5* chaoch

dummy node nód *m1* caoch

dummy plug plocóid *f2* chaoch

dummy statement ráiteas *m1* caoch

dump[1] *v* dumpáil[1] *v*

dump^2 s *(of printout, etc)* dumpa *m4*
dumping s dumpáil^2 *f3*
duodecimal number system
uimhirchóras *m1* dódheachúlach
duplex *a* (**DX**) déphléacsach *a*, DX
duplex circuit ciorcad *m1*
déphléacsach
duplex transmission tarchur *m*
déphléacsach
duplicate *v* dúbail *v*
duplicated records taifid *mpl*
dhúbailte
duplicate identifier aitheantóir *m3*
dúblach
duplicate keys eochracha *fpl* dúblacha
duplicate record taifead *m1* dúblach
duplication s dúbailt *f2*
durability s marthanacht *f3*
duration^1 s *(of time)* aga *m4*
duration^2 s *(of durability)*
marthanacht *f3*
DVD (= **digital versatile disk**) DVD,
diosca *m4* digiteach ilúsáide
DX (= **duplex**) DX, déphléacsach *a*
dyad s diad *m1* *(pl* diaid)
dyadic *a* diadach *a*
dyadic Boolean operation oibríocht *f3*
dhiadach Boole
dyadic operation oibríocht *f3*
dhiadach
dyadic operator oibreoir *m3* diadach
dynamic *a* dinimiciúil *a*
dynamic allocation *(of memory)*
leithdháileadh *m* dinimiciúil
dynamic binding ceangal *m1*
dinimiciúil
dynamic buffering maolánú *m*
dinimiciúil
dynamic data structure struchtúr *m1*
dinimiciúil sonraí
dynamic fonts clónna *mpl* dinimiciúla
Dynamic Host Configuration
Protocol (**DHCP**) Prótacal *m1*
Óstchumraíochta Dinimiciúla
dynamic HTML HTML dinimiciúil
dynamic linking nascadh *m*

dinimiciúil
dynamic memory cuimhne *f4*
dhinimiciúil
dynamic memory allocation
leithdháileadh *m* dinimiciúil
cuimhne
dynamic RAM (**DRAM**) RAM
dinimiciúil, DRAM
dynamic random access memory
(**DRAM**) cuimhne *f4*
randamrochtana dhinimiciúil,
DRAM
dynamic range raon *m1* dinimiciúil
dynamic resource allocation
leithdháileadh *m* dinimiciúil
acmhainní
dynamic SQL SQL dinimiciúil
dynamic storage stóras *m1* dinimiciúil

E

EAROM (= **electrically alterable**
read-only memory) EAROM,
cuimhne *f4* inléite
amháin/inathraithe go leictreach
earthed plug (= **grounded plug**)
plocóid *f2* thalmhaithe
earthing s talmhú *m* *(gs* -mhaithe),
talmhúchán *m1*
earthing prong (= **grounding prong**)
beangán *m1* talmhúcháin
EBCDIC (= **Extended Binary-Coded**
Decimal Interchange Code)
EBCDIC, Cód *m1* Idirmhalartaithe
Breisithe Deachúlach Códaithe go
Dénártha
e-bomb s (= **mail bomb**) buama *m4*
ríomhphoist
e-book s (= **electronic book**)
ríomhleabhar *m1*
e-business s (= **electronic business**)
ríomhghnó *m4*
eCabinet Project Tionscadal *m1*
Ríomhsheirbhísí Comh-Aireachta
E-CD (= **Enhanced CD**) E-CD, CD

Breisithe

ECDL (= European Computer Driving Licence) ECDL, Ceadúnas *m1* Eorpach Tiomána Ríomhairí

echo *s* macalla *m4*

echo canceller cealaitheoir *m3* macalla

ECL (= emitter-coupled logic) ECL, loighic *f2* astaíre-chúpláilte

eCluster Programme Braislechlár *m1* Ríomhsheirbhísí

ECMA (= European Computer Manufacturers' Association) ECMA

e-commerce *s* (= **electronic commerce**) ríomhthráchtáil *f3*

edge *s* ciumhais *f2*

edge-triggered flip-flop flop flap ciumhaistruiceartha

edit *v* cuir *v* in eagar

editable region réigiún *m1* ineagarthóireachta

editable text file téacschomhad *m1* ineagarthóireachta

editing *s* eagarthóireacht *f3*

editor *s* *(of program)* eagarthóir *m3*

EDRAM (= enhanced dynamic RAM) EDRAM, RAM dinimiciúil breisithe

educational software bogearraí *mpl* oideachais

edutainment software bogearraí *mpl* oideachais shiamsúil

EEPROM (= electrically erasable programmable read-only memory) EEPROM, cuimhne *f4* inléite amháin/in-ríomhchláraithe in-léirscriosta go leictreach

effect *s* tionchar *m1*

effect correspondence diagram léaráid *f2* de chomhfhreagairt na dtionchar

effective *a* *(actual)* glan^2 *a*

effective data-transfer rate ráta *m4* glan aistrithe sonraí, ráta *m4* glan traschurtha sonraí

effective transmission rate ráta *m4*

glan tarchurtha

e-file *s* ríomhchomhad *m1*

e-filed *a* ríomhchomhdaithe *a*

EGA (= Enhanced Graphics Adapter) EGA, Cuibheoir *m3* Grafaice Breisithe

eGovernment agenda clár *m1* oibre ríomhsheirbhísí an Rialtais

EHF (= extremely high frequency) EHF, rí-ardmhinicíocht *f3*

EISA (= Extended Industry Standard Architecture) EISA, Ailtireacht *f3* Bhreisithe Thionscalchaighdeánach

either A or B A nó B (nó ceachtar acu), ceachtar *pron* d'A nó B

EITHER-OR operation (= OR-ELSE operation) oibríocht *f3* EITHER-OR

eject *v* díchuir *v*

e-journal *s* (= **electronic journal**) ríomh-irisleabhar *m1*

e-learning *s* (= **Web-based training**) ríomhfhoghlaim *f3*

electric *a* (= **electrical**) leictreach *a*

electrically alterable read-only memory (EAROM) cuimhne *f4* inléite amháin/inathraithe go leictreach, EAROM

electrically erasable programmable read-only memory (EEPROM) cuimhne *f4* inléite amháin/in-ríomhchláraithe in-léirscriosta go leictreach, EEPROM

electrical power cumhacht *f3* leictreach

electric cable (= **power cable**) cábla *m4* leictreachais

electricity *s* leictreachas *m1*

electric shock turraing *f2* leictreach

electromagnetic interference trasnaíocht *f3* leictreamaighnéadach

electron *s* leictreon *m1*

electron beam leictreonléas *m1*

electronic *a* (= **computer**^{2} *a*)

leictreonach *a*, ríomh- *pref*
electronic address (= e-mail address, mailaddress) ríomhsheoladh *m* (*gs* -alta)
electronic book (= e-book) ríomhleabhar *m1*
electronic business (= e-business) ríomhghnó *m4*
electronic business card (= vCard) ríomhchárta *m4* gnó
electronic commerce (= e-commerce) ríomhthráchtáil *f3*
Electronic Commerce Act, 2000, The An tAcht *m3* um Thráchtáil Leictreonach, 2000
electronic data processing ríomhphróiseáil *f3* sonraí
electronic data processing equipment trealamh *m1* ríomhphróiseála sonraí
electronic differential analyser ríomhanailíseoir *m3* difreálach
electronic ink ríomhdhúch *m1*
electronic journal (= e-journal) ríomh-irisleabhar *m1*
electronic magazine (= e-zine) ríomhiris *f2*
electronic mail (= e-mail) ríomhphost *m1*, r-phost *m1*
electronic markup ríomh-mharcáil *f3*
electronic newspaper ríomhnuachtán *m1*
Electronic Numerical Integrator and Computer (ENIAC) Suimeálaí *m4* agus Ríomhaire Leictreonach Uimhreacha, ENIAC
electronic paper (= e-paper) ríomhpháipéar *m1*
electronic product design ríomhdhearadh *m* táirgí
electronic retailing (= e-tailing) ríomh-mhiondíol *m3*
electronics *s* leictreonaic *f2*
electronic system córas *m1* leictreonach
electronic voting (= e-voting) ríomhvótáil *f3*

electrophotographic printer printéir *m3* leictreafótagrafach
electrophotography *s* leictreafótagrafaíocht *f3*
electrostatic latent image íomhá *f4* folaigh leictreastatach
electrostatic printer printéir *m3* leictreastatach
electrothermal printer printéir *m3* leictriteirmeach
eLegislation Project Tionscadal *m1* Ríomhsheirbhísí Reachtaíochta
element[1] *s* eilimint *f2*
element[2] *s* (*of set*) (*Mth.*) ball[2] *m1*
element context comhthéacs *m4* eiliminte
element definition sainiú *m* eiliminte
element name ainm *m4* eiliminte
element nesting neadú *m* eilimintí
element of a set (= member of a set) ball *m1* de thacar
element of (the) set X, Y is an is ball den tacar X é Y, tá Y ina bhall den tacar X
element of truth set ball *m1* de thacar fírinne
element syntax comhréir *f2* eiliminte
ELF (= extremely low frequency) ELF, minicíocht *f3* rí-íseal
ELH (= entity life history) ELH, stair *f2* aonáin
ellipse *s* éilips *m4*
ELSE conditions coinníollacha *mpl* ELSE
ELSE instruction treoir *f5* ELSE
em *s* eim *gan inscne*
EM (= end-of-medium character) críoch-charachtar *m1* meáin
e-mail *s* (= electronic mail) r-phost *m1*, ríomhphost *m1*
e-mail address (= electronic address, mailaddress) seoladh *m* ríomhphoist
e-mail group grúpa *m4* ríomhphoist
e-mail message (= mail message) ríomhtheachtaireacht *f3*, teachtaireacht *f3* ríomhphoist

e-mail virus víreas *m1* ríomhphoist
embed *v* leabaigh *v*
embedded *a* leabaithe *a*
embedded command ordú *m* leabaithe
embedded comments notaí *mpl*
tráchta leabaithe
embedded control system córas *m1*
rialúcháin leabaithe
embedded hyphen (= required
hyphen) fleiscín *m4* leabaithe
embedded SQL SQL leabaithe
embedded system córas *m1* leabaithe
embedding *s* leabú *m* (*gs* -baithe)
em-dash *s* eim-dais *f2*
emergency power system (EPS) córas
m1 éigeandála cumhachta
emergency procedure gnás *m1*
éigeandála
emission *s* astú *m* (*gs* -taithe), astúchán
m1
emit *v* astaigh *v*
emitter *s* astaíre *m4*
emitter-coupled logic (ECL) loighic
f2 astaíre-chúpláilte, ECL
emoticons *spl* (= smileys) straoiseoga
fpl
emphasis *s* treise *f4*
emphasize *v* treisigh *v*
employability *s* fostúchas *m1*
empty element eilimint *f2* fholamh
empty file comhad *m1* folamh
empty list liosta *m4* folamh
empty medium meán *m1* folamh
empty set (= null set) tacar *m1* folamh
empty statement ráiteas *m1* folamh
empty string (= null string) teaghrán
m1 folamh
emulate *v* aithris[1] *v*
emulation *s* aithris[2] *f2*
emulation compiler directive treoir *f5*
thiomsaitheoir aithrise
emulator *s* aithriseoir *m3*
en *s* ein *gan inscne*
enable *v* cumasaigh *v*
enable gestures cumasaigh *v* gothaí
enable mouse gestures cumasaigh *v*
gothaí luiche

enable signal (= enabling signal)
comhartha *m4* cumais
encapsulation *s* imchochlú *m* (*gs*
-laithe)
encipher *v* (= cipher[1]) rúnscríobh *v*
enclose *v* iniaigh[1] *v*
encode *v* ionchódaigh *v*
encoder *s* ionchódóir *m3*
encoding *s* ionchódú *m* (*gs* -daithe)
encrypt *v* criptigh *v*
encryption *s* criptiú *m* (*gs* -tithe),
criptiúchán *m1*
encryption scheme scéim *f2*
criptiúcháin
end *s* críoch *f2*
end-around borrow iasacht *f3* droim
ar ais
end-around carry iomprach *m1* droim
ar ais
end-around shift (= circular shift,
cyclic shift) iomlaoid *f2* chioglach
en-dash *s* ein-dais *f2*
ending tag (= end tag) clib *f2* dheiridh
end-of-data marker críochmharcóir
m3 sonraí
end-of-document marker
críochmharcóir *m3* doiciméid
end-of-field marker críochmharcóir
m3 réimse
end-of-file (EOF) críoch *f2* comhaid,
EOF
end-of-file character
críoch-charachtar *m1* comhaid
end-of-file indicator críochtháscaire
m4 comhaid
end-of-file label críochlipéad *m1*
comhaid
end-of-file marker críochmharcóir *m3*
comhaid
end of line (EOL) críoch *f2* líne, EOL
end-of-medium character (EM)
críoch-charachtar *m1* meáin
end of message críoch *f2*
teachtaireachta
end of program críoch *f2* cláir
end of run críoch *f2* reatha

end-of-run routine gnáthamh *m1*
 críoch reatha
end-of-tape marker críochmharcóir
 m3 téipe
end-of-text character (ETX)
 críoch-charachtar *m1* téacs
**end-of-transmission-block character
 (ETB)** críoch-charachtar *m1* bloc
 tarchuir
end-of-transmission character (EOT)
 críoch-charachtar *m1* tarchuir
end tag (= ending tag) clib *f2* dheiridh
end-to-end *a* ó cheann (go) ceann,
 ceann go ceann
end use úsáid *f2* deiridh
end user úsáideoir *m3* deiridh
energize *v* fuinnmhigh *v*
energy *s* fuinneamh *m1*
enforce integrity, to sláine *f4* a
 fhorfheidhmiú
engaged tone ton *m1* gafa
engine *s* inneall *m1*
engineer *s* innealtóir *m3*
engineering *s* innealtóireacht *f3*
engineering improvement time aga
 m4 feabhsaithe innealtóireachta
enhance *v* breisigh[1] *v*, leasaigh[2] *v*
enhanced *a* breisithe[1] *a*, leasaithe *a*
Enhanced CD (E-CD) CD Breisithe,
 E-CD
enhanced dynamic RAM (EDRAM)
 RAM dinimiciúil breisithe, EDRAM
Enhanced Graphics Adapter (EGA)
 Cuibheoir *m3* Grafaice Breisithe,
 EGA
enhanced keyboard méarchlár *m1*
 breisithe
enhancement *s* breisiú[1] *m* (*gs* -sithe),
 breisiúchán *m1*
**ENIAC (= Electronic Numerical
 Integrator and Computer)** ENIAC,
 Suimeálaí *m4* agus Ríomhaire
 Leictreonach Uimhreacha
enlarged image íomhá *f4* mhéadaithe
ENQ (= inquiry character) ENQ,
 carachtar *m1* fiosrúcháin

enquiry *See* inquiry.
enter *v* iontráil[1] *v*
Enter key (= return key) eochair *f5*
 iontrála, eochair *f5* aisfhillte, Iontráil
enterprise information portal
 tairseach *f2* faisnéise fiontair
entity *s* aonán *m1*
entity declaration fógra *m4* aonáin
entity description tuairisc *f2* ar aonán
entity integrity sláine *f4* aonáin
entity life history (ELH) stair *f2*
 aonáin, ELH
entity name ainm *m4* aonáin
entity relationship data modelling
 samhaltú *m* sonraí ghaoil na n-aonán
entity relationship diagram (ERD)
 léaráid *f2* de ghaoil na n-aonán,
 ERD
entity relationship modelling
 samhaltú *m* ghaoil na n-aonán
entity role ról *m1* aonáin
entity subtype fochineál *m1* aonáin
entity supertype forchineál *m1* aonáin
entity type cineál *m1* aonáin
**entity which has at least one
 dependant** spleáchóir *m3*
entry *s* iontráil[2] *f3* (*pl* -álacha)
entry barrier bacainn *f2* iontrála
entry block bloc *m1* iontrála
entry conditions (= initial conditions)
 coinníollacha *mpl* iontrála
entry instruction treoir *f5* iontrála
entry point (= ingress) pointe *m4*
 iontrála
**enumerable type (= enumeration
 type)** cineál *m1* ináirithe
enumerate *v* áirigh *v*
enumerated scalar type cineál *m1*
 scálach áirithe
enumeration[1] *s* (*of list*) liosta *m4*
 áirithe
enumeration[2] *s* (*of process*) áireamh[2]
 m1
**enumeration type (= enumerable
 type)** cineál *m1* ináirithe
enumerator *s* áiritheoir *m3*

envelope[1] *v* imchlúdaigh *v*

envelope[2] *s* imchlúdach *m1*

envelope detection aimsiú *m* imchlúdaigh

enveloped file comhad *m1* imchlúdaithe

environment *s* timpeallacht *f3*

environmental conditions dálaí *fpl* timpeallachta

environment variable athróg *f2* thimpeallachta

EOF (= end-of-file) EOF, críoch *f2* comhaid

EOL (= end of line) EOL, críoch *f2* líne

e-outsourcing *s* ríomhfhoinsiú *m* allamuigh

e-paper *s* (= electronic paper) ríomhpháipéar *m1*

epilogue *s* iarfhocal *m1*

e-print archive cartlann *f2* ríomhábhar clóite

e-procurement *s* ríomhsholáthar *m1*

EPROM (= erasable programmable read-only memory) EPROM, cuimhne *f4* inléite amháin/ in-ríomhchláraithe in-léirscriosta

equal *a* cothrom *a*

equality *s* cothroime *f4*

equality circuit (= equality unit) ciorcad *m1* cothroime

equality operator oibreoir *m3* cothroime

equality unit (= equality circuit) aonad *m1* cothroime

equalization *s* cothromú *m* (*gs* -maithe)

equalizer *s* (EQ) cothromóir *m3*

equals (= equal to) cothrom le

equals sign sín *f2* chothroime

equate *v* cothromaigh[2] *v*

equation *s* cothromóid *f2*

equipment *s* trealamh *m1*

equipment compatability comhoiriúnacht *f3* trealaimh

equipment failure teip *f2* trealaimh

equivalence *s* coibhéis *f2*

equivalence element eilimint *f2* coibhéise

equivalence of formulas coibhéis *f2* foirmlí

equivalence of open sentences coibhéis *f2* abairtí oscailte

equivalence of two propositions coibhéis *f2* dhá thairiscint

equivalence operation oibríocht *f3* choibhéise

equivalence relation gaol *m1* coibhéise

equivalent *a* coibhéiseach *a*

equivalent binary digits digití *fpl* dénártha coibhéiseacha

equivalent systems córais *mpl* choibhéiseacha

erasable *a* in-léirscriosta *a*

erasable programmable read-only memory (EPROM) cuimhne *f4* inléite amháin/in-ríomhchláraithe in-léirscriosta, EPROM

erasable storage stóras *m1* in-léirscriosta

erase *v* léirscrios *v*

erase all *(command)* léirscrios *v* uile

erase head (= erasing head) cnoga *m4* léirscriosta

eraser *s* léirscriosán *m1*

ERD (= entity relationship diagram) ERD, léaráid *f2* de ghaoil na n-aonán

ergonomics *s* (= human factors) eirgeanamaíocht *f3*

error *s* (= mistake) earráid *f2*, botún *m1*

error checking and correcting (ECC) seiceáil *f3* agus ceartú earráidí

error checking code cód *m1* seiceála earráide

error control rialú *m* earráidí

error controller rialaitheoir *m3* earráidí

error-correcting code cód *m1*

ceartaithe earráidí
error correction ceartú *m* earráidí
error-detecting code cód *m1* aimsithe
earráidí
error detection aimsiú *m* earráidí
error diagnostics diagnóisic *f2* earráidí
error message teachtaireacht *f3*
earráide
error range raon *m1* earráide
error rate ráta *m4* earráidí
error recovery athshlánú *m* ó earráid
error report tuairisc *f2* (ar) earráidí
error service message teachtaireacht
f3 seirbhís earráide
error span réise *f4* earráidí
Esc (= escape key) Esc, Éalaigh,
eochair *f5* éalaithe
escape *v* éalaigh *v*
escape character carachtar *m1* éalaithe
escape key (Esc) eochair *f5* éalaithe,
Éalaigh, Esc
escape mechanism modh *m3* éalaithe
escape sequence seicheamh *m1*
éalaithe
e-services *spl* ríomhsheirbhísí *fpl*
e-signature *s* (= digital signature)
ríomhshíniú *m* (*gs* -nithe)
estimate *s* (= estimation) meastachán
m1
estimated cost costas *m1* measta
e-tailing *s* (= electronic retailing)
ríomh-mhiondíol *m3*
e-tailware *s* earraí *mpl*
ríomh-mhiondíola
e-tenders Web site láithreán *m1*
Gréasáin do ríomhthairiscintí
Euclidean *a* Eoiclídeach *a*
euro *s* euro *gan inscne*
**European Computer Driving Licence
(ECDL)** Ceadúnas *m1* Eorpach
Tiomána Ríomhairí, ECDL
**European Computer Manufacturers'
Association (ECMA)** ECMA
evaluate *v* meas *v*
evaluation *s* meastóireacht *f3*
even *a* réidh *a*, ré- *pref*

even number ré-uimhir *f5* (*gs*
-mhreach)
even parity réphaireacht *f3*
even parity check séiceáil *f3*
réphaireachta
even parity system córas *m1*
réphaireachta
event *s* teagmhas *m1*
event/entity matrix maitrís *f2*
teagmhais/aonáin
event handling láimhseáil *f3* teagmhas
evolution *s* éabhlóid *f2*
evolutionary prototyping
fréamhshamhaltú *m* éabhlóideach
e-voting *s* (= electronic voting)
ríomhvótáil *f3*
except gate geata *m4* eiscthe
exception *s* eisceacht *f3*
exception handler láimhseálaí *m4*
eisceachtaí
exception reporting tuairisciú *m*
eisceachtaí
excess notation nodaireacht *f3* bhreise
excess-three code cód *m1* trí sa bhreis
exchange[1] *v* malartaigh *v*
exchange[2] *s* (of process) malartú *m* (*gs*
-taithe)
exchange[3] *s* (of unit) malartán *m1*
exchangeable disk store stóras *m1* ar
dhioscaí inmhalartaithe
exchange of information malartú *m*
faisnéise
exclamation mark comhartha *m4*
uaillbhreasa
exclusion *s* eisiatacht *f3*
exclusionary *a* eisiatach *a*
exclusion gate geata *m4* eisiatachta
exclusive *a* eisiach *a*
exclusive disjunction aontas *m1*
eisiach
exclusive entity aonán *m1* eisiach
exclusive lock glas *m1* eisiach
exclusive-NOR gate (XNOR gate)
geata *m4* eisiach NOR, geata *m4*
XNOR
exclusive-NOR operation oibríocht *f3*

eisiach NOR

exclusive-OR element eilimint *f2*
eisiach OR

exclusive-OR gate (XOR gate) geata
m4 eisiach OR, geata *m4* XOR

**exclusive-OR operation (=
exjunction, XOR)** oibríocht *f3*
eisiach OR, XOR

exclusive relationship gaol *m1* eisiach

executable file comhad *m1* inrite

execute *v* rith[1] *v*

**execute cycle (= execute phase,
execution cycle)** ciogal *m1* rite

**execute phase (= execute cycle,
execution cycle)** pas *m4* rite

execution *s (of process)* rith[2] *m (gs
rite)*

**execution cycle (= execute cycle,
execute phase)** ciogal *m1* rite

**execution program (= executive
program)** ríomhchlár *m1* rite

execution time aga *m4* rite

execution unit aonad *m1* rite

**executive program (= execution
program)** ríomhchlár *m1* rite

executive system córas *m1* rite

exhaustiveness *s* uileghabhálacht *f3*

exhaustive search lánchuardach *m1*

existentially quantified is ann do ...

existential quantification cainníochtú
m eiseach

existential quantifier cainníochtóir *m3*
eiseach

exit[1] *v* (**= quit**) scoir *v*

exit[2] *s* scor *m1*

exit program (= exit routine)
ríomhchlár *m1* scortha

exit routine (= exit program)
gnáthamh *m1* scortha

exit status stádas *m1* scortha

exjunction *s* (**= exclusive-OR
operation, XOR**) oibríocht *f3*
eisiach OR

expand[1] *v (develop)* fairsingigh *v*

expand[2] *v (extract)* scaoil[1] *v*

expand[3] *v (supplement)* forlíon[1] *v*

expanded memory cuimhne *f4*
fhairsingithe

expanded type cló *m4* fairsingithe

expanding *a* infhairsingithe *a*

**expanding opcode (= expanding
operation code)** cód *m1* oibríochta
infhairsingithe

expansion *s (of macro)* scaoileadh *m
(gs -lte)*

expansion board (= expansion card)
cárta *m4* forlíontach

expansion bus bus *m4* forlíontach

expansion card (= expansion board)
cárta *m4* forlíontach

expansion slot sliotán *m1* forlíontach

expected input ionchur *m1* ionchais

expected value luach *m3* ionchais

expert system córas *m1* saineolach

expiration *s* (**= expiry**) dul *m3* as
feidhm

expire *v* téigh *v* as feidhm

explicit *a* léir *a*

explicit initializer léirthúsaitheoir *m3*

explicit iteration atriall *m3* léir

exploratory model samhail *f3*
thaiscéalaíoch

explore *v* taiscéal *v*

explorer *s* taiscéalaí *m4*

exploring *s* taiscéaladh *m (gs -lta)*,
taiscéalaíocht *f3*

exponent *s* easpónant *m1*

exponential *a* easpónantúil *a*

exponential assembly cóimeáil *f3*
easpónantúil

exponential notation nodaireacht *f3*
easpónantúil

exponential numbers uimhreacha *fpl*
easpónantúla

exponentiation *s* easpónantúchán *m1*

export *v (of file)* easportáil *v*

export systems córais *mpl* easpórtála

exposure *s* nochtadh *m (gs nochta)*

express *v* sloinn *v*

expression *s* slonn *m1*

expression evaluation luacháil *f3*
sloinn

extended *a* breisithe[2] *a*

Extended Binary-Coded Decimal Interchange Code (EBCDIC) Cód *m1* Idirmhalartaithe Breisithe Deachúlach Códaithe go Dénártha, EBCDIC

extended capabilities port port *m1* acmhainní breisithe

extended character set tacar *m1* breisithe carachtar

extended entity relationship model (= EER model) samhail *f3* bhreisithe ghaoil na n-aonán

Extended Graphics Array (XGA) Eagar *m1* Breisithe Grafaice, XGA

Extended Industry Standard Architecture (EISA) Ailtireacht *f3* Bhreisithe Thionscalchaighdeánach, EISA

extended memory cuimhne *f4* bhreisithe

extensibility *s* inbhreisitheacht *f3*

extensible *a* inbhreisithe *a*

extensible language teanga *f4* inbhreisithe

Extensible Markup Language (XML) Teanga *f4* Mharcála Inbhreisithe, XML

extension[1] *s (of coding)* breisiú[2] *m (gs –sithe)*

extension[2] *s (of filename)* iarmhír[2] *f2*

extension point *(of computer network)* pointe *m4* sínidh

extension token ceadchomhartha *m4* iarmhíreanna

extension token assignment sannadh *m* ceadchomhartha iarmhíreanna

external control rialú *m* seachtrach

external data representation léiriú *m* sonraí seachtracha

external delay moill *f2* sheachtrach

external device gléas *m1* seachtrach

external entity aonán *m1* seachtrach

external event teagmhas *m1* seachtrach

external floppy drive tiomántán *m1* seachtrach discéad

external label lipéad *m1* seachtrach

external level leibhéal *m1* seachtrach

external link nasc *m1* seachtrach

external memory cuimhne *f4* sheachtrach

external modem móideim *m4* seachtrach

external reference tagairt *f3* sheachtrach

external schema scéimre *m4* seachtrach

external storage stóras *m1* seachtrach

external symbol siombail *f2* sheachtrach

external variable athróg *f2* sheachtrach

extracode *s* eachtarchód *m1*

extracondensed *a* rí-chomhdhlúite *a*

extract[1] *v* bain *v* (amach), asbhain *v*

extract[2] *s* ábhar *m1* asbhainte

extract instruction treoir *f5* asbhainte

extractor *s* asbhainteoir *m3*

extract, transform, load asbhain, trasfhoirmigh, lódáil *v*

extra-expanded *a* rífhairsingithe *a*

extraneous *a* coimhthíoch *a*

extranet *s* eislíon *m1*

extrapolation *s* eachtarshuíomh *m1*

extra segment deighleán *m1* breise

extreme *a* foircneach *a*

extremely high frequency (EHF) rí-ardmhinicíocht *f3*, EHF

extremely low frequency (ELF) minicíocht *f3* rí-íseal, ELF

extreme value luach *m3* foircneach

extrinsic semiconductor leathsheoltóir *m3* eistreach

e-zine *s* (= electronic magazine) ríomhiris *f2*

F

face *s* aghaidh *f2*

facility *s* saoráid *f2*

facsimile *See* fax.
factor *s* fachtóir *m3*
factorial *s* iolrán *m3*
fade[1] *v* céimnigh *v*
fade[2] *s* céimniú *m* (*gs* -nithe)
fail *v* teip[1] *v*
failsafe *a* slán *a* i gcás teipe
failsafe operation oibríocht *f3* slán i gcás teipe
failsoft *a* teipfhulangach *a*
failure *s* (= **miss**) teip[2] *f2*
failure logging logáil *f3* teipeanna
failure rate ráta *m4* teipeanna
fake code (= **pseudocode**) cód *m1* bréige
fallback *s* tacachumas *m1*
fallback switch (FBS) lasc *f2* tacachumais
false *a* bréagach *a*, bréag- *pref*
false add bréagshuimiúchán *m1*
false drop bréag-aisghabháil *f3*
FAM (= **fast-access memory**) FAM, cuimhne *f4* mhear-rochtana
fan[1] *v* (*of paper*) feanáil *v*
fan[2] *s* gaothrán *m1*
fanfold paper páipéar *m1* feanfhillte
FAQ (= **frequently asked questions**) CCanna, ceisteanna *fpl* coitianta
farad *s* farad *m1*
fast-access memory (= **clipboard**, **FAM**, **scratchpad**, **temporary storage**) cuimhne *f4* mhear-rochtana, FAM
fast-access storage stóráil *f3* mhear-rochtana
fast packet technology teicneolaíocht *f3* mearphaicéid
fast save mearshábháil *f3*
fast select mear-roghnaigh *v*
fatal error earráid *f2* mharfach
fatal exception eisceacht *f3* mharfach
fat client méithchliant *m1*
fault *s* locht *m3*
fault-location program ríomhchlár *m1* aimsithe lochtanna
fault rate lochtráta *m4*

fault tolerance lamháltas *m1* lochtanna
fault-tolerant *a* lochtlamhálach *a*
favorites *spl* ceanáin *mpl*
favorites folder fillteán *m1* ceanán
favourites *See* **favorites**.
fax[1] *v* facsáil *v*
fax[2] *s* (= **facsimile**) facs *m4* (*pl* -anna)
fax (cover) sheet bileog *f2* (chumhdaigh) facs
fax machine meaisín *m4* facsála
fax message teachtaireacht *f3* facs
faxmodem *s* móideim *m4* facsála
fax service seirbhís *f2* facsála
FCS (= **forward compatibility standards**) FCS, caighdeáin *mpl* chomhoiriúnachta ar aghaidh
FDM (= **frequency division multiplexing**) FDM, ilphléacsú *m* roinnte minicíochta
FDX (= **full duplex**) FDX, lán-déphléascach *a*
feasibility *s* féidearthacht *f3*, indéantacht *f3*
feasibility region réigiún *m1* féidearthachta
feasibility study staidéar *m1* indéantachta, staidéar *m1* féidearthachta
feasible *a* féideartha *a*, indéanta *a*
feature *s* gné *f4*
feature adapter cuibheoir *m3* gnéithe
federated *a* cónasctha *a*
FEDS (= **fixed and exchangeable disk store**) FEDS
feed[1] *v* fothaigh *v*
feed[2] *s* (*of paper, etc.*) fotha *m4*
feed[3] *s* (= **feeder**) fothaire *m4*
feed[4] *s* (= **feeding**) fothú *m* (*gs* -thaithe)
feedback[1] *s* aisfhotha *m4*
feedback[2] *s* (*of information*) aiseolas *m1*
feedback control rialú *m* aisfhotha
feedback control loop lúb *f2* rialaithe aisfhotha
feedback form foirm *f2* aiseolais

feedback interpreter léirmhínitheoir *m3* aisfhotha

feeder *s* (= **feed**^{3}) fothaire *m4*

feed hole poll *m1* fothaithe

feeding *s* (= **feed**^{4}) fothú *m* (*gs* -thaithe)

feed pitch céim *f2* fotha

feedrate *s* ráta *m4* aisfhothaithe

feed track rian *m1* fothaithe

feed tray (= **paper tray**) tráidire *m4* fothaithe

female connector nascóir *m3* baineann

femtosecond *s* feimteasoicind *m4*

FEP (= **front-end processor**) FEP, próiseálaí *m4* tosaigh

ferret *s* firéad *m1*

ferrite *s* feirít *f2*

ferrite particles cáithníní *mpl* feiríte

ferroelectric liquid crystals (FLC) leachtchriostail *mpl* fhearóileictreacha, FLC

ferroelectric RAM (FRAM) RAM fearóileictreach, FRAM

ferrule *s* snong *m1*

FET (= **field-effect transistor**) FET, trasraitheoir *m3* tionchar réimse

fetch *v* gabh^2 *v*

fetch-carry cycle ciogal *m1 gabh, iompar*

fetch-decode-execute cycle ciogal *m1 gabh, díchódaigh, rith*

fetch-execute cycle ciogal *m1 gabh, rith*

fetch instruction treoir *f5* ghabhála

Fibonacci numbers uimhreacha *fpl* Fibonacci

Fibonacci search cuardach *m1* Fibonacci

fibre *s* snáithín *m4*

fibreless optics optaic *f2* gan snáithín

fibre optic cable cábla *m4* snáthoptaice

fibre optics snáthoptaic *f2*

field *s* réimse *m4*

field definition sainiú *m* réimse

field density dlús *m1* réimse

field-effect transistor (FET) trasraitheoir *m3* tionchar réimse, FET

field emission display (FED) taispeáint *f3* astaithe réimse

field length fad *m1* réimse

field list liosta *m4* réimsí

field name ainm *m4* réimse

field of force réimse *m4* fórsa

field-programmable gate array (FPGA) eagar *m1* geataí in-ríomhchláraithe sa réimse, FPGA

field properties airíonna *mpl* réimse

field selector roghnóir *m3* réimsí

field size méid *f2* réimse

field width leithead *m1* réimse

FIFO (= **first-in-first-out**) FIFO, is túisce isteach is túisce amach

FIFO algorithm (= **first-in-first-out algorithm**) algartam *m1* FIFO, algartam *m1* is túisce isteach is túisce amach

FIFO queue (= **first-in-first-out queue**) ciú *m4* FIFO, ciú *m4* is túisce isteach is túisce amach

fifth-generation computer ríomhaire *m4* den chúigiú glúin

file^1 *v* comhdaigh *v*

file^2 *s* comhad *m1*

file access rochtain *f3* comhaid

file access mode mód *m1* rochtana comhaid

file access permission cead *m3* rochtana comhaid

file access protection cosaint *f3* ar rochtain comhad

file allocation table (FAT) tábla *m4* leithdháilte comhad

file and directory access rochtain *f3* comhaid agus comhadlainne

file cache taisce *f4* chomhad

file compression comhbhrú *m* comhaid

file compression utility áirge *f4* chomhbhrúite comhad

file conversion tiontú *m* comhaid

file creation cruthú *m* comhaid

file defragmentation díbhloghadh *m* comhaid
file descriptor tuairisceoir *m3* comhaid
file download íoslódáil *f3* comhaid
file entity aonán *m1* comhaid
file extension (= file-name extension) iarmhír *f2* comhadainm
file format formáid *f2* comhaid
file fragmentation bloghadh *m* comhaid
file handle lorgán *m1* comhaid
file index innéacs *m4* comha(i)d
file label lipéad *m1* comhaid
file layout leagan *m1* amach comhaid
file locking glasáil *f3* comhaid
file maintenance cothabháil *f3* comhad
file management bainistíocht *f3* comhad
file manager bainisteoir *m3* comhad
file mode mód *m1* comhaid
file modification mionathrú *m* comhaid
file modification time am *m3* mionathraithe comhaid
file name ainm *m4* comhaid, comhadainm *m4*
file-name extension (= file extension) iarmhír *f2* comhadainm
file operator oibreoir *m3* comhaid
file organization eagrú *m* comhad
file pointer pointeoir *m3* comhaid
file position indicator táscaire *m4* ionad comhaid
file processing próiseáil *f3* comhaid
file protection cosaint *f3* comhaid
file purging glanadh *m* comhaid
file reconstitution athriochtú *m* comhaid
file recovery athshlánú *m* comhaid
file reorganization atheagrú *m* comhad
file search cuardach *m1* comhaid
file security slándáil *f3* comhaid
file server freastalaí *m4* comhad
file sharing comhroinnt *f2* comhad
file size méid *f2* comhaid

file system córas *m1* comhad
file transfer aistriú *m* comhad
file transfer access and management (FTAM) aistriú, rochtain agus bainistiú comhad
File Transfer Protocol (FTP) Prótacal *m1* Aistrithe Comhad, FTP
file type cineál *m1* comhad
file updating nuashonrú *m* comhad
file virus víreas *m1* comhaid
filing *s* comhdú *m* (*gs* -daithe), comhdúchán *m1*
filing extras *(component of menu)* roghanna *fpl* breise comhdúcháin
filing system córas *m1* comhdúcháin
fill¹ *v* líon¹ *v*
fill² *s* líonadh *m* (*gs* -nta)
fill bucket buicéad *m1* líonta
fill colour dath *m3* líonta
fill effects maisíocht *f3* líonta
fill factor fachtóir *m3* líonta
fill handle hanla *m4* líonta
fill property airí *m4* líonta
FILO (= first-in-last-out) FILO, is túisce isteach is déanaí amach
filter¹ *v* scag¹ *v*
filter² *s* scagaire *m4*
filtering *s* scagadh *m* (*gs* -gtha)
finalizer method modh *m3* críochnaitheachta
find *v* (= detect, locate) aimsigh¹ *v*
find and replace aimsigh agus athchuir *v*
find hard break aimsigh *v* briseadh crua
find soft break aimsigh *v* briseadh bog
fine-grained *a* mín *a*
fine-grained parallelism comhuainíocht *f3* mhín
finger¹ *v* méaraigh *v*
finger² *s* (= finger program) méar *f2*
finger gateway geata *m4* méire
fingerprint sensor braiteoir *m3* méarloirg
finger program (= finger²) ríomhchlár *m1* méire

finite *a* críochta *a*
finite element analysis (FEA) anailís
  f2 ar eilimintí críochta
finite element modelling (FEM)
  samhaltú *m* eilimintí críochta
finite precision number uimhir *f5*
  bheachtais chríochta
finite set tacar *m1* críochta
firewall *s* balla *m4* dóiteáin
firmware *s* dochtearraí *mpl*
first come first served tús *m1* freastail
  ar an gceann is túisce, tús *m1*
  freastail ar an cheann is túisce
first-cut *a* céadiarrachta *gs as a*
**first-cut data design (= first-cut
  design)** dearadh *m1* céadiarrachta
  sonraí
first-fit algorithm algartam *m1*
  céadoiriúna
first generation chéad ghlúin, an
first generation computer ríomhaire
  m4 den chéad ghlúin
first-in-first-out (FIFO) is túisce
  isteach is túisce amach, FIFO
**first-in-first-out algorithm (FIFO
  algorithm)** algartam *m1* is túisce
  isteach is túisce amach, algartam *m1*
  FIFO
first-in-first-out queue (FIFO queue)
  ciú *m4* is túisce isteach is túisce
  amach, ciú *m4* FIFO
first-in-last-out (FILO) is túisce
  isteach is déanaí amach, FILO
first line indent eang *f3* chéadlíne
first normal form chéad fhoirm
  normalach, an
first-order predicate preideacáid *f2*
  den chéad ord
first read rate (FRR) ráta *m4*
  céadléite, FRR
first-read rate scanner scanóir *m3*
  ráta céadléite
fixed *a* fosaithe *a*, seasta *a*
**fixed and exchangeable disk store
  (FEDS)** FEDS
fixed area limistéar *m1* fosaithe

fixed disk diosca *m4* fosaithe
**fixed font (= monospaced font,
  monowidth font)** cló *m4* aonleithid
fixed function generator gineadóir *m3*
  feidhme seasta
fixed head cnoga *m4* fosaithe
fixed-length *a* aonfhaid *gs as a*
fixed-length field réimse *m4* aonfhaid
fixed-length records taifid *mpl*
  aonfhaid
fixed-ply depth doimhneacht *f3* ar
  leibhéal seasta
fixed point pointe *m4* fosaithe
fixed-point arithmetic uimhríocht *f3*
  phointe fhosaithe
fixed-point constant tairiseach *m1*
  pointe fhosaithe
fixed-point representation system
  córas *m1* léirithe pointe fhosaithe
fixed radix system córas *m1*
  bonnuimhreach fosaithe
fixed storage stóras *m1* fosaithe
fixed value luach *m3* seasta
flag *s* brat *m1*, bratach *f2*
flame[1] *v* bladhm[1] *v*
flame[2] *s* bladhm[2] *m3*
flame bait maghar *m1* bladhmtha
flame war cogadh *m1* bladhmtha
flaming *s* bladhmadh *m* (*gs* -mtha)
flash memory laomchuimhne *f4*
flash ROM laomROM
flatbed plotter breacaire *m4* plánach
flatbed scanner scanóir *m3* plánach
flat file téacschomhad *m1* simplí
flat-file database bunachar *m1* sonraí
  simplí
flat rate ráta *m4* comhréidh
flattening *s* maolú *m* (*gs* -laithe)
FLC (= ferroelectric liquid crystals)
  FLC, leachtchriostail *mpl*
  fhearóileictreacha
flicker *s* caochaíl *f3*
flip-flop *s* flop flap
flip-flop string teaghrán *m1* flop
  flapanna
floating address seoladh *m*

inathraitheach
floating decimal *See* floating point.
floating limits teorainneacha *fpl* inathraitheacha
floating point (= **floating decimal**) snámhphointe *m4*
floating-point arithmetic uimhríocht *f3* snámhphointe
floating-point constant tairiseach *m1* snámhphointe
floating-point format formáid *f2* snámhphointe
floating-point notation nodaireacht *f3* snámhphointe
floating-point number uimhir *f5* shnámhphointe
floating-point operation (**FLOP**) oibríocht *f3* snámhphointe, FLOP
floating-point operations per second (**FLOPS**) oibríochtaí *fpl* snámhphointe sa soicind
floating-point register (**FPR**) tabhall *m1* snámhphointe, FPR
floating-point representation léiriú *m* snámhphointe
floating-point types cineálacha *mpl* snámhphointe
floating-point unit (**FPU**) aonad *m1* snámhphointe, FPU
floating-point value luach *m3* snámhphointe
floating-point variable athróg *f2* shnámhphointe
flooding *s* ollródú *m* (*gs* -daithe)
FLOP (= **floating-point operation**) FLOP, oibríocht *f3* snámhphointe
floppy *a* bog² *a*, flapach *a*
floppy disk (= **diskette**) diosca *m4* bog, diosca *m4* flapach
floppy disk drive tiomántán *m1* (an) diosca bhoig
FLOPS (= **floating-point operations per second**) oibríochtaí *fpl* snámhphointe sa soicind
flow¹ *v* sreabh¹ *v*
flow² *s* sreabh² *f2*, sreabhadh *m* (*gs*

sreafa)
flowchart *s* sreabhchairt *f2*
flowcharting *s* sreabhchairtiú *m* (*gs* -tithe)
flowchart symbol siombail *f2* sreabhchairte
flow control sreabhrialúchán *m1*
flow diagram sreabhléaráid *f2*
flow direction sreabhthreo *m4*
flow line sreabhlíne *f4*
flow of control (= **control flow**) sreabhadh *m* rialúcháin
flow-process diagram léaráid *f2* sreabhphróisis
fluency *s* líofacht *f3*
fluorescent light solas *m1* fluaraiseach
flush left (= **left-justified**) comhfhadaithe *a* ar chlé
flush right (= **right-justified**) comhfhadaithe *a* ar dheis
flux *s* flosc *m3*
Flynn's taxonomy tacsanomaíocht *f3* Flynn
FM (= **frequency modulation**) FM, modhnú *m* minicíochta
folder *s* (= **directory**²) fillteán *m1*
font *s* (= **fount**) clófhoireann *f2*, cló² *m4*
font cartridge cartús *m1* clónna
font colour clódhath *m3*
font family fine *f4* clófhoirne
font file comhad *m1* clónna
font name ainm *m4* clófhoirne
font size clómhéid *f2*
font style clóstíl *f2*
font weight clómheáchan *m1*
footer *s* buntásc *m1*
footer box bosca *m4* buntáisc
footnote *s* fonóta *m4*
footprint *s* (= **trace**²) lorg¹ *m1*
for all ... (= **for every ...**) do gach ...
for any ... d'aon ...
forbidden combination teaglaim *f3* thoirmiscthe
force *s* fórsa *m4*
foreground¹ *s* tulra *m4*

foreground[2] *a* tulrach *a*

foreground colour dath *m3* an tulra

foreground image íomhá *f4* thulrach

foreground processing próiseáil *f3* thulrach

foreground program ríomhchlár *m1* tulrach

foreground skin craiceann *m1* an tulra

foreground task tasc *m1* sa tulra

foreign key eochair *f5* iasachta

for every ... (= for all ...) do gach ...

forgery *s* brionnú *m* (*gs* -nnaithe)

form *s* foirm *f2*

formal *a* foirmiúil *a*

formalism *s* foirmiúlachas *m1*

formal language teanga *f4* fhoirmiúil

formal logic loighic *f2* fhoirmiúil

formal parameter paraiméadar *m1* foirmiúil

formal specification sonraíocht *f3* fhoirmiúil

formal transformation trasfhoirmiú *m* foirmiúil

format[1] *v* formáidigh *v*

format[2] *s* formáid *f2*

format check seiceáil *f3* formáide

format effector (= layout character) éifeachtóir *m3* formáide

format painter péintéir *m3* formáide

format specifier sonraitheoir *m3* formáide

formatted *a* formáidithe *a*

formatted input ionchur *m1* formáidithe

formatted output aschur *m1* formáidithe

formatting *s* formáidiú *m* (*gs* -dithe)

formatting toolbar barra *m4* (uirlisí) formáidithe

form factor fachtóir *m3* foirme

form feed fotha *m4* foirme

form flash taispeáint *f3* (forleagan) foirme

form overlay forleagan *m1* foirme

formula *s* foirmle *f4*

formula mode mód *m1* foirmle

FORTRAN *(computer language)* FORTRAN

FORTRAN Monitor System (FMS) Córas *m1* Monatóireachta FORTRAN

forward[1] *v* seol *v* ar aghaidh

forward[2] *a* tul-[1] *pref,* ar aghaidh *adv*

forward bias tul-laofacht *f3*

forward chaining slabhrú *m* ar aghaidh

forward compatibility standards (FCS) caighdeáin *mpl* chomhoiriúnachta ar aghaidh, FCS

forward compatible comhoiriúnach *a* ar aghaidh

forward current tulsruth *m3*

forward recovery athshlánú *m* ar aghaidh

forward reference réamhthagairt *f3*

forward reference problem fadhb *f2* na réamhthagartha

forward slash (= slash) tulslais *f2,* slais *f2*

forward slash character carachtar *m1* tulslaise

fount *s* See font.

four address instruction treoir *f5* cheithre sheoladh

fourth generation ceathrú glúin, an

fourth generation computer ríomhaire *m4* den cheathrú glúin

four-wire circuit (= four-wire channel) ciorcad *m1* ceithre shreang

fox message teachtaireacht *f3* an mhadra rua

FPGA (= field-programmable gate array) FPGA, eagar *m1* geataí in-ríomhchláraithe sa réimse

FPR (= floating-point register) FPR, tabhall *m1* snámhphointe

FPS (= frames per second) FPS, frámaí *mpl* sa soicind

FPU (= floating-point unit) FPU, aonad *m1* snámhphointe

fractal *s* frachtal *m1*

fractal graphics grafaic *f2* na

bhfrachtal

fraction *s* codán *m1*

fractional part páirt *f2* chodánach

fragment *s* blogh *f3*

fragmentation *s* bloghadh *m* (*gs*
-ghtha)

fragmentation independence gan
spleáchas *m1* ar bhloghadh (na)
(sonraí)

FRAM (= ferroelectric RAM)
FRAM, RAM fearóileictreach

frame[1] *v* frámaigh *v*

frame[2] *s* fráma *m4*

frame aligment ailíniú *m* fráma

frame grabber gabhálaí *m4* frámaí

frame relay athsheachadadh *m* fráma

frame relay PDN PDN athsheachadta
fráma

frames per second (FPS) frámaí *mpl*
sa soicind, FPS

framing *s* frámú *m* (*gs* -maithe)

free list liosta *m4* saor

freeware *s* saorearraí *mpl*

freeze *v* reoigh *v*

freeze mode mód *m1* reoite

frequency *s* minicíocht *f3*

**frequency division multiplexing
(FDM)** ilphléacsú *m* roinnte
minicíochta, FDM

frequency modulation (FM) modhnú
m minicíochta, FM

frequency-shift keying (FSK) eochrú
m iomlaoid mhinicíochta, FSK

frequently asked questions (FAQ)
ceisteanna *fpl* coitianta, CCanna

friction *s* frithchuimilt *f2*

frictional error earráid *f2*
frithchuimilte

friction feed fotha *m4* frithchuimilte

FROM (= fusible read-only memory)
FROM, cuimhne *f4* inléite
amháin/in-chomhleáite

front-end[1] *s* tosach *m1*

front-end[2] *a* tosaigh[2] *gs as a*, tul-[2]
pref

front-end processor (FEP) próiseálaí

m4 tosaigh, FEP

front-office operations oibríochtaí *fpl*
tuloifige

frozen screen scáileán *m1* reoite

FRR (= first read rate) FRR, ráta *m4*
céadléite

FSK (= frequency-shift keying) FSK,
eochrú *m* iomlaoid mhinicíochta

FSP (= full-service provider) FSP,
soláthraí *m4* lánseirbhíse

FTP (= File Transfer Protocol) FTP,
Prótacal *m1* Aistrithe Comhad

full adder lánsuimitheoir *m3*

full duplex (FDX) lán-déphléascach *a*,
FDX

full duplex line líne *f4*
lán-déphléacsach

full handshake lánchumarsáid *f2*
thionscantach

full-page display taispeáint *f3*
lánleathanaigh

full screen lánscáileán *m1*

full-service provider (FSP) soláthraí
m4 lánseirbhíse, FSP

full stop (= period) lánstad *m4*

fully associative cache taisce *f4*
lán-chomhthiomsaitheach

fully-connected network líonra *m4*
lán-nasctha

fully replicated catalogue catalóg *f2*
lán-mhacasamhlaithe

function *s* feidhm *f2*

functional *a* feidhmiúil *a*, feidhmeanna
gpl as a

functional analysis anailís *f2* ar na
feidhmeanna

functional cohesion comhtháthú *m*
feidhmeanna

functional decomposition miondealú
m feidhmeanna

functional dependency spleáchas *m1*
feidhmeanna

functional design dearadh *m*
feidhmeanna

functional diagram léaráid *f2*
feidhmeanna

functionality *s* feidhmiúlacht *f3*

functional requirement riachtanas *m1* feidhmeanna

functional unit aonad *m1* feidhme

function argument (= function parameter) argóint *f3* feidhme

function body corp *m1* feidhme

function call glao *m4* feidhme

function call instruction glaothreoir *f5* feidhme

function code feidhmchód *m1*

function component implementation map mapa *m4* de chur i bhfeidhm comhpháirteanna feidhmeanna

function declaration fógra *m4* feidhme

function definition sainiú *m* feidhme, sainiú *m* ar fheidhm

function expression slonn *m1* feidhme

function generator gineadóir *m3* feidhme

function key feidhmeochair *f5*

function-oriented design dearadh *m1* (atá) dírithe ar an bhfeidhm, dearadh *m1* (atá) dírithe ar an fheidhm

function parameter (= function argument) paraiméadar *m1* feidhme

function parameter declaration fógra *m4* paraiméadar feidhme

function prototype fréamhshamhail *f3* d'fheidhm

function scope scóip *f2* feidhme

function symbol siombail *f2* feidhme, siombail *f2* d'fheidhm

function syntax comhréir *f2* feidhmeanna

function table feidhmthábla *m4*

fundamental type cineál *m1* bunúsach

fuse[1] *v* comhleáigh *v*

fuse[2] *s* fiús *m1*

fused connection nasc *m1* comhleáite

fusible link nasc *m1* in-chomhleáite

fusible read-only memory (FROM) cuimhne *f4* inléite amháin/in-chomhleáite, FROM

fusing *s* comhleá *m* (*gs* -ite)

fuzzy logic loighic *f2* na doiléire

G

G (= giga- *pref*) G, gigea-, gigi- *pref*

gain *s* neartúchán *m1*

gallium arsenide arsainíd *f2* ghailliam

game tree crann *m1* cluichíochta

gamma *s* gáma *m4*

gamma correction gáma-cheartú *m* (*gs* -taithe)

Gantt chart cairt *f2* Gantt

gap *s* mant *m3*, bearna *f4*

gap digit digit *f2* mhanta

garbage *s* (= junk) dramhaíl *f3*

garbage collection bailiú *m* dramhaíola

garbage collector bailitheoir *m3* dramhaíola

Garbage In, Garbage Out (GIGO) Dramhaíl Isteach, Dramhaíl Amach, GIGO

garbage value luach *m3* dramhaíola

gas plasma display (GPD) taispeáint *f3* phlasma gáis, GPD

gate *s* geata[1] *m4*

gate delay moillaga *m4* geata

gateway *s* geata[2] *m4*

gather write bailigh is scríobh *v*

gauss *s* gabhsa *m4*

Gaussian distribution dáileadh *m* Gauss

Gb (= gigabyte) Gb, gigibheart *m1*

GB (= gigabit) GB, gigighiotán *m1*

gender *s* (*of connector*) cineál[2] *m1*

gender changer (= gender bender) malartóir *m3* cineáil

general *a* ginearálta *a*

generalization *s* ginearálú *m* (*gs* -laithe)

generalized *a* ginearálaithe *a*

Generalized Markup Language (GML) Teanga *f4* Mharcála Ghinearálaithe, GML

General Packet Radio Services (GPRS) Radaisheirbhísí *fpl* Ginearálta Paicéad, GPRS

general-purpose *a* ilfhóinteach *a*

general-purpose computer ríomhaire
m4 ilfhóinteach
general-purpose register tabhall *m1*
ilfhóinteach
general theorem teoirim *f2* ghinearálta
general tools (= general utilities)
áirgiúlachtaí *fpl* ginearálta
general tree crann *m1* ginearálta
general utilities (= general tools)
áirgiúlachtaí *fpl* ginearálta
generate *v* gin *v*
generated address seoladh *m* ginte
generating *s* giniúint *f3*
generating routine gnáthamh *m1*
giniúna
generation[1] *s (of succession)* glúin *f2*
generation[2] *s (of process)* giniúint *f3*
generation and organization of data
giniúint *f3* agus eagrú sonraí
generator *s* gineadóir *m3*
generic *a* cineálach *a*
genericity *s* cineálacht *f3*
generic markup marcáil *f3* chineálach
generic unit aonad *m1* cineálach
genetic programming ríomhchlárú *m*
géiniteach
geometric *a* geoiméadrach *a*,
céimseataúil *a*
geometry *s* geoiméadracht *f3*,
céimseata *f5*
germanium *s* gearmáiniam *m4*
germanium diode dé-óid *f2*
ghearmáiniam
get *v* faigh *v*
ghost imaging scáil-íomháú *m (gs*
-áithe)
ghost site scáilsuíomh *m1*
GHz (= gigahertz) GHz, gigiheirts *m4*
giant magnetoresistive effect
oll-iarmhairt *f3*
mhaighnéadfhriotaíoch
gibberish total iomlán *m1* gibrise
GIF (= Graphics Interchange
Format) GIF, Formáid *f2*
Idirmhalartaithe Grafaice
giga- *pref* (G) gigea-, gigi- *pref,* G

gigabit *s* (GB) gigighiotán *m1*, GB
gigabyte *s* (Gb) gigibheart *m1*, Gb
gigacycle *s* gigichiogal *m1*
gigahertz *s* (GHz) gigiheirts *m4*, GHz
gigawatt *s* gigeavata *m4*
GIGO (= Garbage In, Garbage Out)
GIGO, Dramhaíl Isteach, Dramhaíl
Amach
gimbal *s* giombal *m1*
glare *s* dalladh *m (gs* -llta)
glare guard (= antiglare screen)
sciath *f2* frithdhallta
glass polarized screen scáileán *m1*
gloine polaraithe
glitch *s* tuisle *m4*
global *a* domhanda *a*
global Boolean constant tairiseach *m1*
domhanda Boole
global change athrú *m* domhanda
global constant tairiseach *m1*
domhanda
global descriptor table tábla *m4*
domhanda tuairisceoirí
global positioning system (GPS)
córas *m1* suite domhanda, GPS
global replace athchur *m1* domhanda
Global System for Mobile
Communication (GSM[1]) Córas *m1*
Domhanda do Chumarsáid
Mhóibíleach, GSM[1]
global variable athróg *f2* dhomhanda
glocalization *s* logdhomhandú *m (gs*
-daithe)
glossary *s* gluais *f2*
glossy *a (of paper)* snasta *a*
glyph *a* glif *f2*
GML (= Generalized Markup
Language) GML, Teanga *f4*
Mharcála Ghinearálaithe
goal-driven reasoning/backward
chaining réasúnú *m* i dtreo na
sprice/slabhrú ón gconclúid siar,
réasúnú *m* i dtreo na sprice/slabhrú
ón chonclúid siar
goal-driven search cuardach *m1* i
dtreo sprice

golf-ball camera mioncheamara *m4* sféarúil

go list gabhliosta *m4*

go to téigh *v* go

Government Home Page leathanach *m1* baile an Rialtais

GPD (= **gas plasma display**) GPD, taispeáint *f3* phlasma gáis

GPRS (= **General Packet Radio Services**) GPRS, Radaisheirbhísí *fpl* Ginearálta Paicéad

GPS (= **global positioning system**) GPS, córas *m1* suite domhanda

graceful degradation díghrádú *m* réidh

graceful shutdown (= **safe shutdown**) múchadh *m* slán

gradient *s* grádán *m1*

grain size gránmhéid *f2*

grammar *s* gramadach *f2*

grammar checker seiceálaí *m4* gramadaí, gramadóir *m3*

grammar checking seiceáil *f3* gramadaí

grams per square metre (**GSM^2**) graim *mpl* sa mhéadar cearnach, GSM^2

grandfather, father, son cycle ciogal *m1* daideo, athar, mic

grant *s* ceadú *m* (*gs* -daithe)

granularity *s* gráinneacht *f3*

graph *s* graf *m1*

graph colouring grafdhathú *m* (*gs* -thaithe)

graphic *s* (*of character*) grafaic^2 *f2* (*pl* -í)

graphic(al) *a* grafach *a*

graphical notations nodaireachtaí *fpl* grafacha

graphical user interface (**GUI**) comhéadan *m1* grafach (úsáideora), GUI

graphic box bosca *m4* grafach

graphic character carachtar *m1* grafach

graphic component comhpháirt *f2* ghrafach

graphic display resolution taifeach *m1* taispeána grafaí

graphic element eilimint *f2* ghrafach

graphic file comhad *m1* grafach

graphic format formáid *f2* ghrafach

graphic image íomhá *f4* ghrafach

graphicist *s* grafaiceoir *m3*

graphic object oibiacht *f3* ghrafach

graphic panel painéal *m1* grafach

graphics *s* grafaic^1 *f2*

graphics adapter cuibheoir *m3* grafaice

graphics card cárta *m4* grafaice

graphics characters carachtair *mpl* ghrafaice

Graphics Interchange Format (**GIF**) Formáid *f2* Idirmhalartaithe Grafaice, GIF

graphics package pacáiste *m4* grafaice

graphics pad ceap *m1* grafaice

graphics system processor (**GSP**) próiseálaí *m4* córas grafaice, GSP

graphics tablet táibléad *m1* grafaice

graphic symbol siombail *f2* ghrafach

graph plotter breacaire *m4* graf

graph traversal trasnáil *f3* graif

grave accent (= **backquote**) graif *f2*

Gray code cód *m1* Gray

greater than níos mó ná

greyscale *s* (= **grayscale**) liathscála *m4*

grid *s* greille *f4*

grid activation gníomhachtú *m* greille

grid facility saoráid *f2* greille

gridline *s* líne *f4* greille

ground *s* (**GND**) talamh *m/f* (*gs* talaimh/talún)

grounded plug (= **earthed plug**) plocóid *f2* thalmhaithe

grounding *s* (= **earthing**) talmhúchán *m1*

grounding prong (= **earthing prong**) beangán *m1* talmhúcháin

group *s* grúpa *m4*

grouped records taifid *mpl* ghrúpáilte

group icon deilbhín *m4* grúpa

group separator (GS) deighilteoir *m3* grúpaí, GS

groupware *s* earraí *mpl* grúpa

GS (= group separator) GS, deighilteoir *m3* grúpaí

GSM¹ (= Global System for Mobile Communication) GSM¹, Córas *m1* Domhanda do Chumarsáid Mhóibíleach

GSM² (= grams per square metre) GSM², graim *mpl* sa mhéadar cearnach

GSP (= graphics system processor) GSP, próiseálaí *m4* córas grafaice

guard band banda *m4* cumhdaigh

guard signal comhartha *m4* cumhdaigh

GUI (= graphical user interface) GUI, comhéadan *m1* grafach (úsáideora)

guide *s* treoir² *f5* (*gs* -orach)

guidelines *spl* treoirlínte *fpl*

gulp *s* ailp *f2*

gutter *s* gáitéar *m1*

H

H (= henry) H, hanraí *m4*

hacker *s* bradaí *m4*

hacking *s* bradaíl *f3*

half-add *s* leathshuimiúchán *m1*

half-adder *s* leathshuimitheoir *m3*

half card leathchárta *m4*

half-card modem móideim *m4* leathchárta

half-duplex *a* (**HDX**) leath-dhéphléacsach *a*, HDX

half-duplex channel cainéal *m1* leath-dhéphléacsach

half-duplex circuit ciorcad *m1* leath-dhéphléacsach

half-duplex line líne *f4* leath-dhéphléacsach

half-duplex transmission tarchur *m* leath-dhéphléacsach

half-height drive tiomántán *m1* leathairde

half-tone¹ *s* leath-thon *m1*

half-tone² *a* leath-thonach *a*

half-word *s* leathghiotánra *m4*

Hall effect iarmhairt *f3* Hall

halt *s* stad *m4*

halt instruction stadtreoir *f5*

Hamming code cód *m1* Hamming

Hamming distance (= signal distance) cian *f2* Hamming

hand counter áiritheoir *m3* láimhe

hand-held¹ *s* (**= hand-held computer, Palmtop, PDA, personal digital assistant**) ríomhaire *m4* boise

hand-held² *a* láimhe² *gs as a*

hand-held computer (= hand-held¹, Palmtop, PDA, personal digital assistant) ríomhaire *m4* boise

hand-held game cluiche *m4* láimhe

hand-held scanner scanóir *m3* láimhe

handle¹ *v* láimhseáil¹ *v*

handle² *s* (*of graphics*) hanla *m4*

handle³ *s* (*of descriptor*) lorgán *m1*

handler *s* láimhseálaí *m4*

handling *s* láimhseáil² *f3*

handset *s* sás *m1* láimhe

handshake *s* cumarsáid *f2* thionscantach

handshaking protocol prótacal *m1* cumarsáide tionscantaí

hands-on operating experience taithí *f4* láimhe oibriúcháin

hands-on operation oibríocht *f3* láimhe

hang¹ *s* (**= hang-up**) crochadh *m* (*gs* -chta)

hang² *v* (**= hang up**) croch *v*

hanging indent eang *f3* chrochta

hang up (= hang²) croch *v*

hang-up *s* (**= hang¹**) crochadh *m* (*gs* -chta)

haptics *s* haptaic *f2*

hard *a* crua *a*, crua- *pref*

hard break briseadh *m* crua

hard card cárta *m4* crua
hardcode *v* cruachódaigh *v*
hardcoded *a* cruachódaithe *a*
hard copy cóip *f2* chrua
hard disk (HD¹) diosca *m4* crua, HD¹
hard drive (= hard disk drive)
    tiomántán *m1* crua
hard error crua-earráid *f2*
hard font clófhoireann *f2* chrua
hard hyphen fleiscín *m4* crua
hard limiting teorannú *m* crua
hard page break briseadh *m* crua
    (idir) leathanaigh
hard return aisfhilleadh *m1* crua
hard-sectored *a* cruatheascógtha *a*
hard space spás *m1* crua
hardware *s* crua-earraí *mpl*, earraí *mpl*
    crua
hardware check seiceáil *f3* crua-earraí
hardware dependency spleáchas *m1*
    ar chrua-earraí
hardware maintenance cothabháil *f3*
    crua-earraí
hardware platform ardán *m1*
    crua-earraí
hardware requirements riachtanais
    mpl chrua-earraí
hard-wired *a* cruashreangaithe *a*
hard-wire logic loighic *f2*
    chruashreangaithe
harmonic¹ *s* armónach¹ *m1*
harmonic² *a* armónach² *a*
harmonic distortion díchumadh *m*
    armónach
harmonization *s* comhoiriúnú *m* (*gs*
    -naithe)
hartley *s* hairtle *m4*
hartley principle prionsabal *m1* hairtle
hash¹ *v* haiseáil¹ *v*
hash² *s* (= **hash symbol**) hais *f2*
hash algorithm hais-algartam *m1*
hash coding haischódú *m* (*gs* -daithe)
hash function haisfheidhm *f2*
hashing *s* haiseáil² *f3* (*gs* -ála)
hash qualifier haischáilitheoir *m3*
hash symbol (= **hash²**) hais *f2*

hash table search cuardach *m1*
    hais-tábla
hash total hais-iomlán *m1*
HD¹ (= **hard disk**) HD¹, diosca *m4*
    crua
HD² (= **high density**) HD², ard-dlús
    m1
HDLC (= **hierarchical data link**
    control) HDLC, rialú *m* ordlathach
    (an) nasctha sonraí
HD-ROM (= **High-Density**
    Read-Only Memory) HD-ROM,
    Cuimhne *f4* Inléite Amháin
    Ard-Dlúis
HDTV (= **high definition television**)
    HDTV, teilifís *f2* ardghléine
HDX (= **half-duplex**) HDX,
    leath-dhéphléacsach *a*
head *s* cnoga *m4*
head-cleaning kit trealamh *m1* glanta
    cnoga
head crash cliseadh *m* cnoga
head-end *s* ceannmhol *m1*
header *s* (= **running head**) ceanntásc
    m1
header box bosca *m4* ceanntáisc
header file (= **include file**) comhad *m1*
    ceanntáisc
header label lipéad *m1* ceanntáisc
head gap mant *m3* cnoga
heading *s* ceannteideal *m1*
headline *s* ceannlíne *f4*
head of clause ceann *m1* an chlásail
headphone block bloc *m1* cluasán
headphones *s* cluasáin *mpl*
head switching athrú *m* ó chnoga go
    cnoga
head-to-tape contact teagmháil *f3* idir
    cnoga is téip
heap *s* carn *m1*
heap sort carnsórtáil *f3*
heat sink slogaide *f4* teasa
height *s* airde¹ *f4*
helical scan scanadh *m* héiliciúil
help *s* cabhair *f3*
help desk deasc *f2* chabhrach

helper *s* (= **helper program**) clár *m1*
cabhrach
helper applications (= **helper apps**)
feidhmchláir *mpl* chabhrach
help line líne *f4* cabhrach
help mark marc *m1* cabhrach
henry *s* (**H**) hanraí *m4*, H
henry per metre (**H/m**) hanraí *m4* sa
mhéadar
hermaphrodite connector nascóir *m3*
déchineálach
hertz *s* (**Hz**) heirts *m4*, Hz
Hertzian wave tonn *f2* Hertz
heterodyne interference trasnaíocht *f3*
heitridíneach
heterogeneity *s* ilchineálacht *f3*
heterogenous *a* ilchineálach *a*
heterogenous network líonra *m4*
ilchineálach
heuristic *a* heorastúil *a*
heuristic approach cur *m1* chuige
heorastúil
heuristic routine gnáthamh *m1*
heorastúil
heuristics *s* heorastaic *f2*
hex *a* (= **hexidecimal**)
heicsidheachúlach *a*
hexadecimal constant tairiseach *m1*
heicsidheachúlach
hexadecimal notation nodaireacht *f3*
heicsidheachúlach
hexadecimal number uimhir *f5*
heicsidheachúlach
hex dump dumpáil *f3*
heicsidheachúlach
hex format formáid *f2*
heicsidheachúlach
hexidecimal *a* (= **hex**)
heicsidheachúlach *a*
HF (= **high frequency**) HF,
ardmhinicíocht *f3*
Hg delay line (= **mercury delay line**)
líne *f4* mhoillithe Hg, líne *f4*
mhoillithe mhearcair
hiccup *s* snag *m3*
hidden *a* folaithe *a*

hidden codes cóid *mpl* fholaithe
hidden line líne *f4* fholaithe
hidden text téacs *m4* folaithe
hide *v* folaigh *v*
hierarchic(al) *a* ordlathach *a*
hierarchical database bunachar *m1*
sonraí ordlathach
hierarchical data link control
(**HDLC**) rialú *m* ordlathach (an)
nasctha sonraí, HDLC
hierarchical model samhail *f3*
ordlathais
hierarchical network líonra *m4*
ordlathach
hierarchy *s* ordlathas *m1*
high *a* ard *a*, ard- *pref*
high-capacity disk diosca *m4*
ardtoillte
high-capacity removable disk diosca
m4 ardtoillte inbhainte
high definition television (**HDTV**)
teilifís *f2* ardghléine, HDTV
high density (**HD**^{2}) ard-dlús *m1*, HD^2
high-density disk diosca *m4* ard-dlúis
high-density notch poll *m1* ard-dlúis
High-Density Read-Only Memory
(**HD-ROM**) Cuimhne *f4* Inléite
Amháin Ard-Dlúis, HD-ROM
high frequency (**HF**) ardmhinicíocht
f3, HF
high-frequency transformer
trasfhoirmeoir *m3* ardmhinicíochta
high-gain amplifier aimplitheoir *m3*
ardneartúcháin
high-level *a* ardleibhéil *gs as a*
High-Level Data Link Control
(**HLDLC**) Rialú *m* Nasctha
Ardleibhéil Sonraí, HLDLC
high-level language (**HLL**) teanga *f4*
ardleibhéil, HLL
high-level modulation modhnú *m*
ardleibhéil
highlight *v* aibhsigh *v*
highlighted *a* aibhsithe *a*
highlighting *s* aibhsiú *m* (*gs* -sithe)
high memory area (**HMA**)

ardlimistéar *m1* cuimhne
high-order *a* ard-oird *gs as a*
high-order digit digit *f2* ard-oird
high-pass filter scagaire *m4* ardphasach
high-performance computer ríomhaire *m4* ardfheidhmíochta
high-priority interrupt idirbhriseadh *m* ardtosaíochta
high-resolution graphics (= high res graphics) grafaic *f2* ardtaifigh
high speed ardluas *m1*
high-speed binary switch lasc *f2* dhénártha ardluais
high-speed bus bus *m4* ardluais
high-speed carry iomprach *m1* ardluais
High-Speed Circuit-Switched Data (HSCSD) Sonraí *mpl* Ciorcadlasctha Ardluais, HSCSD
high threshold ardtairseach *f2*
high-threshold logic (HTL) loighic *f2* ardtairsí, HTL
highway *s* mórbhealach *m1*
highway width leithead *m1* mórbhealaigh
histogram *s* hiostagram *m1*
historical data sonraí *mpl* stairiúla
history *s* stair *f2*
history folder fillteán *m1* staire
hit[1] *v* aimsigh[2] *v*
hit[2] *s* amas *m1*
hit counter áiritheoir *m3* amas
hit rate ráta *m4* aimsithe
hit ratio cóimheas *m3* na n-amas
HLDLC (= High-Level Data Link Control) HLDLC, Rialú *m* Nasctha Ardleibhéil Sonraí
HLL (= high-level language) HLL, teanga *f4* ardleibhéil
hold[1] *v* coinnigh[1] *v*
hold[2] *s* (= **retention**) coinneáil *m3*
holding beam léas *m1* coinneála
hold instruction treoir *f5* choinneála
hold mode mód *m1* coinneála
hole *s* (= **punch**[3]) poll[2] *m1*

hole mobility soghluaisteacht *f3* poill
hole trap gaiste *m4* poill
Hollerith code cód *m1* Hollerith
hologram *s* hologram *m1*
holographic storage stóráil *f3* holagrafach
home[1] *s* baile *m4*
home[2] *adv* abhaile *adv*
home computer ríomhaire *m4* baile
home directory comhadlann *f2* bhaile
home key eochair *f5* bhaile
home network líonra *m4* baile
homeostasis *s* foistine[2] *f4*
home page leathanach *m1* baile
homogeneity *s* aonchineálacht *f3*
homogeneous *a* aonchineálach *a*
homogeneous computer network líonra *m4* ríomhairí aonchineálacha
hook *s* crúca *m4*
hopper *s* crannóg *f2*
horizon *s* léaslíne *f4*
horizon effect éifeacht *f3* na léaslíne
horizontal *a* cothrománach *a*
horizontal axis ais *f2* chothrománach
horizontal line líne *f4* chothrománach
horizontal microprogramming micreachlárú *m* cothrománach
horizontal scroll scrollú *m* cothrománach
Horn clause logic loighic *f2* chlásal Horn
host[1] *v* óstáil[1] *v*
host[2] *s* óstach *m1*
host[3] *a* óst- *pref*
host computer óstríomhaire *m4*
hosting *s* óstáil[2] *f3*
host language óst-teanga *f4*
host name óstainm *m4*
host node óstnód *m1*
host variable óstathróg *f2*
hot key (= shortcut key) eochair *f5* aicearra
hot spot ball *m1* te
hot swapping beobhabhtáil *f3*
housekeeping *s* fódóireacht *f3*
housekeeping operation oibríocht *f3*

fódóireachta

housekeeping routine gnáthamh *m1* fódóireachta

housing *s* cásáil *f3*

HSB (= hue, saturation, brightness) HSB, lí, sáithiú, gile

HSCSD (= High-Speed Circuit-Switched Data) HSCSD, Sonraí *mpl* Ciorcadlasctha Ardluais

HSL (= hue, saturation, luminance) HSL, lí, sáithiú, lonras

HTL (= high-threshold logic) HTL, loighic *f2* ardtairsí

HTML (= Hypertext Markup Language) HTML, Teanga *f4* Mharcála Hipirtéacs

HTML editor eagarthóir *m3* HTML

HTML special characters carachtair *mpl* speisialta HTML

HTTP (= Hypertext Transfer Protocol) HTTP, Prótacal *m1* Aistrithe Hipirtéacs

hub *s* mol *m1*

hue *s* lí *f4*

hue, saturation, brightness (HSB) lí, sáithiú, gile, HSB

hue, saturation, luminance (HSL) lí, sáithiú, lonras, HSL

human activity gníomhaíocht *f3* dhaonna

human computer interaction idirghníomhaíocht *f3* daoine le ríomhairí

human factors (= ergonomics) tosca *fpl* daonna

hung *a* snaidhmthe *a*

Hungarian notation nodaireacht *f3* Ungárach

hunting *s* lorg² *m1*

hybrid¹ *s* hibrid *f2*

hybrid² *a* hibrideach *a*

hybrid computer ríomhaire *m4* hibrideach

hybrid disk technology teicneolaíocht *f3* dioscaí hibrideacha

hybrid fibre coaxial network líonra

m4 hibrideach comhaiseach snáithín

hybrid interface comhéadan *m1* hibrideach

hybrid online analytic processing próiseáil *f3* hibrideach anailíseach ar líne

hyperarc *s* hipearstua *m4*

hypercube *s* hipirchiúb *m1*

hypereditor *s* hipeareagarthóir *m3*

hypergraph *s* hipeargraf *m1*

hyperlink *s* hipearnasc *m1*

hypermedia *s* hipirmheáin *mpl*

hyperspace *s* hipearspás *m1*

hypertext *s* hipirtéacs *m4*

hypertext link nasc *m1* hipirtéacs

Hypertext Markup Language (HTML) Teanga *f4* Mharcála Hipirtéacs, HTML

Hypertext Transfer Protocol (HTTP) Prótacal *m1* Aistrithe Hipirtéacs, HTTP

hyphen *s* fleiscín *m4*

hyphenation *s* fleiscíniú *m* (*gs* -nithe)

hyphenation ladder dréimire *m4* fleiscíní

hysteresis *s* histéiréis *f2*

hysteresis distortion díchumadh *m* histéiréiseach

hysteresis error earráid *f2* histéiréise

hysteresis loop lúb *f2* histéiréiseach

Hz (= hertz) Hz, heirts *m4*

I

IAFV (= indirect-action file virus) IAFV, víreas *m1* gnímh indírigh comhaid

IBM (= International Business Machines Corporation) IBM

IBM-compatible *a* comhoiriúnach *a* le IBM

IC (= integrated circuit) IC, ciorcad *m1* comhtháite

ICMP (= Internet control message protocol) ICMP, prótacal *m1*

rialaithe teachtaireachtaí Idirlín

icon *s* deilbhín *m4*, íocón *m1*

iconography *s* íocónagrafaíocht *f3*

ICS (= Internet Connection Sharing) Comhroinnt *f2* Nasc Idirlín

ICT (= information and communications technology) ICT, teicneolaíocht *f3* faisnéise agus cumarsáide, TFC

ICT integration comhtháthú *m* ICT, comhtháthú *m* TFC

ID (= identification[1]) ID, aitheantas *m1*

ID address seoladh *m* aitheantais

ID attribute tréith *f2* aitheantais

ideal filters scagairí *mpl* idéalacha

idempotent laws dlíthe *mpl* comhchumhachtacha

identical *a* comhionann *a*

identical sets tacair *mpl* chomhionanna

identification[1] (ID) aitheantas *m1*, ID

identification[2] *s (of process)* (sain)aithint *f3*

identifier *s* aitheantóir *m3*

identify *v* (sain)aithin *v*

identity *s* céannacht *f3*

identity element *(of circuits)* eilimint *f2* chomhionann

identity element of a group *(Sets)* ball *m1* céannachta de ghrúpa

identity gate (= identity unit) geata *m4* céannachta

identity unit (= identity gate) aonad *m1* céannachta

ideogram *s* idéagram *m1*

idle state staid *f2* dhíomhaoin

idle time aga *m4* díomhaoin

ID number uimhir *f5* aitheantais

IDP (= integrated data processing) próiseáil *f3* chomhtháite sonraí

IEEE (= Institute of Electrical and Electronics Engineers) IEEE

IEEE floating-point standard caighdeán *m1* snámhphointe IEEE

IEEE Project 802 Tionscadal *m1* 802 IEEE

IF (= intermediate frequency) IF, minicíocht *f3* idirmheánach

if and only if ... (= iff) is gá agus is leor

iff (= if and only if ...) is gá agus is leor

if-statement *s* ráiteas *m1* *is gá agus is leor*

IF-THEN gate geata *m4* IF-THEN

IGMP (= Internet Group Management Protocol) IGMP, Prótacal *m1* Bainistíochta Grúpaí Idirlín

ignore *v* déan *v* neamhaird de

IGNORE gate geata *m4* IGNORE

I[2]L (= integrated injection logic) I[2]L, loighic *f2* chomhtháite inteilgin

illegal *a* neamhdhleathach *a*

illegal character carachtar *m1* neamhdhleathach

illegal instruction treoir *f5* neamhdhleathach

illegal or unverifiable certificate teastas *m1* neamhdhleathach nó do-fhíoraithe

illegal path cosán *m1* neamhdhleathach

image *s* íomhá *f4*

image compression comhbhrú *m* íomhá

image digitizer digiteoir *m3* íomhánna

image enhancement leasú *m* íomhánna

image file comhad *m1* íomhá

image map mapa *m4* íomhá(nna)

image name ainm *m4* íomhá

image processing próiseáil *f3* íomhánna

image sensor braiteoir *m3* íomhánna

imagesetter *s* gléas *m1* íomháchuradóireachta

image size méid *f2* na híomhá

imaginary number uimhir *f5* shamhailteach

imaging *s* íomháú *m (gs* -áithe), déanamh *m* íomhánna

IMAP (= Internet Message Access Protocol) IMAP, Prótacal *m1* Rochtana Teachtaireachtaí Idirlín

imbed *See* embed.

IMEI (= International Mobile Equipment Identifier) IMEI, Aitheantóir *m3* Idirnáisiúnta Fóin Phóca

IMIS (= integrated management information system) IMIS, córas *m1* comhtháite faisnéis bainistíochta

immediate *a* láithreach *a*

immediate access rochtain *f3* láithreach

immediate access store stóráil *f3* rochtana láithrí

immediate address seoladh *m* láithreach

immediate addressing seolachán *m1* láithreach

immediate instruction treoir *f5* láithreach

immediate operand oibreann *f2* láithreach

immediate processing próiseáil *f3* láithreach

immutable *a* do-athraithe *a*

immutable file comhad *m1* do-athraithe

impact analysis anailís *f2* ar thionchar

impact printer printéir *m3* tuinseamhach

impedance *s* coisceas *m1*

imperative *a* ordaitheach *a*

imperative statements ráitis *mpl* ordaitheacha

implement *v* cuir *v* i ngníomh²

implementation *s* cur *m* i ngníomh

implementation-dependent *a* spleách *a* ar an gcur i ngníomh, spleách *a* ar an chur i ngníomh

implementation model samhail *f3* den chur i ngníomh

implication *s* impleacht *f3*

implicit *a* (= implied) intuigthe *a*

implicit conversion (= automatic conversion, quiet conversion) tiontú *m* intuigthe

implicit declaration fógra *m4* intuigthe

implied *a* (= implicit) intuigthe *a*

implied indirect addressing seolachán *m1* indíreach intuigthe

imply *v* lean *v* de

import *v* iompórtáil *v*

importing files comhaid *mpl* a iompórtáil

impression *s* imprisean *m1*

impulse *s* ríog *f2*

impulse noise torann *m1* ríge

impurity *s* eisíontas *m1*

impurity level leibhéal *m1* eisíontais

inaccessible *a* dorochtana *gs as a*

inaccuracy *s* míchruinneas *m1*

inaccurate *a* míchruinn *a*

inactive *a* neamhghníomhach *a*

inappropriate *a* míchuí *a*

inbox *s* isteach *adv*, (bosca, post etc) isteach

in chain form (= chain³ *a*) slabhrach *a*

incidental *a* teagmhasach *a*

in-circuit emulator aithriseoir *m3* ionchiorcaid

include *v* iniaigh *v*

include file (= header file) comhad *m1* ceanntáisc

inclusion *s* iniamh *m1*

inclusive *a* iniatach *a*

inclusive disjunction aontas *m1* iniatach

inclusive-NOR operation oibríocht *f3* iniatach NOR

incoming data alert (IDA) foláireamh *m1* faoi shonraí ag teacht isteach

incompatibility *s* neamh-chomhoiriúnacht *f3*

incompatible *a* neamh-chomhoiriúnach *a*

incomplete declaration fógra *m4* neamhiomlán

incompressible *a* do-chomhbhrúite *a*

inconsistency *s* neamh-
chomhsheasmhacht *f3*
inconsistent *a*
neamh-chomhsheasmhach *a*
incorrect *a* mícheart *a*
increase[1] *v (Gen.)* méadaigh *v*
increase[2] *v (Mth.)* breisigh[2] *v*
increase indent méadaigh *v* eang
increment[1] *v* incrimintigh *v*
increment[2] *s* incrimint *f2*
incremental *a* incriminteach *a*
incremental computer ríomhaire *m1*
incriminteach
incremental plotter breacaire *m4*
incriminteach
incremental representation léiriú *m*
incriminteach
incremental search cuardach *m1*
incriminteach
incremental testing tástáil *f3*
incriminteach
increment operator oibreoir *m3*
incriminteach
increment size méid *f2* na hincriminte
indent[1] *v* eangaigh *v*
indent[2] *s* eang[2] *f3*
independence *s* neamhspleáchas *m1*
independent *a* neamhspleách *a*
independent compilation tiomsú *m*
neamhspleách
independent variable athróg *f2*
neamhspleách
index[1] *v* innéacsaigh *v*
index[2] *s* innéacs *m4*
index criterion *(of database)* critéar
m1 innéacs
indexed *a* innéacsaithe *a*
indexed address seoladh *m*
innéacsaithe
indexed addressing seolachán *m1*
innéacsaithe
**indexed sequential access method
(ISAM)** modh *m3* rochtana
seicheamhach innéacsaithe
index entry iontráil *f3* innéacs
index hole treoirpholl *m1*

indexing *s* innéacsú *m (gs* -saithe)
index register tabhall *m1* innéacs
index sequential file comhad *m1*
seicheamhach innéacs
index word giotánra *m4* innéacs
indicator *s* táscaire *m4*
indicator chart tásc-chairt *f2*
indirect *a* indíreach *a*
indirect-action file virus (IAFV)
víreas *m1* gnímh indírigh comhaid,
IAFV
**indirect address (= deferred address,
multilevel address)** seoladh *m*
indíreach
**indirect addressing (= deferred
addressing, multilevel addressing)**
seolachán *m1* indíreach
indirect block bac *m1* indíreach
indirection operator oibreoir *m3*
indíriúcháin
indirect proof cruthúnas *m1* indíreach
indium phosphide foisfíd *f2* indiam
individual properties airíonna *mpl*
indibhidiúla
induced *a* ionduchtaithe *a*
induced current sruth *m3*
ionduchtaithe
inductance *s* ionduchtas *m1*
induction *s* ionduchtú *m (gs* -daithe)
inductive *a* ionduchtach *a*
inductive coupling cúpláil *f3*
ionduchtach
inductive potential divider (IPOT)
roinnteoir *m3* poitéinsil
ionduchtaigh, IPOT
inductor *s* ionduchtóir *m3*
industrial microcomputer
micriríomhaire *m4* tionsclaíoch
industrial PC ríomhaire *m4* pearsanta
tionsclaíoch, PC tionsclaíoch
**Industry Standard Architecture
(ISA)** Ailtireacht *f3*
Thionscalchaighdeánach, ISA
industry-standard keyboard
méarchlár *m1* tionscalchaighdeánach
inequalities *spl* éagothroimí *mpl*

inequality operator oibreoir *m3*
éagothroime
inequivalence *s* neamhchoibhéis *f2*
I-net *s* I-líon *m1*
infect *v* ionfhabhtaigh *v*
infected *a* ionfhabhtaithe *a*
infection *s* ionfhabhtú *m* (*gs* -taithe)
inference *s* tátal *m1*
inference rules rialacha *fpl* tátail
infinite *a* éigríochta[1] *a*
infinite loop lúb *f2* éigríochta
infinite set tacar *m1* éigríochta
infinite spectrum speictream *m1*
éigríochta
infinity *s* éigríoch *f2*
infix *a* ionsuite *a*
infix expression slonn *m1* ionsuite
infix notation nodaireacht *f3* ionsuite
inflexible *a* (= **rigid**) dolúbtha *a*
informatics *s* faisnéisíocht *f3*
information *s* faisnéis *f2*
information analysis anailís *f2* ar
fhaisnéis
information and communications
technology (ICT) teicneolaíocht *f3*
faisnéise agus cumarsáide, ICT
information bits giotáin *mpl* faisnéise
information box bosca *m4* faisnéise
information-feedback system córas
m1 aisfhothaithe faisnéise
information flow analysis anailís *f2* ar
an sreabhadh faisnéise
information hiding folú *m* faisnéise
information highway mórbhealach *m1*
faisnéise
information management bainistíocht
f3 faisnéise
information network services
seirbhísí *fpl* líonraí faisnéise
information processing próiseáil *f3*
faisnéise
information requirement riachtanas
m1 faisnéise
information retrieval aisghabháil *f3*
faisnéise
information retrieval techniques

teicnící *fpl* aisghabhála faisnéise
information separator deighilteoir *m3*
faisnéise
information society sochaí *f4*
faisnéise, an t
information superhighway
ollbhealach *m1* faisnéise
information system córas *m1* faisnéise
information technology (IT)
teicneolaíocht *f3* faisnéise, IT, TF
information theory teoiric *f2* faisnéise
informedness *s* eolasacht *f3*
infotainment *s* faisnéis *f2* shiamsúil
infotainment media meáin *mpl*
faisnéise siamsúla
infranet *s* infrilíon *m1*
infrared *a* infridhearg *a*
infrared radiation radaíocht *f3*
infridhearg
infrastructure *s* bonneagar *m1*,
infreastruchtúr *m1*
ingress *s* (= **entry point**) pointe *m4*
iontrála
inherit *v* faigh *v* le hoidhreacht
inheritance *s* oidhreacht *f3*
inheritance hierarchy ordlathas *m1*
oidhreachta
inherited *a* faighte *a* le hoidhreacht
inherited error earráid *f2* oidhreachta
inhibit *v* cosc *v*
inhibiting signal comhartha *m4* coisc
in-house operation oibríocht *f3* intí
initial *a* tosaigh[3] *gs as a*, tús- *pref*
initial base font bonnchló *m4*
réamhshocraithe
initial condition mode mód *m1*
túschoinníll
initial conditions (= **entry conditions**)
túschoinníollacha *mpl*
initialization *s* túsú *m* (*gs* -saithe),
túsúchán *m1*
initialization code cód *m1* túsaithe
initialization section rannán *m1*
túsaithe
initialize *v* túsaigh *v*
initializer *s* túsaitheoir *m3*

initial program load (IPL) lódáil *f3* an ríomhchláir thosaigh, IPL
initial state staid *f2* thosaigh
initiate *v* tionscain *v*
injection *s (Mth.)* inteilgean *m1*
injection logic loighic *f2* inteilgin
injection moulding *(of CD ROM)* múnlú *m* insteallta
injective mapping mapáil *f3* inteilgeach
ink bleed sceitheadh *m* dúighe
ink cartridge cartús *m1* dúigh
inkjet printer scairdphrintéir *m3*
ink ribbon ribín *m4* dúigh
ink smudge smáileog *f2* dhúigh
inline *a* inlíne *gs as a*
inline coding códú *m* inlíne
inline element eilimint *f2* inlíne
inline image íomhá *f4* inlíne
inline processing próiseáil *f3* inlíne
inline subroutine foghnáthamh *m1* inlíne
inner join comhcheangal *m1* istigh
i-node *s* i-nód *m1*
inoperable time aga *m4* do-oibrithe
in-order traversal trasnáil *f3* in ord
in-order visitation tadhall *m1* in ord
input[1] *v* cuir *v* isteach, ionchuir *v*
input[2] *s (data)* ionchur[1] *m1*
input[3] *s (of process)* ionchur[2] *m (gs -tha)*
input area limistéar *m1* ionchuir
input block bloc *m1* ionchuir
input buffer maolán *m1* ionchuir
input data sonraí *mpl* ionchuir
input device gléas *m1* ionchurtha
input file comhad *m1* ionchuir
input medium meán *m1* ionchurtha
input/output *s* **(I/O)** ionchur/aschur *m/m1*, I/O
input/output address register (I/O address register) tabhall *m1* seoltaí ionchuir/aschuir
input/output channel (I/O channel) cainéal *m1* ionchuir/aschuir
input/output control (I/O control) rialú *m* ionchurtha/aschurtha
input/output controller (I/O controller) rialaitheoir *m3* ionchurtha/aschurtha
input/output control system (I/O control system) córas *m1* rialaithe ionchurtha/aschurtha
input/output description (I/O description) tuairisc *f2* ar an ionchur/aschur
input/output device (I/O device) gléas *m1* ionchurtha/aschurtha
input/output instruction (I/O instruction) treoir *f5* ionchurtha/aschurtha
input/output interrupt (I/O interrupt) idirbhriseadh *m* ionchurtha/aschurtha
input/output limited (I/O limited) teoranta *a* ag ionchur/aschur
input/output port (I/O port) port *m1* ionchurtha/aschurtha
input/output redirection (I/O redirection) atreorú *m* ionchuir/aschuir
input/output structure (I/O structure) struchtúr *m1* ionchuir/aschuir
input/output subsytem (I/O subsystem) fochóras *m1* ionchurtha/aschurtha
input/output unit (I/O unit) aonad *m1* ionchurtha/aschurtha
input process próiseas *m1* ionchurtha
input program ríomhchlár *m1* ionchurtha
input unit aonad *m1* ionchurtha
Input your ID Cuir isteach d' ID
inquiry *s* fiosrú *m (gs -raithe)*
inquiry character (ENQ) carachtar *m1* fiosrúcháin
inquiry processing próiseáil *f3* fiosrúchán
inquiry station stáisiún *m1* fiosrúcháin
Ins (= insert key) Ins, eochair *f5* ionsáite, Ionsáigh

insert[1] *v* ionsáigh *v*
insert[2] *s* ionsá *m4*
insert anomaly (= anomalous insert)
aimhrialtacht *f3* san ionsá
inserted subroutine foghnáthamh *m1*
ionsáite
insert hyperlink ionsáigh *v* hipearnasc
insertion *s* ionsá *m4*
insertion function feidhm *f2* ionsáite
insertion point pointe *m4* ionsáite
insertion sort sórtáil *f3* ionsáite
insert key (Ins) eochair *f5* ionsáite,
Ins, Ionsáigh
insert mode mód *m1* ionsáite
insert table ionsáigh *v* tábla
insert worksheet ionsáigh *v* bileog
oibre
in-service testing tástáil *f3* inseirbhíse
inspect *v* scrúdaigh *v*
instability *s* éagobhsaíocht *f3*
install *v* (= set up[2]) suiteáil[1] *v*
installation *s* (= set up[4]) suiteáil[2] *f3*
installation of computers suiteáil *f3*
ríomhairí
installation program ríomhchlár *m1*
suiteála
installation time aga *m4* suiteála
instance *s* ásc *m1*
instance method modh *m3* áscach
instance variable athróg *f2* áscach
instantaneous *a* meandarach *a*
instantaneous power cumhacht *f3*
mheandarach
instantaneous transfer rate ráta *m4*
meandarach aistrithe, ráta *m4*
meandarach traschurtha
instantiate *v* áscaigh *v*
instantiate a variable athróg *f2* a áscú
instantiation *s* áscú *m* (*gs* -caithe)
instant messaging cur *m*
teachtaireachtaí meandaracha
instant messaging network problem
fadhb *f2* leis an líonra
teachtaireachtaí meandaracha
instant messaging server freastalaí *m4*
teachtaireachtaí meandaracha

instant translation aistriúchán *m1*
meandarach
Institute of Electrical and
Electronics Engineers (IEEE)
IEEE
instruction *s* (= directive) treoir[1] *f5*
(*gs* -orach)
instruction address seoladh *m*
treorach
instruction address register tabhall
m1 seoladh treorach, tabhall
sheoladh na dtreorach
instruction area limistéar *m1*
treoracha
instruction character carachtar *m1*
treorach
instruction code cód *m1* treoracha
instruction constant tairiseach *m1*
treorach
instruction counter áiritheoir *m3*
treorach
instruction cycle ciogal *m1* treoracha
instruction execution rith *m* treorach
instruction execution logic loighic *f2*
rite treorach
instruction format formáid *f2* treorach
instruction location counter áiritheoir
m3 shuíomhanna na dtreoracha
instruction modification mionathrú *m*
treorach
instruction pointer treoirphointeoir
m3
instruction register (IR) tabhall *m1*
treorach, IR
instruction repertoire (= instruction
set) foireann *f2* treoracha
instruction set (= instruction
repertoire) tacar *m1* treoracha
instruction word giotánra *m4* treorach
instrumentation *s* ionstraimíocht *f3*
instrumentation calibration calabrú
m ionstraimíochta
instrumentation correction ceartú *m*
ionstraimíochta
insulated *a* inslithe *a*
insulating material (= insulator
material) ábhar *m1* insliúcháin

integer *s* (= whole number)
slánuimhir *f5* (*gs* -mhreach)
integer arithmetic uimhríocht *f3*
slánuimhreacha
integer field réimse *m4* slánuimhreach
integer operator oibreoir *m3*
slánuimhreacha
integer overflow róshreabhadh *m*
slánuimhreach
integral *a* slánuimhreach *gs as a*
integral argument argóint *f3*
slánuimhreach
integral limit teorainn *f5*
slánuimhreach
integral types cineálacha *mpl*
slánuimhreacha
integrated[1] *a (Mth.)* suimeáilte *a*
integrated[2] *a (Gen.)* comhtháite *a*
integrated circuit (IC) ciorcad *m1*
comhtháite, IC
integrated data processing (IDP)
próiseáil *f3* chomhtháite sonraí
integrated device electronics (IDE)
leictreonaic *f2* gléasanna comhtháite
**integrated editing/publishing
environment** timpeallacht *f3*
chomhtháite eagarthóireachta/
foilsitheoireachta
integrated environment timpeallacht
f3 chomhtháite
integrated injection logic (I²L)
loighic *f2* chomhtháite inteilgin, I²L
**integrated management information
system (IMIS)** córas *m1* comhtháite
faisnéis bainistíochta, IMIS
integrated search cuardach *m1*
comhtháite
**integrated services digital network
(ISDN)** líonra *m4* digiteach de
sheirbhísí comhtháite, ISDN
integration[1] *s (Gen.)* comhtháthú[1] *m*
(*gs* -áthaithe)
integration[2] *s (Mth.)* suimeáil *f3*
integrator *s (computing unit)*
suimeálaí *m4*
integrity *s* sláine *f4*

intellectual property maoin *f2*
intleachta
intelligence *s* intleacht *f3*
intelligent *a* cliste *a*
intelligent agent gníomhaire *m4* cliste
intelligent cable cábla *m4* cliste
intelligent hub mol *m1* cliste
intelligent peripheral interface (IPI)
comhéadan *m1* cliste forimeallach,
IPI
**intelligent terminal (= smart
terminal)** teirminéal *m1* cliste
intensity déine *f4*
intensity level leibhéal *m1* déine
interacting functional units aonaid
mpl fheidhmiúla idirghníomhacha
interaction *s* idirghníomh *m1*
interactive *a* idirghníomhach *a*
interactive kiosk both *f3*
idirghníomhaíochta
interactive mode mód *m1*
idirghníomhach
interactive processing próiseáil *f3*
idirghníomhach
interactive programming ríomhchlárú
m idirghníomhach
interactive software bogearraí *mpl*
idirghníomhaíochta
interactive system córas *m1*
idirghníomhach
interactive television teilifís *f2*
idirghníomhach
interactive terminal teirminéal *m1*
idirghníomhaíochta
interactive video disk físdiosca *m4*
idirghníomhach
interactivity *s* idirghníomhaíocht *f3*
interblock gap (= inter-record gap)
bearna *f4* idirbhloic
intercept *s* idircheap *m1*
interchange[1] *v* idirmhalartaigh *v*
interchange[2] *s* idirmhalartú *m* (*gs*
-taithe)
interchangeable *a* in-idirmhalartaithe
a
interconnection *s* idirnasc *m1*

intercoupler *s* idirchúplóir *m3*
interdependent *a* idirspleách *a*
interdependent standards caighdeáin
   mpl idirspleácha
interface[1] *v* comhéadan *m1* a
   dhéanamh
interface[2] *s* comhéadan *m1*,
   idirbhealach *m1*
interface bus bus *m4* comhéadain
interface card cárta *m4* comhéadain
interface converter tiontaire *m4*
   comhéadain
interface debugging dífhabhtú *m*
   comhéadain
interference *s* (= **crosstalk**)
   trasnaíocht *f3*
interference fading céimniú *m*
   trasnaíochta
interferometer *s* trasnamhéadar *m1*
interlace[1] *v* crosfhigh *v*
interlace[2] *s* crosfhí *f4*
interlaced memory cuimhne *f4*
   chrosfhite
interlaced monitor monatóir *m3*
   crosfhite
interleaved *a* idirdhuillithe *a*
interleaved memory cuimhne *f4*
   idirdhuilleach
interleaving *s* idirdhuilliú *m* (*gs*
   -llithe)
interlock *v* comhghlasáil[1] *v*
interlocking *s* comhghlasáil[2] *f3*
intermediate *a* idirmheánach *a*
intermediate block character (ITB)
   carachtar *m1* bloic idirmheánaigh,
   ITB
intermediate control rialú *m*
   idirmheánach
intermediate frequency (IF)
   minicíocht *f3* idirmheánach, IF
intermediate language teanga *f4*
   idirmheánach
intermediate node nód *m1*
   idirmheánach
intermediate systems córais *mpl*
   idirmheánacha

intermittent error earráid *f2*
   eatramhach
intermodulation distortion
   díchumadh *m* idirmhodhnaíochta
internal *a* inmheánach *a*
internal architecture ailtireacht *f3*
   inmheánach
internal fragmentation bloghadh *m*
   inmheánach
internal hard disk diosca *m4* crua
   inmheánach
internal level leibhéal *m1* inmheánach
internal linkage nascáil *f3* inmheánach
internal memory (= **internal register
   memory**, **internal storage**) cuimhne
   f4 inmheánach
internal modem móideim *m4*
   inmheánach
internal navigation aid áis *f2*
   inmheánach nascleanúna
internal option card cárta *m4*
   inmheánach (roghanna)
internal (register) memory (=
   internal storage) cuimhne *f4*
   inmheánach
internal schema scéimre *m4*
   inmheánach
internal storage (= **internal {register}
   memory**) stóras *m1* inmheánach
internal timer uaineadóir *m3*
   inmheánach
**International Business Machines
   Corporation (IBM)** IBM
international electrical units aonaid
   mpl idirnáisiúnta leictreachais
internationalization *s* idirnáisiúnú *m*
   (*gs* -naithe)
**International Mobile Equipment
   Identifier (IMEI)** Aitheantóir *m3*
   Idirnáisiúnta Fóin Phóca, IMEI
**International Organization for
   Standardization (ISO)** Eagraíocht
   f3 Idirnáisiúnta na gCaighdeán, ISO
International System of Units (=
   **Système International d'Unités,
   SI**[1]) Córas *m1* Idirnáisiúnta na
   nAonad, SI[1]

**International Telecommunications
  Union (ITU)** An tAontas *m1*
  Idirnáisiúnta Teileachumarsáide
internet *s* (= **internetwork**) idirlíon
  m1 (*gs* -lín) *See also* **Internet, the**
Internet access rochtain *f3* Idirlín
Internet address protocol prótacal *m1*
  seoltaí Idirlín
Internet Connection Sharing (ICS)
  Comhroinnt *f2* Nasc Idirlín
**Internet control message protocol
  (ICMP)** prótacal *m1* rialaithe
  teachtaireachtaí Idirlín, ICMP
Internet e-mail r-phost *m1* Idirlín
**Internet Engineering Task Force
  (IETF)** Tascfhórsa *m4*
  Innealtóireachta an Idirlín
**Internet Group Management
  Protocol (IGMP)** Prótacal *m1*
  Bainistíochta Grúpaí Idirlín, IGMP
Internet maps mapaí *mpl* Idirlín
**Internet Message Access Protocol
  (IMAP)** Prótacal *m1* Rochtana
  Teachtaireachtaí Idirlín, IMAP
**Internet Network Information
  Centre (InterNIC)** Lárionad *m1*
  Faisnéise Líonraí an Idirlín
Internet options roghanna *fpl* Idirlín
Internet Protocol (IP) Prótacal *m1*
  Idirlín
Internet Protocol address seoladh *m*
  Prótacal Idirlín
Internet Relay Chat (IRC) Comhrá
  m4 Athsheachadta Idirlín, IRC
Internet router ródaire *m4* Idirlín
Internet service provider (ISP)
  soláthraí *m4* seirbhísí Idirlín, ISP
Internet services seirbhísí *fpl* Idirlín
Internet, the An tIdirlíon *m1* (*gs* -lín)
Internet traffic trácht *m3* Idirlín
Internet video-conferencing
  físchomhdháil *f3* ar an Idirlíon
internetwork *s* (= **internet**) idirlíon
  m1 (*gs* -lín)
internetworking *s* idirlíonrú *m* (*gs*
  -raithe)

**Internetwork Packet Exchange
  Protocol (IPX)** Prótacal *m1*
  Malartaithe Paicéad Idirlín
interoperability *s* comh-inoibritheacht
  f3
interoperable *a* comh-inoibritheach *a*
interpolate *v* idirshuigh *v*
interpolation[1] *s* (*act of*) idirshuíomh
  m1
interpolation[2] *s* (*process*) idirshuí *m*
  (*gs* -uite)
interpolator *s* (= **collator**)
  idirshuiteoir *m3*
interpret *v* léirmhínigh *v*
interpretation *s* léirmhíniú *m* (*gs*
  -nithe)
interpreter *s* léirmhínitheoir *m3*
interpreter device gléas *m1*
  léirmhínithe
interpretive translation program (=
  interpret program) ríomhchlár *m1*
  léirmhínitheach aistriúcháin
interpret program (= **interpretive
  translation program**) ríomhchlár
  m1 léirmhínithe
interprocedural *a* idirghnásúil *a*
interprocedural register allocation
  leithdháileadh *m* tabhall idir
  ghnásanna
interprocess communication
  cumarsáid *f2* idirphróiseas
inter-record gap (= **interblock gap**)
  bearna *f4* idir thaifid
interrogate *v* ceistigh *v*
interrogation ceistiú *m* (*gs* -tithe),
  ceistiúchán *m1*
interrupt[1] *v* idirbhris *v*, bris[2] *v*
interrupt[2] *s* (= **interruption**)
  idirbhriseadh *m* (*gs* -ste *pl* -steacha)
interrupt-controlled I/O I/A faoi rialú
  idirbhristeacha
interrupt-driven *a* faoi thiomáint *f3*
  idirbhristeacha
interrupt handler láimhseálaí *m4*
  idirbhristeacha
interruption *s* (= **interrupt**[2])

idirbhriseadh *m* (*gs* -ste, *pl* -steacha)

interrupt line líne *f4* na
  n-idirbhristeacha

interrupt mask mascadh *m*
  idirbhristeacha

interrupt pin pionna *m4* an idirbhriste

interrupt polling faireachán *m1*
  idirbhristeacha

interrupt priorities tosaíochtaí *fpl*
  idirbhristeacha

interrupt request (IRQ) iarratas *m1* ar
  idirbhriseadh

interrupt response time aga *m4*
  freagartha an idirbhriste

interrupt service routine gnáthamh
  m1 seirbhíse idirbhristeacha

interrupt signal comhartha *m4*
  idirbhristeach

interrupt system córas *m1*
  idirbhristeacha

interrupt timer uaineadóir *m3*
  idirbhristeacha

interrupt transparency trédhearcacht
  f3 an idirbhriste

interrupt vector veicteoir *m3* na
  n-idirbhristeacha

intersect *v* trasnaigh[2] *v*

intersection[1] *s* (*of process*) trasnú *m*
  (*gs* -naithe)

intersection[2] *s* (*Sets*) idirmhír *f2*

**intersection of two sets (= product of
two sets)** idirmhír *f2* dhá thacar

interval *s* eatramh[1] *m1*

interval timer uaineadóir *m3* eatraimh

interword gap bearna *f4* idir fhocail

intranet *s* inlíon *m1*

intrinsic semiconductor leathsheoltóir
  m3 intreach

intrusion detection aimsiú *m* ionraidh

intuitive *a* iomasach *a*

invalid *a* neamhbhailí *a*

invariant[1] *s* do-athraitheach[1] *m1*

invariant[2] *a* do-athraitheach[2] *a*

inverse[1] *s* inbhéarta *m4*

inverse[2] *a* inbhéartach *a*

inverse function feidhm *f2* inbhéartach

inverse of an element of a group
  inbhéarta *m4* baill de ghrúpa

inverse square law dlí *m4* an
  chearnfhaid inbhéartaigh

inversion *s* inbhéartú *m* (*gs* -taithe),
  inbhéartúchán *m1*

inversion bubble bolgán *m1*
  inbhéartaithe

invert *v* inbhéartaigh *v*

inverted image íomhá *f4* inbhéartaithe

inverted list liosta *m4* inbhéartaithe

inverted triangle triantán *m1*
  inbhéartaithe

inverter *s* inbhéartóir *m3*

inverting *s* inbhéartúchán *m1*,
  inbhéartú *m* (*gs* -taithe)

inverting amplifier aimplitheoir *m3*
  inbhéartúcháin

inverting buffer maolán *m1*
  inbhéartúcháin

invitation to transmit (ITT) cuireadh
  m1 chun tarchur, ITT

invoke *v* gair *v*, glaoigh[2] *v*

invoked function feidhm *f2* a glaodh

invoking function feidhm *f2* ghairme

involuntary interrupt idirbhriseadh *m*
  ainneonach

I/O (= input/output) I/O, I/A,
  ionchur/aschur *m/m1*

IP address seoladh *m* IP

**IPI (= intelligent peripheral
interface)** IPI, comhéadan *m1* cliste
  forimeallach

IPL (= initial program load) IPL,
  lódáil *f3* an ríomhchláir thosaigh

IPOT (= inductive potential divider)
  IPOT, roinnteoir *m3* poitéinsil
  ionduchtaigh

IPT (= IP tunnelling) IPT, tollánú *m*
  IP

IP tunnelling (IPT) tollánú *m* IP, IPT

IR (= instruction register) IR, tabhall
  m1 treorach

IRC (= Internet Relay Chat) IRC,
  Comhrá *m4* Athsheachadta Idirlín

Irish schools' network líonra *m4*

scoileanna na hÉireann
irrational number uimhir *f5*
éagóimheasta
irreversible process próiseas *m1*
do-aisiompaithe
**ISA (= Industry Standard
Architecture)** ISA, Ailtireacht *f3*
Thionscalchaighdeánach
**ISDN (= integrated services digital
network)** ISDN, líonra *m4* digiteach
de sheirbhísí comhtháite
**ISO (= International Organization
for Standardization)** ISO,
Eagraíocht *f3* Idirnáisiúnta na
gCaighdeán
isochronous transmission tarchur *m*
iseacronach
isolated amplifier aimplitheoir *m3*
aonraithe
isolated digital output module modúl
m1 aschuir dhigitigh aonraithe
isolation *s* aonrú *m* (*gs* -raithe)
isomorphic groups grúpaí *mpl*
iseamorfacha
isomorphism *s* iseamorfacht *f3*
isotropic *a* iseatrópach *a*
ISP (= Internet service provider) ISP,
soláthraí *m4* seirbhísí Idirlín
issue *v* eisigh *v*
issuer *s* eisitheoir *m3*
IT (= information technology) IT,
teicneolaíocht *f3* faisnéise, TF
italic *a* iodálach *a*
italics *spl* cló *m4* iodálach
ITB (= intermediate block character)
ITB, carachtar *m1* bloic
idirmheánaigh
item *s* mír *f2*
item advance mírluathú *m* (*gs* -thaithe)
item design dearadh *m* míre
item of data (= data item) mír *f2*
sonraí
item size méid *f2* míre
iterate *v* atriall² *v*
iteration¹ *s* (*of event*) atriall³ *m3*

iteration² *s* (*of process*) atriall⁴ *m* (*gs*
-llta)
iterative *a* atriallach² *a*
iterative deepening doimhniú *m*
atriallach
iterative function feidhm *f2* atriallach
iterative impedance coisceas *m1*
atriallach
iterative process próiseas *m1*
atriallach
IT hub room lársheomra *m4* TF
IT sector earnáil *f3* IT, earnáil TF
ITT (= invitation to transmit) ITT,
cuireadh *m1* chun tarchur

J

J (= joule) J, giúl *m1*
jabber¹ *v* fútráil¹ *v*
jabber² *s* fútar *m1*
jabber control rialú *m* fútrála
jabbering *s* fútráil² *f3*
jack *s* seac *m1*
jack panel (= plugboard¹**)** clár *m1*
plocóidí
Jackson structured programming
ríomhchlárú *m* struchtúrtha Jackson
jam signal comhartha *m4* imbhuailte
Java applet feidhmchláirín *m4* Java
Java applet package pacáiste *m4*
feidhmchláirín Java
Java namespace ainmspás *m1* Java
Java visibility level leibhéal *m1*
infheictheachta Java
Jaz drive tiomántán *m1* Jaz
JCL (= job control language) JCL,
teanga *f4* rialaithe jabanna
JES (= Job Entry Subsystem) JES,
Fochóras *m1* Iontrála Jabanna
jitter *s* giodam *m1*
jittering *s* giodamaíocht *f3*
job *s* jab *m4*
job control language (JCL) teanga *f4*
rialaithe jabanna, JCL

job control program ríomhchlár *m1*
  rialaithe jabanna
Job Entry Subsystem (JES) Fochóras
  m1 Iontrála Jabanna, JES
job number uimhir *f5* an jab
job processing control rialú *m*
  próiseála jabanna
job queue ciú *m4* jabanna, scuaine *f4*
  jabanna
job step céim *f2* den jab
job stream sruth *m3* jabanna
join[1] *v* comhcheangail *v*
join[2] *s* comhcheangal *m1*
joint *a* (= **common, shared**) comh-
  pref
joint denial *See* NOR operation.
**Joint Photographic Expert Group
  (JPEG)** An Comh-Shainghrúpa *m4*
  Grianghrafadóireachta, JPEG
join type cineál *m1* comhcheangail
Josephson junction cumar *m1*
  Josephson
joule *s* (**J**) giúl *m1*, J
journal *s* iriseán *m1*
journaling *s* cúltaca *m4* iriseáin
journaling file system córas *m1*
  comhad iriseáin
joystick *s* luamhán *m1* stiúrtha
joystick port port *m1* luamhán stiúrtha
JPEG (= **Joint Photographic Expert
  Group**) JPEG, Comh-Shainghrúpa
  m4 Grianghrafadóireachta, An
jump[1] *v* léim[1] *v*
jump[2] *s* léim[2] *f2*
jumper *s* léimneoir *m3*
jump instruction treoir *f5* léime
junction *s* cumar *m1*
junction transistor trasraitheoir *m3*
  cumair
junk *s* (= **garbage**) dramhaíl *f3*
justification *s* comhfhadú *m* (*gs*
  -daithe)
justify *v* comhfhadaigh *v*

K

k (= **kilo-** *pref*) k, cilea-, cili- *pref*

K (= **kelvin**) K, ceilvin *m4*
Karnaugh map mapa *m4* Karnaugh
kb (= **kilobyte**) kb, cilibheart *m1*
kB (= **kilobit**) kB, cilighiotán *m1*
kbit/sec (= **kBps, kilobit per second**)
  cilighiotán *m1* sa soicind
kbps (= **kilobyte per second**) kbps,
  cilibheart *m1* sa soicind
kBps (= **kilobit per second**) kBps,
  cilighiotán *m1* sa soicind
kc (= **kilocycle**) kc, cilichiogal *m1*
k-connector *s* k-nascóir *m3*
KCS (= **thousand characters per
  second**) KCS, míle *m4* carachtar sa
  soicind
kelvin *s* (**K**) ceilvin *m4*, K
kern *v* coirneáil[1] *v*
kernel *s* eithne *f4*
kernel mode mód *m1* eithneach
kerning *s* coirneáil[2] *f3*
key[1] *v* eochraigh *v*
key[2] *s* eochair[1] *f5*
key[3] *s* (= **key data item**) eochair[2] *f5*
key attribute tréith *f2* eochrach
keyboard *s* méarchlár *m1*, eochairchlár
  m1
keyboard connector nascóir *m3*
  méarchláir
keyboard control keys eochracha *fpl*
  rialúcháin (méarchláir)
keyboard function keys
  feidhmeochracha *fpl* (méarchláir)
keyboard lock glas *m1* méarchláir
keyboard port port *m1* méarchláir
keyboard settings socruithe *mpl*
  méarchláir
keyboard template teimpléad *m1*
  méarchláir
key combination teaglaim *f3*
  eochracha
key data item (= **key**[3]) eochairmhír *f2*
  (sonraí)
key *v* **in** eochraigh *v* isteach
keying *s* eochrú *m* (*gs* -raithe)
keying-error rate ráta *m4* earráidí
  eochraithe

key integrity sláine *f4* eochrach
keypad *s* eochaircheap *m1*
keypunch *s* eochairphollaire *m4*
key release scaoileadh *m* eochrach
key status indicator táscaire *m4* stádas
  eochrach
keystroke *s* eochairbhuille *m4*
keystroke verification fíorú *m*
  eochairbhuille
key variable eochairathróg *f2*
keyword eochairfhocal *m1*
kg (= kilogram) kg, cileagram *m1*
Khornerstone benchmark tagarmharc
  m1 lánfheidhmíochta
kHz (= kilohertz) kHz, ciliheirts *m4*
kilo- *pref* **(k)** cilea-, cili- *pref,* k
kilobaud *s* cileabád *m1*
kilobit *s* **(kB)** cilighiotán *m1,* kB
kilobit per second (kbit/sec, kBps)
  cilighiotán *m1* sa soicind, kBps
kilobyte *s* **(kb)** cilibheart *m1,* kb
kilobyte per second (kbps) cilibheart
  m1 sa soicind, kbps
kilocycle *s* **(kc)** cilichiogal *m1,* kc
kilogram *s* **(kg)** cileagram *m1,* kg
kilohertz *s* **(kHz)** ciliheirts *m4,* kHz
kilomegacycle *s* cilimeigichiogal *m1*
kilowatt *s* **(kw)** cileavata *m4,* kw
kiosk mode mód *m1* botha
KIPS (= knowledge information
  processing system) KIPS, córas *m1*
  próiseála faisnéis eolais
Kirchhoff's laws dlíthe *mpl* Kirchhoff
KMS (= knowledge management
  system) KMS, córas *m1*
  bainistíochta eolais
knowledge *s* eolas *m1*
knowledge acquisition fáil *f3* eolais
knowledge base bunachar *m1* eolais
knowledge-based system córas *m1*
  (atá) bunaithe ar eolas
knowledge engineering
  innealtóireacht *f3* eolais
knowledge information processing
  system (KIPS) córas *m1* próiseála
  faisnéis eolais, KIPS

knowledge management bainistíocht
  f3 eolais
knowledge management system
  (KMS) córas *m1* bainistíochta
  eolais, KMS
knowledge networks líonraí *mpl*
  eolais
knowledge representation léiriú *m*
  eolais
kw (= kilowatt) kw, cileavata *m4*

L

label *s* lipéad *m1*
labelled graph graf *m1* lipéadaithe
labelled statement ráiteas *m1*
  lipéadaithe
labelling *s* lipéadú *m* (*gs* -daithe)
laboratory *s* saotharlann *f2*
lambda *s* lambda *m4*
lambda calculus calcalas *m1* lambda
LAN (= local area network) LAN,
  líonra *m4* (achair) logánta
LAN broadcast address seoladh *m*
  craolacháin LAN
land *s* droimín *m4*
landscape orientation treoshuíomh *m1*
  tírdhreacha
LAN group address seoladh *m* grúpa
  LAN
language *s* teanga *f4*
language assembler díolamóir *m3*
  teanga
language construct (= construct[2])
  comhstruchtúr *m1* teanga
language file conflict coinbhleacht *f3*
  comhad teanga
language interpreter léirmhínitheoir
  m3 teanga
language processor próiseálaí *m4*
  teanga
language translator aistritheoir *m3*
  teanga
LAN individual address seoladh *m*
  indibhidiúil LAN

LAN multicast address seoladh *m* ilchraolacháin LAN

lap *v* smúdáil *v*

Laplace's law dlí *m4* Laplace

laptop computer (= **notebook computer**) ríomhaire *m4* glúine

large capitals ceannlitreacha *fpl* móra

large object (LOB) móroibiacht *f3*

large-scale integration (LSI) comhtháthú *m* mórscála, LSI

Larmor frequency minicíocht *f3* Larmor

laser *s* léasar *m1*

laser digital disk (LDD) diosca *m4* digiteach léasair, LDD

laser disk (LD) diosca *m4* léasair, LD

laser disk-read-only-memory (LD-ROM) diosca *m4* léasair cuimhne inléite amháin, LD-ROM

laser emulsion storage stóráil *f3* eibleachta léasair

laser printer printéir *m3* léasair

last-in-first-out *a* **(LIFO)** is déanaí isteach is túisce amach, LIFO

last-in-first-out algorithm (LIFO algorithm) algartam *m1* is déanaí isteach is túisce amach, algartam *m1* LIFO

last-in-last-out *a* **(LILO)** is déanaí isteach is déanaí amach, LILO

last-in-last-out algorithm (LILO algorithm) algartam *m1* is déanaí isteach is déanaí amach, algartam *m1* LILO

last modified mionathraithe *a* go deireanach

LAT (= **local area transport**) LAT, iompar *m1* (achair) logánta

latch *s* laiste[1] *m4*

latched *a* laiste[2] *gs as a*

latched circuit ciorcad *m1* laiste

late binding of methods ceangal *m1* déanach modhanna

latency *s* aga *m4* folaigh

lattice dynamics dinimic *f2* laitíseach

lattice network líonra *m4* laitíseach

launch *v* lainseáil *v*

launch browser lainseáil *v* brabhsálaí

launch icon deilbhín *m4* lainseála

law of involution dlí *m4* na hionbhlóide

law of substitution dlí *m4* an ionadaithe

laws of absorption dlíthe *mpl* an ionsú

layer[1] *v* srathaigh *v*

layer[2] *s* sraith[2] *f2*

layered *a* srathaithe *a*

layered system córas *m1* srathaithe

layering *s* srathú *m* (*gs* -thaithe)

layer model samhail *f3* sraitheanna

layout *s* leagan *m1* amach

layout character (= **format effector**) carachtar *m1* leagain amach

layout manager bainisteoir *m3* leagain amach

LC (= **lowercase**) LC, cás *m1* íochtair

LCB (= **line control block**) LCB, bloc *m1* rialaithe línte

LCD (= **liquid crystal display**) LCD, taispeáint *f3* leachtchriostail

LCD screen scáileán *m1* LCD

LCP (= **logical construction of programs**) LCP, cruthú *m* loighciúil ríomhchlár

LCP method modh *m3* LCP

LD (= **laser disk**) LD, diosca *m4* léasair

LDD (= **laser digital disk**) LDD, diosca *m4* digiteach léasair

LD-ROM (= **laser disk-read-only-memory**) LD-ROM, diosca *m4* léasair cuimhne inléite amháin

lead *s* (*wire*) seolán *m1*

leader *s* treoraí *m4*

leading *s* (*Typ.*) spásáil *f3* (luaidhe) idir línte

leading blank urbhánán *m1*

leading zero nialas *m1* chun tosaigh

lead time aga *m4* tionscanta

leaf *s* duille *m4*

leaf node (= **tip node**) nód *m1* duille

leaf procedure gnás *m1* duille

leakage[1] *s (of data)* sceitheadh *m* (*gs* -te)

leakage[2] *s (electrical)* ligean *m1*

leakage *s* **current** sruth *m3* ligin

leakage reactance freasaitheacht *f3* ligin

leapfrog test tástáil *f3* chliobógach

learning environment timpeallacht *f3* foghlama

leased line líne *f4* ar léas

least recently-used algorithm (LRU) algartam *m1* (an leathanaigh) is faide díomhaoin, LRU

least significant bit (LSB) giotán *m1* is lú suntas, LSB

least significant digit digit *f2* is lú suntas

LED (= light-emitting diode) LED, dé-óid *f2* astaithe solais

LED display (= light-emitting diode display) taispeáint *f3* LED, taispeáint *f3* dé-óid astaithe solais

left[1] *a* clé *a*, clé- *pref*

left[2] *adv (of command)* faoi chlé *adv*, ar chlé *adv*

left button cnaipe *m4* clé, cnaipe *m4* ar chlé

left *v* **click** cléchliceáil *v*

left indent eang *f3* chlé

left-justified *a* (= **flush left**) comhfhadaithe *a* ar chlé

left justify *(of command)* comhfhadaigh *v* ar chlé

left node nód *m1* clé, nód *m1* ar chlé, an

left parenthesis lúibín *m4* clé

left shift iomlaoid *f2* ar chlé

left subtree fochrann *m1* clé, fochrann *m1* ar chlé, an

left tab táb *m1* clé, táb *m1* ar chlé

left value (= l-value) cléluach *m3*

legacy system córas *m1* oidhreachta

legal character carachtar *m1* dlíthiúil

legend *s* eochair *f5* eolais

length *s* fad *m1*

less than níos lú ná

letter *s* litir *f5* (*gs* -treach)

letter-quality printer printéir *m3* caighdeán litreach

letter spacing spásáil *f3* litreacha

level *s* leibhéal *m1*

level-triggered flip-flop flop flap leibhéaltruiceartha

lexical *a* léacsach *a*

lexical unit aonad *m1* léacsach

lexicographical database bunachar *m1* sonraí foclóireachta

LF[1] (= **line feed**) LF[1], fotha *m4* líne

LF[2] (= **low frequency**) LF[2], minicíocht *f3* íseal

LGDE (= **logical grouping of dialogue elements**) LGDE, grúpáil *f3* loighciúil d'eilimintí dialóige

library *s* leabharlann *f2*

library function feidhm *f2* leabharlainne

library software bogearraí *mpl* leabharlainne

licence *s* ceadúnas *m1*

license *v* ceadúnaigh *v*

life cycle (= lifetime) saolré *f4*

lifetime *s* (= **life cycle**) saolré *f4*

LIFO (= last-in-first-out) LIFO, is déanaí isteach is túisce amach

LIFO algorithm (= last-in-first-out algorithm) algartam *m1* LIFO, algartam *m1* is déanaí isteach is túisce amach

LIFO storage (= pushdown storage) stóráil *f3* LIFO

ligature *s* nasclitir *f5*

light-emitting diode (LED) dé-óid *f2* astaithe solais, LED

light-emitting diode display (LED display) taispeáint *f3* dé-óid astaithe solais, taispeáint *f3* LED

lightning storm stoirm *f2* thintrí

lightning strike buille *m4* tintrí

light pen (= pen light) solaspheann *m1*

light-sensitive *a* solas-íogair *a*

light-sensitive scanner scanóir *m3*

solas-íogair

Li Ion battery (= lithium ion battery)
ceallra *m4* iain litiam

LILO (= last-in-last-out) LILO, is
déanaí isteach is déanaí amach

**LILO algorithm (= last-in-last-out
algorithm)** algartam *m1* LILO,
algartam *m1* is déanaí isteach is
déanaí amach

limit[1] *v* teorannaigh *v*

limit[2] *s* teorainn *f5*

limited integrator suimeálaí *m4*
teoranta

limiter *s* teorantóir *m3*

limiting[1] *s* teorannú *m* (*gs* -nnaithe)

limiting[2] *a* teorantach *a*

line *s* líne *f4*

line adapter cuibheoir *m3* líne

linear *a* líneach *a*

linear address seoladh *m* líneach

linear integrated circuit ciorcad *m1*
comhtháite líneach

linear linked list liosta *m4* nasctha
líneach

linear list liosta *m4* líneach

linear memory addressing seolachán
m1 líneach cuimhne

linear network líonra *m4* líneach

linear optimization optamú *m* líneach

linear positioner suiteoir *m3* líneach

linear program ríomhchlár *m1* líneach

linear search cuardach *m1* líneach

line art ealaín *f2* líneach

**line-at-a-time printer (= line printer,
LPT)** printéir *m3* líne sa turas, LPT

line break briseadh *m* líne

line chart líne-chairt *f2*

line control rialú *m* línte

line control block (LCB) bloc *m1*
rialaithe línte, LCB

line driver línethiománaí *m4*

line feed (LF[1]**)** fotha *m4* líne, LF[1]

line-feed character carachtar *m1* fotha
líne

line graph líneghraf *m1*

line height airde *f4* líne

line number líne-uimhir *f5* (*gs*
-mhreach)

line-of-sight *a* amharclíne *gs as a*

**line printer (= line-at-a-time printer,
LPT)** línephrintéir *m3*, LPT

line printer port (LPT port) port *m1*
printéara, port *m1* LPT

line spacing spásáil *f3* línte

lines per minute (LPM) línte *fpl* sa
nóiméad, LPM

line up (= align) ailínigh *v*

link[1] *v* nasc[4] *v*

link[2] *s* nasc[2] *m1*

linkage *s* nascáil *f3*

linkage editor eagarthóir *m3* nascála

linkage segment deighleán *m1* nascála

link editing eagarthóireacht *f3* nasc

linked list (= chained list) liosta *m4*
nasctha

link-end locator aimsitheoir *m3* ceann
naisc

linker *s* nascóir[2] *m3*

linker task tasc *m1* nascóra

linking *s* nascadh *m* (*gs* -ctha)

link map nascmhapa *m4*

linkrot *s* lobhadh *m1* naisc

**LIPS (= logical inferences per
second)** LIPS, tátail *fpl* loighciúla sa
soicind

liquid crystal leachtchriostal *m1*

liquid crystal display (LCD)
taispeáint *f3* leachtchriostail, LCD

list *s* liosta *m4*

list box bosca *m4* liosta

listing *s* liostú *m* (*gs* -taithe)

list processing liostaphróiseáil *f3*

list-processing language teanga *f4*
liostaphróiseála

literal *s* (= literal operand) oibreann
f2 litriúil

lithium ion battery (Li Ion battery)
ceallra *m4* iain litiam

little-endian *a* caolcheannach *a*

little-endian computer ríomhaire *m4*
caolcheannach

little man computer model samhail *f3*

den ríomhaire mar ghiolla
live register tabhall *m1* beo
live variable athróg *f2* bheo
LLC (= logical link control) LLC,
rialú *m* loighciúil (an) naisc
LLC sublayer (= logical link control sublayer) foshraith *f2* LLC,
foshraith *f2* rialú loighciúil an naisc
LLL (= low-level language) LLL,
teanga *f4* íseal-leibhéil
lm (= lumen) lm, lúman *m1*
load[1] *v* lódáil[1] *v*
load[2] *s* lód *m1*
load-and-go *v* lódáil *v* is gluais
load balancing cothromú *m* lóid
loader *s* lódálaí *m4*
loading *s* lódáil[2] *f3*
loading routine gnáthamh *m1* lódála
load key eochair *f5* lódála
load module modúl *m1* lódála
load on demand segment deighleán *m1* lódála ar éileamh
load point pointe *m4* lódála
load/store architecture ailtireacht *f3* lódála/stórála
lobe *s* lóba *m4*
local *a* logánta *a*
local area network (LAN) líonra *m4* (achair) logánta, LAN
local area transport (LAT) iompar *m1* (achair) logánta, LAT
local autonomy féinriail *f5* logánta
local descriptor table (= LDT) tábla *m4* logánta tuairisceoirí
local duration marthanacht *f3* logánta
local echo macalla *m4* logánta
local exchange malartán *m1* logánta
local group grúpa *m4* logánta
locality principle prionsabal *m1* an chóngair
localization *s* logánú *m* (*gs* -naithe)
local loop lúb *f2* logánta
locally admissable inghlactha *a* go logánta
local maximum uasmhéid *m4* logánta
local root folder fréamhfhillteán *m1*

logánta
local scope declaration fógra *m4* scóipe logánta
local storage stóras *m1* logánta
local variable athróg *f2* logánta
locate *v* (= **detect**, **find**) aimsigh[1] *v*
locate information aimsigh *v* faisnéis
location *s* suíomh[1] *m1*
location counter áiritheoir *m3* suíomhanna
location independence neamhspleáchas *m1* ar shuíomh (na) (sonraí)
lock[1] *v* glasáil[1] *v*
lock[2] *s* glas *m1*
locked box bosca *m4* faoi ghlas
locked cell cill *f2* faoi ghlas
locking *s* glasáil[2] *f3*
locking key eochair *f5* ghlasála
lock violation error earráid *f2* sáraithe glais
log[1] *v* logáil *v*
log[2] *s* (*of record*) loga *m4*
logarithm *s* logartam *m1*
logarithmic *a* logartamach *a*
logarithmic compression comhbhrú *m* logartamach
logarithmic graph graf *m1* logartamach
log file comhad *m1* loga
logger *s* logálaí *m4*
logic *s* loighic *f2*
logical *a* loighciúil *a*
logical add (= OR operation) suimiúchán *m1* loighciúil
logical comparison comparáid *f2* loighciúil
logical complement comhlánú *m* loighciúil
logical construction of programs (LCP) cruthú *m* loighciúil ríomhchlár, LCP
logical database design dearadh *m1* loighciúil bunachar sonraí
logical data design dearadh *m1* loighciúil sonraí

logical data-flow diagram léaráid *f2* loighciúil den sreabhadh sonraí

logical data independence neamhspleáchas *m1* ar struchtúr loighciúil na sonraí

logical data model (LDM) samhail *f3* loighciúil de shonraí

logical data modelling samhaltú *m* loighciúil sonraí

logical data store stóras *m1* loighciúil sonraí

logical data store/entity cross-reference crostagairt *f3* idir stóras loighciúil sonraí agus aonáin

logical data structure struchtúr *m1* loighciúil sonraí

logical decision cinneadh *m* loighciúil

logical design (= logic design) dearadh *m1* loighciúil

logical difference difríocht *f3* loighciúil

logical expression slonn *m1* loighciúil

logical grouping grúpáil *f3* loighciúil

logical grouping of dialogue elements (LGDE) grúpáil *f3* loighciúil d'eilimintí dialóige, LGDE

logical inferences per second (LIPS) tátail *fpl* loighciúla sa soicind, LIPS

logical instruction treoir *f5* loighciúil

logicalization *s* loighciú *m* (*gs* -cithe)

logical link control (LLC) rialú *m* loighciúil (an) naisc, LLC

logical link control sublayer (LLC sublayer) foshraith *f2* rialú loighciúil an naisc, foshraith *f2* LLC

logically organized eagraithe *a* go loighciúil

logical multiply iolrú *m* loighciúil

logical negation séanadh *m* loighciúil

logical negation operator oibreoir *m3* séanta loighciúil

logical operand oibreann *f2* loighciúil

logical operation oibríocht *f3* loighciúil

logical operator oibreoir *m3* loighciúil

logical process model samhail *f3*

loighciúil de phróiseas

logical record taifead *m1* loighciúil

logical sharing comhroinnt *f2* loighciúil

logical shift iomlaoid *f2* loighciúil

logical store stóras *m1* loighciúil

logical structure struchtúr *m1* loighciúil

logical table (= truth table) tábla *m4* loighciúil

logical unit aonad *m1* loighciúil

logical unit number (LUN) uimhir *f5* (an) aonaid loighciúil

logic board clár *m1* loighce

logic bomb buama *m4* loighce

logic circuit ciorcad *m1* loighce

logic design (= logical design) dearadh *m1* loighciúil

logic diagram léaráid *f2* loighce

logic element eilimint *f2* loighce

logic flowchart sreabhchairt *f2* loighce

logic gate geata *m4* loighce

logic operation oibríocht *f3* loighce

logic symbol siombail *f2* loighce

login *s* (= logon) logáil *f3* isteach[2]

log in (= log on) logáil *v* isteach[1]

logoff *s* (= logout) logáil *f3* amach[2]

log off (= log out) logáil *v* amach[1]

logon *s* (= login) logáil *f3* isteach[2]

log on (= log in) logáil *v* isteach[1]

logout *s* (= logoff) logáil *f3* amach[2]

log out (= log off) logáil *v* amach[1]

long constant tairiseach *m1* fada

long instruction format formáid *f2* treorach fada

long integer slánuimhir *f5* fhada

longitudinal redundancy check (LRC) fadseiceáil *f3* iomarcaíochta, LRC

long suffix iarmhír *f2* fhada

look-ahead carry iomprach *m1* réamhfheiceála

look aside cache taisce *f4* chomhuaineach

look through cache taisce *f4* shrathach

lookup *s* (= table look-up, TLU)

cuardach *m1* tábla

lookup function feidhm *f2* chuardaigh thábla

lookup table tábla *m4* cuardaigh

loop[1] *v* lúb *v*

loop[2] *s* lúb[1] *f2*

loopback *s* (= **loop checking**) aislúbadh *m* (*gs* -btha)

loopback plug plocóid *f2* aislúbtha

loop body corp *m1* lúibe

loop checking (= **loopback**) seiceáil *f3* lúibe

loop control rialú *m* lúibe

loop-control variable athróg *f2* rialaithe lúibe

loop design dearadh *m1* lúibe

looping *s* lúbadh *m* (*gs* -btha)

loop initialization túsú *m* lúibe

loop instruction treoir *f5* lúibe

loop invariant do-athraitheach *m1* lúibe

loop testing tástáil *f3* lúibe

loose coupling cúpláil *f3* lag

loosely-coupled system córas *m1* lagchúpláilte

lose *v* caill *v*

loss[1] *s* caillteanas *m1*

loss[2] *s* (*of process*) cailliúint *f3*

loss factor fachtóir *m3* cailliúna

lossiness *s* caillteacht *f3*

lossless compression comhbhrú *m* neamhchaillteach

loss of information caillteanas *m1* faisnéise

loss of signal (**LOS**) cailliúint *f3* comhartha

lossy *a* caillteach *a*

lossy compression comhbhrú *m* caillteach

lost token ceadchomhartha *m4* caillte

lowercase *s* (**LC**) cás *m1* íochtair, LC

lowercase letter litir *f5* chás íochtair

lower curtate giortach *m1* íochtair

low frequency (**LF**[2]) minicíocht *f3* íseal, LF[2]

low-level language (**LLL**) teanga *f4* íseal-leibhéil, LLL

low-loss line líne *f4* ísealchailliúna

low-order position ionad *m1* ísealoird

low-pass filter scagaire *m4* ísealphasach

low-resolution graphics (= **low res graphics**) grafaic *f2* ísealtaifigh

low tension teannas *m1* íseal

LPM (= **lines per minute**) LPM, línte *fpl* sa nóiméad

LPT (= **line-at-a-time printer**, **line printer**) LPT, línephrintéir *m3*, printéir *m3* líne sa turas

LPT port (= **line printer port**) port *m1* LPT, port *m1* printéara

LRC (= **longitudinal redundancy check**) LRC, fadseiceáil *f3* iomarcaíochta

LRU (= **least recently-used algorithm**) LRU, algartam *m1* (an leathanaigh) is faide díomhaoin

LSB (= **least significant bit**) LSB, giotán *m1* is lú suntas

LSI (= **large-scale integration**) LSI, comhtháthú *m* mórscála

lumen *s* (**lm**) lúman *m1*, lm

luminance *s* lonras *m1*

luminous intensity déine *f4* lonrúil

lumped parameter paraiméadar *m1* carntha

lurking *s* cúlchoimhéad *m* (*gs* -ta)

lux *s* lucsa *m4*

l-value *s* (= **left value**) cléluach *m3*

M

m (= **metre**) m, méadar *m1*

M (= **mega-** *pref*) M, meigea-, meigi- *pref*

MAC (= **medium access control**) MAC, rialú *m* rochtana meáin

machine *s* meaisín *m4*

machine address seoladh *m* meaisín, meaisínseoladh *m* (*gs* -lta)

machine code meaisínchód *m1*

machine-code instruction treoir *f5* mheaisínchóid

machine cycle ciogal *m1* meaisín, meaisínchiogal *m1*

machine instruction treoir *f5* mheaisín, meaisíntreoir *f5*

machine language teanga *f4* mheaisín, meaisínteanga *f4*

machine learning meaisínfhoghlaim *f3*

machine level leibhéal *m1* meaisín, meaisínleibhéal *m1*

machine logic loighic *f2* meaisín, meaisínloighic *f2*

machine-oriented language teanga *f4* (atá) dírithe ar mheaisín

machine-readable *a* inléite *a* ag meaisín

Machine-Readable Terminology Interchange Format (MARTIF) Formáid *f2* Idirmhalartaithe Téarmaíochta (atá) Inléite ag Meaisín, MARTIF

machine word giotánra *m4* meaisín

macro *s* macra *m4*

macroarchitecture *s* macrailtireacht *f3*

macroassembler *s* díolamóir *m3* macraí

macro call macraghlao *m4*

macro code macrachód *m1*

macro command macra-ordú *m* (*gs* -daithe)

macro definition sainiú *m* macra

macro expansion scaoileadh *m* macra

macro flowchart sreabhchairt *f2* macra

macrogenerator *s* (= **macro generating program**) gineadóir *m3* macraí

macroinstruction *s* macraithreoir *f5*

macroinstruction set tacar *m1* macraithreoracha

macro operator oibreoir *m3* macra

macro preprocessor réamhphróiseálaí *m4* macraí

macroprogramming *s* ríomhchlárú *m* macraí

macro record macrathaifead *m1*

macro recording macrathaifeadadh *m* (*gs* -eadta)

macro virus macraivíreas *m1*

magic square cearnóg *f2* dhraíochta

magnet *s* maighnéad *m1*

magnetic *a* maighnéadach *a*

magnetic bubble memory cuimhne *f4* bholgánach mhaighnéadach

magnetic bubble storage stóráil *f3* bholgánach mhaighnéadach

magnetic card cárta *m4* maighnéadach

magnetic core cór *m1* maighnéadach

magnetic delay line líne *f4* mhoillithe mhaighnéadach

magnetic disk diosca *m4* maighnéadach

magnetic drum druma *m4* maighnéadach

magnetic field réimse *m4* maighnéadach

magnetic head cnoga *m4* maighnéadach

magnetic ink dúch *m1* maighnéadach

magnetic ink character carachtar *m1* dúigh mhaighnéadaigh

magnetic ink character reader léitheoir *m3* carachtar dúigh mhaighnéadaigh

magnetic ink character recognition (MICR) aithint *f3* carachtar dúigh mhaighnéadaigh

magnetic leakage ligean *m1* maighnéadach

magnetic media meáin *mpl* mhaighnéadacha

magnetic memory cuimhne *f4* mhaighnéadach

magnetic mirror scáthán *m1* maighnéadach

permeability tréscaoilteacht *f3* (mhaighnéadach)

magnetic recording taifeadadh *m* maighnéadach

magnetic storage stóras *m1* maighnéadach

magnetic tape reader (= **tape deck, tape drive**) léitheoir *m3* téipe maighnéadaí

magnetic tape storage stóráil *f3* ar téip mhaighnéadach

magnetic tape unit (= **tape unit**) aonad *m1* téipe maighnéadaí

magnetic thin film scannán *m1* maighnéadach tanaí

magnetic wire sreang *f2* mhaighnéadach

magnetism *s* maighnéadas *m1*

magnetoelectric *a* maighnéadaileictreach *a*

magnetographic printer printéir *m3* maighnéadagrafach

magnetohydrodynamics *spl* maighnéadaihidridinimic *f2*

magneto-optical disk (**MO disk**) diosca *m4* maighnéadoptúil, diosca *m4* MO

magnetoresistance *s* maighnéadfhriotaíocht *f3*

magnetoresistive head technology teicneolaíocht *f3* cnogaí maighnéadfhriotaíocha

magnetostriction *s* maighnéadstraidhn *f2*

magnetostrictive delay line líne *f4* mhoillithe mhaighnéadstraidhneach

magnitude *s* méid[1] *f2*

mailaddress *s* (= **e-mail address**) seoladh *m* ríomhphoist

mail bomb (= **e-bomb**) buama *m4* ríomhphoist

mailbox *s* bosca *m4* ríomhphoist

mail gateway geata *m4* ríomhphoist

mailing list[1] (= **address list**) liosta *m4* seoltaí

mailing list[2] (= **distribution list**) liosta *m4* seachadta

mail merge postchumasc *m1*

mail message (= **e-mail message**) teachtaireacht *f3* ríomhphoist, ríomhtheachtaireacht *f3*

mailroom *s* seomra *m4* poist

mail server freastalaí *m4* ríomhphoist

mailshot *s* cor *m1* poist

main *a* (= **primary**) príomh- *pref*, príomhúil *a*

main (**command**) **menu** príomh-roghchlár *m1* (na n-orduithe)

main control unit príomhaonad *m1* rialúcháin

main dictionary (= **standard dictionary**) príomhfhoclóir *m3*

main document príomhdhoiciméad *m1*

mainframe *s* mór-ríomhaire *m4*

MAIN function (*in C language*) fheidhm *f2* MAIN, an

main group príomhghrúpa *m4*

main memory (= **main storage**) príomhchuimhne *f4*

main program príomh-ríomhchlár *m1*

main storage (= **main memory**) príomhstóras *m1*

maintenance *s* cothabháil *f3*

maintenance routine gnáthamh *m1* cothabhála

major *a* mór- *pref*

major control data mórshonraí *mpl* rialúcháin

major cycle mórchiogal *m1*

majority *s* tromlach *m1*

majority carrier iompróir *m3* tromlaigh

majority element eilimint *f2* tromlaigh

majority gate geata *m4* tromlaigh

majority operation oibríocht *f3* tromlaigh

major state mórstaid *f2*

major state logic generator gineadóir *m3* loighce mórstaide

male connector nascóir *m3* fireann

malfunction *s* mífheidhm *f2*

malfunction routine gnáthamh *m1* mífheidhme

MAN (= **metropolitan area network**) MAN, líonra *m4* achar cathrach

management *s* bainistíocht *f3*

management information base (**MIB**) bunachar *m1* faisnéis bainistíochta,

MIB
**management information system
(MIS)** córas *m1* faisnéise
bainistíochta, MIS
mandatory *a* éigeantach *a*
mandatory participation
rannpháirtíocht *f3* éigeantach
manipulated variable athróg *f2*
ionramháilte
man-machine interface (MMI)
comhéadan *m1* duine le meaisín,
MMI
mantissa *s* maintíse *f4*
manual[1] *s* lámhleabhar *m1*
manual[2] *a* lámh- *pref,* láimhe[1] *gs as a*
manual answering freagairt *f3* láimhe
manual calling glaoch *m* láimhe
manual control rialú *m* láimhe
manual (data) input ionchur *m* láimhe
manual input generator gineadóir *m3*
ionchurtha láimhe
many-to-many *a* mórán *m1* le mórán
many-to-many mapping mapáil *f3*
mórán le mórán
map[1] *v* mapáil[1] *v*
map[2] *s* mapa *m4*
mapped *a* mapáilte *a*
mapping *s* mapáil[2] *f3*
mapping functions feidhmeanna *fpl*
mapála
mapping of set A to set B mapáil *f3*
thacar A go tacar B
MAR (= memory address register)
MAR, tabhall *m1* sheoladh na
cuimhne
margin *s* imeall *m1*
marginal *a* imeallach *a*
marginal check seiceáil *f3* imeallach
marginal test tástáil *f3* imeallach
margin guide treoir *f5* imill
mark *s* marc *m1*
marker *s* marcóir *m3*
marking *s* marcáil[1] *f3*
Markov chain slabhra *m4* Markov
mark reader léitheoir *m3* marcanna
mark scanning scanadh *m* marcanna

mark sensing brath *m* marcanna
markup *s* *(of Internet language)*
marcáil[2] *f3*
markup construct comhstruchtúr *m1*
marcála
markup language teanga *f4* mharcála
marquee *s* marquee
**MARTIF (= Machine-Readable
Terminology Interchange Format)**
MARTIF, Formáid *f2*
Idirmhalartaithe Téarmaíochta (atá)
Inléite ag Meaisín
mask *s* masc *m1*
maskable *a* inmhasctha *a*
masking *s* mascadh *m* (*gs* -sctha)
mass[1] *s* mais *f2*
mass[2] *a* oll- *pref*
mass communication theory teoiric *f2*
na hollchumarsáide
massively parallel processing (MPP)
próiseáil *f3* oll-chomhuaineach
mass storage (= warehousing)
ollstóráil *f3*
master *a* máistir- *pref*
master boot record (MBR[1]**)**
máistirthaifead *m1* bútála, MBR[1]
master clock (MK) máistirchlog *m1*,
MK
master control program máistirchlár
m1 rialúcháin
master control routine
máistirghnáthamh *m1* rialúcháin
master document máistirdhoiciméad
m1
master entity máistiraonán *m1*
master file máistirchomhad *m1*
master sheet máistirbhileog *f2*
master-slave *a* máistir-sclábhaí *gs as a*
master-slave network líonra *m4*
máistir-sclábhaí
master slide máistirshleamhnán *m1*
master station máistirstáisiún *m1*
master tape máistirthéip *f2*
match *v* meaitseáil[1] *v*
matching *s* meaitseáil[2] *f3*
material implication (= conditional

implication) impleacht *f3* ábhartha
math *See* mathematics.
mathematical *a* matamaiticiúil *a*
mathematical check seiceáil *f3*
mhatamaiticiúil
mathematical function feidhm *f2*
mhatamaiticiúil
mathematical induction ionduchtú *m*
matamaiticiúil
mathematical logic loighic *f2*
mhatamaiticiúil
mathematical model samhail *f3*
mhatamaiticiúil
mathematician *s* matamaiticeoir *m3*
mathematics *s* matamaitic *f2*
**mathematics coprocessor (= math
coprocessor)** comhphróiseálaí *m4*
matamaitice
**Mathematics Markup Language
(MathML)** Teanga *f4* Mharcála
Matamaitice, MathML
**MathML (= Mathematics Markup
Language)** MathML, Teanga *f4*
Mharcála Matamaitice
matrix *s* maitrís *f2*
**matrix storage (= co-ordinate
storage)** stóráil *f3* mhaitríse
MAU (= media access unit) MAU,
aonad *m1* rochtana meán
maximize *v* uasmhéadaigh *v*
maximum[1] *s* uasmhéid *m4*
maximum[2] *a* uasta *a*, uas- *pref*
maximum height uasairde *f4*
maximum mode uasmhód *m1*
maximum resolution uastaifeach *m1*
maximum transmission unit (MTU)
uasaonad *m1* tarchuir, MTU
maximum width uasleithead *m1*
maxwell *s (unit)* macsual *m1* (*pl* -uail)
Maxwell's law dlí *m4* Maxwell
Mb (= megabyte) Mb, meigibheart *m1*
MB (= megabit) MB, meigighiotán *m1*
**Mbps (= megabytes per second,
million bits per second)** Mbps,
meigibheart *m1* sa soicind, milliún
m1 giotán sa soicind

MBps (= megabits per second) MBps,
meigighiotán *m1* sa soicind
MBR[1] **(= master boot record)** MBR[1],
máistirthaifead *m1* bútála
MBR[2] **(= memory buffer register)**
MBR[2], tabhall *m1* mhaolán na
cuimhne
Mc (= megacycle) Mc, meigichiogal
m1
**MCA (= Micro Channel
Architecture)** MCA, Ailtireacht *f3*
Mhicreachainéil
m-commerce (= mobile commerce)
m-thráchtáil *f3*, tráchtáil *f3*
mhóibíleach
MD (= minidisk) MD, miondiosca *m4*
**MDRAM (= Multibank Dynamic
RAM)** MDRAM, RAM Dinimiciúil
Ilbhanc
mean[1] *s* **(= average)** meán[1] *m1*
mean[2] *a* meán- *pref*
meaning *s* brí *f4*, ciall *f2*
mean repair time meánaga *m4*
deisiúcháin
mean time between failures (MTBF)
meán-am *m3* idir theipeanna, MTBF
mean time to repair (MTTR)
meán-am *m3* deisiúcháin, MTTR
**mean time to service restoral
(MTTSR)** meán-am *m3* go
hathbhunú seirbhíse, MTTSR
measure[1] *v* tomhais *v*
measure[2] *s* **(= measurement)** tomhas
m1
measured *a* tomhaiste *a*
mechanical *a* meicniúil *a*
mechanical differential difreálach *m1*
meicniúil
mechanical mouse luch *f2* mheicniúil
mechanism *s* meicníocht *f3*
mechanize *v* meicnigh *v*
media *spl* meáin *mpl*
**media access unit (= transceiver,
MAU)** aonad *m1* rochtana meán,
MAU
media conversion tiontú *m* meán

media groups grúpaí *mpl* meán
median *s* airmheán *m1*
medium *s* meán² *m1*
medium access control (MAC) rialú
  m rochtana meáin, MAC
medium attachment unit aonad *m1*
  ceangail meáin
medium-dependent interface
  comhéadan *m1* spleách ar mheán
medium frequency (MF)
  meánmhinicíocht *f3*, MF
medium interface connector nascóir
  m3 comhéadain meáin
medium-scale integration (MSI)
  comhtháthú *m* meánscála, MSI
medium wave (MW) meántonn *f2*,
  MW
mega- *pref* **(M)** meigea-, meigi- *pref,*
  M
megabit *s* **(MB)** meigighiotán *m1*, MB
megabits per second (MBps)
  meigighiotán *m1* sa soicind, MBps
megabyte *s* **(Mb)** meigibheart *m1*, Mb
megabytes per second (Mbps)
  meigibheart *m1* sa soicind, Mbps
megacycle *s* **(Mc)** meigichiogal *m1*,
  Mc
megaflop *s* **(MFLOP)** meigeaflap *m4*,
  MFLOP
megahertz *s* **(MHz)** meigiheirts *m4*
member *s* ball¹ *m1*
member access operator oibreoir *m3*
  rochtana baill
member of a set (= element of a set)
  ball *m1* de thacar
membrane keyboard méarchlár *m1*
  scannáin
memory *s* cuimhne *f4*
memory address seoladh *m* (na)
  cuimhne
memory address register (MAR)
  tabhall *m1* sheoladh na cuimhne,
  MAR
memory buffer register (MBR²)
  tabhall *m1* mhaolán na cuimhne,
  MBR²

memory cell cill *f2* chuimhne
memory chip density dlús *m1* slis
  chuimhne
memory chips sliseanna *fpl* cuimhne
memory cycle ciogal *m1* cuimhne
memory data register (MDR) tabhall
  m1 sonraí cuimhne
memory dump dumpáil *f3* cuimhne
memory error earráid *f2* chuimhne
memory fill líonadh *m* cuimhne
memory handling function feidhm *f2*
  láimhseála cuimhne
memory leakage sceitheadh *m*
  cuimhne
memory location suíomh *m1* sa
  chuimhne
memory management unit (MMU)
  aonad *m1* bainistíochta cuimhne,
  MMU
memory map mapa *m4* cuimhne
memory-mapped I/O I/A *a* mapáilte
  sa chuimhne
memory model samhail *f3* den
  chuimhne
memory module modúl *m1* cuimhne
memory organization eagrú *m*
  cuimhne
memory overlay forleagan *m1*
  cuimhne
memory partitioning deighilt *f2*
  cuimhne
memory properties airíonna *mpl* na
  cuimhne
memory protect sciath *f2* cuimhne
memory refresh athnuachan *f3*
  cuimhne
memory-resident system córas *m1*
  lonnaithe sa chuimhne
memory-resident virus guard clár *m1*
  frithvíreas lonnaithe sa chuimhne
memory scan scanadh *m* cuimhne
memory segment deighleán *m1*
  cuimhne
memory size méid *f2* na cuimhne
memory unit aonad *m1* cuimhne
menu *s* roghchlár *m1*

menu bar barra *m4* roghchláir

menu dialogue box bosca *m4* dialóige roghchláir

menu-driven program ríomhchlár *m1* faoi thiomáint roghchláir

menu structure struchtúr *m1* roghchláir

mercury *s* mearcair *m4*

mercury delay line (Hg delay line) líne *f4* mhoillithe mhearcair, líne *f4* mhoillithe Hg

merge[1] *v* cumaisc *v*

merge[2] *s* cumasc *m1*

merged *a* cumaiscthe *a*

merge *s* **sort** sórtáil *f3* chumaisc

mesa *s* méasa *m4*

mesh *s* mogalra *m4*

mesh network líonra *m4* mogalra

mesh network topology toipeolaíocht *f3* líonra mogalra

message *s* teachtaireacht *f3*

message blocking blocáil *f3* teachtaireachtaí

message exchange malartán *m1* teachtaireachtaí

message passing seachadadh *m* teachtaireachtaí

message queuing ciúáil *f3* teachtaireachtaí

message routing ródú *m* teachtaireachtaí

message sink slogaide *f4* teachtaireachtaí

message source foinse *f4* teachtaireachtaí

message switching lascadh *m* teachtaireachtaí

message transfer agent (MTA) gníomhaire *m4* aistrithe teachtaireachtaí

messaging *s* cur *m* teachtaireachtaí

messaging server freastalaí *m4* curtha teachtaireachtaí

meta- *pref* meitea-, meiti- *pref*

metacharacter *s* meiteacharachtar *m1*

metacompiler *s* meitithiomsaitheoir

m3

metadata *spl* meiteashonraí *mpl*

metaframe server freastalaí *m4* meiteafráma

meta-language *s* meititheanga *f4*

meta-level reasoning réasúnú *m* ar mheitileibhéal

metallic media meáin *mpl* mhiotalacha

metal nitride silicon device (MNOS) gléas *m1* sileacain nítríd mhiotail, MNOS

metal oxide ocsaíd *f2* mhiotail

metal-oxide semiconductor (MOS) leathsheoltóir *m3* ocsaíd mhiotail, MOS

metal-oxide semiconductor field-effect transistor (MOSFET) trasraitheoir *m3* tionchar réimse (de chineál) leathsheoltóir ocsaíd mhiotail, MOSFET

meta-model *s* meiteashamhail *f3*

metasearch engine inneall *m1* meiteachuardaigh

metasyntactic variable athróg *f2* mheiteachomhréireach

metatag *s* meitichlib *f2*

method *s* modh *m3*

methodology compiler tiomsaitheoir *m3* modheolaíochta

method overloading forlódáil *m* modhanna

method-specific *a* sainiúil *a* don mhodh

metre *s* **(m)** méadar *m1*, m

metre-kilogram-second *a* **(MKS)** méadar-cileagram-soicind *a*, MKS

metre per second méadar *m1* sa soicind

metric *a* méadrach *a*

metric system córas *m1* méadrach

metropolitan area network (MAN) líonra *m4* achar cathrach, MAN

MF (= medium frequency) MF, meánmhinicíocht *f3*

MFLOP (= megaflop) MFLOP, meigeaflap *m4*

MHz (= **megahertz**) meigiheirts *m4*
MIB (= **management information
  base**) MIB, bunachar *m1* faisnéis
  bainistíochta
mica *s* míoca *m4*
MICR (= **magnetic ink character
  recognition**) aithint *f3* carachtar
  dúigh mhaighnéadaigh
micro- *pref* micrea-, micri-, miocr- *pref*
micro-ampere *s* miocraimpéar *m1*
microarchitecture *s* miocrailtireacht *f3*
micro assembly language
  micritheanga *f4* dhíolama
microchannel *s* micreachainéal *m1*
Micro Channel Architecture (MCA)
  Ailtireacht *f3* Mhicreachainéil, MCA
microchip *s* micrishlis *f2*
microcircuit *s* micreachiorcad *m1*
microcode *s* micreachód *m1*
**Microcom Networking Protocol
  (MNP)** Prótacal *m1* Líonraithe
  Microcom, MNP
microcomputer *s* micriríomhaire *m4*
microelectromechanical systems
  córais *mpl* mhicrileictrimeicniúla
microelectronics *s* micrileictreonaic *f2*
microfiche *s* micrifís *f2*
microfiche reader/printer
  léitheoir/printéir *m3* micrifíse
microfilm *s* micreascannán *m1*
microfunction decoder díchódóir *m3*
  micrifheidhmeanna
microinstruction micrithreoir *f5* (*gs*
  -orach)
microinstruction register tabhall *m1*
  micrithreoracha
microinstruction sequencing
  seicheamhú *m* micrithreoracha
microinstruction timing uainiúchán
  m1 micrithreoracha
microlanguage *s* micritheanga *f4*
microminiaturization *s*
  micrimhionadúchán *m1*
micron *s* miocrón *m1*
microphone *s* micreafón *m1*
microprocessor *s* micreaphróiseálaí

m4
microprocessor unit (MPU) aonad *m1*
  micreaphróiseálaí, MPU
microprogram *s* micreachlár *m1*
microprogram counter áiritheoir *m3*
  micreachláir
microprogrammable *a*
  in-mhicreachláraithe *a*
microprogramming *s* micreachlárú *m*
  (*gs* -raithe)
microprogramming level leibhéal *m1*
  an mhicreachláraithe
microsecond *s* micreashoicind *m4*
microsite *s* micrealáithreán *m1*,
  micreashuíomh *m1*
microwave *s* micreathonn *f2*
microworld *s* micreadhomhan *m1*
middleware *s* meánearraí *mpl*
MIDI (= **Musical Instrument Digital
  Interface**) MIDI, Comhéadan *m1*
  Digiteach Uirlisí Ceoil
MIDI programming clárú *m* MIDI
midrange computers ríomhairí *mpl*
  meánraoin
millennium bug fabht *m4* mílaoiseach,
  an
milli- *pref* millea-, milli-, mioll- *pref*
milliampere *s* miollaimpéar *m1*
million bits per second (Mbps)
  milliún *m1* giotán sa soicind, Mbps
**million instructions per second
  (MIPS)** milliún *m1* treoir sa soicind,
  MIPS
millisecond *s* (**ms**) milleashoicind *m4*,
  ms
millivolt *s* milleavolta *m4*
MIMD (= **multiple-instruction
  (stream) multiple-data (stream)
  method**) MIMD, modh *m3*
  ilsruthanna treoracha ilsruthanna
  sonraí
MIME (= **Multipurpose Internet
  Mail Extensions**) MIME,
  iarmhíreanna *fpl* do phost Idirlín
MIME protocol (= **Multipurpose
  Internet Mail Extension protocol**)

prótacal *m1* MIME, prótacal *m1* iarmhíreanna do phost Idirlín

miniaturization *s* mionadúchán *m1*

minicartridge *s* mionchartús *m1*

minicomputer *s* mionríomhaire *m4*

minidisk *s* (**MD**) miondiosca *m4*, MD

minimal *a* (= **minimum**²) íosta *a*, íos- *pref*

minimal configuration cumraíocht *f3* íosta

minimax *a* íosuas *a*

minimize *v* íoslaghdaigh *v*

minimum¹ *s* íosmhéid *m4*

minimum² *a* (= **minimal**) íos- *pref*, íosta *a*

minimum access code (= **minimum latency code**) cód *m1* rochtana íosmhoille

minimum height íosairde *f4*

minimum mode íosmhód *m1*

minimum point íosphointe *m1*

minimum shift keying (**MSK**) eochrú *m* íosiomlaoide, MSK

minimum width íosleithead *m1*

minisite *s* mionláithreán *m1*, mionsuíomh *m1*

minisupercomputer *s* mion-sár-ríomhaire *m4*

minor cycle mionchiogal *m1*

minority carriers iompróirí *mpl* mionlaigh

minuend *s* mionann *f2*

minus¹ *s* (= **minus sign**) míneas *m1*

minus² *prep* lúide *a*

minus sign (= **minus**¹) míneas *m1*, sín *f2* mhínis

minus zone crios *m3* an mhínis

MIPS (= **million instructions per second**) MIPS, milliún *m1* treoir sa soicind

mirror drive tiomántán *m1* scáthánaithe

mirror image íomhá *f4* scáthánach

mirroring *s* scáthánú *m* (*gs* -naithe)

mirror site láithreán *m1* scáthánaithe, suíomh *m1* scáthánaithe

MIS (= **management information system**) MIS, córas *m1* faisnéise bainistíochta

miscellaneous time am *m3* ilchineálach

MISD (= **multiple-instruction (stream) single-data (stream) method**) MISD, modh *m3* ilsruthanna treoracha aonsrutha sonraí

mismatch *v* mímheaitseáil *v*

miss *s* (= **failure**) teip² *f2*

miss ratio cóimheas *m3* na dteipeanna

mistake *s* (= **error**) botún *m1*, earráid *f2*

mixed base notation (= **mixed radix notation**) nodaireacht *f3* bhonnuimhreacha measctha

mixed content model samhail *f3* inneachair mheasctha

mixed expression slonn *m1* measctha

mixed radix notation (= **mixed base notation**) nodaireacht *f3* bhonnuimhreacha measctha

MK (= **master clock**) MK, máistirchlog *m1*

MKS (= **metre-kilogram-second**) MKS, méadar-cileagram-soicind

MKS system of units córas *m1* aonad MKS

MMCD (= **multimedia compact disc**) MMCD, dlúthdhiosca *m4* ilmheán

MMI (= **man-machine interface**) MMI, comhéadan *m1* duine le meaisín

MMU (= **memory management unit**) MMU, aonad *m1* bainistíochta cuimhne

mnemonic¹ *s* neamónach¹ *m1*

mnemonic² *a* neamónach² *a*

mnemonic operation code cód *m1* neamónach oibríochta

MNOS (= **metal nitride silicon device**) MNOS, gléas *m1* sileacain nítríd mhiotail

MNP (= **Microcom Networking**

Protocol) MNP, Prótacal *m1*
Líonraithe Microcom
mobile commerce (= m-commerce)
tráchtáil *f3* mhóibíleach,
m-thráchtáil *f3*
mobile communication cumarsáid *f2*
mhóibíleach
Mobile Equipment Identifier
Register Tabhall *m1* d'Aitheantóirí
Fóin Phóca
mobile satellite services seirbhísí *fpl*
satailíte do theileafóin phóca
mobile telephone fón *m1* póca,
teileafón *m1* póca
mobility *s* soghluaisteacht *f3*
mode *s* mód *m1*
model[1] *v* samhaltaigh *v*
model[2] *s (conceptual)* samhail *f3*
model[3] *s (concrete)* samhaltán *m1*
modelling *s* samhaltú *m (gs* -taithe)
modem *s* **(= modulator/demodulator)**
móideim *m4*
modem-less connection nasc *m1* gan
mhóideim
modem protector cosantóir *m3*
móideim
modem splitter deighilteoir *m3*
móideim
modifiability *s* in-mhionathraitheacht
f3
modification *s* mionathrú *m (gs*
-raithe)
modified *a* mionathraithe *a*
modified frequency modulation
recording taifeadadh *m* modhnaithe
mionathraithe minicíochta
modifier *s* mionathraitheoir *m3*
modify *v* mionathraigh *v*
MO disk (= magneto-optical disk)
diosca *m4* MO, diosca *m4*
maighnéadoptúil
modular *a* modúlach *a*
modular arithmetic uimhríocht *f3*
mhodúlach
modularity *s* modúlacht *f3*

modularization *s* modúlú *m (gs*
-laithe)
modular system córas *m1* modúlach
modulate *v* modhnaigh *v*
modulation *s* modhnú *m (gs* -naithe),
modhnúchán *m1*
modulation code cód *m1*
modhnúcháin
modulator *s* modhnóir *m3*
modulator/demodulator *s* **(= modem)**
modhnóir/dímhodhnóir *m3*, móideim
m4
module *s* modúl *m1*
modulo checking seiceáil *f3* modulo
modulo-N check seiceáil *f3* modulo-N
modulus operator oibreoir *m3* modail
modus ponens modus ponens
modus tolens modus tolens
moiré **distortion** díchumadh *m moiré*
mole *s* mól *m1*
molecular beam léas *m1* móilíneach
molecular beam epitaxy eipeatacsacht
f3 léis mhóilínigh
mole electronics mól-leictreonaic *f2*
momentum *s* móiminteam *m1*
monadic *a* monadach *a*
monadic operation oibríocht *f3*
mhonadach
monadic operator oibreoir *m3*
monadach
monitor[1] *v* monatóireacht *f3* a
dhéanamh (ar)
monitor[2] *s* monatóir *m3*
monitor data cable cábla *m4* sonraí
monatóra
monitor display taispeáint *f3*
mhonatóra
monitoring *s* monatóireacht *f3*
monitor port port *m1* monatóra
monitor system córas *m1*
monatóireachta
monochrome *a* monacrómach *a*
monochrome monitor monatóir *m3*
monacrómach
monolithic *a* monailiotach *a*

monolithic head technology
teicneolaíocht *f3* cnogaí
monailiotacha

monospaced font (= fixed font,
monowidth font) cló *m4* aonleithid

monostable multivibrator
ilchreathadóir *m3* aonchobhsaí

monostable (trigger) circuit ciorcad
m1 (truiceartha) aonchobhsaí

monotonically nondecreasing
neamhlaghdaitheach *a* go
haontonach

monotonicity *s* aontonacht *f3*

monowidth font (= fixed font,
monospaced font) cló *m4* aonleithid

more buttons cnaipí *mpl* breise

MOS (= metal-oxide semiconductor)
MOS, leathsheoltóir *m3* ocsaíd
mhiotail

mosaic *s* mósáic *f2*

mosaic detector aimsitheoir *m3*
mósáice

MOSFET (= metal-oxide
semiconductor field-effect
transistor) MOSFET, trasraitheoir
m3 tionchar réimse (de chineál)
leathsheoltóir ocsaíd mhiotail

MOS memory cuimhne *f4* MOS

most significant bit (MSB) giotán *m1*
is mó suntas, MSB

motherboard *s* máthairchlár *m1*

mount *v* gléas[1] *v*

mouse *s* luch *f2*, luchóg *f2*

mouse button cnaipe *m4* luiche

mouse mat (= mousepad) mata *m4*
luiche

mousepad *s* (= mouse mat) ceap *m1*
luiche

mouse pointer pointeoir *m3* luiche

mouse port port *m1* luiche

mouse settings socruithe *mpl* luiche

move *v* bog *v*

move instruction treoir *f5* bhogtha

movement *s* gluaiseacht *f3*

Moving Picture Experts Group
(MPEG) Sainghrúpa *m4*

Scannánaíochta, An, MPEG

MPEG (= Moving Picture Experts
Group) MPEG, Sainghrúpa *m4*
Scannánaíochta, An

MPI (= multiple protocol interface)
MPI, comhéadan *m1* ilphrótacal

MPU (= microprocessor unit) MPU,
aonad *m1* micreaphróiseálaí

mrouter *s* (= multicast router) ródaire
m4 ilchraolacháin

ms (= millisecond) ms, milleashoicind
m4

MSB (= most significant bit) MSB,
giotán *m1* is mó suntas

MSI (= medium-scale integration)
MSI, comhtháthú *m* meánscála

MSK (= minimum shift keying)
MSK, eochrú *m* íosiomlaoide

MTBF (= mean time between
failures) MTBF, meán-am *m3* idir
theipeanna

MTTR (= mean time to repair)
MTTR, meán-am *m3* deisiúcháin

MTTSR (= mean time to service
restoral) MTTSR, meán-am *m3* go
hathbhunú seirbhíse

MTU (= maximum transmission
unit) MTU, uasaonad *m1* tarchuir

mu *s* mú *m4*

MU (= multi-user) MU, ilúsáideoirí
gpl as a

mu-circuit *s* mú-chiorcad *m1*

multi- *pref* (= multiple[2] *a*) il- *pref,*
iolrach *a*

multi-access *a* (= multiple access)
ilrochtana *gs as a*

multi-address instruction (=
multiple-address instruction) treoir
f5 ilseoltaí

multi-aspect search cuardach *m1*
ilghnéitheach

Multibank Dynamic RAM
(MDRAM) RAM Dinimiciúil
Ilbhanc, MDRAM

multibus processor próisealaí *m4*
ilbhusanna

multibyte character carachtar *m1* ilbheart

multibyte character functions feidhmeanna *fpl* carachtair ilbheart

multibyte storage stóras *m1* ilbheart

multicarrier modulation modhnú *m* iliompróirí

multicast *a* ilchraolacháin *gs as a*

multicasting *s* ilchraoladh *m* (*gs* -lta), ilchraolachán *m1*

multichannel system córas *m1* ilchainéal

multicharacter constant tairiseach *m1* ilcharachtar

multichip processor próisealaí *m4* ilsliseanna

multicomputer *s* ilríomhaire *m4*

multidimensional *a* iltoiseach *a*

multidimensional array eagar *m1* iltoiseach

multidimensional data model samhail *f3* iltoiseach de shonraí

multidimensional online analytic processing (MOLAP) próiseáil *f3* iltoiseach anailíseach ar líne

multidrop circuit ciorcad *m1* ilcheangal

multifibre cable cábla *m4* ilsnáithíní

multifunction drive tiomántán *m1* ilfheidhmeanna

multi-index model samhail *f3* d'ilinnéacs

multilayer board clár *m1* ilsraitheanna

multilevel address (= deferred address, indirect address) seoladh *m* il-leibhéal

multilevel addressing (= deferred addressing, indirect addressing) seolachán *m1* il-leibhéal

multilevel machine meaisín *m4* il-leibhéal

multilinked list (= multiple-linked list) liosta *m4* ilnasctha

multimedia *spl* ilmheáin *mpl*

multimedia application feidhmchlár *m1* ilmheán

multimedia compact disc (MMCD) dlúthdhiosca *m4* ilmheán, MMCD

multimedia encyclopaedia ciclipéid *f2* ilmheán

multimedia publishing foilsitheoireacht *f3* ilmheán

multimode fibre snáithín *m4* ilmhód

multinode computer ríomhaire *m4* ilnód

multiphase program ríomhchlár *m1* ilphasanna

multiplatform applications feidhmchláir *mpl* ilardán

multiplatform hardware and software environments timpeallachtaí *fpl* ilardáin crua-earraí agus bogearraí

multiple[1] *s* iolrach[2] *m1*

multiple[2] *a* (= **multi-** *pref*) iolrach *a*, il- *pref*

multiple access ilrochtain *f3*

multiple-access protocol prótacal *m1* ilrochtana

multiple addition ilsuimiú *m* (*gs* -mithe)

multiple address code cód *m1* ilseoltaí

multiple condition search cuardach *m1* ilchoinníollach

multiple document views ilamhairc *mpl* ar dhoiciméad

multiple elements ileilimintí *fpl*

multiple emitter ilastaíre *m4*

multiple graphics ilghrafaicí *fpl*

multiple-instruction (stream) multiple-data (stream) method (MIMD) modh *m3* ilsruthanna treoracha ilsruthanna sonraí, MIMD

multiple-instruction (stream) single-data (stream) method (MISD) modh *m3* ilsruthanna treoracha aonsrutha sonraí, MISD

multiple-linked list (= multilinked list) liosta *m4* ilnasctha

multiple-pass program ríomhchlár *m1* il-tardhulanna

multiple-precision *a* ilbheachtais *gs as a*

multiple protocol interface (MPI) comhéadan *m1* ilphrótacal, MPI

multiple real roots ilfhréamhacha *fpl* réadacha

multiple system ilchóras *m1*

multiple-user licence ceadúnas *m1* ilúsáideoirí

multiple user views ilamhairc *mpl* úsáideora

multiple windows ilfhuinneoga *fpl*

multiplex[1] *v* ilphléacsaigh *v*

multiplex[2] *a* ilphléacsach *a*

multiplexed operation oibríocht *f3* ilphléacsaithe

multiplexer *s* (**MUX**) ilphléacsóir *m3*, MUX

multiplexer channel cainéal *m1* ilphléacsóra

multiplexing *s* ilphléacsú *m* (*gs* -saithe)

multiplicand *s* iolrann *f2*

multiplication *s* iolrú *m* (*gs* -raithe)

multiplication operator oibreoir *m3* iolrúcháin

multiplication time aga *m4* iolrúcháin

multiplicative operator oibreoir *m3* iolraíoch

multiplier *s* iolraitheoir *m3*

multiplier-quotient register tabhall *m1* iolraitheora is roinnteora

multiply *v* iolraigh *v*

multiply-divide instruction treoir *f5* iolraithe is roinnte

multipoint network líonra *m4* ilphointí

multiport register tabhall *m1* ilphort

multiposition switch lasc *f2* ilsuíomh

multiprocessing *s* (= **concurrent processing**) ilphróiseáil *f3*

multiprocessor *s* ilphróiseálaí *m4*

multiprocessor system córas *m1* ilphróiseálaithe

multiprogramming *s* rith *m* ilchlár

multiprotocol router ródaire *m4* ilphrótacal

Multipurpose Internet Mail Extension protocol (MIME protocol) prótacal *m1* iarmhíreanna do phost Idirlín, prótacal *m1* MIME

Multipurpose Internet Mail Extensions (MIME) iarmhíreanna *fpl* do phost Idirlín, MIME

multiscanning monitor monatóir *m3* ilscanacháin

multisession CD CD ilseisiún

multistage switching network líonra *m4* lasctha ilchéimeanna

multistation access unit (MAU, MSAU) aonad *m1* rochtana ilstáisiún

multitasking *s* iltascáil *f3*

multithread(ed) program ríomhchlár *m1* ilsnáitheanna

multithreading *s* ilsnáthú *m* (*gs* -thaithe)

multi-user *a* (**MU**) ilúsáideoirí *gpl as a*, MU

multi-user system córas *m1* ilúsáideoirí

multivalued attribute tréith *f2* il-luachanna

multivalued mapping (= one-to-many mapping) mapáil *f3* aon le mórán

multivibrator *s* ilchreathadóir *m3*

multiway communications cumarsáid *f2* ilbhealaí

multiway decision box bosca *m4* ilchinntí

Musical Instrument Digital Interface (MIDI) Comhéadan *m1* Digiteach Uirlisí Ceoil, MIDI

mute *a* gan fuaim

muting *s* balbhú *m* (*gs* -bhaithe)

mutual exclusion comh-eisiatacht *f3*

mutually exclusive comheisiach *a*

MUX (= multiplexer) MUX, ilphléacsóir *m3*

MW (= medium wave) MW, meántonn *f2*

Mylar *s* Mylar

N

n (= **nano-** *pref*) n, nana(i)- *pref*
N (= **newton**) N, niútan *m1*
Nagle's algorithm algartam *m1* Nagle
NAK (= **negative acknowledgement**)
  NAK, admháil *f3* dhiúltach
name *s* ainm *m4*
Name Binding Protocol (NBP)
  Prótacal *m1* Ainmcheangail, NBP
named pipes píopaí *mpl* ainmnithe
namespace *s* ainmspás *m1*
name-value *s* ainmluach *m3*
NaN (= **not a number**) Nuimh, nach
  uimhir
NAND (= **negative-AND, NOT AND**)
  NAND, NOT AND
NAND flip-flop flop flap NAND
NAND gate (= **NOT AND gate**) geata
  m4 NAND, geata *m4* NOT AND
NAND operation (= **NOT AND**
  operation) oibríocht *f3* NAND,
  oibríocht *f3* NOT AND
nano- *pref* (**n**) nana(i)- *pref*, n
nanobus *s* nanabhus *m4*
nanochip *s* nanaishlis *f2*
nanocircuit *s* nanaichiorcad *m1*
nanocomputer *s* nanairíomhaire *m4*
nanoinstruction *s* nanaithreoir *f5*
nanolithography *s* nanailiteagrafaíocht
  f3
nanomachine *s* nanaimheaisín *m4*
nanomedicine *s* nanaimhíochaine *f4*
nanometre *s* nanaiméadar *m1*
nanoprocessor *s* nanaphróiseálaí *m4*
nanoprogramming *s* nanachlárú *m* (*gs*
  -raithe)
nanosecond *s* (**ns**) nanashoicind *m4*, ns
nanotechnology *s* nanaitheicneolaíocht
  f3
narrowband *a* caolbhanda *gs as a*
narrowband dial-up diailchaoi *f4*
  chaolbhanda
narrowband FSK FSK caolbhanda
National Standards Authority of
  Ireland (NSAI) Údarás *m1* um

Chaighdeáin Náisiúnta na hÉireann,
An t, NSAI
native language teanga *f4* dhúchais
native mode mód *m1* dúchais
native XML database bunachar *m1*
  sonraí dúchasach XML
natural[1] *a* nádúrtha *a*
natural[2] *a* (*Mth.*) aiceanta *a*
natural binary code cód *m1* dénártha
  aiceanta
natural binary-coded decimal
  (**NBCD**) deachúil *f3* aiceanta
  códaithe go dénártha, NBCD
natural function generator gineadóir
  m3 feidhme aiceanta
natural language teanga *f4* nádúrtha
natural language processing próiseáil
  f3 i dteanga nádúrtha
natural logarithm logartam *m1*
  aiceanta
natural noise torann *m1* nádúrtha
natural number uimhir *f5* aiceanta
navigate *v* (**on the Internet**) déan *v*
  nascleanúint (ar an Idirlíon)
navigation *s* nascleanúint *f3*
navigation bar barra *m4* nascleanúna
navigation button cnaipe *m4*
  nascleanúna
navigation features gnéithe *fpl*
  nascleanúna
NBCD (= **natural binary-coded**
  decimal) NBCD, deachúil *f3*
  aiceanta códaithe go dénártha
n-bit byte beart *m1* n-ghiotán
NBP (= **Name Binding Protocol**)
  NBP, Prótacal *m1* Ainmcheangail
n-braid *s* n-snáithín *m4*
n-braid list liosta *m4* n-snáithíneach
n-channel *s* n-chainéal *m1*
n-channel modem móideim *m4*
  n-chainéil
NCP[1] (= **NetWare core protocol**)
  NCP[1], croíphrótacal *m1* NetWare
NCP[2] (= **network control program**)
  NCP[2], ríomhchlár *m1* rialaithe
  líonra

NDIS (= Network Driver Interface Specification) NDIS, Sonraíocht *f3* an Chomhéadain Tiománaithe Líonra

NDR (= nondestructive read) NDR, léamh *m1* neamhlotmhar

near letter quality (NLQ) cóngarach *a* do chaighdeán litreach, NLQ

near-letter-quality output aschur *m1* cóngarach do chaighdeán litreach

negate[1] *v (Logic)* séan *v*

negate[2] *v (Mth.)* diúltaigh *v*

negated signal comhartha *m4* diúltaithe

negation *s* **(= Boolean complementation, NOT operation)** séanadh *m (gs* -nta), comhlánú *m* Boole, oibríocht *f3* NOT

negation as failure séanadh *m* mar theip

negation by failure séanadh *m* trí theip

negation of a proposition séanadh *m* tairisceana

negative *a* diúltach *a*

negative acknowledgement (NAK) admháil *f3* dhiúltach, NAK

negative-AND (NAND, NOT AND) NAND, NOT AND

negative character carachtar *m1* diúltach

negative electricity leictreachas *m1* diúltach

negative electrode leictreoid *f2* dhiúltach

negative feedback (NFB) aisfhotha *m4* diúltach, NFB

negative indication tásc *m1* diúltach

negative ion ian *m1* diúltach

negative logic loighic *f2* shéantach

negative metal-oxide semi-conductor (NMOS) leathsheoltóir *m3* diúltach ocsaíd mhiotail, NMOS

negative number uimhir *f5* dhiúltach

negative-OR (NOR, NOT OR) NOR, NOT OR

negative-OR operation (= joint denial, NOR operation, NOT OR operation) oibríocht *f3* NOR

negatron *s* neigeatrón *m1*

neither X nor Y ní X ná Y (nach X ná Y, níl X ná Y)

nest *v* neadaigh *v*

nested *a* neadaithe *a*

nested braces lúibíní *mpl* slabhracha neadaithe

nested loop (= nesting loop) lúb *f2* neadaithe

nested subroutine (= nesting subroutine) foghnáthamh *m1* neadaithe

nested transaction idirbheart *m1* neadaithe

nesting *s* neadú *m (gs* -daithe)

nesting loop (= nested loop) lúb *f2* neadaithe

nesting of operations neadú *m* oibríochtaí

nesting subroutine (= nested subroutine) foghnáthamh *m1* neadaithe

NetBEUI (= Network Bios Extended User Interface) NetBEUI, Comhéadan *m1* Breisithe Úsáideoirí Bunchóras Ionchurtha/Aschurtha Líonra

NetBIOS (= Network Basic Input/Output System) NetBIOS, Bunchóras *m1* Ionchurtha/Aschurtha Líonra

netiquette *s* béasaíocht *f3* Idirlín

NetWare core protocol (NCP[1]) croíphrótacal *m1* NetWare, NCP[1]

network[1] *v* líonraigh *v*

network[2] *s* líonra *m4*

network access point (NAP) pointe *m4* rochtana líonra

network access server freastalaí *m4* rochtana líonra

network adapter card cárta *m4* cuibheora (an) líonra

network administrator riarthóir *m3*

líonra
network analyser anailíseoir *m3* líonra
network analysis anailís *f2* ar an
líonra/ar na líonraí
network architecture ailtireacht *f3*
líonraí
**Network Basic Input/Output System
(NetBIOS)** Bunchóras *m1*
Ionchurtha/Aschurtha Líonra,
NetBIOS
**Network Bios Extended User
Interface (NetBEUI)** Comhéadan
m1 Breisithe Úsáideoirí Bunchóras
Ionchurtha/Aschurtha Líonra,
NetBEUI
network buffer maolán *m1* líonra
network card cárta *m4* líonra
network computer ríomhaire *m4*
líonra
network constant tairiseach *m1* líonra
network control rialú *m* líonra
network control program (NCP²)
ríomhchlár *m1* rialaithe líonra,
NCP²
network database bunachar *m1* sonraí
líonra
**Network Driver Interface
Specification (NDIS)** Sonraíocht *f3*
an Chomhéadain Tiománaithe
Líonra, NDIS
networking *s* líonrú *m* (*gs* -raithe)
networking chip slis *f2* líonraithe
network interface card (NIC) cárta
m4 comhéadan líonra, NIC
network interface controller
rialaitheoir *m3* comhéadan líonra
network layer sraith *f2* an líonra
network management bainistíocht *f3*
líonra
network model samhail *f3* de líonra
network operating system (NOS)
córas *m1* oibriúcháin líonra, NOS
network operation oibriú *m* (an)
líonra
network topology toipeolaíocht *f3*
líonra

neural network líonra *m4* néarach
neurocomputer *s* néar-ríomhaire *m4*
neutral *a* neodrach *a*
neutral conductor seoltóir *m3*
neodrach
neutralization *s* neodrú *m* (*gs* -raithe),
neodrúchán *m1*
neutralize *v* neodraigh *v*
neutralizing capacitor toilleoir *m3*
neodrúcháin
neutral state staid *f2* neodrach
neutron *s* neodrón *m1*
new *a* nua *a*
new blank document doiciméad *m1*
bán nua
new contact teagmháil *f3* nua
new installations suiteálacha *fpl* nua
new line character (NL) carachtar *m1*
líne nua, NL
new media meáin *mpl* nua
newsgroup *s* grúpa *m4* nuachta
newton *s* (**N**) niútan *m1*, N
next *adv* ar aghaidh *adv*
nexus *s* cumarphointe *m4*
NFB (= **negative feedback**) NFB,
aisfhotha *m4* diúltach
nibble *s* leathbheart *m1*
NIC (= **network interface card**) NIC,
cárta *m4* comhéadan líonra
NiCd (= **nickel cadmium**) NiCd,
caidmiam *m4* nicile
NiCd battery (= **nickel cadmium
battery**) ceallra *m4* NiCd, ceallra
m4 caidmiam nicile
nickel cadmium (NiCd) caidmiam *m4*
nicile, NiCd
**nickel cadmium battery (NiCd
battery)** ceallra *m4* caidmiam nicile,
ceallra *m4* NiCd
nickel delay line líne *f4* mhoillithe
nicile
nickel metal hydride (NiMH) hidríd
f2 mhiotail nicile, NiMH
**nickel metal hydride battery (NiMH
battery)** ceallra *m4* hidríd mhiotail
nicile, ceallra *m4* NiMH

nickname *s* leasainm *m4*

NiMH (= nickel metal hydride)
NiMH, hidríd *f2* mhiotail nicile

**NiMH battery (= nickel metal
hydride battery)** ceallra *m4* NiMH,
ceallra *m4* hidríd mhiotail nicile

nines' complement comhlánú *m* le
naonna

NL (= new line character) NL,
carachtar *m1* líne nua

NLQ (= near letter quality) NLQ,
cóngarach *a* do chaighdeán litreach

**NMOS (= negative metal-oxide
semi-conductor)** NMOS,
leathsheoltóir *m3* diúltach ocsaíd
mhiotail

**no-address instruction (= zero
address instruction)** treoir *f5* gan
seoladh

nodal *a* nódach *a*

node *s* (= **vertex**) nód *m1*

node hierarchy ordlathas *m1* (na) nód

noise *s* torann *m1*

noise elimination díothú *m* torainn

noise immunity imdhíonacht *f3* ar
thorann

noise level leibhéal *m1* torainn

noisy digit digit *f2* torainn

noisy mode mód *m1* torannach

nominal impedance coisceas *m1*
ainmniúil

non-abrasive *a* neamhscríobach *a*

non-arithmetic shift iomlaoid *f2*
neamhuimhríochtúil

non-ASCII characters carachtair *mpl*
neamh-ASCII

nonblocking *a* neamhbhacainneach *a*

nonblocking network líonra *m4*
neamhbhacainneach

nondecreasing sequence seicheamh
m1 neamhlaghdaitheach

nondefining declaration fógra *m4*
neamhshainitheach

nondestructive *a* neamhlotmhar *a*

nondestructive read (NDR) léamh *m1*
neamhlotmhar, NDR

non-empty *a* neamhfholamh *a*

non-empty set tacar *m1*
neamhfholamh

non-empty subset fo-thacar *m1*
neamhfholamh

non-equivalence operation oibríocht
f3 neamhchoibhéise

non-erasable *a* do-léirscriosta *a*

non-exhaustiveness *s*
neamh-uileghabhálacht *f3*

non-existent *a* nach ann dó/di

non-explicit *a* neamhléir *a*

nonfunctional requirement riachtanas
m1 neamhfheidhmiúil

non-impact printer printéir *m3*
neamhthuinseamhach

non-inverting buffer maolán *m1*
neamhinbhéartúcháin

non-isolated amplifier aimplitheoir
m3 neamh-aonraithe

nonkey attribute tréith *f2*
neamheochrach

nonlinear *a* neamhlíneach *a*

nonlinear distortion díchumadh *m*
neamhlíneach

nonlinearity *s* neamhlíneacht *f3*

nonlinear programming ríomhchlárú
m neamhlíneach

nonlocal jump léim *f2* neamhlogánta

nonmaskable *a* do-mhasctha *a*

non-negative predicate preideacáid *f2*
neamhshéantach

non-numeric character carachtar *m1*
neamhuimhriúil

non-ordered *a* *(of binary trees)*
neamhhordaithe *a*

nonpre-emptive *a*
neamh-réamhghabhálach *a*

nonpre-emptive multitasking iltascáil
f3 neamh-réamhghabhálach

nonprint function feidhm *f2*
neamhphriontála

nonprocedural *a* neamhghnásúil *a*

nonprocedural computing language
teanga *f4* neamhghnásúil
ríomhaireachta

non-return-to-zero (NRZ) gan
   filleadh *m* ar nialas, NRZ
nonsequential *a* neamhsheicheamhach
   a
nonterminating *a* éigríochta[2] *a*
nontransitively dependent spleách *a*
   go neamhaistreach
nonvirtual hosting óstáil *f3*
   neamhfhíorúil
nonvolatile *a* neamhluaineach *a*
nonvolatile memory (NVM) cuimhne
   f4 neamhluaineach, NVM
nonvolatile storage (NVS) stóras *m1*
   neamhluaineach, NVS
nonwindows application feidhmchlár
   m1 neamhfhuinneogach
non-XML syntax comhréir *f2*
   neamh-XML
no op (= blank instruction, no
   operation instruction, skip[2]**)**
   neamhghníomhaíocht *f3*
no operation instruction (= blank
   instruction, no op, skip[2]**, waste**
   instruction) treoir *f5*
   neamhghníomhaíochta
NOR (= negative-OR, NOT OR)
   NOR, NOT OR
NOR circuit (= NOR gate) ciorcad
   m1 NOR
normal[1] *a (ordinary)* gnáth- *pref*,
   normálta *a*
normal[2] *a (Mth.)* normalach *a*
normal contact gnáth-theagmháil *f3*
normal direction flow sreabhadh *m*
   gnáth-threoch
normal form foirm *f2* normalach
normalization *s* normalú *m* (*gs* -laithe)
normalize *v* normalaigh *v*
normalized floating-point number
   uimhir *f5* shnámhphointe
   normalaithe
normalized form foirm *f2* normalaithe
normal template gnáth-theimpléad *m1*
normal view gnáthamharc *m1*
normative *a* normatach *a*
NOR operation (= joint denial,

negative-OR operation, NOT OR
   operation) oibríocht *f3* NOR
NOS (= network operating system)
   NOS, córas *m1* oibriúcháin líonra
NOT NOT
NOT AND (= NAND, negative-AND)
   NOT AND, NAND
NOT AND gate (NAND gate) geata
   m4 NOT AND, geata *m4* NAND
NOT AND operation (NAND
   operation) oibríocht *f3* NOT AND,
   oibríocht *f3* NAND
not a number (NaN) nach uimhir,
   Nuimh
notation *s* nodaireacht *f3*
notch *s* eang[1] *f3*
NOT circuit (= NOT gate) ciorcad *m1*
   NOT
notebook computer (= laptop
   computer) ríomhaire *m4* glúine
NOT gate (= NOT circuit) geata *m4*
   NOT
NOT-IF-THEN gate geata *m4*
   NOT-IF-THEN
NOT operation (= Boolean
   complementation, negation)
   oibríocht *f3* NOT
NOT OR (= negative-OR, NOR)
   NOT OR, NOR
NOT OR operation (= joint denial,
   negative-OR operation, NOR
   operation) oibríocht *f3* NOR
not provable dochruthaithe *a*
not responding gan freagairt *f3*
nought *s* náid *f2*
np junction cumar *m1* np
n-plus-one address instruction treoir
   f5 sheoladh n móide a haon
npn transistor trasraitheoir *m3* npn
NRZ (= non-return-to-zero) NRZ,
   gan filleadh *m* ar nialas
ns (= nanosecond) ns, nanashoicind
   m4
NSAI (= National Standards
   Authority of Ireland) NSAI, An
   tÚdarás *m1* um Chaighdeáin

Náisiúnta na hÉireann

n-tuple length register tabhall *m1* faid
n-chodaigh

null[1] *s (without value)* neamhní *m4*

null[2] *s (zero)* nialas *m1*

null[3] *a (without value)* neamhnitheach
a

null[4] *a (zero)* nialasach *a*

nullability *s* in-neamhnitheacht *f3*

null allowed neamhní *m4* ceadaithe

null attribute tréith *f2* neamhnitheach

null character carachtar *m1*
neamhnitheach

null modem adapter cuibheoir *m3*
neamh-mhóideimeach

null modem cable cábla *m4*
neamh-mhóideimeach

null set (= empty set) tacar *m1*
neamhnitheach

null string (= empty string) teaghrán
m1 neamhnitheach

null terminator críochtóir *m3*
neamhnitheach

null value luach *m3* neamhnitheach

number *s* (= **numeric**[1]) uimhir *f5*

number cruncher brúisceoir *m3*
uimhreacha

numbered list liosta *m4* uimhrithe

number format formáid *f2* uimhreach

numbering *s* (= **numeration**) uimhriú
m (*gs* -rithe)

number of relationship instances, the
an líon *m1* ásc de ghaoil

number representation léiriú *m*
uimhreacha

number system uimhirchóras *m1*

numeral *s* uimhreán *m1*

numeration *s* (= **numbering**) uimhriú
m (*gs* -rithe)

numerator *s* uimhreoir *m3*

numeric[1] *s* (= **number**) uimhir *f5*

numeric[2] *a* (= **numerical**) uimhriúil *a*

numerical analysis anailís *f2* uimhriúil

**numerical control (= numeric
control)** rialú *m* uimhriúil

numeric algebra ailgéabar *m1*

uimhriúil

numeric character carachtar *m1*
uimhriúil

numeric code cód *m1* uimhriúil

numeric coding códú *m* uimhriúil

**numeric control (= numerical
control)** rialú *m* uimhriúil

numeric coprocessor comhphróiseálaí
m4 uimhriúil

numeric data sonraí *mpl* uimhriúla

numeric field réimse *m4* uimhriúil

numeric format formáid *f2* uimhriúil

numeric keypad eochaircheap *m1*
uimhriúil

numeric variable athróg *f2* uimhriúil

numeric word giotánra *m4* uimhriúil

Num Lock (= numbers lock)
uimhirghlas *m1*

Num Lock key eochair *f5* uimhirghlais

NVM (= nonvolatile memory) NVM,
cuimhne *f4* neamhluaineach

NVS (= nonvolatile storage) NVS,
stóras *m1* neamhluaineach

O

OA (= office automation) OA,
uathoibriú *m* oifige

obey *v* (= **conform**) bí *v* de réir ...

object[1] *s (data construct)* oibiacht *f3*

object[2] *s (program compilation)* aidhm
f2

object class aicme *f4* oibiachtaí

object code cód *m1* aidhme

object cohesion comhtháthú *m*
oibiachtaí

object computer ríomhaire *m4* aidhme

object deck (= object pack)
aidhmphaca *m4*

object identifier aitheantóir *m3*
oibiachta

object language teanga *f4* aidhme

**Object Linking and Embedding
(OLE)** Nascadh *m* agus Leabú
Oibiachtaí, OLE

object module modúl *m1* aidhme
Object Module Format (OMF)
Formáid *f2* Mhodúl Aidhme, OMF
object name ainm *m4* oibiachta
object-oriented *a* bunaithe *a* ar
oibiachtaí
object-oriented database
management system (OODBMS)
córas *m1* bainistíochta bunachar
sonraí (atá) bunaithe ar oibiachtaí,
OODBMS
object-oriented design (OOD)
dearadh *m* (atá) bunaithe ar
oibiachtaí, OOD
object-oriented graphics (= vector
graphics) grafaic *f2* (atá) bunaithe
ar oibiachtaí
object-oriented language teanga *f4*
(atá) bunaithe ar oibiachtaí
object-oriented model samhail *f3* (atá)
bunaithe ar oibiachtaí
object-oriented programming (OOP)
ríomhchlárú *m* (atá) bunaithe ar
oibiachtaí, OOP
object-oriented user interface
(OOUI) comhéadan *m1* úsáideora
(atá) bunaithe ar oibiachtaí, OOUI
object pack (= object deck)
aidhmphaca *m4*
object program ríomhchlár *m1*
aidhme
object-relational database bunachar
m1 sonraí coibhneasta oibiachtaí
object-relational database
management system (ORDBMS)
córas *m1* bainistíochta bunachar
sonraí coibhneasta oibiachtaí,
ORDBMS
object repository stór *m1* oibiachtaí
Object Request Broker (ORB)
Bróicéir *m3* Iarratas ar Oibiachtaí,
ORB
oblique *a* fiar *a*
occur *v* tarlaigh *v*
occurrence *s* tarlú *m* (*gs* -laithe)
occurrence indicator táscaire *m4*

tarlaithe
occurs check seiceáil *f3* tarluithe
**OCR (= optical character
recognition)** OCR, aithint *f3* optúil
carachtar
**OCR reader (= optical character
reader)** léitheoir *m3* OCR, léitheoir
m3 optúil carachtar
octal[1] *a (El.)* ochtach *a*
octal[2] *a (of number system)* ochtnártha
a
octal character constant tairiseach *m1*
carachtair ochtnártha
octal constant tairiseach *m1*
ochtnártha
octal numbering system córas *m1*
uimhrithe ochtnártha
octet *s* ochtréad *m1*
**ODBC (= Open Database
Connectivity)** ODBC, Nascacht *f3*
Oscailte Bunachar Sonraí
odd *a* corr *a*, corr- *pref*
odd-even check seiceáil *f3* chorr-réidh
odd parity corrphaireacht *f3*
odd parity check seiceáil *f3*
corrphaireachta
odd parity system córas *m1*
corrphaireachta
Oe (= oersted) Oe, orstad *m1*
OE (= optoelectronics) OE,
optaileictreonaic *f2*
**OEIC (= optoelectronic integrated
circuit)** OEIC, ciorcad *m1*
comhtháite optaileictreonach
**OEM (= original equipment
manufacturer)** OEM, déantóir *m3*
buntrealaimh
oersted *s* **(Oe)** orstad *m1*, Oe
**OFDM (= orthogonal
frequency-division multiplexing)**
OFDM, ilphléacsú *m* ortagánach
roinnte minicíochta
office assistant cúntóir *m3* oifige
office automation (OA) uathoibriú *m*
oifige, OA
offline *a* as líne

offline browser brabhsálaí *m4* as líne
offline function feidhm *f2* as líne
offnetwork connection nasc *m1*
  eislíonra
offscreen formatting formáidiú *m*
  eas-scáileáin
ohm *s (unit)* óm *m1*
Ohm's law dlí *m4* Ohm
OLAP (= online analytical
  processing) OLAP, próiseáil *f3*
  anailíseach ar líne
OLE (= Object Linking and
  Embedding) OLE, Nascadh *m* agus
  Leabú Oibiachtaí
OLTP (= online transaction
  processing) OLTP, próiseáil *f3*
  idirbheart ar líne
omega *s* óimige *m4*
OMF (= Object Module Format)
  OMF, Formáid *f2* Mhodúl Aidhme
OMR (= optical mark recognition)
  OMR, aithint *f3* marcanna optúla
one-address instruction treoir *f5*
  aonseolta
one and only one of ... ceann, is gan
  ach ceann (amháin), de ...
one-digit adder suimitheoir *m3*
  aondigite
one-dimensional array eagar *m1*
  aontoiseach
one-for-one *a* aon d'aon
one-level storage stóráil *f3* aonleibhéil
one-plus-one address seoladh *m* aon
  móide aon
ones' complement comhlánú *m* le
  haonta
ones' complement operator oibreoir
  m3 chomhlánú le haonta
one-shot circuit ciorcad *m1*
  aon-iarrachta
one-step operation (= single-step
  operation) oibríocht *f3* aonchéime
one-to-many *a* aon le mórán
one-to-many mapping (= multivalued
  mapping) mapáil *f3* aon le mórán
one-to-one *a* aon le haon

one-to-one mapping mapáil *f3* aon le
  haon
one-to-zero ratio cóimheas *m3* aon le
  nialas
one-way communication cumarsáid *f2*
  aontreo
online *a* ar líne
online analytical processing (OLAP)
  próiseáil *f3* anailíseach ar líne,
  OLAP
online bibliographic database
  bunachar *m1* sonraí
  bibleagrafaíochta ar líne
online function feidhm *f2* ar líne
online help cabhair *f3* ar líne
online image browser brabhsálaí *m4*
  íomhánna ar líne
online literature searching cuardach
  m1 litríochta ar líne
online page view amharc *m1*
  leathanaigh ar líne
Online Public-Access Catalogue
  Catalóg *f2* Ar Líne don Phobal
online searching cuardach *m1* ar líne
online service provider soláthraí *m4*
  seirbhísí ar líne
online storage stóras *m1* ar líne
online transaction processing
  (OLTP) próiseáil *f3* idirbheart ar
  líne, OLTP
onscreen instruction treoir *f5* scáileáin
on-the-fly printer printéir *m3* ar
  eitleog
ontology *s* ointeolaíocht *f3*
OOD (= object-oriented design)
  OOD, dearadh *m* (atá) bunaithe ar
  oibiachtaí
OODBMS (= object-oriented
  database management system)
  OODBMS, córas *m1* bainistíochta
  bunachar sonraí (atá) bunaithe ar
  oibiachtaí
OOP (= object-oriented
  programming) OOP, ríomhchlárú *m*
  (atá) bunaithe ar oibiachtaí
OOUI (= object-oriented user

interface) OOUI, comhéadan *m1*
úsáideora (atá) bunaithe ar
oibiachtaí
open[1] *v* oscail *v*
open[2] *a* oscailte *a*
open architecture ailtireacht *f3*
oscailte
open code cód *m1* oscailte
open collector circuit ciorcad *m1*
oscailte tiomsaithe
**Open Database Connectivity
(ODBC)** Nascacht *f3* Oscailte
Bunachar Sonraí, ODBC
open data-link interface (ODI)
comhéadan *m1* oscailte (an) nasctha
sonraí
opening bracket lúibín *m4* tosaigh
opening tag (= start tag) clib *f2*
thosaigh
open loop lúb *f2* oscailte
open propositional formula foirmle *f4*
tairisceana oscailte
open routine gnáthamh *m1* oscailte
open sentence abairt *f2* oscailte
Open Shortest Path First (OSPF)
Oscail *v* an Cosán is Giorra ar dTús,
OSPF
Open Systems Interconnection (OSI)
Idirnasc *m1* Córas Oscailte, OSI
**Open Systems Interconnection
reference model (OSI reference
model)** samhail *f3* tagartha
d'Idirnasc Córas Oscailte, samhail *f3*
tagartha OSI
operand *s* oibreann *f2*
operate *v* oibrigh *v*
operating *s* oibriúchán *m1*
operating system (OS) córas *m1*
oibriúcháin, OS
operating system machine level
meaisínleibhéal *m1* córas
oibriúcháin
operating system services seirbhísí *fpl*
córas oibriúcháin
operation *s* **(op)** oibríocht *f3*
operational *a* oibríochtúil *a*

operational amplifier (op amp)
aimplitheoir *m3* oibriúcháin
operation code (op code) cód *m1*
oibríochta
operation code table (op code table)
tábla *m4* cód oibríochta
operation cycle ciogal *m1* oibríochta
operation decoder díchódóir *m3*
oibríochta
operation part páirt *f2* d'oibríocht
operation register (op register)
tabhall *m1* oibríochta
operations research taighde *m4* ar
oibríochtaí
operation table tábla *m4* oibríochta
operator *s* oibreoir *m3*
operator control panel painéal *m1*
rialaithe oibreoirí
operator semantics séimeantaic *f2*
oibreoirí
optical *a* optúil *a*
optical character carachtar *m1* optúil
**optical character reader (OCR
reader)** léitheoir *m3* optúil
carachtar, léitheoir *m3* OCR
optical character recognition (OCR)
aithint *f3* optúil carachtar, OCR
optical computer ríomhaire *m4* optúil
optical-coupled isolation amplifier
aimplitheoir *m3* aonraithe
optachúpláilte
**optical coupler (= optocoupler,
optoisolator)** optachúplóir *m3*
optical disk diosca *m4* optúil
optical disk unit aonad *m1* dioscaí
optúla
optical fibre snáithín *m4* optaice
optical fibre technology teicneolaíocht
f3 snáithín optaice
optical image chip slis *f2* íomhá optúil
optical mark reader léitheoir *m3*
marcanna optúla
optical mark recognition (OMR)
aithint *f3* marcanna optúla, OMR
optical mouse luch *f2* optúil
optical scanner scanóir *m3* optúil

optical scanning scanadh *m* optúil
optics *s* optaic *f2*
optimal *a* optamach *a*
optimal configurations cumraíochtaí
   mpl optamacha
optimization *s* optamú *m* (*gs* -maithe),
   optamúchán *m1*
optimize *v* optamaigh *v*
optimum code cód *m1* optamach
optimum programming ríomhchlárú
   m optamach
option *s* rogha *f4*
optional *a* roghnach *a*
optional participation rannpháirtíocht
   f3 roghnach
optional stop instruction stopthreoir
   f5 roghnach
option card cárta *m4* roghanna
option group grúpa *m4* roghanna
optocoupler *s* (= **optical coupler**,
   optoisolator) optachúplóir *m3*
optoelectronic integrated circuit
   (**OEIC**) ciorcad *m1* comhtháite
   optaileictreonach, OEIC
optoelectronics *s* (**OE**)
   optaileictreonaic *f2*, OE
optoisolator *s* (= **optical coupler**,
   optocoupler) optaonraitheoir *m1*
optomechanical *a* optaimeicniúil *a*
optomechanical mouse luch *f2*
   optaimeicniúil
OR *(logic)* OR
oracle *s* oracal *m1*
ORB (= **Object Request Broker**)
   ORB, Bróicéir *m3* Iarratas ar
   Oibiachtaí
OR circuit ciorcad *m1* OR
ORDBMS (= **object-relational**
   database management system)
   ORDBMS, córas *m1* bainistíochta
   bunachar sonraí coibhneasta
   oibiachtaí
order[1] *v* cuir *v* in ord
order[2] *s (sequence)* ord *m1*
ordered *a* in ord, ord- *pref,* ordaithe *a*
ordered list ordliosta *m4*

ordered pair ordphéire *m4*
ordered values ordluachanna *mpl*
orderly shutdown múchadh *m* ordúil
order of a group ord *m1* grúpa
order of conditions ord *m1* (na
   g)coinníollacha
order of evaluation ord *m1* luachála
order of magnitude ord *m1* méide
ordinal number orduimhir *f5*
ordinal type cineál *m1* orduimhriúil
OR-ELSE operation (= **EITHER-OR**
   operation) oibríocht *f3* OR-ELSE
organization *s* eagraíocht *f3*
organizational chart cairt *f2* eagair
organize *v* eagraigh *v*
OR gate geata *m4* OR
orientation *s* treoshuíomh *m1*
origin *s* (= **base address, presumptive**
   address) bunphointe *m4*
original *a* bun-[2] *pref*
original equipment manufacturer
   (**OEM**) déantóir *m3* buntrealaimh,
   OEM
OR operation (= **logical add**)
   oibríocht *f3* OR
OR operator oibreoir *m3* OR
orphan *s (Wordpr.)* dílleachta *m4*
orthogonal *a* ortagánach *a*
orthogonal frequency-division
   multiplexing (**OFDM**) ilphléacsú *m*
   ortagánach roinnte minicíochta,
   OFDM
orthogonal instruction treoir *f5*
   ortagánach
orthogonal list liosta *m4* ortagánach
OS (= **operating system**) OS, córas
   m1 oibriúcháin
oscillation *s* ascalú *m* (*gs* -laithe),
   ascalúchán *m1*
oscillation frequency minicíocht *f3*
   ascalúcháin
oscillator *s* ascaltóir *m3*
oscilloscope *s* ascalascóp *m1*
OSI (= **Open Systems**
   Interconnection) OSI, Idirnasc *m1*
   Córas Oscailte

OSI reference model (= Open
  Systems Interconnection reference
  model) samhail *f3* tagartha OSI,
  samhail *f3* tagartha d'Idirnasc Córas
  Oscailte
OSPF (= Open Shortest Path First)
  OSPF, Oscail *v* an Cosán is Giorra
  ar dTús
outage *s* éaradh *m* seirbhíse
outbox *s* amach *adv*, (bosca, post etc)
  amach
outer join comhcheangal *m1* amuigh
outline[1] *s* imlíne *f4*
outline[2] *a* imlíneach *a*
outline current environment
  description tuairisc *f2* imlíneach ar
  thimpeallacht reatha
outline font cló *m4* imlíneach
outline view amharc *m1* imlíneach
out-of-memory error earráid *f2* easpa
  cuimhne
out of phase as comhphas
out of range as raon
out of service time aga *m4* as seirbhís
output[1] *s (of data)* aschur[1] *m1*
output[2] *s (of process)* aschur[2] *m (gs
  -tha)*
output area limistéar *m1* aschuir
output buffer maolán *m1* aschuir
output bus driver bustiománaí *m4*
  aschuir
output data sonraí *mpl* aschuir
output device gléas *m1* aschurtha
output equipment trealamh *m1*
  aschurtha
output format formáid *f2* aschuir
output medium meán *m1* aschurtha
output operation oibríocht *f3*
  aschurtha
output port port *m1* aschurtha
output procedure gnás *m1* aschurtha
output record taifead *m1* aschuir
output stream controller rialaitheoir
  m3 sreafa aschuir
outside border imlíne *f4* amuigh
outsourcing *s* foinsiú *m* allamuigh

overflow *s* róshreabhadh *m (gs -eafa)*
overflow indicator táscaire *m4*
  róshreafa
overflow records taifid *mpl* róshreafa
overhead *s* forchostas *m1*
overhead projector osteilgeoir *m3*
overheating *s* róthéamh *m1*
overlap[1] *v* forluigh *v*
overlap[2] *s* forluí *m4*
overlapping *a* forluiteach *a*
overlapping entities aonáin *mpl*
  fhorluiteacha
overlapping register window
  fuinneog *f2* fhorluiteach taibhle
overlapping windows fuinneoga *fpl*
  forluiteacha
overlay[1] *v* forleag *v*
overlay[2] *s* forleagan[1] *m1*
overlaying *s* forleagan[2] *m (gs -gtha)*
overloading[1] *s (excess)* rólódáil *f3*
overloading[2] *s (extra capacity)*
  forlódáil *f3*
overriding *s* sárú *m (gs -raithe)*
overstrike *v* muinbhuail *v*
overtype *v* forphriontáil *v*
overwrite *v* forscríobh *v*
owner *s* úinéir *m3*
oxide *s* ocsaíd *f2*
oxide media meáin *mpl* ocsaíde

P

p (= pico- *pref*) p, pic- *pref*
P (= peta- *pref*) P, peitea- *pref*
PA (= pascal) PA, pascal *m1*
PABX (= private automatic branch
  exchange) PABX, malartán *m1*
  brainseach príobháideach
  uathoibríoch
PAC (= program address counter)
  PAC, áiritheoir *m3* seoltaí
  ríomhchláir
pack[1] *v* pacáil *v*
pack[2] *s (= deck[1])* paca *m4*
package *s* pacáiste *m4*

packaged *a* pacáistithe *a*
packaging *s (of process)* pacáistiú *m*
   (gs -tithe)
packed decimal deachúil *f3* phacáilte
packet *s* paicéad *m1*
**packet assembler/disassembler
   (PAD)** díolamóir/dídhíolamóir *m3*
   paicéad, PAD
packet broadcasting craoladh *m*
   paicéad
packet communications cumarsáid *f2*
   phaicéad
packet data link processor próiseálaí
   m4 nasctha sonraí paicéad
packet exchange protocol (PEP)
   prótacal *m1* malartaithe paicéad
**packet-switched data network
   (PSDN)** líonra *m4* sonraí
   paicéadlasctha
packet switching lascadh *m* paicéad
packet-switching network líonra *m4*
   lasctha paicéad
packet transmission tarchur *m* paicéad
packing density dlús *m1* pacála
pad *v* stuáil[1] *v*
**PAD (= packet assembler/
   disassembler)** PAD,
   díolamóir/dídhíolamóir *m3* paicéad
pad character carachtar *m1* stuála
padding *s* stuáil[2] *f3*
page *s* leathanach *m1*
page break briseadh *m* (idir)
   leathanaigh
paged *a* leathanaigh, ina
page description language (PDL[1])
   teanga *f4* thuairiscithe leathanach,
   PDL[1]
page descriptor tuairisceoir *m3*
   leathanaigh
page directory eolaire *m4* leathanach
page down[1] brúigh *v* leathanach síos
page down[2] *(of key)* leathanach *m1*
   síos
page fault locht *m3* ar leathanach
page frame fráma *m4* leathanaigh
page layout leagan *m1* amach

   leathanaigh
page layout view amharc *m1* ar leagan
   amach leathanaigh
page markup marcáil *f3* leathanaigh
page orientation treoshuíomh *m1*
   leathanaigh
page printer printéir *m3* leathanaigh
pager *s* glaoire *m4*
page range raon *m1* leathanach
page replacement policy polasaí *m4*
   athsholáthair leathanaigh
page set-up cumraíocht *f3* leathanaigh
page skip scipeáil *f3* leathanaigh/
   leathanach
page table tábla *m4* leathanaigh
page up[1] brúigh *v* leathanach suas
page up[2] *(of key)* leathanach *m1* suas
page width leithead *m1* leathanaigh
paginate *v* uimhrigh *v* leathanaigh
pagination *s* uimhriú *m* leathanach
paging[1] *s (of calling)* glaoireacht *f3*
paging[2] *s (of main storage)* malartú *m*
   leathanach
paintbrush *s* cleiteán *m1*
paint program ríomhchlár *m1*
   péinteála
pair *s* péire *m4*
pairing *s* péireáil *f3*
palette *s* pailéad *m1*
Palmtop *See* hand-held computer.
PAN (= personal area network) PAN,
   líonra *m4* achair phearsanta
pane *s* pána *m4*
panel *s* painéal *m1*
PAP (= Printer Access Protocol) PAP,
   Prótacal *m1* Rochtana Printéara
paper *s* páipéar *m1*
paper-binding machine ceanglóir *m3*
   páipéir
paper clip fáiscín *m4* páipéir
paper feed fothaire *m4* páipéir
paper jam tranglam *m1* páipéir
paperless office oifig *f2* gan pháipéar
paper low paipéar *m1* gann
paper park páirceáil *f3* páipéir
paper sizes méideanna *fpl* páipéir

paper skip scipeáil *f3* páipéir
paper tape (= punched tape) téip *f2* pháipéir
paper tray (= feed tray) tráidire *m4* páipéir
parabola *s* parabóil *f2*
paradigm *s* paraidím *f2*
paradox *s* paradacsa *m4*
paragraph *s* alt *m1*
paragraph mark marc *m1* ailt
paragraph spacing spásáil *f3* alt
parallel[1] *a (Comp.)* comhuaineach[1] *a*, comhuainíochta *gs as a*
parallel[2] *a (Mth.)* comhthreomhar *a*
parallel access (= simultaneous access) rochtain *f3* chomhuaineach
parallel adder suimitheoir *m3* comhuaineach
parallel architecture ailtireacht *f3* chomhuainíochta
parallel arrays eagair *mpl* chomhuaineacha
parallel computer (= simultaneous computer) ríomhaire *m4* comhuainíochta
parallel conversion tiontú *m* comhuaineach
parallel feed fothú *m* comhuaineach
parallel input/output (PIO) ionchur/aschur *m* comhuaineach, PIO
parallel instruction execution rith *m* treoracha comhuaineacha
parallel interface comhéadan *m1* comhuainíochta
parallelism *s* comhuainíocht *f3*
parallel operation oibríocht *f3* chomhuaineach
parallel port port *m1* comhuaineach
parallel processing (PP) próiseáil *f3* chomhuaineach, PP
parallel processing system (PPS) córas *m1* próiseála comhuainí, PPS
parallel run rith *m3* comhuaineach
parallel search cuardach *m1* comhuaineach

parallel storage stóras *m1* comhuaineach
parallel structure struchtúr *m1* comhuainíochta
parallel system córas *m1* comhuainíochta
parallel transfer aistriú *m* comhuaineach, traschur *m* comhuaineach
parallel transmission tarchur *m* comhuaineach
parameter *s* paraiméadar *m1*
parameter entity aonán *m1* paraiméadair
parameter entity reference tagairt *f3* d'aonán paraiméadair
parameter list liosta *m4* paraméadar
parametric amplifier aimplitheoir *m3* paraiméadrach
parasitic capacitance toilleas *m1* seadánach
parent *s (of directory)* máthair *f5*
parenthesis *s (of bracket)* lúibín *m4*
parenthesis-free notation (= Polish notation, prefix notation) nodaireacht *f3* gan lúibíní
parenthesized expression slonn *m1* lúibíneach
parent node máthairnód *m1*
parity *s* paireacht *f3*
parity bit giotán *m1* paireachta
parity checking seiceáil *f3* paireachta
parity error earráid *f2* phaireachta
park *v* páirceáil *v*
parse *v* parsáil[1] *v*
parsed entity aonán *m1* parsáilte
parser *s* parsálaí *m4*
parser software bogearraí *mpl* parsála
parsing *s* parsáil[2] *f3*
part *s (= component)* comhpháirt *f2*
part failure rate ráta *m4* teipeanna comhpháirte
partial *a* páirteach *a*, páirt- *pref*
partial carry páirtiomprach *m1*
partial participation rannpháirtíocht *f3* pháirteach

partial sum páirtsuim *f2*
participation *s* rannpháirtíocht *f3*
partition[1] *v* deighil[1] *v*
partition[2] *s* deighilt[1] *f2*
partitioned catalogue catalóg *f2*
   dheighilte
partitioned database bunachar *m1*
   sonraí deighilte
partition sector teascóg *f2* na deighilte
partition-sector virus víreas *m1*
   theascóg na deighilte
pascal *s* **(PA)** pascal *m1*, PA
Pascal *(computer language)* Pascal
pass *s* tardhul *m3*
passive *a* éighníomhach *a*
passive device gléas *m1* éighníomhach
passphrase *s* frása *m4* faire, pasfhrása
   m4
password *s* focal *m1* faire, pasfhocal
   m1
password lifetime saolré *f4* pasfhocail
paste *v* greamaigh *v*
paste special sainghreamaigh *v*
PAT (= public access terminal) PAT,
   teirminéal *m1* rochtana poiblí
patch[1] *v* paisteáil *v*
patch[2] *s* paiste *m4*
patchboard *s* **(= patch panel,**
   problem board) clár *m1* paiste
patch cord corda *m4* paiste
patch panel (= patchboard *s*,
   problem board) painéal *m1* paiste
path *s* cosán *m1*
path control layer sraith *f2* rialaithe
   cosán
pattern *s* patrún *m1*
pattern-directed search cuardach *m1*
   de réir patrún
pattern matching meaitseáil *f3* patrún
pattern recognition aithint *f3* patrún
pattern-sensitive fault locht *m3*
   patrúníogair
pause *s* sos *m3*
PAX (= private automatic exchange)
   PAX, malartán *m1* uathoibríoch
   príobháideach

PBX (= private branch exchange)
   PBX, malartán *m1* brainseach
   príobháideach
pc (= printed circuit) ciorcad *m1*
   priontáilte
PC (= personal computer) ríomhaire
   m4 pearsanta
pc board (= printed circuit board)
   clár *m1* ciorcad priontáilte
p-channel metal-oxide
   semiconductor (PMOS)
   leathsheoltóir *m3* p-chainéil ocsaíd
   mhiotail, PMOS
PCI (= peripheral component
   interconnect) PCI, idirnasc *m1*
   comhpháirteanna forimeallach
PCM (= pulse code modulation)
   PCM, modhnú *m* bíogchóid
PDA (= personal digital assistant)
   PDA, cúntóir *m3* digiteach pearsanta
PDC (= primary domain controller)
   PDC, rialaitheoir *m3*
   príomhfhearainn
PDF (= Portable Document Format)
   PDF, Formáid *f2* Doiciméad
   Iniompartha
PDL[1] **(= page description language)**
   PDL[1], teanga *f4* thuairiscithe
   leathanach
PDL[2] **(= programmable digital logic)**
   PDL[2], loighic *f2* dhigiteach
   in-ríomhchláraithe
PDN (= public data network) PDN,
   líonra *m4* poiblí sonraí
PE (= phase encoding) PE,
   pas-ionchódú *m* (*gs* -daithe)
peak *s* buaic *f2*
peak data transfer rate buaicráta *m4*
   traschurtha sonraí, buaicráta *m4*
   aistrithe sonraí
peak-to-peak amplitude aimplitiúid *f2*
   ó bhuaic go buaic
peak value buaicluach *m3*
peer entities comhaonáin *mpl*
peer layers comhshraitheanna *fpl*

peer-to-peer file transfer aistriú *m*
comhad idir chomhghleacaithe
**peer-to-peer network (= peer
network)** líonra *m4* idir
chomhghleacaithe
pel *See* pixel.
pen light (= light pen) solaspheann *m1*
percent *s (of key)* céatadán *m1*
percentage *s* céatadán *m1*
perfect shuffle suaitheadh *m* foirfe
perform *v* feidhmigh³ *v*
performance *s* feidhmíocht *f3*
performance management
bainistíocht *f3* feidhmíochta
performance requirements
riachtanais *mpl* feidhmíochta
performance variables athróga *fpl*
feidhmíochta
period *s (= full stop)* lánstad *m4*
periodic *a (El., Mth.)* peiriadach *a*
periodic(al) *a (Gen.)* tréimhsiúil *a*
periodic current sruth *m3* peiriadach
periodic function feidhm *f2*
pheiriadach
periodic reports tuairiscí *fpl*
tréimhsiúla
peripheral¹ *a* forimeallach¹ *a*
peripheral² *s (= peripheral unit)*
forimeallach² *m1*
peripheral-bound *a (=
peripheral-limited)* teoranta *a* ag
forimeallach/forimeallaigh
peripheral bus bus *m4* forimeallach
**peripheral component interconnect
(PCI)** idirnasc *m1* comhpháirteanna
forimeallach, PCI
peripheral device gléas *m1*
forimeallach
peripheral equipment trealamh *m1*
forimeallach
peripheral interface comhéadan *m1*
forimeallach
peripheral interface adapter (PIA)
cuibheoir *m3* comhéadan
forimeallach, PIA
peripheral interface channel cainéal

m1 comhéadan forimeallach
peripheral-limited *a (=
peripheral-bound)* teoranta *a* ag
forimeallach/forimeallaigh
peripheral processor próiseálaí *m4*
forimeallach
peripheral transfer aistriú *m*
forimeallach
peripheral unit (= peripheral²) aonad
m1 forimeallach
**PERL (= Practical Extraction and
Reporting Language)** PERL
permanent *a* buan *a*, buan- *pref*
permanent error buanearráid *f2*
permanent memory buanchuimhne *f4*
permanent storage buanstóras *m1*
permanent virtual circuit (PVC)
buanchiorcad *m1* fíorúil, PVC
permission *s (= access permission)*
cead *m3* (rochtana)
permit *v* ceadaigh *v*
permittivity *s* ceadaíocht *f3*
permutation *s* iomalartú *m* (*gs* -taithe)
persistent cookie fianán *m1*
seasmhach
persistent storage stóráil *f3*
sheasmhach
personal *a* pearsanta *a*
personal area network (PAN) líonra
m4 achair phearsanta, PAN
personal computer (PC) ríomhaire *m4*
pearsanta
**personal digital assistant (=
hand-held computer, PDA)** cúntóir
m3 digiteach pearsanta, PDA
personal identification number (PIN)
uimhir *f5* aitheantais phearsanta,
PIN, UAP
personal information manager (PIM)
bainisteoir *m3* pearsanta faisnéise,
PIM
personalize *v (= customize²)*
oiriúnaigh *v*
**PERT (= program evaluation and
review technique)** PERT
PES (= photoelectric scanning) PES,

scanadh *m* fótaileictreach
peta- *pref* **(P)** peitea-, peiti- *pref*, P
petabit *s* peitighiotán *m1*
petabyte *s* peitibheart *m1*
petaflop *s* peiteaflap *m4*
PGS (= program generation system)
   PGS, córas *m1* ginte ríomhchlár
phantom *s (of auto-dialling)* taibhse *f4*
phantom circuit scáilchiorcad *m1*
phantom dialing *(of auto-dialling)*
   diailiú *m* taibhsiúil
phantom voltage scáilvoltas *m1*
phase *s* pas *m4*
phase angle pasuillinn *f2*
phase conversion pastiontú *m* (*gs*
   -taithe)
phase distortion pas-díchumadh *m* (*gs*
   -mtha)
phase encoding (PE) pas-ionchódú *m*
   (*gs* -daithe), PE
phase frequency distortion
   díchumadh *m* pasmhinicíochta
phase inverter pas-inbhéartóir *m3*
phase jitter pasghiodam *m1*
phase modulation (PM)
   pasmhodhnúchán *m1*, PM
phase modulation recording
   taifeadadh *m* pasmhodhnúcháin
phase shift pasiomlaoid *f2*
phase-shift keying (PSK) eochrú *m*
   pasiomlaoide, PSK
phase transition pas-trasdul *m3*
phase transition recording taifeadadh
   m pas-trasdula
phone line protector cosantóir *m3* líne
   (teilea)fóin
phoneme *s* fóinéim *f2*
phosphor *s* fosfar *m1*
phosphor dots poncanna *mpl* fosfair
phosphorescence *s* fosfaracht *f3*
photochromic *a* fótacrómach *a*
photoconductor *s* fótaisheoltóir *m3*
photocopy[1] *v* fótachóipeáil *v*
photocopy[2] *s* fótachóip *f2*
photodiode *s* fótaidhé-óid *f2*
photoelectric *a* fótaileictreach *a*

photoelectric scanning (PES) scanadh
   m fótaileictreach, PES
photoemissive *a* fótastaíoch *a*
photon *s* fótón *m1*
photonics *spl* fótóinic *f2*
photoresist *s* fótafhriotaí *m4*
photosensor *s* fótabhraiteoir *m3*
physical[1] *a* fisiciúil *a*
physical[2] *a (of Physics)* fisiceach *a*
physical address seoladh *m* fisiciúil
physical address space spás *m1*
   seoltaí fisiciúla
physical application specification
   sonraíocht *f3* fhisiciúil feidhmchláir
physical data design dearadh *m1*
   fisiciúil sonraí
physical data independence
   neamhspleáchas *m1* ar stóráil
   fhisiciúil na sonraí
physical data model samhail *f3*
   fhisiciúil de shonraí
physical design dearadh *m* fisiciúil
physical drive count líon *m1* na
   dtiomántán fisiciúil
physical environment timpeallacht *f3*
   fhisiciúil
physical function specification
   sonraíocht *f3* feidhme fisiciúla
physical key eochair *f5* fhisiciúil
physical layer, the an tsraith *f2*
   fhisiciúil
physical organization *(process)* eagrú
   m fisiciúil
physical record taifead *m1* fisiciúil
physical recording density dlús *m1*
   (an) taifeadta fhisiciúil
physical sharing comhroinnt *f2*
   fhisiciúil
PIA (= peripheral interface adapter)
   PIA, cuibheoir *m3* comhéadan
   forimeallach
pica *s* píoca *m4*
pica spacing (= ten pitch spacing)
   spásáil *f3* phíoca
pick device piocghléas *m1*
pickup *s* glacadh[1] *m* (*gs* -ctha)

pickup groups grúpaí *mpl* comhghlactha
pico- *pref* (**p**) pic-, picea-, pici- *pref*, p
picocomputer *s* piciríomhaire *m4*
picofarad *s* piceafarad *m1*
picoprocessor *s* piceaphróiseálaí *m4*
picosecond *s* piceasoicind *m4*
picowatt *s* piceavata *m4*
pictogram *s* picteagram *m1*
picture *s* pictiúr *m1*
picture element *See* pixel.
PID (**= process ID**) PID, aitheantas *m1* próisis
pie chart (**= pie graph**) píchairt *f2*
pie graph (**= pie chart**) píghraf *m1*
piezo- *pref* písea-, písi- *pref*
piezoelectric *a* písileictreach *a*
piezoelectric crystal criostal *m1* písileictreach
piezoelectric effect iarmhairt *f3* phísileictreach
piezoelectricity *s* písileictreachas *m1*
PIF (**= program information file**) PIF, comhad *m1* faisnéis ríomhchláir
pilot project treoirthionscadal *m1*
pilot system treoirchóras *m1*
PIM (**= personal information manager**) PIM, bainisteoir *m3* pearsanta faisnéise
pin[1] *v* pionnáil[1] *v*
pin[2] *s* pionna *m4*
PIN (**= personal identification number**) PIN, UAP, uimhir *f5* aitheantais phearsanta
pinboard *s* clár *m1* pionnaí
pin connection nasc *m1* pionnaí
pincushion distortion díchumadh *m* pioncásach
ping[1] *v* pingigh *v*
ping[2] *s* ping *f2* (*pl* -eacha)
ping messages pingtheachtaireachtaí *fpl*
ping-pong *s* ping pang
ping storm rabharta *m4* pingeacha
pinning *s* pionnáil[2] *f3*
pinout *s* léaráid *f2* pionnála

PIO (**= parallel input/output**) PIO, ionchur/aschur *m* comhuaineach
pipe[1] *v* píopáil[1] *v*
pipe[2] *s* píopa *m4*
pipelined computer ríomhaire *m4* píopáilte
pipelining *s* píopáil[2] *f3*
piracy *s* píoráideacht *f3*
pit *s* log *m1*
pitch *s* céim[4] *f2*
pivot table tábla *m4* maighdeogach
pivot value luach *m3* maighdeogach
pixel *s* (**= pel, picture element**) picteilín *m4*
pixel depth tiús *m1* picteilíní
pixel doubling dúbailt *f2* picteilíní
pixels per inch (**ppi**) picteilíní *mpl* san orlach
pixel thinning tanúchán *m1* picteilíní
PKC (**= public key cryptosystem**) PKC, cripteachóras *m1* le heochair phoiblí
PKI (**= public key infrastructure**) PKI, bonneagar *m1* eochrach poiblí
PLA (**= programmed logic array**) PLA, eagar *m1* loighce ríomhchláraithe
place-holder *s* coinneálaí *m4* ionaid
plaintext *s* gnáth-théacs *m4*
planar *a* plánach *a*
planar network líonra *m4* plánach
planar process próiseas *m1* plánach
Planck's law dlí *m4* Planck
plasma *s* plasma *m4*
plasma display taispeáint *f3* phlasma
plasmatron *s* plasmatrón *m1*
plastic integrated circuits ciorcaid *mpl* chomhtháite phlaisteacha
platen *s* pláitín *m4*
platform *s* ardán *m1*
platform-dependent *a* spleách *a* ar ardán
platform-independent *a* neamhspleách *a* ar ardán
platter *s* ceirnín *m4*
playback *s* athsheinm *m3*

Playstation *s* Playstation
plesiochronous *a* pléiseacronach *a*
plotter *s* breacaire *m4*
plotting board clár *m1* breactha
plug[1] *v* plugáil *v*
plug[2] *s* plocóid *f2*
plug and play (PnP) plugáil agus
   seinn *v*, PnP
plugboard[1] *s* (= **jack panel**) clár *m1*
   plocóidí
plugboard[2] *s* (= **power strip**) bloc *m1*
   plocóidí
plug-compatible *a* comhoiriúnach *a*
   maidir le plocóidí
plugging chart cairt *f2* plocóidí
plug-in *s* (= **add-in program**) breiseán
   m1
plug-in unit (= **add-on**[1]) forlíontán *m1*
plug-in upgrades breiseáin *mpl*
   uasghrádaithe
plug wire sreang *f2* plocóide
plus[1] *s* (*of key*) plus[2] *m4*
plus[2] *prep* móide *a*
plus sign plus[1] *m4*, sín *f2* phlus
PM (= **phase modulation**) PM,
   pasmhodhnúchán *m1*
PMD (= **post-mortem dump**) PMD,
   dumpáil *f3* iar-anailíse
PML (= **Portal Markup Language**)
   PML, Teanga *f4* Mharcála Tairsí
PMOS (= **p-channel metal-oxide
   semiconductor**) PMOS,
   leathsheoltóir *m3* p-chainéil ocsaíd
   mhiotail
p-n boundary (= **positive-negative
   boundary**) teorainn *f5* p-n, teorainn
   f5 dhiúltach-dheimhneach
pneumatic interfacing comhéadan *m1*
   niúmatach a dhéanamh
PNG (= **Portable Network Graphics**)
   PNG, Grafaic *f2* Iniompartha Líonra
p-n junction (= **positive-negative
   junction**) cumar *m1* p-n, cumar *m1*
   diúltach-deimhneach
PnP (= **plug and play**) PnP, plugáil
   agus seinn *v*

PnP transistor trasraitheoir *m3* PnP
pocket *s* (*of card stacker*) póca *m4*
pocket calculator áireamhán *m1* póca
point[1] *v* pointeáil *v*
point[2] *s* (*Typ.*) pointe *m4*
point-contact diode dé-óid *f2* phointe
   teagmhála
point-contact transistor trasraitheoir
   m3 pointe teagmhála
pointer *s* pointeoir *m3*
pointer arithmetic uimhríocht *f3*
   phointeora
pointer field réimse *m4* pointeora
pointer operand oibreann *f2* pointeora
pointer operation oibríocht *f3*
   phointeora
point-of-presence (POP) pointe *m4*
   rochtana Idirlín, POP
point of sale (POS) díolphointe *m4*,
   POS
point-of-sale system (POS system)
   córas *m1* díolphointe, córas *m1* POS
point-to-point connection nasc *m1* ó
   phointe go pointe
point-to-point network líonra *m4* ó
   phointe go pointe
Point-to-Point Protocol (PPP)
   Prótacal *m1* Pointe go Pointe, PPP
polar axes aiseanna *fpl* polacha
polarity *s* polaraíocht *f3*
polarize *v* polaraigh *v*
polarized screen scáileán *m1*
   polaraithe
polarizing slot sliotán *m1* polarúcháin
polar molecule móilín *m4* polach
pole *s* pol *m1*
Polish notation (= **parenthesis-free
   notation, prefix notation**)
   nodaireacht *f3* Pholannach
poll *s* faireachán *m1*
polling *s* faireachán *m1* (a dhéanamh)
polling characters carachtair *mpl*
   faireacháin
polling interval eatramh *m1*
   faireacháin
polygon *s* polagán *m1*

polygon mirror scáthán *m1*
  polagánach
polygon numbers uimhreacha *fpl*
  polagánacha
polymedia *spl* polaimheáin *mpl*
polymedia computer systems
  ríomhchórais *mpl* pholaimheán
polymer LED LED polaiméire
polymorphic *a* polamorfach *a*
polymorphism *s* polamorfacht *f3*
polynomial[1] *s* iltéarmach[1] *m1*
polynomial[2] *a* iltéarmach[2] *a*
polyphase sort sórtáil *f3* ilphasach
polystyrene *s* polaistiréin *f2*
polystyrene capacitor toilleoir *m3*
  polaistiréine
polyvalence *s* ilfhiúsacht *f3*
polyvalent *a* ilfhiúsach *a*
pop *v* (= drag, pull) tarraing *v*
POP (= point-of-presence) POP,
  pointe *m4* rochtana Idirlín
pop-up menu roghchlár *m1* aníos
port *s* port *m1*
portability *s* iniomparthacht *f3*
portable[1] *a* (of computer, etc.)
  iniompartha *a*
portable[2] *a* (of software) inrite *a* ar
  chineálacha éagsúla ríomhairí
portable computer ríomhaire *m4*
  iniompartha
Portable Document Format (PDF)
  Formáid *f2* Doiciméad Iniompartha,
  PDF
Portable Network Graphics (PNG)
  Grafaic *f2* Iniompartha Líonra, PNG
portable uninterruptible power
  supply soláthar *m1* iniompartha
  dobhriste cumhachta
portal[1] *s* tairseach[2] *f2*
portal[2] *a* tairsí *gs as a*
Portal Markup Language (PML)
  Teanga *f4* Mharcála Tairsí, PML
port expander forlíontán *m1* poirt
port number uimhir *f5* phoirt
portrait orientation treoshuíomh *m1*

portráide
POS (= point of sale) POS,
  díolphointe *m4*
position[1] *v* suigh *v*
position[2] *s* ionad[2] *m1*, suíomh[1] *m1* (*gs*
  -ímh, *pl* -anna)
positional assembly cóimeáil *f3* ionaid
positional representation léiriú *m*
  ionaid
positioner *s* suiteoir *m3*
position-independent code cód *m1*
  neamhspleách ar ionad
positioning *s* (of process) suí *m* (*gs*
  suite)
positive *a* deimhneach *a*
positive character carachtar *m1*
  deimhneach
positive electricity leictreachas *m1*
  deimhneach
positive electrode leictreoid *f2*
  dheimhneach
positive feedback aisfhotha *m4*
  deimhneach
positive ion ian *m1* deimhneach
positive literal oibreann *f2* litriúil
  dheimhneach
positive logic loighic *f2* dheimhneach
positive-negative boundary (= p-n
  boundary) teorainn *f5*
  dhiúltach-dheimhneach, teorainn *f5*
  p-n
positive-negative junction (= p-n
  junction) cumar *m1*
  diúltach-deimhneach, cumar *m1* p-n
positron *s* posatrón *m1*
POS system (= point-of-sale system)
  córas *m1* POS, córas *m1* díolphointe
postamble *s* iarghiotáin *mpl*
postcondition *s* iarchoinníoll *m1*
postfix *a* iarshuite *a*
postfix notation (= reverse-Polish
  notation) nodaireacht *f3* iarshuite
post mortem iar-anailís *f3*
post-mortem dump (PMD) dumpáil
  f3 iar-anailíse, PMD

post-mortem routine gnáthamh *m1* iar-anailíse

postorder *a* iaroird *gs as a*

postorder traversal trasnáil *f3* iaroird

postscript *s* iarscript *f2*

potential *s* poitéinseal *m1*

potential customer ábhar *m1* custaiméara

potential difference difríocht *f3* poitéinsil

pound *s (of key)* punt *m4*

power *s* cumhacht *f3*

power cable (= electric cable) cábla *m4* cumhachta, cábla *m4* leictreachais

power cut gearradh *m* cumhachta, gearradh *m* leictreachais

power failure cliseadh *m* cumhachta

power key cumhachteochair *f5*

power socket soicéad *m1* cumhachta, soicéad *m1* leictreachais

power strip (= plugboard²) bloc *m1* plocóidí

power supply soláthar *m1* cumhachta, soláthar *m1* leictreachais

PP (= parallel processing) PP, próiseáil *f3* chomhuaineach

PPP (= Point-to-Point Protocol) PPP, Prótacal *m1* Pointe go Pointe

pps (= pulses per second) pps, bíoga *fpl* sa soicind

PPS (= parallel processing system) PPS, córas *m1* próiseála comhuainí

Practical Extraction and Reporting Language (PERL) PERL

preamble *s* réamhghiotáin *mpl*

precedence *s (= priority)* tosaíocht *f3*

precedence rules rialacha *fpl* tosaíochta

precise *a* beacht *a*

precision *s* beachtas *m1*

precompiled library leabharlann *f2* réamhthiomsaithe

precompiler *s* réamhthiomsaitheoir *m3*

precondition *s* réamhchoinníoll *m1*

predefined *a* réamhshainithe *a*

predefined identifier aitheantóir *m3* réamhshainithe

predetermine¹ *v (decide in advance)* réamhchinn *v*

predetermine² *v (establish in advance)* réamhdhearbhaigh *v*

predetermined¹ *a (decided in advance)* réamhchinnte *a*

predetermined² *a (established in advance)* réamhdhearbhaithe *a*

predicate *s* preideacáid *f2*

predicate calculus calcalas *m1* preideacáide, calcalas *m1* bunaithe ar phreideacáidí

predicate descriptor tuairisceoir *m3* preideacáideach

pre-emptive *a* réamhghabhálach *a*

pre-emptive multitasking iltascáil *f3* réamhghabhálach

preferences *spl* sainroghanna *fpl* (pearsanta)

prefix¹ *s* réimír *f2*

prefix² *a* réamhshuite *a*

prefix multiplier iolraitheoir *m3* réimíre

prefix notation (= parenthesis-free notation, Polish notation) nodaireacht *f3* réamhshuite

premastered tape téip *f2* réamh-mháistirchóipeáilte

premastering *s* réamh-mháistirchóipeáil *f3*

preorder *a* réamhoird *gs as a*

preorder traversal trasnáil *f3* réamhoird

preprocessing directive (= preprocessor directive) treoir *f5* réamhphróiseála

preprocessor *s* réamhphróiseálaí *m4*

preprocessor directive (= preprocessing directive) treoir *f5* réamhphróiseála

preprogrammed *a* réamh-ríomhchláraithe *a*

pre-read head cnoga *m4* (chun) réamhléite

prerecorded *a* réamhthaifeadta *a*
prerequisite *s* réamhriachtanas *m1*
presence *s* láithreacht *f3*
presence technology teicneolaíocht *f3* láithreachta
presentation *s* cur *m* i láthair, láithreoireacht *f3*
presentation application feidhmchlár *m1* láithreoireachta
presentation graphics grafaic *f2* láithreoireachta
presentation layer sraith *f2* na láithreoireachta
presentation services layer sraith *f2* na seirbhísí láithreoireachta
presentation software bogearraí *mpl* láithreoireachta
preset *v* réamhshocraigh *v*
preset parameter paraiméadar *m1* réamhshocraithe
presettable *a* in-réamhshocraithe *a*
presort *v* réamhshórtáil *v*
press *v* brúigh¹ *v*
press any key to continue le leanúint ar aghaidh brúigh eochair ar bith
pressure *s* brú¹ *m4*
presumptive address (= base address, origin) seoladh *m* toimhdean
preventive maintenance cothabháil *f3* choisctheach
preview *s* réamhamharc *m1*
PRI (= Primary Rate Interface) PRI, Comhéadan *m1* Ráta Phríomhúil
primary *a* (= main) príomhúil *a*, príomh- *pref*
primary colour dath *m3* príomhúil
primary domain controller (PDC) rialaitheoir *m3* príomhfhearainn, PDC
primary expression slonn *m1* príomhúil
primary key eochair *f5* phríomhúil
Primary Rate Interface (PRI) Comhéadan *m1* Ráta Phríomhúil, PRI
primary storage stóras *m1* príomhúil

primary table tábla *m4* príomhúil
prime number uimhir *f5* phríomha
primitive *a* bun-³ *pref*
primitive term buntéarma *m4*
print *v* priontáil *v*
printable *a* inphriontáilte *a*
print all *(command)* priontáil *v* uile
print density dlús *m1* priontála
print drum druma *m4* priontála
printed circuit (pc) ciorcad *m1* priontáilte
printed circuit board (= printed circuit card, pc board) clár *m1* ciorcad priontáilte
printer *s* printéir *m3*
Printer Access Protocol (PAP) Prótacal *m1* Rochtana Printéara, PAP
printer cartridge cartús *m1* printéara
printer commands orduithe *mpl* printéara
printer-friendly page leathanach *m1* atá éasca a phriontáil
printer maintenance cothabháil *f3* printéara
printer manufacturer déantóir *m3* printéirí
printer model déanamh *m1* agus ainm printéara
printer setup cumraíocht *f3* printéara
print format formáid *f2* priontála
printing media meáin *mpl* phriontála
print layout view priontáil *v* amharc ar an leagan amach
printout *s* asphrionta *m4*
print presentation láithreoireacht *f3* priontála
print preview amharc *m1* roimh phriontáil
print queue ciú *m4* priontála, scuaine *f4* phriontála
print screen priontáil *v* scáileán
print server freastalaí *m4* priontála
print setting socrú *m* priontála
print wheel roth *m3* priontála
priority *s* (= precedence) tosaíocht *f3*

priority indicator táscaire *m4* tosaíochta

priority interrupt idirbhriseadh *m* tosaíochta

priority interrupt controller rialaitheoir *m3* na n-idirbhristeacha tosaíochta

priority queue ciú *m4* tosaíochta

privacy *s* príobháideachas *m1*, príobháideacht *f3*

privacy protection cosaint *f3* príobháideachta

private *a* príobháideach *a*

private automatic branch exchange (PABX) malartán *m1* brainseach príobháideach uathoibríoch, PABX

private automatic exchange (PAX) malartán *m1* uathoibríoch príobháideach, PAX

private branch exchange (PBX) malartán *m1* brainseach príobháideach, PBX

private key eochair *f5* phríobháideach

private key cryptography cripteagrafaíocht *f3* le heochair phríobháideach

private-key cryptosystem cripteachóras *m1* le heochair phríobháideach

private-key encryption criptiú *m* le heochair phríobháideach

private line líne *f4* phríobháideach

private-memory computer ríomhaire *m4* cuimhne príobháidí

private method modh *m3* príobháideach

private variable athróg *f2* phríobháideach

privilege *s* pribhléid *f2*

privileged instruction treoir *f5* phribhléideach

probability *s* dóchúlacht *f3*

probable error earráid *f2* dhóchúil

probe *s* tóireadóir *m3*

problem *s* fadhb *f2*

problem board (= patchboard, patch

panel) clár *m1* faidhbe

problem definition sainiú *m* faidhbe

problem definition statement ráiteas *m1* sainithe faidhbe

problem description tuairisc *f2* ar fhadhb

problem-oriented language teanga *f4* (atá) dírithe ar fhadhbanna

problem specification sonraíocht *f3* faidhbe

procedural *a* gnásúil *a*

procedural language teanga *f4* ghnásúil

procedural model samhail *f3* de phróisis ghnásúla

procedural problem-solving réiteach *m1* gnásúil fadhbanna

procedural semantics séimeantaic *f2* ghnásúil

procedural test tástáil *f3* ghnásúil

procedure *s* gnás *m1*

procedure analysis anailís *f2* ar na gnásanna

procedure call glao *m4* gnáis

procedure call instruction treoir *f5* ghlaoite gnáis

procedure epilogue iarfhocal *m1* gnáis

procedure-oriented language teanga *f4* (atá) dírithe ar ghnásanna

procedure prolog réamhfhocal *m1* gnáis

procedure stub sop *m1* gnáis

process[1] *v* próiseáil[1] *v*

process[2] *s* próiseas *m1*

processability *s* inphróiseáilteacht *f3*

processable *a* inphróiseáilte *a*

process-bound *a* teoranta *a* ag an bpróiseas, teoranta *a* ag an phróiseas

process control rialú *m* próisis

process control block (PCB) bloc *m1* rialaithe próisis

process control equipment trealamh *m1* rialaithe próisis

process creation cruthú *m* próisis

process data interface (PDI) comhéadan *m1* sonraí is próisis

process/entity matrix maitrís *f2*
próiseas/aonán
process ID (PID) aitheantas *m1*
próisis, PID
processing *s* próiseáil² *f3*
processing instruction treoir *f5*
phróiseála
processing model samhail *f3* den
phróiseáil
processing specification sonraíocht *f3*
na próiseála
processing system classification rangú
m córas próiseála
processing unit aonad *m1* próiseála
process interface system córas *m1*
comhéadan próisis
process interrupt signal comhartha
m4 idirbhriste próisis
process management bainistíocht *f3*
próisis
process model samhail *f3* de phróiseas
process monitoring monatóireacht *f3*
próisis
processor *s* próiseálaí *m4*
processor transfer time aga *m4*
aistrithe an phróiseálaí, aga *m4*
traschurtha an phróiseálaí
product¹ *s (Com.)* táirge *m4*
product² *s (Arith., Comp.)* toradh² *m1*
product³ *s (Sets)* iolrach¹ *m1*
product breakdown structure
struchtúr *m1* mhiondealú na dtáirgí
product description tuairisc *f2* ar
tháirge
production¹ *s (output)* táirgeacht *f3*
production² *s (process)* táirgeadh *m*
(*gs* -gtha)
productive *a* táirgiúil *a*
productivity *s* táirgiúlacht *f3*
**product of two sets (= intersection of
two sets)** iolrach *m1* dhá thacar
program¹ *v* ríomhchláraigh *v*
program² *s (= computer program)*
clár² *m1*, ríomhchlár *m1*
program address counter
(= program counter, PAC)

áiritheoir *m3* seoltaí ríomhchláir,
PAC
program control unit aonad *m1*
rialaithe ríomhchláir
**program counter (= program
address counter)** áiritheoir *m3*
ríomhchláir
program documentation doiciméadú
m ríomhchláir
program error earráid *f2* ríomhchláir
**program evaluation and review
technique (PERT)** PERT
program file comhad *m1* ríomhchláir
program flag brat *m1* ríomhchláir
program generation system (PGS)
córas *m1* ginte ríomhchlár, PGS
program generator gineadóir *m3*
ríomhchlár
program group grúpa *m4* ríomhchlár
program header ceanntásc *m1*
ríomhchláir
program information file (PIF)
comhad *m1* faisnéis ríomhchláir, PIF
program instruction treoir *f5*
ríomhchláir
program language *See* programming
language.
program launch icon deilbhín *m4*
lainseála ríomhchláir
program library leabharlann *f2*
ríomhchlár
programmable *a* in-ríomhchláraithe *a*
programmable calculator áireamhán
m1 in-ríomhchláraithe
programmable digital logic (PDL²)
loighic *f2* dhigiteach
in-ríomhchláraithe, PDL²
**programmable read-only memory
(PROM)** cuimhne *f4* inléite amháin
in-ríomhchláraithe, PROM
program maintenance procedures
gnásanna *mpl* cothabhála
ríomhchláir
program manager bainisteoir *m3*
ríomhchláir
programme *See* program.

programmed check seiceáil *f3* ríomhchláraithe

programmed I/O I/A ríomhchláraithe

programmed logic array (PLA) eagar *m1* loighce ríomhchláraithe, PLA

programmer *s* (= **computer programmer**) ríomhchláraitheoir *m3*

programmer analyst anailísí *m4* ríomhchláraitheora

programmer-defined macro macra *m4* ríomhchláraitheora

programming *s* (= **computer programming**) ríomhchlárú *m* (*gs* -raithe), ríomhchlárúchán *m1*

programming language (= **program language**) teanga *f4* ríomhchlárúcháin

programming language constructs comhstruchtúir *mpl* teanga ríomhchlárúcháin

program parameter paraiméadar *m1* ríomhchláir

program redesign athdhearadh *m* ríomhchláir

program segment deighleán *m1* ríomhchláir

program-sensitive fault locht *m3* cláríogair

program specification sonrú *m* ríomhchláir

program status word (PSW) giotánra *m4* stádas ríomhchláir, PSW

program step céim *f2* ríomhchláir

program storage stóras *m1* ríomhchlár

program stub sop *m1* ríomhchláir

program test time aga *m4* tástála ríomhchláir

program tuning tiúnadh *m* ríomhchláir

program verification fíorú *m* ríomhchláir

progressive JPEG JPEG forásach

project *s* tionscadal *m1*

project coordinator comhordaitheoir *m3* tionscadail

projection *s* teilgean[1] *m1*

projection equipment trealamh *m1* teilgin

project management bainistíocht *f3* tionscadail

project procedures gnásanna *mpl* tionscadail

prolog *s* réamhfhocal *m1*

PROM (= **programmable read-only memory**) PROM, cuimhne *f4* inléite amháin in-ríomhchláraithe

PROM programmer (= **PROM programming unit**) ríomhchláraitheoir *m3* PROM

prompt *s* (= **cue, prompt message**) leid *f2*

prompt message (= **cue, prompt**) leid *f2*

proof *s* cruthúnas *m1*

proof by contradiction cruthúnas *m1* trí bhréagnú

proof by counterexample cruthúnas *m1* trí fhrithshampla

proof of existence cruthúnas *m1* gurb ann dó, cruthúnas *m1* a leithéid a bheith ann

propagate *v* forleath *v*

propagated error earráid *f2* fhorleata

propagation *s* forleathadh *m* (*gs* -eata), forleathantas *m1*

propagation delay moillaga *m4* forleathantais

propagation time aga *m4* forleathantais

proper subset fo-thacar *m1* cóir

property *s* (= **characteristic**) airí *m4*

property set tacar *m1* airíonna

proportion *s* comhréir[1] *f2*

proportional *a* comhréireach[1] *a*

proportional font (= **variable-width font**) cló *m4* il-leithid

proportionality *s* comhréireacht *f3*

proportional spacing spásáil *f3* chomhréireach

proposition *s* tairiscint *f3*

propositional calculus calcalas *m1*

bunaithe ar thairiscintí
propositional logic loighic *f2* bunaithe
ar thairiscintí
propositional symbol siombail *f2*
tairisceana
proprietary *a* dílsithe *a*
proprietary standards caighdeáin *mpl*
dhílsithe
protect *v* cosain *v*
protected *a* cosanta *a*
protected location suíomh *m1* cosanta
protected mode mód *m1* cosanta, mód
m1 faoi chosaint
protection *s* cosaint *f3*
protection key eochair *f5* chosanta
protective gap bearna *f4* chosanta
protocol *s* prótacal *m1*
protocol analyser anailíseoir *m3*
prótacal
protocol converter tiontaire *m4*
prótacal
protocol driver tiománaí *m4* prótacail
proton *s* prótón *m1*
prototype[1] *v* fréamhshamhaltaigh *v*
prototype[2] *s* fréamhshamhail *f3*
prototype pathway mapa *m4* tástála
na fréamhshamhla
prototyping *s* fréamhshamhaltú *m* (*gs*
-taithe)
prove *v* cruthaigh[3] *v*
proving *s* promhadh *m* (*gs* -ofa)
proving time aga *m4* profa
proximity effect iarmhairt *f3* neasachta
proxy *s* (= proxy server)
seachfhreastalaí *m4*
proxy server (= proxy)
seachfhreastalaí *m4*
prr (= pulse repetition rate) prr, ráta
m4 atriallta bíge
pseudocode *s* (= fake code) súdachód
m1
pseudo-element *s* súdai-eilimint *f2*
pseudo-instruction *s* súdaithreoir *f5*
(*gs* -orach)
pseudo offline operation súdoibríocht
f3 as líne

pseudo-operation *s* súdoibríocht *f3*
pseudo-random number sequence
seicheamh *m1* súdarandamach
uimhreacha
pseudorule *s* súdariail *f5*
PSK (= phase-shift keying) PSK,
eochrú *m* pasiomlaoide
PSTN (= public switch{ed} telephone
network) PSTN, líonra *m4* poiblí
lasctheileafón
PSW (= program status word) PSW,
giotánra *m4* stádas ríomhchláir
p-type *a* p-chineálach *a*
p-type semiconductor leathsheoltóir
m3 p-chineálach
public *a* poiblí *a*
public access terminal (PAT)
teirminéal *m1* rochtana poiblí, PAT
publication *s* (*of process*) foilsiú *m* (*gs*
-sithe), foilsitheoireacht *f3*
public data network (PDN) líonra *m4*
poiblí sonraí, PDN
public domain fearann *m1* poiblí
public domain software bogearraí *mpl*
fearainn phoiblí
public field réimse *m4* poiblí
public key eochair *f5* phoiblí
public key cryptography
cripteagrafaíocht *f3* le heochair
phoiblí
Public-Key Cryptography Standards
Caighdeáin *mpl* Chripteagrafaíochta
le hEochair Phoiblí
public key cryptosystem (PKC)
cripteachóras *m1* le heochair phoiblí,
PKC
public key encryption criptiú *m* le
heochair phoiblí
public key infrastructure (PKI)
bonneagar *m1* eochrach poiblí, PKI
public method modh *m3* poiblí
**public switch(ed) telephone network
(PSTN)** líonra *m4* poiblí
lasctheileafón, PSTN
public variable athróg *f2* phoiblí
publish *v* foilsigh *v*

publishing *s* (= publication)
foilsitheoireacht *f3*, foilsiú *m* (*gs*
-sithe)
publishing software bogearraí *mpl*
foilsitheoireachta
pull *v* (= drag, pop) tarraing *v*
pull-down menu (= drop-down
menu) roghchlár *m1* anuas
pull technology teicneolaíocht *f3* na
tarraingthe
pulse *s* bíog *f2*
pulse code bíogchód *m1*
pulse code modulation (PCM)
modhnú *m* bíogchóid, PCM
pulse repetition frequency *See* pulse
repetition rate.
pulse repetition rate (= pulse
repetition frequency, prr) ráta *m4*
atriallta bíge, prr
pulses per second (pps) bíoga *fpl* sa
soicind, pps
pulse string (= pulse train)
bíogtheaghrán *m1*
pulse train (= pulse string)
bíogshraith *f2*
pulse width bíogleithead *m1*
punch[1] *v* poll[1] *v*
punch[2] *s* (device) pollaire *m4*, pritil *f2*
punch[3] *s* (hole) poll[2] *m1*
punched card cárta *m4* pollta
punched tape (= paper tape) téip *f2*
phollta
punch station stáisiún *m1* pollta
punctuation *s* poncaíocht *f3*
punctuation bits giotáin *mpl*
phoncaíochta
punctuator *s* poncaitheoir *m3*
purge[1] *v* glan[4] *v*
purge[2] *s* glanadh *m* (*gs* -nta)
purge date dáta *m4* glanta
push[1] *v* brúigh[2] *v*
push[2] *s* brú[2] *m4*
pushback[1] *v* (of input) brúigh *v* siar
pushback[2] *s* brú *m4* siar
pushbutton *s* brúchnaipe *m4*
pushdown list liosta *m4* brú anuas

pushdown stack cruach *f2* bhrú anuas
pushdown storage (= LIFO storage)
stóráil *f3* bhrú anuas
push on the stack brúigh *v* ar an
gcruach, brúigh *v* ar an chruach
push technology teicneolaíocht *f3* an
bhrú
pushup list liosta *m4* brú aníos
PVC (= permanent virtual circuit)
PVC, buanchiorcad *m1* fíorúil

Q

QAM (= quadrature amplitude
modulation) QAM, modhnúchán
m1 aimplitiúide cearnaithe
QBE (= query by example) QBE,
iarratas *m1* tástálach
QCB (= queue control block) QCB,
bloc *m1* rialaithe ciúnna
QIC (= Quarter-Inch Cartridge)
QIC, Cartús *m1* Ceathrú Orlaigh
QIC drive (= Quarter-Inch
Cartridge drive) tiomántán *m1*
QIC, tiomántán *m1* Cartús Ceathrú
Orlaigh
QL (= query language) QL, teanga *f4*
iarratais
quad *s* ceathrach *m1*
quadbit *s* ceathairghiotán *m1*
quad clock driver tiománaí *m4*
ceathartha cloig
quad density dlús *m1* ceathartha
quadrant *s* ceathrú *f5* ciorcail
quadratic *a* cearnach[2] *a*
quadratic equation cothromóid *f2*
chearnach
quadratic programming ríomhchlárú
m cearnach
quadratic sort sórtáil *f3* chearnach
quadrature *s* cearnú[2] *m* (*gs* -naithe)
**quadrature amplitude modulation
(QAM)** modhnúchán *m1*
aimplitiúide cearnaithe, QAM
quadrature phase-shift keying

(QPSK) eochrú *m* pasiomlaoide cearnaithe

quadrillion *s* cuaidrilliún *m1*

quadruple-length register tabhall *m1* ceathairfhaid

quad tree crann *m1* ceathairnártha

quadword *s* ceathairghiotánra *m4*

qualification *s* cáiliú *m* (*gs* -lithe)

qualifier *s* cáilitheoir *m3*

qualitative *a* cáilíochtúil *a*

quality *s* cáilíocht *f3*

quality assurance dearbhú *m* cáilíochta

quality control rialú *m* cáilíochta

quality criteria critéir *mpl* cháilíochta

quantitative *a* cainníochtúil *a*

quantity *s* cainníocht *f3*

quantization *s* candamú *m* (*gs* -maithe), candamúchán *m1*

quantization level leibhéal *m1* candamaithe

quantize *v* candamaigh *v*

quantum *s* candam *m1*

quantum clock candamchlog *m1*

quantum computing ríomhaireacht *f3* chandamach

quantum cryptography cripteagrafaíocht *f3* chandamach

quantum electronics leictreonaic *f2* chandamach

quantum number candamuimhir *f5*

quantum programming ríomhchlárú *m* candamach

quantum theory teoiric *f2* an chandaim

Quarter-Inch Cartridge (QIC) Cartús *m1* Ceathrú Orlaigh, QIC

Quarter-Inch Cartridge drive (QIC drive) tiomántán *m1* Cartús Ceathrú Orlaigh, tiomántán *m1* QIC

quartz *s* grianchloch *f2*

quartz clock (= quartz-crystal clock) clog *m1* grianchloiche

quartz crystal criostal *m1* grianchloiche

quartz delay line líne *f4* mhoillithe

ghrianchloiche

quasi-instruction *s* cuasaithreoir *m3*

quasi-static *a* cuasastatach *a*

quasi-static random access memory cuimhne *f4* randamrochtana chuasastatach

query *s* iarratas *m1*

query by example (QBE) iarratas *m1* tástálach, QBE

query language (QL) teanga *f4* iarratais, QL

query processing próiseáil *f3* iarratais

question mark comhartha *m4* ceiste

questionnaire *s* ceistneoir *m3*

queue *s* ciú *m4*, scuaine *f4*

queue control block (QCB) bloc *m1* rialaithe ciúnna, QCB

queued access rochtain *f3* chiúáilte

queue discipline riar *m4* ciú(nna)

queuing theory teoiric *f2* na ciúála

queuing time aga *m4* ciúála

quick-access memory (= clipboard, FAM, scratchpad, temporary storage) cuimhne *f4* mhear-rochtana

quick-disconnect *s* nascóir *m3* mearscaoilte

quick format mearfhormáid *f2*

quick sort mearshórtáil *f3*

quiescence *s* socracht *f3*

quiescent current sruth *m3* socair

quiescing *s* socrú² *m* (*gs* -raithe)

quiet conversion (= automatic conversion, implicit conversion) tiontú *m* uathoibríoch

quinary *a* cúignártha *a*

quintillion *s* cuintilliún *m1*

quit *v* (= **exit¹**) scoir *v*

quit and resume scoir agus athdhúisigh *v*

quiz *s* tráth *m3* na gceist, quiz *m4*

quotation marks (= quotes) comharthaí *mpl* athfhriotail

quoted string teaghrán *m1* athfhriotail

quotient *s* líon² *m1*

QWERTY keyboard méarchlár *m1* QWERTY

R

race condition coinníoll *m1* ráis
rack *s* raca *m4*
rack-mountable server freastalaí *m4*
insuite ar raca
rack-up *v* racáil *v* suas
RAD (= rapid application
development) RAD, mearfhorbairt
f3 feidhmchlár
radar *s* radar *m1*
radian *s* raidian *m1*
radiation *s* radaíocht *f3*
radio *s* raidió *m4*
radio- *pref* rada-, radai- *pref*
radio frequency (RF)
radaimhinicíocht *f3*
radio frequency interference (RFI)
trasnaíocht *f3* radaimhinicíochta,
RFI
radix *s* (= base[1] *s*, base number)
bonn *m1*
radix complement (= true
complement) comhlánú *m*
bonnuimhreach, fíor-chomhlánú *m*
(*gs* -naithe)
radix conversion tiontú *m*
bonnuimhreach
radix-minus-one complement
comhlánú *m* bhonnuimhir lúide a
haon
radix notation nodaireacht *f3*
bhonnuimhreach
radix number system córas *m1*
bonnuimhreacha
radix point pointe *m4* bonnuimhreach
RAID (= redundant arrays of
independent disks, redundant
arrays of inexpensive disks) RAID,
eagair *mpl* iomarcacha dioscaí
neamhspleácha, eagair *mpl*
iomarcacha dioscaí
neamchostasacha
RAM (= random-access memory)
RAM, cuimhne *f4* randamrochtana
RAM cache taisce *f4* RAM

RAM disk diosca *m4* RAM
RAM refresh athnuachan *f3* RAM
random *a* randamach *a*, randam- *pref*
random access randamrochtain *f3*
random-access file comhad *m1*
randamrochtana
random-access memory (RAM)
cuimhne *f4* randamrochtana, RAM
random-access storage stóras *m1*
randamrochtana
random digit dialling diailiú *m* digití
randamacha
random event teagmhas *m1*
randamach
randomness *s* randamacht *f3*
random number generator gineadóir
m3 uimhreacha randamacha
random numbers uimhreacha *fpl*
randamacha
random number sequence seicheamh
m1 uimhreacha randamacha
random walk siúlóid *f2* randamach
range *s* raon *m1*
range conversion tiontú *m* raoin
rank *v* (= classify) rangaigh *v*
rapid-access loop lúb *f2*
mhear-rochtana
rapid application development
(RAD) mearfhorbairt *f3*
feidhmchlár, RAD
raster *s* rastar *m1*
raster display device gléas *m1*
taispeána rastair
raster graphics grafaic *f2* rastair
raster image processor (RIP[1])
próiseálaí *m4* íomhánna rastair, RIP[1]
raster scan scanadh *m* rastair
raster scan device gléas *m1* scanta
rastair
raster unit aonad *m1* rastair
rate *s* ráta *m4*
rate of change ráta *m4* athraithe
ratio *s* cóimheas *m3*
rationalize *v* cóimheas[2] *v*
rational number uimhir *f5*
chóimheasta

RAWA (= read any/write all) RAWA,
léigh *v* rud ar bith/scríobh uile
raw data amhshonraí *mpl*
ray *s* ga *m4* (*pl* -thanna)
**RDBMS (= relational database
management system)** RDBMS,
córas *m1* bainistíochta bunachar
sonraí coibhneasta
reactance *s* freasaitheacht *f3*
reactive mode mód *m1*
frithghníomhach
read[1] *v* léigh *v*
read[2] *s* léamh *m1* (*gs* léimh *pl*
léamhanna)
readability *s* inléiteacht *f3*
read ahead réamhléamh *m1*
read any/write all (RAWA) léigh *v*
rud ar bith/scríobh uile, RAWA
readdressing *s* athsheolachán *m1*
reader *s* léitheoir *m3*
read error earráid *f2* sa léamh
read head cnoga *m4* léite
read in léigh *v* isteach
read-only *a* inléite *a* amháin
read-only memory (ROM) cuimhne
f4 inléite amháin, ROM
read-only storage stóras *m1* inléite
amháin
read protection cosaint *f3* ar léamh
read/write disk diosca *m4* inléite
inscríofa
read/write head cnoga *m4* (chun)
léite/scríofa
read/write memory cuimhne *f4* inléite
inscríofa
ready *a* ullamh *a*
ready queue ciú *m4* ullamh
ready signal comhartha *m4* ullamh
real[1] *a* (*Gen.*) fíor-[2] *pref*
real[2] *a* (*Mth.*) réad- *pref*, réadach *a*
real address fíorsheoladh *m1*
real concurrency fíor-chomhrith *m3*
realistic *a* réadúil *a*
real mode fíormhód *m1*
real number réaduimhir *f5*, uimhir
réadach

real roots fréamhacha *fpl* réadacha,
réadfhréamhacha *fpl*
real storage fíorstóras *m1*
real time fíor-am *m3*
real-time clock clog *m1* fíor-ama
real-time operation oibríocht *f3*
fíor-ama
real-time remote inquiry cianfhiosrú
m fíor-ama
real-time system córas *m1* fíor-ama
real values réadluachanna *mpl*
reasonableness check seiceáil *f3*
réasúntachta
reasoning *s* réasúnú *m* (*gs* -naithe)
reboot *v* athbhútáil *v*
recalculation *s* atháireamh *m1*
recall *v* athghlaoigh *v*
receive *v* (*of data*) glac *v*
receiver *s* (*of message*) glacadóir *m3*
receiver isolation aonrú *m* glacadóra
receiver not ready (RNR) níl an
glacadóir ullamh
receiver ready (RR) tá an glacadóir
ullamh
receiving mail ag glacadh *m* r-phoist
recency *s* gairide *f4*
reception *s* glacadh[2] *m* (*gs* -ctha)
recirculating[1] *s* (= recirculation)
athfhilleadh *m* (*gs* -llte)
recirculating[2] *a* athfhillteach *a*
recirculating omega network líonra
m4 óimige athfhillteach
recirculation *s* (= recirculating[1])
athfhilleadh *m* (*gs* -llte)
recognition *s* (*of process*) aithint *f3*
recognize *v* aithin *v*
recognize-act control cycle ciogal *m1*
rialúcháin *aithin, gníomhaigh*
reconciliation *s* réiteach[2] *m1*
reconfiguration *s* athchumrú *m* (*gs*
-raithe), athchumraíocht *f3*
reconfigure *v* athchumraigh *v*
reconnect *v* athnasc *v*, athcheangail *v*
reconstruction *s* atógáil *f3*
record[1] *v* taifead[1] *v*
record[2] *s* taifead[2] *m1*

recordable *a* intaifeadta *a*
recordable CD drive tiomántán *m1* intaifeadta dlúthdhioscaí
record blocking blocáil *f3* taifead
recorder *s* taifeadán *m1*
record format formáid *f2* taifid
recording *s* taifeadadh *m* (*gs* -eadta)
recording density dlús *m1* taifeadta
recording head cnoga *m4* taifeadta
recording media meáin *mpl* taifeadta
recording quality cáilíocht *f3* taifeadta
recording settings socruithe *mpl* taifeadta
recording surface dromchla *m4* taifeadta
record length fad *m1* taifid
record separator (RS) deighilteoir *m3* taifead, RS
recover *v* athshlánaigh *v*
recoverable error earráid *f2* incheartaithe
recoverable schedule sceideal *m1* in-athshlánaithe
recoverable synchronization sioncronú *m* in-athshlánaithe
recovering *s* athshlánú[2] *m* (*gs* -naithe)
recovery *s* athshlánú[1] *m* (*gs* -naithe), athshlánúchán *m1*
recovery time aga *m4* athshlánaithe
rectangular *a* dronuilleogach *a*
rectifier *s* coigeartóir *m3*
rectifying *s* coigeartú *m* (*gs* -taithe)
rectifying nonlinearity neamhlíneacht *f3* choigeartaithe
recto *s* *recto*
recurrence *s* atarlú *m* (*gs* -laithe)
recurrence coding códú *m* atarlaithe
recursion *s* athchúrsáil *f3*
recursion-based search cuardach *m1* (atá) bunaithe ar athchúrsáil
recursive *a* athchúrsach *a*
recursive algorithm algartam *m1* athchúrsach
recursive call glao *m4* athchúrsach
recursive function feidhm *f2* athchúrsach

recursive procedure gnás *m1* athchúrsach
recursive relationship gaol *m1* athchúrsach
recursive search cuardach *m1* athchúrsach
recursive subroutine foghnáthamh *m1* athchúrsach
recycle bin bosca *m4* athchúrsála
Red Book, The An Leabhar *m1* Dearg
red, green, blue (RGB) dearg, uaine, gorm, RGB
redirection *s* atreorú *m* (*gs* -raithe)
redo *v* athdhéan[1] *v*
redraft *v* athdhréachtaigh *v*
red-tape operation oibríocht *f3* ghnásúil
reduced instruction-set computer (RISC) ríomhaire *m4* le tacar laghdaithe treoracha, RISC
redundancy *s* iomarcaíocht *f3*
redundancy check seiceáil *f3* iomarcaíochta
redundant *a* iomarcach *a*
redundant arrays of independent disks (RAID) eagair *mpl* iomarcacha dioscaí neamhspleácha, RAID
redundant arrays of inexpensive disks (RAID) eagair *mpl* iomarcacha dioscaí neamhchostasacha, RAID
redundant code cód *m1* iomarcaíochta
reel *s* (= **spool**[2]) spól *m1*
re-enterable *a* in-athiontráilte *a*
re-entrant program ríomhchlár *m1* athiontrálach
re-entry *s* athiontráil *f3*
refer *v* tagair *v*
reference *s* tagairt *f3*
reference address seoladh *m* tagartha
reference listing liostáil *f3* tagartha
reference model samhail *f3* tagartha
reference number uimhir *f5* thagartha
reference record taifead *m1* tagartha
reference software bogearraí *mpl*

tagartha

reference time am *m3* tagartha

referential *a* tagrach *a*

referential integrity sláine *f4* na dtagairtí

referred-to element eilimint *f2* ar tagraíodh di

referrer *s* tagróir *m3*

referring element eilimint *f2* thagarthach

reflection *s* frithchaitheamh *m1*

reflection gain neartúchán *m1* frithchaithimh

reflection loss caillteanas *m1* frithchaithimh

reformat *v* athfhormáidigh *v*

reformatting *s* athfhormáidiú *m (gs -dithe)*

refraction *s* athraonadh *m (gs -nta)*

refraction laser léasar *m1* athraonta

refresh *v* athnuaigh *v*

refresh cycle ciogal *m1* athnuachana

refreshing *s* athnuachan *f3*

refresh rate ráta *m4* athnuachana

regenerate *v* athghin *v*

regeneration *s* (= **rewrite**^{2}) athghiniúint *f3*

regeneration period (= **scanning rate**, **scan rate**) tréimhse *f4* athghiniúna

regenerative memory cuimhne *f4* athghiniúnach

regenerative read léamh *m1* athghiniúnach

register *s* tabhall *m1*

register addressing seolachán *m1* tabhaill

register allocation leithdháileadh *m* tabhall

register index innéacs *m4* tabhaill

register length fad *m1* tabhaill

register value luach *m3* tabhaill

register window fuinneog *f2* thabhaill

registration *s* clárú *m (gs -raithe)*, clárúchán *m1*

registration authority údarás *m1* clárúcháin

regression *s* aischéimniú *m (gs -nithe)*

regression testing tástáil *f3* aischéimnitheach

regulator *s (of button, etc)* (= **control**^{3}, **controller**^{3}) rialtán *m1*

rejection *s* diúltú *m (gs -taithe)*

relation^1 *s (group of items)* cine *m4*

relation^2 *s (of common field)* gaol^1 *m1*

relation^3 *s (Mth.)* coibhneas *m1*

relational *a* coibhneasta^2 *a*

relational algebra ailgéabar *m1* coibhneasta

relational data analysis (RDA) anailís *f2* ar shonraí coibhneasta

relational database bunachar *m1* sonraí coibhneasta

relational database management system (RDBMS) córas *m1* bainistíochta bunachar sonraí coibhneasta, RDBMS

relational data model samhail *f3* choibhneasta de shonraí

relational model samhail *f3* choibhneasta

relational online analytic processing (ROLAP) próiseáil *f3* choibhneasta anailíseach ar líne, ROLAP

relational operation oibríocht *f3* choibhneasta

relational operator oibreoir *m3* coibhneasta

relationship *s* gaol^2 *m1*

relationship degree (= **cardinality**) céim *f2* ghaoil

relative *a* coibhneasta^1 *a*

relative address seoladh *m* coibhneasta

relative addressing seolachán *m1* coibhneasta

relative cell reference tagairt *f3* do chill choibhneasta

relative code cód *m1* coibhneasta

relative coding códú *m* coibhneasta

relative complement of two sets (= **difference of two sets**) comhlánú *m* coibhneasta dhá thacar

relative error earráid *f2* choibhneasta
relative link nasc *m1* coibhneasta
relaxation oscillator ascaltóir *m3* socrachta
relay[1] *v* athsheachaid *v*
relay[2] *s* athsheachadán *m1*
relay driver tiománaí *m4* athsheachadáin
relay tree crann *m1* athsheachadán
reliability *s* iontaofacht *f3*
reliable *a* iontaofa *a*
reload *v* athlódáil *v*
relocatability *s* in-athshuiteacht *f3*
relocatable program ríomhchlár *m1* in-athshuite
relocate *v* athshuigh *v*
relocation *s* athshuí *m* (*gs* -uite)
relocation constant tairiseach *m1* athshuite
relocation dictionary foclóir *m3* athshuite
reluctance *s* aimhleisceas *m1*
remanence *s* iarmharacht *f3*
remote *a* cian- *pref,* cianda *a*
remote access cianrochtain *f3*
remote-access server freastalaí *m4* cianrochtana
remote batch processing cian-bhaiscphróiseáil *f3*
remote catalogue cianchatalóg *f2*
remote console cianchonsól *m1*
remote control signals comharthaí *mpl* cianrialúcháin
remote control unit (= zapper) cianrialtán *m1*
remote debugging cian-dífhabhtú *m* (*gs* -taithe)
remote host cianóstach *m1*
remote inquiry cianfhiosrú *m* (*gs* -raithe)
remote job entry (RJE) cian-jabiontráil *f3*
remote login (= remote logon) cianlogáil *f3* isteach
remotely distributed dáilte *a* go cianda

remote procedure call (RPC) cianghlao *m4* gnáis
remote root folder fréamhfhillteán *m1* cianda
remote terminal cianteirmineál *m1*
remove *v* bain *v*
removeable *a* inbhainte *a*
removeable disk diosca *m4* inbhainte
removing *s* baint *f2*
render *v* rindreáil[1] *v*
rendering *s* rindreáil[2] *f3*
rendering language teanga *f4* rindreála
reorganization *s* atheagrú *m* (*gs* -raithe)
reorganizer *s* atheagraí *m4*
repagination *s* athuimhriú *m* leathanach
repeat *v* athdhéan[2] *v*
repeatable *a* indéanta *a* athuair, in-athdhéanta *a*
repeater *s* athsheoltóir *m3*
repeat replace (*onscreen instruction*) athchuir *v* arís
repeat search (*onscreen instruction*) cuardaigh *v* arís
repertoire *s* foireann *f2*
repetition *s* athdhéanamh *m1*
repetitive *a* atriallach[1] *a*
repetitive operation oibríocht *f3* atriallach
replace *v* (*onscreen instruction*) athchuir *v*
replacement *s* athchur *m1*
replacement string teaghrán *m1* ionaid
replication *s* macasamhlú *m* (*gs* -laithe)
replication independence gan spleáchas *m1* ar mhacasamhlú (na) (sonraí)
reply[1] *v* (= respond) freagair *v*
reply[2] *s* freagra *m4*
report *s* tuairisc[2] *f2,* tuarascáil *f3*
report generator gineadóir *m3* tuarascála

Report Program Generator
(*programming language*) **(RPG)**
Ríomhchlár *m1* Ginte Tuarascála,
RPG
repository *s* stór *m1*
represent *v* léirigh *v*
representation *s* léiriúchán *m1*
representational language teanga *f4*
léiriúcháin
representing *s* léiriú *m* (*gs* -rithe)
reprocess *v* athphróiseáil *v*
reproduce *v* atáirg *v*
reproducibility *s* in-atáirgtheacht *f3*
reprogrammable *a*
ath-inríomhchláraithe *a*
request *s* iarratas *m1*
request to send (RTS) iarratas *m1* ar
sheoladh, RTS
required attributes tréithe *fpl*
riachtanacha
required hyphen (= embedded
hyphen) fleiscín *m4* riachtanach
required system data flow model
samhail *f3* den sreabhadh sonraí
córais atá de dhíth
required system logical data model
samhail *f3* loighciúil de na sonraí atá
de dhíth
requirement *s* riachtanas *m1*
requirements analysis (= analysis of
requirements) anailís *f2* ar na
riachtanais
requirements catalogue catalóg *f2*
riachtanas
requirements definition sainiú *m*
riachtanas
requirements document doiciméad
m1 riachtanas
requirements specification sonrú *m*
riachtanas
reroute *v* athródaigh *v*
rerun[1] *v* athrith[1] *v*
rerun[2] *s* (*of event*) athrith[2] *m3* (*gs*
-reatha *pl* -rití)
rerun[3] *s* (*of process*) athrith[3] *m* (*gs*
-rite)

rerun point pointe *m4* athrite
rerun time aga *m4* athrite
res. (= resolution) taifeach *m1*
rescue *v* tarrtháil *v*
rescued document doiciméad *m1*
tarrtháilte
rescue dump dumpáil *f3* tarrthála
research data sonraí *mpl* taighde
research network líonra *m4* taighde
reserve *v* coimeád *v*
reserved attribute tréith *f2*
choimeádta
reserved word focal *m1* coimeádta
reset *v* athshocraigh *v*
reset key eochair *f5* athshocrúcháin
reset pulse bíog *f2* athshocrúcháin
resetting *s* athshocrú *m* (*gs* -raithe),
athshocrúchán *m1*
resident *a* lonnaithe *a*
resident control program ríomhchlár
m1 lonnaithe rialúcháin
resident program ríomhchlár *m1*
lonnaithe
residual *a* iarmharach *a*
residual charge lucht *m3* iarmharach
residue *s* iarmhar *m1*
residue check seiceáil *f3* iarmhair
resilient *a* athléimneach *a*
resistance *s* friotaíocht *f3*
resist-etchant *s* friotán *m1*
resistor *s* friotóir *m3*
resistor-transistor logic (RTL) loighic
f2 friotóirí is trasraitheoirí, RTL
resize *v* athraigh *v* méid
resizing *s* athrú *m* méide
resizing handle hanla *m4* athraithe
méide
resolution *s* (**res.**) taifeach *m1*
resolution error earráid *f2* taifigh
resolve *v* taifigh *v*
resolved *a* taifithe *a*
resolver *s* taifeoir *m3*
resonance *s* athshondas *m1*
resonant *a* athshondach *a*
resonator *s* athshonadóir *m3*
resource *s* acmhainn *f2*

resource allocation leithdháileadh *m* acmhainní

resource flow diagram léaráid *f2* den sreabhadh acmhainní

respond *v* (= **reply**[1]) freagair *v*

response *s* freagairt *f3*

response time aga *m4* freagartha

responsibility *s* freagracht *f3*

restart[1] *v* (= **resume**) atosaigh *v*

restart[2] *s* atosú *m* (*gs* -saithe)

restart point pointe *m4* atosaithe

restore *v* cuir *v* ar ais, aischuir *v*

result *s* toradh[1] *m1* (*pl* -rthaí)

result table tábla *m4* torthaí

result tree crann *m1* (na d)torthaí

result variable athróg *f2* thoraidh

resume *v* (= **restart**[1]) athdhúisigh *v*

retain *v* coinnigh[2] *v*

retained *a* coinnithe *a*

retention *s* (= **hold**[2]) coinneáil *m3*

retention period tréimhse *f4* choinneála

retentivity *s* coinneálacht *f3*

re-testing *s* atástáil *f3*

retinal scan verifier fíoraitheoir *m3* scanta reitine

retractable antenna aeróg *f3* inghiorraithe

retransmission *s* atarchur *m* (*gs* -rtha)

retransmit *v* atarchuir *v*

retrievable *a* in-aisghafa *a*

retrieval *s* aisghabháil *f3*

retrieval only aisghabháil *f3* amháin

retrieve *v* aisghabh *v*

retrieve and restore aisghabh agus cuir *v* ar ais

retry *v* atriall[1] *v*

return[1] *v* fill *v*

return[2] *v* (*of key*) aisfhill *v*

return[3] *s* (= **carriage return**) aisfhilleadh *m1* (*pl* -llteacha)

return address seoladh *m* fillte

return key (= **Enter key**) eochair *f5* aisfhillte, Aisfhill

return to bias (RB) fill *v* ar laofacht

return-to-bias recording taifeadadh *m*

fill ar laofacht

Return to Homepage *(onscreen instruction)* Fill ar an Leathanach Baile, Ar ais go Leathanach Baile

return to reference fill *v* ar thagairt

return-to-reference recording taifeadadh *m fill ar thagairt*

return-to-zero (RZ) fill *v* ar nialas, RZ

return-to-zero recording taifeadadh *m fill ar nialas*

reusability *s* ath-inúsáidteacht *f3*

reuse[1] *v* athúsáid[1] *v*, bain *v* athúsáid as

reuse[2] *s* athúsáid[2] *f2*

reuse-oriented approach cur *m1* chuige (atá) dírithe ar athúsáid

reverberation *s* aisfhuaimniú *m* (*gs* -ithe)

reverse *v* aisiompaigh *v*

reverse bias cúl-laofacht *f3*

reverse channel aischainéal *m1*

reverse direction fritreo *m4*

reverse engineering ais-innealtóireacht *f3*

reverse image claoníomhá *f4*

reverse order ord *m1* droim ar ais

reverse-Polish notation (= **postfix notation**) nodaireacht *f3* Pholannach aisiompaithe

reverse recovery time aga *m4* athshlánaithe ó chúl-laofacht

reversible *a* in-aisiompaithe *a*

reversible process próiseas *m1* in-aisiompaithe

revision *s* (*of document*) leasú *m* (*gs* -saithe)

revolutions per minute (rpm) imrothluithe *mpl* sa nóiméad, rpm

rewind *v* atochrais *v*

rewrite[1] *v* athscríobh[1] *v*

rewrite[2] *s* (= **regeneration**) athscríobh[2] *m* (*gs* –ofa *pl* -anna)

rewriteable *a* in-athscríofa *a*

RF (= **radio frequency**) radaimhinicíocht *f3*

RFI (= **radio frequency interference**)

RFI, trasnaíocht *f3*
radaimhinicíochta
RF modem móideim *m4*
radaimhinicíochta
RGB (= red, green, blue) RGB, dearg,
uaine, gorm
rheostat *s* réastat *m1*
rich data méithshonraí *mpl*
rich media méithmheáin *mpl*
richness *s* méithe *f4*
rich object méithoibiacht *f3*
Rich Text Format (RTF) Formáid *f2*
Mhéith-Théacs, RTF
right branch brainse *m4* deas, an,
brainse *m4* ar dheis, an
right button cnaipe *m4* deas, cnaipe
m4 ar dheis
right click deaschliceáil *v*
right indent eang *f3* dheas, eang *f3* ar
dheis
right-justified *a* (= flush right)
comhfhadaithe *a* ar dheis
right-justify *v* comhfhadaigh *v* ar
dheis
right node nód *m1* deas, nód *m1* ar
dheis, an
right parenthesis lúibín *m4* deas
rights *spl* cearta *mpl*
right shift iomlaoid *f2* ar dheis
rightsizing *s* coigeartú *m* méide
right subtree fochrann *m1* deas,
fochrann *m1* ar dheis, an
right tab táb *m1* deas, táb *m1* ar dheis
right value (= r-value) deasluach *m3*
rigid *a* (= inflexible) dolúbtha *a*
ring *s* fáinne *m4*
ring counter áiritheoir *m3* fáinneach
ringing *a* clingeach *a*
ringing indicator (RI) táscaire *m4*
clingeach
ring network líonra *m4* fáinneach
ring topology toipeolaíocht *f3*
fháinneach
RIP¹ (= raster image processor)
RIP¹, próiseálaí *m4* íomhánna rastair
RIP² (= Routing Information

Protocol) RIP², Prótacal *m1*
Faisnéise Ródaithe
ripple *s* tonnán¹ *m1*
ripple adder suimitheoir *m3*
tonnánach
ripple carry iomprach *m1* tonnánach
ripple filter scagaire *m4* tonnáin
RISC (= reduced instruction-set
computer) RISC, ríomhaire *m4* le
tacar laghdaithe treoracha
rise time aga *m4* éirithe
risk *s* riosca *m4*
risk analysis anailís *f2* riosca
risk-based model samhail *f3* (atá)
bunaithe ar an riosca
risk-based process model samhail *f3*
de phróiseas (atá) bunaithe ar an
riosca
RLE (= run length encoding) RLE,
ionchódú *m* fad reatha
rms value (= root-mean-square
value) luach *m3* rms, luach *m3*
fhréamh mheán na gcearnóg
roaming *s* sruthaireacht *f3*
roaming service seirbhís *f2*
sruthaireachta
Robin Hood Robin Hood
robot *s* róbat *m1*
robotics *s* róbaitic *f2*
roentgen *s* (= röntgen) rointgin *f2* (*pl*
-í)
roentgen display taispeáint *f3*
rointgine
ROLAP (= relational online analytic
processing) ROLAP, próiseáil *f3*
choibhneasta anailíseach ar líne
roll-about *s* córas *m1* iomlaisc
rollback *s* rolladh *m* siar
rollerball *s* liathróid *f2* rollóra
roll in roll *v* isteach
rolling *s* rolladh *m* (*gs* -llta)
roll out roll *v* amach
rollover *s* tar-rolladh *m* (*gs* -llta)
ROM (= read-only memory) ROM,
cuimhne *f4* inléite amháin

roman type cló *m4* rómhánach
ROM chip slis *f2* ROM
ROM simulator ionsamhlóir *m3* ROM
root[1] *s (of equation)* réiteach[3] *m1*
root[2] *s (of hierarchy)* fréamh *f2*
root directory (= root folder)
    fréamhchomhadlann *f2*
rooted graph graf *m1* fréamhaithe
root element fréamheilimint *f2*
root folder (= root directory)
    fréamhfhillteán *m1*
root-mean-square value (rms value)
    luach *m3* fhréamh mheán na
    gcearnóg, luach *m3* rms
root node nód *m1* fréimhe
rotary positioner suiteoir *m3* rothlach
rotate *v* rothlaigh *v*
rotation *s* rothlú *m (gs* -laithe)
rotational *a* rothlach *a*
rotational latency aga *m4* folaigh (an)
    rothlaithe
rotational position sensing (RPS)
    brath *m* rothlach ionaid
round[1] *v* (**= round off**) slánaigh *v*
round[2] *a* slán[2] *a*
round down slánaigh *v* síos
rounding *s* (**= rounding off**) slánú *m*
    (gs -naithe), slánúchán *m1*
rounding error earráid *f2* slánúcháin
rounding off (= rounding) slánú *m (gs*
    -naithe), slánúchán *m1*
round off (= round[1]**)** slánaigh *v*
round robin timdháileadh *m*
    comh-agach
round-robin bus arbitration eadránú
    m bus comh-agach
round-tripping *s* dé-aistear *m1* a
    dhéanamh
round-trip propagation time aga *m4*
    forleathantais dé-aistir
round up slánaigh *v* suas
routable *a* inródaithe *a*
route *s* ród *m1*
router *s* ródaire *m4*
routine *s* gnáthamh *m1*
routine maintenance gnáthchothabháil

    f3
routing *s* ródú *m (gs* -daithe),
    ródúchán *m1*
Routing Information Protocol (RIP[2]**)**
    Prótacal *m1* Faisnéise Ródaithe,
    RIP[2]
routing table tábla *m4* ródúcháin
row *s* ró *m4 (pl* -nna)
row height airde *f4* ró
row pitch céim *f2* ró
RPC (= remote procedure call)
    cianghlao *m4* gnáis
RPG (= Report Program Generator)
    RPG, Ríomhchlár *m1* Ginte
    Tuarascála
rpm (= revolutions per minute) rpm,
    imrothluithe *mpl* sa nóiméad
RS (= record separator) RS,
    deighilteoir *m3* taifead
RTF (= Rich Text Format) RTF,
    Formáid *f2* Mhéith-Théacs
RTL (= resistor-transistor logic)
    RTL, loighic *f2* friotóirí is
    trasraitheoirí
RTS (= request to send) RTS, iarratas
    m1 ar sheoladh
rubber ball liathróid *f2* rubair
rule *s* riail *f5*
ruler *s* rialóir *m3*
ruler bar barra *m4* rialóra
run[1] *s (of event)* rith[3] *m3 (gs* reatha *pl*
    rití)
run[2] *s (of process)* rith[2] *m (gs* rite)
run[3] *v* rith[1] *v*
run book leabhar *m1* reatha
run duration aga *m4* rite
run length encoding (RLE) ionchódú
    m fad reatha, RLE
running head (= header) ceanntásc
    m1
runtime *s* am *m3* rite
runtime error earráid *f2* le linn rite
r-value (= right value) deasluach *m3*
RZ (= return-to-zero) RZ, fill *v* ar
    nialas

S

s (= second) s, soicind *m4*
safe *a* **(= secure)** slán[1] *a*
safe mode mód *m1* slán
safe shutdown (= graceful shutdown)
múchadh *m* slán
sample *s* sampla *m4*
sample-hold *s* ciorcad *m1* samplála is
coinneála
sample-hold device gléas *m1* samplála
is coinneála
sampling *s* sampláil *f3*
sampling rate (= sample rate) ráta *m4*
samplála
SAN (= storage area network) SAN,
líonra *m4* limistéar stórála
SAP (= service access point) SAP,
pointe *m4* rochtana seirbhíse
satellite *s* satailít *f2*
satellite computer ríomhaire *m4*
satailíteach
satellite Internet connection nasc *m1*
satailíte Idirlín
satellite transmission tarchur *m*
satailíte
saturated colour dath *m3* sáithithe
saturation *s* sáithiú *m* (*gs* -thithe),
sáithiúchán *m1*
saturation noise torann *m1*
sáithiúcháin
save *v* sábháil *v*
save as sábháil *v* mar
saved keystroke eochairbhuille *m4*
sábháilte
save to file sábháil *v* go comhad
saving a Web page leathanach *m1*
Gréasáin a shábháil
saving images íomhánna *fpl* a shábháil
saving sound fuaim *f2* a shábháil
saving text téacs *m4* a shábháil
scalability *s* inscálaitheacht *f3*
scalable *a* inscálaithe *a*
scalable font cló *m4* inscálaithe
scalable parallel processing (SPP)
próiseáil *f3* chomhuaineach

inscálaithe, SPP
Scalable Vector Graphics (SVG)
Grafaic *f2* Inscálaithe Veicteoireach,
SVG
scalar[1] *s* scálach[1] *m1*
scalar[2] *a* scálach[2] *a*
scalar product iolrach *m1* scálach
scalar variable athróg *f2* scálach
scale *s* scála *m4*
scale factor fachtóir *m3* scála
scaling *s* scálú *m* (*gs* -laithe)
scan[1] *v* scan *v*
scan[2] *s* **(= scanning)** scanadh *m* (*gs*
-nta)
scan device gléas *m1* scanta
scanner *s* scanóir *m3*
scanner maintenance cothabháil *f3*
scanóra
scanning *s* **(= scan**[2]**)** scanadh *m* (*gs*
-nta), scanachán *m1*
scanning facility saoráid *f2* scanacháin
scanning rate (= regeneration period,
scan rate) ráta *m4* scanta
scan rate (= regeneration period,
scanning rate) scanráta *m4*
Scarlet Book, The An Leabhar *m1*
Scarlóideach
SCART (= Syndicat Français des
Constructeurs d'Appareils Radio
et Television) SCART
SCART connector nascóir *m3* SCART
scattering *s* scaipeadh *m* (*gs* -pthe)
scatter load lód *m1* scaipthe
scatter read léamh *m1* scaipthe
scenario *s* cnámha *fpl* scéil
schedule *s* sceideal *m1*
scheduled maintenance cothabháil *f3*
sceidealta
scheduler *s* sceidealóir *m3*
scheduling *s* sceidealadh *m* (*gs* -lta)
scheduling algorithm algartam *m1*
sceidealta
schema *s* scéimre *m4*
schematic *a* scéim- *pref*
schematic diagram scéimléaráid *f2*
Schottky effect iarmhairt *f3* Schottky

Schottky noise (= shot noise) torann *m1* Schottky

scientific notation nodaireacht *f3* eolaíochta

scintillation *s* drithliú *m* (*gs* -ithe)

scope *s* scóip *f2*

scratchpad *s* (= clipboard, fast-access memory, quick-access memory, temporary storage) ceap *m1* breacaireachta

screen[1] *v* scag[2] *v*

screen[2] *s* scáileán *m1*

screen capture (= screen shot) gabháil *f3* scáileáin

screen saver spárálaí *m4* scáileáin

screen shot (= screen capture) seat *m4* den scáileán

screen size méid *f2* (an) scáileáin

script *s* script *f2*

scroll *v* scrollaigh *v*

scrollbar *s* scrollbharra *m4*

scrollbox *s* scrollbhosca *m4*

scrolling *s* scrollú *m* (*gs* -llaithe)

Scroll Lock Scrollghlas *m1*

SCSI (= Small Computer System Interface) SCSI, Comhéadan *m1* (na) Mion-Ríomhchóras

SD (= single-density) SD, aondlúis *gs as a*

SDLC[1] (= Synchronous Data Link Control) SDLC[1], Rialú *m* Nasctha Shioncronaigh Sonraí

SDLC[2] (= systems development life cycle) SDLC[2], saolré *f4* forbartha córas

SDMA (= spatial division multiple access) SDMA, ilrochtain *f3* roinnte spáis

sealed circuits ciorcaid *mpl* shéalaithe

seamless interface comhéadan *m1* gan uaim

search[1] *v* (= seek[1]) cuardaigh *v*

search[2] *s* (= seek[2]) cuardach *m1*

search and replace cuardaigh agus athchuir *v*

search attributes tréithe *fpl* cuardaigh

search button cnaipe *m4* cuardaigh

search engine inneall *m1* cuardaigh

search key eochair *f5* chuardaigh

search string teaghrán *m1* cuardaigh

search time (= seek time) aga *m4* cuardaigh

search tool uirlis *f2* cuardaigh

search words focail *mpl* chuardaigh

SECAM (= Sequentiel Couleur à Memoire) SECAM

second (s) soicind *m4*, s

secondary *a* tánaisteach *a*

secondary memory cuimhne *m4* thánaisteach

secondary storage (= auxiliary storage) stóras *m1* tánaisteach

second generation computer ríomhaire *m4* den dara glúin

second-level addressing seolachán *m1* dara leibhéil

second normal form dara foirm normalach, an

second order dara hord, an

second-read rate (SRR) ráta *m4* athléite

second-read rate scanner scanóir *m3* ráta athléite

second source athfhoinse *f4*

second-source *v* athfhoinsigh *v*

secret key encryption criptiú *m* le comheochair rúnda

section *s* rannán *m1*

section break briseadh *m* rannáin

sector[1] *v* teascógaigh *v*

sector[2] *s* teascóg *f2*

sector interleaving idirdhuilliú *m* teascóg

sector sparing spáráil *f3* teascóg

secure *a* (= safe) slán[1] *a*

Secure Electronic Transaction (SET) Ríomh-Idirbheart *m1* Slán

Secure Hypertext Transfer Protocol (SHTTP) Prótacal *m1* Aistrithe Shláin Hipirtéacs

secure server freastalaí *m4* slán

security *s* slándáil *f3*

security issues ceisteanna *fpl* slándála
security policy polasaí *m4* slándála
seek[1] *v* (= **search**[1]) cuardaigh *v*
seek[2] *s* (= **search**[2]) cuardach *m1*
seek disk diosca *m4* cuardaigh
seek time (= **search time**) aga *m4*
  cuardaigh
segment[1] *v* deighil[2] *v*
segment[2] *s* deighleán *m1*
segmentation *s* deighilt[2] *f2*
select *v* roghnaigh *v*
selected configuration cumraíocht *f3*
  roghnaithe
selecting *s* roghnú *m* (*gs* -naithe)
selection *s* roghnú *m* (*gs* -naithe),
  roghnúchán *m1*
selection sort sórtáil *f3* roghnaíoch
selection tool uirlis *f2* roghnúcháin
selective *a* roghnaíoch *a*
selective dump dumpa *m4* roghnaíoch
selective fading céimniú *m* roghnaíoch
selectivity *s* roghnaíocht *f3*
selector *s* roghnóir *m3*
selector channel cainéal *m1* roghnóra
Select query (*of SQL*) iarratas *m1*
  SELECT
self-adapting *a* féinoiriúnaitheach *a*
self-assembly *s* uathfhorbairt *f3*
self-relative *a* féinchoibhneasta *a*
self-relative addressing seolachán *m1*
  féinchoibhneasta
self-relocating program ríomhchlár
  m1 féin-athshuite
self-replication *s* féinmhacasamhlú *m*
  (*gs* -laithe)
self-test *s* féintástáil *f3*
semantic *a* séimeantach *a*
semantic error earráid *f2*
  shéimeantach
semantic gap bearna *f4* shéimeantach
semantic network líonra *m4*
  séimeantach
semantics *s* séimeantaic *f2*
semaphore *s* séamafór *m1*
semicolon *s* leathstad *m4*
semicompiled *a* leatiomsaithe *a*

semicondensed *a* leath-chomhdhlúite *a*
semiconductor *s* leathsheoltóir *m3*
semi-expanded *a* leathfhairsingithe *a*
semimetal *s* leathmhiotal *m1*
send *v* seol[1] *v*
send data seol *v* sonraí
sender *s* (*of message*) seoltóir[1] *m3*
send failures teipeanna *fpl* seolta
sending *s* seoladh[2] *m* (*gs* -lta)
send interval eatramh *m1* seolta
sense *v* braith *v*
sensing *s* brath *m* (*gs* -aite)
sensitive *a* íogair *a*
sensitivity *s* íogaireacht *f3*
sensitivity analysis anailís *f2*
  íogaireachta
sensor *s* braiteoir *m3*
sentential calculus calcalas *m1*
  bunaithe ar abairtí
sentinel *s* fairtheoir *m3*
sentinel-controlled loops lúba *fpl* faoi
  rialú fairtheora
separator *s* (= **data delimiter**)
  deighilteoir *m3*
separator bar barra *m4* deighilteora
sequence *s* seicheamh *m1*
sequence check seiceáil *f3* seichimh
sequence control register (= **sequence
  counter**) tabhall *m1* rialaithe
  seichimh
sequence counter (= **sequence control
  register**) áiritheoir *m3* seichimh
Sequenced Packet Exchange (SPX[1]**)**
  Malartú *m* Seicheamhach Paicéad,
  SPX[1]
sequencer *s* seicheamhóir *m3*
sequencing *s* seicheamhú *m* (*gs*
  -mhaithe)
sequential *a* seicheamhach *a*
sequential access rochtain *f3*
  sheicheamhach
sequential-access storage (= **serial
  storage**) stóras *m1* rochtana
  seicheamhaí
sequential computers ríomhairí *mpl*
  seicheamhacha

sequential control rialú *m*
seicheamhach
sequential execution rith *m*
seicheamhach
sequential file comhad *m1*
seicheamhach
sequential flooding tuile *f4*
sheicheamhach
sequential logic loighic *f2*
sheicheamhach
sequential search cuardach *m1*
seicheamhach
**Sequentiel Couleur à Memoire
(SECAM)** SECAM
serial *a* srathach *a*
serial access system córas *m1* rochtana
srathaí
serial adder suimitheoir *m3* srathach
serial connector nascóir *m3* srathach
serial input/output (SIO)
ionchur/aschur *m* srathach, SIO
serial interface comhéadan *m1*
srathach
serializable schedule sceideal *m1*
insrathaithe
serializer *s* srathóir *m3*
Serial Line Internet Protocol (SLIP)
Prótacal *m1* Idirlín Líne Srathaí,
SLIP
serially reusable ath-inúsáidte *a* go
srathach
serial mouse luch *f2* shrathach
serial number sraithuimhir *f5*
serial-parallel *a*
srathach-chomhuaineach *a*
serial port port *m1* srathach
serial printer printéir *m3* srathach
serial processing próiseáil *f3* shrathach
**serial storage (= sequential-access
storage)** stóras *m1* srathach
serial-to-parallel converter tiontaire
m4 srathach go comhuaineach
serial transfer aistriú *m* srathach,
traschur *m* srathach
serial transmission tarchur *m* srathach
series *s* sraith[1] *f2*

series-parallel network líonra *m4*
sraithe/comhuainíochta
server *s* freastalaí *m4*, friothálaí *m4*
server-based network líonra *m4* (atá)
bunaithe ar fhreastalaí
server farm (= server cluster) braisle
f4 freastalaithe
server ID aitheantas *m1* freastalaí
server key (= dongle) eochair *f5*
freastalaí
serverless backup cúltaca *m4* gan
freastalaí
server message block (SMB) bloc *m1*
teachtaireachtaí an fhreastalaí, SMB
**Server Message Block Protocol
(SMB protocol)** Prótacal *m1* Bhloc
Teachtaireachtaí an Fhreastalaí,
prótacal *m1* SMB
service[1] *v* seirbhísigh *v*
service[2] *s* seirbhís *f2*
service access point (SAP) pointe *m4*
rochtana seirbhíse, SAP
service level leibhéal *m1* na seirbhíse
service-level requirement riachtanas
m1 ar leibhéal na seirbhíse
service routine gnáthamh *m1* seirbhíse
servicing *s* seirbhísiú *m* (*gs* -sithe)
servicing interrupts freastal *m1* ar
idirbhristeacha
servlet *s* cláirín *m4* freastalaí
servo *s* (= servomechanism)
seirbhimeicníocht *f3*
servocontrol *s* seirbhirialú *m* (*gs*
-laithe)
servomechanism *s* (= servo)
seirbhimeicníocht *f3*
servomotor *s* seirbheamótar *m1*
session *s* seisiún *m1*
session cookie (= transient cookie)
fianán *m1* seisiúin
Session Initiation Protocol (SIP[1]**)**
Prótacal *m1* Tionscanta Seisiún,
SIP[1]
session layer sraith *f2* an tseisiúin
session management bainistíocht *f3*
seisiún

set[1] *v* socraigh *v*

set[2] *s* tacar *m1*, foireann *f2*

set assignment sannadh *m* tacair

set associative cache taisce *f4* iliontrálach chomhthiomsaitheach

set of alternative choices tacar *m1* de roghanna malartacha

set of digits tacar *m1* de dhigití

set of letters tacar *m1* de litreacha

set operations oibríochtaí *m4* ar thacair

set operators *(of union, intersection)* oibreoirí *mpl* tacair

set theory teoiric *f2* na dtacar

setting *s* socrú[1] *m (gs* -raithe)

setting and resetting latch (SR latch) laiste *m4* socraithe agus athshocraithe, laiste *m4* SR

settle time aga *m4* socrachta

settling time aga *m4* socrúcháin

set-top box bosca *m4* bairr

set type cineál *m1* tacair

set up[1] **(= configure)** cumraigh *v*

set up[2] **(= install)** suiteáil[1] *v*

set up[3] **(= configuration)** cumraíocht *f3*

set up[4] **(= installation)** suiteáil[2] *f3*

set-up diagram léaráid *f2* den chumraíocht

set-up utility menu roghchlár *m1* áirge cumraíochta

sexadecimal *a* seisideachúil *a*

SFT (= system fault tolerance) SFT, lamháltas *m1* lochtanna córais

SGML (= Standard Generalized Markup Language) SGML, Teanga *f4* Chaighdeánach Mharcála Ghinearálaithe

shade *v* scáthlínigh *v*

shading *s* scáthlíniú *m (gs* -nithe)

shadow[1] *v* scáthaigh *v*

shadow[2] *a* scáth- *pref*

shadowing *s* scáthú *m (gs* -thaithe)

shadow memory scáthchuimhne *f4*

share *v* roinn[2] *v*, comhroinn *v*

shared *a* **(= common, joint)** comh-
pref

shared data comhshonraí *mpl*

shared data area comhlimistéar *m1* sonraí

shared disk system córas *m1* comhdhioscaí

shared file comhchomhad *m1*

shared file system córas *m1* comhchomhad

shared folder comhfhilltéan *m1*

shared information comhaisnéis *f2*

shared lock glas *m1* comhroinnte

shared memory comhchuimhne *f4*

shared memory system córas *m1* comhchuimhne

shared nothing structure struchtúr *m1* gan tada i bpáirt

shared nothing system córas *m1* gan tada i bpáirt

shared resource comhacmhainn *f2*

shared storage comhstóráil *f3*

shared variables comhathróga *fpl*

share violation error earráid *f2* sáraithe comhroinnte

shareware *s* rannearraí *mpl*

sharing *s* comhroinnt *f2*

sharpen *v* géaraigh *v*

sharpness *s* géire *f4*

sheet[1] *s (of paper)* bileog *f2*

sheet[2] *s (of paper, plastic, metal, etc.)* leathán *m1* (páipéir, plaisteach, miotail, srl)

shell *s* blaosc *f2*

shell script script *f2* bhlaoisce, blaosc-script *f2*

shell sort blaoscshórtáil *f3*

shell variable athróg *f2* bhlaoisce

SHF (= super-high frequency) SHF, sár-ardmhinicíocht *f3*

shield *v* díon *v*

shielded twisted pair (STP) casphéire *m4* díonta

shielding *s* díonadh *m (gs* -nta)

shift[1] *v* iomlaoidigh *v*

shift[2] *s* iomlaoid *f2*

shifter *s* **(= shifter circuit)**

iomlaoideoir *m3*

shifter circuit (= shifter) ciorcad *m1* iomlaoide

shift instruction treoir *f5* iomlaoide

shift key eochair *f5* iomlaoide, Iomlaoid

shift lock glas *m1* iomlaoide

shift operator oibreoir *m3* iomlaoide

shift pulse bíog *f2* iomlaoide

shift register tabhall *m1* iomlaoide

shopping cart (= shopping trolley) tralaí *m4* siopadóireachta

shopping trolley (= shopping cart) tralaí *m4* siopadóireachta

short[1] *v* (**= short-circuit**[1], **short out**[1]) gearrchiorcad[1] *v*

short[2] *s* (**= short-circuit**[2], **short out**[2]) gearrchiorcad[2] *m1*

short-circuit[1] *v* (**= short**[1], **short out**[1]) gearrchiorcad[1] *v*

short-circuit[2] *s* (**= short**[2], **short out**[2]) gearrchiorcad[2] *m1*

shortcut *s* aicearra *m4*

shortcut key (= hot key) eochair *f5* aicearra

shorted out gearrchiorcadta *a*

Short Message Service (SMS) Seirbhís *f2* Gearrtheachtaireachtaí, SMS

short out[1] (**= short**[1], **short-circuit**[1]) gearrchiorcad[1] *v*

short out[2] (**= short**[2], **short-circuit**[2]) gearrchiorcad[2] *m1*

short wave (SW) gearrthonn *f2*, SW

shot noise (= Schottky noise) torann *m1* Schottky

show *v* (**= demonstrate**, **display**[1]) taispeáin *v*

Show Box Bosca *m4* Taispeána

show desktop taispeáin *v* an deasc

show/hide *v* taispeáin/folaigh *v*

shuffle *s* suaitheadh *m* (*gs* suaite)

shutdown *s* múchadh *m* (*gs* -chta)

shut down múch *v*

SI[1] (**= International System of Units**, **Système International d'Unités**)

SI[1], Córas *m1* Idirnáisiúnta na nAonad

SI[2] (**= state indicator**) SI[2], táscaire *m4* staide

sibling node deartháirnód *m1*

sideband *s* taobh-bhanda *m4*

side effect fo-iarsma *m4*

siemens *s* (*unit*) símín *m4* (*pl* -ní)

sign *s* (*Mth.*) sín *f2*

signal *s* comhartha *m4*

signal conditioning oiriúint *f3* comhartha

signal distance (= Hamming distance) cian *f2* comhartha

signalling *s* comharthaíocht *f3*

signalling pin pionna *m4* comharthaíochta

signal regeneration athghiniúint *f3* comhartha

signal-to-noise ratio (S/N) cóimheas *m3* comhartha le fuaim, S/N

signature *s* síniú *m* (*gs* -nithe)

signature verifier fíoraitheoir *m3* sínithe

sign bit sínghiotán *m1*

sign digit síndigit *f2*

signed character carachtar *m1* le sín

signed integer slánuimhir *f5* le sín

signed magnitude méid *f2* le sín

significance *s* suntasacht *f3*

significand *s* bunúsann *f2*

significant digit (= significant figure) digit *f2* shuntasach

significant figure (= significant digit) figiúr *m1* suntasach

significative *a* comharthach *a*

sign position ionad *m1* síne

silicon *s* sileacan *m1*

silicon chip slis *f2* sileacain

silicon dioxide dé-ocsaíd *f2* sileacain

silicon-on-sapphire (SOS) sileacan *m1* ar shaifír

Silicon Valley Silicon Valley

SIMD (= single-instruction {stream} multiple-data {stream} method) SIMD, modh *m3* aonsrutha

treoracha ilsruthanna sonraí
simple *a* simplí *a*
Simple Mail Transfer Protocol (SMTP) Prótacal *m1* Simplí Aistrithe Poist, SMTP
Simple Network Management Protocol (SNMP) Prótacal *m1* Simplí Bainistíochta Líonra, SNMP
simple, power or weighted search options roghanna *fpl* cuardaigh simplí, tréana nó ualaithe
simple variable athróg *f2* shimplí
simplex[1] *s* aonphléacs *m4*
simplex[2] *a* (**SPX**[2]) aonphléacsach *a*, SPX[2]
simplex circuit ciorcad *m1* aonphléacsach
simplex line líne *f4* aonphléacsach
simplex transmission tarchur *m* aonphléacsach
simplicity *s* simplíocht *f3*
simplified *a* simplithe *a*
simulate *v* ionsamhail *v*
simulated fictional scenario cnámha *fpl* scéil ionsamhalta ficsin
simulation *s* ionsamhladh *m* (*gs* -alta)
simulator *s* ionsamhlóir *m3*
simultaneous *a* comhuaineach[2] *a*
simultaneous access (= parallel access) rochtain *f3* chomhuaineach
simultaneous computer (= parallel computer) ríomhaire *m4* comhuainíochta
simultaneous equations cothromóidí *fpl* comhuaineacha
simultaneous peripheral operations online (= spool[1]**)** spóláil[1] *v*
sine *s* síneas *m1*
sine law dlí *m4* an tsínis
sine wave tonn *f2* sínis
single *a* singil *a*, aon-[1] *pref*
single bit register tabhall *m1* aonghiotáin
single-density *a* (**SD**) aondlúis *gs as a*, SD
single-density disk diosca *m4* aondlúis

single-digit numeric uimhir *f5* aondigite
single-electron memory (SEM) cuimhne *f4* aon leictreoin
single element eilimint *f2* shingil
single inline memory module (SIMM) modúl *m1* singil cuimhne inlíní
single inline package (SIP[2]**)** pacáiste *m4* singil inlíneach, SIP[2]
single-instruction (stream) multiple-data (stream) method (SIMD) modh *m3* aonsrutha treoracha ilsruthanna sonraí, SIMD
single-instruction (stream) single-data (stream) method (SISD) modh *m3* aonsrutha treoracha aonsrutha sonraí, SISD
single-layer *a* aonsraithe *gs as a*
single line spacing (= single spacing) spásáil *f3* aon líne
single mode fibre snáithín *m4* aonmhóid
single-pass program ríomhchlár *m1* aon-tardhula
single-precision *a* aonbheachtais *gs as a*
single quotation marks (= single quotes) comharthaí *mpl* singile athfhriotail
single quote character (*of key*) carachtar *m1* singil athfhriotail
single sheet leathán *m1* singil
single-sideband suppressed carrier (SSBSC) iompróir *m3* sochta taobh-bhanda shingil
single-sided disk (SS) diosca *m4* aontaobhach
single spacing (= single line spacing) spásáil *f3* shingil
single-step operation (= one-step operation) oibríocht *f3* aonchéime
single-throw circuit breaker scoradán *m1* ciorcad aonbhealaigh
single-user system córas *m1* aonúsáideora

single-valued attribute tréith *f2* aonluacha

sink *s* slogaide *f4*

sinusoidal *a (Mth.)* síneasóideach *a*

SIO (= serial input/output) SIO, ionchur/aschur *m* srathach

SIP[1] (= Session Initiation Protocol) SIP[1], Prótacal *m1* Tionscanta Seisiúin

SIP[2] (= single inline package) SIP[2], pacáiste *m4* singil inlíneach

SISD (= single-instruction {stream} single-data {stream} method) SISD, modh *m3* aonsrutha treoracha aonsrutha sonraí

site *s* láithreán *m1*, suíomh[2] *m1* (*gs* -ímh, *pl* -anna)

site architect ailtire *m4* láithreáin, ailtire *m4* suímh

site feedback aiseolas *m1* ar láithreán, aiseolas *m1* ar shuíomh

sitelet *s* foláithreán *m1*

site licence ceadúnas *m1* láithreáin, ceadúnas *m1* suímh

site map mapa *m4* láithreáin, mapa *m4* suímh

SI units aonaid *mpl* SI

size *s* méid[1] *f2*

sizing *s* socrú *m* méide

skeletal coding creatchódú *m* (*gs* -daithe)

skeleton table creat-tábla *m4*

skew *s* sceabha *m4*

skewness *s* sceabhacht *f3*

skin *s* craiceann *m1*

skin effect iarmhairt *f3* chraicinn

skip[1] *v* scipeáil *v*

skip[2] *s* (= blank instruction, no op, no operation instruction, waste instruction) scip *f2* (*pl* -eanna)

Skolem function feidhm *f2* Scoiléim

Skolemization *s* Scoiléimiú *m* (*gs* -mithe)

slab *s* leac *f2*

slack time eatramh[2] *m1*

slash *s* (= forward slash) slais *f2*

slave[1] *s* sclábhaí *m4*

slave[2] *a* sclábhánta *a*

slave mode mód *m1* sclábhánta

slave station stáisiún *m1* sclábhánta

slew rate sliúráta *m4*

slice *s* sceall *m3*

slice architecture sceallailtireacht *f3*

slice memory sceallchuimhne *f4*

slide *s* sleamhnán *m1*

slide master stiúrthóir *m3* sleamhnán

slider *s* (= sliding bar) barra *m4* sleamhnáin

slide show taispeántas *m1* sleamhnán

sliding bar (= slider) barra *m4* sleamhnáin

sliding cover clúdach *m1* sleamhnáin

sliding window fuinneog *f2* shleamhnáin

SLIP (= Serial Line Internet Protocol) SLIP, Prótacal *m1* Idirlín Líne Srathaí

slope *s* fána *f4*

slot *s* sliotán *m1*

slotted-ring network líonra *m4* fáinneach sliotánach

slot time aga *m4* sliotáin

SLSI (= super-large-scale integration) SLSI, comhtháthú *m* scála ollmhóir

Small Business Extensible Markup Language (SMBXML) Teanga *f4* Mharcála Inbhreisithe Gnóthas Beag, SMBXML

small capitals ceannlitreacha *fpl* beaga

Small Computer System Interface (SCSI) Comhéadan *m1* (na) Mion-Ríomhchóras, SCSI

small office, home office (SOHO) oifig *f2* bheag, oifig bhaile, SOHO

small-scale integration (SSI) comhtháthú *m* mionscála, SSI

Smalltalk *s* (*programming language*) Smalltalk

smart card cárta *m4* cliste

smart filters scagairí *mpl* cliste

smart terminal (= intelligent

terminal) teirminéal *m1* cliste

SMB (= server message block) SMB, bloc *m1* teachtaireachtaí an fhreastalaí

SMB protocol (= Server Message Block Protocol) prótacal *m1* SMB, Prótacal *m1* Bhloc Teachtaireachtaí an Fhreastalaí

SMBXML (= Small Business Extensible Markup Language) SMBXML, Teanga *f4* Mharcála Inbhreisithe Gnóthas Beag

SMDS (= Switched Multimegabit Data Service) Seirbhís *f2* Lasctha Sonraí Il-mheigighiotán

SMF (= Standard MIDI File) SMF, Comhad *m1* Caighdeánach MIDI

smileys *spl* **(= emoticons)** straoiseoga *fpl*

smoothing *s* slíomachán *m1*

SMP (= symmetric multiprocessing) SMP, ilphróiseáil *f3* shiméadrach

SMS (= Short Message Service) SMS, Seirbhís *f2* Gearrtheachtaireachtaí

SMTP (= Simple Mail Transfer Protocol) SMTP, Prótacal *m1* Simplí Aistrithe Poist

smudge *s* smáileog *f2*

S/N (= signal-to-noise ratio) S/N, cóimheas *m3* comhartha le fuaim

snapshot debugging dífhabhtú *m* roghbhlúirí

snapshot dump dumpa *m4* roghbhlúirí

snap to grid léim *v* go greille

sneaky write scríobh *m3* slítheánta

SNMP (= Simple Network Management Protocol) SNMP, Prótacal *m1* Simplí Bainistíochta Líonra

SNOBOL *(programming language)* SNOBOL

snoopy cache taisce *f4* speiceála

socket *s* soicéad *m1*

soft *a* bog[1] *a*

soft break briseadh *m* bog

soft copy cóip *f2* bhog

soft error earráid *f2* bhog

soft line break briseadh *m* bog (idir) línte

soft page break briseadh *m* bog (idir) leathanaigh

soft return aisfhilleadh *m1* bog

soft-sectored *a* bogtheascógtha *a*

soft-sectoring *s* bogtheascógadh *m* (*gs* -ctha)

software *s* bogearraí *mpl*, earraí *mpl* boga

software compatibility comhoiriúnacht *f3* bogearraí

software design dearadh *m* bogearraí

software development forbairt *f3* bogearraí

software engineer innealtóir *m3* bogearraí

software engineering innealtóireacht *f3* bogearraí

software house teach *m* bogearraí

software integrity sláine *f4* bogearraí

software interrupt idirbhriseadh *m* bogearraí

software package pacáiste *m4* bogearraí

software piracy píoráideacht *f3* bogearraí

software program ríomhchlár *m1* bogearraí

software protection cosaint *f3* bogearraí

software requirements document doiciméad *m1* riachtanais bhogearraí

software specification sonraíocht *f3* na mbogearraí

software support tacaíocht *f3* bogearraí

software theft goid *f3* bogearraí

SOH (= start-of-heading character) SOH, carachtar *m1* tús ceannteidil

SOHO (= small office, home office) SOHO, oifig *f2* bheag, oifig bhaile

solar fade céimniú *m* na gréine

solar noise torann *m1* na gréine

solder[1] *v* sádráil *v*
solder[2] *s* sádar *m1*
soldered *a* sádráilte *a*
soldering iron iarann *m1* sádrála
solid[1] *s* solad *m1*
solid[2] *a* soladach *a*
solid-state *a* soladstaide *gs as a*, staide soladaí *gs as a*
solid-state component comhpháirt *f2* soladstaide
solid-state disk (SSD) diosca *m4* soladstaide, SSD
solid-state physics fisic *f2* sholadstaide
solution *s* réiteach[1] *m1*
solution algorithm algartam *m1* réitigh
solution path cosán *m1* réitigh
sonar *s* (= **sound navigation ranging**) sonóir *m3*
sonic delay line líne *f4* mhoillithe shonach
sort[1] *v* sórtáil[1] *v*
sort[2] *s* (= **sorting**) sórtáil[2] *f3*
sort criterion (*of database*) critéar *m1* sórtála
sorter *s* sórtálaí *m4*
sorting *s* (= **sort**[2]) sórtáil[2] *f3*
sort key eochair *f5* shórtála
sort order ord *m1* sórtála
sound *s* fuaim *f2*
sound bite gearróg *f2* fuaime, giotán *m1* fuaime
sound card cárta *m4* fuaime
sound card port port *m1* cárta fuaime
sound effect maisíocht *f3* fuaime
sound file comhad *m1* fuaime
sound navigation ranging (= **sonar**) sonóir *m3*
sound recording taifead *m1* fuaime, taifeadadh *m* fuaime
sound synthesizer sintéiseoir *m3* fuaime
source[1] *s* foinse *f4*
source[2] *a* foinseach *a*
source address seoladh *m* foinseach
source code cód *m1* foinseach

source data sonraí *mpl* foinseacha
source data automation uathoibriú *m* sonraí foinseacha
source database bunachar *m1* foinseach sonraí
source document doiciméad *m1* foinseach
source file comhad *m1* foinseach
source language teanga *f4* fhoinseach
source module modúl *m1* foinseach
source node nód *m1* foinseach
source program ríomhchlár *m1* foinseach
source string teaghrán *m1* foinseach
space[1] *v* spásáil[1] *v*
space[2] *s* spás *m1*
spacebar *s* spásbharra *m4*
space character spáscharachtar *m1*
space estimation meastachán *m1* spáis
spacing *s* spásáil[2] *f3*
spam *s* turscar *m1*
span *s* réise *f4*
spanning tree protocol prótacal *m1* an chrainn réisigh
spark *s* spréach *f2*
sparse matrix gannmhaitrís *f2*
spatial division multiple access (SDMA) ilrochtain *f3* roinnte spáis, SDMA
spatial light modulator (SLM) modhnóir *m3* solais spásúil
spatial resolution taifeach *m1* spásúil
speaker *s* callaire *m4*
speaker icon deilbhín *m4* callaire
spec (= specification[1]**)** sonraíocht[1] *f3*
special character saincharachtar *m1*
special effects (SFX) maisíochtaí *fpl*
special-function keys eochracha *fpl* sainfheidhme
specialist subject sainábhar *m1*
special-purpose computer ríomhaire *m4* sainchuspóireach
specific *a* sain- *pref*, sainiúil *a*
specific address sainseoladh *m* (*gs* -lta)
specification[1] *s* (= **spec**) sonraíocht[1] *f3*

specification[2] *s (of process)* sonrú *m*
(*gs* -raithe), sonrúchán *m1*
specification prototyping
fréamhshamhaltú *m* de réir
sonraíochta
specific code sainchód *m1*
specific gravity sainmheáchan *m1*
specificity *s* sainiúlacht *f3*
specific theorem sainteoirim *f2*
specifier *s* sonraitheoir *m3*
specify *v* sonraigh *v*
spectrometer *s* speictriméadar *m1*
spectrum *s* speictream *m1*
spectrum analysis anailís *f2* speictrim
speech *s* caint *f2*
speech generator gineadóir *m3* cainte
speech interpolation idirshuíomh *m1*
cainte
speech recognition aithint *f3* cainte
speech recognizer aitheantóir *m3*
cainte
speech synthesizer sintéiseoir *m3*
cainte
speed *s* luas *m1*
speeding up (= acceleration) luathú *m*
(*gs* -thaithe)
speed matching meaitseáil *f3* luais
spelling and grammar litriú *m* agus
gramadach
spelling checker *(Fam.* spellcheck*)*
seiceálaí *m4* litrithe, litreoir *m3*
spherical aberration iomrall *m1*
sféarúil
spike *s* spíce *m4*
spindle *s* fearsaid *f2*
spiral model samhail *f3* bhíseach
splash screen (= splash page)
splancscáileán *m1*
splay tree spréchrann *m1*
splice *v* spladhsáil *v*
splicer *s* spladhsálaí *m4*
split *s (of IRC)* scoilt *f2*
split screen[1] *(of command)* roinn *v*
scáileán
split screen[2] scáileán *m1* roinnte
splitter *s* scoilteoir *m3*

splitterless *a* gan scoilteoir
spool[1] *v* (= simultaneous peripheral
operations online) spóláil[1] *v*
spool[2] *s* (= reel) spól *m1*
spooling *s* spóláil[2] *f3*
sporadic fault locht *m3* treallach
spot punch spotphollaire *m4*
SPP (= scalable parallel processing)
SPP, próiseáil *f3* chomhuaineach
inscálaithe
spreadsheet *s* scarbhileog *f2*
spurious pulse bíog *f2* bhréige
SPX[1] (= Sequenced Packet
Exchange) SPX[1], Malartú *m*
Seicheamhach Paicéad
SPX[2] (= simplex[2]) SPX[2],
aonphléacsach *a*
SQL (= Structured Query Language)
SQL, Teanga *f4* Struchtúrtha Iarratas
square[1] *v* cearnaigh *v*
square[2] *s* cearnóg *f2*
square[3] *s (of number)* cearnú[1] *m* (*gs*
-naithe)
square[4] *a* cearnach[1] *a*
square brackets lúibíní *mpl* cearnacha
square function feidhm *f2* chearnaithe
square root fréamh *f2* chearnach
square root function feidhm *f2*
fréimhe cearnaí
SRAM (= static random access
memory) SRAM, cuimhne *f4*
randamrochtana statach
SR latch (= setting and resetting
latch) laiste *m4* SR, laiste *m4*
socraithe agus athshocraithe
SSADM (= Structured Systems
Analysis and Design Method)
SSADM, Modh *m3* Anailíse agus
Deartha Córas Struchtúrtha
SSD (= solid-state disk) SSD, diosca
m4 soladstaide
SSI (= small-scale integration) SSI,
comhtháthú *m* mionscála
stability *s* cobhsaíocht *f3*
stable *a* cobhsaí *a*
stable state staid *f2* chobhsaí

stable triggering circuit ciorcad *m1* truiceartha cobhsaí

stack *s* cruach *f2*

stackable hub mol *m1* inchruachta

stack addressing seolachán *m1* cruaiche

stack architecture ailtireacht *f3* chruaiche

stack diagram léaráid *f2* de chruach

stacked job processing próiseáil *f3* jabanna cruachta

stack frame fráma *m4* cruaiche

stack operation oibríocht *f3* chruaiche

stack pointer pointeoir *m3* cruaiche

stack segment number uimhir *f5* chruachdheighleáin

stage *s* céim[1] *f2*

stale data sonraí *m4* atá as dáta

stand-alone entity aonán *m1* saorsheasaimh

stand-alone model ríomhaire *m4* saorsheasaimh

standard[1] *s* caighdeán *m1*

standard[2] *a* caighdeánach *a*

standard[3] *a (basic)* bunúsach[2] *a*

standard component comhpháirt *f2* chaighdeánach

standard deviation diall *m* caighdeánach

standard dictionary (= main dictionary) foclóir *m3* caighdeánach

standard form foirm *f2* chaighdeánach

Standard Generalized Markup Language (SGML) Teanga *f4* Chaighdeánach Mharcála Ghinearálaithe, SGML

standard input/output routine gnáthamh *m1* caighdeánach ionchurtha/aschurtha

standard interface comhéadan *m1* caighdeánach

standardization *s* caighdeánú *m (gs* -naithe)

standardize *v* caighdeánaigh *v*

Standard MIDI File (SMF) Comhad *m1* Caighdeánach MIDI, SMF

standards converter tiontaire *m4* caighdeán

standard shell variable athróg *f2* chaighdeánach bhlaoisce

standard toolbar barra *m4* bunúsach uirlisí

standby[1] *s (of backup)* cúltaca *m4*

standby[2] *s (of condition)* fuireachas *m1*

standby mode mód *m1* fuireachais

standby register tabhall *m1* cúltaca

standby system córas *m1* cúltaca

standing-on-nines carry iomprach *m1* ar naonna

star configuration cumraíocht *f3* réaltach

star hub mol *m1* réaltach

star network líonra *m4* réaltach

star schema scéimre *m4* réaltach

start[1] *v* tosaigh[1] *v*

start[2] *s* tús *m1*, tosú *m (gs* -saithe)

start bit giotán *m1* tosaithe

start-of-heading character (SOH) carachtar *m1* tús ceannteidil, SOH

start-of-text character (STX) carachtar *m1* tús téacs, STX

star topology toipeolaíocht *f3* réaltach

start signal comhartha *m4* tosaithe

start-stop transmission tarchur *m tosaigh, stop*

start tag (= opening tag) clib *f2* thosaigh

start-up diagnostics diagnóisic *f2* tosaithe

star wired ring topology toipeolaíocht *f3* fháinneach sreangaithe go réaltach

state *s* staid *f2*

state indicator (SI[2]) táscaire *m4* staide, SI[2]

stateless protocol prótacal *m1* gan staid

statement *s* ráiteas *m1*

statement label lipéad *m1* ráitis

statement terminator críochtóir *m3* ráitis

state-of-the-art *a* úrscothach *a*
state-of-the-art model samhail *f3* úrscothach
state/space search cuardach *m1* spáis/staide
state transition trasdul *m3* staide
static *a* statach *a*
static charge lucht *m3* statach
static dump dumpa *m4* statach
staticizer *s* statachóir *m3*
static magnetic cell cill *f2* mhaighnéadach statach
static memory cuimhne *f4* statach
static method (= class method) modh *m3* statach
static random access memory (SRAM) cuimhne *f4* randamrochtana statach, SRAM
static storage stóras *m1* statach
static subroutine foghnáthamh *m1* statach
static variable athróg *f2* statach
stationary *a* cónaitheach *a*
stationary message source foinse *f4* chónaitheach teachtaireachtaí
station doubler dúblóir *m3* stáisiúin
stationery *s* stáiseanóireacht *f3*, páipéarachas *m1*
statistic *s* (*individual figure*) staitistic[1] *f2* (*gs* -í)
statistical *a* staitistiúil *a*
statistical function feidhm *f2* staitistiúil
statistical time-division multiplexing (STDM) ilphléacsú *m* staitistiúil roinnte ama, STDM
statistics *s* (*of science*) staitistic[2] *f2*, staidreamh *m1*
status *s* stádas *m1*
status bar barra *m4* stádais
status bit giotán *m1* stádais
status box bosca *m4* stádais
status line líne *f4* stádais
status message teachtaireacht *f3* stádais
status pin pionna *m4* stádais

status register tabhall *m1* stádais
status word giotánra *m4* stádais
STDM (= statistical time-division multiplexing) STDM, ilphléacsú *m* staitistiúil roinnte ama
steady state foistine[1] *f4*
steady-state *a* foistine *gs as a*
steady-state deviation diall *m* foistine
step *s* céim[3] *f2*, fochéim *f2*
step-by-step *a* céim *f2* ar chéim
step counter áiritheoir *m3* céimeanna
step-down *a* íoschéimneach *a*
step-down transformer trasfhoirmeoir *m3* íoschéimneach
step function céimfheidhm *f2*
stepper motor mótar *m1* céimneach
step-up *a* uaschéimneach *a*
step-up transformer trasfhoirmeoir *m3* uaschéimneach
stepwise design (*of programs*) dearadh *m* céim ar chéim
stepwise diagram (*of programs*) léaráid *f2* céim ar chéim
stepwise refinement múnlú *m* céim ar chéim
stereo *a* steiréa- *pref,* steiréi- *pref*
still-frame compression comhbhrú *m* frámaí socra
still-frame compression multimedia adapter cuibheoir *m3* ilmheán comhbhrú frámaí socra
stochastic *a* stocastach *a*
stochastic noise torann *m1* stocastach
stochastic process próiseas *m1* stocastach
stop[1] *v* stop[1] *v*
stop[2] *s* stop[2] *m4*
stop bit (= stop element) giotán *m1* stoptha
stop element (= stop bit) eilimint *f2* stoptha
stop signal comhartha *m4* stoptha
stop time aga *m4* stoptha
storage[1] *s* (= store[2]) stóras *m1*
storage[2] *s* (*process*) stóráil[2] *f3*
storage allocation leithdháileadh *m*

stórais
storage area limistéar *m1* stórála
storage area network (SAN) líonra *m4* limistéar stórála, SAN
storage capacity toilleadh *m* stórais
storage cell cill *f2* stórais
storage class aicme *f4* stórais
storage class declaration fógra *m4* aicme stórais
storage class specifier sonraitheoir *m3* aicme stórais
storage compacting dlúthú *m* stórais
storage cycle time aga *m4* ciogal stórála
storage density dlús *m1* stórála
storage device gléas *m1* stórála
storage hierarchy ordlathas *m1* stórais
storage medium meán *m1* stórála
storage protection cosaint *f3* stórais
storage register tabhall *m1* stórais
storage service provider (SSP) soláthraí *m4* seirbhísí stórála
storage space spás *m1* stórála
store[1] *v* stóráil[1] *v*
store[2] *s* (= **storage**[1]) stóras *m1*
stored program ríomhchlár *m1* stóráilte
storyline *s* snáithe *m4* scéil
straight line dronlíne *f4*
straight-line coding códú *m* dronlíneach
stream *s* sruth[2] *m3*
streaming *s* sruthú *m* (*gs* -thaithe)
streaming media meáin *mpl* sruthaithe
streaming sound fuaim *f2* shruthaithe
streaming video fístaispeáint *f3* sruthaithe
stress *s* strus *m1*
stress testing tástáil *f3* struis, tástáil *f3* ar (an) strus
strict schedule sceideal *m1* docht
strikethrough[1] *v* cuir *v* líne trí
strikethrough[2] *s* líne *f4* tríd
string *s* teaghrán *m1*
string array eagar *m1* teaghráin
string constant tairiseach *m1* teaghráin

string entity aonán *m1* teaghráin
string length fad *m1* teaghráin
string manipulation ionramháil *f3* teaghrán
string operator oibreoir *m3* teaghráin
string replacement athchur *m* teaghrán
string theory (= superstring theory) teoiric *f2* na dteaghrán
string variable athróg *f2* theaghráin
stripe *s* stríoc *f2*
strobe *s* strób *m1*
strobe signal stróbchomhartha *m4*
stroke *s* fleasc[1] *f2*
structural *a* struchtúrach *a*
structural model samhail *f3* struchtúrach
structure *s* struchtúr *m1*
structure chart cairt *f2* struchtúir
structure clash caismirt *f2* struchtúr
structured *a* struchtúrtha *a*
structured data sonraí *mpl* struchtúrtha
structured data-type cineál *m1* struchtúrtha sonraí
structure diagram léaráid *f2* de struchtúir
structured programming ríomhchlárú *m* struchtúrtha
Structured Query Language (SQL) Teanga *f4* Struchtúrtha Iarratas, SQL
Structured Systems Analysis and Design Method (SSADM) Modh *m3* Anailíse agus Deartha Córas Struchtúrtha, SSADM
structured variable athróg *f2* struchtúrtha
structured walkthrough iniúchadh *m* struchtúrtha
structure initialization túsú *m* struchtúir
structure member operator oibreoir *m3* ball struchtúir
structure pointer operator oibreoir *m3* pointeoir struchtúir
structure tag clib *f2* struchtúir

strudel *s* (= @) strúdal *m1*
stub *s* sop *m1*
stunt box bosca *m4* díchódúcháin
STX (= **start-of-text character**) STX,
   carachtar *m1* tús téacs
style *s* stíl *f2*
style engine inneall *m1* stíle
style gallery gailearaí *m4* stíleanna
style language teanga *f4* stíle
style rules rialacha *fpl* stíle
style sheet stílbhileog *f2*, bileog *f2* stíle
style sheet reference tagairt *f3*
   stílbhileoige
stylus *s* stíleas *m1*
sub- *pref* fo- *pref*
subarray *s* fo-eagar *m1*
subarray argument argóint *f3*
   fo-eagair
subclass *s* fo-aicme *f4*
subcube *s* fochiúb *m1*
subdirectory *s* (= **subfolder**)
   fochomhadlann *f2*
subdocument *s* fodhoiciméad *m1*
subdomain *s* fofhearann *m1*
subexpression *s* foshlonn *m1*
subfolder *s* (= **subdirectory**)
   fofhillteán *m1*
subgroup *s* foghrúpa *m4*
subject box bosca *m4* ábhair
submenu *s* fo-roghchlár *m1*
subnet(work) *s* folíonra *m4*
suboptimal solution réiteach *m1*
   fo-optamach
subprogram *s* fo-ríomhchlár *m1*
sub-query *s* fo-iarratas *m1*
subroutine *s* foghnáthamh *m1*
subroutine library leabharlann *f2*
   foghnáthamh
subsampling *s* foshampláil *f3*
subschema *s* foscéimre *m4*
subscribe *v* liostáil *v*
subscriber *s* (*of telephone service*)
   rannpháirtí *m4*
subscriber trunk dialling (STD)
   truncdhiailiú *m* rannpháirtí
subscript *s* foscript *f2*

subscripting *s* foscriptiú *m* (*gs* -tithe)
subscript range raon *m1* foscripte
subsegment *s* fodheighleán *m1*
subsequent *a* iartheachtach *a*
subset *s* fothacar *m1*
substitute[1] *v* cuir *v* in ionad, ionadaigh
   v
substitute[2] *s* ionadaí *m4*
substitute[3] *a* ionadaíoch *a*
substitute character carachtar *m1*
   ionadaíoch
substitution *s* ionadú *m* (*gs* -daithe)
substitution table tábla *m4* ionadaithe
substrate *s* foshraith *f2*
substring *s* fotheaghrán *m1*
subsystem *s* fochóras *m1*
subtotal *s* fo-iomlán *m1*
subtract *v* dealaigh *v*
subtracter *s* dealaitheoir *m3*
subtracter-adder *s*
   dealaitheoir/suimitheoir *m3*
subtraction *s* dealú *m* (*gs* -laithe)
subtraction operator oibreoir *m3*
   dealaithe
subtractive colour system córas *m1*
   dathanna dealaitheacha
subtractive primary colours
   príomhdhathanna *mpl* dealaitheacha
subtrahend *s* dealann *f2*
subtransaction *s* fo-idirbheart *m1*
subtree *s* fochrann *m1*
subtype *s* fochineál *m1*
subunit *s* fo-aonad *m1*
subvector *s* foveicteoir *m3*
subvert *v* treascair *v*
successive-approximation system
   córas *m1* neasuithe comhleantacha
success unit aonad *m1* ratha
sudden shutdown múchadh *m* tobann
suffix *s* iarmhír[1] *f2*
suite *s* (*of programs*) sraith *f2*
sum *s* suim *f2*
summarize *v* achoimrigh *v*
summary[1] *s* achoimre *f4*
summary[2] *a* achomair *a*
summary report tuairisc *f2* achomair

summation *s* suimiúchán² *m1*
summation check seiceáil *f3*
   suimiúcháin
summing integrator suimeálaí *m4*
   suimiúcháin
sum of two sets (= union of two sets)
   suim *f2* dhá thacar
sum total lánsuim *f2*
super-¹ *pref (of position)* for- *pref*
super-² *pref (of quality)* sár- *pref*
superclass *s* foraicme *f4*
supercomputer *s* sár-ríomhaire *m4*
superconductivity *s* forsheoltacht *f3*
superfunction *s* forfheidhm *f2*
supergroup *s* sárghrúpa *m4*
superheterodyne¹ *s* sárheitridín *m4*
superheterodyne² *a* sárheitridíneach *a*
super-high frequency (SHF)
   sár-ardmhinicíocht *f3*, SHF
superimpose *v* forshuigh *v*
super-large-scale integration (SLSI)
   comhtháthú *m* scála ollmhóir, SLSI
supermini *s* (= super minicomputer)
   sár-mhionríomhaire *m4*
super neurocomputer
   sár-néar-ríomhaire *m4*
superposed circuit ciorcad *m1*
   forshuite
superposition *s* forshuíomh *m1*
superscalar processing próiseáil *f3*
   shárscálach
superscript *s* forscript *f2*
superstring theory (= string theory)
   teoiric *f2* na sártheaghrán
supertype *s* forchineál *m1*
superuser *s* forúsáideoir *m3*
Super Video Graphics Array
   (SVGA) Sáreagar *m1* Físghrafaice,
   SVGA
supervising system córas *m1*
   maoirseachta
supervision *s* maoirseacht *f3*
supervisor *s* maoirseoir *m3*
supervisory control rialú *m*
   maoirseachta
supervisory frame fráma *m4*

   maoirseachta
supervisory mode mód *m1*
   maoirseachta
supervisory program ríomhchlár *m1*
   maoirseachta
superzapping *s* forzaipeáil *f3*
supplement *v* forlíon² *v*
support *s* tacaíocht *f3*
support facilities saoráidí *fpl*
   tacaíochta
support programmer
   ríomhchláraitheoir *m3* tacaíochta
support system córas *m1* tacaíochta
support tool uirlis *f2* tacaíochta
suppress *v* socht *v*
suppressed packets paicéid *mpl*
   shochta
suppression *s* sochtadh *m* (*gs* -ta)
suppressor *s* sochtóir *m3*
surf *v* (= **browse**, **cruise**) scimeáil¹ *v*
surface acoustic waves tonnta *fpl*
   fuaimiúla dromchla
surface barrier bacainn *f2* dromchla
surface mounting technology
   teicneolaíocht *f3* gléasta dromchla
surfer *s* (*of Internet*) scimeálaí *m4* (ar
   an Idirlíon)
surfing *s* scimeáil² *f3*
surfing the (Inter)net scimeáil *f3* ar
   an Idirlíon, ag
surge *s* borradh *m*
   (leictreachais/cumhachta)
surge limiter (= surge protector
   {strip}) teorantóir *m3* borrtha
surge protection cosaint *f3* ar
   bhorradh
surge protector (strip) (= surge
   limiter, **surge strip)** teorantóir *m3*
   borrtha
surge resistance friotaíocht *f3* borrtha
surge strip *See* surge protector (strip).
SVG (= Scalable Vector Graphics)
   SVG, Grafaic *f2* Inscálaithe
   Veicteoireach
SVGA (= Super Video Graphics
   Array) SVGA, Sáreagar *m1*

Físghrafaice
SW (= short wave) SW, gearrthonn *f2*
swap[1] *v* babhtáil[1] *v*
swap[2] *s* babhtáil[2] *f3*
swap file comhad *m1* babhtála
switch[1] *v* lasc[1] *v*
switch[2] *s* lasc[2] *f2*
switch between programs athraigh *v* ó
    chlár go clár
switched lines línte *fpl* lasctha
switched-message network líonra *m4*
    teachtaireachta lasctha
Switched Multimegabit Data Service
    (SMDS) Seirbhís *f2* Lasctha Sonraí
    Il-mheigighiotán
switched telephone lasctheileafón *m1*
switching *s* lascadh *m* (*gs* -ctha),
    lascachán *m1*
switching algebra ailgéabar *m1*
    lascacháin
switching centre lárionad *m1*
    lascacháin
switching circuit ciorcad *m1*
    lascacháin
switch off lasc *v* as, cuir *v* as
switch on lasc *v* air, cuir *v* air
symbol *s* siombail *f2*
symbolic *a* siombalach *a*
symbolic address seoladh *m*
    siombalach
symbolic assembly system córas *m1*
    díolama siombalaí
symbolic code cód *m1* siombalach
symbolic coding códú *m* siombalach
symbolic concordance comhchordacht
    f3 shiombalach
symbolic debugging dífhabhtú *m*
    siombalach
symbolic language teanga *f4*
    shiombalach
symbolic logic loighic *f2* shiombalach
symbolic name ainm *m4* siombalach
symbolic processor próiseálaí *m4*
    siombalach
symbolic programming ríomhchlárú
    m siombalach

symbol set tacar *m1* siombailí
symbol string teaghrán *m1* siombailí
symbol table tábla *m4* siombailí
symmetric *a* (= **symmetrical**)
    siméadrach *a*
symmetrical compression comhbhrú
    m siméadrach
symmetrical multiprocessor
    ilphróiseálaí *m4* siméadrach
symmetric communications
    cumarsáid *f2* shiméadrach
symmetric encryption criptiú *m*
    siméadrach
symmetric key cryptography
    cripteagrafaíocht *f3* shiméadrach le
    heochair
symmetric multiprocessing (SMP)
    ilphróiseáil *f3* shiméadrach, SMP
symmetry *s* siméadracht *f3*
sync[1] *See* synchronization.
sync[2] *See* synchronous.
sync character carachtar *m1*
    sioncronaithe
synchronization *s* (= **sync**[1]) sioncronú
    m (*gs* -naithe)
synchronize *v* sioncronaigh *v*
synchronized methods and threads
    modhanna *mpl* is snáitheanna
    sioncronacha
synchronizer *s* sioncronóir *m3*
synchronous *a* (= **sync**[2]) sioncronach
    a
synchronous bus bus *m4* sioncronach
synchronous computer ríomhaire *m4*
    sioncronach
synchronous data sonraí *mpl*
    sioncronacha
Synchronous Data Link Control
    (SDLC[1]**)** Rialú *m* Nasctha
    Shioncronaigh Sonraí, SDLC[1]
synchronous key encryption criptiú *m*
    le heochracha sioncronacha
synchronous operation oibríocht *f3*
    shioncronach
synchronous replication macasamhlú
    m sioncronach

synchronous transmission tarchur *m* sioncronach

sync information faisnéis *f2* sioncronaithe

Syndicat Français des Constructeurs d'Appareils Radio et Television (SCART) SCART

syndication *s* sindeacáitiú *m* (*gs* -tithe)

synergetic *a* sineirgeach *a*

synergy *s* sineirgíocht *f3*

synonym *s* comhchiallach *m1*

syntactic *a* (= **syntactical**) comhréireach² *a*

syntax *s* comhréir² *f2*

syntax analysis anailís *f2* ar an gcomhréir, anailís *f2* ar an chomhréir

syntax declaration fógra *m4* comhréire

syntax diagram léaráid *f2* den chomhréir

syntax-directed editing eagarthóireacht *f3* de réir comhréire

syntax error earráid *f2* chomhréire

syntax expression slonn *m1* comhréire

syntax grammar gramadach *f2* na comhréire

syntax tree crann *m1* comhréire

synthesis *s* sintéis *f2*

synthesizer *s* sintéiseoir *m3*

synthetic language teanga *f4* shintéiseach

sysgen *See* system generation.

sysin *See* system input.

syslib *See* system library.

sysop *See* system operator.

system *s* córas *m1*

system analysis (= **systems analysis**) anailís *f2* ar chóras

systematic *a* córasach *a*

systematic inaccuracy míchruinneas *m1* córasach

systematic noise torann *m1* córasach

system availability inúsáidteacht *f3* córais

system box bosca *m4* córais

system call glao *m4* ar an gcóras, glao *m4* ar an chóras

system-call interface comhéadan *m1* na nglaonna ar an gcóras oibriúcháin, comhéadan *m1* na nglaonna ar an chóras oibriúcháin

system catalogue catalóg *f2* córais

system check seiceáil *f3* córais

system command ordú *m* córais

system data bus bus *m4* sonraí an chórais

system description tuairisc *f2* ar an gcóras, tuairisc *f2* ar an chóras

system design (= **systems design**) dearadh *m* córais

system development forbairt *f3* córais

system disk diosca *m4* córais

system documentation doiciméadú *m* an chórais

Système International d'Unités (= **International System of Units, SI**¹) Córas *m1* Idirnáisiúnta na nAonad, SI¹

system failure teip *f2* córais

system fault tolerance (SFT) lamháltas *m1* lochtanna córais, SFT

system generation (= **sysgen**) giniúint *f3* córais

system goals spriocanna *fpl* córais

system handbook lámhleabhar *m1* an chórais

system input (= **sysin**) ionchur *m* córais

system library (= **syslib**) leabharlann *f2* córais

system lifecycle saolré *f4* córais

system log loga *m4* córais

system maintenance cothabháil *f3* córais

system operator (= **sysop**) oibreoir *m3* córais

system-oriented *a* dírithe *a* ar an gcóras, dírithe *a* ar an chóras

system program ríomhchlár *m1* córais

system programmer ríomhchláraitheoir *m3* córais

system recovery athshlánú *m* an

chórais

systems analysis *See* system analysis.

systems analyst anailísí *m4* córas

systems and support software
bogearraí *mpl* córas agus tacaíochta

systems definition sainiú *m* córas

systems design *See* system design.

**systems development life cycle
(SDLC^2)** saolré *f4* forbartha córas,
SDLC^2

systems management bainistíocht *f3*
córas

Systems Network Architecture (SNA)
Ailtireacht *f3* Chórais Líonraí

system software bogearraí *mpl* córais

system specification sonraíocht *f3* an
chórais

systems programmer
ríomhchláraitheoir *m3* córas

system support tacaíocht *f3* córais

system testing tástáil *f3* córais

system test time aga *m4* tástála an
chórais

system validation bailíochtú *m* córais

T

T^1 (= tera- *pref)* T^1, teirea-, teiri- *pref*

T^2 (= tesla) T^2, teisle *m4*

tab *s* táb *m1*

tab dialogue box bosca *m4* dialóige na
dtáb

table *s* tábla *m4*

tableau *s* tabló *m4*

table look-up (= lookup, TLU)
cuardach *m1* tábla

table look-up instruction treoir *f5*
chuardaigh tábla

tables and borders táblaí *mpl* agus
imlínte

tablet *s* táibléad *m1*

tablet computer ríomhaire *m4* táibléid

tabletop mounting gléasadh *m*
barrbhoird

tab marker marcóir *m3* táb

tab size méid *f2* táib

tab stop tábstop *m4*

tabulate *v* táblaigh *v*

tabulation *s* táblú *m* (*gs* -laithe),
táblúchán *m1*

tabulator *s* táblóir *m3*

tacit knowledge eolas *m1* neamhinste

tactile keyboard méarchlár *m1*
tadhlach

tag^1 *v* clibeáil^1 *v*

tag^2 *s* clib *f2*

tagged document doiciméad *m1*
clibeáilte

Tagged Image File Format (TIFF)
Formáid *f2* Comhaid Íomhánna le
Clibeanna, TIFF

tagging *s* clibeáil^2 *f3*

tail *s* earr *f2*

tail operation oibríocht *f3* eirre

tail recursion athchúrsáil *f3* eirre

taking turns sealaíocht *f3*

talker *s* (= **chat site)** suíomh *m1*
comhrá, láithreán *m1* comhrá

tandem data circuit ciorcad *m1* sonraí
sraithe

tangent *s* tadhall^1 *m1*

tap^1 *v* tapáil *v*

tap^2 *s* tapa *m4*

tape *s* (= **magnetic tape)** téip *f2*

tape and disk eraser léirscriosán *m1*
téipe agus diosca

tape backup cúltaca *m4* téipe

tape cassette caiséad *m1* téipe

tape cleaner glantóir *m3* téipe

**tape deck (= magnetic tape reader,
tape drive)** deic *f2* téipe

**tape drive (= magnetic tape reader,
tape deck)** tiomántán *m1* téipe

tape driver tiománaí *m4* téipe

tape leader treoraí *m4* téipe

tape load point pointe *m4* lódála ar
téip

tape punch pollaire *m4* téipe

tape reproducer atáirgeoir *m3* téipe

tape splicer spladhsálaí *m4* téipe

tape spool spól *m1* téipe

tape track rian *m1* téipe
tape trailer eireaball *m1* téipe
tape unit (= magnetic tape unit, TU) aonad *m1* téipe, TU
tapped line líne *f4* thapáilte
tapped potentiometer function generator gineadóir *m3* feidhme poitéinsiméadair thapáilte
target[1] *s* sprioc *f2*
target[2] *a* sprioc- *pref,* sprice *gs as a*
target disk (= destination disk) diosca *m4* sprice
target language sprioctheanga *f4*
target phase sprioc-chéim *f2*
target program sprioc-ríomhchlár *m1*
TASI (= time-assignment speech interpolation) TASI, idirshuíomh *m1* cainte sannta ama
task *s* tasc *m1*
taskbar *s* tascbharra *m4*
tasking *s* tascáil *f3*
task swapper babhtálaí *m4* tascanna
task switching babhtáil *f3* tascanna
TAT (= turnaround time) TAT, aga *m4* slánúcháin
tautology *s* athluaiteachas *m1*
taxonomy *s* tacsanomaíocht *f3*
Tb (= terabyte) Tb, teiribheart *m1*
TB (= terabit) TB, teirighiotán *m1*
T-carrier services seirbhísí *fpl* T-iompróra
TCP (= Transmission Control Protocol) TCP, Prótacal *m1* Rialaithe Tarchurtha
TCP/IP (= Transmission Control Protocol/Internet Protocol) TCP/IP, Prótacal *m1* Rialaithe Tarchurtha/ Prótacal Idirlín
TDM (= time-division multiplexing) TDM, ilphléacsú *m* roinnte ama
TDMA (= time-division multiple access) TDMA, ilrochtain *f3* roinnte ama
TDS (= transaction-driven system) TDS, córas *m1* faoi thiomáint idirbheart

techie *s (Fam.)* teicí *m4* (*pl* teicithe)
technical *a* teicniúil *a*
Technical and Office Protocols (TOP) Prótacail *mpl* Theicniúla agus Oifige, TOP
technical drawing líníocht *f3* theicniúil
technical environment description (TED) tuairisc *f2* ar thimpeallacht theicniúil
technical manual lámhleabhar *m1* teicniúil
technical report tuairisc *f2* theicniúil
technical support tacaíocht *f3* theicniúil
technical system option (TSO) rogha *f4* córais theicniúil
technique *s* teicníc *f2*
technology *s* teicneolaíocht *f3*
telecommunications *spl* teileachumarsáid *f2*
telecommuting *s* teileachomaitéireacht *f3*
teleconference *s* teileachomhdháil[1] *f3*
teleconferencing *s* teileachomhdháil[2] *f3*
teledactyl *s* teileadachtal *m1*
telemarketing *s* teileamhargaíocht *f3*
telematics *s* teileamaitic *f2*
telemeter[1] *v* teiliméadráil[1] *v*
telemeter[2] *s* teiliméadar *m1*
telemetering *s* teiliméadráil[2] *f3*
telemeter service seirbhís *f2* teiliméadrála
telemetry *s* teiliméadracht *f3*
(tele)phone *s* fón *m1*, guthán *m1*, teileafón *m1*
telephone cable cábla *m4* teileafóin
telephone jack seac *m1* teileafóin
telephone line líne *f4* gutháin, líne *f4* teileafóin
telephone network líonra *m4* teileafón
telephone number uimhir *f5* ghutháin, uimhir *f5* theileafóin
telephone wire sreang *f2* theileafóin
telephony *s* teileafónaíocht *f3*

teleprinter *s* teiliprintéir *m3*
teleprocessing *s* teileaphróiseáil *f3*
teletext *s* teilitéacs *m4*
Teletype *s* Teletype
teletypewriter *s* **(TTY)**
   teilea-chlóscríobhán *m1*, TTY
teletypewriter exchange service
   (TWX) seirbhís *f2* malartán
   teilea-chlóscríobhán, TWX
television *s* teilifís *f2*
television set teilifíseán *m1*
teleworking *s* teilea-oibriú *m* (*gs*
   -rithe)
Telex *s* Telex
temperature *s* teocht *f3*
template *s* teimpléad *m1*
template-driven mapping mapáil *f3*
   faoi thiomáint teimpléid
temporal *a* ama *gs as a*
temporal cohesion comhtháthú *m* ama
temporary *a* sealadach *a*
temporary file comhad *m1* sealadach
temporary Internet file comhad *m1*
   sealadach Idirlín
temporary storage (= clipboard,
   fast-access memory, **quick-access**
   memory, **scratchpad)** stóras *m1*
   sealadach
temporary variable athróg *f2*
   shealadach
ten pitch spacing (= pica spacing)
   spásáil *f3* chéim a deich
tens' complement comhlánú *m* le
   deicheanna
TEP (= terminal emulation program)
   TEP, ríomhchlár *m1* aithrise
   teirminéil
tera- *pref* (**T**[1]) teirea-, teiri- *pref*, T[1]
terabit *s* (**TB**) teirighiotán *m1*, TB
terabyte *s* (**Tb**) teiribheart *m1*, Tb
teraflop *s* (**TFLOP**) teireaflap *m4*,
   TFLOP
terahertz *s* (**THz**) teiriheirts *m4*, THz
terminal *s* teirminéal *m1*
terminal area limistéar *m1* teirminéil
terminal control system córas *m1*

rialaithe teirminéal
terminal emulation program (TEP)
   ríomhchlár *m1* aithrise teirminéil,
   TEP
terminal emulator aithriseoir *m3*
   teirminéil
terminal identification code cód *m1*
   aitheantais teirminéil
terminal locking device (TLD[1]**)** gléas
   m1 glasála teirminéil, TLD[1]
terminal security device (TSD) gléas
   m1 slándála teirminéil, TSD
terminal server freastalaí *m4*
   teirminéal
terminate *v* críochnaigh *v*
terminate and stay resident (TSR)
   críochnaigh ach fan *v* lonnaithe,
   TSR
terminated line líne *f4* chríochnaithe
terminating condition coinníoll *m1*
   críochta
termination *s* críochnú *m* (*gs* -naithe)
terminator *s* críochtóir *m3*
ternary *a* trínártha *a*
ternary incremental representation
   léiriú *m* incriminteach trínártha
ternary operator oibreoir *m3* trínártha
tertiary *a* treasach *a*
tertiary storage stóráil *f3* threasach
tesla *s* (**T**[2]) teisle *m4*, T[2]
test[1] *v* tástáil[1] *v*
test[2] *s* tástáil[2] *f3*
test case cás *m1* tástála
test data sonraí *mpl* tástála
test driver tiománaí *m4* tástála
tester *s* tástálaí *m4*
testing *s* tástáil[3] *f3*
test program ríomhchlár *m1* tástála
test run rith *m3* tástála
tetrad *s* teitread *m1*
tetrode *s* teatróid *f2*
tetrode field-effect transistor (=
   tetrode FET) trasraitheoir *m3*
   tionchar réimse teatróide, FET
   teatróide
texel *s* uigeilín *m4*

text *s* téacs *m4*
text area limistéar *m1* téacs
text box bosca *m4* téacs
text compression comhbhrú *m* téacs
text editing eagarthóireacht *f3* téacs
text editor eagarthóir *m3* téacs
text field réimse *m4* téacs
text file téacschomhad *m1*
text format formáid *f2* téacs
text manipulation ionramháil *f3* téacs
text message teachtaireacht *f3* téacs,
téacsteachtaireacht *f3, Fam.* téacs
m4
text rotation rothlú *m* téacs
text string teaghrán *m1* téacs
texture map mapa *m4* uigeachta
texture mapping mapáil *f3* uigeachta
text wrap timfhilleadh *m* téacs
TFLOP (= teraflop) TFLOP, teireaflap
m4
**TFTP (= Trivial File Transfer
Protocol)** TFTP, Prótacal *m1*
Aistrithe Comhad Beagbhríoch
thank you go raibh maith agat, GRMA
theorem *s* teoirim *f2*, teoragán *m1*
theoretical *a* teoiriciúil *a*
theory of relativity teoiric *f2* na
coibhneasachta
there exists x such that is ann do x
ionas go bhfuil
thermal agitation suaitheadh *m*
teirmeach
thermal noise torann *m1* teirmeach
thermal printer printéir *m3* teirmeach
thesaurus *s* stórchiste *m4*, teasáras *m1*
thick film scannán *m1* tiubh
Thicknet coaxial cable (= Thickwire)
cábla *m4* comhaiseach Thicknet
thin client (= trim client) caolchliant
m1
thin-client networks líonraí *mpl*
caolchliant
thin Ethernet Ethernet tanaí
thin film scannán *m1* tanaí
thin-film memory cuimhne *f4*
scannáin thanaí

thin-film microelectronics
micrileictreonaic *f2* scannáin thanaí
**Thinnet coaxial cable (= Cheapernet,
Thinwire)** cábla *m4* comhaiseach
Thinnet
thin server caolfhreastalaí *m4*
Thinwire *s* (= **Cheapernet**, **Thinnet
coaxial cable**) Thinwire
third generation tríú glúin *f2*, an
third generation computer ríomhaire
m4 den tríú glúin
third generation language (3GL)
teanga *f4* den tríú glúin
third normal form (3NF) tríú foirm *f2*
normalach, an
**thousand characters per second
(KCS)** míle *m4* carachtar sa soicind,
KCS
thrashing *s* traiseáil *f3*
thread *s* snáithe *m4*
thread testing tástáil *f3* snáithe(anna)
three address instruction treoir *f5* thrí
sheoladh
**three and a half inch disk (= 3.5 inch
disk)** diosca *m4* trí horlach go leith
three-dimensional *a* (**3D**) tríthoiseach
a
three-dimensional array eagar *m1*
tríthoiseach
three-dimensional page turns
iompuithe *mpl* leathanaigh
thríthoisigh
threefold *a* faoi thrí
three-letter abbreviation (TLA[1])
giorrúchán *m1* trí litir, TLA[1]
three-letter acronym (TLA[2]) acrainm
m4 trí litir, TLA[2]
three-plus-one address seoladh *m* trí
móide aon
three-prong plug plocóid *f2* trí
bheangán
three-schema DBMS architecture
ailtireacht *f3* thríscéimeach CBBS
three-tier application feidhmchlár *m1*
trí chiseal
three-wire cable cábla *m4* trí shreang

threshold *s* tairseach[1] *f2*
threshold element eilimint *f2* tairsí
throughput *s* tréchur *m1*
throwing an exception giniúint *f3*
    eisceachta
thumbnail *s* mionsamhail *f3*
THz (= terahertz) THz, teiriheirts *m4*
tie-line *s* líne *f4* cheangail
tier[1] *v* cisealaigh *v*
tier[2] *s* ciseal *m1*
tiered *a* cisealta *a*
TIFF (= Tagged Image File Format)
    TIFF, Formáid *f2* Comhaid
    Íomhánna le Clibeanna
tightly-coupled *a* dlúthchúpláilte *a*
tightly-coupled system córas *m1*
    dlúthchúpláilte
tilde *s* tilde *m4*
tile *v* tíligh *v*
tiled *a* tílithe *a*
tiling *s* tíliú *m* (*gs* -ithe)
time[1] *s* am *m3*
time[2] *s* (= **duration**[1]) aga *m4*
time-assignment speech interpolation
    (TASI) idirshuíomh *m1* cainte
    sannta ama, TASI
time bomb buama *m4* ama
time constant tairiseach *m1* ama
time-critical *a* criticiúil *a* ó thaobh
    ama
time-delay circuit ciorcad *m1*
    aga-mhoillithe
time-division multiple access
    (TDMA) ilrochtain *f3* roinnte ama,
    TDMA
time-division multiplexing (TDM)
    ilphléacsú *m* roinnte ama, TDM
time origin tús *m1* ama
time out am *m3* istigh
timer *s* uaineadóir *m3*, amadóir *m3*
timer interrupt idirbhriseadh *m*
    uaineadóra
time scale amscála *m4*
time series amshraith *f2*
time-share *v* comhroinn *v* am
time-shared system (TSS) córas *m1*

    comhroinnte ama, TSS
time-sharing *s* comhroinnt *f2* ama
time slice eang *f3* ama
time slicing eangú *m* ama
time slot sliotán *m1* ama
time stamp stampa *m4* ama
time zone crios *m3* ama, amchrios *m3*
timing *s* uainiúchán *m1*
timing considerations tosca *fpl*
    uainiúcháin
timing error earráid *f2* uainiúcháin
timing estimation form foirm *f2*
    mheastacháin uainiúcháin
T interface comhéadan *m1* T
tip node (= leaf node) nód *m1* duille
title *s* teideal *m1*
title bar barra *m4* teidil
TLA[1] **(= three-letter abbreviation)**
    TLA[1], giorrúchán *m1* trí litir
TLA[2] **(= three-letter acronym)** TLA[2],
    acrainm *m4* trí litir
TLD[1] **(= terminal locking device)**
    TLD[1], gléas *m1* glasála teirminéil
TLD[2] **(= top-level domain)** TLD[2],
    fearann *m1* barrleibhéil
TLU (= lookup, table look-up)
    cuardach *m1* tábla
TM[1] **(= transmission media)** TM[1],
    meáin *mpl* tarchurtha
TM[2] **(= triplecasting)** TM[2],
    tríchraoladh *m* (*gs* -lta)
3NF (= third normal form) an tríú
    foirm *f2* normalach
toggle[1] *v* scoránaigh *v*
toggle[2] *s* scorán *m1*
toggle key eochair *f5* scoránaithe
toggle switch lasc *f2* scoránaithe
token *s* ceadchomhartha *m4*
token bus bus *m4* ceadchomharthaí
token passing seachadadh *m*
    ceadchomharthaí
token ring fáinne *m4* ceadchomharthaí
token stream sruth *m3*
    ceadchomharthaí
token string teaghrán *m1*
    ceadchomharthach

tolerance *s* lamháltas *m1*
toner *s* tonóir *m3*
toner cartridge cartús *m1* tonóra
toner low tonóir *m3* gann
tool *s* uirlis *f2*
toolbar *s* barra *m4* uirlisí
toolbar button cnaipe *m4* barra uirlisí
toolbox *s* bosca *m4* uirlisí
toolsmith *s* uirliseoir *m3*
TOP (= Technical and Office Protocols) TOP, Prótacail *mpl* Theicniúla agus Oifige
top-down *a* ó bharr anuas
top-down approach cur *m1* chuige ó bharr anuas
top-down design dearadh *m1* ó bharr anuas
top-down functional decomposition miondealú *m* feidhmeanna ó bharr anuas
top-down programming ríomhchlárú *m* ó bharr anuas
top-down testing tástáil *f3* ó bharr anuas
Topic Map Mapa *m4* Topaice
Topic Map Query Language (TMQL) Teanga *f4* Iarratais Mhapaí Topaice
top-level domain (TLD^2) fearann *m1* barrleibhéil, TLD^2
top-level transaction idirbheart *m1* barrleibhéil
top-of-stack pointer pointeoir *m3* barr cruaiche
topology *s* toipeolaíocht *f3*
toroid *s* toróideach *m1*
torsional load lód *m1* toirsiúnach
total^1 *s* iomlán^1 *m1*
total^2 *a* (= complete^2) iomlán^2 *a*
total cache writes iomlán *m1* na scríobhanna taisce
total capacitance toilleas *m1* iomlán
total participation rannpháirtíocht *f3* iomlán
total transition time am *m3* trasdula iomlán

touch control rialtán *m1* tadhaill
touch pad ceap *m1* tadhaill
touch screen scáileán *m1* tadhaill
touch-screen display taispeáint *f3* scáileán tadhaill
touch-sensitive *a* tadhallíogair *a*
touch-sensitive screen scáileán *m1* tadhallíogair
tower unit túr *m1*
TP (= transaction processing) próiseáil *f3* idirbheart
TPS (= transactions per second) TPS, idirbhearta *mpl* sa soicind
trace^1 *v* lorg^3 *v*
trace^2 *s* (= footprint) lorg^1 *m1*
trace program ríomhchlár *m1* lorgtha
traceroute *s* (utility) lorgaire *m4* róid
tracing *s* lorg^4 *m* (*gs* -gtha)
track^1 *v* rianaigh *v*
track^2 *s* rian *m1*
trackball *s* rianliathróid *f2*
track density riandlús *m1*
tracking *s* rianú *m* (*gs* -naithe)
track pitch rianchéim *f2*
tracks per inch rianta *mpl* san orlach
track-to-track speed luas *m1* rian go rian
traffic *s* trácht *m3*
trailer *s* eireaball *m1*
trailer label lipéad *m1* eireabaill
trailing zeros nialais *mpl* chun deiridh
training time am *m3* oiliúna
transaction^1 *s* (of event) idirbheart *m1*
transaction^2 *s* (of process) idirbheartaíocht *f3*
transaction-driven system (TDS) córas *m1* faoi thiomáint idirbheart, TDS
transaction processing (TP) próiseáil *f3* idirbheart
transaction record taifead *m1* idirbhirt
transactions per second (TPS) idirbhearta *mpl* sa soicind, TPS
transaction tape téip *f2* idirbhirt
transaction tracking rianú *m* idirbhirt
transceiver *s* (= media access unit)

trasghlacadóir *m3*

transcendental number uimhir *f5* tharchéimniúil

transcoder *s* traschódóir *m3*

transcoding *s* traschódú *m (gs* -daithe)

transconductance *s* tras-seoltas *m1*

transcribe *v* trascríobh *v*

transcriber *s* trascríobhaí *m4*

transducer *s* trasduchtóir *m3*

transfer[1] *v* aistrigh[2] *v*, traschuir *v*

transfer[2] *s* aistriú *m (gs* -rithe), traschur *m (gs* -tha)

transferable *a* inaistrithe *a*, in-traschurtha *a*

transfer check seiceáil *f3* aistrithe, seiceáil *f3* traschurtha

transfer command ordú *m* aistrithe, ordú *m* traschurtha

transfer function feidhm *f2* aistrithe, feidhm *f2* thraschurtha

transfer instruction treoir *f5* aistrithe

transfer interpreter léirmhínitheoir *m3* aistrithe, léirmhínitheoir *m3* traschurtha

transfer rate ráta *m4* aistrithe, ráta *m4* traschurtha

transfer time am *m3* aistrithe, am *m3* traschurtha

transfer vector veicteoir *m3* aistrithe, veicteoir *m3* traschurtha

transform *v* trasfhoirmigh *v*

transformation *s* trasfhoirmiú *m (gs* -mithe)

transformation language teanga *f4* thrasfhoirmiúcháin

transformer *s* trasfhoirmeoir *m3*

transient *a* neamhbhuan *a*

transient cookie (= session cookie) fianán *m1* neamhbhuan

transient data sonraí *mpl* neamhbhuana

transient data store stóras *m1* sonraí neamhbhuana

transient site láithreán *m1* neamhbhuan, suíomh *m1* neamhbhuan

transistor *s* trasraitheoir *m3*

transistor logic loighic *f2* trasraitheora

transistor-resistor logic (TRL) loighic *f2* trasraitheora is friotóra, TRL

transistor-transistor logic (TTL) loighic *f2* trasraitheora is trasraitheora, TTL

transit *s* trasdul[1] *m3*

transit angle uillinn *f2* trasdula

transition *s* trasdul[2] *m3*

transitional coding códú *m* trasdula

transit network líonra *m4* trasdula

transit time aga *m4* trasdula

translate *v* aistrigh[1] *v*

translating program ríomhchlár *m1* aistriúcháin

translation *s* aistriúchán *m1*

translation control register tabhall *m1* rialaithe aistriúcháin

translation memory software bogearraí *mpl* cuimhne aistriúcháin

translator *s* aistritheoir *m3*

transliterate *v* traslitrigh *v*

transliteration *s* traslitriú *m (gs* -rithe)

transmission[1] *s (of event)* tarchur[1] *m1*

transmission[2] *s (of process)* tarchur[2] *m (gs* -rtha)

transmission channel cainéal *m1* tarchurtha

transmission control character carachtar *m1* rialaithe tarchurtha

Transmission Control Protocol (TCP) Prótacal *m1* Rialaithe Tarchurtha, TCP

Transmission Control Protocol/Internet Protocol (TCP/IP) Prótacal *m1* Rialaithe Tarchurtha/ Prótacal Idirlín, TCP/IP

transmission error earráid *f2* sa tarchur

transmission loss caillteanas *m1* sa tarchur

transmission media (TM[1]**)** meáin *mpl* tarchurtha, TM[1]

transmission on, transmission off (XON/XOFF) tarchur *m* air, tarchur as, XON/XOFF

transmission rate ráta *m4* tarchurtha

transmission speed luas *m1* tarchurtha

transmit *v* (**TSMT**) tarchuir *v*, TSMT

transmitter *s* tarchuradóir *m3*

transmitter card cárta *m4*
tarchuradóra

transparency[1] *s (of acetate etc.)*
tréshoilseán *m1*

transparency[2] *s (of quality)*
trédhearcacht *f3*

transparent *a* trédhearcach *a*

transparent distribution dáileadh *m*
trédhearcach

transponder *s* trasfhreagróir *m3*

transport *s* iompar *m1*

transport layer sraith *f2* (an) iompair

transport protocol prótacal *m1*
iompair

transpose *v* trasuigh *v*

transposition *s* trasuíomh *m1*

transposition sort sórtáil *f3* trasuímh

transputer *s* trasaire *m4*

transversal *a* trasnaí *a*

transversal filter scagaire *m4* trasnaí

transverse *a* trasnach *a*

transverse parity check seiceáil *f3*
paireachta trasnaí

trap *s* gaiste *m4*

trap handler láimhseálaí *m4* gaistí

trapped instruction treoir *f5*
theanntaithe

trapping *s* gaistiú *m (gs* -tithe)

trap setting gaiste *m4* a chur, cur
gaiste

travelling-wave tube feadán *m1* tonnta
taistil

traversal *s* trasnáil *f3*

traverse *v* trasnaigh[1] *v*

treat *v* cóireáil *v*

treated *a* cóireáilte *a*

tree *s* crann *m1*

tree network líonra *m4* crainn

tree search cuardach *m1* crainn

tree structure struchtúr *m1* crainn

tree topology toipeolaíocht *f3* crainn

tree traversal trasnáil *f3* crainn

triad *s* triad *m1*

triangle table tábla *m4* triantánach

triangular *a* triantánach *a*

triangulation *s* triantánú *m (gs* -naithe)

tribit *s* tríghiotán *m1*

tributary circuit craobhchiorcad *m1*

tributary station craobhstáisiún *m1*

trichromatic *a* tríchrómatach *a*

trigger[1] *v* truicear[1] *v*

trigger[2] *s* truicear[2] *m1*

trigger[3] *a* truicear- *pref*, truiceartha *gs*
as a

triggering *s* truicearadh *m (gs* -rtha)

triggering circuit ciorcad *m1*
truiceartha

trigger level leibhéal *m1* truiceartha

trigger pair péire *m4* truiceartha,
truicearphéire *m4*

trigonometric *a* (= **trigonometrical**)
triantánúil *a*

trigonometric function feidhm *f2*
thriantánúil

trigonometry *s* triantánacht *f3*

trim client (= **thin client**) caolchliant
m1

triode *s* trióid *f2*

triplecasting *s* (**TM**[2]) tríchraoladh *m*
(*gs* -lta), tríchraolachán *m1*, TM[2]

triple-precision *a* tríbheachtais *gs as a*

tripod *s* tríchosach *m1*

tri-state device gléas *m1* trí staid

trivial *a* beagbhríoch *a*

Trivial File Transfer Protocol
(**TFTP**) Prótacal *m1* Aistrithe
Comhad Beagbhríoch, TFTP

TRL (= **transistor-resistor logic**)
TRL, loighic *f2* trasraitheora is
friotóra

Trojan (**horse**) Traíoch *m1*

troubleshoot *v* fabhtcheartaigh *v*

troubleshooting fabhtcheartú *m* (*gs*
-taithe)

true *a* fíor *a*, fíor-[1] *pref*

true colour fíordhath *m3*

true complement (= **radix**

complement) fíor-chomhlánú *m* (*gs* -naithe)

true proposition tairiscint *f3* fhíor

true type fíorchló *m4*

truncate *v* teasc *v*

truncating *s* teascadh *m* (*gs* -ctha)

truncation *s* teascadh *m* (*gs* -ctha)

truncation error earráid *f2* teasctha

trunk *s* trunc *m3*

trunk cable trunc-chábla *m4*

trunk coupling trunc-chúpláil *f3*

trunk-coupling unit aonad *m1* trunc-chúplála

trusted PC ríomhaire *m4* pearsanta iontaofa

trusted third party tríú páirtí *m4* iontaofa

trustee *s* iontaobhaí *m4*

trustee path cosán *m1* iontaobhaí

truth *s* fírinne *f4*

truth set tacar *m1* fírinne

truth set of an open sentence tacar *m1* fírinne abairte oscailte

truth symbol siombail *f2* fírinne

truth table (= logical table) tábla *m4* fírinne

truth value luach *m3* fírinne

truth value assignment sannachán *m1* luach fírinne

truth value of a proposition luach *m3* fírinne tairisceana

TSD (= terminal security device) TSD, gléas *m1* slándála teirminéal

TSMT (= transmit) TSMT, tarchuir *v*

TSR (= terminate and stay resident) TSR, críochnaigh ach fan *v* lonnaithe

TSS (= time-shared system) TSS, córas *m1* comhroinnte ama

T switch T-lasc *f2*

T-test *s* T-thástáil *f3*

TTL (= transistor-transistor logic) TTL, loighic *f2* trasraitheora is trasraitheora

TTY (= teletypewriter) TTY, teilea-chlóscríobhán *m1*

TU (= tape unit) TU, aonad *m1* téipe

tube *s* feadán *m1*

tune *v* tiúin *v*

tuned circuit ciorcad *m1* tiúnta

tuning *s* tiúnadh *m* (*gs* -nta)

tunnel effect iarmhairt *f3* tolláin

tuple *s* codach *m1*

turn *v* cas *v*

turnaround time (TAT) aga *m4* slánúcháin, TAT

turnkey system córas *m1* eochróra

turn off cas *v* as

turn on cas *v* air

tween *v* eadráil[1] *v*

tweening *s* eadráil[2] *f3*

twelve-pitch spacing spásáil *f3* chéim a dó dhéag

twenty-four hour news feed fotha *m4* nuachta 24 uair an chloig

twinaxial cable cábla *m4* dé-aiseach

twin check désheiceáil *f3*

twip *s* (*unit*) fip *f2*

twisted pair casphéire *m4*

twisted-pair cable cábla *m4* casphéire

twist-lock connector nascóir *m3* casghlasála

two-address instruction treoir *f5* dhá sheoladh

two-byte language teanga *f4* dhá ghiotán

two-chip microprocessor micreaphróiseálaí *m4* dhá shlis

two-dimensional *a* déthoiseach *a*

two-dimensional array eagar *m1* déthoiseach

two-keystroke operation oibríocht *f3* dhá eochairbhuille

two-out-of-five code cód *m1* dó as cúig

two-pass assembler díolamóir *m3* dhá thardhul

two-phase locking protocol prótacal *m1* glasála déphasaí

two-plus-one address seoladh *m* dó móide aon

twos' complement comhlánú *m* le
dónna
twos' complement notation
nodaireacht *f3* chomhlánú le dónna
twos' complement numbers
uimhreacha *fpl* chomhlánú le dónna
two-state variable athróg *f2* dhá staid
two-terminal system córas *m1* dhá
theirminéal
two-valued variable athróg *f2* dhá
luach
two-way pager glaoire *m4* déthreo
**two-way simultaneous
communication** cumarsáid *f2*
chomhuaineach dhéthreo
two-wire circuit ciorcad *m1* dhá
shreang
**TWX (= teletypewriter exchange
service)** TWX, seirbhís *f2* malartán
teilea-chlóscríobhán
type[1] *v* clóscríobh *v*
type[2] *s (of data, etc)* cineál[1] *m1*
type[3] *s* cló[1] *m4*
type-3 cable cábla *m4* cineál a trí
type-compatible *a* comhoiriúnach *a*
maidir le cineál
type declaration fógra *m4* cineáil
type error earráid *f2* chineáil
typeface *s* cló-aghaidh *f2*
typeface family fine *f4*
cló-aghaidheanna
typematic key eochair *f5* uathchlóite
type of data model cineál *m1* samhla
de shonraí
typesetting *s* clóchur *m1*,
clóchuradóireacht *f3*
typesetting engine inneall *m1*
clóchuradóireachta
type specifier sonraitheoir *m3* cineáil
typewriter keyboard méarchlár *m1*
clóscríobháin
typing error botún *m1* cló, earráid *f2*
chló
typographical *a* clóghrafach *a*
typography *s* clóghrafaíocht *f3*

U

UA (= user agent) UA, gníomhaire *m4*
úsáideora
**UART (= universal asynchronous
receiver-transmitter)** UART,
glacadóir/tarchuradóir *m3*
aisioncronach uilíoch
UC (= uppercase) UC, cás *m1* uachtair
U-contact *s* U-theagmháil *f3*
UCS (= universal character set) UCS,
uilethacar *m1* carachtar
UDF (= Universal Disk Format)
UDF, Formáid *f2* Uilíoch Dioscaí
UDP (= User Datagram Protocol)
UDP, Prótacal *m1* Sonragram
Úsáideora
UHF (= ultra-high frequency) UHF,
minicíocht *f3* ultra-ard
UID (= user identification) UID,
aitheantas *m1* (an) úsáideora
**UIML (= User Interface Markup
Language)** UIML, Teanga *f4*
Mharcála Comhéadan Úsáideora
U interface comhéadan *m1* U
ultracondensed *a* ultrachomhdhlúite *a*
ultra-expanded *a* ultrafhairsingithe *a*
ultrafiche *s* ultraifís *f2*
ultra-high frequency (UHF)
minicíocht *f3* ultra-ard, UHF
ultrastrip *s* ultrai-stiallscannán *m1*
ultraviolet *a* (UV) ultraivialait *a*, UV
ultraviolet erasing léirscrios *m*
ultraivialait
ultra wideband radio raidió *m4*
ultra-leathanbhanda
**UML (= Unified Modelling
Language)** UML, Teanga *f4*
Shamhaltaithe Aontaithe
**unacknowledged connectionless
service** seirbhís *f2* neamhadmhálach
gan nasc
unallowable digit digit *f2*
neamhcheadaithe
unary *a* aonártha *a*

unary expression slonn *m1* aonártha
unary operation oibríocht *f3* aonártha
unary operator oibreoir *m3* aonártha
unauthorized *a* neamhúdaraithe *a*
unauthorized access rochtain *f3*
  neamhúdaraithe
unavailability *s* do-úsáidteacht *f3*
unavailable time *(of machine, unit,*
  etc) aga *m4* do-úsáidteachta
unbalanced *a* neamhchothromaithe *a*
unbalanced transmission tarchur *m*
  neamhchothromaithe
unbiased *a* neamhlaofa *a*
unbroken line líne *f4* gan bhriseadh
unbuffered *a* neamh-mhaolánaithe *a*
unbundle *v* díchuach *v*
unbundling *s* díchuachadh *m (gs*
  -chta)
uncompressed *a* neamh-chomhbhrúite
  a
unconditional *a* neamhchoinníollach *a*
unconditional branch brainse *m4*
  neamhchoinníollach
unconditional branch instruction
  treoir *f5* bhrainseála
  neamhchoinníollaí
unconditional control transfer aistriú
  m neamhchoinníollach rialúcháin,
  traschur *m* neamhchoinníollach
  rialúcháin
unconditional jump léim *f2*
  neamhchoinníollach
unconditional jump instruction treoir
  f5 léime neamhchoinníollaí
unconnected services seirbhísí *fpl*
  éanasctha
uncorrectable error earráid *f2*
  dhocheartaithe
undefined *a* neamhshainithe *a*
undelete *v* díscrios *v*
undeliverable *a* dosheachadta *a*
underflow *s* gannsreabhadh *m (gs*
  -eafa)
underline *v* cuir *v* líne faoi
underscore[1] *v* fostríoc[1] *v*
underscore[2] *s* fostríoc[2] *f2*

underscore character carachtar *m1*
  (na) fostríce
underscoring *s* fostríocadh *m (gs*
  -ctha)
undo *v* cealaigh[2] *v*
unequal *a* éagothrom *a*
unformat *v* dífhormáidigh *v*
unformatted *a* neamhfhormáidithe *a*
unfreeze *v* díreoigh *v*
ungroup *v* díghrúpáil *v*
unicasting *s* aonchraoladh *m (gs* -lta),
  aonchraolachán *m1*
Unicode *s (encoding method)* Unicode
unidirectional *a* aontreoch *a*
unified-field theory teoiric *f2* réimsí
  aontaithe
Unified Modelling Language (UML)
  Teanga *f4* Shamhaltaithe Aontaithe,
  UML
uniform resource identifier (URI)
  aitheantóir *m3* aonfhoirmeach
  acmhainne, URI
uniform resource locator (URL)
  aimsitheoir *m3* aonfhoirmeach
  acmhainne, URL
uniform resource name (URN) ainm
  m4 aonfhoirmeach acmhainne, URN
unijunction transistor trasraitheoir *m3*
  aon chumair
unilateral impedance coisceas *m1*
  aontaobhach
uninstall *v* díshuiteáil *v*
uninterruptible power supply (UPS)
  soláthar *m1* dobhriste cumhachta
union *s* (= disjunction) aontas *m1*
union of two sets (= sum of two sets)
  aontas *m1* dhá thacar
unipolar *a* aonpholach *a*
unipolar transmission tarchur *m*
  aonpholach
unique *a* uathúil *a*
unique identifier aitheantóir *m3*
  uathúil
unit *s* aonad *m1*
uniterm[1] *s* aontéarmach[1] *m1*
uniterm[2] *a* aontéarmach[2] *a*

uniterm indexing innéacsú *m*
aontéarmach
uniterm system córas *m1* aontéarmach
unit separator (US) deighilteoir *m3*
aonad, US
unit string teaghrán *m1* aonbhaill
unit testing tástáil *f3* aona(i)d
unitunnel diode dé-óid *f2* aon tolláin
universal *a* uilíoch *a*, uile- *pref*
universal asynchronous
receiver-transmitter (UART)
glacadóir/tarchuradóir *m3*
aisioncronach uilíoch, UART
universal character set (UCS)
uilethacar *m1* carachtar, UCS
Universal Disk Format (UDF)
Formáid *f2* Uilíoch Dioscaí, UDF
universal function model samhail *f3*
d'fheidhm uilíoch
universal instantiation áscú *m* uilíoch
universal packet paicéad *m1* uilíoch
universal printer stand seastán *m1*
uilíoch printéara
Universal Product Code (UPC) Cód
m1 Uilíoch Táirgí, UPC
universal quantification cainníochtú
m uilíoch
universal quantifier cainníochtóir *m3*
uilíoch
universal serial bus (USB) bus *m4*
uilíoch srathach, USB
universal set (= universe of
discourse) uilethacar *m1*
universal synchronous asynchronous
receiver-transmitter (USART)
glacadóir/tarchuradóir *m3*
aisioncronach sioncronach uilíoch,
USART
universe of discourse (= universal
set) uilethacar *m1* dioscúrsa
Unix *s (operating system)* Unix
Unix to Unix Copy Protocol (UUCP)
Prótacal *m1* Cóipeála Unix go Unix,
UUCP
unjustified *a* neamh-chomhfhadaithe *a*

unknown *a* neamhaithnid *a*
unknown error earráid *f2*
neamhaithnid
unlimited *a* neamhtheoranta *a*
unlisted *a* neamhliostaithe *a*
unlock *v* díghlasáil *v*
unmodulated signal comhartha *m4*
neamh-mhodhnaithe
unnested *a* neamhneadaithe *a*
unnumbered acknowledgement
admháil *f3* neamhuimhrithe
unordered *a* gan ord
unpack *v* díphacáil *v*
unpacked *a* díphacáilte *a*
unpacked decimal notation
nodaireacht *f3* dheachúlach
dhíphacáilte
unpaged segment deighleán *m1* gan
leathanaigh
unparsed entity aonán *m1*
neamhpharsáilte
unpinning *s* díphionnáil *f3*
unplug *v* díphlugáil *v*
unprocessed *a* neamhphróiseáilte *a*
unprotected record taifead *m1*
neamhchosanta
unrecoverable error earráid *f2*
dhocheartaithe
unreliable *a* neamhhiontaofa *a*
unrepeatable read léamh *m1*
dodhéanta athuair
unscheduled *a* neamhsceidealta *a*
unshielded twisted pair casphéire *m4*
neamhdhíonta
unsigned bit giotán *m1* gan sín
unsigned integer slánuimhir *f5* gan sín
unsigned long integer slánuimhir *f5*
fhada gan sín
unsorted *a* neamhshórtáilte *a*
unstable *a* éagobhsaí *a*
unstable state staid *f2* éagobhsaí
unstructured *a* neamhstruchtúrtha *a*
unsubscribe *v* díliostáil *v*
unsystematic *a* neamhchórasach *a*
unused time am *m3* gan úsáid

unverifiable *a* dofhíoraithe *a*
unvisited state staid *f2*
neamhthadhlaithe
unzip *v* dízipeáil *v*
unzipped file comhad *m1* dízipeáilte
up *adv* suas *adv*
up arrow saighead *f2* suas
UPC (= Universal Product Code)
UPC, Cód *m1* Uilíoch Táirgí
update[1] *v* nuashonraigh *v*
update[2] *s* nuashonrú *m* (*gs* -raithe),
nuashonrúchán *m1*
updateable *a* in-nuashonraithe *a*
update anomaly aimhrialtacht *f3* sa
nuashonrú
updated information faisnéis *f2*
nuashonraithe
update log loga *m4* (na)
nuashonrúchán
update process model samhail *f3* den
phróiseas nuashonraithe
update propagation forleathadh *m*
(na) nuashonrúchán
Update query (*of SQL*) iarratas *m1*
UPDATE
upgrade *v* uasghrádaigh *v*
uplink *s* uasnasc *m1*
upload *v* lódáil *v* suas, uaslódáil *v*
uploading time aga *m4* uaslódála
uppercase *s* (UC) cás *m1* uachtair, UC
uppercase letter litir *f5* chás uachtair
upper curtate giortach *m1* uachtair
uptime *s* aga *m4* fónaimh
upward compatibility comhoiriúnacht
f3 aníos
upward compatible comhoiriúnach *a*
aníos
upward compatiblity standards
caighdeáin *mpl* chomhoiriúnachta
aníos
URI (= uniform resource identifier)
URI, aitheantóir *m3* aonfhoirmeach
acmhainne
URL (= uniform resource locator)
URL, aimsitheoir *m3* aonfhoirmeach
acmhainne

URN (= uniform resource name)
URN, ainm *m4* aonfhoirmeach
acmhainne
US (= unit separator) US, deighilteoir
m3 aonad
usability *s* inúsáidteacht *f3*
usability test tástáil *f3* inúsáidteachta
usable *a* (= available) inúsáidte *a*
usage statistics staitisticí *fpl* úsáide
USART (= universal synchronous
asynchronous
receiver-transmitter) USART,
glacadóir/tarchuradóir *m3*
aisioncronach sioncronach uilíoch
USB (= universal serial bus) USB,
bus *m4* uilíoch srathach
use[1] *v* (= utilize) úsáid[1] *v*
use[2] *s* (= utilization) úsáid[2] *f2*
useful *a* úsáideach *a*
Usenet *s* Usenet
use of the contrapositive úsáid *f2* an
fhrithdheimhnigh
user *s* úsáideoir *m3*
user agent (UA) gníomhaire *m4*
úsáideora, UA
user authentication fíordheimhniú *m*
úsáideora
user catalogue catalóg *f2* úsáideoirí
User Datagram Protocol (UDP)
Prótacal *m1* Sonragram Úsáideora,
UDP
user-defined *a* sainithe *a* ag an
úsáideoir
user-defined conversion tiontú *m*
sainithe ag an úsáideoir
user-defined functions feidhmeanna
fpl sainithe ag an úsáideoir
user-defined identifier aitheantóir *m3*
sainithe ag an úsáideoir
user documentation doiciméadú *m*
(an) úsáideora
user file comhad *m1* úsáideora
user-friendly *a* cairdiúil *a*
user-friendly system córas *m1*
cairdiúil
user group grúpa *m4* úsáideoirí

user identification (UID) aitheantas
 m1 (an) úsáideora, UID
user interaction idirghníomhú *m* leis
 an úsáideoir
user interface comhéadan *m1*
 úsáideora
**User Interface Markup Language
 (UIML)** Teanga *f4* Mharcála
 Comhéadan Úsáideora, UIML
user interface to OS comhéadan *m1*
 úsáideora leis an OS
user manual lámhleabhar *m1* (an)
 úsáideora
user mode mód *m1* úsáideora
user name ainm *m4* (an) úsáideora
user profile próifíl *f2* úsáideora
user program ríomhchlár *m1* (an)
 úsáideora
user requirements document
 doiciméad *m1* riachtanais úsáideora
user roll rolla *m4* úsáideoirí
user roll/function matrix maitrís *f2*
 rolla/feidhmeanna úsáideoirí
user session seisiún *m1* úsáideora
user terminal teirminéal *m1* úsáideora
utility[1] *s (of product)* áirge *f4*
utility[2] *s (of capacity)* áirgiúlacht *f3*
utility program ríomhchlár *m1* áirge
utility routines gnáthaimh *mpl* áirge
utility software bogearraí *mpl* áirge
utilization *s* (= use[2]) úsáid[2] *f2*
utilize *v* (= use[1]) úsáid[1] *v*
**UUCP (= Unix to Unix Copy
 Protocol)** UUCP, Prótacal *m1*
 Cóipeála Unix go Unix
UV (= ultraviolet) UV, ultraivialait *a*

V

vaccine *s* vacsaín *f2*
vacuum *s* folús *m1*
vacuum tube folúsfheadán *m1*
valid *a* bailí *a*
validate *v* bailíochtaigh *v*
validation *s* bailíochtú *m* (*gs* -taithe)

validity *s* bailíocht *f3*
validity check seiceáil *f3* bailíochta
valid sentence abairt *f2* bhailí
value *s* luach *m3*
value-added network (VAN) líonra
 m4 breisluacha, VAN
value-added reseller (VAR)
 athdhíoltóir *m3* breisluacha, VAR
VAN (= value-added network) VAN,
 líonra *m4* breisluacha
vandal *s* loitiméir *m3*
vandalism *s* loitiméireacht *f3*
vanilla *a* gnáth- *pref*
VAR (= value-added reseller) VAR,
 athdhíoltóir *m3* breisluacha
variable[1] *s* athróg *f2*
variable[2] *a* (= alterable) inathraithe *a*
variable[3] *a (changing)* athraitheach[1] *a*
variable address seoladh *m* inathraithe
variable block bloc *m1* inathraithe
variable connector nascóir *m3*
 inathraithe
variable declaration fógra *m4*
 athróige
variable field réimse *m4* inathraithe
variable function generator gineadóir
 m3 feidhme inathraithe
variable-length field réimse *m4* ilfhaid
variable-length records taifid *mpl*
 ilfhaid
variable-point representation system
 córas *m1* léirithe pointe inathraithe
**variable-width font (= proportional
 font)** cló *m4* il-leithid
variable word-length ilfhad *m1*
 giotánra
variance *s* athraitheas *m1*
variant[1] *s* athraitheach[2] *m1*
variant[2] *a* athraitheach *a*
variation *s* comhathrú *m* (*gs* -raithe)
vCalendar *s* v-fhéilire *m4*
vCard *s* (= electronic business card)
 v-chárta *m4*
**VCD (= video CD, video compact
 disk)** VCD, dlúthdhiosca *m4* físe
VCR (= video cassette recorder)

VCR, taifeadán *m1* físchaiséid
VDT (= video display terminal,
  visual display terminal) VDT,
  teirminéal *m1* fístaispeána
VDU (= video display unit, visual
  display unit) VDU, aonad *m1*
  fístaispeána
vector *s* veicteoir *m3*
vector computer ríomhaire *m4*
  veicteoireach
vectored image íomhá *f4* veicteoireach
vectored interrupt idirbhriseadh *m*
  veicteoireach
vector graphics (= object-oriented
  graphics) grafaic *f2* veicteoireach
Veitch diagram léaráid *f2* Veitch
velocity *s* treoluas *m1*
vendor *s* díoltóir *m3*
Venn diagram léaráid *f2* Venn
ventilation hole poll *m1* aerála
verifiable *a* infhíoraithe *a*
verification *s* fíorú *m* (*gs* -raithe)
verification test tástáil *f3* fíoraithe
verifier *s* fíoraitheoir *m3*
verify *v* fíoraigh *v*
versatile *a* ilúsáide *gs as a*
versatility *s* ilúsáidteacht *f3*
version *s* leagan *m1*
verso *s* verso
vertex *s* (= **node**) stuaic *f2*
vertical *a* ingearach *a*
vertical axis ais *f2* ingearach
vertical bar operator oibreoir *m3*
  barra ingearaigh
vertical bars barraí *mpl* ingearacha
vertical blanking dalladh *m* ingearach
vertical microprogramming
  micreachlárú *m* ingearach
vertical redundancy check (VRC)
  seiceáil *f3* ingearach iomarcaíochta,
  VRC
vertical scroll scrollú *m* ingearach
vertical scrollbar scrollbharra *m4*
  ingearach
very high frequency (VHF)
  an-ardmhinicíocht *f3*, VHF

very large scale (VLS) ollscála *m4*,
  VLS
very large scale integration (VLSI)
  comhtháthú *m* (ar) ollscála, VLSI
very low frequency (VLF) minicíocht
  f3 an-íseal, VLF
very-small-aperture terminal (VSAT)
  teirminéal *m1* cró an-mhion, VSAT
vestigial sideband taobh-bhanda *m4*
  iarmharach
VF (= voice frequency) VF,
  minicíocht *f3* gutha
VGA (= Video Graphics Array)
  VGA, Eagar *m1* Físghrafaice
VHF (= very high frequency) VHF,
  an-ardmhinicíocht *f3*
vibration *s* crith *m3*
video[1] *s* (*of film*) físeán *m1*
video[2] *a* fís- *pref*
video adapter (= video display
  adapter, video display board)
  físchuibheoir *m3*
video camera físcheamara *m4*
video capture físghabháil *f3*
video capture card cárta *m4*
  físghabhála
video card físchárta *m4*
video cassette recorder (VCR)
  taifeadán *m1* físchaiséid, VCR
video CD (= video compact disk,
  VCD) dlúthdhiosca *m4* físe, VCD
video circuits físchiorcaid *mpl*
video compact disk (= video CD,
  VCD) dlúthdhiosca *m4* físe, VCD
video conference físchomhdháil *f3*
video-conferencing kit trealamh *m1*
  físchomhdhála
video digitization físdigitiú *m* (*gs*
  -tithe)
video disk físdiosca *m4*
video display adapter (= video
  adapter, video display board)
  cuibheoir *m3* fístaispeána
video display board (= video
  adapter, video display adapter)
  clár *m1* ciorcaid fístaispeána

video display terminal (= visual display terminal, VDT, video display unit) teirminéal *m1* fístaispeána, VDT, *Fam.* monatóir *m3*

video display unit (= visual display unit, VDU, video display terminal) aonad *m1* fístaispeána, VDU, *Fam.* monatóir *m3*

video editor físeagarthóir *m3*

video equipment fístrealamh *m1*

video form físfhoirm *f2*

videofrequency *s* físmhinicíocht *f3*

video game físchluiche *m4*

Video Graphics Array (VGA) Eagar *m1* Físghrafaice, VGA

video RAM (= video random access memory, VRAM) físRAM, físchuimhne *f4* randamrochtana, VRAM

video random access memory (= video RAM, VRAM) físchuimhne *f4* randamrochtana, físRAM, VRAM

video shot fís-seat *m4*

video signal físchomhartha *m4*

video standards físchaighdeáin *mpl*

video streaming fís-sruthú *m* (*gs* -thaithe)

video tape fístéip *f2*

video tape recorder (VTR) taifeadán *m1* fístéipe, VTR

Videotex *s* (**= videotext, Viewdata**) Videotex

videotext *s* (**= Videotex, Viewdata**) fístéacs *m4*

view[1] *s* amharc *m1*, radharc *m1*

view[2] *v* amharc *v* ar, breathnaigh *v* ar, féach *v* ar

viewable *a* inamhairc *gs as a*

Viewdata *s* (**= Videotex, videotext**) Viewdata

view-serializable schedule sceideal *m1* amharc insrathaithe

virtual *a* fíorúil *a*

virtual address seoladh *m* fíorúil

virtual address space spás *m1* seoltaí fíorúla

virtual call glao *m4* fíorúil

virtual circuit ciorcad *m1* fíorúil

virtual device driver tiománaí *m4* gléis fíorúil

virtual hosting óstáil *f3* fhíorúil

virtual image íomhá *f4* fhíorúil

virtualization *s* fíorúlú *m* (*gs* -laithe)

virtual machine (VM[1]**)** meaisín *m4* fíorúil, VM[1]

virtual memory (VM[2]**)** cuimhne *f4* fhíorúil, VM[2]

virtual mode mód *m1* fíorúil

virtual page leathanach *m1* fíorúil

virtual private network (VPN) líonra *m4* príobháideach fíorúil

virtual reality (VR) réaltacht *f3* fhíorúil, VR

virtual reality modelling language (VRML) teanga *f4* shamhaltaithe réaltachta fíorúla, VRML

virtual server freastalaí *m4* fíorúil

virtual shopping centre ionad *m1* siopadóireachta fíorúla

virtual storage stóras *m1* fíorúil

Virtual Telecommunications Access Method (VTAM) Modh *m3* Rochtana Fíorúla Teileachumarsáide, VTAM

virtual terminal teirminéal *m1* fíorúil

virus *s* víreas *m1*

virus alert foláireamh *m1* víris

virus checking seiceáil *f3* le haghaidh víreas

virus detection aimsiú *m* víreas

virus detection program ríomhchlár *m1* aimsithe víreas

virus guard (= antivirus program) clár *m1* frithvíreas

virus hoax foláireamh *m1* bréige víris

viseme *s* físéim *f2*

visible *a* infheicthe *a*

visit[1] *v* (*of node*) tadhaill *v*

visit[2] *s* (*of node*) tadhall[2] *m1*

visited state staid *f2* thadhlaithe

visitor-based networking líonrú *m*

dírithe ar chuairteoirí

visual display terminal (= video display terminal, VDT, video display unit, visual display unit) teirminéal *m1* fístaispeána, VDT, *Fam.* monatóir *m3*

visual display unit (= video display unit, VDU, video display terminal, visual display terminal) aonad *m1* fístaispeána, VDU, *Fam.* monatóir *m3*

visual model amharcshamhail *f3*

visual object amharcoibiacht *f3*

visual presentation amharcláithreoireacht *f3*

visual presentation package pacáiste *m4* amharcláithreoireachta

VLF (= very low frequency) VLF, minicíocht *f3* an-íseal

VLS (= very large scale) VLS, ollscála *m4*

VLSI (= very large scale integration) VLSI, comhtháthú *m* (ar) ollscála

VM¹ (= virtual machine) VM¹, meaisín *m4* fíorúil

VM² (= virtual memory) VM², cuimhne *f4* fhíorúil

v-mail *s* (= voicemail) glórphost *m1*

vocabulary *s* foclóirín *m4*

vocoder *s* vóchódóir *m3*

voice *s* glór *m1*, guth *m3*

voice activation gníomhachtú *m* gutha

voice activation detection aimsiú *m* gníomhachtúchán gutha

voice channel cainéal *m1* gutha

voice command ordú *m* gutha

voice dictation deachtú *m* gutha

voice frequency (VF) minicíocht *f3* gutha, VF

voice grade grád *m1* gutha

voice-grade channel cainéal *m1* grád gutha

voicemail *s* (= v-mail) glórphost *m1*

voice portal glórthairseach *f2*

voice projection teilgean *m1* gutha

voice recognition aithint *f3* gutha

voice recognition device (VRD) gléas *m1* aitheanta gutha, VRD

voice recognition terminal (VRT) teirminéal *m1* aitheanta gutha, VRT

volatile *a* luaineach *a*

volatile memory cuimhne *f4* luaineach

volatile storage (VS) stóras *m1* luaineach, VS

volatility *s* luaineacht *f3*

volt *s* volta *m4* (*pl* -nna)

voltage *s* voltas *m1*

voltage selector roghnóir *m3* voltais

voltage spike spíce *m4* voltais

volume¹ *s* (= amount) méid² *m4*

volume² *s* (of sound) airde² *f4*

volume control rialtán *m1* airde

voxel *s* toirtilín *m4*

VR (= virtual reality) VR, réaltacht *f3* fhíorúil

VRAM (= video RAM, video random access memory) VRAM, físchuimhne *f4* randamrochtana, físRAM

VRC (= vertical redundancy check) VRC, seiceáil *f3* ingearach iomarcaíochta

VRD (= voice recognition device) VRD, gléas *m1* aitheanta gutha

VRML (= virtual reality modelling language) VRML, teanga *f4* shamhaltaithe réaltachta fíorúla

VRT (= voice recognition terminal) VRT, teirminéal *m1* aitheanta gutha

VS (= volatile storage) VS, stóras *m1* luaineach

VSAT (= very-small-aperture terminal) VSAT, teirminéal *m1* cró an-mhion

VTAM (= Virtual Telecommunications Access Method) VTAM, Modh *m3* Rochtana Fíorúla Teileachumarsáide

VTR (= video tape recorder) VTR, taifeadán *m1* fístéipe

W

W (= watt) W, vata *m4*

wafer *s* sliseog *f2*

wafer-scale integration (WSI) comhtháthú *m* ar scála sliseoige

WAIS (= Wide Area Information Server) WAIS, Freastalaí *m4* Faisnéise Achair Fhairsing

wait *v* fan *v*

waiting *s* fanacht *f3*, feitheamh *m1*

wait list (= waiting list) liosta *m4* feithimh

wait state (= waiting state) staid *f2* feithimh

wait time (= waiting time) aga *m4* feithimh

wakeup *s* múscailt *f2*

wakeup signal comhartha *m4* múscailte

wakeup waiting bit giotán *m1* feithimh múscailte

WAL (= write ahead log) WAL, comhad *m1* réamhlogála scríobhanna

wallpaper *s* cúlbhrat *m1*

WAN (= wide area network) WAN, líonra *m4* achair fhairsing

wand *s* fleasc[2] *f2*

WAP (= Wireless Application Protocol) WAP, Prótacal *m1* Feidhmiúcháin do Ghléasanna gan Sreang

warehousing *s* (= mass storage) ollstóráil *f3*

warm boot (= warm start) bútáil *f3* the

warm start (= warm boot) tosú *m* te

warm *v* up téigh *v*

warm-up *s* (= warming up) téamh *m* (*gs* téite)

warm-up time aga *m4* téite

warning box bosca *m4* rabhaidh

waste instruction (= blank instruction, no op, no operation instruction, skip[2]) treoir *f5* neamhghníomhaíochta

watchdog program ríomhchlár *m1* faire

waterfall *a* cascáideach *a*

waterfall model samhail *f3* chascáideach

WATS (= wide area telephone service) WATS, seirbhís *f2* teileafóin achair fhairsing

watt *s* (**W**) vata *m4*, W

wattage *s* vatacht *f3*

wave *s* tonn *f2*

wave analyser tonn-anailíseoir *m3*

waveform *s* tonnchruth *m3*

waveguide *s* tonntreoraí *m4*

wavelength *s* tonnfhad *m1*

wavelet *s* tonnán[2] *m1*

WBT (= Web-based training) WBT, oiliúint *f3* (atá) bunaithe ar an nGréasán

weak cryptography cripteagrafaíocht *f3* lag

Web *s* Gréasán *m1*

Web access rochtain *f3* Gréasáin

Web accessibility inrochtaineacht *f3* Gréasáin

Web address seoladh *m* Gréasáin

Web-based training (= e-learning, WBT) oiliúint *f3* (atá) bunaithe ar an nGréasán, oiliúint *f3* (atá) bunaithe ar an Ghréasán, WBT

Web browser brabhsálaí *m4* Gréasáin

Webcam *s* ceamara *m4* Gréasáin

Webcasting *s* craoladh *m* ar an nGréasán, craoladh *m* ar an Ghréasán

Web client cliant *m1* Gréasáin

Web design dearadh *m* Gréasáin

Web directory eolaire *m4* Gréasáin

Web document doiciméad *m1* Gréasáin

Web editor eagarthóir *m3* Gréasáin

weber *s* (*unit*) véibear *m1*

Web gallery gealaraí *m4* Gréasáin

Web layout view amharc *m1* ar leagan amach an Ghréasáin

Weblink *s* nasc *m1* Gréasáin
Webmail *s* post *m1* Gréasáin
Webmaster *s* stiúrthóir *m3* Gréasáin
Web page leathanach *m1* Gréasáin
Web server freastalaí *m4* Gréasáin
Web shopping siopadóireacht *f3* ar an
   nGréasán, siopadóireacht *f3* ar an
   Ghréasán
Web site láithreán *m1* Gréasáin,
   suíomh *m1* Gréasáin
Web site hosting óstáil *f3* láithreáin
   Ghréasáin, óstáil *f3* suíomhanna
   Gréasáin
Websurfing *s* scimeáil *f3* ar an
   nGréasán, scimeáil *f3* ar an
   Ghréasán
webtone *s* ton *m1* gréasáin
Web toolbar barra *m4* uirlisí Gréasáin
WebTV *s* Teilifís *f2* Ghréasáin
weight *s* meáchan *m1*
weighted *a* ualaithe *a*
weighted average meán *m1* ualaithe
weighting *s* ualú *m* (*gs* -laithe)
welcome page leathanach *m1* fáilte
well-defined *a* dea-shainithe *a*
well-formed *a* dea-chumtha *a*
well-formed formula foirmle *f4*
   dhea-chumtha
well-known port numbers
   uimhreacha *fpl* poirt aitheanta
'what if' analysis anailís *f2* 'dá mba
   rud é'
what you see is what you get
   (WYSIWYG) faigheann tú a
   bhfeiceann tú, WYSIWYG
WHD (= width, height, depth) WHD,
   leithead, airde, doimhneacht
wheel printer rothphrintéir *m3*
Whetstone benchmark tagarmharc *m1*
   luas uimhríochta
whiteboard *s* clár *m1* bán
White Book, The An Leabhar *m1* Bán
white noise torann *m1* bán
whitespace *s* (= blank[1]) spás *m1* bán
whole number (= integer) slánuimhir
   f5 (*gs* -mhreach)

Wide Area Information Server
   (WAIS) Freastalaí *m4* Faisnéise
   Achair Fhairsing, WAIS
wide area network (WAN) líonra *m4*
   achair fhairsing, WAN
wide area telephone service (WATS)
   seirbhís *f2* teileafóin achair
   fhairsing, WATS
wideband dial-up diailchaoi *f4*
   leathanbhanda
wideband transmission tarchur *m*
   leathanbhanda
widen *v* leathnaigh *v*
widget *s* giuirléid *f2*
widow *s* (*Wordpr.*) baintreach *f2*
width, height, depth (WHD) leithead,
   airde, doimhneacht, WHD
wildcard *s* saoróg *f2*
wildcard carachter carachtar *m1*
   saoróige
Williams tube feadán *m1* Williams
WIMP (= windows, icons, mouse,
   pull-down menus) WIMP,
   fuinneoga, deilbhíní, luch,
   roghchláir anuas
Winchester disk diosca *m4*
   Winchester
window[1] *v* cuir *v* i bhfuinneog
window[2] *s* fuinneog *f2*
windowing system córas *m1* fuinneog
window manager bainisteoir *m3*
   fuinneog
window position suíomh *m1*
   fuinneoige
windows, icons, mouse, pull-down
   menus (WIMP) fuinneoga,
   deilbhíní, luch, roghchláir anuas,
   WIMP
wire *s* sreang *f2*
wired-OR circuit ciorcad *m1* OR
   sreinge
wireless *a* gan sreang
Wireless Application Protocol (WAP)
   Prótacal *m1* Feidhmiúcháin do
   Ghléasanna gan Sreang, WAP
wireless (application) technology

teicneolaíocht *f3* gléasanna gan
sreang
wireless LAN (WLAN) LAN gan
sreang, WLAN
Wireless Markup Language (WML)
Teanga *f4* Mharcála do Ghléasanna
gan Sreang, WML
wirewrap *s* sreangfhilleadh *m* (*gs* -llte)
wirewrap board clár *m1* sreangfhillte
wiring *s* sreangú *m* (*gs* -gaithe)
wiring diagram léaráid *f2* den sreangú
wizard *s* draoi *m4*
WLAN (= wireless LAN) WLAN,
LAN gan sreang
**WML (= Wireless Markup
Language)** WML, Teanga *f4*
Mharcála do Ghléasanna gan Sreang
word[1] *s (data unit)* giotánra *m4*
word[2] *s (Wordpr.)* focal *m1*
word address seoladh *m* giotánra
word alignment ailíniú *m* giotánra
word boundary fóir *f5* giotánra
word box bosca *m4* focal
word count líon *m1* na bhfocal
word length fad *m1* giotánra
word-organized storage stóras *m1*
bunaithe ar ghiotánraí
word-oriented *a* bunaithe *a* ar
ghiotánraí
word processing próiseáil *f3* focal
word processor próiseálaí *m4* focal
word size méid *f2* giotánra
words per minute (WPM) focail *mpl*
sa nóiméad, WPM
word time aga *m4* giotánra
wordwrap *s* timfhilleadh *m* giotánra
work area (= working area) limistéar
m1 oibre
workfile *s* comhad *m1* oibre
workflow *s* sreabhadh *m* (na h)oibre
workgroup *s* grúpa *m4* oibre
working[1] *a (current)* reatha *gs as a*
working[2] *a (of work)* oibre *gs as a*
working directory (= working folder)
comhadlann *f2* reatha
working draft dréacht *m3* oibre

**working folder (= current directory,
working directory)** fillteán *m1*
reatha
working memory cuimhne *f4* reatha
working offline oibriú *m* as líne, ag
working online ag oibriú *m* ar líne
working set tacar *m1* gníomhach
worksheet *s* bileog *f2* oibre
worksheet protection cosaint *f2* bileog
oibre
workspace *s* (= **working space**) spás
m1 oibre
workstation *s* stáisiún *m1* oibre
World Wide Web (WWW) An
Gréasán *m1* Domhanda, WWW
worm *s* péist *f2*
**WORM (= write-once read-many
disk)** WORM, diosca *m4* inscríofa
uair amháin il-inléite
wormhole routing ródú *m* poll péiste
WPM (= words per minute) WPM,
focail *mpl* sa nóiméad
wrap *v (of text)* timfhill *v*
wraparound *s* timfhilleadh[1] *m* (*gs*
-llte)
wraparound carry iomprach *m1*
timfhillte
wrapper *s* rapar *m1*
wrapper technology teicneolaíocht *f3*
rapair
wrapping *s* timfhilleadh[2] *m* (*gs* -llte)
wrist support mat mata *m4* rostaí
write[1] *v* scríobh[1] *v*
write[2] *s* scríobh[2] *m3* (*gs* scríofa *pl*
-anna)
writeable *a* inscríofa *a*
write ahead log (WAL) comhad *m1*
réamhlogála scríobhanna, WAL
write allocation policy polasaí *m4*
riartha an scríofa
write error earráid *f2* sa scríobh
write head (= writing head)
scríobhchnoga *m4*
write-once cache protocol prótacal *m1*
taisce inscríofa uair amháin
write-once read-many disk (WORM)

diosca *m4* inscríofa uair amháin
il-inléite, WORM
write policy scríobhpholasaí *m4*
write-protected *a* cosanta *a* ar scríobh
write protect(ion) cosaint *f3* ar scríobh
write-protect notch eang *f3* chosanta
ar scríobh
write pulse scríobh-bhíog *f2*
write-read process próiseas *m1* scríofa
léite
write-through cache protocol prótacal
m1 taisce scríofa tríd
writing *s* scríobh³ *m* (*gs* scríofa)
writing head (= **write head**)
scríobhchnoga *m4*
writing rate scríobhráta *m4*
written document scríbhinn *f2*
WWW (= **World Wide Web**) WWW,
An Gréasán *m1* Domhanda
WYSIWYG (= **what you see is what
you get**) WYSIWYG

X

X-axis *s* X-ais *f2*
xenotape *s* xéinitéip *f2*
xerographic printer printéir *m3*
xéireagrafach
xerography *s* xéireagrafaíocht *f3*
XGA (= **Extended Graphics Array**)
XGA, Eagar *m1* Breisithe Grafaice
XML (= **Extensible Markup
Language**) XML, Teanga *f4*
Mharcála Inbhreisithe
XML-enabled database bunachar *m1*
sonraí cumasaithe do XML
Xmodem *s* X-mhóideim *m4*
XNOR gate (= **exclusive-NOR gate**)
geata *m4* XNOR, geata *m4* eisiach
NOR
XON/XOFF (= **transmission on,
transmission off**) XON/XOFF,
tarchur *m* air, tarchur as
XOR (= **exclusive-OR operation**)
XOR, oibríocht *f3* eisiach OR

XOR gate (= **exclusive-OR gate**)
geata *m4* XOR, geata *m4* eisiach OR
X-Y plotter breacaire *m4* X-Y

Y

Yagi antenna (= **Yagi aerial**) aeróg *f2*
Yagi
yaw *v* luascáil *v*
yaw angle uillinn *f2* luascála
Y-axis *s* Y-ais *f2*
Yellow Book, The An Leabhar *m1* Buí
Y2K compliant oiriúnach *a* don
bhliain dhá mhíle
Ymodem *s* Y-mhóideim *m4*
yoke *s* cuing *f2*
YUV colour system córas *m1* datha
YUV

Z

zap¹ *v* zaipeáil *v*
zap² *s* zaip *f2*
zapper *s* (= **remote control unit**)
zaipire *m4*
Z-axis *s* Z-ais *f2*
zero *s* nialas *m1*
zero address instruction (=
no-address instruction) treoir *f5*
gan seoladh
zero elimination (= **zero suppression**)
díobhadh *m* na nialas
zero fill líonadh *m* le nialais
zero-filled *a* líonta *a* le nialais
zero-filled space spás *m1* líonta le
nialais
zero-level *s* nialasleibhéal *m1*
zero-level address seoladh *m*
nialasleibhéil
zero state staid *f2* nialasach
zero suppression (= **zero elimination**)
díobhadh *m* na nialas
zip *v* zipeáil¹ *v*
Zip disk diosca *m4* Zip

Zip drive tiomántán *m1* Zip
zip file zipchomhad *m1*
zipping *s* zipeáil^2 *f3*
Zmodem protocol prótacal *m1*
    Z-mhóideim
zone *s* crios *m3*
zone bit giotán *m1* creasa

zone digit digit *f2* creasa
zone punch poll *m1* creasa
zoom *v* zúmáil^1 *v*
zoom drop-down menu roghchlár *m1*
    zúmála
zooming *s* zúmáil^2 *f3*